Hogrebe · Verwaltungsautomation und Datenschutz in Frankreich

EDV und Recht

Band 9

Herausgegeben von

Prof. Dr. jur. Dr. rer. nat. Herbert Fiedler, Bonn

Eine Veröffentlichung der Forschungsstelle für Juristische Informatik und Automation der Universität Bonn

1976

J. Schweitzer Verlag Berlin

Verwaltungsautomation und Datenschutz in Frankreich

Interministerielle Organisation und Politik sowie Rechtsprobleme der elektronisch gestützten Informationsverarbeitung in der französischen Zentralverwaltung

Eine Untersuchung von

Dr. jur. Edmund F. M. Hogrebe

Dipl. INSEAD

Forschungsstelle für Juristische Informatik und Automation der Universität Bonn

1976

J. Schweitzer Verlag Berlin

Anschrift des Verfassers:
Dr. jur. Edmund F. M. Hogrebe, D-5300 Bonn-Bad Godesberg, P. Schwingenstr. 4

CIP-Kurztitelaufnahme der Deutschen Bibliothek

Hogrebe, Edmund F. M.

Verwaltungsautomation und Datenschutz in Frankreich: interministerielle Organisation u. Politik sowie Rechtsprobleme d. elektron. gestützten Informationsverarbeitung in d. franz. Zentralverwaltung; e. Unters. – 1. Aufl. –
Berlin: Schweitzer, 1976.
(EDV und Recht; Bd. 9)
ISBN 3-8059-0452-5

Druck: Color-Druck, Berlin – Bindearbeiten: Dieter Mikolai, Berlin – Printed in Germany

A pesar de P.R.O.

Vorwort

Die vorliegende Untersuchung wurde inhaltlich im Frühjahr 1974 abgeschlossen und nach durch ihren Umfang bedingten langwierigen Editionsarbeiten im Sommersemester 1975 von der Rechts- und Staatswissenschaftlichen Fakultät der Rheinischen Friedrich-Wilhelms-Universität Bonn als juristische Dissertation angenommen. Dies erklärt insbesondere auch die Stellung des Exkurses unter Punkt 12., der in einer über rein juristische Aspekte hinausgehenden interdisziplinären, verwaltungsinformatischen Sichtweise inhaltlich grundsätzlich als Kapitel 2. zu verstehen ist.

Die seit Frühjahr 1974 eingetretenen Umstände konnten nicht mehr berücksichtigt werden. So wurde die Délégation à l'Informatique aus politischen (unter den hier betrachteten verwaltungsinformatischen Aspekten nicht weiter einschlägigen) Gründen umstrukturiert. Dabei wurde entsprechend der bereits in der Délégation à l'Informatique bestehenden organisatorischen Trennung die EDV-Industriepolitik im Rahmen der Direction des Industries Electroniques et de l'Informatique (DIEI) in der Sous-Direction de l'Electronique et de l'Informatique zusammengefaßt und die hier vor allem interessierenden Kompetenzen für die Förderung und Koordination der EDV-Anwendung insbesondere auch in der öffentlichen Verwaltung der Mission Interministérielle pour la Promotion de l'Informatique (MIPI) übertragen. Abgesehen von einer Reduzierung gewisser gaullistischer

Elemente der EDV-Industriepolitik, wie sie sich auch in den jüngsten Entwicklungen um die CII, Honeywell-Bull und die UNIDATA niedergeschlagen hat, sind jedoch im Vergleich zu Funktion, Zielsetzung und Arbeitsweise der Délégation à l'Informatique keine wesentlichen inhaltlichen Änderungen eingetreten, so daß die hier gemachten Ausführungen strukturell weiterhin gültig bleiben bzw. darüberhinaus in ihren kritischen Ansätzen bezüglich der heterogenen Funktion und Zielsetzung der Délégation à l'Informatique sogar bestätigt wurden.

In Bezug auf das Datenschutzproblem hat sich bisher die Politik des neuen Staatspräsidenten Giscard d'Estaing, der Regierung Chirac und der neuen "majorité présidentielle" bisher nicht weiter konkretisiert; insbesondere hat die Commission 'Informatique et Libertés' zwar im Herbst 1975 einen sehr beachtlichen Bericht vorgelegt, bisher jedoch noch immer keinen konkreten Datenschutzgesetzentwurf erarbeitet.

Es ist in diesem Rahmen leider unmöglich, die Vielzahl der persönlich angesprochenen Personen und Stellen in gebotener Form zu nennen; insoweit muß um Nachsicht gebeten werden. Es sei aber ersatzweise zumindest auf die beigefügte Bibliographie verwiesen, da - neben einer großen Zahl von allgemein zugänglichen Publikationen - insbesondere die nicht veröffentlichten Dokumente in aller Regel im direkten Kontakt mit den jeweils verantwortlichen Personen und Stellen bezogen wurden; damit sind allerdings viele sich nicht in paralleler Dokumentation niederschlagende Gespräche und Interviews nicht belegt. Aus diesem Grund und wegen ihrer überragenden Bedeutung für die im Rahmen der Untersuchung angestellten Recherchen seien zumindest die folgenden Personen namentlich genannt.

Entsprechend der für die bisherige französische Verwaltungsautomation ganz zentralen Stellung der Délégation à l'Informatique waren die inzwischen mehrjährigen sehr kollegialen und die gesamte hier betrachtete Problematik betreffenden Kontakte zu ihren Mitgliedern auf Grund der durch diese vermittelten sehr breit gestreuten Dokumentationen, weiterführenden Kontakte und Anregungen von ganz entscheidender Bedeutung. Es seien insoweit insbesondere genannt: MM. Baquiast, Costa, Empereur, Hubert, Leclercq, Claude Perey, Rateau.

Ebenfalls von besonderem Wert für die gesamte betrachtete Problematik war die umfangreiche Dokumentation, die mir in der von Mme. de Lamberterie geleiteten Dokumentationsstelle für Rechts- und Verwaltungsinformatik des Centre National de la Recherche Scientifique / Centre de Documentation Sciences Humaines in sehr liebenswürdiger Weise zur Verfügung gestellt wurde.

Der über M. Braibant, Maître des Requêtes au Conseil d'Etat, geknüpfte Kontakt zum Institut Français des Sciences Administratives sowie vor allem zu Mme. Gallouédec-Genuys, Chargée de Recherche au CNRS, erwies sich insbesondere für die Fragen des Datenschutzes in Frankreich als besonders fruchtbar.

In verschiedenen Stadien der Untersuchung erwiesen sich einige Anregungen und Dokumente als wertvoll, die von den Mitarbeitern der Computer Utilisation Group des Directorate for Scientific Affairs (heute: Directorate for Science, Technology and Industry) in der Organisation for Economic Co-operation and Development (OECD) in gelegentlichen Zusammenkünften zur Verfügung gestellt wurden. Neben dem Leiter der Computer Utilisation Group Herrn Gassmann sind dabei Mr. Kenneth, die Herren Kimbel und Lenk, Mme. Montserrat-Solanes sowie Herr Thomas zu nennen.

Nicht zuletzt allerdings sei die Ecole Nationale d'Administration genannt, die die Untersuchung ihres ehemaligen Stagiaire in sehr fürsorglicher Weise als Institution durch das Öffnen der verschiedensten Türen in der französischen Ministerialverwaltung, vor allem aber durch die persönliche Intervention ihres sehr geschätzten Direktors M. Pierre Racine sehr wirksam unterstützt hat.

Ein Dankeswort gebührt schließlich Sra. Rodriguez Ochoa für die historischen Recherchen, die sie insbesondere zur "affaire des fiches" in der Bibliothèque Nationale durchgeführt hat.

Gegenüber all den genannten wie auch gegenüber den hier mit Blick auf das "secret administratif" aus verständlichen Gründen ungenannt gebliebenen Personen fühlt sich der Verfasser sowohl fachlich wie menschlich außerordentlich verpflichtet und hofft, daß der französische Leser die verschiedentlich prononciert vorgetragenen, zum Teil sehr kritischen Feststellungen und Urteile der vorliegenden Untersuchung als Ausdruck besonderen wissenschaftlichen Engagements gepaart mit einer ausgeprägten persönlichen Wertschätzung der französischen Zivilisation verstehen wird. Daher wäre es für den Verfasser auch eine besondere Genugtuung, wenn gerade mit den verschiedenen kritischen Anregungen und Ansätzen im Gegenzug ein gewisser kreativer Beitrag allgemein zur Verwaltungsinformatik und speziell zur Datenschutzproblematik nicht nur in Deutschland sondern ganz besonders auch in Frankreich geleistet worden wäre.

Schließlich jedoch bedanke ich mich bei Herrn Professor Dr. Dr. Herbert Fiedler, der als Leiter der Forschungsstelle für Juristische Informatik und Automation der Universität Bonn diese Untersuchung betreut hat, für die mir insbesondere während meines langen Frankreichaufenthalts bei der Ausgestaltung des Themas eingeräumte weite Freiheit.

Für die langwierigen Mühen bei der Herstellung und Korrektur des äußerst umfangreichen und z.T. "sehr französischen" Manuskripts bedanke ich mich ganz besonders aber bei Frau Käthe Schulze wie auch bei Fräulein Birgit Klumpp.

Bonn-Bad Godesberg, im Dezember 1975

Edmund F.M. Hogrebe

Inhalt

1. Einleitung

Wenn hier Probleme der elektronisch gestützten Verwaltungsautomation (in der französischen Zentralverwaltung) ins Zentrum einer rechtswissenschaftlichen Untersuchung gestellt werden, so geschieht das zunächst zum einen, weil verwaltungswissenschaftliche Fragestellungen traditionellerweise im Rahmen des öffentlichen Rechts von der Rechtswissenschaft mit-betreut werden, und zum anderen, weil die Verwaltungsautomation als Querschnittsmaterie ein eine Vielfalt juristischer Probleme stellender Regelungsgegenstand ist. Neben den verschiedenen personal-, organisations-, melde-, finanz- und haushalts-, beschaffungs- und subventionsrechtlichen Fragen steht vor allem die insbesondere in Bezug auf die Verwaltungsautomation sehr virulent werdende, unter anderem tief in verfassungsrechtliche Fragestellungen ragende Datenschutzproblematik.

1.1. Funktion des Rechtswissenschaftlers in der Verwaltungsautomation

Das jeweils mehr oder minder marginale allgemeine Interesse des Rechtswissenschaftlers an verwaltungswissenschaftlichen Fragestellungen sowie seine gelegentliche punktuelle Beschäftigung mit der Verwaltungsautomation im Rahmen der ad hoc-Lösung konkreter rechtlicher Fallgestaltungen werden jedoch der außerordentlich weitreichenden Bedeutung der Verw.-Automation als einem der gesellschaftspolitisch wohl wichtigsten Anwendungssektoren der modernen, sich weiterhin äußerst dynamisch entwickelnden EDV-Technik durchaus nicht gerecht; stellt doch die öffentliche Verwaltung insgesamt den größten einzelnen EDV-Anwender dar und weisen doch insbesondere große EDV-Systeme gewisse ausgeprägt rigide Elemente auf, die nachträgliche Modifizierungen auf Grund später angemeldeter "rechtlicher Bedenken" sehr aufwendig oder eben praktisch unmöglich machen. Der Rechtswissenschaftler sollte vielmehr bereits sowohl in der konzeptionellen Phase der Planung einer allgemeinen nationalen bzw. regionalen, interministeriellen bzw. ministeriellen Verwaltungsautomationspolitik, wie auch beim Entwurf konkreter mehr oder minder bedeutender Verwaltungsautomationsprojekte neben Wirtschaftswissenschaftlern, Informatikern und EDV-Technikern gezielt und umfassend beteiligt werden. Dabei sollte er sich in der Funktion des Verwaltungswissenschaftlers insbesondere auf die Konzipierung von im Rahmen der Verwaltungsautomatisierung durchzuführenden Maßnahmen struktureller Verwaltungsreform konzentrieren, die über EDV-technische Büro- und Ablauforganisationsfragen hinausgehen, sowie Beiträge zur systematischen und methodologischen Durchdringung der Verwaltungsautomation leisten. Als Rechtswissenschaftler jedoch sollte er insbesondere gegenüber den technokratischen wirtschaftlich-technischen "Sachzwängen" den qualitativen rechtlichen und rechtspolitischen Aspekten der Verwaltungsautomation zu adäquater Berücksichtigung verhelfen(1). In dieser Funktion darf der Rechtswissenschaftler allerdings nicht seinerseits als reiner gesetzanwendender (Rechts-) "Techniker" auftreten, sondern muß unter Berücksichtigung der gesellschaftspolitischen Bezüge der Verwaltungsautomation aktiv an einer dynamischen Fortentwicklung des Rechts arbeiten und damit neben dem Gesetzgeber einen wesentlichen Beitrag für die Erhaltung und den Ausbau der demokratischen Staats- und Gesellschaftsstrukturen im weitesten Sinne leisten.

1.2. Zielsetzung der Untersuchung

Die vorliegende Untersuchung macht es sich nun zur Aufgabe, gerade auch unter Berücksichtigung der soeben dargelegten Gesichtspunkte zu prüfen inwieweit die Verwaltungsautomation in Frankreich sowohl in ihrer Eigenschaft als ein für die Verwaltung neuartiges Instrument als auch in ihren primären wie sekundären rechtlichen und sonstigen Auswirkungen ausreichend beherrscht wird. Dabei wird das Betrachtungsobjekt "Verwaltungsautomation in Frankreich" ("französische Verwaltungsautomation") durch die folgenden drei gleichsam hierarchisch aufsteigenden Restriktionen präzisiert:

(a) "(Französische) Verwaltungsautomation" wird unter Ausklammerung der Automation in (insbesondere lokalen und regionalen) Selbstverwaltungskörperschaften zunächst ausschließlich als Automation der (französischen) Staatsverwaltung verstanden.

Dies stellt allerdings keine sonderlich weitreichende Restriktion sondern faktisch eher eine Erläuterung dar. Die französische Verwaltungsautomation ist nämlich insofern von den allgemeinen Randbedingungen der starken französischen (Verwaltungs-) Zentralisation und der dadurch bedingten "Unterentwicklung" der Selbstverwaltung geprägt[(2)]. Daher ist die Automation auf der Ebene der Selbstverwaltungskörperschaften - soweit sie überhaupt (in einigen größeren Städten) autonom existiert - in Frankreich unter (öffentlich-) rechtlichem Aspekt eher negativ, nämlich als eine weitere Manifestation des Fehlens einer autonomen Selbstverwaltung von Interesse.

(b) Weiterhin wird grundsätzlich nur die Verwaltungsautomation auf der Ebene der Pariser Zentralverwaltung ("administration centrale") betrachtet.

Zwar ist diese Restriktion substantieller als die vorhergehende, jedoch ist auch sie insbesondere unter "qualitativ-juristischem" Aspekt nicht so weitreichend wie es zunächst den Anschein hat. Auf Grund der im Vergleich mit der französischen (Verwaltungs-) Zentralisation nicht minder ausgeprägten und sich mit dieser zum allgemeinen Phänomen des französischen (Verwaltungs-) Zentralismus' verdichtenden Konzentration der französischen Staatsverwaltung findet sich auf der Ebene der nachgeordneten Behörden ohnehin neben den reinen Vollzugskompetenzen - zum Teil selbst im Bereich von Einzelfallregelungen - nur wenig Raum für die Wahrnehmung von Entscheidungskompetenzen.

Es werden also insoweit lediglich die nachgeordneten staatlichen (insbesondere Provinz-) Behörden aus der Betrachtung ausgeschlossen, die als bloße "services extérieurs" ("Außenstellen") in der Funktion von ausführenden Unterbehörden im Rahmen der Verwaltungsautomation ohnehin ganz überwiegend nur (EDV- und allgemein verwaltungs-) technische Fragestellungen operativen Charakters aufwerfen, die vielfach nicht über Rechenzentrumsorganisations- und Betriebsprobleme hinausgehen(3).

(c) Schließlich konzentriert sich die vorliegende Untersuchung ganz besonders auf die interministeriellen Aspekte der französischen Verwaltungsautomation.

Damit sollen zum einen grundsätzlich die Bereiche der Zentralverwaltung, die die wenig konzeptionellen Funktionen der in Frankreich weitgehend fehlenden staatlichen Mittelinstanz ausfüllen(4), und zum anderen die Bereiche der allgemeinen (inneren) Verwaltung der Zentralverwaltung (z.B. Lohn- und Gehaltsberechnungen, Kassenwesen) unberücksichtigt bleiben, da diese heute bereits vergleichsweise trivial und jedenfalls grundsätzlich nicht für die französische Verwaltung spezifisch sind.

In diesem Sinne wird die Beschränkung auf die interministeriellen Aspekte der französischen Verwaltungsautomation (wie im übrigen auch die zwei ersten Restriktionen) als Beschränkung auf die (gerade auch in verwaltungsrechtlich und wissenschaftlicher Sicht) strukturell relevanten Gegebenheiten der französischen Verwaltungsautomation verstanden. Dazu kommt, daß eben gerade das interministerielle Element das wichtigste Globalcharakteristikum der französischen Verwaltungsautomation überhaupt darstellt.

Neben einem Überblick über den Einsatz der EDV in der französischen (Staats-) Verwaltung in seinem (bisherigen und prognostizierten) quantitativen Niederschlag (Kapitel 2. bzw. Exkurs unter Punkt 12.) wird daher zunächst auf Organisation, Politik und Verfahren der interministeriellen Förderung und Koordination der französischen Verwaltungsautomation einzugehen sein (Kapitel 3.). Über die Frage der grundsätzlichen Adäquanz des institutionellen Rahmens und des Inhalts der interministeriellen Politik der französischen Verwaltungsautomation hinaus gilt in dem Zusammenhang neben den verschiedenen (personal-, organisations-, melde-, finanz- und haushalts-, beschaffungs- und subventions-) rechtlichen Problemen das Interesse vor allem der Frage, inwieweit das Instrumentarium der französischen Verwaltungsautomationsleitplanung effektiv ist und in welchem Maße die primären Ziele der französischen Verwaltungsautomationspolitik gerade auf den Sektoren der Beschaffungspolitik und der Personalpolitik realisiert wurden.

Ausgewählten Projekten interministerieller Informationssysteme wird wegen ihrer grundsätzlichen Bedeutung gerade auch für die nachfolgenden Datenschutzüberlegungen ein besonderer Abschnitt (3.3.) gewidmet. Dabei wird insbesondere auch auf die personenbezogenen Datenbanken eingegangen, da diese - vor allem unter Datenschutzaspekten - besonders exemplarisch für die unmittelbaren qualitativen juristischen Implikationen der ursprünglich eher quantitativen technisch-wirtschaftlichen Grundgegebenheiten der Verwaltungsautomation sind. Auf eine über einen knappen Überblick hinausgehende weitere Behandlung sonstiger interministeriell relevanter Datenbanken wird allerdings verzichtet, da einerseits bei einer Reihe dieser sonstigen Datenbanken diese Konnexität zwischen technisch-wirtschaftlichen Grundgegebenheiten und juristischen Implikationen weniger direkt gegeben ist und im übrigen andererseits auch der Umfang der Untersuchung weit gesprengt würde.

Als letztlich entscheidender Maßstab für das Problem, ob die französische Verwaltungspolitik das Phänomen "Verwaltungsautomation" hinreichend umfassend - also insbesondere auch unter adäquater Berücksichtigung rechtlicher und gesellschaftspolitischer Aspekte - bewältigt, wird im Rahmen der vorliegenden rechtswissenschaftlichen Untersuchung jedoch die Frage gewertet, ob die offizielle französische Verwaltungsautomationspolitik die negativen sekundären Auswirkungen der Verwaltungsautomation, die in der erhöhten Bedrohung der Privat- und Geheimnissphäre liegen, in befriedigendem Maße zurückdrängt und insbesondere nicht gewissen bedenklichen technokratischen Tendenzen eines äußerst restriktiven Datenschutzkonzepts zuviel Raum gibt (Kapitel 4.).

Da die offizielle französische Datenschutzpolitik allerdings auf Grund des bisherigen Mangels entsprechender Regierungsentwürfe und sonstiger umfassender Stellungnahmen sowie auf Grund einer deutlichen Diskrepanz zwischen gewissen öffentlichen Darstellungen und Erklärungen und der tatsächlich verfolgten Datenschutzpolitik bisher noch keine repräsentative Formulierung gefunden hat und sich darüberhinaus weitgehend im Kontrast zu wesentlichen Stimmen der französischen Datenschutzdiskussion definiert, ist sinnvollerweise auf die gesamte französische Datenschutzdiskussion einzugehen; zumal diese ohnehin ganz überwiegend verwaltungsautomationsbezogen ist. Dabei ist es hinwiederum zum Verständnis der Datenschutzproblematik in ihrer in Frankreich gefundenen Ausformung unerläßlich, zuvor einerseits den spezifischen Kontext der Datenschutzproblematik im Rahmen der französischen Verwaltungsautomation und andererseits den bisherigen Stand der französischen gesetzlichen Regelungen zum Schutz der Privatsphäre zu berücksichtigen.

1.3. Relevanz der Beschäftigung mit der französischen Verwaltungsautomation

Erstaunlicherweise ist der Informationsstand über die französische Verwaltungsautomation in der deutschen Fachdiskussion soweit ersichtlich vollkommen mangelhaft; und dies obwohl einerseits gewisse französische Projekte auf dem Gebiet der Rechtsdokumentation in Deutschland durchaus Beachtung fanden und andererseits gerade zur Datenschutzproblematik eine grundsätzlich sehr rege und breite internationale Diskussion stattfindet. Während die in Deutschland bestehende im wesentlichen hinreichend präzise Kenntnis hinsichtlich der verschiedenen nationalen Datenschutzgesetzentwürfe und sonstigen Datenschutzüberlegungen insbesondere in den USA, in Großbritannien und in Schweden vor allem auch in die anhaltenden Bemühungen um ein Bundesdatenschutzgesetz einfließt, findet die französische Datenschutzdiskussion bisher in Deutschland praktisch keine Beachtung. Die methodische Erschließung und Aufbereitung der französischen interministeriellen Verwaltungsautomation (auf der Ebene der Zentralverwaltung) und der französischen Datenschutzdiskussion unter den oben dargelegten Aspekten für vergleichbare deutsche und allgemeine Bestrebungen stellt daher das primäre Ziel der vorliegenden Untersuchung dar.

Dabei wird dem neben rechtlichen vor allem wirtschaftliche und technische Gesichtspunkte berücksichtigenden darstellenden Element bewußt Raum gegeben. Auch der Rechtswissenschaftler muß für die kompetente Lösung von im Rahmen der Verwaltungsautomation auftretenden überwiegend rechtlichen Probleme über ein fundiertes Vorverständnis hinsichtlich der wirtschaftlichen und technischen Gegebenheiten der Verwaltungsautomation, die insoweit für ihn relevante Rechtstatsachen darstellen, verfügen. Abgesehen davon, daß daher eine Beschränkung auf "rein rechtliche" Gesichtspunkte bei dem hier in Frage stehenden Problemkreis ohnehin nicht möglich ist, wendet sich die vorliegende Untersuchung aber betont eben auch an Verwaltungswissenschaftler, Verwaltungsinformatiker und EDV-Spezialisten bis hin zu Politikern und zum Gesetzgeber, also an einen weiten Kreis von Adressaten, die sich in Verfolg der unterschiedlichsten Aufgaben und Interessen mit den Fragen der Verwaltungsautomation und des (nicht nur verwaltungsautomationsbezogenen) Datenschutzes sowie mit den verschiedenen rechtlichen, wirtschaftlichen, technischen und sonstigen Einzelfragen der Verwaltungsautomation befassen.

In diesem Zusammenhang resultiert die Relevanz der Beschäftigung mit der französischen Verwaltungsautomation und der französischen Datenschutzdiskussion für entsprechende deutsche und allgemeine Bestrebungen zum einen aus der unmittelbaren Übertragbarkeit gewisser allgemeiner wissenschaftlicher Erkenntnisse und konkreter Lösungsansätze

der französischen Verwaltungsautomation und Datenschutzdiskussion auf Grund einer weitgehenden Parallelität der berührten Problematiken. Zum anderen ist es jedoch im Gegenteil die kritische Auseinandersetzung mit Problemstellungen, die in ihrer besonderen Ausprägung für die französischen Verhältnisse spezifisch sind, die gewisse der Verwaltungsautomation allgemein mehr oder weniger unterschwellig inhärenten Implikationen, Tendenzen und Gefahren hervortreten läßt, die zwar möglicherweise in Deutschland auf Grund eines insoweit unterschiedlichen Kontextes weniger virulent sind, deshalb aber nicht grundsätzlich unterschätzt und vernachlässigt werden dürfen. So ist beispielsweise die aus der französischen Datenschutzdiskussion besonders klar hervortretende Gefahr gewisser technokratischer Tendenzen der Verwaltungsautomation sowie des politischen Charakters der Datenschutzproblematik grundsätzlich auch für deutsche Verhältnisse relevant.
Ein Beispiel für die Relevanz der Beschäftigung mit der französischen Verwaltungsautomation und Datenschutzdiskussion mag auch der zum Ende der vorliegenden Untersuchung gemachte Versuch sein, in einer Art kritischen Synthese aus gewissen zuvor gemachten Feststellungen den thesenhaften Ansatz einer neuen Datenschutzkonzeption herauszudestillieren.

1.4. Methodische Vorgehensweise

Die vorliegende Untersuchung weist sowohl allgemein von ihrem Standort innerhalb der Rechtsinformatik wie speziell von ihrer problemorientierten Ausrichtung einen deutlich interdisziplinären Charakter auf. So treten neben die im engeren Sinne rechtswissenschaftlichen Überlegungen (insbesondere personal-, organisations-, melde-, finanz- und haushalts-, beschaffungs- und subventionsrechtlicher sowie verfassungsrechtlicher Art) vor allem verwaltungswissenschaftliche Aspekte (insbesondere aus den Bereichen der

Verwaltungsautomation und der Verwaltungsorganisationslehre) sowie betriebswirtschaftliche und (im Rahmen der Datenschutzerörterungen) gewisse politologische Ansätze.

Alle diese rechts- u.verwaltungswissenschaftlichen, betriebswirtschaftlichen, politologischen und sonstigen interdisziplinären Ansätze und Erwägungen sind jedoch unter Vermeidung eines lediglich auf die Rechtsdogmatik verkürzten und daher zu restriktiven Begriffs der Rechtswissenschaft insofern als (im richtig verstandenen Sinne) rechtswissenschaftlich zu qualifizieren als sie soweit nicht der Rechtsdogmatik, so doch der Rechtspolitik bzw. der diese beiden normativen Disziplinen von der Funktion her stützenden, bis heute allerdings weitgehend vernachlässigten Rechtstatsachenforschung zuzurechnen sind. Und in diesem Sinn versteht sich die vorliegende Arbeit als eine rechtswissenschaftliche Untersuchung, die es auf Grund ihrer problemorientierten Ausrichtung versucht, das ihr gestellte Thema "Verwaltungsautomation und Datenschutz in Frankreich" unter Rückgriff auf verschiedene Hilfsdiziplinen (insbesondere Verwaltungswissenschaft, Betriebswirtschaft, Politologie) mittels einer rechtsdogmatische, rechtspolitische und rechtstatsächliche Aspekte integrierenden umfassenden rechtswissenschaftlichen Vorgehensweise zu behandeln.

Über die methodologischen wie inhaltlichen Schwierigkeiten der in der Rechtswissenschaft noch wenig etablierten (im soeben dargelegten Sinn) interdisziplinären Sichtweise hinaus war die Dokumentation ein besonderes Problem der vorliegenden Untersuchung. Umfassende bzw. monographische wissenschaftliche Abhandlungen über die französische Verwaltungsautomation und insbesondere über den Datenschutz in Frankreich existieren bisher nicht und die in den verschiedensten allgemeinen oder Fachpublikationen außerordentlich verstreut publizierten Äußerungen behandeln zumeist nur sehr begrenzte Einzelaspekte der hier betrachteten weitgespannten Thematik(5).

Das ganz entscheidende Rückgrat der Dokumentation der vorliegenden Untersuchung - die damit zur Zeit selbst in Frankreic ohne vergleichbares Gegenstück ist - bildet daher die umfangreiche "graue Literatur", d.h. die unveröffentlichten internen - und teilweise vertraulichen - Unterlagen der französischen Ministerialverwaltung und sonstiger Oberbehörden, ergänzt durch eine Vielzahl von Interviews mit jeweils einschlägig verantwortlichen Staatsbeamten.

Da in Anbetracht der schwierigen Informationslage und des in Ansatz gebrachten erheblichen Zeitaufwandes die hier im Ergebnis vorgelegte Untersuchung nicht ohne weiteres wiederholbar ist, wurde insbesondere die französische Datenschutzpolitik, die mangels eines vergleichbar privilegierten Informationszugangs selbst von international anerkannten Datenschutzspezialisten in ihren wesentlichen Zügen mißdeutet wird, sehr differenziert und weitgehend erschöpfend behandelt.

Die Dokumentation zu den einzelnen Teilproblemen wurde im wesentlichen entsprechend dem Fortschritt der Untersuchung in der Reihenfolge der Gliederung gleitend abgeschlossen. So wurden in diesem Sinne das Kapitel 2. bzw. der Exkurs unter Punkt 12. im Frühjahr 1973, das Kapitel 3. und das Kapitel 4. im Frühjahr 1974 grundsätzlich abgeschlossen. Über diese Zeitpunkte hinaus wurden allerdings eventuelle neue Entwicklungen von wesentlicher Bedeutung hinsichtlich der im Kapitel 2. bzw. Punkt 12. und Kapitel 3. berührten Problemkreise weiterhin eingermaßen umfassend verfolgt und in den Text bzw. in die Anmerkungen, vor allem aber in die Biliographie der Untersuchung weitgehend eingearbeitet. Als endgültiger Stand der vorgelegten Untersuchung kann also insofern unter inhaltlichem Aspekt April 1974 angesehen werden, wobei aber die bibliographische Erfassung der Problemkreise der Kapitel 2. und 3. von den respektiven Zeitpunkten an wohl noch als ausreichend einzuschätzen ist, jedoch nicht mehr den für den zuvor liegenden Zeitraum beanspruchten weitgehendst erschöpfenden Charakter haben.

Die Bezeichnungen der französischen Ministerien entsprechen dem Stand der Regierung Messmer II zu Anfang 1974, ohne daß insofern allerdings späterhin unter dem Blickwinkel der vorliegenden Untersuchung entscheidende Veränderungen eingetreten bzw. effektiv geworden wären(6).

In diesem Zusammenhang kann ganz allgemein festgestellt werden, daß trotz der betont aktuellen Bezüge der Untersuchung die wesentlichen Feststellungen und Analysen eine durchaus erhebliche "Halbwertzeit" aufweisen:

- So sind aus verschiedenen überwiegend technisch-finanziellen Gründen radikale Veränderungen in der bestehenden Struktur des Maschinenparks und des EDV-Personalbestands der französischen Verwaltung nicht vor 198o zu erwarten.

- Wesentliche Elemente der französischen interministeriellen Politik der Verwaltungsautomation und der EDV-Industrieförderung entspringen Grundentscheidungen der jahrhundertealten "nationalen Ideologie" Frankreichs.

- Die Ausreifung der neuen Automationsleitplanung wird mehrere Jahre erfordern.

- Die Planungshorizonte der Mehrzahl der in Abschnitt 3.3. behandelten umfangreichen Informationssysteme bemessen sich in Jahrzehnten.

- Die Datenschutzproblematik wird in Frankreich wie auch international bereits seit mehreren Jahren diskutiert, ohne daß inzwischen endgültige Lösungen ins Haus stünden oder auch nur in entscheidendem Maße nähergerückt erschienen.

2. Einsatz der EDV in der französischen Staatsverwaltung

Ein Überblick über die statistischen Daten der bisherigen wie der voraussichtlichen Entwicklung der personellen und maschinellen Ausstattung der Verwaltungsautomation im Bereich der französischen staatlichen Verwaltung hat grundsätzlich eine dreifache, über die rein deskriptive Statistik hinausgehende allgemeine Funktion:

(a) Relevanz und Dynamik des Phänomens "Verwaltungsautomation" werden z.B. durch Angaben zum EDV-Kostenaufwand und zum EDV-Personalbestand bzw. durch die jährlichen Zuwachsraten dieser und anderer Größen deutlich.

(b) Wesentliche strukturelle Merkmale und Parameter der französischen Verwaltungsautomation - so insbesondere ihr zentralistischer Charakter und die Präferenzpolitik zugunsten französischer Hersteller - wie sie in den folgenden Kapiteln unter verschiedenen sonstigen Gesichtspunkten behandelt werden, werden in ihrem quantitativen Niederschlag offengelegt.

(c) Allgemeine - nicht ausschließlich spezifisch französische - methodologische Probleme der Verwaltungsautomation und ihrer Bewältigung durch die verantwortlichen Stellen treten inzidenter hervor.

Da eine ausführliche Analyse der in Frage stehenden statistischen Daten den Rahmen der vorliegenden Untersuchung sprengen würde, werden entsprechende Ausführungen in einem Exkurs unter Punkt 12. gemacht. Während im Laufe der folgenden Kapitel zu konkreten Fragen noch verschiedentlich auf Ergebnisse dieses Exkurses zurückgegriffen wird, seien bereits hier zwei methodologische Hauptproblematiken der Bewältigung des Phänomens "Verwaltungsautomation" thesenhaft aufgezeigt.

(a) Zum einen stößt der optimale Einsatz der EDV - im Sinne ihres Einsatzes unter voller Ausschöpfung ihrer Möglichkeiten bei gleichzeitiger Berücksichtigung ihrer spezifischen Eigenarten - im Rahmen der Verwaltung insofern auf Schwierigkeiten, als dafür erforderliche Anpassungen der traditionellen Verwaltungsverfahren im weitesten Sinne in verschiedenen Punkten noch ausstehen. So können die zum Teil extrem niedrig liegenden monatlichen durchschnittlichen Betriebsdauern(1) global auf sich auf verschiedene Faktoren gründende Anpassungsschwierigkeiten der traditionellen, nicht EDV-gestützten Verwaltung zurückgeführt werden. Dabei mag die personalpolitische Schwierigkeit des Mehr- und Nachtschichtbetriebes von EDV-Anlagen der öffentlichen Verwaltung beispielsweise noch als eher triviales, wenn auch eben möglicherweise hartnäckiges Problem erscheinen(2); die haushaltsrechtlichen Probleme, wie sie insbesondere die rationelle Beschaffung und Finanzierung von EDV-Anlagen - zumindest vom EDV-Standpunkt her unnötig komplizieren und behindern, stellen sich bereits als ein erheblich weitgehenderes und komplexeres Problem der Anpassung der Verwaltungsverfahren an die Erfordernisse der Verwaltungsautomation dar(3).

(b) Zum zweiten ist jedoch auch festzustellen, daß ein optimaler Einsatz der EDV in der Verwaltung bei dem Umfang der zum Teil in Frage stehenden sehr aufwendigen Systeme und den damit verbundenen großen Zeiträumen ihrer Konzipierung und Realisierung in erhöhtem Maße entsprechend präzise und wirksame Steuermechanismen erfordert.Wie allerdings bereits hinsichtlich der mangelhaften Kostenrechnung und der davon abhängigen zum Teil etwas ungewöhnlich wirkenden Amortisationsmethode hervortritt(4), fehlt es offensichtlich noch in verschiedener Hinsicht im Rahmen der französischen (und wohl nicht nur in der französischen) Verwaltung am notwendigen Instrumentarium für die Planung und Kontrolle des EDV-Einsatzes(5).

Während also der erste Aspekt die Probleme der von der (automatisierten bzw. der zu automatisierenden) Verwaltung zu leistenden Adaptation ihrer selbst an die Erfordernisse der EDV beleuchtet, umreißt der zweite Aspekt die Aufgabe, die der Verwaltungsinformatik gestellt ist, d.h. die methodologischen Ansätze und Techniken zu entwickeln, die die optimale Anwendung der speziellen EDV-Methodik auf die spezifische Problemstruktur der öffentlichen Verwaltung erlaubt.

3. Organisation, Politik und Verfahren der interministeriellen Förderung und Koordination der französischen Verwaltungsautomation

Im folgenden Kapitel 3. wird nunmehr auf die Organisation, Politik und Verfahren der interministeriellen Förderung und Koordination der französischen Verwaltungsautomation eingegangen. Dabei soll insbesondere geprüft werden, inwieweit die französische Verwaltung das Phänomen "Verwaltungsautomation" einerseits durch Anpassung an die Erfordernisse der EDV und andererseits durch Entwicklung neuer struktureller inhaltlicher Ansätze sowie eines adäquaten Instrumentariums beherrscht, ohne daß sich allerdings diese beiden Aspekte im einzelnen immer streng trennen ließen.

3.1. Institutioneller Rahmen

Der institutionelle Rahmen der interministeriellen Förderung und Koordination der französischen Verwaltungsautomation umfaßt eine Reihe von ministeriellen und interministeriellen mit Fragen der Verwaltungsautomation befaßten Kommissionen. Daneben existieren verschiedene öffentliche Stellen, die sich zum einen Teil ausschließlich mit verwaltungsautomationsbezogenen Problemen und zum anderen Teil mit Fragen der Verwaltungsautomation lediglich als Teilgebiet ihres Aufgabenbereichs befassen. Dementsprechend arbeiten diese Stellen mehr oder weniger eng mit den inter-/ ministeriellen EDV-Kommissionen zusammen.

Den die Vielzahl der verschiedenen Stellen und Kommissionen koordinierend zusammenhaltenden Schlußstein bildet die Délégation à l'Informatique, die zugleich eine beratende und fördernde Rolle hat und bei der Formulierung der allgemeinen Richtlinien der Verwaltungsautomation maßgeblich beteiligt ist.

3.1.1. Délégation à l'Informatique

Zum Verständnis von Funktion, Arbeitsweise und besonderer Bedeutung der Délégation à l'Informatique[1] sowie ihrer Politik gerade auch hinsichtlich der Verwaltungsautomation ist ein Abriß ihrer Entstehung und Funktion im Rahmen des sogenannten Plan Calcul unerläßlich[2].

3.1.1.1. Entstehung (Plan Calcul)

Die Entstehung des Plan Calcul[3] geht auf die "affaire Bull" in den Jahren 1963 - 1964 zurück[4].

Trotz Intervention der französischen Regierung konnte die Übernahme der in Schwierigkeiten geratenen französischen Firma Bull durch die amerikanische Gesellschaft General Electric nicht verhindert werden[5]. Da es sich bei Bull um den wichtigsten französischen Hersteller auf dem EDV-Sektor handelte[6] und öffentliche Meinung wie Regierung Übernahmen französischer Firmen durch amerikanische Gesellschaften allgemein entschieden ablehnend gegenüberstanden, wurde die "affaire Bull" als ein Fall "nationalen Ausverkaufs an die Amerikaner" empfunden.[7]

Die noch heute von offizieller Seite als "unglückselig" bezeichnete Affäre[8] hat in entscheidendem Maße dazu beigetragen, daß die französische Regierung sich der Bedeutung der EDV und der Notwendigkeit eines staatlichen Eingriffs bewußt wurde.

Auf Anregung des damaligen Ministre de l'Economie et des Finances Michel Debré wurden 1965 Kontakte mit der französischen Industrie aufgenommen, die in einem nach dem damaligen Commissaire Général au Plan Ortoli benannten Rapport im Juli 1966 ihren Niederschlag fanden. Nachdem das Konzept dieser Untersuchung angenommen worden war, beschloß der Ministerrat unter Vorsitz General de Gaulles am 19.7.1966 den Plan Calcul in die Wirklichkeit umzusetzen und mit der Realisierung dieser Aufgabe eine zu schaffende Délégation à l'Informatique unter Leitung eines Délégué à l'Informatique zu betrauen[9].

Durch Décret vom 8.1o.1966[1o] wurden die Aufgaben und Kompetenzen des Délégué à l'Informatique festgelegt sowie durch ein weiteres Décret[11] unter demselben Datum Robert Galley, bis dahin Abteilungsleiter im Commissariat à l'Energie Atomique, zum Déléguè à l'Informatique ernannt[12]. Im Januar 1968 wurde Robert Galley in seiner Funktion als Délégué à l'Informatique von Maurice Allègre, der bis dahin Délégué Adjoint à l'Informatique war, abgelöst[13].

Während der Délégué à l'Informatique ursprünglich direkt dem Premier Ministre unterstellt war[14], untersteht er seit Juli 1969 dem Ministre du Développement Industriel et Scientifique[15], ohne daß jedoch dadurch der interministerielle Charakter seiner Mission verlorengegangen wäre oder seine Stellung an Einfluß eingebüßt hätte.

3.1.1.2. Aufgaben

Das Eingreifen der öffentlichen Hand in der Form des Plan Calcul wird auch heute noch von offizieller Seite im wesentlichen durch folgende Erkenntnis begründet und bestimmt[(16)]:

- Die dynamische Entwicklung der Computerindustrie, die aufgrund außerordentlich schnellen technischen Fortschritts zu einer Spitzenindustrie geworden ist, wird noch viele Jahre andauern.
- Es handelt sich zugleich um eine Basisindustrie, die auf dem Wege ist eine echte Massengüterindustrie zu werden und deren Umsatz bald einem Vergleich mit dem der Automobilindustrie standhalten und diese sicher in der Zukunft überflügeln wird.
- In der allgemeinen wirtschaftlichen Entwicklung einer fortschrittlichen Industrienation nimmt die Computerindustrie die Stellung einer Schlüsselindustrie ein.
- Die Vorherrschaft der Computerhersteller unter amerikanischer Kontrolle auf dem französischen Markt wird als "amerikanische Herausforderung" empfunden.
- Diese Situation erfordert eine nationale, bzw. europäische Reaktion.

3.1.1.2.1. Förderung der EDV-Industrie

Entsprechend diesen Erkenntnissen stellt der der Délégation à l'Informatique zur Ausführung übertragende Plan Calcul zunächst im wesentlichen ein Förderungsprogramm für die französische EDV-Industrie dar, das als für französische Verhältnisse neuartige staatliche Intervention die Bemühungen des Staates und der Privatindustrie in besonderer

Weise verbindet. Diese Beziehungen zwischen Staat und Industrie wurden durch mehrere Konventionen in Form öffentlich-rechtlicher Verträge konkretisiert[17].

Dabei bieten diese Konventionen den Privatfirmen wesentliche Unterstützung besonders in Form von günstigen Staatskrediten, staatlicherGarantierung von Privatkrediten sowie Zusicherung von staatlichen Kauf- und Entwicklungsaufträgen[18].

Zugleich sicherten die Konventionen dem Staat einen weitreichenden Einfluß auf Entstehung und Politik der beteiligten Firmen. Der Staat setzt die Ziele und überläßt den Unternehmen die Handlungsfreiheit in der Realisierung dieser Ziele[2o]. So ist beispielsweise die Fusion verschiedener kleiner Tochterfirmen französischer Unternehmen zur Compagnie Internationale pour l'Informatique (CII) auf die Intervention des Staates zurückzuführen[21].

Über den nationalen Rahmen hinaus wurden mit Blick auf das erdrückende Übergewicht der, bzw. des amerikanischen Hersteller(s) von vornherein die Notwendigkeit einer europäischen Kooperation erkannt. Dementsprechend findet die Assoziation CII-Siemens vom Februar 1972, zu der seit Juli 1973 Philips hinzugestoßen ist, die volle Unterstützung der zuständigen französischen Stellen und insbesondere der Délégation à l'Informatique[22]. Dabei wird letztlich eine Gruppierung der europäischen Computerhersteller mit einer noch breiteren Basis, die nach Möglichkeit insbesondere ICL einschließt, angestrebt[23].

Das entscheidende Problem der CII ist in diesem Zusammenhang ihre außerordentlich schwache Finanzsituation, die verschiedentlich zu der Befürchtung Anlaß gibt, daß die CII im Rahmen der UNIDATA (insbesondere wenn weitere Erweiterungen erfolgen) von den finanzkräftigeren Partnern dominiert wird. Dabei wirkt für die CII erschwerend, daß sich seit Mitte 1973 zwischen den beiden wichtigsten Kapitalgebern, Thomson-Brandt und der Compagnie Générale d'Electricité (CGE), als erbitterten Konkurrenten auf dem Telekommunikationssektor, eine starke Kontroverse hinsichtlich der von der CII gegenüber Siemens, Philips, Honeywell und Univac einzuschlagenden Politik entwickelt hat, infolge derer die CGE nur widerstrebend gewissen Nachschußvereinbarungen nachkommt und sich zur Zeit weigert, an darüberhinausgehenden Kapitalerhöhungen der CII teilzunehmen(24).

Wenn der Plan Calcul bisher in besonderem Maße Ausdruck des Willens zur nationalen Unabhängigkeit war und sich erst jetzt eine Bereitschaft zur effektiven Kooperation gebildet hat, so ist darin insofern kein Widerspruch zu sehen als bereits die bisherige Politik von der Philosophie getragen wurde "erst existieren, dann kooperieren"(25).

Dementsprechend wird von offizieller französischer Seite aus das Projekt eines "Plan Calcul européen", wie es inzwischen von der Europäischen Gemeinschaft in Brüssel angeregt wird(26), positiv bewertet(27) (28).

Im Rahmen des Industrieförderungsprogramms sieht der Plan Calcul auch eine Förderung der EDV-bezogenen Forschung vor.

Neben den Forschungslaboratorien der Industrie, d.h. vor allem der CII, und den Forscherteams verschiedener Institute und Universitäten konzentriert sich die staatliche Forschungsförderung vor allem auf das Institut de Recherche en Informatique et Automatique (IRIA), das 1967 als staatliches Institut gegründet wurde und dessen Präsident der Délégué à l'Informatique ist(29).

Die Aufgabe des IRIA ist es, einerseits dem Délégué à l'Informatique bei der Bestimmung der der EDV-Entwicklung zu gebenden Ausrichtung zu assistieren und andererseits Grundlagen- und angewandte Forschungsprojekte durchzuführen oder in Auftrag zu geben sowie in gewissem Umfang Ausbildungs- und Fortbildungsaufgaben von technischen EDV-Spezialisten zu erfüllen. Im Rahmen dieser Aufgaben nimmt

Tafel Nr. 3.1 : Budget der Délégation à l'Informatique in Millionen Francs[19].

	1968	1969	1970	1971	1972
Rechner	111,3	110,4	92	136	157
Peripherie	20,7	32,3	35	26	17
Elektronische Bauelemente	12,5	21,1	20	23	17
Software	0,0	1,5	3	10	10
Leitprojekte	5,8	8,0	8	11	20
Comité de Recherche en Informatique	Mittel der DGRST	1,0	8	11	12
Insgesamt	160,0	150,9	166	217	233

das IRIA das Sekretariat des auf Grund des Décret Nr. 73-13o vom 12.2.1973[3o] geschaffenen interministeriellen Comité Consultatif de la Recherche en Informatique (CCRI) wahr. Die Funktion des CCRI ist es, für den Délégué à l'Informatique Vorschläge für die globale Orientierung und koordinierte Entwicklung der Informatik- und EDV-Forschung im staatlichen Einflußbereich auszuarbeiten[31].

Auf die Aktivitäten und die Organisation des IRIA wird hier im übrigen nicht weiter eingegangen, da die Rolle des IRIA überwiegend technisch-wissenschaftlich ist und für die Verwaltungsautomation nur marginal bzw. indirekt von Bedeutung ist[32].

3.1.1.2.2. Förderung der EDV-Ausbildung

Der zweite vom Plan Calcul erfaßte Sektor betrifft die EDV-Ausbildung. Neben verschiedenen Förderungsmaßnahmen hinsichtlich der Ausbildung von EDV-Spezialisten wird gerade im Rahmen der Verwaltungsautomation besonderer Wert auf die Sensibilisierung von Nichtspezialisten für die Probleme der EDV sowie auf EDV-bezogene Fortbildungslehrgänge gelegt.

Dementsprechend wird beispielsweise an der Ecole Nationale d'Administration (ENA), der Brutstätte für die französische Beamtenelite, eine gründliche EDV-Einführung angeboten[33].

Fortbildungslehrgänge für Beamte werden ansonsten abgesehen von verschiedenen (inter-)ministeriellen Ausbildungszentren insbesondere auch vom Centre d'Etudes Pratiques d'Informatique et d'Automatique (CEPIA) veranstaltet[34].

3.1.1.2.3. Förderung und Koordination der EDV-Anwendung

Der dritte Sektor, auf dem die Délégation à l'Informatique im Rahmen des Plan Calcul tätig wird, ist die Förderung und Koordinierung der EDV-Anwendung. Dabei handelt es sich darum, die Gesamtheit der potentiellen EDV-Anwender auf die Möglichkeiten des EDV-Einsatzes hinzuweisen und zugleich ihre Anwendungen koordinierend zu unterstützen.

Während insofern auch die privaten und halbstaatlichen Anwender, wie z.B. besonders die Wirtschaftsunternehmen jeglicher Größenordnung, Versorgungsunternehmen, Bildung und Forschung etc., erfaßt werden, liegt das Schwergewicht jedoch auf dem Sektor der öffentlichen Verwaltung. Um dort einen technisch einwandfreien und wirtschaftlichen Einsatz der EDV sicherzustellen, ist es Aufgabe der Délégation à l'Informatique die Durchführung der folgenden Maßnahmen durch die Verwaltungen koordinierend zu fördern:

- Erstellung integrierter Automationsleitpläne,
- Definition einer adäquaten EDV-Personalpolitik,
- EDV-orientierte Verbesserung des Budget- und Rechnungswesens,
- Standardisierung von Daten und Programmen,
- Definition einer den Zielen der nationalen Industrieförderung entsprechenden Beschaffungspolitik,
- Durchführung interministerieller EDV-Leitprojekte.

Ohne für die Verwaltungsreform zuständig zu sein, gehört es darüberhinaus zu den Aufgaben der Délégation à lInformatique, die Verwaltungen auf den Beitrag hinzuweisen, den die EDV im Hinblick auf die Reformierung der Verwaltungsmethoden, Verfahren und Strukturen leisten kann(35).

3.1.1.3. Struktur und Arbeitsweise

Bei der Délégation à l'Informatique handelt es sich um eine "administration de mission", d.h. eine "Ad hoc-Sonderbehörde" oder "Projektverwaltung" also um eine Stabsstelle.

Darunter wird seit Pisani im Gegensatz zur traditionellen "administration de gestion" - der Verwaltung der laufenden

Geschäfte, die permanent und umfangreich, in ihrer Gesamtheit vergleichweise unspezialisiert und in ihrer Tätigkeit äußerst formalisiert ist sowie Regelungen und Entscheidungen mit Außenwirkung in eigener Verantwortlichkeit fällt - die organisatorische Verselbständigung der reformerisch innovierenden Leitungsfunktion der Verwaltung verstanden, die zur Durchsetzung einer klar definierten Mission oder eines Projekts der Schaffung einer spezialisierten Sonderbehörde bedarf.

Eine solche "administration de mission" zieht in der Regel jeweils jegliche auf die einzelnen Ressorts verteilten Kompetenzen, die die ihr übertragene Mission einschlägig berühren, an sich, stellt also insofern, obwohl grundsätzlich einem bestimmten Minister unterstellt, eine interministerielle Aktion dar, die nach Erfüllung der Mission wieder aufgelöst wird, indem sie die an sich gezogenen Kompetenzen zur Wahrnehmung der laufenden Verwaltung zurückgibt[(38)].

Die Délégation à l'Informatique entspricht in besonderem Maße den Kriterien, die nach dieser Konzeption die Definierung einer Mission und die Schaffung einer spezialisierten Sonderbehörde rechtfertigen.

Es handelt sich bei dem von der Délégation à l'Informatique betreuten Plan Calcul um eine Mission von erheblichem Umfang und besonderer Komplexität und Dringlichkeit, die eine fachlich und zeitlich adäquate Realisierung durch die traditionellen Behörden der laufenden Verwaltung als nicht möglich erscheinen läßt und daher die Schaffung einer autonomen Sonderbehörde mit eigenem Budget rechtfertigt.

Die Délégation à l'Informatique entspricht auch insofern dem Konzept der "administration de mission" als sie sich bereits aufgrund ihres geringen personellen Umfangs - sie umfaßt ungefähr 15 höhere Beamte und ungefähr nochmal soviel untergeordnete Mitarbeiter einschließlich Schreib-

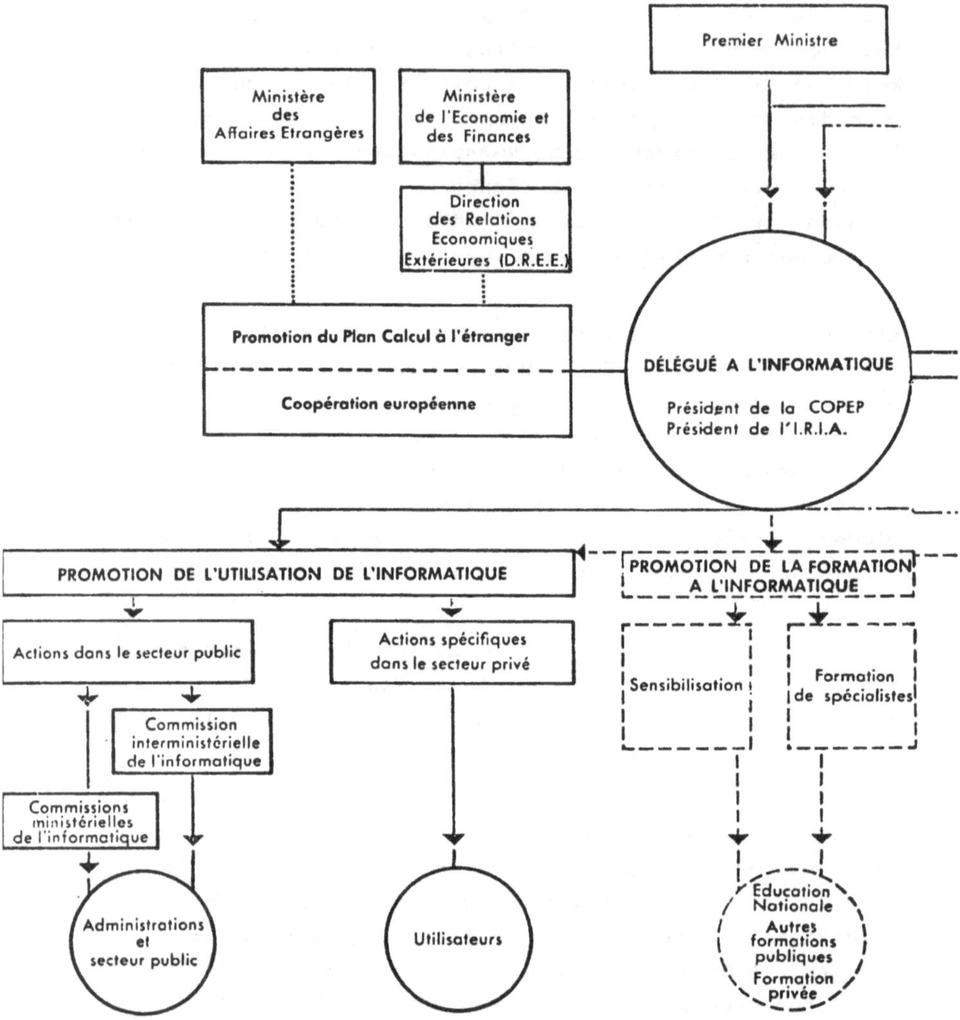

Schaubild Nr. 3.2 : Übersicht über die Aufgaben des Délégué à l'Informatique(36).

ORGANIGRAMME DES MISSIONS DU DÉLÉGUÉ A L'INFORMATIQUE

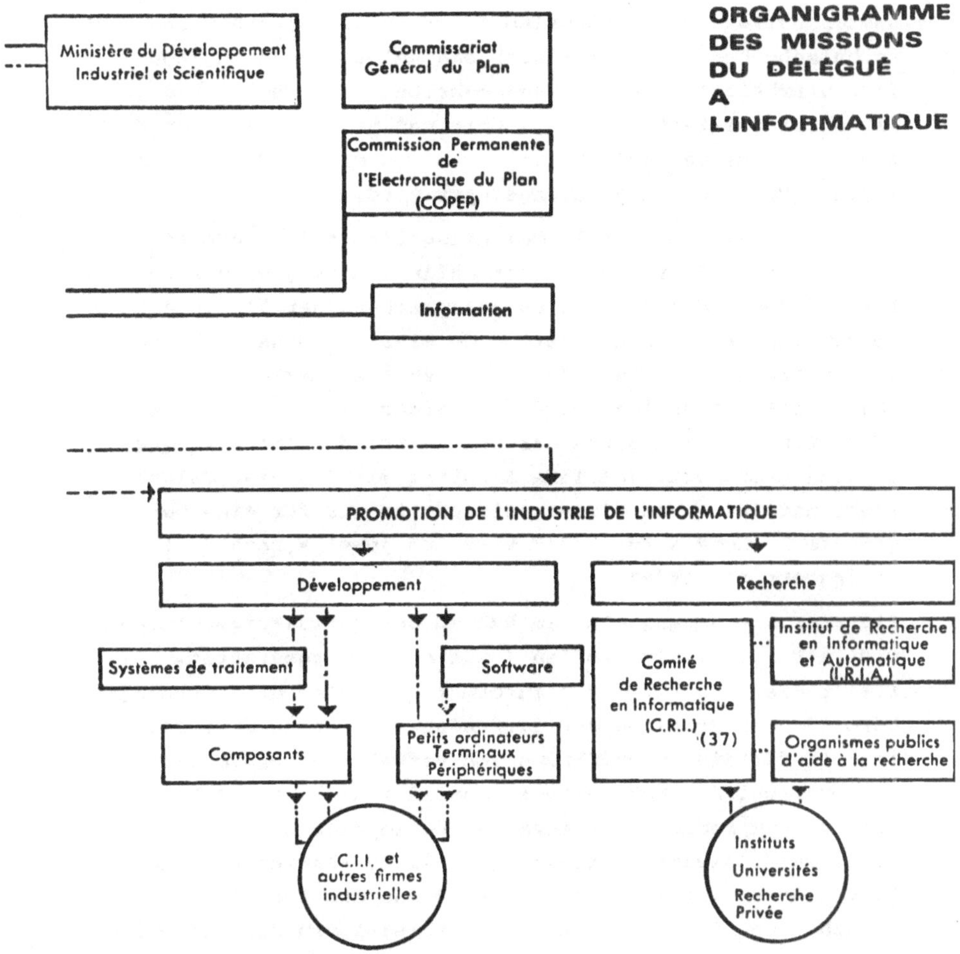

kräfte - auf die Rolle eines Initiators beschränkt und "machen läßt". Das heißt sie strebt nicht an, auf dem gesamten nationalen Territorium repräsentiert zu sein und technische und andere Teilprobleme selbst zu lösen, sondern erarbeitet in enger Zusammenarbeit mit sämtlichen jeweils interessierten öffentlichen und privaten Stellen Konzepte, deren Realisierung dann von diesen Stellen in eigener Verantwortung durchgeführt wird.

Die Tatsache, daß im Fall der Délégation à l'Informatique die zeitliche Begrenzung nicht definiert ist, wird nicht als störend empfunden, da es entsprechend der flexiblen Konzeption der "administration de mission" ohnehin keine im vorhinein festzulegende minimalen oder maximalen Zeiträume gibt. Im übrigen wird die Gefahr einer ungeprüften "Verewigung" der Mission der Délégation à l'Informatique dadurch gemildert, daß ihre Existenz mit dem Plan Calcul steht und fällt und dieser seinerseits nur für eine begrenzte Periode aufgestellt wird, um jeweils nach Revision verlängert zu werden.

Als eine Art Generalstab im Rahmen der Verwaltungsautomation mit interministriellen Kompetenzen ausgestattet, stellt die Délégation à l'Informatique weder ein Beratungsbüro für die Probleme der laufenden Verwaltung dar, noch ist sie für die Durchführung von Verwaltungsreformen verantwortlich. Sie hat insoweit eher die Rolle eines Katalysators inne, indem sie allgemeine Konzeptionen entwickelt, diese den einzelnen Verwaltungen als EDV-Anwender erläutert und auf interministerieller Ebene die Koordination zwischen den EDV-Projekten und Realisationen der verschiedenen Ministerien fördert. Durch die Möglichkeit gewisse (interministerielle) Leitprojekte aus ihrem eigenen Budget zu unterstützen hat die Délégation à l'Informatique - ganz abgesehen von ihrer besonderen Stellung bezüglich der Beschaffungspolitik[39] - jedoch einen nicht zu unterschätzenden Einfluß.

Von besonderer Bedeutung ist darüberhinaus der Umstand, daß die Délégation à l'Informatique personell in sämtlichen für die Verwaltungsautomation maßgeblichen Kommissionen und Organismen stimmberechtigt - wenn nicht vorsitzend - vertreten ist und daher an den verschiedensten Punkten auf die einschlägigen Entscheidungsprozesse Einfluß nehmen kann.

So ist der Délégué à l'Informatique von Amts wegen zugleich Präsident der Commission Permanente de l'Electronique du Plan (COPEP), des IRIA sowie der Commission Interministérielle de l'Informatique. Stimmberechtigtes Mitglied ist die Délégation à l'Informatique weiterhin in der Commission Interministerielle des Personnels de l'Informatique, in sämtlichen Commissions Ministérielles de l'Informatique sowie in der Commission des Marchés d'Informatique.

Auf diese inter-/ ministeriellen Kommissionen und ihre Rolle im Rahmen der Organisation und Politik der interministeriellen Förderung und Koordination der Verwaltungsautomation wird nunmehr im Folgenden eingegangen.

3.1.2. Commissions Ministérielles de l'Informatique

Mit Rundschreiben vom 7.12.1967 (4o) wies der Premier Ministre die Minister an, jeweils eine Commission (Ministérielle) de l'Informatique als zentrale Koordinierungsstelle für Fragen der Verwaltungsautomation zu schaffen, die zugleich die Délégation à l'Informatique in deren auf interministerieller Ebene koordinierenden Rolle unterstützen sollen (41).

Diese ministeriellen EDV-Kommissionen sollten für die Gesamtheit der Behörden der Zentral- wie der Provinzverwaltung des jeweiligen Ministeriums zuständig sein. Die Entscheidung über Struktur und personelle Besetzung der Kommissionen wurde ins Ermessen der einzelnen Minister mit der Maßgabe gestellt, daß jeweils ein Repräsentant des Délégué à l'Informatique den Kommissionen angehört.

In Anwendung dieses Rundschreibens wurden in 13 Ministerien sowie beim Premier Ministre EDV-Kommissionen gebildet[42].

Sich auf die Erfahrungen stützend, die in Anwendung des Rundschreibens vom 7.12.1967 gemacht worden waren, präzisierte ein weiteres interministerielles Rundschreiben des Premier Ministre vom 12.1.1971 sowohl Struktur wie Kompetenzen und Arbeitsweise der ministeriellen EDV-Kommissionen. Dabei wurde jedoch wiederum betont, daß Struktur und Rolle der einzelnen EDV-Kommissionen weiterhin entsprechend der Unterschiede hinsichtlich der zu bewältigenden Aufgaben und der EDV-Erfahrung variieren können, daß das neue Rundschreiben also keine totale Vereinheitlichung aller EDV-Kommissionen anstrebt, sondern vielmehr lediglich eine Minimalliste der zu erfüllenden Aufgaben und der Charakteristiken der Struktur und Arbeitweise der Kommissionen darstellt.

3.1.2.1. Aufgaben

Die vier wichtigsten Aufgaben der ministeriellen EDV-Kommissionen umfassen danach[43]:

- Erstellung von ministeriellen Automationsleitplänen,
- Überprüfung der EDV-Beschaffungsprojekte,
- Erstellung von Jahresrechenschaftsberichten über den EDV-Einsatz,
- Ausführung der interministeriellen EDV-Politik.

Ohne der Behandlung der einzelnen Punkte vorzugreifen, kann allgemein festgestellt werden, daß die ministeriellen EDV-Kommissionen die Aufgabe haben, die gesamte Problematik der Verwaltungsautomation innerhalb ihres jeweiligen Zuständigkeitsbereichs unter allen Aspekten zu untersuchen und die einzelnen Abteilungen und Referate bei der Lösung EDV-bezogener Probleme in jeder Weise als Stab koordinierend zu unterstützen. Daneben arbeiten die ministeriellen EDV-Kommissionen bei der Formulierung der interministeriellen Verwaltungsautomationspolitik vor allem mit der Délégation à l'Informatique zusammen und stellen die Verwirklichung dieser Politik in ihren jeweiligen Zuständigkeitsbereichen sicher.

3.1.2.2. Struktur und Arbeitsweise

Entsprechend den Richtlinien des Rundschreibens vom 12.1. 1971 werden die ministeriellen EDV-Kommissionen in der Regel jeweils aus den Abteilungsleitern, einem Mitglied des Kabinetts des Ministers(44) sowie einem Vertreter der Délégation à l'Informatique gebildet. Daneben werden weitere Personen als Nicht-Mitglieder zur Teilnahme an den Sitzungen der EDV-Kommissionen geladen; es handelt sich dabei vor allem um einen Vertreter der Commission des Marchés d'Informatique(45).

Davon ausgehend, daß die Verwaltungsautomation in absehbarer Zeit die Gesamtheit der Verwaltungstätigkeiten erfassen wird, wird betont, daß die Probleme der Verwaltungsautomation auf möglichst hoher Ebene behandelt werden sollen. Dementsprechend sind die EDV-Kommissionen direkt den Ministern unterstellt und berichten diesen direkt.

Die (nicht hauptamtlichen) Präsidenten der ministeriellen EDV-Kommissionen werden in ihrer Arbeit von ständigen Sekretariaten unterstützt, die im übrigen entsprechend dem Rundschreiben des Premier Ministre selbst die Aufstellung des EDV-bezogenen Teils des jeweiligen ministeriellen Budgets sicherstellen oder zumindest insoweit hinzugezogen werden sollen(46).

Je nach Bedeutung und Umfang der EDV-Anwendungen wird das ständige Sekretariat der EDV-Kommission des einzelnen Ministeriums von einem qualifizierten EDV-Spezialisten als haupt-, bzw. nebenamtlichem Sekretär - eventuell unterstützt von einem kleinen ständigen Spezialistenteam - wahrgenommen.

So wie die interne Struktur der ministeriellen EDV-Kommissionen im einzelnen variieren kann, sind auch Gewicht und Einfluß der verschiedenen EDV-Kommissionen in den jeweiligen Ministerien zum Teil sehr unterschiedlich(47). Ohne hier auf Einzelheiten eingehen zu können, sei zumindest auf den Fall der EDV-Kommission des Ministère de l'Economie et des Finances hingewiesen, die sich in ihrer koordinierenden Funktion gegenüber den - oft als eigene "Mini-Ministerien" bezeichneten - großen Directions Générales des Ministère de l'Economie et des Finances oft nur sehr schwierig und unzureichend durchzusetzen vermag.
So ist es bisher zu einer alle Direktionen erfassenden integrierten Automationsleitplanung innerhalb des Ministère de l'Economie et des Finances noch nicht gekommen(48).

3.1.3. Commission Interministérielle de l'Informatique

Das der Gesamtstruktur der französischen Verwaltungsautomation inhärente Streben nach zentraler Koordination findet Ausdruck in der durch Anordnung des Premier Ministre vom 24.9.197o ins Leben gerufenen Commission Interministérielle de l'Informatique(49).

3.1.3.1. Aufgaben

Diese interministerielle EDV-Kommission ist gemäß Art. 2 des Arrêté vom 24.9.197o im Rahmen ihres allgemeinen Auftrags, den Délégué à l'Informatique in der interministeriellen Koordination der Verwaltungsautomation zu unterstützen, im Einzelnen für folgende Aufgaben zuständig:

- Ausarbeitung technischer und wirtschaftlicher Normen und Richtlinien für die Definierung von Verwaltungsautomationsprojekten und Leitplänen,
- Bewertung der technischen und wirtschaftlichen Kohärenz der Verwaltungsautomationsprojekte und Leitpläne untereinander und gegenüber der allgemeinen staatlichen EDV-Politik (Plan Calcul etc.),
- Anregung grundsätzlicher Untersuchungen von allgemeinem Interesse über den Einsatz von EDV-Systemen und Spezialisten,
- Zusammenfassung der Prognosen der ministeriellen Ausstattungspläne in jährlichen Berichten und Beurteilung der Verwirklichung der Präferenzpolitik.

In Wahrnehmung dieser Aufgaben bildete die interministerielle EDV-Kommission spezielle Arbeitsgruppen, die sich besonders auf folgende Problemkreise konzentrieren[5o]:
- Automationsplanung, Beschaffungspolitik, Personalpolitik,
- Normung, Standardisierung und Systembewertung,
- Informationssysteme.

3.1.3.2. Struktur und Arbeitsweise

Gemäß Art. 1 des Arrêté vom 24.9.197o steht die interministerielle EDV-Kommission unter dem Vorsitz des Délégué à l'Informatique und umfaßt außer den Präsidenten der ministeriellen EDV-Kommissionen jeweils noch einen namentlich benannten Vertreter der einzelnen Ministerien sowie die folgenden Beamten:

- Secrétaire Général du Gouvernement,
- Délégué à l'Aménagement du Territoire et à l'Action Régionale,
- Directeur Général de l'Administration et de la Fonction Publique,
- Directeur du Budget,
- Directeur Général de l'INSEE,

- Directeur Général des Télécommunications
  und einen vom Präsidenten der Kommission ernannten Referenten und vier Experten.

  Dazu kommen gemäß Arrêté vom 19.2.1971[51] der
- Directeur du Service des Informations, Publications et Scrutins de l'Assemblee Nationale,
- und der Vorsitzende der EDV-Kommission der Senatsverwaltung.

Die Beschlüsse und Vorschläge der interministeriellen EDV-Kommission werden gemäß Art. 4 des Arrêté vom 24.9.197o vom Délégué à l'Informatique als Präsident der Kommission dem Premier Ministre sowie den eventuell betroffenen Ministern unterbreitet.

3.1.4. Commission (Interministérielle) des Personnels de l'Informatique

Parallel zur Commission Interministérielle de l'Informatique wurde die Commission (Interministérielle) des Personnels de l'Informatique ins Leben gerufen[52].

3.1.4.1. Aufgaben

Aufgabe der interministeriellen EDV-Personalkommission ist es insbesondere, von der interministeriellen EDV-Kommission und der Délégation à l'Informatique angeforderte Stellungnahmen und Gutachten über grundsätzliche Probleme bezüglich des EDV-Personals der Verwaltung zu machen. Dabei handelt es sich gemäß Art.1 des Arrêté vom 24.9.197o vor allem um folgende Problemkreise:

- beamtenrechtliche Stellung,
- Bezüge,
- Rekrutierung, Aus- und Fortbildung,

- Bewertung und Beschreibung der Posten,
- Arbeitsorganisation in den Rechenzentren,
- allgemeine Personal-(Einstellung-) Politik.

3.1.4.2. Struktur und Arbeitsweise

Die EDV-Personalkommission umfaßt gemäß Art. 2 des Arrêté vom 24.9.197o die folgenden Mitglieder:
- Directeur Général de l'Administration et de la Fonction Publique (Vorsitzender),
- Directeur du Budget,
- Délégué à l'Informatique,
- sechs vom Secrétaire d'Etat auprès du Premier Ministre, Chargé de la Fonction Publique et des Réformes Administratives bezeichnete Personalabteilungsleiter der Zentralverwaltung(53),
- Vorsitzender des Groupe Spécialisé pour les Marchés de Matériels ou des Services d'Informatique(54),
- Vorsitzender einer vom Directeur Général de l'Administration et de la Fonction Publique benannten Expertengruppe.

Das Sekretariat der EDV-Personalkommission wird von der Direction Générale de l'Administration et de la Fonction Publique wahrgenommen.

Die Kommission berichtet gemäß Art. 4 des Arrêté vom 24.9. 197o über ihre Arbeit der interministeriellen EDV-Kommission. Bisher ist die Bedeutung der EDV-Personalkommission allerdings sehr beschränkt geblieben(55).

3.1.5. Commission des Marchés d'Informatique

Die interministerielle Commission des Marchés d'Informatique, (Kommission für das EDV-Beschaffungswesen), wurde als eine von sieben Commissions Spécialisées des Marchés (Spezialkommissionen für das staatliche Beschaffungswesen) in Anwendung des Décret Nr. 72-198(56) durch Art. 1 des Décret Nr. 72-199 (57) geschaffen und löste damit die seit 1962 existierende Groupe Spécialisé des Marchés Informatiques ab[58]. Sie spielt innerhalb des institutionellen Rahmens der in ausgeprägtem Maße auf die Beschaffungspolitik und die interministerielle Koordination konzentrierten französischen Verwaltungsautomation eine besondere Rolle.

3.1.5.1. Aufgaben

Die interministerielle Kommission für das EDV-Beschaffungswesen ist grundsätzlich zuständig für die a priori-Kontrolle von Aufträgen der öffentlichen Hand bezüglich:

- Beschaffung und Unterhaltung von EDV-Anlagen (Hardware),
- Beschaffung und Unterhaltung der Rechenzentrumsausstattung und Betriebsmittel,
- EDV-Serviceleistungen i.w.S. (Software, EDV-Beratung, Datenverarbeitung außer Haus).

Entsprechend Abschnitt I, Nr. 2 der als interministerielles Rundschreiben vom 6.4.1972 erlassenen Verwaltungsvorschrift bezüglich der a priori-Kontrolle der staatlichen Aufträge[59] hat die Kommission für das EDV-Beschaffungswesen gegenüber den einzelnen Verwaltungen allerdings lediglich beratende Funktion.

Dabei nimmt die Kommission Stellung hinsichtlich:

- des angewandten Vergabeverfahrens,
- der beim Zuschlag angewandten Auswahlmethode sowie
- der Angemessenheit der Vertragsklauseln und Konditionen unter Berücksichtigung (verwaltungs-)rechtlicher, technischer und wirtschaftlicher Gesichtspunkte.

Es handelt sich also im wesentlichen um eine umfassende Rechtmäßigkeitskontrolle des Vergabeverfahrens sowie eine ebenso umfassende Überprüfung der Vertragsklauseln und Konditionen auf für die Verwaltungsbehörde juristisch, technisch, wirtschaftlich oder finanziell ungünstige Bedingungen. Die Stellungnahme der Kommission berührt jedoch die

Opportunität einer Ausgabe weder in ihrer Zielsetzung noch in ihrer Höhe. Die beratende Funktion der Kommission wird vielmehr dadurch betont, daß der für die Vergabe des Auftrags verantwortliche Beamte sich selbst über eine "ablehnende" oder mit Vorbehalten versehene Stellungnahme der Kommission für das EDV-Beschaffungswesen hinwegsetzen kann. Eine solche Entscheidung erfordert allerdings gegenüber dem zuständigen Minister eine schriftliche Begründung und muß dem Vorsitzenden der Kommission mitgeteilt werden.

Unabhängig von diesen Stellungnahmen kann die Kommission Empfehlungen aussprechen und diese den betroffenen Ministern zur Kenntnis bringen.

3.1.5.2. Struktur und Arbeitsweise

Die Kommission für das EDV-Beschaffungswesen setzt sich zusammen aus:

- einem Vorsitzenden und dessen Vertreter, die vom Premier Ministre auf gemeinsamen Vorschlag des Ministre de l'Economie et des Finances und des Ministre du Développement Industriel et Scientifique ernannt werden,
- 11 stimmberechtigten Mitgliedern, darunter insbesondere dem Délégué à l'Informatique, den Vertretern der 4 Ministerien der Kategorie der großen EDV-Benutzer sowie einem Vertreter des jeweils betroffenen Ressorts und
- 4 beratenden Mitgliedern, insbesondere dem für den zur Prüfung anstehenden Auftrag direkt verantwortlichen Beamten.

Gemäß Art. 212 des Décret Nr. 72-198 müssen der Kommission für das EDV-Beschaffungswesen gewisse Projekte obligatorisch zur Prüfung unterbreitet werden.

Das betrifft zunächst die Projekte, deren finanzieller Aufwand den "seuil d'examen systématique" (Schwelle der systematischen Kontrolle) überschreitet, und die daher ausnahmslos überprüft werden. Diese Schwelle der systematischen Kontrolle beträgt gemäß Art. 7, Absatz II, Nr. 1 (neue Fassung) des Décret Nr. 72-199 (einschließlich Steuern) für Hardware und Rechenzentrumsausstattung bei Kauf 7 Mill. Francs, bei Miete oder Leasing 175.000 Francs/Monat und für EDV-Serviceleistungen 3 Mill. Francs[60].

Ebenfalls obligatorisch unterbreitet werden müssen alle Projekte, die zwar unterhalb der Schwelle der systematischen Kontrolle liegen, jedoch den "seuil d'examen sélectif" (Schwelle der selektiven Kontrolle) überschreiten. Diese Projekte werden gemäß Art. 215 des Décret Nr. 72-198 allerdings nach Ermessen des Vorsitzenden der Kommission bzw. entsprechend seinen Direktiven lediglich "selektiv" überprüft.

Die Schwelle der selektiven Kontrolle beträgt gemäß Art. 7, Absatz II, Nr. 2 (neue Fassung) des Décret Nr. 72-199 (einschließlich Steuern) für Hardware- und Rechenzentrumsausstattungen bei Kauf 1 Mill. Francs, bei Miete oder Leasing 25.000 Francs/Monat und für EDV-Serviceleistungen 300.000 Francs[61].

Abgesehen von einigen Sonderfällen[62] steht die Unterbreitung von Projekten unterhalb der Schwelle der selektiven Kontrolle im Ermessen der einzelnen Ministerien. So können die Ministerien die Kommission auch jederzeit zu Einzelproblemen des Vergabe- und Beschaffungswesens befragen und um Stellungnahme angehen.

3.1.6. Sonstige Stellen

Über die bisher behandelten maßgebenden Gremien hinaus gibt es eine Vielzahl von Stellen, die auf interministerieller Ebene in mehr oder weniger großem Maße mit Fragen der Verwaltungsautomation befaßt sind. Im Folgenden sollen zumindest die wichtigsten von ihnen kurz vorgestellt werden.

3.1.6.1. Service Central d'Organisation et Méthodes (Groupe d'Etude des Problèmes de l'Automatisation des Travaux Administratifs)

Der der Direction du Budget des Ministère de l'Economie et des Finances untergeordnete Service Central d'Organisation et Méthodes (SCOM) hat die Aufgabe, interministriell über den Rahmen des Ministère de l'Economie et des Finances hinaus in den staatlichen Verwaltungen die Anwendung von modernen Organisationstechniken und Verfahrensvereinfachungsmethoden zu propagieren.

Eine der Arbeitsgruppen des SCOM, die Groupe d'Etudes des Problèmes de l'Automatisation des Travaux Administratifs (GEPATA) ist auf die Organisations- und Verfahrensprobleme der Verwaltungsautomation und besonders auf den Austausch von allgemeinen Erfahrungen und Programmen spezialisiert.

Daneben werden jedoch im Rahmen des GEPATA auch große Verwaltungsautomationsprojekte wie beispielsweise das Projekt SOFIA begutachtet[63].

Die GEPATA vereinigt die Vertreter von ungefähr 12 Ministerien und 15 staatlichen und halbstaatlichen Organismen und Unternehmen.

3.1.6.2. Bureau Inter-Administration de Documentation Informatique

Das Bureau Inter-Administration de Documentation Informatique (BIADI) wurde 1967 von der Arbeitsgruppe "Evaluation - Normalisation" der Commission Interministérielle de l'Informatique mit der Hilfe und logistischen Unterstützung der öffentlichen Versorgungsunternehmen Electricité de France (EDF)/Gaz de France (GDF) und der Finanzierung durch die Délégation à l'Informatique eingerichtet.

Die Aufgabe des BIADI ist es, Untersuchungen und Entwicklungen auf den Gebieten der Normung, Standardisierung und Systembewertung im Rahmen der Verwaltungsautomation dokumentarisch zu erfassen und allgemein den interessierten Verwaltungen zugänglich zu machen[(64)].

3.1.6.3. Centre d'Etudes Pratiques d'Informatique et d'Automatique

Das Centre d'Etudes Pratiques d'Informatique et d'Automatique (CEPIA) wurde Anfang 1968 als gemeinnützige Vereinigung auf Initiative und im Rahmen des IRIA[(65)] sowie mit Unterstützung durch die Dêlêgation à l'Informatique gegründet.

Das CEPIA wendet sich als Lehranstalt besonders auch an die leitenden Verwaltungsbeamten, steht aber grundsätzlich ebenfalls dem Privatsektor offen. Das Programm umfaßt u.a.:

- Sensibilisierung und Einführung der leitenden Beamten in die EDV und ihre Anwendung,
- Grund- und Fortgeschrittenenausbildung für Systemanalytiker und Rechenzentrumsleiter,
- verschiedene Programmierkurse.

Danben werden zahlreiche Sonderkurse und Praktika organisiert[(66)].

Neben dem CEPIA nutzen die Verwaltungen das Centre de Formation Professionnelle et de Perfectionnement (CFPP) des Ministère de l'Economie et des Finances, das in gewissem Umfang auch interministeriell die EDV-Ausbildung von Beamten wahrnimmt[(67)].

Im übrigen tragen auch der SCOM und das Ministère des Postes et Télécommunications zur interministeriellen EDV-Ausbildung bei[(68)].

3.1.6.4. Institut National de la Statistique et des Etudes Economiques

Die dem Ministère de l'Economie et des Finances angehören de Direction Générale de l'Institut National de la Statistique et des Etudes Economiques (INSEE) besteht in seiner heutigen Form seit 1946[69].

Der Zuständigkeitsbereich des INSEE als der zentralen französischen Wirtschaftsinformationsbehörde umfaßt die folgenden Aufgaben:

- Sammlung statistischer Daten der demographischen, wirtschaftlichen und sozialen Entwicklungen sowohl auf nationaler wie auf regionaler Ebene. Dabei umfaßt die Tätigkeit des INSEE je nach Problemkreis lediglich die Koordination der Datenerfassung durch andere Verwaltungsbehörden oder aber die direkte Datenerfassung in eigener Zuständigkeit (Erhebungen, Untersuchungen, Bevölkerungszählungen etc.).
- Statistische Verarbeitung und Synthese der erfaßten Daten sowie Vorausschätzungen und Trendberechnungen insbesondere in Zusammenarbeit mit dem Commissariat Général du Plan und der Direction de la Prévision (Volkswirtschaftliche Gesamtberechnungen, Konjunkturanalysen, ökonomische Modelle, nationale Fünfjahrespläne etc.).
- Weitgefächerte Verbreitung der verschiedenen Daten und gewonnenen Informationen zugunsten der öffentlichen und privaten Entscheidungszentren, der Wirtschafts- und Sozialwissenschaften sowie der allgemeinen Öffentlichkeit[7o].

Die enorme Masse der vom INSEE in Verfolg dieser Aufgaben "kontrollierten" Daten und Informationen läßt das INSEE gerade auch unter dem Blickwinkel der Verwaltungsautomation als eine überaus wichtige Informationsquelle für praktisch sämtliche Verwaltungen erscheinen. Die besondere

Stellung des INSEE im Rahmen der interministeriellen Verwaltungsautomation resultiert darüberhinaus aus einer Reihe von EDV-orientierten Basisprojekten, die unter der Federführung oder Mitarbeit des INSEE realisiert werden[71].

Abgesehen von der Direction Générale, die neben der allgemeinen Verwaltung die dargestellten Aufgaben auf nationaler Ebene wahrnimmt, besteht das INSEE aus 18 Regionaldirektionen, die auf regionaler Ebene für die Informationserfassung, Verarbeitung und Verbreitung zuständig sind. Dabei stützen sich die Regionaldirektionen insbesondere auf ein Netz von 7 mit EDV-Anlagen ausgestatteten inter-regionalen Observatoires Economiques Régionaux (OER)[72].

3.1.6.5. Délégation à l'Aménagement du Territoire et à l'Action Régionale

Ebenso wie die Délégation à l'Informatique ist die 1963 geschaffene Délégation à l'Aménagement du Territoire et à l'Action Régionale (DATAR) eine "administration de mission"[73].

Früher direkt dem Premier Ministre unterstellt und seit der Reorganisation im Juli 1972 beim Ministre de l'Aménagement du Territoire, de l'Equipement, du Logement et du Tourisme[74] organisiert, verfügt die DATAR als Stabsstelle mit interministeriellen Funktionen über keine eigenen Außenstellen. Sie ist daher im wesentlichen auf Verordnungen, finanzielle Maßnahmen[75] und die enge Zusammenarbeit mit anderen Stellen, wie z.B. auch mit der Délégation à l'Informatique und dem INSEE angewiesen[76].

Ihre Aufgabe ist es, eine Politik der nationalen Raumordnung und Regionalentwicklung zu definieren und deren Verwirklichung koordinierend zu fördern[77]. Im Rahmen dieser allgemeinen Zielsetzung sieht die DATAR in der EDV vor allem auch Möglichkeiten zur (Verwaltungs-) Dezentralisation[78].

Einen ersten Schritt in diese Richtung stellte das mit Blick auf die dezentralisierten Observatoires Economiques Régionaux konzipierte sogenannte Système d'Accumulation de Données (SAD) dar.

3.2. Interministerielle Politik und Verfahren der Verwaltungsautomation

Es wird nun die interministeriell definierte Politik der französischen Verwaltungsautomation kritisch darzustellen sein, wobei gleichzeitig zu prüfen ist inwieweit die oben behandelten, für die Verwaltungsautomation zuständigen Stellen im Verband in der Lage sind, diese Politik zu realisieren.

In drei größeren Abschnitten soll dabei auf die interministrielle Politik und Verfahren hinsichtlich der Hauptproblemkreise

- EDV - Anwendung,
- Beschaffung und
- Personal

eingegangen werden.

3.2.1. Politik der Förderung und Koordination der EDV-Anwendung

Die auf einen technisch wie wirtschaftlich optimalen Einsatz der EDV in der Verwaltung abzielende Politik der Förderung und Koordination der Verwaltungsautomation,wie sie von der Délégation à l'Informatique in Zusammenarbeit mit den verschiedenen inter-/ ministeriellen EDV-Kommissionen definiert wird, konzentriert sich im wesentlichen auf die folgenden Schwerpunkte(79):

- Verwaltungsautomationsplanung
- Normung, Standardisierung und Systembewertung,
- (interministerielle) Informationssysteme.

3.2.1.1. Instrumentarium der Verwaltungsautomationsplanung

EDV-Ausstattungsprogramme, Automationsleitplanung und EDV-Leitprojekte stellen im Rahmen der interministeriellen

Förderung und Koordination der französischen Verwaltungsautomation das maßgebliche Instrumentarium dar.

3.2.1.1.1. EDV-Ausstattungsprogramme

Bereits im Art. 3 des Décret Nr. 66-756 vom 8.1o.1966 wurde der Délégation à l'Informatique die Aufgabe übertragen, die Aufstellung und Ausführung der "programmes d'équipement (en matériels de traitement de l'information)" der einzelnen Ministerien zu überwachen(8o).

Nachdem das interministerielle Rundschreiben des Premier Ministre vom 7.12.1967 Funktion und Inhalt dieser ministeriellen EDV-Ausstattungsprogramme nur äußerst grob definiert hatte (81), brachte ein Rundschreiben vom 12.1.1971 insofern eine gewisse Präzisierung(82).

Danach nimmt die jeweilige ministerielle EDV-Kommission Stellung zu den mittelfristigen Automationszielsetzungen der Abteilungen, prüft deren gegenseitige Kohärenz und macht den Minister auf die Zweckmäßigkeit entsprechender struktureller Veränderungen der Verwaltung aufmerksam.

Zu diesem Zweck entwirft die EDV-Kommission für das gesamte Ministerium jährlich einen gleitenden Dreijahresplan mit einer darüberhinausgehenden globalen Vorausschätzung für die zwei darauffolgenden Jahre, der die folgenden Elemente umfaßt:

(a) Die einzelnen Automationsprojekte des Ministeriums, aus denen jeweils hervorgehen sollen:

- eine möglichst präzise Definition - einschließlich quantitativer Bewertung - der zu automatisierenden Aufgaben,
- Zahl und allgemeine Charakteristiken der zur Realisierung der Projekte erforderlichen EDV-Systeme,
- die allgemeinen Betriebsbedingungen dieser Systeme (Betriebsdauer, gemeinschaftlicher Betrieb durch verschiedene Abteilungen etc.),

- die allgemeinen Kriterien der Auswahl der Hersteller unter Berücksichtigung der Zielsetzung der staatlichen Industrieförderungspolitik,
- die geographische Lokalisierung der EDV-Anlagen unter Berücksichtigung der Zielsetzung der staatlichen Raumordnungs- und Regionalentwicklungspolitik,
- die eventuell erforderlichen strukturellen Reformen,
- das Ausmaß der Kohärenz mit den Projekten anderer Ministerien und den allgemeinen staatlichen Richtlinien für die Verwaltungsautomation.

(b) Ein Voranschlag der effektiven Gesamtkosten der einzelnen Projekte (Planung, EDV-Anlagen, RZ-Ausstattung, Betriebskosten, Personal etc.) sowie eine Bestimmung der erforderlichen (jährlichen) Finanzierung (Beschaffungsart, Art der Haushaltsmittel).

(c) Eine Prognose des EDV-Personalbedarfs sowie der Möglichkeiten diesen zu decken (Rekrutierung, Aus- und Fortbildung etc.).

Das Rundschreiben betont weiterhin, daß das jeweilige ministerielle EDV-Ausstattungsprogramm eine Synthese der Projekte sämtlicher für Fragen der Verwaltungsautomation verantwortlicher Stellen des Ministeriums darstellen und insbesondere weder auf ministerieller noch auf interministerieller Ebene Überschneidungen oder Inkompatibilitäten enthalten soll.

Unter Berücksichtigung der im Haushaltsplan jeweils vorgesehenen Mittel werden diese gleitenden Pläne jährlich von den zuständigen EDV-Kommissionen überprüft und modifiziert.

Gemäß Art. 2 des Arrêté des Premier Ministre vom 24.9.1970 werden die einzelnen ministeriellen EDV-Ausstattungsprogramme sodann der interministeriellen EDV-Kommission übermittelt, die darauf aufbauend ein integriertes interministerielles EDV-Ausstattungsprogramm aufstellen soll[83].

Die zu diesem Zweck geschaffene Arbeitsgruppe der interministeriellen EDV-Kommission soll dabei sowohl die Probleme des rationellen Einsatzes des EDV-Maschinenparks und sonstiger Ausstattungen wie die EDV-Personalprobleme besonders berücksichtigen(84).

Es ist jedoch festzustellen, daß die Délégation à l'Informatique als allgemein für die Überwachung der Ausführung der bezüglich der Verwaltungsautomation einschlägigen Vorschriften zuständige Stelle insofern auf erhebliche Schwierigkeiten gestoßen ist.

Bisher hat der Großteil der Ministerien noch keine fundierten EDV-Ausstattungsprogramme im Sinne des Rundschreibens vom 12.1.1971 aufgestellt und realisiert(85).
Von seiten der Délégation à l'Informatique wird dieser Tatbestand im wesentlichen mit dem Hinweis erklärt, daß die Verwaltungsautomation die Strukturprobleme der Verwaltungen bloßlege, dementsprechend schwerwiegenden Entscheidungen bei der Aufstellung der EDV-Ausstattungsprogramme zu treffen seien und die Ministerien daher die Aufstellung dieser Programme vor sich herschöben(86).

Ein mindestens ebenso schwerwiegender Grund ist insoweit jedoch wohl darin zu sehen, daß die ministeriellen EDV-Kommissionen nicht über die erforderlichen Methoden und Informationen für die Erstellung der von ihnen geforderten EDV-Ausstattungspläne verfügen. So stellt der Rechnungshof (Cour des Comptes) in seinem Prüfungsbericht für das Jahr 197o fest, daß die im Rahmen der Planung komplexer EDV-Systeme auftretenden erheblichen Probleme weit davon entfernt sind, theoretisch bewältigt zu sein, und daß insbesondere die Methoden der "feasibility study" und der Wirtschaftlichkeitsrechnung in der öffentlichen Verwaltung bisher nur in höchst beschränktem Maße Anwendung finden(87).

Dementsprechend erscheint die Versicherung der Délégation à l'Informatique, die einzelnen Ministerien hätten sich 1971 verpflichtet, zukünftig EDV-Ausstattungsprogramme zu erstellen, die sodann von ihr selbst zu einer Synthese verarbeitet würden(88), bis auf weiteres eher unrealistisch. In diesem Zusammenhang ist es daher auch sehr bezeichnend, daß der letzte Jahresbericht der Délégation à l'Informatique für den Premier Ministre vom April 1971 datiert, der Folgebericht also seit April 1972 überfällig ist und seine Fertigstellung - auch aufgrund gewisser im Folgenden dargestellten Konzeptionsänderungen - bisher wohl nicht in Sicht steht.

Hauptansatzpunkt der Kritik am bisherigen Konzept der EDV-Ausstattungsprogramme ist jedoch die Tatsache, daß das Schwergewicht in der Praxis zu stark auf die Hardware-Ausrüstung gelegt wurde und zwar unter anderem, weil die EDV-Ausstattungsprogramme im Rahmen des Plan Calcul zugleich als Vehikel der Präferenzpolitik zugunsten der nationalen Hersteller, d.h. insbesondere zugunsten der CII, dienten.

Polemisch ausgedrückt könnte gesagt werden, daß die Délégation à l'Informatique bisher das Hauptgewicht auf die Hardware-Ausrüstung mit französischem Material legte und mehr erläuternd darauf hinwies, daß die Verwaltungsautomation natürlich auch Reformmaßnahmen hinsichtlich Verwaltungsverfahren und Strukturen zeitigen solle. Wenn also die EDV-Ausstattungsprogramme zum Teil bereits als Automationsleitpläne angesprochen wurden(89), so entsprach das keineswegs der Realität und wird auch sowohl durch die Formulierungen sämtlicher einschlägiger Gesetzes- und Verwaltungsvorschriften(9o) wie auch durch ein Papier der Délégation à l'Informatique selbst widerlegt, in dem gerade die Unzulänglichkeit der zu stark hardware-orientierten EDV-Ausstattungsprogramme dargelegt wird(91).

3.2.1.1.2. Automationsleitplanung

Angesichts der Unzulänglichkeit der bisherigen EDV-Ausstattungsprogramme ("programmes d'équipement")ging die Délégation à l'Informatique bereits Ende 1971 daran, ein Konzept einer echten Zielplanung auszuarbeiten, die je nach Projekt 5 bis 15 Jahre in die Zukunft greift und in deren Rahmen die Ausstattungsprogramme nur ein (integriertes) Element darstellen (92).

Nachdem dies Konzept schon im Juni 1972 angekündigt worden war[93] und Ende 1972 die Zustimmung der interministeriellen EDV-Kommission fand[94], veröffentlichte die Délégation à l'Informatique im April 1973 (mit Datum vom Januar 1973) eine Broschüre, die unter dem Titel (Planification informatique: Guide pour l'établissement d' un schéma directeur" zugleich die Konzeption der funktionsorientierten Verwaltungsautomationsleitplanung erläutert und eine Anleitung zur Erstellung der "Schémas directeurs d'automatisation" durch die Verwaltungen gibt[95].

3.2.1.1.2.1. Planification Informatique

Ohne auf die Unzulänglichkeit der bisherigen EDV-Ausstattungsprogramme einzugehen, sich jedoch von ihnen deutlich abhebend, gründet sich die Konzeption der Planification Informatique auf die besondere Bedeutung der Verwaltungsautomation, die darin gesehen wird, daß sie die Infragestellung der Methoden und Strukturen der Verwaltung zugleich fordert und erlaubt, darüberhinaus grundsätzlich Fortschritte in der Abschätzung von Kosten und Nutzen der Verwaltung ermöglicht und im übrigen zur Vereinfachung und Harmonisierung der Beziehungen zwischen den einzelnen Verwaltungen untereinander sowie zwischen der Verwaltung und den Verwalteten beiträgt[96].

Die Notwendigkeit einer Planification Informatique wird dabei begründet mit den der EDV eigenen Terminzwängen (Projektplanungs- und Realisationsdauer von 5 bis lo Jahren und mehr bei umfangreichen Anwendungen etc.) sowie dem ständig anwachsenden Umfang der EDV-Budgets, die Gesamtplanungen erforderlich machen, aus denen Zielsetzungen, Aufwand und Alternativen klar hervorgehen.

Dabei fällt der Planification Informatique im mittel- bis langfristigen Rahmen eine dreifache Funktion zu:

- Planungshilfe für die EDV-Anwendungs- und Ausstattungsplanung der für die Entwicklung der (ministeriellen) Verwaltungsautomation verantwortlichen ministeriellen Stellen,
- Instrument der Kontrolle und Kohärenz auf der Ebene der ministeriellen EDV-Kommissionen,
- Instrument der Koordination, Harmonisierung und Prognose für die Délégation à l'Informatique.

Die verschiedenen im Rahmen der Planification Informatique zu erstellenden Teilpläne sollen sich modulnhaft zu einem nationalen EDV-Entwicklungsgesamtplan ("Schéma d'aménagement informatique du pays") zusammenfügen. Es geht dabei darum, mittels einer im Folgenden behandelten Verfahrensweise die Leitlinien der mittelfristigen Entwicklung der Verwaltungsautomation zu bestimmen und die großen Optionen hinsichtlich der langfristigen Entwicklung zu definieren. Die in Übereinstimmung mit der allgemeinen französischen (Wirtschafts-) Planification auf 1975 und 198o zielenden Leitpläne sollen regelmäßig aktualisiert werden.

Als methodische Bezugspunkte dienen der Planification Informatique die einzelnen EDV-Anwendungen und Projekte, für deren Gesamtheit jeweils die folgenden Elemente bestimmt werden:

- Umfang, Art und Bedeutung des EDV-Einsatzes und dementsprechend Volumen und Natur der erforderlichen Maschinen und Personalausstattung,

- Umfang der anzustellenden Planungen und Untersuchungen und des dazu erforderlichen Personals,
- Umfang des für die Deckung der verschiedenen Kosten erforderlichen Budgets.

3.2.1.1.2.2. Schémas Directeurs d'Automatisation

Die geplanten "Schémas directeurs d'automatisation" (Automationsleitpläne) der einzelnen Ministerien, die im Rahmen der Planification Informatique von entscheidender Bedeutung sein werden, unterscheiden sich von den bisherigen EDV-Ausstattungsprogrammen vor allem durch ihren klar anwendungs-, bzw. funktionsorientierten Charakter[97]. Die eher technischen und präferenzpolitischen Ausstattungsprobleme büßen damit ihren bisherigen die Planung der französischen Verwaltungsautomation überstark bestimmenden Stellenwert ein. Daneben reicht der planerisch erfaßte Zeitraum im Gegensatz zur bisherigen kurz- bis mittelfristigen Planung nun bis zu einer Dekade und mehr in die Zukunft.

Eine weitere praktisch sehr bedeutsame Neuerung liegt darin, daß sich die Délégation à l'Informatique nunmehr nicht mit mehr oder weniger präzisen Empfehlungen bezüglich Inhalt und Methode der aufzustellenden Automationsleitpläne begnügt - was bisher trotz der engeren Optik der Ausstattungsprogramme zu einer erheblichen inhaltlichen und methodologischen Heterogeneität geführt hat -, sondern ein methodisches Schema definiert hat. Die für eine interministerielle Planung erforderliche Kohärenz der ministeriellen Automationsleitpläne soll dabei durch die Verwendung eines 15-teiligen Umfrageformularpakets sichergestellt werden[98].
Die einzelnen ministeriellen Automationsleitpläne gliedern sich danach in folgende fünf Phasen:

(a) Bisherige Entwicklung: Zunächst soll die bisherige Entwicklung des EDV-Einsatzes analysiert und die bisher verfolgte Automationspolitik des jeweiligen Ministeriums und sonstige für die bisherige Entwicklung bedeutsame Gegebenheiten erläutert werden.

Die einzelnen zu beantwortenden Fragen betreffen unter anderem:

- Anzahl und Größe der installierten EDV-Anlagen, EDV-Budget und Personal der letzten 10 Jahre,
- durchschnittliche Zuwachsraten der letzten 3 Jahre bezüglich EDV-Anlagen, Anwendungen und Budget,
- die Entwicklung die Automation fördernde bzw. hemmende Bedingungen (Planungsmittel, (Hardware-) Finanzierungsmodalitäten, Haltung der Benutzer, Strukturen etc.),
- Modalitäten der bisherigen Planung (ein-/mehrjährige Pläne, Wirtschaftlichkeit, Serviceverbesserung, Arbeitserleichterung), Beurteilung der bisherigen Planung),
- Rolle und Beteiligung der Benutzer und EDV-Spezialisten an der Entwicklung des EDV-Einsatzes.

(b) <u>Gegenwärtige Situation:</u> Die darauffolgende Analyse der jeweiligen gegenwärtigen Situation umfaßt die detaillierte Beschreibung der (wichtigsten) operationellen Anwendungen, der laufenden Projekte und eine Aufstellung der eingesetzten Mittel (EDV-Anlagen und Personal, jährlicher Finanzaufwand, Kostenrechnung).
In einer wertenden Stellungnahme soll auf die Rolle der EDV in Bezug auf die speziellen Aufgaben der jeweiligen Verwaltung, auf die organisatorische Gliederung und Zuordnung der EDV-Abteilungen sowie auf Rentabilitätserwägungen und Koordinationsprobleme eingegangen werden.

(c) <u>Entwicklung der gegenwärtigen Situation:</u> Unter den unter dem zweiten Punkt aufgeführten Gesichtspunkten soll die zukünftige Entwicklung (Aufbau, Ausweitung, Einstellung, Zeitplan etc.) der bereits operationellen Anwendungen und der laufenden Projekte dargestellt und beurteilt werden.

(d) <u>Zukünftige Projekte:</u> Darüberhinaus sollen die zukünftigen (mittelfristigen) Projekte der kommenden Jahre identifiziert und summarisch in Funktion, Zielrichtung und Zeitplan dargestellt werden.

Als mögliche Anlässe bzw. Anstöße zu zukünftigen Projekten zitiert die Délégation à l'Informatique insoweit:
- die Entwicklung bereits operationeller Anwendungen,
- die technische Entwicklung im Hardware- und Softwarebereich,
- Automation manueller Funktionen ministerieller Abteilungen und Referate,
- politische Entscheidungen der Minister.

(e) <u>Perspektiven:</u> In einem letzten Schritt werden die unter den vorhergehenden Punkten erfaßten Elemente zusammengefaßt und mit Blick auf die großen Perspektiven der nationalen Planungshorizonte 1975 und 198o dargestellt.

Neben einer Aufstellung der voraussichtlichen EDV-Kosten nach Funktionsgruppen und nach Kostenarten sowie einer Vorausschätzung des EDV-Anlagen- und Personalbestands fordert die Délégation à l'Informatique die Erstellung einer, "cible" ("Zielscheibe") genannten, graphischen Zielprojektion.

Konzept und Gestaltung dieser Graphik, die für die jeweilige Verwaltung die Grobstruktur der automatisierbaren Funktionsgruppen und die Verbindungen der einzelnen Informationssysteme visualisieren soll, wurde vom Automationsleitplan der staatlichen Versorgungsunternehmen EDF-GDF übernommen(99).

Bei dieser Darstellung wird unterschieden zwischen:
- "operativen Systemen" (z.B. Lohn- und Gehaltsberechnungen, Steuerberechnungen etc.), die der Erledigung von Routineaufgaben dienen und
- "entscheidungsunterstützenden Systemen" (z.B. Personalplanung, Investitionsentscheidungen etc.).

Durch die Gegenüberstellung jeweils einer Graphik für 1972 und 198o sollen die Natur und der (aktuelle und zukünftige) Grad der Automatisierung der einzelnen Funktionsgruppen hervortreten.

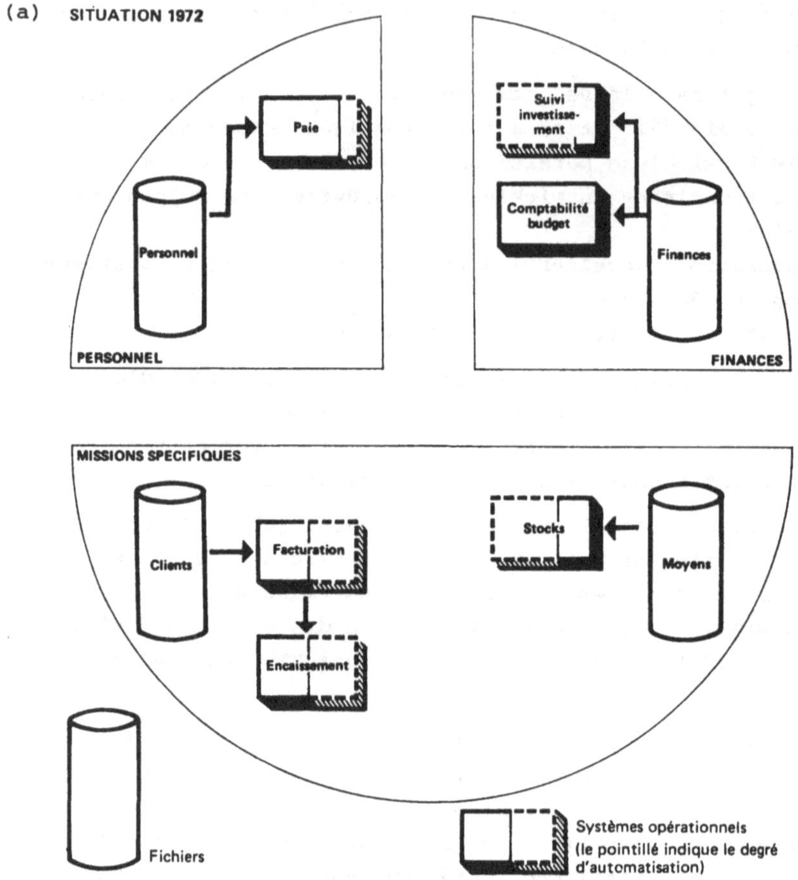

Schaubild Nr. 3.3 : Beispiel einer graphischen Zielprojektion ("cible") im Rahmen eines Automationsleitplans der Electricité de France (EDF) [100].

(b) HORIZON 1980

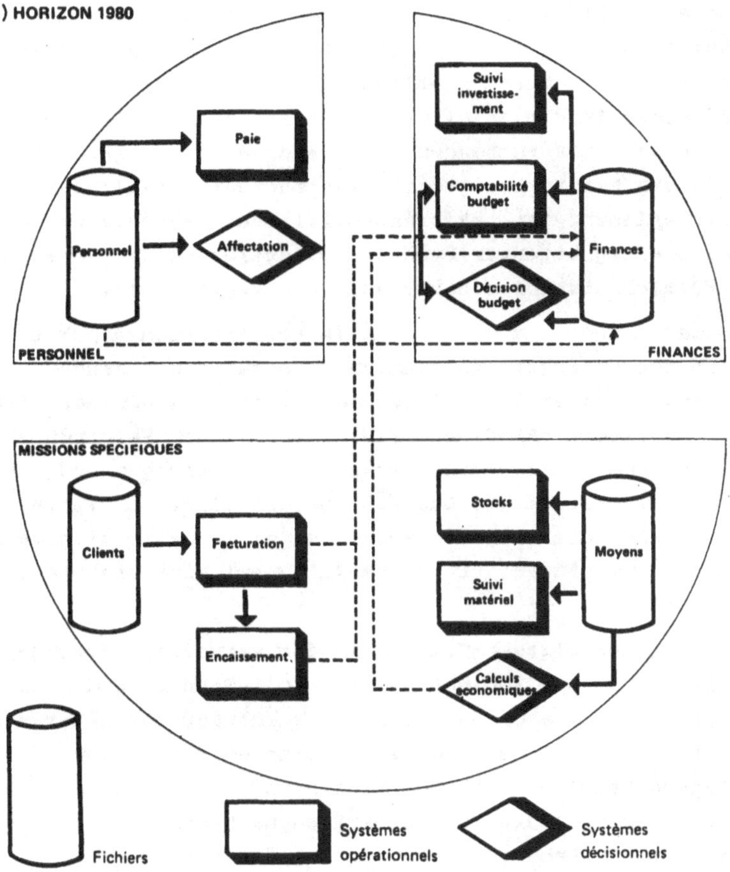

Die neue Ausrichtung dieser Automationsleitpläne, die der EDV-Ausstattungspolitik den bisher überragenden Rang nimmt, wird gerade auch dadurch deutlich, daß der Begriff "Präferenzpolitik" weder in der Anleitung zur Erstellung der Leitpläne noch in den entsprechenden Umfrageformularen auftaucht. So stellt die Eliminierung der Belastung der Verwaltungsautomationsplanung mit präferenzpolitischen Gesichtspunkten bei gleichzeitig betonter Funktionsorientierung den wesentlichen Fortschritt der neuen Planungskonzeption dar.

Ministerielle und interministerielle Koordinationsaspekte werden in den Umfrageformularen unter anderem mit Fragen nach Zeitplan und Grad der Integrierung der allgemeinen Identifikationssysteme SAFARI und SIRENE sowie nach Verbindungen mit anderen (inter-/ministeriellen) Anwendungen und Projekten berücksichtigt. Das Konzept der einzelnen Verwaltungsleitpläne, die sich als Moduln zu einem nationalen Gesamtplan zusammenfügen, zielt ebenfalls auf eine erhöhte Koordination.

In der Frage der Wirtschaftlichkeit der Verwaltungsautomation bringt das neue Konzept allerdings keinen methodologischen Fortschritt; abgesehen von einer (bisher nur näherungsweise erfolgten) Aufstellung der jährlichen Kosten sowie ihrer Aufschlüsselung nach Funktionen und den wichtigsten Kostenarten, wird lediglich summarisch nach der angewandten Wirtschaftlichkeitsbewertungsmethode gefragt.

Über die methodologischen Schwierigkeiten der Durchführung einer Kosten/Nutzen-Analyse hinaus, ist sich die Délégation à l'Informatique der Tatsache bewußt, daß die mittel- bis langfristige Planung unter dem Umstand leidet, daß neben der allgemeinen Schwierigkeit, signifikante Projektionen anzustellen, die einzelnen Ministerien und ihre Abteilungen und Referate aus Ressortrivalität, sonstigen behördeninternen oder politischen Gründen in der Regel nur äußerst widerstrebend ihre zukünftigen Projekte offenlegen. Die

Délégation à l'Informatique schlägt daher vor, in solchen Fällen lediglich die möglichen Alternativprojekte darzulegen[101]. Es sollen so zumindest die großen mittel- bis langfristigen Tendenzen hervortreten, während durch die jährliche Revision der (gleitenden) Automationsleitpläne die für die kurzfristige Weiterentwicklung erforderliche Konkretisierung erfolgt.

Eine erste fundierte Beurteilung des Konzepts der Automationsleitpläne wird jedoch erst nach Erstellung und Erprobung der ersten, bisher noch ausstehenden ministeriellen Automationsleitpläne möglich sein.

3.2.1.1.3. Actions Pilotes Interministérielles

Neben den EDV-Ausstattungsprogrammen, bzw. den Automationsleitplänen und diese ergänzend, stellen die "actions pilotes interministérielles" (interministerielle Leitprojekte) ein wichtiges und flexibles Instrument der interministeriellen Förderung der Verwaltungsautomation durch die Délégation à l'Informatique dar.

Diese EDV-Leitprojekte betreffen begrenzte spezifische Probleme, die für die allgemeine Entwicklung der Verwaltungsautomation von besonderer "strategischer" Bedeutung sind. Dabei kann es sich um die Neuentwicklung oder lediglich um die Verbreitung einer besonderen EDV-Anwendung oder allgemein um die Lösung interministeriell im Rahmen der Verwaltungsautomation auftretender Verfahrens- oder Organisationsprobleme handeln.

Die Délégation à l'Informatique fördert dabei über die interministerielle EDV-Kommission insbesondere die interministeriellen Projekte, die einen Ansatz zu neuen sich auf die EDV stützenden, mehreren Verwaltungen gemeinsamen Strukturen darstellen[102]. Auf diese Weise sollen nicht nur ambitioniertere und wirtschaftlich relevantere Projekte entwickelt werden; die sich bei solchen interministeriellen Projekten ergebende Notwendigkeit der Zusammenarbeit soll vielmehr gleichzeitig direkt dazu beitragen, den beiden verschiedenen Ministerialbehörden bestehenden Hang zur gegenseitigen Abkapselung abzubauen[(lo3)].

Es ist jedoch nicht zu verkennen, daß gerade die bestehenden Verwaltungsstrukturen in keiner Weise die interministerielle Zusammenarbeit begünstigen. So ist es - abgesehen von den normalen Schwierigkeiten der Zusammenarbeit von Spezialisten verschiedener Behörden - hinsichtlich der Finanzierung der Projekte aus haushaltsrechtlichen Gründen nicht möglich, echte interministerielle Budgets aufzustellen. Trotz der damit verbundenen psychologischen Nachteile müssen daher die aus den einzelnen ministeriellen Budgets stammenden Finanzmittel dem Budget eines federführenden Ministeriums zugeordnet werden. Darüberhinaus ist es äußerst schwierig, die finanziellen Beiträge der verschiedenen Ministerien nach Beendigung bzw. Inbetriebnahme des jeweiligen Projekts oder Systems zu bestimmen[(lo4)].

Die Délégation à l'Informatique selbst beteiligt sich in jedem Fall - wenn überhaupt - nur zu einem geringen Teil an der Finanzierung der interministeriellen Leitprojekte, da es das Konzept der "actions pilotes" nicht vorsieht, durch finanzielle Unterstützungen Projekte zu initiieren, sondern finanziell oder in sonstiger Weise lediglich solche interministeriell besonders wichtigen Projekte unterstützt werden sollen, die grundsätzlich auch ohne die Intervention der Délégation à l'Informatique in Angriff genommen worden wären, ohne daß allerdings der interministerielle Aspekt oder die anderweitige Verwendbarkeit des jeweiligen Systems ohne diese Intervention in demselben Maße berücksichtigt worden wäre[(lo5)].

Die aktuell wichtigsten Leitprojekte sind[(lo6)]:
- die Identifikationssysteme SAFARI, SIRENE und SILOE,
- das Datenbankverbundsystem CYCLADES sowie die OER,

- die Automatisierung des öffentlichen (Steuer-) Einnahme- und Ausgabewesens,
- Automatisierung der Aufgaben der allgemeinen Verwaltung,
- Automatische Dokumentationssysteme,
- Ausarbeitung eines normierten, herstellerunabhängigen COBOL.

Obwohl die Formel der interministeriellen Leitprojekte bereits seit etlichen Jahren existiert, werden diese Projekte nach dem Urteil des Rechnungshofs meist nur mangelhaft koordiniert und in einem unzureichend erforschten Rahmen durchgeführt. Darüberhinaus macht in manchen Fällen der spezielle Charakter eines Projekts eine allgemeine Verbreitung und Anwendung unmöglich[107].

3.2.1.2. Normung und Standardisierung

Hardware- und Softwarenormung sowie Informationsstandardisierung ist für eine interministerielle Politik der Verwaltungsautomation von besonderer Bedeutung. Da es sich dabei jedoch zu einem großen Teil um hochspezialisierte technische Detailfragen handelt, wird im Folgenden lediglich ein knapper Überblick über die Schwerpunkte der aktuellen französischen Entwicklungen auf diesem Gebiet gegeben.

3.2.1.2.1. Hardware- und Software-Normung und Standardisierung

Wie bereits angedeutet, ist es insbesondere auch Aufgabe der interministeriellen EDV-Kommission, Maßnahmen der (Hardware- und Software-) Normung und Standardisierung koordinierend zu initiieren und zu fördern. Für diesen Aufgabenkreis wurde eigens eine spezialisierte Groupe de Travail "Evaluation - Normalisation" geschaffen, die sich im einzelnen mit den folgenden Problemen befaßt:

- Hardware-Kompatibilität (insbesondere der Input-/ Output-Einheiten und peripheren Speicher),
- normalisierte Programmiersprachen,
- Dateistrukturen,
- Programmier- und Systemanalyse-Methoden,
- Kodierung und Zeichendarstellung.

Dabei arbeitet die Arbeitsgruppe besonders eng mit der Association Française de Normalisation (AFNOR) zusammen, die ihrerseits in Kontakt mit anderen nationalen und internationalen Organisationen (z.B. AFCET, ISO, ICSUAB etc.) steht.

Während es insofern Hauptaufgabe der Groupe de Travail "Evaluation - Normalisation" ist, die in den verschiedenen Verwaltungen verwandten Standards hinsichtlich des Hardware- wie Software-Einsatzes sowie der Informations-Kodierung soweit wie möglich zu vereinheitlichen, wird auch hier das Ziel der Reduzierung der Abhängigkeit von den, bzw. dem beherrschenden amerikanischen Hersteller(n) betont im Auge behalten[1o8].

So wird beispielsweise versucht, die Übernahme der durch die monopolähnliche Marktstellung der IBM bedingten faktischen Normung möglichst zu vermeiden, um in der Beschaffungspolitik zugunsten der Hersteller des Plan Calcul freie Hand zu behalten[1o9].

Auf dem Software-Sektor bestehen Bemühungen, die Probleme der Adaptation von Programmen und der Umschulung des Personals bei Herstellerwechsel zu verringern. In diesem Rahmen wird von der interministeriellen EDV-Kommission mit Unterstützung durch die Délégation à l'Informatique besonders das Projekt der Erarbeitung eines herstellerunabhängigen COBOL gefördert[11o].

Bei der Entwicklung standardisierter Software-Produkte wird das Hauptgewicht weniger auf komplette Anwenderprogrammpakete als vielmehr auf Arbeits- und Dienstprogramme gelegt[111]. Es ist jedoch geplant, langfristig insbesondere Programmpakete für die Dateiverwaltung und die Gewinnung von Planungs- und Führungsdaten zu entwickeln.

Wie die Bezeichnung der Groupe de Travail "Evaluation - Normalisation" bereits aussagt, befaßt sie sich im übrigen auch mit dem mit den Fragen der Normung und Standardisierung eng verbundenen Problemkreis der Hardware- und Software-Bewertung.

Ohne weiter auf technische Einzelheiten einzugehen, sei hier noch auf das Bureau Inter-Administration de Documentation Informatique (BIADI) hingewiesen, das besonders für die Verbreitung der Arbeiten der Groupe de Travail "Evaluation - Normalisation" und der Stellen, auf die sie sich in ihrer Arbeit stützt (STI der EDF/GDF, STERIA etc.), eine wichtige Rolle spielt.

3.2.1.2.2. Informationsstandardisierung

Neben den Arbeiten der Groupe de Travail "Evaluation - Normalisation" hat sich die interministerielle Standardisierungspolitik besonders auf die Informationsstandardisierung konzentriert.

Während auf die Identifikationssysteme SAFARI, SIRENE und SILOE im Folgenden noch ausführlich eingegangen wird, seien hier zwei Projekte aus dem Bereich der Nomenklaturen und der Buchhaltung kurz angesprochen.

(a) Von der Commission Nationale des Nomenclatures d'Activités et de Produits, deren Sekretariat vom INSEE wahrgenommen wird, werden offizielle - besonders wirtschaftsorientierte - Nomenklaturen erarbeitet bzw. modernisiert.

Abgesehen von einem Projekt für die Erarbeitung eines Nomenklatursystems der Berufe und Beschäftigungen ist vor allem die seit Anfang 1973 begonnene Einführung eines hierarchischen Nomenklatursystems der Wirtschaftsaktivitäten und Produkte (N8o - N5oo - N3ooo - N1oooo) zu beachten, das eine Mehrzahl nur teil-kompatibler Nomenklaturen ersetzen wird[112].

Neben dem unmittelbaren Zweck der Klassifizierung der Wirtschaftsaktivitäten und Produkte, ist es das wichtigste Ziel des neuen Nomenklatursystems, weit operationellere Erhebungen über den Wirtschaftsablauf zu ermöglichen. Die wichtigsten dabei direkt implizierten Systeme der Verwaltungsautomation sind das SIRENE sowie sämtliche Wirtschaftsdatenbanken der Verwaltung.

(b) Bereits seit 1947 besteht ein von der Commission de Normalisation des Comptabilités (heute: Conseil National de la Comptabilité) ausgearbeiteter "Plan Comptable Général" (Einheitskontenplan). Der Zweck dieses Plan Comptable ist es, eine fortschreitende Normung der Buchhaltungen des öffentlichen wie privaten Sektors durch allgemeine Verwendung von kohärenten Kontenplänen sowie einheitlichen Bewertungs- und Berechnungsmethoden zu erreichen[113]. Dabei wird besonderes Gewicht auf durchgängige Kompatibilität zwischen privatwirtschaftlicher und öffentlicher Buchhaltung sowie der volkswirtschaftlichen Gesamtrechnung gelegt.

In diesem Rahmen arbeitet insbesondere auch das INSEE an einer neuerlichen Reform des Plan Comptable mit. Dabei ist das INSEE daran interessiert, daß der Plan Comptable besser an die Erfordernisse der Statistik und der volkswirtschaftlichen Untersuchungen angepaßt wird, wodurch zugleich die Qualität und Mobilität nicht nur der Informationen der vom INSEE betriebenen Datenbanken wesentlich erhöht würden[114].

3.2.2. Beschaffungspolitik

Im Folgenden wird unter Ausklammerung der technischen Details auf die wichtigsten Besonderheiten der Beschaffungspolitik der französischen staatlichen Verwaltung eingegangen[115].

Diese Besonderheiten siedeln sich auf drei Niveaus an:

- Systemauswahl,
- Finanzierung,
- Beschaffungsverfahren.

3.2.2.1. Präferenzpolitik

Die (Hardware-) Herstellerauswahl der französischen Verwaltung wird in ihrer Gesamtheit in außerordentlich starkem Maße von der "politique préférentielle" bestimmt. Diese Präferenzpolitik hat als integrierter Bestandteil des Plan Calcul das Ziel, die französischen Computerhersteller durch Aufträge der öffentlichen Hand bevorzugt zu stützen.

Diese insbesondere nach den Kooperationsverträgen bzw. dem Zusammenschluß der CII mit Siemens und Philips in der Unidata - eindeutig gegen die bzw. den amerikanischen Hersteller gerichtete protektionistische Beschaffungspolitik wird mit dem Hinweis gerechtfertigt, daß es unannehmbar sei, daß der französische Staat einschließlich seines militärischen Verteidigungssystems von unter ausländischer Kontrolle stehenden Herstellern abhängig und der Willkür ihrer Geschäftspolitik unterworfen ist[116]. Im übrigen wird betont, daß die amerikanische Computerindustrie ihre Vormachtstellung im wesentlichen den umfangreichen Aufträgen der amerikanischen Verwaltung und des Militärs verdankt, die die der europäischen Verwaltungen um das Zwanzigfache überstiegen.

Während der Begriff "politique préférentielle" früher von den leitenden Stellen, insbesondere von der Délégation à l'Informatique offiziell geläufig verwandt wurde[117], ist man heute, ohne daß das Konzept - abgesehen von der Ausweitung auf Grund der Verbindung CII-Siemens-Philips -

inhaltlich geändert worden wäre, zumindest verbal etwas diskreter. Nachdem noch im (vertraulichen) Jahresbericht von 1971 die "application de la politique préférentielle" durch die einzelnen Ministerien jeweils in einem eigenen Abschnitt bewertet wurde[117a], erscheint der Begriff "politique préférentielle" in der Anleitung zur Erstellung der neuen ministeriellen Automationsleitpläne von 1973 an keiner Stelle mehr.

Wenn auch der Anteil der französischen Hersteller am gesamten Computerpark der öffentlichen Hand noch nicht spektakulär gestiegen ist, so zeigt jedoch gerade dieser Stilwandel, daß das Prinzip der bevorzugten Berücksichtigung der französischen Hersteller inzwischen trotz aller Hindernisse in der Verwaltung weitestgehend akzeptiert und durch das Beschaffungsverfahren institutionalisiert ist.

In mündlichen Äußerungen wird seitens der Délégation à l'Informatique die "politique préférentielle" mehr als "politique concurrentielle" qualifiziert, die zu Preisreduktionen seitens der amerikanischen Hersteller führe. "On ne discute pas", d.h. es wird als völlig "natürlicher Reflex der Verwaltung" empfunden, die französischen Hersteller zu berücksichtigen, wenn diese das jeweils benötigte Produkt zu im wesentlichen gleichen Preisen liefern können. Wenn das nicht der Fall ist, sollen die übrigen europäischen Hersteller und erst danach die amerikanischen Berücksichtigung finden[118].

Es besteht also grundsätzlich kein Monopol zugunsten der französischen Hersteller. Abgesehen davon, daß die CII als einziger französischer Hersteller von kompletten Systemen ohnehin nur über eine beschränkte Modellreihe verfügt, die zum Teil in der technischen Leistungsfähigkeit der Hardware wie der Betriebssysteme deutlich gerade hinter der amerikanischen Konkurrenz zurückbleibt, will sich die französische Verwaltung andererseits auch nicht in die einseitige Abhängigkeit der CII bringen. Es wird jedoch für die CII ein (wertmäßiger) Anteil von 5o % am gesamten Computerpark der Verwaltung angestrebt[(119)]. Dabei sollen, um eine kostenungünstige Zersplitterung des Computerparks der einzelnen Ministerien zu verhindern, für jedes Ministerium bzw. für jede Direction Générale der großen Ministerien jeweils nur zwei bis drei Hersteller berücksichtigt werden.

Diese Politik der Begrenzung der Zahl der Hersteller wurde unabhängig von der Präferenzpolitik beispielsweise bereits vom Ministère de l'Economie et des Finances verfolgt. Zwar ist das INSEE rein IBM-ausgestattet, die EDVA-Ausstattung der Direction Général des Impôts teilen sich jedoch Honeywell-Bull und IBM und die Direction de la Comptabilité Publique bezog ihre EDV-Anlagen bisher von Burroughs und IBM bzw. nunmehr von der CII.

Das Ministère de l'Equipement et du Logement wird sich in Zukunft auf Anlagen von IBM und CII beschränken. Das Ministère des Postes et Télécommunications wird für den Bereich "Télécommunications" CDC und CII, für den Bereich "Postes" IBM und CII und für das Centre National d'Etudes des Télécommunications (CNET) Honeywell-Bull und CII berücksichtigen.

Das Bestreben den allgemeinen Anteil der CII auf 5o % zu heben, schränkt im Verein mit dieser Politik der Beschränkung der Zahl der Hersteller offensichtlich die Konkurrenz ganz erheblich ein und rechtfertigt es eher, von einer "politique préférentielle" als von einer "politique concurrentielle" zu sprechen; dies zumal da einerseits ein höherer Preis seitens der CII diese nicht immer aus der Konkurrenz wirft, während das Angebot eines leistungsfähigeren Systems seitens eines nichtfranzösischen Herstellers diesem nicht notwendig den Zuschlag bringt. Nach Aussage des Präsidenten der EDV-Kommission eines Ministeriums der Kategorie der großen EDV-Benutzer kann sogar in gewissem Sinne in manchen Fällen von einem "monopole de fait de la CII" gesprochen werden, also von einem faktischen Monopol der CII.

Dementsprechend moniert der Rechnungshof, daß der Wahl eines EDV-Systems nicht immer eine ausreichende technisch-wirtschaftliche Analyse vorausgeht und fordert die verstärkte Anwendung von Multicriteria-Analysen, Simulationstechniken und Wirtschaftlichkeitsberechnungen zum Zwecke der Systembewertung[12o].

In ihrer Antwort auf diese Kritik erwidert die Délégation à l'Informatique jedoch, daß sie grundsätzlich die Anwendung der bisher existierenden Systembewertungsmethoden trotz ihrer Unzulänglichkeiten propagiere und die Entwicklung neuer Methoden fördere, daß jedoch Systembewertung und die Wahl eines EDV-Systems unter Berücksichtigung der Erfordernisse einer kohärenten Industrieförderungspolitik zwei verschiedene Dinge seien[121].

Die Délégation à l'Informatique ist insoweit der Ansicht, daß partielle Sub-Optimierungen zu Lasten der Verwaltung als Preis der nationalen EDV-Industrieförderungspolitik im Dienst einer Global-Optimierung zu akzeptieren sind, wobei sie allerdings übereinstimmend mit dem Rechnungshof fordert, daß in jedem Fall zumindest die Kosten jeweils ausgewiesen werden.

Wenn trotz der außerordentlich starken Unterstützung durch die Präferenzpolitik,über deren Anwendung die Délégation à l'Informatique im Verein mit den inter-/ ministeriellen EDV-Kommissionen im Rahmen des institutionalisierten Beschaffungsverfahrens[122] wacht, im Januar 1973, also sechs Jahre nach Unterzeichnung der ersten Konvention mit der CII deren Anteil am Computerpark der Verwaltung erst bei 26 % lag, so hat das eine Reihe von Gründen.

Verschiedene Schwierigkeiten gründen in der Tatsache, daß die CII 1967 technisch, finanziell, vertriebs- und servicemäßig praktisch vom Nullpunkt ausging.

So war die Hardware zunächst relativ störanfällig. Die beschränkte Modellreihe wies Lücken auf; die Kooperation mit Siemens und Philips soll auch insofern Änderungen bringen. Auch im Bereich der Peripherie und der Software ist noch immer ein deutlicher Rückstand gerade zur amerikanischen Konkurrenz zu verzeichnen. Daneben ist das im EDV-Bereich außerordentlich wichtige Service-Netz der CII in der Provinz, d.h. im gesamten Frankreich außer in Paris sowohl hinsichtlich Fachpersonal wie Ersatzteillager nicht sehr dicht und reaktionsschnell.

Diese spezifischen Schwierigkeiten der CII machten die Einführung ihrer Produkte in die Verwaltung und den damit vielfach verbundenen ohnehin kostenaufwendigen Herstellerwechsel besonders delikat und langwierig. (In einigen "strategisch" wichtigen Fällen allerdings unterstützte die Délégation à l'Informatique bei Herstellerwechsel das Umschreiben von Programmen.) Darüberhinaus stellte die Beschaffung von EDV-Anlagen der CII für die Verwaltung eine finanzierungstechnische Schwierigkeit dar, auf die im Folgenden noch eingegangen wird[123].

Zu diesen objektiven Hindernissen traten mehr subjektive Widerstände der EDV-Fachkräfte der Verwaltung hinzu.

Bei diesen spielte insbesondere die Vertrautheit mit den Systemen und dem Verkaufs- und Servicepersonal des jeweiligen bisherigen Herstellers sowie das Renommee der, bzw. des amerikanischen Hersteller(s) begleitet von einer gewissen generellen Skepsis gegenüber der französischen Industrie eine Rolle. Vor allem auf Grund der anfänglichen technischen Schwierigkeiten im Betrieb der CII-Systeme und der Unzulänglichkeiten der Software fühlten sich besonders die für den Betrieb der EDV-Anlagen verantwortlichen Fachkräfte vielfach als Versuchskaninchen mißbraucht, während die für die Systemauswahl verantwortlichen leitenden Beamten eine relativ geringere Wirtschaftlichkeit befürchteten. Mit zunehmender Verbesserung der Produkte der CII und dem wachsenden Erfolg der Präferenzpolitik sowie allgemein des Plan Calcul verringerten sich diese mehr subjektiven Widerstände. Heute kann daher festgestellt werden, daß das Prinzip der "politique préférentielle", von der in Zukunft auch Siemens und Philips im Rahmen der Unidata profitieren werden, grundsätzlich allgemein in der französischen Verwaltung akzeptiert wird.

3.2.2.2. Finanzierungspolitik

Es existiert keine allgemein definierte interministerielle Finanzierungspolitik nach der im Einzelfall entschieden würde, ob eine EDV-Anlage mittels Kaufs, Miete oder Leasings beschafft wird, oder die insofern auch nur eine allgemeine Leitlinie gäbe.

Entgegen dem traditionellen Übergewicht der Mietverträge[124] betonen jedoch sowohl der Rechnungshof wie die Délégation à l'Informatique, daß aus Wirtschaftlichkeitsgründen verstärkt der Kauf, bzw. das Leasing berücksichtigt werden sollten und in jedem einzelnen Beschaffungsfall sorgfältig geprüft werden sollte, ob durch Kauf oder Leasing nicht Kosteneinsparungen möglich sind[125]. Verschiedene die Problemstellung betreffende Untersuchungen kommen im wesentlichen ebenfalls zu dem Ergebnis, daß Kauf und Leasing Einsparungsmöglichkeiten bieten, die bisher nicht voll ausgenutzt werden[126].

Ebenso übereinstimmend wird jedoch darauf hingewiesen, daß die Konzeption der Trennung von "crédits d'investissement" (Investitionsmittel) und "crédits de fonctionnement" (Betriebsmittel) im französischen Haushaltsplan sich in starkem Maße zuungunsten insbesondere des Kaufs von EDV-Anlagen auswirke[127]. Rechnungshof und Délégation à l'Informatique fordern dementsprechend eine Reform des Haushaltsrechts, die die "Neutralität" des Haushaltsplans gegenüber der Alternative "Kauf / Leasing / Miete" gewährleistet[128].

Die Délégation à l'Informatique, die die zuständige Direction du Budget des Ministère de l'Economie et des Finances bereits 197o auf die Notwendigkeit einer solchen Reform hingewiesen hat, ohne daß bisher eine Änderung eingetreten wäre, sieht die geeignetste Lösung darin, jegliche EDV-Beschaffungsausgaben unterschiedslos als Investitionsausgaben zu behandeln[(129)]. Dabei würde vor allem berücksichtigt, daß die Ministerien ohnehin in Übereinstimmung mit der neuen Konzeption der Automationsleitpläne zukünftig integrierte mittelfristige Gesamtplanungen machen sollen, die durch sogenannte sich auf mehrjährige Zeiträume beziehende "autorisations de programme" mit Haushaltsmitteln gedeckt werden.

Daß jedoch auch bereits bei den gegebenen haushaltsrechtlichen Vorschriften eine kohärente Gesamtstrategie unter gewissen Voraussetzungen über einen beträchtlichen Spielraum verfügen kann, zeigt die äußerst konsequente EDV-Beschaffungspolitik des Ministère de l'Education Nationale.

Sich den Empfehlungen einer Arbeitsgruppe[(13o)] anschließend, befürwortet die EDV-Kommission des Ministère de l'Education Nationale seit Ende 197o den Kauf als grundsätzlich wirtschaftlichste Art der Beschaffung von EDV-Anlagen, während in den übrigen Fällen zumindest das Leasing der Miete vorzuziehen sei[(131)].

Um die Nachteile des Kaufs von EDV-Anlagen, die vor allem in einer erhöhten Inflexibilität hinsichtlich später eventuell erforderlicher Systemwechsel liegen, zu vermeiden, wird dabei zu gewissen Korrektiven gegriffen. So wird im Einzelfall lediglich ein Teil der Gesamtkonfiguration gekauft, während der voraussichtlich kurzfristig auszutauschende Teil gemietet wird.

Die spezielle Besonderheit der Beschaffungspolitik des Ministère de l'Education Nationale besteht darin, daß gekaufte EDV-Anlagen systematisch im Bereich des Ministeriums transferiert werden und so eine Art interner Gebrauchtmarkt entsteht. Erweist sich beispielsweise für ein bestimmtes Universitätsrechenzentrum im Laufe der Zeit ein Systemwechsel aus Kapazitäts- oder technologischen Gründen als notwendig, so wird ein leistungsstärkeres System sei es gekauft, sei es von einer dritten Stelle übernommen, während das alte System beispielsweise zu einer Universität transferiert wird, die bisher noch nicht über eine eigene EDV-Anlage verfügte[132].

Auf diese Weise wird die Lebensdauer einer EDV-Anlage und damit der wirtschaftliche Vorteil des Kaufs voll ausgenutzt, ohne die dynamische Entwicklung zu hemmen.

Auf Grund dieser Politik war es dem Ministère de l'Education Nationale zum Beispiel im akademischen Jahr 1971/72 möglich in 13 von 21 Fällen EDV-Anlagen käuflich zu erwerben;dabei wurde in 2 Fällen ein Teil der Konfiguration gemietet. Wenn dahingegen in derselben Periode lediglich eine Anlage im Leasingverfahren beschafft wurde, so wird das damit erklärt, daß es noch an Erfahrung mit den komplizierteren Leasingverträgen fehle.

So positiv Konzeption wie Ergebnis dieser Beschaffungspolitik zu werten sind, so ist doch nicht zu verkennen, daß sie nicht ohne weiteres auf andere Ministerien transferierbar ist. Dem Ministère de l'Education Nationale wird diese Politik vor allem dadurch ermöglicht, daß es in seiner Gesamtheit einer der größten öffentlichen EDV-Benutzer ist und so für gebrauchte EDV-Anlagen in der Regel immer in irgendeinem Bereich eine Verwendungsmöglichkeit existiert. Das wird im übrigen noch dadurch erleichtert, daß vielfach bei im wesentlichen gleichartigem Einsatz der Kapazitätsbedarf, z.B. an verschiedenen Universitäten unterschiedlich ist, so daß die Übernahme einer Anlage, deren Kapazität für ein großes Forschungsinstitut zu klein geworden ist, einschließlich eines Teils der Software durch ein auf demselben Gebiet arbeitendes Institut mit geringerem Rechenbedarf ohne größere Schwierigkeiten möglich ist.

Diese auf dem Transfer von EDV-Anlagen basierende Beschaffungspolitik ist jedoch beispielsweise im Ministère de l'Economie et des Finances, dessen gesamter Computerpark bisher gemietet ist, zumindest in der Form nicht anwendbar. Zwar ist das Ministère de l'Economie et des Finances in seiner Gesamtheit ebenfalls ein großer EDV-Benutzer, die großen "directions générales" (DGI, DGD, CP etc.) sind jedoch als relativ selbständige und selbstbewußte "Mini-Ministerien" gegeneinander stark abgekapselt und eine Koordination in Form einer integrierten Beschaffungspolitik mit systematischem Transfer von EDV-Anlagen erscheint zumindest heute - wohl auch auf Grund unterschiedlicher Bedürfnisse - nicht möglich.

Selbst innerhalb der einzelnen "directions générales" wäre eine solche Politik des systematischen Transfers nicht realisierbar, da der räumliche Zuständigkeitsbereich der regionalen - weitgehend "banalisierten" - Rechenzentren derart aufgeteilt ist, daß die Arbeitsbelastung jeweils praktisch identisch ist. Ein Systemwechsel aus Kapazitäts- oder technologischen Gründen ist daher im Grunde immer für sämtliche Rechenzentren mehr oder weniger zugleich erforderlich.

3.2.2.3. Beschaffungsverfahren

Organisation und Ablauf des formellen Beschaffungsverfahrens stellen ein plastisches Beispiel für den interministeriellen Charakter und das Streben nach Koordination der Politik der französischen Verwaltungsautomation dar.

Das einzelne die Beschaffung eines Hardware-Systems oder eines Software-Produkts umfassende Automationsprojekt wird der jeweiligen ministeriellen EDV-Kommission zur Genehmigung unterbreitet. Diese prüft in vollem Umfang die Opportunität des Projekts und des entsprechenden Vertragsentwurfs mit dem jeweiligen Hersteller(133). Dabei wird das Projekt nicht isoliert, sondern in Bezug auf seine Kohärenz mit der allgemeinen Konzeption und Entwicklung der Verwaltungsautomation des Ministeriums und den sonstigen operationellen oder geplanten Anwendungen beurteilt. Ein besonderes Augenmerk wird auch auf die Vereinbarkeit mit der Präferenzpolitik gerichtet.

Die Begutachtung des Projekts resultiert in einer ausführlichen Stellungnahme, aus der der Standpunkt der EDV-Kommission wie der des jeweiligen ihr angehörenden Vertreters der Délégation à l'Informatique hervorgehen. Bei Unvereinbarkeit dieser beiden Standpunkte wird der Vorgang dem zuständigen Minister vorgelegt. Sollte die daraufhin erfolgende Stellungnahme des befaßten Ministers die Délégation à l'Informatique nicht zufriedenstellen, so kann sie in Ausübung ihres sich aus dem interministeriellen Rundschreiben Nr. 14.o96/SG vom 7.12.1967 ergebenden Vetorechts die Angelegenheit zur Entscheidung vor den Premier Ministre bringen[134]. Dieser Fall ist zwar bisher nur äußerst selten eingetreten, die grundsätzliche Möglichkeit des Vetos verleiht den Vertretern des Délégué à l'Informatique jedoch in den ministeriellen EDV-Kommissionen eine erhöhte Autorität, die insbesondere dazu dient, die Anwendung der Präferenzpolitik in den Ministerien sicherzustellen[135].

Findet das der EDV-Kommission unterbreitete Automationsprojekt die Zustimmung sowohl der Kommission wie des Vertreters der Délégation à l'Informatique, so wird der Vorgang - soweit von ausreichender Bedeutsamkeit - einschließlich der zustimmenden Stellungnahme an die Commission des Marchés d'Informatique zur Rechtmäßigkeitskontrolle des Auftragsvergabeverfahrens sowie zu einer abschließenden umfassenden Überprüfung der Vertragsbedingungen überwiesen[136].

Wie oben bereits dargestellt, führt die Prüfung durch die Kommission für das EDV-Beschaffungswesen jedoch zu einer lediglich empfehlenden Stellungnahme, über die sich die für das Projekt verantwortliche Stelle unter schriftlicher

Begründung gegenüber dem zuständigen Minister hinwegsetzen kann. Dieser Fall tritt allerdings höchst selten ein.

Die a priori-Kontrolle der Rechtmäßigkeit des jeweils konkreten Beschaffungsverfahrens hat grundsätzlich entsprechend den allgemeinen Prinzipien der Sparsamkeit der Verwaltung und der Neutralität des öffentlichen Beschaffungswesens insbesondere den Zweck, auf eine gleichmäßige Berücksichtigung der Gesamtheit der jeweils in Frage kommenden Hersteller im Ausschreibeverfahren hinzuwirken, um so einseitige Bevorzugungen einzelner Hersteller zu verhindern und gleichzeitig eine für die Verwaltung kostengünstige Beschaffung sicherzustellen. Dieses Ziel wird jedoch in der Praxis der französischen Verwaltungsautomation nur bedingt erreicht. Abgesehen davon, daß aufgrund der technischen Komplexität der EDV und des damit verbundenen bedeutenden Aufwands (gerade auch für die ausschreibende Verwaltung) üblicherweise ohnehin nur eine sehr beschränkte Zahl von Herstellern zur Abgabe von Angeboten aufgefordert werden kann, ist es nun einmal ganz im Gegenteil das erklärte Ziel der von der Verwaltung insgesamt verfolgten Präferenzpolitik, die bzw. den französischen Hersteller zu bevorzugen. Dazu kommt noch die bereits dargestellte - technisch und wirtschaftlich gerechtfertigte - Politik, die Zahl der berücksichtigten Hersteller grundsätzlich auf zwei bis drei Hersteller pro Ministerium bzw. Generaldirektion zu beschränken, wobei global ein Anteil von 5o % für die CII angestrebt wird, so daß zumindest in kurzfristigem Rahmen kaum noch von freier Konkurrenz gesprochen werden kann.

Dementsprechend entsteht der Eindruck, daß IBM als wichtigster "präferenzpolitikgeschädigter" Hersteller sich zum Teil nur mit verhaltenem Interesse mit Angeboten in die Konkurrenz begibt.

Unter diesen Umständen erscheint es nicht erstaunlich, daß der Rechnungshof zwar die nicht seltene Reduzierung der Konkurrenz auf eine reine Formalität rügt, sich dann jedoch resignierend mit der Forderung begnügt, in den Fällen, in denen die Beschaffungsentscheidung nicht nach Leistungsfähigkeitskriterien und Preis gefällt wird, soweit möglich zumindest die technischen und finanziellen Auswirkungen der Entscheidung darzulegen[137].

Abgesehen von der von ihr durchgeführten umfassenden Rechtmäßigkeitskontrolle des Auftragsvergabeverfahrens fungiert die Kommission für das EDV-Beschaffungswesen gegenüber der für das jeweilige Automationsprojekt verantwortlichen Stelle zugleich als Beratergremium.

Soweit noch nicht durch die zuständige ministerielle EDV-Kommission geschehen, macht die Kommission für das EDV-Beschaffungswesen auf im zum Abschluß anstehenden Vertrag enthaltene für die Verwaltung ungünstige Vertragsklauseln aufmerksam.

Nach dem Urteil der Délégation à l'Informatique erfüllt die Kommission insoweit eine wichtige Funktion, wobei zugleich angeregt wird, das gesamte Beschaffungswesen darauf aufbauend derart zu zentralisieren, daß die einzelnen Verwaltungen den Herstellern gegenüber nicht individuell auftreten, sondern daß die staatliche Verwaltung in ihrer Gesamtheit ihre Stellung als bei weitem größter nationaler Abnehmer ausnutzt[138].

Eine solche weitgehende - bisher allerdings nicht in Aussicht stehende - Zentralisierung der Verwaltung des gesamten Computerparks der öffentlichen Hand würde eine Reihe von Möglichkeiten eröffnen:

- Ähnlich dem zwischen der amerikanischen Verwaltung und der IBM abgeschlossenen Government Instalment Purchase Plan könnten auch bei Herstellern, die nicht dem Plan Calcul assoziiert sind, günstigere finanzielle Sonderkonditionen erzielt werden[139].
- Es könnten - insbesondere mit der CII - integrierte Beschaffungspläne über jeweils eine Vielzahl von Systemen im Gegensatz zu den bisher üblichen "Einzelbeschaffungs-

aktionen" ausgearbeitet werden.

- Das Problem der Finanzierung der EDV-Ausstattung sowie insbesondere das Problem der mangelnden Neutralität der haushaltsrechtlichen Vorschriften könnte mittels "Auto-Leasing" der Verwaltung gelöst werden.
- Es könnte ein inter-administrativer Gebrauchtmarkt für EDV-Anlagen organisiert werden, der ähnlich der Transferpolitik des Minstère de l'Education Nationale durch verstärkten Kauf von EDV-Anlagen erhebliche Kosteneinsparungen ermöglichen würde.

3.2.3. Personalpolitik

Die Personalprobleme sind im Rahmen der französischen Verwaltungsautomation, wie bereits aus der dynamischen Entwicklung des EDV-Personalbestandes und der EDV-Personalkosten deutlich wird[14o], von ganz besonderer Bedeutung. Nach der Schätzung der Délégation à l'Informatique wird der EDV-Maschinenpark der französischen Verwaltung aufgrund unzureichenden Personalbestands und mangelnder Qualifikation der EDV-Fachkräfte nur zu 5o % bis 6o % seiner Kapazität ausgenutzt[141]; in Beziehung zu den jährlichen Ausstattungsausgaben gesetzt entspricht das nach der Délégation à l'Informatique einem Verlust von 25o bis 3oo Mill. Francs[142].

Wie diese Zahlen bereits zeigen, mangelt es bisher an einer effektiven EDV-Personalpolitik. Während der Plan Calcul und die Präferenzpolitik auf die EDVA-Ausrüstungspolitik als Katalysatoren wirkten, wurde die Personalpolitik trotz durchaus erheblicher Zunahmen des öffentlichen EDV-Personalbestands auf ministerieller wie interministerieller Ebene deutlich vernachlässigt. Die Délégation à l'Informatique, die im EDVA-Beschaffungswesen gestützt auf ihr Vetorecht erhebliche Autorität besitzt, muß sich hinsichtlich der EDV-Personalprobleme mit kritischen Analysen der Personalsituation in den einzelnen Ministerien und Anregungen zu

Reformen, insbesondere gegenüber der für das öffentliche Dienstrecht zuständigen Direction Générale de l'Administration et de la Fonction Publique begnügen[143].

Die Bedeutung und Wirkung der erst im September 197o gebildeten Commission (Interministérielle) des Personnels de l'Informatique, die ohnehin darauf beschränkt ist, von der Commission Interministérielle de l'Informatique angeforderte Stellungnahmen und Gutachten hinsichtlich allgemeiner Probleme des EDV-Personals anzufertigen, ist ebenfalls, wie bereits angedeutet, sehr beschränkt geblieben[144].

Auch auf ministerieller Ebene sind nach dem Urteil der Délégation à l'Informatique - jedoch wohl mit gewissen Ausnahmen insbesondere im Fall des Ministère des Postes et Télécommunications - bisher keine systematischen Maßnahmen ergriffen worden. So forderte die Délégation à l'Informatique, die im übrigen auf Grund der von ihr geförderten einseitigen Betonung der EDV-Beschaffungs- und Präferenzpolitik an diesem Zustand nicht ganz unschuldig ist, bereits 1971, daß die einzelnen Verwaltungen parallel zu den EDVA-Beschaffungsprojekten EDV-Personalrekrutierungs-, Beförderungs- und Ausbildungspläne ausarbeiten und für die Bereitstellung der für die Realisierung dieser Pläne erforderlichen technischen und finanziellen Mittel sorgen sollten[145]. Es steht jedoch inzwischen zu hoffen, daß mit der Einführung des neuen Konzepts der Automationsleitpläne sich sowohl auf ministerieller wie interministerieller Ebene eine einheitliche und effektive EDV-Personalpolitik herauskristallisiert. Die Komplexität der eng miteinander verbundenen, im Folgenden behandelten Probleme hinsichtlich dienstrechtlicher Stellung, Besoldung, Rekrutierung und Ausbildung der EDV-Fachkräfte der französischen Verwaltung läßt jedoch schnelle Ergebnisse nicht erhoffen.

3.2.3.1. Dienstrechtliche Stellung

Das Problem der dienstrechtlichen Stellung der EDV-Fachkräfte in der französischen Verwaltung stellt sich im Vergleich zu den Verhältnissen in der deutschen Verwaltung besonders komplex dar, da das französische öffentliche Dienstrecht über die Dualität zwischen Angestellten- und Beamtenverhältnis hinaus die Beamtenschaft in sogenannte "Corps" einteilt. Neben der Frage, ob die EDV-Fachkräfte angestellt oder verbeamtet werden sollen, ergibt sich also noch das Problem, ob die beamteten EDV-Fachkräfte in (neu zu schaffenden) sogenannten "Corps particuliers" gesondert organisiert oder in bereits existierende Corps integriert werden sollen(146).

Im Laufe der Entwicklung ist von allen diesen Möglichkeiten Gebrauch gemacht worden, was zu einer verwirrenden Vielfalt der Dienstverhältnisse geführt hat, ohne allerdings eine befriedigende und dauerhafte Lösung zu zeitigen(147). So wurde 196o für den Bereich der Lochkartentechnik durch Décret das interministerielle Sonderstatut der (beamteten) Mechanographen geschaffen(148). Die rasche technische Entwicklung weckte jedoch bald den Bedarf für Funktionen wie z.B. Systemanalytiker und Programmierer, die das Sonderstatut der Mechanographen nicht vorsah.

In einem weiteren Décret wurde daher die Rekrutierung von Programmierern im Angestelltenverhältnis geregelt(149). Aus dieser Regelung spricht zugleich eine gewisse Ratlosigkeit seitens der Verwaltung sowie das Eingeständnis der Begrenztheit der bis dahin verfolgten EDV-Personalpolitik. Zwei Tendenzen kennzeichneten diese Situation:

- Das rigide beamtenrechtliche Sonderstatut der Mechanographen wurde zugunsten einer vertraglichen Lösung aufgegeben, um so den auf dem allgemeinen Arbeitsmarkt stark umworbenen EDV-Fachkräften höhere Vergütungen gewähren zu können als sie das Beamtenbesoldungsrecht vorsieht.

- Die partikularistische Vielfalt der dienstrechtlichen Stellung des EDV-Personals wurde weiter vermehrt, ohne daß diese juristische Zersplitterung von einer kohärenten Personalpolitik getragen wurde.

Die Nachteile dieser Entwicklung waren jedoch erheblich. Während die bis dahin bestehenden einzelnen Sonderstatute in verschiedenster Hinsicht (Besoldung, Aufstiegsmöglichkeiten, Umschulung, Rekrutierung etc.) inadäquat waren, erwies sich das gesamte System der Vielfalt der dienstrechtlichen Stellungen als Produkt der schnellen technischen Entwicklung als unbrauchbar, da es weiterhin in dem Maße zu immer neuen Sondercorps und Statuten geführt hätte, wie die fortschreitende technische Entwicklung Fachkräfte mit neuen Qualifikationen erforderlich macht. Die Konzepte des Sonderstatuts und der Angestellten-Stellung des EDV-Personals hätten dementsprechend entweder zu einer Multiplizierung der dienstrechtlichen Sonderregelungen oder zu ständiger Änderung eines Sonderstatuts geführt, das die Gesamtheit der technischen Corps zusammenfassen würde.

In dieser Situation boten sich drei Möglichkeiten der Reform der dienstrechtlichen Stellung des EDV-Personals der Verwaltung an:

- Konsolidierung und Modernisierung der bisherigen dienstrechtlichen Situation durch die Eröffnung kompletter und attraktiver Laufbahnen im Rahmen der technisch-orientierten Corps unter Inkaufnahme einer weiteren Vertiefung der Trennung zwischen den rein technischen und den rein administrativen Funktionen der Verwaltung.
- Beibehaltung der technischen Sondercorps bei gleichzeitiger Öffnung zu den administrativen Funktionen, um dem technisch-orientierten Personal die Möglichkeit einer Fortsetzung ihrer Karriere im administrativen Sektor der Verwaltung zu geben.
- Völlige Beseitigung der Unterscheidung bezüglich der dienstrechtlichen Stellung zwischen Technikern und Administratoren zugunsten einer völligen Mobilität zwischen

Tafel Nr. 3.4 : Einteilung der EDV-Fachkräfte der Ministerien nach ihrer dienstrechtlichen Stellung; Stand : 1.5.1969[150].

Beamte mit Mechanographen-Statut (Décret Nr. 60-928)	2.491
Lebenszeitbeamte	
- Kategorie A (höherer Dienst)	525
- Kategorie B (gehobener Dienst)	611
- Kategorie C (mittlerer Dienst)	2.465
- Kategorie D (einfacher Dienst)	274
Angestellte (insbesondere Analysten und Programmierer, die entsprechend dem Décret Nr. 60-1085 eingestellt wurden)	757
Bedienstete auf Zeit	1.734
Arbeiter (Ministère des Armées)	410
Insgesamt	9.267

den beiden Funktionsbereichen.
Danach steht den als Technikern eingestellten öffentlichen Bediensteten die Fortsetzung ihrer Karriere in einer administrativen Funktion offen, während den administrativen Bediensteten nach entsprechender durch die Verwaltung organisierter Ausbildung technisch-orientierte Funktionen übertragen werden können.

Diese letzte Konzeption wurde dem Gesetz vom 23.12.1970 zugrundegelegt(151), während sich die zweite Konzeption lediglich in den Übergangsbestimmungen (Art. 3 und 4) wiederfindet, die den zum Zeitpunkt des Erlasses des Gesetzes bereits als Techniker angestellten oder beamteten Bediensteten die Integration in den administrativen Sektor ermöglichen sollen.

Die administrative Funktion stellt dementsprechend die normale Berufung der Beamten dar, wohingegen eine EDV-orientierte Funktion als eine grundsätzlich vorübergehende spezialisierte Tätigkeit angesehen wird. Die EDV-Fachkräfte der Verwaltung sind also nicht in einem (oder mehreren) "corps particulier(s)" mit Sonderstatuten organisiert(152). Die Beamten einer Reihe der bestehenden (administrativen) Corps können vielmehr - nach entsprechender, verwaltungsintern oder extern durchlaufender Ausbildung - zu EDV-orientierten Funktionen abgestellt werden, ohne ihr jeweiliges Corps zu verlassen.

Das Décret vom 29.4.1971 etabliert die Korrespondenzen zwischen den Kategorien und Graden sowie den (prämienberechtigten) EDV-Funktionen und spezifiziert die Bedingungen der Reklassifizierung der bisherigen EDV-Fachkräfte(153).

Insgesamt ist diese Reform der dienstrechtlichen Stellung der EDV-Fachkräfte auf Grund der erhöhten Personalmobilität und Vereinfachung der dienstrechtlichen Bestimmungen, die sie mit sich bringt, ein beachtlicher Fortschritt.
Wie jedoch der Rechnungshof betont, ersetzt eine Reform der dienstrechtlichen Stellung nicht die erforderliche

dynamische EDV-Personalpolitik[154].

So besteht die Gefahr, daß die dienstrechtlich eröffneten Beförderungsaussichten und die potenzielle Mobilität für Bedienstete von Ministerien, die nur wenige nachgeordnete Behörden haben und zur Kategorie der kleinen EDV-Benutzer zählen, eher theoretisch bleiben.

Darüberhinaus stellt die Reform keinen effektiven Beitrag dazu dar, die Unterschiede der verschiedenen Verwaltungen hinsichtlich des Automationsgrads zu beseitigen. Zwar erscheint die Entscheidung gegen die Schaffung eines interministeriellen Sondercorps der EDV-Fachkräfte als zweckmäßig; es bleibt jedoch das Problem, die EDV-Personalreserven der Verwaltung (Ingenieure der klassischen technischen Corps, Statistiker des INSEE, Offiziere, Bedienstete des Ministère de l'Economie et des Finances etc.) zugunsten der insoweit benachteiligten Verwaltungen zu mobilisieren[155].

3.2.3.2. <u>Besoldung</u>

Ein mit dem Problem der dienstrechtlichen Stellung der EDV-Fachkräfte eng verknüpftes Problem ist die finanzielle Attraktivität, d.h. vor allem die (finanzielle) Konkurrenzfähigkeit des öffentlichen Dienstes gegenüber dem privatwirtschaftlichen EDV-Personalmarkt, von der vor allem abhängt, ob die Verwaltung in ausreichendem Maße extern rekrutieren und zugleich die Abwanderung ihres Personals verhindern kann.

Wie schwer sich die französische Verwaltung mit der Anpassung ihrer Besoldungsordnung an die Gegebenheiten des EDV-Personalmarktes tut, wird bereits durch die früheren zum Teil konzeptlosen Maßnahmen hinsichtlich der dienstrechtlichen Stellung der EDV-Fachkräfte wie auch in gewissen teilweise kuriosen oder bis an die Grenze der Rechtmäßigkeit gehenden Einzelfällen deutlich[156].

Demgegenüber betont die Délégation à l'Informatique die Notwendigkeit einer flexiblen Gehaltspolitik. Sie schlägt vor, den Verwaltungsleitern einen weiten Spielraum in der Festsetzung von Gehaltszulagen einzuräumen und hält für die Gruppe der EDV-Organisatoren und Systemanalytiker "ganz außergewöhnliche finanzielle Maßnahmen", d.h. die Anpassung an das Marktpreisniveau für erforderlich, da hinsichtlich dieser Gruppe hochqualifizierter Spezialisten die privatwirtschaftliche Konkurrenz besonders scharf sei[157].

In diesem Zusammenhang erscheint im übrigen die Tatsache, daß die höheren Techniker unter Berücksichtigung der Gehaltszuschläge, die sie für bestimmte Funktionen und Sonderleistungen erhalten, höhere Einkünfte beziehen als die Führungskräfte, im Ergebnis als völlig unverständlich[158].

Ein weiteres dringendes Problem ist die Regelung der Zuschläge für Nachtarbeit, die eine wirtschaftlichere Ausnutzung der EDV-Anlagen durch eine verstärkte Verbreitung des Schichtbetriebs erleichtern würde.

Allgemein ist die Délégation à l'Informatique verständlicherweise weniger um die besoldungsrechtlichen Schwierigkeiten besorgt, die diese Maßnahmen darstellen würden. Ihre Philosophie läßt sich insoweit in der Erkenntnis zusammenfassen, daß intellektuelle Investitionen rentabler sind als ungenutzte Überkapazitäten des Computerparks der Verwaltung[159].

Diesen Schwierigkeiten versucht die Verwaltung nunmehr mittels einer auf die Neuregelung der dienstrechtlichen Stellung der EDV-Fachkräfte gestützten einheitlichen Besoldungspolitik Herr zu werden. Das diese neue Besoldungspolitik formulierende Décret vom 29.4.1971 stellt jedoch eher eine Absage gegenüber den Vorschlägen der Délégation à l'Informatique (erhöhter Bemessungsspielraum der Verwaltungsleiter, "Einkauf" hochqualifizierter EDV-Spezialisten zu "Marktpreisen") dar; es werden allerdings den EDV-Führungskräften nunmehr ebenfalls Gehaltszuschläge gewährt[160].

Die zugrundeliegende Konzeption besagt vielmehr in Übereinstimmung mit den Grundgedanken des Gesetzes Nr. 7o-1211 vom 23.12.197o, daß die in EDV-orientierten Funktionen tätigen Bediensteten in erster Linie Beamte sind und als solche grundsätzlich entsprechend ihres jeweiligen Grades innerhalb der einzelnen Corps besoldet werden, wobei ihrer besonderen Qualifikation in Form von der jeweils ausgefüllten Funktion entsprechenden Gehaltszuschlägen ("primes de fonction") Rechnung getragen wird.

Daneben ist für die Übergangsperiode bis Ende 1974 die Möglichkeit vorgesehen, Sonder- oder Übergangszuschläge ("primes provisoires") zu gewähren.

Das Décret Nr. 71-343 definiert die folgenden EDV-Funktionen als zuschlagsberechtigt:

- Systemanalytiker
- Systemprogrammierer,
- Rechenzentrumsleiter,
- Chefprogrammierer,
- Programmierer,
- Operateure.

Der von der ausgefüllten Funktion abhängige monatliche Gehaltszuschlag berechnet sich durch Multiplikation eines Funktionsindexes (zwischen 15 und 165) mit dem 1o.ooo. Teil des jeweiligen Jahresgehalts. Die verschiedenen Funktionsindexe erreichen ihr Maximum nach 2,5 bis 4-jähriger Tätigkeit in der jeweiligen Funktion und sinken nach dem 8. bis 1o. Jahr stufenmäßig bis auf O im 21. Jahr ab[161].

Diese Profile der Funktionsindexe versuchen dem Umstand Rechnung zu tragen, daß die maximale Leistungsfähigkeit erst nach einer gewissen Einarbeitungszeit erreicht wird, um dann aus Altersgründen, vor allem aber aufgrund der kurzen "Halbwertzeit" der technischen Kenntnisse im EDV-Bereich abzusinken. Die EDV-Fachkräfte sollen so motiviert werden sich weiterzubilden, um eine andere, qualifiziertere (EDV-) Funktion auszufüllen oder aber in eine rein administrative Funktion zurückzugehen.

<u>Schaubild Nr. 3.5</u> : Entwicklung des (der Berechnung der monatlichen "prime de fonctionnement" dienenden) Funktionsindexes während der Zeit der Funktionsausübung (162).

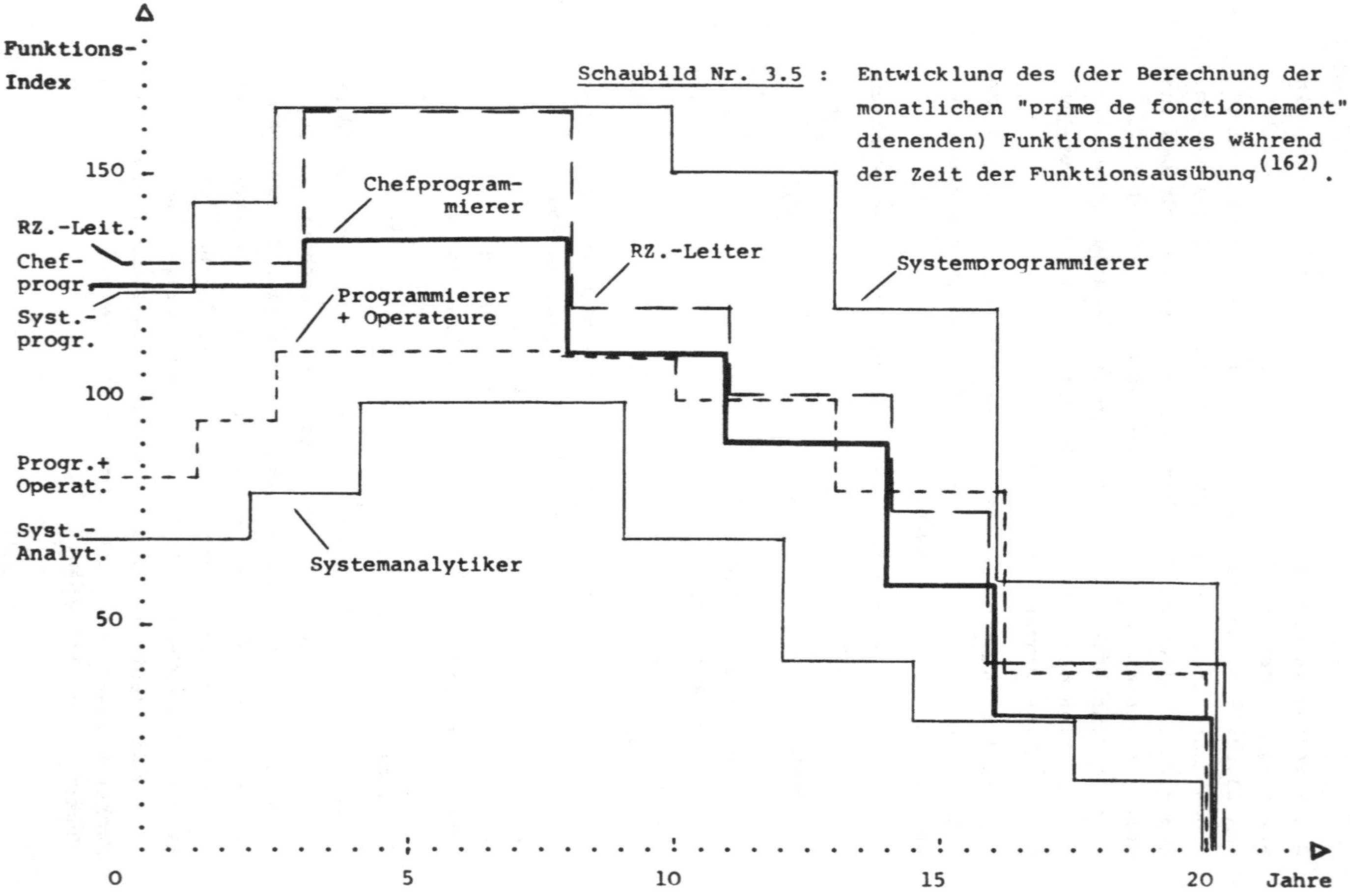

Die Übergangsgehaltszuschläge weisen für die verschiedenen Funktionen ähnliche Profile auf. Es handelt sich jedoch um Jahresprämien, die je nach Funktion und Dienstzeit in der jeweiligen Funktion zwischen 4oo FF und 36oo FF liegen und bis Ende 1974 die Reklassifizierung, bzw. Neueinstellung entsprechend den neuen gesetzlichen Bestimmungen erleichtern sollen.

Diese besoldungsrechtliche Reform stellt im Verein mit der Reform der dienstrechtlichen Stellung der EDV-Fachkräfte vom beamtenrechtlichen Standpunkt eine Vereinfachung und aufgrund des Prinzips der erhöhten Mobilität auch für die Verwaltungsautomation einen nicht zu unterschätzenden Fortschritt dar. Ob und inwieweit jedoch die finanzielle Attraktivität und damit die Wettbewerbsstellung der Verwaltung auf dem allgemeinen EDV-Personalmarkt durch diese gesetzlichen Maßnahmen verstärkt werden, läßt sich noch nicht recht abschätzen. Es scheint jedoch, daß die Regelungen, mit deren Ausarbeitung bereits 1968 begonnen wurde, schon nicht mehr dem sich schnell entwickelnden EDV-Personalbedarf angepaßt sind(163). Es lassen sich jedenfalls bereits heute eine Reihe in diese Richtung weisender Beobachtungen machen:

So fehlt beispielsweise bisher jegliche Regelung bezüglich des Problems des Schichtbetriebs und speziell der Nachtarbeit.

Vor allem aber erscheinen die Gehaltszuschläge insbesondere für die Zeit nach Ablauf des Jahres 1974, also nach Unterdrückung der Übergangszuschläge nicht unbedingt geeignet zu sein, die Wettbewerbsfähigkeit der öffentlichen Verwaltung auf dem EDV-Personalmarkt nachhaltig zu erhöhen. Das gilt gerade auch für die Kategorie der EDV-Führungskräfte, bezüglich derer nach Aussage der Délégation à l'Informatique der dringendste Bedarf besteht(164). So liegt beispielsweise der für die Berechnung des (funktionsbezogenen) Gehaltszuschlags maßgebliche Funktionsindex für die Analytikern noch unter dem der Programmierer und Operateure.

Im übrigen schließt die Bestimmung des Art. 3 des Décret Nr. 71-343, wonach die Funktion eines Analytikers einem Beamten erst nach einjährigem Dienst innerhalb eines Corps übertragen werden kann, praktisch die direkte Rekrutierung von Analytikern auf dem freien Personalmarkt aus(165).

3.2.3.3. Rekrutierung

Einige wenige Ministerien deckten bereits vor der Neuregelung des Dienstrechts der EDV-Fachkräfte durch das Gesetz Nr. 7o-1211 vom 23.12.197o und den Décrets Nr. 71-341 bis Nr. 71-343 vom 29.4.1971 ihren Bedarf an EDV-Fachkräften in überwiegendem Maße im Wege der "internen Rekrutierung", indem sie qualifizierte Beamte nach entsprechenden Umschulungs- oder Fortbildungsmaßnahmen EDV-Funktionen übertrugen.

Das Ministère des Postes et Télécommunications und das Ministère des Armées treffen dabei insofern auf relativ wenig Schwierigkeiten, als ein großer Teil ihres Personals ohnehin technisch-orientierte Vorbildungen und Funktionen haben. Ohne über diesen Vorteil zu verfügen, verfolgen die großen Directions Générales des Ministère de l'Economie et des Finances ebenfalls eine interne Rekrutierungspolitik, da es nach ihrem Urteil einfacher ist, eingearbeiteten Beamten die notwendigen EDV-Kenntnisse zu vermitteln als reinen EDV-Spezialisten die komplizierten Regelungen, z.B. des Steuerrechts, sowie die allgemeinen Eigenarten der Verwaltung nahezubringen.

In den übrigen Ministerien wurde bisher überwiegend extern rekrutiert, wobei das derart gewonnene Personal praktisch ausschließlich im Angestelltenverhältnis eingestellt wurde. Der Hauptgrund für diese Entwicklung war, daß Angestellten gegenüber finanziell attraktivere Konditionen eingeräumt werden konnten. Ein weiterer nicht zu vernachlässigender Grund war jedoch der Umstand, daß eine Einstellung als Beamter in Frankreich grundsätzlich nur über öffentlich ausgeschriebene Auswahlwettbewerbe möglich ist, die jedoch ein relativ schwerfälliges Verfahren darstellen, insbesondere wenn es um die dringende Besetzung einzelner Posten geht[166].

Die dienstrechtliche Neuregelung bricht jedoch mit dieser Praxis der Einstellung von EDV-Fachkräften im Angestelltenverhältnis. Entsprechend der neuen Konzeption, wie sie in Art. 1 des Gesetzes Nr. 7o-1211 sowie im Décret Nr. 71-342 Ausdruck gefunden hat, werden sozusagen keine "EDV-Fachkräfte" sondern nur noch "Beamte" rekrutiert, die unter Umständen über EDV-Kenntnisse verfügen, jedoch grundsätzlich allseitig, insbesondere auch in rein administrativen Funktionen einsetzbar sind.

Nach Art. 1 des Décret Nr. 71-342, dessen Fassung die Bevorzugung der internen Rekrutierung hervortreten läßt, können jedem über die jeweils erforderlichen Qualifikationen verfügenden Beamten EDV-orientierte Funktionen übertragen werden. Die Überprüfung der erforderlichen Kenntnisse erfolgt durch ministeriell oder interministeriell organisierte "examens professionnels", von denen jedoch diejenigen Beamten freigestellt sind, die im Wege eines "concours avec épreuves à option spéciale" oder eines "concours ou examen spécial" eingestellt wurden.

Gemäß Art. 2 des Décret Nr. 71-342 handelt es sich im ersten Fall um allgemein für den Eintritt in ein bestimmtes Corps organisierte Auswahlwettbewerbe, die optionale EDV-orientierte Teilprüfungen enthalten. Im zweiten Fall handelt es sich um Spezialwettbewerbe und Examen, die gemäß Art. 3 in Ausnahmefällen speziell zur Rekrutierung von Personal mit Qualifizierung für EDV-Funktionen organisiert werden können.

Um jedoch die allgemeine Verwendbarkeit der Kandidaten auch für rein administrative Funktionen festzustellen, wird allerdings in jedem Fall das Vorliegen der Fähigkeiten und Kenntnisse überprüft, die allgemein von den Beamten der jeweiligen Kategorie und des jeweiligen Corps verlangt werden. Die EDV-orientierten Teilprüfungen der Auswahlwettbewerbe und Examina dienen also lediglich der Überprüfung darüber hinausgehender Spezialkenntnisse auf dem Gebiet der EDV.

Die Bedingungen und das Programm dieser EDV-orientierten Teilprüfungen werden für die verschiedenen EDV-Funktionen (Analytiker, RZ-Leiter, Systemprogrammierer, Chefprogrammierer, Programmierer und Operateure) im einzelnen und für die verschiedenartigen Auswahlwettbewerbs- und Examensverfahren identisch durch Arrêté des Secrétaire d'Etat auprès du Premier Ministre, Chargé de la Fonction Publique präzisiert[167]. Die starke Hinwendung zur internen Rekrutierung wird dabei dadurch betont, daß die Übertragung gewisser EDV-Funktionen eine bis zu fünfjährige Dienstzeit als Beamter voraussetzt.

Nach dem Urteil der Délégation à l'Informatique stellt jedoch die Deckung des EDV-Personalbedarfs der Verwaltung allein durch interne Rekrutierung, insbesondere hinsichtlich der hochqualifizierten Führungskräfte, eine erhebliche Schwierigkeit dar. Die Délégation à l'Informatique schlug daher schon 1971 zur Behebung des Mangels an EDV-Führungskräften vor, Absolventen der Verwaltungseliteschule Ecole Nationale d'Administration nach Abschluß ihrer Ausbildung Leitern von inter-/ministeriellen Automationsleitprojekten zuzuordnen[168].

Darüberhinaus wurde auf Anregung und unter Mitarbeit der Délégation à l'Informatique von der Direction du Budget eine Ausnahmeregelung getroffen, nach der hochqualifizierte EDV-Organisatoren und Systemanalytiker aus dem privatwirtschaftlichen Sektor mit auf höchsten 4 Jahre begrenzten hochdotierten Anstellungsverträgen vor allem zur Unterstützung von Ministerien gewonnen werden können, die insofern personalmäßig besonders schlecht ausgestattet sind. Es handelt sich jedoch um die sehr beschränkte Zahl von lo solcher Verträge[169].

3.2.3.4. Ausbildung

Die Organisation der EDV-Ausbildung der Beamten ist relativ zersplittert[17o]:

- Einige wenige Ministerien verfügen über eigene EDV-Ausbildungseinrichtungen. Es handelt sich dabei vor allem um das Ministère des Postes et Télécommunications, das Ministère des Armées, das Ministère de l'Economie et des Finances und die Affaires Sociales.
- Daneben gibt es gewisse jeweils von einem Ministerium betreute Ausbildungszentren mit mehr oder weniger stark ausgeprägter interministerieller Bestimmung, wie z.B. das CFPP und der SCOM des Ministère de l'Economie et des Finances.
- Das im Rahmen des IRIA organisierte CEPIA führt spezielle Ausbildungsmaßnahmen insbesondere auch für die leitenden Beamten durch.
- Schließlich werden besonders für die Ausbildung der Programmierer und Operateure die Ausbildungsstätten der Computerhersteller in Anspruch genommen.

Die Gesamtheit dieser von der Verwaltung in Anspruch genommenen Ausbildungseinrichtungen bietet eine Vielzahl von Ausbildungsmaßnahmen an, die im wesentlichen das gesamte Spektrum von mehr informatorischen Veranstaltungen zur Sensibilisierung für die speziellen EDV-Problematiken bis zu spezialisierten EDV-Ausbildungs- und Fortbildungsveranstaltungen jeden Niveaus umfassen.

Es sind jedoch im Gegensatz zum diesbezüglich eher positiven Urteil des Rechnungshofs verschiedene Unzulänglichkeiten und Schwierigkeiten zu verzeichnen, die nunmehr umso schwerer wiegen, als die neudefinierte EDV-Personalpolitik durch die starke Betonung der internen Rekrutierung die Bedeutung der von der Verwaltung organisierten EDV-Ausbildung der Beamten stark erhöht hat[171].

Die Délégation à l'Informatique wies bereits 1971 auf die beschränkte Kapazität und gewisse Unzulänglichkeiten der Ausbildungsprogramme insbesondere für die EDV-Organisatoren und Systemanalytiker hin und forderte als dringendste Maßnahme eine Koordination der verschiedenen verwaltungseigenen Ausbildungseinrichtungen bei gleichzeitiger schwerpunktbildender Aufgabenteilung, ohne daß allerdings bisher insofern wesentliche Änderungen eingetreten wären[172].

Die größten Schwierigkeiten der verwaltungsinternen Ausbildungsstätten sind im einzelnen[173]:

- das schnelle Anwachsen der Zahl der aus- und fortzubildenden Beamten,
- die Organisation von Unterrichtsprogrammen mit EDV-spezialisierten Beamten als nebenamtliche Lehrkräfte,
- mangelnde pädagogische Ausbildung der größtenteils (nebenamtlichen) Lehrkräfte,
- ständige Anpassung an die technische Entwicklung und die besonderen Bedürfnisse der einzelnen Verwaltungen,
- Heterogenität der Lehrveranstaltungsteilnehmer hinsichtlich ihrer Vorbildung und Zielsetzungen,
- allgemein die Einrichtung von Ausbildungsprogrammen für EDV-Organisatoren und Systemanalytiker.

Angesichts dieser Schwierigkeiten werden grundsätzlich verschiedene Alternativen erwogen:[174]

- Einrichtung eines einjährigen Collège d'Informatique de Gestion für die Absolventen der "grandes écoles" sowie die leitenden Beamten mit mehrjähriger Dienstzeit,
- Organisation einer ein- bis zweijährigen On-the-Job-Ausbildung in EDV-Abteilungen staatlicher und möglicherweise privater Unternehmen,
- Programmreihe ineinandergreifender Stagen, beispielsweise im Rahmen des CEPIA.

In Erwartung einer grundsätzlichen langfristigen Lösung sind auf Initiative der Délégation à l'Informatique zwei -

bereits erwähnte - besonders unter dem Gesichtspunkt der EDV-Ausbildung interessante Maßnahmen getroffen worden[175].

Die Genehmigung von lo hochdotierten Verträgen zur Anstellung qualifizierter EDV-Organisatoren und Systemanalytiker durch die Direction du Budget beschränkt sich ausdrücklich nicht nur auf die Deckung eines momentanen Personalbedarfs. Diese EDV-Spezialisten sollen vielmehr den mit ihnen zusammenarbeitenden Beamten zugleich eine gewisse "On-the-Job--Aus-", bzw. "Fortbildung" vermitteln und sich so mit Ablauf ihrer höchstens vierjährigen Verträge praktisch selbst überflüssig machen.

Daneben sollen in verstärktem Maße Absolventen der ENA den für inter-/ ministeriellen Automationsleitprojekten verantwortlichen Beamten zugeteilt werden, um sie auf die Übernahme leitender EDV-orientierter Funktionen vorzubereiten. Diese Politik wird dadurch unterstützt, daß das Lehrprogramm der Ecole Nationale d'Administration inzwischen auch einen auf die Probleme der Verwaltungsautomation spezialisierten EDV-Kurs umfaßt, der sich im übrigen stark auf die "case study method" stützt[176]. Die Aufgeschlossenheit eines Teils der Absolventen der ENA gegenüber den Problemen der Verwaltungsautomation spricht darüberhinaus bereits aus der Tatsache, daß traditionell mehrere Mitglieder der Délégation à l'Informatique "Enarques" sind, die von ihren Anstellungsbehörden für eine gewisse Zeit zur Délégation à l'Informatique abgestellt werden[177].

Abschließend kann zur EDV-Personalpolitik der französischen Verwaltung allgemein festgestellt werden, daß die Neuregelung der dienstrechtlichen Stellung der EDV-Fachkräfte der Verwaltung trotz der durch sie bedingten erhöhten Inflexibilität hinsichtlich der externen Rekrutierung auf Grund ihrer klaren Konzeption einen Fortschritt gerade für die Formulierung einer interministeriell koordinierten und kohärenten EDV-Personalpolitik darstellt. Jedoch bleiben weiterhin noch wesentliche Probleme zu lösen:

- Sicherstellung der (finanziellen) Attraktivität des Verwaltungsdienstes für EDV-Fachkräfte zweck Gewährleistung ausreichender externer Rekrutierung,
- Verbesserung und Kapazitätserhöhung der verwaltungsinternen EDV-orientierten Aus- und Fortbildung zur Förderung der internen Rekrutierung.

3.3. Interministerielle Informationssysteme

Als besonderer Schwerpunkt der interministeriellen Politik der Förderung und Koordinierung der EDV-Anwendung in der staatlichen Verwaltung wird der Problemkreis der Informationssysteme von einer besonderen Groupe de Travail "Systèmes d'Informations" der Commission Interministérielle de l'Informatique betreut, die 1972 eine Bestandsaufnahme der (EDV-) Informationssysteme der französischen Staatsverwaltung in Form einer Fragebogenerhebung durchführte[178].

Im Folgenden soll - unter anderem auf dieser Untersuchung fußend - auf die wichtigsten bereits(operationellen, bzw. konkret projektierten) interministeriell relevanten Informationssysteme eingegangen werden. Die insbesondere mit der Entwicklung der Verwaltungsinformationssysteme verbundenen Rechtsprobleme des Datenschutzes werden im Kapitel 4. behandelt.

Die Globalstrategie der insbesondere von der Délégation à l'Informatique und der interministeriellen EDV-Kommission verfolgten interministeriellen Politik hinsichtlich der Verwaltungsinformationssysteme läßt sich in den folgenden drei Prinzipien zusammenfassen[179]:

(a) Unabdingbarkeit des koordinierenden Eingriffs

Danach soll verhindert werden, daß die einzelnen Verwaltungen entsprechend ihrer Tendenz, sich gegeneinander abzukapseln, jeweils mehr oder weniger spezialisierte Informationssysteme schaffen, die mangels gegenseitiger Abstimmung nicht kommunizieren können und daher auf Grund von Parallelentwicklungen, unvollständiger Information und mangelnden begleitenden allgemeinen Verwaltungsreformmaßnahmen die Möglichkeiten der Verwaltungsautomation nicht voll ausschöpfen.

(b) Maximale Verwendung bereits in der Verwaltung existierender Informationen

Um die Verwaltungsautomation zugunsten einer wirtschaftlicheren und stärker integrierten Verwaltung auszunutzen, sollen soweit möglich einerseits Mehrfachdatenerhebungen vermieden und andererseits die im Rahmen der Verwaltungstätigkeit als Zwischen-, Neben- oder Endergebnisse anfallenden Informationen als Eingangsdaten für andere Verwaltungstätigkeiten derselben oder anderer Verwaltungsbehörden verwendet werden.

(c) Einsatz insbesondere der Datenbanken als Instrumente der Verwaltungsdekonzentration und Dezentralisation

In einem extrem zentralisierten Land wie Frankreich es darstellt, in dem seit Jahrzehnten, ja seit Jahrhunderten, das Problem eines sämtliche Lebensbereiche und speziell die Verwaltungsstruktur erfassenden Zentralismus besteht und wo nunmehr mit der seit langem diskutierten "régionalisation" ein neuer vorsichtiger Anlauf auf die Lösung des Problems versucht wird, kommt den technischen Möglichkeiten der Datenbanken, Datenfernverarbeitung und Informationsverbundsysteme eine besondere Bedeutung zu.

Bevor auf einzelne ausgewählte Verwaltungsinformationssysteme eingegangen wird, seien zuvor noch einige Bemerkungen zur in diesem Problemkreis in Frankreich gebräuchlichen Terminologie gemacht.

Im deutschen wie englischen Sprachraum wird unter einem (EDV-) Informationssystem ein umfassendes System zur organisatorischen und technischen Bereitstellung von elektronisch gespeicherten Informationen für Entscheidungen und/ oder Planungen verstanden, dessen Basis eine (oder mehrere) Datenbank(en) ist, die wiederum als Gesamtheit von in Dateien organisierten Daten definiert wird[18o].

Entsprechend der, zumindest auf dem Gebiet der Verwaltungsinformatik,in Frankreich weitgehend übernommenen Definition der Groupe de Travail "Systèmes d'Informations" der interministeriellen EDV-Kommission bezeichnet der Begriff "système d'informations""eine Gesamtheit von Mitteln, die für die Bereitstellung von Informationen zum Zwecke der Entscheidung und Kontrolle organisiert sind"[181]. Unter den derart definierten Begriff des "système d'informations" werden dann jedoch unterschiedslos und unabhängig von der jeweiligen Funktion - und insofern mit einer gewissen Widersprüchlichkeit - sowohl Datenbanken und Datenbankenverbundsysteme wie Identifikationssysteme, Strukturdateien und einfache Dateien untergeordnet[182].

Dabei wird jedoch zum Teil auf den terminologischen Unterschied zwischen "fichier" (Datei), "base (commune) de données" (Datenbasis) und "banque de données" (Datenbank) besonderer Wert gelegt[183].

Als wichtigstes Unterscheidungsmerkmal wird insoweit auf den hinsichtlich des jeweiligen Informationssystems zugangsberechtigten Benutzerkreis abgestellt. Während danach die Datei lediglich der für ihren Aufbau verantwortlichen Stelle zum internen Gebrauch zur Verfügung steht, stellt die Datenbasis eine von einer (oder mehreren) Stelle(n) gespeiste Gesamtheit besonders strukturierter Dateien dar, zu der ein beschränkter, fest begrenzter Benutzerkreis Zugang hat; die Datenbank hingegen steht danach teilweise oder in vollem Umfang einem im einzelnen nicht identifizierten Kreis von außerhalb der für ihren Aufbau und ihre Unterhaltung verantwortlichen Stelle(n) befindlichen staatlichen und/oder privaten Benutzern offen[184].

Der Erkenntniswert und die praktische Relevanz dieser Dreiteilung erscheint allerdings speziell im Rahmen der vorliegenden Untersuchung als beschränkt und wird im übrigen in den hier einschlägigen französischen Untersuchungen dann auch nicht weiter berücksichtigt[185]. Die Datenbasen werden daher hier nicht gesondert, sondern zusammen mit den Datenbanken behandelt.

Von den Datenbanken ganz deutlich abgesetzt werden jedoch die sogenannten "systèmes d'identification" oder "répertoires" (Identifikationssysteme), deren eigentlicher Zweck nach der allgemeinen französischen Konzeption die Erstellung, Überprüfung und Verbreitung der verschiedenen Kennzeichen ist und die daher die in Verfolg dieser Zielsetzung erfaßten Basisdaten mehr akzidentell speichern, verarbeiten und verbreiten.

Im Folgenden soll also in Anlehnung an die französische Systematik nunmehr zunächst gesondert auf die Identifikationssysteme eingegangen werden, denen - ihrer grundlegenden Bedeutung für die auf interministerielle Integration abzielende Verwaltungsautomation entsprechend - die französische interministerielle Politik der Förderung und Koordination der EDV-Anwendung ganz besondere Beachtung schenkt.

Nach einer darauffolgenden Darstellung der wichtigsten (operationellen, bzw. projektierten) interministeriell relevanten Datenbanken (und Datenbasen) werden die Informationsverbundsystem-Projekte und das geplante "Réseau Général d'Information Administrative" behandelt.

3.3.1. Identifikationssysteme

Sowohl die Commission Interministérielle de l'Informatique und die Délégation à l'Informatique als auch die Commission de l'Information Economique du VIème Plan betonen die Notwendigkeit der Entwicklung und allgemeinen Verbreitung - nicht nur im Bereich der Verwaltung - nationaler Identifikationssysteme für Personen, Unternehmen und Grundstücke für die Optimierung der Verwaltungstätigkeit[(186)].

Hinsichtlich des Personenkennzeichens wird diese Notwendigkeit beispielsweise durch die Tatsache beleuchtet, daß allein die 24 wichtigsten personenbezogenen ministeriellen Dateien eine Vielzahl verschiedenster Kennzeichen verwenden:

- 9 Dateien verwenden die alte vom INSEE entwickelte sogenannte Sozialversicherungsnummer,
- 6 verwenden rein interne Nummern,
- 4 verwenden standesamtliche Angaben,
- 2 verwenden sowohl interne Nummern wie die Sozialversicherungsnummer,

- 2 verwenden Aktenzeichen,
- bisher lediglich eine verwendet das neue SAFARI-System[187].

Abgesehen davon, daß nationale Identifikationssysteme in weitem Umfang mehrfache, sich überschneidende Datenerhebungen und Erfassungen überflüssig machen und dadurch Einsparungen und eine größere Zuverlässigkeit der Daten mit sich bringen, lassen sie sowohl eine Erleichterung des Informationsaustauschs zwischen Verwaltungen als auch eine Vereinfachung der Kontakte der Verwaltung mit den Verwalteten (Bürgern, Unternehmen, Institutionen etc.) erwarten[188].

Die Délégation à l'Informatique fördert daher im Verein mit der interministeriellen EDV-Kommission die Identifikationssystem-Projekte dementsprechend als interministerielle Automationsleitprojekte. Darüberhinaus wird das Problem der internationalen Harmonisierung von Identifikationssystemen auf europäischer Ebene gesehen und erste Kontakte wurden bereits hergestellt[189].

3.3.1.1. Personenkennzeichenregister SAFARI

3.3.1.1.1. Vorausgegangene Entwicklung und Zielsetzung

Bereits 1946 hat es der Service de la Démographie, dessen Nachfolger das INSEE ist, unternommen, ein (manuelles) nationales Personenkennzeichenregister einzuführen[19o]. Dieses Personenkennzeichen wurde sofort von den Sozialversicherungskassen übernommen, und so erklärt es sich, daß das nationale Personenkennzeichen - obwohl inzwischen von verschiedenen Verwaltungen benutzt - noch heute in der Öffentlichkeit allgemein als "numéro de sécurité sociale" (Sozialversicherungsnummer) bekannt ist[191].

Das nationale automatisierte Personenkennzeichenregister SAFARI (Système Automatisé pour les Fichiers Administratifs et le Répertoire des Individus[192]) stellt im wesentlichen lediglich eine Automatisierung des bisher betriebenen Personenkennzeichenregisters mittels Übertragung auf elektromagnetische Speicher dar. Der wesentliche Zweck dieser Automatisierung ist es, die massive Einführung des nationalen Personenkennzeichens zu ermöglichen, so daß die Personenkennzeichnung in zunehmendem Maße einheitlich erfolgt und so der Informationsaustausch zwischen den Verwaltungen untereinander sowie der Kontakt der Verwaltung mit den Verwalteten vereinfacht werden[193].

Verantwortlich für die Realisierung und den Betrieb des SAFARI ist, wie schon für das bisherige manuelle Register, die Direction Générale de l'Institut National de la Statistique et des Etudes Economiques (INSEE) des Ministère de l'Economie et des Finances.

3.3.1.1.2. Betroffene Personen

Das SAFARI erfaßt ohne Ansehen der Nationalität insbesondere sämtliche seit dem 1.1.1881 im metropolen Frankreich[194] geborenen Personen, die bei Beginn der magnetischen Einspeicherung, die sich von der zweiten Jahreshälfte 197o bis Ende 1972 erstreckte, noch lebten oder, sofern nach 1945 geboren, inzwischen verstorben sind. Nicht in Frankreich geborene Personen französischer oder ausländischer Nationalität können unabhängig von ihrem Geburtsort ebenfalls erfaßt werden, sofern ihre berufliche, ausbildungsorientierte oder sonstige Tätigkeit in Frankreich die Vergabe eines Personenkennzeichens nützlich erscheinen läßt (z.B. Gastarbeiter, (ausländische) Studenten etc.)[195].

Derart werden circa 5o Millionen Personen berücksichtigt, was 3 - 4 Milliarden gespeicherte Zeichen darstellt; jährlich erfolgen rund 8oo.ooo durch Geburten und rund 6oo.ooo durch Todesfälle bedingte Neueintragungen, während sich standesamtliche Änderungen jährlich in rund 5o.ooo modifizierenden Eintragungen niederschlagen[196].

3.3.1.1.3. Erfaßte Informationen und Struktur des Personenkennzeichens

Die im SAFARI zu jeder einzelnen Person elektromagnetisch gespeicherten Informationen sind mit denen des bisherigen manuellen Personenkennzeichenregisters identisch. Es handelt sich im einzelnen um(197):

- Name (bei verheirateten u. verwitweten Frauen: Mädchenname),
- Vorname(n),
- Geschlecht,
- Geburtsdatum,
- Geburtsort,
- Nummer der Geburtsurkunde;

im Todesfall:
- Sterbedatum,
- Sterbeort,
- Nummer der Sterbeurkunde;

sowie verschiedene sonstige Informationen:
- Stellen, die Personenkennzeichen abgefragt haben (z.B. Sozialversicherungskassen), bzw. Basisdaten liefern,
- marginale Vermerke für die routinemäßige Verwaltung der Datei sowie Hinweise auf annexe Nebendateien.

Das sich auf diese Informationen stützende (fünfzehnstellige) Personenkennzeichen des SAFARI setzt sich aus der bisher verwendeten (dreizehnstelligen) "Sozialversicherungsnummer" und einer zusätzlichen, neu eingeführten (zweistelligen) Prüfziffer wie folgt zusammen(198):

(a) Geschlecht (1 Stelle), 1 : männlich / 2 : weiblich,
(b) Geburtsjahr (2 Stellen), ohne Jahrhundertangabe,
(c) Geburtsmonat (2 Stellen), Sondercodenummern für Anomalien, z.B. für einen vor dem 31.12.1963 (als französischer Staatsbürger) identifizierten algerischen Muselmanen oder bei unvollständigen, bzw. fehlerhaften Angaben bezüglich des Geburtsdatums oder sonstiger Personalien,

(d) Geburtsort (5 Stellen), zweistelliger (INSEE-) Département-Code (z.B. 75: Paris, 97: DOM, 98: TOM, 99: Ausland) sowie dreistelliger (INSEE-) Gemeinde-Code mit speziellen Codenummern für ausländische Staaten (z.B. 135: Niederlande)(199),

(e) Ordnungsnummer (3 Stellen) der Eintragung ins örtliche Gemeindegeburtsregister oder (bei nicht im metropolen Frankreich geborenen Franzosen oder Ausländern) ins SAFARI-Register,

(f) Prüfziffer (2 Stellen), Berechnungsmodus: Modulo 97.

So bezeichnet das in der Tafel Nr. 3.6 an erster Stelle aufgeführte Personenkennzeichen (1.24.o7.26.324.o23.16) einen Mann, der im Juli 1924 in der Gemeinde Saint-Paul-Trois-Châteaux im Département Drôme geboren ist und unter der Ordnungsnummer 23 im dortigen Geburtsregister eingetragen wurde. Das an zweiter Stelle aufgeführte Personenkennzeichen (2.48. lo.99.4o5.126.25) bezeichnet eine im Oktober 1948 in Mexiko (4o5.) geborene Frau, deren Eintragung ins SAFARI-Register unter der Ordnungsnummer 126 erfolgte.

Die Abbildung Nr. 3.7 ist eine Kopie des Krankenversicherungsausweises des Verfassers aus der Zeit seines Studiums 197o/71 in Fontainebleau. Die Ausweisnummer (1.45.o5.99.1o9. 825.)(2oo) ist mit dem bei dieser Gelegenheit dem Verfasser zugeteilten SAFARI-Personenkennzeichen identisch. Anläßlich einer späteren Immatrikulation an der Faculté de Droit et des Sciences Economiques de l'Université Paris II - Panthéon im akademischen Jahr 1972/73 wurde das unter Nr. 3.8 in der Kopie abgebildete Formular von der Universitätsverwaltung, die zuvor aufgrund der ihr vorliegenden Personalien die ersten zehn Stellen des Personenkennzeichens eingetragen hatte, an das INSEE zwecks Registrierung des Verfassers und Zuteilung einer Ordnungsnummer bzw. Mitteilung des bereits früher erteilten Personenkennzeichens übersendet. Das derart vom INSEE in Übereinstimmung mit dem bereits zuvor über die gesetzliche Krankenversicherung zugeteilten Kennzeichen komplettierte Formular wurde dem Verfasser sodann als

Tafel Nr. 3.6 : Struktur des SAFARI-Personenkennzeichens.

	(a)	(b)		(c)		(d)					(e)			(f)	
Zusammensetzung	Geschl.	Jahr		Monat		Geburtsort					Ordnungsnummer			Prüfziffer	
						Département		Gemeinde/Land							
mögliche Ziffern	1/2	00 - 99		01 - 12		01 - 99		001 - 999			001 - 999			01 - 97	
Stellenfolge	1	2	3	4	5	6	7	8	9	10	11	12	13	14	15
1. Beispiel	1	2	4	0	7	2	6	3	2	4	0	2	3	1	6
2. Beispiel	2	4	8	1	0	9	9	4	0	5	1	2	6	2	5

Abbildung Nr. 3.7

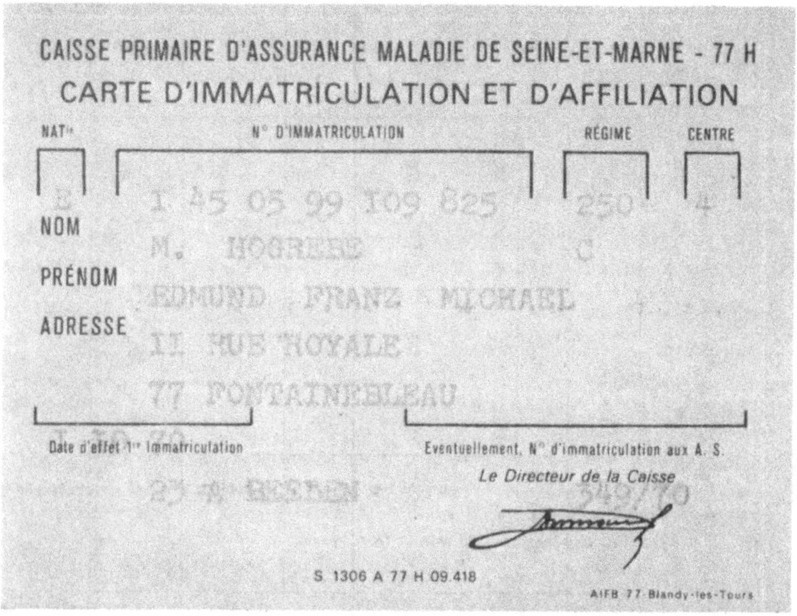

CAISSE PRIMAIRE D'ASSURANCE MALADIE DE SEINE-ET-MARNE - 77 H

CARTE D'IMMATRICULATION ET D'AFFILIATION

NAT^{té}	N° D'IMMATRICULATION	RÉGIME	CENTRE
E	1 45 05 99 109 825	250	4

NOM M. HOGREBE C

PRÉNOM EDMUND FRANZ MICHAEL

ADRESSE 11 RUE ROYALE
77 FONTAINEBLEAU

1 10 70

Date d'effet 1re Immatriculation

Eventuellement, N° d'immatriculation aux A. S.

23 4 BESDEN

Le Directeur de la Caisse

549/70

S 1306 A 77 H 09.418

AIFB 77-Blandy-les-Tours

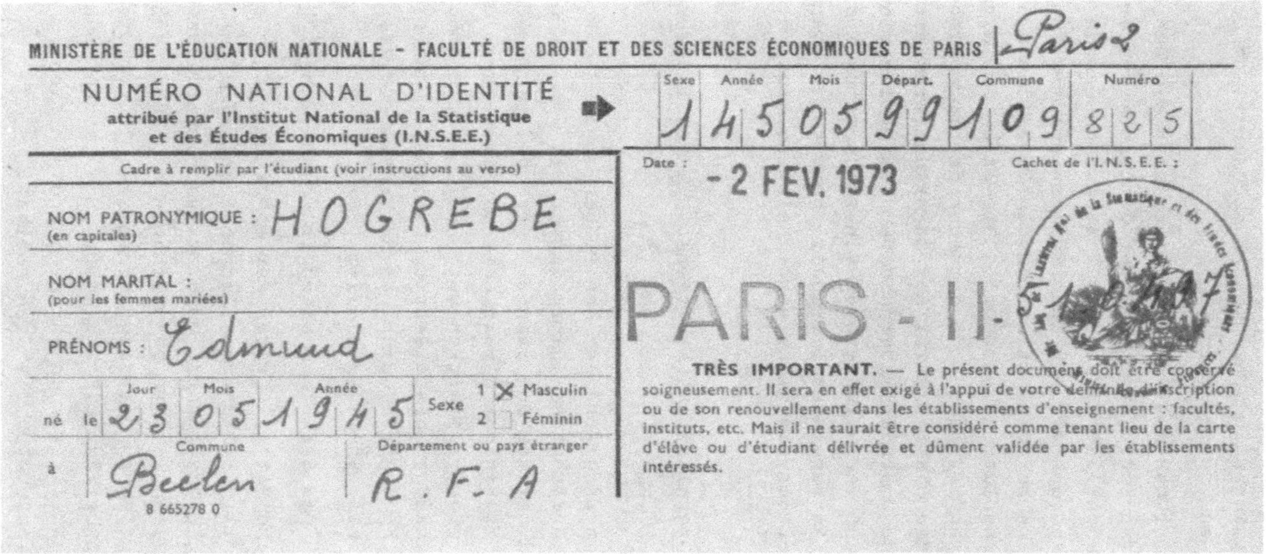

MINISTÈRE DE L'ÉDUCATION NATIONALE - FACULTÉ DE DROIT ET DES SCIENCES ÉCONOMIQUES DE PARIS | Paris 2

NUMÉRO NATIONAL D'IDENTITÉ
attribué par l'Institut National de la Statistique et des Études Économiques (I.N.S.E.E.)

Sexe	Année	Mois	Départ.	Commune	Numéro
1	45	05	99	109	825

Cadre à remplir par l'étudiant (voir instructions au verso)

NOM PATRONYMIQUE : (en capitales) HOGREBE

NOM MARITAL : (pour les femmes mariées)

PRÉNOMS : Edmund

né le Jour 23 Mois 05 Année 1945 Sexe 1 [X] Masculin 2 [ ] Féminin

à Commune Beelen Département ou pays étranger R.F.A

8 665278 0

Date : -2 FEV. 1973

Cachet de l'I.N.S.E.E. :

PARIS - II -

TRÈS IMPORTANT. — Le présent document doit être conservé soigneusement. Il sera en effet exigé à l'appui de votre demande d'inscription ou de son renouvellement dans les établissements d'enseignement : facultés, instituts, etc. Mais il ne saurait être considéré comme tenant lieu de la carte d'élève ou d'étudiant délivrée et dûment validée par les établissements intéressés.

Abbildung Nr. 3.8

"SAFARI-Registrierungsbescheinigung" zugesandt, um künftige Rückmeldungen zu vereinfachen[2o1].

Abgesehen davon, daß das Personenkennzeichen die Jahrhundertangabe vermissen läßt, erscheint der Geburtsort unter gleichzeitiger Außerachtlassung des Geburtstags insbesondere im Hinblick auf den enthaltenen Informationswert mit fünf Stellen als zu stark berücksichtigt und die Gesamtlänge des Kennzeichnes insofern zu groß[2o2]. Die alte "Sozialversicherungsnummer" wurde jedoch entgegen den Vorschlägen einiger Verwaltungen als Basis für das SAFARI unverändert übernommen, da eine Umstellung der die "Sozialversicherungsnummer" benutzenden Verwaltungen auf ein verändertes kürzeres, bzw. die hier angedeuteten Vorbehalte berücksichtigendes Personalkennzeichen als zu aufwendig eingeschätzt wurde[2o3].

3.3.1.1.4. Organisation, Funktionen und Realisierung des Systems

Die datenmäßige Erfassung der Individuen sowie die Aktualisierung der gespeicherten Informationen erfolgt insbesondere auf Grund der von den Standesämtern der circa 38.ooo Gemeinden den 18 Regionaldirektionen des INSEE regelmäßig übermittelten standesamtlichen Daten[2o4]. Die Bearbeitung des auf Magnetbändern gespeicherten Datenbestandes erfolgt im Stapelbetrieb zentral durch das Rechenzentrum des INSEE in Nantes mittels einer IBM 37o/145.

Die Funktionen des SAFARI umfassen im wesentlichen[2o5]:

- Bestimmung und Mitteilung der Personenkennzeichen auf Grund der jeweiligen standesamtlichen Personaldaten; dabei werden auf Magnetbändern genormt gespeicherte Massenanfragen der verschiedenen Verwaltungen gegenüber schriftlichen Einzelanfragen bevorzugt bearbeitet[2o6]. (Die Bearbeitungszeit beträgt circa 14 Tage, bzw. einen Monat. In Rechnung gestellt werden entsprechend jährlich zu erneuernder Vereinbarungen die Grenzkosten).

- Systematische Mitteilung aufgrund Abonnements von Modifikationen in Folge von Sterbefällen, Namensänderungen, Berichtigungen etc..

- Homogenitätsüberprüfungen von Personenkennzeichen und standesamtlichen Angaben,
- Identitätsfeststellungen von dem Personenkennzeichen nach bekannten Personen,
- Erstellung der Wählerlisten und sonstiger nach verschiedenen Kriterien geordneter Listen.

Die bisher zur Verfügung stehende "Sozialversicherungsnummer" wurde trotz ihrer Einführung vor nunmehr 25 Jahren und ihrer frühzeitigen Propagierung lediglich von einer begrenzten Anzahl von Verwaltungen zwecks systematischer Verwendung eingeführt. Es handelt sich dabei im wesentlichen um:

- die Sozialversicherungsträger und die verschiedenen ihnen angegliederten Stellen sowie verschiedene Rentenversicherungen,
- das Ministère de l'Education Nationale (Immatrikulation der Studenten und fortschreitend für Gymnasialschüler),
- das Ministère des Armées (Erfassung der Wehrpflichtigen),
- das Ministère de la Justice (Strafregister),
- das INSEE (Wahllisten etc.).

Abgesehen vom Ministère de l'Intérieur (Dateien der Kfz-Führer, des Verkehrsstrafregisters, der Kfz-Zulassungen, der Bevölkerung auf Gemeindeebene sowie der Aufenthaltsgenehmigungen) und den genannten Stellen beabsichtigen bisher die Direction de la Comptabilité Publique und die Direction Générale des Impôts (Erfassung der Steuerzahler), das automatisierte Personenkennzeichen einzuführen; daneben sind verschiedene Kommunalverwaltungen und Krankenhäuser interessiert[207].

Nachdem das SAFARI nunmehr seit Anfang 1973 operationell ist, bemüht sich die Délégation à l'Informatique im Verein mit den inter-/ ministeriellen EDV-Kommissionen, die allgemeine Verwendung des nationalen Personenkennzeichens darüberhinaus bei den bedeutenden Verwaltungsdateien ganz besonders zu fördern. So forderte die interministerielle EDV-Kommission in ihrem Beschluß vom 21.12.1972 die einzelnen Ministerien auf, einen Zeitplan für die Integration des SAFARI in ihre wichtigsten Dateien aufzustellen und in die von ihnen zu erstellenden Automationsleitpläne einzufügen[208].

Das SAFARI steht jedoch gerade mit Blick auf die erstrebte Vereinfachung des Kontakts zwischen Verwaltung und Verwalteten auch allgemein dem Privatsektor offen; insbesondere der Banksektor sowie Unternehmen mit großer Belegschaftsstärke zeigen sich bereits interessiert.

Es werden im übrigen im INSEE Überlegungen angestellt, das SAFARI auf Magnetspeicher mit direktem Zugriff für Echtzeitbetrieb sowie Datenfernverarbeitung umzustellen[209].

3.3.1.2. Unternehmenskennzeichenregister SIRENE

3.3.1.2.1. Vorausgegangene Entwicklung

Auf Grund des Décret vom 15.7.1948[210] wurde vom INSEE ein Register aufgebaut, das seit 1960 durch ein Unternehmensregister ergänzt wurde[211]. In diesen (manuellen) Registern wurde den Unternehmen und Betrieben jeweils eine zwölfstellige Codenummer zugeteilt. Dabei war die sogenannte (INSEE-) Unternehmensnummer ("numéro INSEE de l'entreprise") mit der sogenannten (INSEE-) Betriebsnummer ("numéro INSEE de l'établissement") des jeweils den Firmenhauptsitz darstellenden Betriebes identisch.

Abgesehen davon, daß diese Unternehmens- und Betriebsreferenznummer weder von den Verwaltungen noch von den Unternehmen in nennenswertem Umfang benutzt wurde - so wurde beispielsweise eine spezielle Handelsregisternummerierung beibehalten -, wies die Konzeption der Referenznummer selbst ziemlich sämtliche nur denkbaren Mängel auf, so daß sie für die praktische Verwendung insbesondere zu statistischen Zwecken wenig geeignet war[212].

- Es handelte sich um einen "signifikanten Code"; in den den Unternehmen, bzw. Betrieben zugeteilten zwölfstelligen Referenznummern waren jeweils insbesondere Art und Bereich der (primären und sekundären) Wirtschaftstätigkeiten sowie die Adresse verschlüsselt. Dabei differierte bereits die nach der dreistelligen NAE-Norm codierte primäre Wirtschaftstätigkeit ("activité économique principale", APE) in 3o % der Fälle mit der tatsächlichen.

- Da es sich um eine signifikante Referenznummer handelte, war es eine variable Nummer, d.h. insbesondere bei Änderungen von Art und Bereich der ausgeübten Wirtschaftstätigkeit sowie bei Adressenwechsel wurde eine entsprechend geänderte neue Nummer zugeteilt. Daher konnte bei diesem System auch nur von einer Unternehmenreferenznummer und nicht von einem wirklichen Unternehmenskennzeichen gesprochen werden.

- Weiterhin mangelte es an einer Prüfziffer, so daß die Zuverlässigkeit des gesamten Systems nicht nur unter der Notwendigkeit der ständigen Änderung von Referenznummern und der unpräzisen Codierung, sondern zusätzlich unter der möglichen Existenz unentdeckter Übertragungsfehler litt.

- Darüberhinaus wurden die praktischen Einsatzmöglichkeiten durch das Fehlen einer Hierarchie der Referenznummern vermindert. So war es nicht möglich, allein auf Grund des Referenznummern-Registers die zu einem Unternehmen mit bekannter Referenznummer gehörenden Betriebe oder das einen Betrieb mit bekannter Referenznummer beherrschende Unternehmen zu bestimmen(213).

Eine reine Übernahme dieses Unternehmensreferenznummern-Registers im Zuge der Automatisierung wie im Fall des SAFARI verbot sich auf Grund dieser Mängel selbstverständlich.Die seit 1968 vom INSEE mit der Unterstützung durch die Délégation àl'Informatique projektierte Einführung eines automatisierten Unternehmenskennzeichen-Registers stellte vielmehr die willkommene Gelegenheit dar, das bisherige System ohne Gesichtsverlust im SIRENE von Grund auf neu zu konzipieren.

3.3.1.2.2. Zielsetzung

Das nationale automatisierte Unternehmenskennzeichen-Register SIRENE (Système Informatique pour le Répertoire des Entreprises et Etablissements[(214)]) verfolgt daher im wesentlichen dieselbe Zielsetzung wie das bisherige Referenznummern-Register, nämlich:

- gewisse Informationen für die Identifizierung und Kennzeichnung der Unternehmen und Betriebe zu sammeln und sie sodann zusammen mit den Unternehmenskennzeichen jeglichen (öffentlichen und privaten) Interessenten zur Verfügung zu stellen,
- zu verhindern, daß von sonstigen Stellen ähnliche Aufgaben parallel wahrgenommedn und insbesondere die vom SIRENE bereits erfaßten Daten mehrfach erhoben werden, was bisher den Kontakt der Verwaltung mit den Unternehmen sowie der Verwaltungsstellen untereinander erheblich kompliziert und aufwendig macht[(215)].

Dabei ist das SIRENE - wie es im Décret Nr. 73-314 vom 14.3. 1973 projektiert wurde[(216)] - einerseits speziell verwaltungs- und andererseits allgemein wirtschaftsstatistik-orientiert:

(a) Die speziell verwaltungs-orientierte Zielsetzung des SIRENE umfaßt:
- die Erleichterung des Informationsaustauschs zwischen verschiedenen Verwaltungsbehörden,
- die Vereinfachung der Kontakte zwischen Verwaltungen und Unternehmen,
- die Bereitstellung zweckdienlicher unternehmensbezogener Informationen zu geringsten Kosten an "assoziierte" Verwaltungen und (öffentliche und private) "Kunden"[(217)].

(b) Die allgemein wirtschaftsstatistik-orientierte Zielsetzung umfaßt:

- direkt: die Bereitstellung des ständig aktualisierten Basisdatenbestands sowie des Registers der vergebenen Unternehmens- und Betriebskennzeichen für die Durchführung von Untersuchungen, für die Verwaltung von Dateien und für deren statistische Auswertung durch jegliche interessierte (öffentliche oder private) Stelle,
- indirekt: die Erleichterung des Zugriffs seitens dieser interessierten Stellen auf einschlägige in den verschiedenen (öffentlichen und privaten) Wirtschaftsdatenbanken gespeicherten Informationen, soweit diese Datenbanken die Unternehmenskennzeichen verwenden[218].

3.3.1.2.3. Betroffene Unternehmen und Betriebe

Die Definition der im Unternehmenskennzeichen-Register zu erfassenden Wirtschaftseinheiten wurde erschwert durch den Unterschied zwischen der juristisch-orientierten Konzeption der für das Handelsregister zuständigen Handelsgerichte und der mehr wirtschaftlich-orientierten Konzeption der befaßten Verwaltungen. Erfaßt werden nunmehr:

- die Unternehmen, d.h. "jede natürliche oder juristische Person, die nicht in einem abhängigen Arbeitsverhältnis stehend, einer oder mehreren wirtschaftlichen Tätigkeit(en) nachgeht"[219]. Dabei sollen zunächst sämtliche Unternehmen aufgenommen werden, die der Mehrwertsteuer und der Steuer auf Einkommen aus Gewerbe und Handel[22o] unterworfen sind, bzw. Arbeitsunfallversicherungsbeiträge leisten[221]. Danach sollen zunehmend die freien Berufe, landwirtschaftliche Berufe, bürgerlichrechtliche Gesellschaften etc. erfaßt werden[222].
- die Betriebe, d.h. "jeder topographisch fest umrissene Ort, an dem ein bestimmtes Unternehmen seiner wirtschaftlichen Tätigkeit nachgeht"[223].

Die Schätzungen bezüglich des dementsprechenden Umfangs des SIRENE-Registers betragen(224):

- für die Anzahl der Unternehmen:

mit einem Betrieb	2,1 - 2,o Millionen
mit mehreren Betrieben	o,1 - o,4 Millionen
insgesamt	2,2 - 2,4 Millionen

- für die Anzahl der Betriebe:

von Einzelunternehmen	2,1 - 2,o Millionen
von Gesellschaften	o,3 - o,6 Millionen
insgesamt	2,4 - 2,6 Millionen

Ab 1974 wird mit jährlich etwa 11oo Neuerfassungen, 11oo Löschungen und 4ooo Änderungen gerechnet(225).

3.3.1.2.4. Erfaßte Informationen und Struktur des Unternehmenskennzeichens

Die im SIRENE gespeicherten Informationen beschränken sich im wesentlichen auf die zur Kennzeichnung erforderlichen "Personalien" der Unternehmen und Betriebe. Es wird dementsprechend nicht beabsichtigt, das SIRENE zu einer allgemeinen Wirtschaftsdatenbank zur Speicherung darüberhinausgehender Informationen über Unternehmen und Betriebe auszubauen(226).

Das SIRENE erfaßt im Einzelnen die folgenden Informationen(227):

(a) bezüglich der Unternehmen:

- Name, Vorname sowie Geburtsort und Datum, bzw. SAFARI-Kennzeichen (bei natürlichen Personen) oder Personen-, bzw. Sachfirmen (bei juristischen Personen(228)),
- Adresse des Unternehmenssitzes, bzw. des Hauptbetriebs,
- juristische Form (18 mögliche interne Differenzierungen),
- primäre und sekundäre wirtschaftliche Tätigkeit (entsprechend der von der Commission Nationale des Nomenclatures d'Activités et de Produits neu entwickelten Nomen-

klatur N-5oo[229],

(b) bezüglich der Betriebe:

- Name, bzw. Firma,
- Adresse,
- Anzahl der (männlichen und weiblichen) Lohn- und Gehaltsempfänger,
- Art des Betriebs (9 mögliche interne Differenzierungen),
- primäre und sekundäre wirtschaftliche Tätigkeit (entsprechend der Norm N-5oo),
- verschiedene dem SIRENE "assoziierte" Stellen, soweit der Betrieb in deren Zuständigkeitsbereich fällt und mit ihnen in Kontakt steht.

Bei der Entwicklung des neuen auf Grund dieser Information zu vergebenden Unternehmenskennzeichens wurden die Mängel des bisherigen Referenznummernsystems vermieden:

- Das Unternehmens- und Betriebskennzeichen ist "unsignifikant", d.h. es handelt sich um ein Serienkennzeichen, das insbesondere nicht den jeweiligen geographischen Standort und die primäre Wirtschaftstätigkeit in codierter Form enthält[23o].
- Dadurch ist es möglich ein unvariables Kennzeichen zu haben, das nicht bei Orts- und Geschäftsbereichswechsel zu ändern ist.
- Es ist daher weiterhin möglich, jedem Unternehmen und Betrieb ein einziges, individuelles Kennzeichen zuzuteilen, das während seiner gesamten Existenz unverändert beibehalten wird und nach Erlöschen der Firma, bzw. der Auflösung des Betriebs (zumindest während eines Zeitraumes von lo bis 15 Jahren) nicht wieder verwandt wird[231].
- Zur Erhöhung der Zuverlässigkeit des SIRENE werden Prüfziffern in die Kennzeichen integriert.
- Da das Unternehmenskennzeichen sowohl im öffentlichen wie privaten Sektor allgemeine Verbreitung finden soll, wurde wie beim SAFARI für rein numerisches Kennzeichen optiert. Im übrigen soll das neue Unternehmenskennzeichen die bisher bei der Eintragung ins Handelsregister zuge-

teilte Handelsregisternummer ersetzen sowie allgemein für die Unternehmen im Verkehr mit sämtlichen öffentlichen Verwaltungen das einzig verwandte Kennzeichen sein.
- Hinsichtlich der Integration des SIRENE-Projekts in ein (zu schaffendes) europäisches System wurden auf Grund mangelnden Interesses in den Mitgliedsstaaten der Europäischen Gemeinschaft an einem öffentlichen, bzw. allgemeinen Unternehmenskennzeichen-Register keine Vorkehrungen getroffen(232).

Das jedem Unternehmen (bzw. jeder selbständigen Person) zugeteilte Unternehmenskennzeichen wird als SIREN bezeichnet und besteht aus einer neunstelligen Seriennummer (einschließlich einer einstelligen Prüfziffer). Das SIRET genannte, den Betrieben zugeteilte Betriebskennzeichen besteht seinerseits aus dem (neunstelligen) SIREN des den Betrieb beherrschenden Unternehmens sowie einer, diesem angehängten, zwei- bis fünfstelligen "numéro interne de classement" (NIC) genannten, unternehmensinternen Seriennummer (einschließlich einer sich auf das gesamte SIRET beziehenden einstelligen Prüfziffer). Das gesamte SIRET weist also (je nach Anzahl der von dem jeweiligen Unternehmen beherrschten Betriebe) 11 bis 14 Ziffern auf.

Die Integration des SIREN in das SIRET erleichtert die Identifikation der von einem bestimmten Unternehmen abhängigen Betriebe, bzw. die Identifikation des einen gegebenen Betrieb beherrschenden Unternehmens. Derart wird beispielsweise die Konsolidierung der von den Betrieben gelieferten Informationen auf Unternehmensebene erheblich vereinfacht.

Die variable Länge des NIC und damit des gesamten SIRET wurde in Kauf genommen, um einerseits auch die Betriebe von Unternehmen mit über 99 oder sogar 999 (bis maximal 9999) abhängigen Betrieben vollständig erfassen zu können, andererseits jedoch die überwiegende Mehrheit der Unternehmen, die weniger als lo abhängige Betriebe besitzen, nicht mit für sie überflüssig redundanten Kennzeichen zu belasten. So werden etwa 98 % der Betriebe ein elfstelliges und nur 2 % ein längeres SIRET haben(233).

<u>Tafel Nr. 3.9</u> : Struktur des SIRENE-Unternehmenskennzeichens.

Zusammensetzung	S I R E T	
	S I R E N	N I C
Stellenfolge	1 2 3 4 5 6 7 8 9^{+}	10 11^{+}
		10 11 12^{+}
		10 11 12 13^{+}
		10 11 12 13 14^{+}

(+) Die jeweils letzte Ziffer des SIREN und des NIC, das in der Länge je nach Anzahl der Betriebe des jeweiligen Unternehmens variiert, ist die (einstellige) Prüfziffer.

Die Entscheidung hinsichtlich der Länge des SIREN(etwa loo Millionen Unternehmen kann ein SIREN zugeteilt werden, obwohl nach den obigen Schätzungen zu einem gegebenen Zeitpunkt lediglich 2,5 Millionen Unternehmen existieren[234]) und des SIRET (etwa lo.ooo Betrieben kann ein SIRET zugeteilt werden, obwohl - abgesehen von der französischen Staatsbahn (SNCF), bei der jeder einzelne Bahnhof und Bahnübergang als eigener Betrieb behandelt werden kann - kein Unternehmen über 5ooo einzelne Betriebe unterhält[235]) ist dadurch bestimmt, daß die Unternehmens- und Betriebskennzeichen nur einmal verwendbar sind und nach Erlöschen oder der Auflösung eines Unternehmens, bzw. eines Betriebs nicht einem anderen Unternehmen oder Betrieb zugeteilt werden können. Das erfordert einerseits die Unterhaltung einer speziellen Datei der "gelöschten" Kennzeichen nicht mehr aktiver Unternehmen und Betriebe, verhindert jedoch andererseits, daß bei Stellen, die aus verschiedenen Gründen über längere Jahre die Angaben erloschener, bzw. aufgelöster Unternehmen und Betriebe aufbewahren müssen, verschiedene Unternehmen oder Betriebe, die zu verschiedenen Zeitpunkten existieren, bzw. existiert haben, mit identischen Kennzeichen auftauchen.

3.3.1.2.5. Organisation und Funktionen des Systems

Auch für die Realisierung und den Betrieb des SIRENE ist das INSEE verantwortlich. Dabei stützt sich das Centre Informatique SIRENE (CIS) in Nantes auf eine Reihe von "assoziierten" Stellen, die über die Regionaldirektionen des INSEE in unterschiedlichem Umfang im Rahmen der Ersterfassung, bzw. des Änderungsdienstes zur Identifizierung und/oder zur Klassifizierung (nach der Wirtschaftsaktivität) beitragen. Im wesentlichen handelt es sich um[236]:

- die für das Handelsregister zuständigen Handelsgerichte,
- die Direction Générale des Impôts mit den ihr nachgeordneten Regionalbehörden,

- die verschiedenen Sozialversicherungsträger mit ihren Außenstellen (Unions de Recouvrement des Cotisations de Sécurité Sociale (URSSAF), Caisses Régionales d'Assurance Maladie (CRAM) etc.),
- die für die Handwerksrolle zuständigen Handwerkskammern,
- sonstige berufsständische Vereinigungen.

Sobald eine dieser assoziierten Stellen im Rahmen ihrer (Verwaltungs-) Tätigkeit zum ersten Mal Kontakt mit einem noch nicht identifizierten Unternehmen oder Betrieb, bzw. von einer einschlägigen Änderung Kenntnis erhält, informiert sie das CIS in Nantes, das nach umgehender Identifizierung, bzw. Modifizierung die übrigen assoziierten Stellen in Form eines ständigen Änderungsdienstes in kurzen Abständen und die übrigen angeschlossenen "Kunden" entsprechend informiert[237]. Das betroffene Unternehmen, bzw. der Betrieb wird in Form eines "Certificat d'identification d'entreprise/d'établissement" über die Erfassung und das zugeteilte Kennzeichen in Kenntnis gesetzt[238].

Außer den assoziierten Stellen steht das SIRENE den soeben erwähnten "Kunden", d.h. jeglichen Interessenten für wirtschafts-statistische Informationen (öffentliche Verwaltungen, öffentliche und private Organisationen, Datenbanken und Unternehmen sowie Einzelpersonen) zur Verfügung. Dabei liefert SIRENE im Abonnement sowie auf Anfrage (in beiden Fällen müssen sich die Interessenten entweder an eine Regionaldirektion oder an die Generaldirektion des INSEE wenden) grundsätzlich alle im SIRENE gespeicherten Informationen mit Ausnahme von Geburtsort und Datum natürlicher Personen sowie der genauen Belegschaftsstärke (wohl aber die jeweilige Kategorie der Belegschaftsstärke).

Abgesehen von individuellen Dienstleistungen und speziellen Einzelauskünften wird das SIRENE vor allem verschiedene Standarddienstleistungen anbieten[239]:

- Erstellung von Statistiken, Tabellen, Korrespondenztafeln und Listen (z.B. "Liste des établissements industriels et commerciaux"),

- Dateienänderungsdienste,
- Verarbeitung von Identifikationslisten.

In jedem Fall wird ein die (marginalen) Kosten (Informationsträger, Untersuchungen, Verarbeitung etc.) deckender Tarif angewandt.

3.3.1.2.6. Realisierung und weitere Entwicklung des Projekts

Die Realisierung des SIRENE-Projekts erfolgte bisher in folgenden Phasen[24o]:

- Juli 1969 - Oktober 197o: Erstellung einer die Unterlagen (Akten, Karteikarten, Lochkarten etc.) der 18 INSEE-Regionaldirektionen integrierenden zentralen Ursprungsdatei bei gleichzeitiger Konversion der alten Referenznummer ins neue Kennzeichen,
- Mai 1971 - Juni 1972: Anpassung der Dateien der wichtigsten assoziierten Stellen (Direction des Impôts, Direction de la Sécurité Sociale, Direction de l'Artisanat, Direction des Affaires Civiles) an diese Ursprungsdatei,
- Juni 1972 - Januar 1973: Einrichtung des Centre Informatique SIRENE in Nantes mit teilweise direktem Zugriff (15 lokale Bildschirmeinheiten),
- Januar 1973 - Dezember 1973: Beginn der Zuteilung der Unternehmens- und Betriebskennzeichen.

Da nunmehr damit zu rechnen ist, daß das SIRENE im Laufe des Jahres 1974 voll operationell sein wird, legt die Délégation à l'Informatique unterstützt durch die Commission Interministérielle de l'Informatique in verstärktem Maße Gewicht auf die Verbreitung der Unternehmens- und Betriebskennzeichen in den öffentlichen Verwaltungen. Diese wurden auf der Tagung der Commission Interministérielle de l'Informatique am 21.12.1972 aufgefordert, im Laufe des Jahres 1973 (wie zum SAFARI) einen Zeitplan für die Integrierung des SIRENE in ihre Dateien als Teil der ab 1973 anzufertigenden Automationsleitpläne aufzustellen[241].

Es ist jedoch bereits klar, daß das SIRENE-Projekt noch nicht seine endgültige Form gefunden haben wird. Die weitere Entwicklung des SIRENE wird auf drei Ebenen erfolgen:

(a) (horizontale) Ausweitung bei gleichzeitiger (vertikaler) Differenzierung der erfaßten Wirtschaftseinheiten im weitesten Sinne:
- durch Definition von neben die bisherigen Referenzeinheiten "Unternehmen" und "Betrieb" tretende (vertikale) Einheiten (z.B. "Unternehmensgruppe", "Betriebsgruppe", "Teilbetrieb")[242],
- durch Hinzufügung weiterer Indentifikationskriterien (z.B. das vom Betrieb besetzte Grundstück, Umsatz) sowie Verwendung von differenzierteren Nomenklaturen (z.B. N-3ooo, N-1o.ooo), ohne daß der Charakter des SIRENE als ein Unternehmenskennzeichenregister (im Gegensatz zu einer Wirtschaftsdatenbank) verloren geht[243],
- (horizontale) Ausweitung der vom SIRENE erfaßten Wirtschaftseinheiten bezüglich der juristischen Organisationsform (z.B. bürgerlichrechtliche Gesellschaften, Genossenschaften, Verbände, öffentliche Verwaltungen) sowie der erfaßten Wirtschaftszweige (z.B. alle freien Berufe, landwirtschaftliche Berufe, Dienstleistungsunternehmen)[244];

(b) technische und verfahrensmäßige Verbesserung der Informationsflüsse:
Insbesondere soll versucht werden, die (vom aktuellen System nur zum Teil und lediglich näherungsweise erreichte) "ideale Reaktionszeit" von "einigen dutzend Stunden" voll zu erreichen und möglichst zu unterschreiten[245]. Zu diesem Zweck soll die postalische Datenübermittlung mittels mehr oder weniger traditionellen Datenträgern (Schriftstücke, Lochkarten, Magnetbänder) durch die progressive Einführung der Datenfernverarbeitung (beginnend mit den wichtigsten assoziierten Stellen, z.B. INSEE-Regionaldirektionen, Handelsregister, große Datenbanken) bei Direktzugriff und Echtzeitverarbeitung ersetzt werden[246].

(c) Förderung der allgemeinen Verbreitung des SIRENE:
- durch erhebliche Erweiterung des Kreises der assoziierten Stellen(247),
- durch erhebliche Erweiterung des Kundenkreises(248).

3.3.1.3. Grundstückskennzeichenregister SILOE

3.3.1.3.1. Vorausgegangene Entwicklung und Zielsetzung

Im September 1971 forderte die Délégation à l'Informatique die Direction des Impôts (DGI) des Ministère de l'Economie et des Finances und die Direction de l'Aménagement Foncier et de l'Urbanisme (DAFU) des Ministère de l'Equipement et du Logement auf, ihre bisherige Zusammenarbeit auf dem Gebiet des Liegenschaftswesens, die in einer gemeinsamen an die beiden zuständigen Minister gerichteten Vorlage vom 9.7.1971 ihren vorläufigen Niederschlag gefunden hatte, fortzusetzen.

Diese Vorlage legte in großen Linien die zu treffenden Automatisierungsmaßnahmen dar, die erforderlich sind, um den Zugriff auf die Daten des Liegenschaftswesens zu erleichtern und vor allem eine bessere Koordination zwischen den verschiedenen liegenschaftsbezogenen Dateien der Verwaltung zu verwirklichen. So war die Schaffung eines zunächst "Fichier National de Localisation" (FINATO), später "Système Interministériel de Localisation Electronique" (SILOE)(249) genannten Grundstückskennzeichenregisters sowie einer topometrischen Grundstücksdatei ("Fichier Topométrique" (FITOPO)) vorgeschlagen worden.

Auf die Intervention der Délégation à l'Informatique vom 24.9.1971 hin wurde sodann die interministerielle Arbeitsgruppe "Groupe de travail sur le système interministériel de localisation"(25o) geschaffen, in der die Direction des Impôts, Direction de l'Aménagement Foncier et de l'Urbanisme, Direction du Bâtiment, des Travaux

Publics et de la Conjoncture und das Centre d'Etudes Techniques de l'Equipement, Aix-en-Provence, vertreten sind[251].

Entsprechend dem im Juni 1972 von dieser Arbeitsgruppe vorgelegten "Rapport de synthèse sur le projet de fichier national de localisation"[252] kommen dem projektierten SILOE zwei Funktionen zu:

- Das SILOE soll als Referenzsystem die Verbindung zwischen verschiedenen liegenschaftsbezogenen Dateien mit unterschiedlichen Bezugseinheiten (Grundstück, topometrische Koordinaten[253], postalische Adresse, Baublock, Gebäude etc.) herstellen und damit die Integration der in diesen bereits existierenden oder projektierten Liegenschaftsdateien enthaltenen Daten ermöglichen (<u>integrative Funktion</u>).
- Daneben soll das SILOE zumindest eine grobe topographische Lokalisierung der datenmäßig erfaßten Parzellen erlauben (<u>lokalisierende Funktion</u>)[254].

Die Verantwortung für die Entwicklung des das gesamte Territorium des metropolen Frankreichs erfassenden SILOE liegt bei der Direction des Impôts des Ministère de l'Economie et des Finances, also der Behörde, die für die Steuerberechnung zuständig ist und als zugleich für das Kataster zuständige Stelle[255] die größte Anzahl von liegenschaftsbezogenen Daten verwaltet. Die DGI arbeitet dabei besonders eng mit der Direction de l'Aménagement Foncier et de l'Urbanisme zusammen.

3.3.1.3.2. <u>Erfaßte Informationen und Struktur des Grundstückskennzeichens</u>

Das nationale Grundstückskennzeichenregister wird für jede Parzelle die folgenden Informationen erfassen[256]:

(a) <u>Katasterangaben:</u>
- INSEE-Code des Département,
- INSEE-Code der Gemeinde,

- Bezeichnung der Katastersektion,
- Nummer der Parzelle.

Diese Katasterangaben existieren für 92 % des französischen Territoriums, passen sich Grundstücksteilungen und Zusammenlegungen an und bilden augenblicklich die einzig einigermaßen erschöpfende und verläßliche Grundstückskennzeichnung.

(b) geographische Identifizierung in Form der Zentralpunktkoordinaten der Grundstücke bei einer Genauigkeit von 1 m;

(c) postalische Adresse:
- Département,
- Gemeinde,
- Straßenname und Nummer.

Dabei werden neben der offiziellen Adresse auch sekundär verwandte Adressen erfaßt. Bei der Adressencodierung wird auf den INSEE-Département- und Gemeinde-Code sowie auf die teilweise bereits durch die DGI erfolgte Straßencodierung zurückgegriffen.

Darüberhinaus sollen zu einem späteren Zeitpunkt die auf den Parzellen errichteten Gebäude mit im SILOE aufgenommen werden. Das setzt jedoch insbesondere eine vorhergehende Kennzeichnung der Gebäude im Kataster voraus und stellt Probleme des Änderungsdienstes [257]. Das bisher vorgesehene 46 Zeichen lange SILOE-Kennzeichen ist jedenfalls so konzipiert, daß es sowohl als Grundstücks- wie als Gebäudekennzeichen dienen kann [258].

3.3.1.3.3. Funktionen des Systems

Als Grundstückskennzeichenregister ist es nicht Aufgabe des SILOE, datenbankmäßig spezifische Auskünfte zu geben, es soll vielmehr gleichsam als Schlüssel den Zugang zu den spezialisierten Dateien und Datenbanken ermöglichen, die über die gesuchten Informationen verfügen und so in gewissem Maße die Integration der in den verschiedenen Verwaltungen verstreut existierenden liegenschaftsbezogenen Dateien und Datenbanken verwirklichen.

So wird es mittels des SILOE möglich sein, für ein durch topographische Koordinaten definiertes Gebiet festzustellen:

- welche Grundstücke in den Perimeter fallen und welche Charakteristiken und Nutzungsarten diese Grundstücke aufweisen,
- ob und wie diese Grundstücke bebaut sind,
- Identität und Adresse des Grundeigentümers.

Basierend auf den Koordinaten eines bestimmten Perimeters werden nämlich mittels des SILOE die in diesen Perimeter fallenden Grundstückszentralpunkte und damit die Katasterreferenzen in Form der Flurstücksnummern der betroffenen Grundstücke festgestellt werden können. Die Flurstücksnummern erlauben es dann wiederum, auf die Informationen der folgenden im Aufbau befindlichen spezifischen Dateien zuzugreifen:

- "Fichier des propriétés non bâties" (Datei der unbebauten Liegenschaften für die physischen Grundcharakteristika und Nutzungsarten),
- "Fichier des propriétés bâties" (Datei der bebauten Liegenschaften für die Art der Bebauung),
- "Fichier des propriétaires fonciers" (Grundstückseigentümerdatei für die Identität und Adressen der Grundeigentümer).

In derselben Weise wird es das SILOE ermöglichen, die Verbindung zwischen den Grundstückszentralpunkten und den postalischen Adressen herzustellen, um so auf die Dateien, die sich auf die postalische Adresse als Referenz stützen, zuzugreifen.

Neben dieser integrierenden Funktion wird sich die lokalisierende Funktion des SILOE bis zur Fertigstellung der topometrischen Grundstücksdatei (FITOPO)[259] nur bedingt ausfüllen lassen. So kann z.B. der Zentralpunkt eines nur teilweise innerhalb des konkret betrachteten Perimeters liegenden Grundstücks möglicherweise außerhalb dieses Perimeters liegen, sodaß das Grundstück völlig unberücksichtigt bleibt. Ebenso kann die Zuordnung eines bestimmten Punktes, dessen Koordinaten bekannt sind, zu einem bestimmten Grundstück insofern auf Schwierigkeiten stoßen als der dem Punkt nächstliegende Zentralpunkt nicht notwendig der Zentralpunkt des betreffenden Grundstücks ist(26o).

3.3.1.3.4. Realisierung und weitere Entwicklung des Projekts

Die Realisierung des SILOE stellt, wie aus der Tafel Nr. 3.1o ersichtlich, einen enormen Aufwand dar.

Die umfangreichen, jedoch einmaligen Arbeiten der Übertragung der Kataster-, Zentralpunktkoordinaten- und postalischen Angaben (von circa 1oo Millionen Parzellen und 25 Millionen Gebäuden) auf Magnetspeicher (etwa 2oo Magnetbänder) sollen einem privaten EDV-Service-Unternehmen übertragen werden(261).

Der laufende Änderungsdienst und die allgemeine Verwaltung des SILOE werden von jeweils für mehrere Départements zuständigen Außenstellen der DGI dezentralisiert wahrgenommen werden(262).

Der Zeitpunkt der Inbetriebnahme des SILOE ist noch nicht abzusehen, wird jedoch sicher nicht vor Ablauf von 1o Jahren zu erwarten sein. Der effektive Zeitplan hängt ab von der Durchführung der Reform des Katasters, von der Fertigstellung der nationalen topographischen Datei FITOPO sowie von der Bereitstellung der öffentlichen Mittel für die umfangreichen Arbeiten der Datenerfassung und Übertragung, d.h. insbesondere von der Entscheidung, ob die materielle und personelle Ausstattung für diese nicht wiederkehrenden Arbeiten unter Berücksichtigung von Amortisationsgesichtspunkten eher beschränkt oder aber großzügig gestaltet wird.

Tafel Nr. 3.10 : Arbeits- und Finanzaufwand des SILOE[263].

(A) Erstellung des Registers

(1)	Informationsvolumen	
	- Anzahl der Parzellen	100 Millionen
	- Gesamtzahl der zu speichernden Zeichen	6 Milliarden
	- Datenträger-Volumen (Magnetbänder)	200 Bänder
(2)	Zeitaufwand der Datenerfassung	1 Million Std.
(3)	Anzahl der erforderlichen Erfassungsteams (über einen Zeitraum von 10 Jahren bei je 100 Wochenstunden)	20 Teams
(4)	Gesamtkosten der Register-Erstellung	93 Millionen FF

(B) Jährlicher Änderungsdienst

(1)	Volumen der Informationsbewegungen	
	- Anzahl der jährlichen Bewegungen	500.000 neue Parzellen 250.000 erloschene Parzellen
	- Anzahl der Änderungsbänder	1 - 2
(2)	Kostenaufwand des Änderungsdienstes	400.000 - 500.000 FF pro Jahr

3.3.2. Datenbanken

3.3.2.1. Einteilungsschema und allgemeine Übersicht

Der folgende Überblick erfaßt die wichtigsten Datenbanken und Datenbasen der französischen Zentralverwaltung soweit sie bereits heute bzw. zumindest mittelfristig operationell und interministeriell relevant sind, d.h. interministeriell aufgebaut oder betrieben, zumindest aber interministeriell genutzt werden.

Dabei wird jedoch auf eine deutliche Differenzierung zwischen Datenbanken und Datenbasen verzichtet, da eine solche Differenzierung wie bereits oben ausgeführt wegen des fließenden Übergangs zwischen den beiden Konzeptionen nur von sehr beschränktem Erkenntniswert und von der französischen Verwaltung in der Praxis auch nicht gemacht wird[(264)]. Da im übrigen die behandelten Systeme letztlich im wesentlichen alle auf den Ausbau zu Datenbanken hinzielen, wird dabei in Kauf genommen, daß im einen oder anderen Fall die Klassifizierung eines Systems als Datenbank als etwas überzogen erscheinen mag.

Ansonsten lehnt sich die Auswahl der hier berücksichtigten Datenbanken wie auch die Gliederung ihrer Darstellung an das in der französischen Verwaltungsinformatik in den wesentlichen Grundzügen allgemein, insbesondere auch von der Commission Interministérielle de l'Informatique verwendete Einteilungsschema der Verwaltungsdatenbanken an[(265)]. Auf dieses Einteilungsschema wird hier trotz seiner gewissen Inkonsistenz zurückgegriffen, um die zugrundeliegenden französischen Konzeptionen wiederzugeben und so den Einstieg für eventuell nachfolgende, detailliertere Spezialuntersuchungen, die über den Rahmen dieser Ausführungen hinausgehen, zu erleichtern und die inzidente Verteilung der Gewichte und die allgemeine Richtung der Entwicklung der französischen Verwaltungsautomation weiter hervortreten zu lassen.

Das französische Einteilungsschema der Verwaltungsdatenbanken unterscheidet zunächst global nach dem überwiegenden Datentyp der jeweiligen Datenbank zwischen "numerischen Datenbanken" und "Textdatenbanken". Die weitere Unterteilung ist problemorientiert und berücksichtigt den mehr oder weniger eng gefaßten Fachbereich, aus dem die gespeicherten Daten vorwiegend stammen. So wird im Bereich der numerischen Datenbanken unterschieden zwischen den sehr weit gefaßten "Wirtschaftsdatenbanken", die die verschiedenen Wirtschaftssubjekte sowie die von diesen besessenen, hergestellten oder ausgetauschten Güter datenmäßig erfassen, einerseits und den "Technologiedatenbanken", die bestimmte technologische Bereiche erfassen, andererseits.

Die besonders wichtigen Wirtschaftsdatenbanken werden nochmals nach dem erfaßten Bereich in "nationale" (personen-, unternehmens- oder liegenschaftsbezogene), "regionale" und "sektorielle" Datenbanken unterteilt.

3.3.2.2. Personenbezogene Datenbanken

Da es der Rahmen der vorliegenden Untersuchung nicht zuläßt, im einzelnen näher auf die Gesamtheit der soeben aufgeführten Datenbanken einzugehen, beschränken sich die folgenden Ausführungen auf die personenbezogenen Datenbanken im Sinne des obigen Einteilungsschemas, d.h. einerseits auf die Datenbanken des Ministère de l'Intérieur, bzw. des Ministère de la Justice, die der Zusammenfassung der straßenverkehrsbezogenen Daten dienen, und andererseits auf das automatische Wählerverzeichnis, da diese Systeme zugleich im Rahmen der Datenschutzproblematik von besonderer Relevanz sind.

Wenn das nationale Personenkennzeichenregister SAFARI nicht an dieser Stelle als personenbezogene Datenbank behandelt wird, so besteht insofern, über die bezüglich der französischen Konzeption der Identifikationssysteme gemachten

Bemerkungen unter 3.3. hinaus, Übereinstimmung mit der Sichtweise der verantwortlichen französischen Stellen, die ängstlich darauf bedacht sind, ständig zu betonen, daß das SAFARI keine Personendatenbank darstellt, da die Adressen der Personen nicht mit aufgenommen und die Personalien einzig zu Identifikationszwecken gespeichert würden(268).

Obwohl diese Argumentation in gewisser Weise berechtigt erscheint, wird sie - wie aus mündlichen Äußerungen verantwortlicher Beamter hervorgeht - wohl eher durch das Bemühen getragen, möglichst eine offene Austragung des politisch höchst kontroversen Problems einer nationalen Personendatenbank zu vermeiden.

3.3.2.2.1. Zusammenfassung der straßenverkehrsbezogenen Daten

Die "Loi Nr. 7o-539 du 24 juin 197o concernant la centralisation de la documentation relative à la circulation routière"(269) trägt dem Ministre de l'Intérieur im Abschnitt I die Zusammenfassung sämtlicher Daten des Kfz-Führerscheinwesens (einschließlich der Verwaltungsmaßnahmen hinsichtlich von Führerscheinauflagen, Beschränkungen und Entziehungen) - Artikel 1, Absatz 1 und 3 - sowie des Kfz-Zulassungswesens - Artikel 1, Absatz 2 - auf nationaler Ebene auf. Mit Entwicklung und Realisierung dieses Projekts ist die Pariser Polizeipräfektur unter der Aufsicht der Direction de la Réglementation des Ministère de l'Intérieur betraut worden.

Im Abschnitt II dieses Gesetzes wird dem Ministre de la Justice die zusammenfassende Erfassung von Gerichtsurteilen in Straßenverkehrsdeliktsachen sowie die Führung eines Straßenverkehrsstrafregisters - Artikel 2 - und eines darauf aufbauenden Kfz-Fahrerklassifizierungssystems - Artikel 3 - übertragen.

Tafel Nr. 3.11 : Überblick über die wichtigsten operationellen, bzw. projektierten Datenbanken der französischen Verwaltung (einschließlich Identifikationssysteme)(266).

1. Numerische Datenbanken

1.1. Wirtschaftsdatenbanken

1.1.1. Nationale Wirtschaftsdatenbanken

1.1.1.1. Personenbezogene Datenbanken

Primäre Bezugseinheit	Systembezeichnung	Ministerium/ Organisation	Abteilung/ Stelle	Wichtigste erfaßte Daten
In Frankreich geborene, bzw. zugezogene Personen	SAFARI	Economie et Finances	INSEE	Personenkennzeichen, Personalien
Kfz.-Führerscheininhaber	Fichier des permis de conduire	Intérieur	Préfecture de Police	Führerschein-Nr. (mit PKZ identisch), Personalien, Prüfungsdaten, Verwaltungs-Auflagen u. Sanktionen
Straffällige Kraftfahrer	Fichier des conducteurs	Justice		Straßenverkehrsdelikte, Kfz.-Fahrer-Punkteklassifizierung
Kfz. (-Eigentümer)	Fichier des cartes grises	Intérieur	Préfecture de Police	Kfz.-Kennzeichen, technische u. administrative Detaildaten, Personalien des Eigentümers
Wahlberechtigte	Listes des électeurs	Economie et Finances	INSEE	Wahlberechtigung, Ort der Eintragung

1.1.1.2. Unternehmensbezogene Datenbanken

Primäre Bezugseinheit	Systembezeichnung	Ministerium/ Organisation	Abteilung/ Stelle	Wichtigste erfaßte Daten
Wirtschaftsunternehmen u. Betriebe	SIRENE	Economie et Finances	INSEE/ DGI	Unternehmens- (u. Betriebs-) Kennzeichen, Firma, primäre u. sekundäre Wirt.-Tätigkeit
Industrie- u. Handelsertragssteuer-unterworfene Unternehmen	BIC	Economie et Finances	DGI	Belegschaft, Bilanz, Gewinn- u. Verlustrechnung, Umsatz
Unternehmen u. Branchen	SIC	Economie et Finances	INSEE/Dir. Prévision	Konjunkturdatenreihen
Unternehmen u. Branchen	SAGACE	Economie et Finances	INSEE/Dir. Prévision	Basisdaten der volkswirtschaftl. Gesamtrechnung
Unternehmen, Betriebe u. Branchen	SUSE	Economie et Finances	INSEE	Basisdaten für BIC, EAE etc.
Unternehmen u. Betriebe der Industrie	ENEIDE	Devel.Ind. et Sc./ INSEE		SUSE (Industrie), jährl. Unternehmenserhebungen, Produktionsfaktoren, Produktion u. Märkte, Finanzoperationen

1.1.1.3. Liegenschaftsbezogene Datenbanken

Primäre Bezugseinheit	Systembezeichnung	Ministerium/ Organisation	Abteilung/ Stelle	Wichtigste erfaßte Daten
Grundstücksparzellen	SILOE	Economie et Finances/ Equipement	DGI/ CETE Aix	Grundstückskennzeichen u. entspr. identifizierende Grundstücksdaten

Pariser Region: Grundstücke, Gebäude, Baublocks, öff.Einrichtungen, Gemeinden	BDURP	Interieur	APUR	urbanistische Planungsdaten
Infrastrukturelle Einrichtungen	BDU	Equipement	CETE Aix	Infrastrukturelle Planungsdaten
Baublock, Gemeinden	EOEM/OEN etc.	Economie et Finances	INSEE	Bevölkerung, Gebäude, Wohnungen u. sonstige Wirt.- u. Sozialdaten

1.1.3. Sektorielle Wirtschaftdatenbanken

Zollwesen	SOFIA/ SAFIR/ SOFIM	Economie et Finances	DGD	Daten der Zollabfertigung zu Luft, Land u. Wasser
Transportwesen	SITRAM	Transports	SAEI	Daten des (nationalen) Warentransports
Außenhandel	Commerce Extérieur/ COCHISE	Economie et Finances	CNCE	Daten des internationalen Warenhandels/ entspr. Länder- u. Warenstatistiken
Bauwirtschaft	SIROCO	Equipement	SSEE	Daten der Bauprojekte
Meteorologie	BODOBE	Transports	Météo nationale	Niederschlagsdaten

1.2. Technologiedatenbanken

Elektronische Bauteile	SAFIR(267)	PTT	CNET	Zuverlässigkeitsdaten
Elektronische Meßgeräte	FAMEU	Armées	CELAR	Technische Daten

2. Textdatenbanken

Primäre Bezugseinheit	Systembezeichnung	Ministerium/ Organisation	Abteilung/ Stelle	Wichtigste erfaßte Daten
Allgemeine Dokumentation	Documentation Economique	Secr.Général du Gouvernm.	Doc. Française	Veröffentlichungen der Documentation Française
Politische Dokumentation	Banque d'Information Politique	Secr.Général du Gouvernm.	Doc. Française	Reden von Politikern, Ministerratsbeschlüsse, Verträge
Juristische Dokumentation	Documentation de la Cour de Cass.	Justice	Service de Doc. et d'Etudes	Urteile und Beschlüsse des Kassationsgerichts
Wohnungs- u. Umweltdokumentation	CIDHEC	Centre International de Données Eco. et Sociales		Bibliographische Angaben, Beschreibungen der Informanten, Zusammenfassungen nach Themen u. Ländern
Technische Dokumentation	EURISKO	Armées	CEDOCAR	Bibliographische Angaben
Mineralöl-Dokumentation	SIDERAL	ELF-ERAP		Internationale Mineralöl-Patente u. Literatur

In den weiteren Ausführungen werden dementsprechend die folgenden Systeme unterschieden:

- Kfz-Führerscheindatenbank ("fichier national des permis de conduire"),
- (elektronisches) Straßenverkehrsstrafregister und Kfz-Klassifizierungssystem ("fichier des conducteurs") sowie die hier weniger wichtige
- Kfz-Zulassungsdatenbank ("fichier des cartes grises").(27o)

3.3.2.2.1.1. Kfz-Führerscheindatenbank

Grundsätzlich werden in der zentralen Kfz-Führerscheindatenbank ("fichier national des permis de conduire") sämtliche Kfz-Führerscheininhaber aufgenommen. Das entspricht einem Volumen von 21 Millionen Personen mit einer jährlichen Zuwachsrate von o,7 Millionen (bei jährlich 1 Million neuer Führerscheininhaber und o,3 Millionen Sterbefällen), wie es bisher vom Service National des Examens du Permis de Conduire (SNEPC) in Form einer (manuellen) Datensammlung erfaßt wird.

Die Umschreibung dieser Datensammlung auf Magnetspeicher erfolgt jedoch nicht systematisch, sondern beschränkt sich auf die Personen, die nach Inbetriebnahme der Kfz-Führerscheindatei Anfang 1973 ihren Führerschein erhalten (haben), bzw. deren Führerschein in irgendeiner Form modifiziert wurde. Das entspricht jährlich etwa 1,8 Millionen Personen bei o,8 Millionen Änderungen(271).

Die Liste der zu jedem Fahrer gespeicherten Daten umfaßt die folgenden Angaben(272):

- Führerscheinnummer (mit dem SAFARI-Kennzeichen identisch),
- Adresse z.Zt. des Führerscheinerwerbs,
- Geburtsort und Datum,
- Führerscheinklasse (A - F für gültige, G - L für ungültige Führerscheine),

- Ort, Datum und Prüfer der Führerscheinprüfung,
- (eventuell) alte Nummer des Führerscheins,
- Gültigkeitsdauer und Auflagen (entsprechend der Führerscheinklasse oder medizinischer Gutachten),
- Art und Datum von Führerscheinveränderungen,
- Anzahl, Datum und Ausstellungsdépartement von Duplikaten,
- Verwaltungsmaßnahmen und Sanktionen im Sinne des Art. 1, Abs. 3 Loi Nr. 7o-539 (insbesondere Führerscheinentzug und entsprechende Verwarnungen im Sinne des Art. 274 Abs. 1 Code de la Route (Straßenverkehrsgesetzbuch) sowie im Code Pénale (Strafgesetzbuch) und Code des Impôts (Steuergesetzbuch) vorgesehene Maßnahmen) mit Datum und Dauer der Entscheidung, entscheidender Behörde und Zustellungsdatum.

Bei der Meldung zur Fahrprüfung wird jeweils eine Akte angelegt, die unter anderem die gesamten Personalien des Kandidaten enthält. Diese werden dem Rechenzentrum der Pariser Polizeipräfektur (CEGETI) zugeleitet, das aufgrund dieser Angaben vom INSEE das jeweilige Personenkennzeichen anfordert und daraufhin ein Formular ausdruckt und der Polizeipräfektur übersendet. Sobald der Führerschein erteilt ist, wird das Formular, entsprechend vervollständigt, dem CEGETI zurückgeschickt und dort elektromagnetisch gespeichert.

Jegliche spätere Veränderung wird dem CEGETI von der jeweils befaßten Stelle formularmäßig mitgeteilt:

- Führerscheinerweiterungen, Beschränkungen oder Auflagen,
- Verwaltungssanktionen,
- Anträge auf Duplikate(273).

Zugriff zu gewissen gespeicherten Informationen haben abgesehen von der Verwaltung (insbesondere Präfekturen) und den Gerichten nur die Versicherungsgesellschaften hinsichtlich Gültigkeit und Klasse der Führerscheine ihrer Versicherungsnehmer aufgrund deren Personalien oder Personenkennzeichen sowie die Kfz-Führerscheininhaber selbst hinsichtlich des letzten sie betreffenden Führerscheinentzugs.

Es ist darüberhinaus geplant, die Ausstellung der Führerscheine selbst zu automatisieren. Weiterhin wird mit verschiedenen interessierten Verwaltungen an der Definition einer Anzahl von Standardstatistiken gearbeitet.

Zunächst arbeitet das (seit Ende 1973 teiloperationelle) System im Stapelverfahren, wobei die wichtigsten "Kunden" mit dem CEGETI mittels Austausch von Magnetbändern zusammenarbeiten, während Einzelanfragen mittels schriftlicher Formulare erfolgen. (In Rechnung gestellt werden jeweils die Grenzkosten). Es soll jedoch ein Datenfernverarbeitungsnetz mit 13 Konzentratoren und 127 in Präfekturen und Unterpräfekturen installierten Terminals um einen CII IRIS-8o-Rechner aufgebaut werden[(274)].

3.3.2.2.1.2. Straßenverkehrsstrafregister und Kfz-Fahrer-Klassifizierungssystem

Zwar handelt es sich bei der Automatisierung des Straßenverkehrsstrafregisters und des damit verbundenen Kfz-Fahrer-Klassifizierungssystems ("fichier des conducteurs: condamnations pénales et judiciaires / classement des conducteurs") nicht um eine EDV-Anwendung der staatlichen Verwaltung, sondern um eine Automatisierung einer Verwaltungsfunktion der Justiz. Es besteht jedoch ein besonders enger Bezug zu der soeben behandelten Kfz-Führerscheindatenbank der Verwaltung, der sich in einer ebenso engen diesbezüglichen Zusammenarbeit zwischen Ministère de l'Intérieur und Ministère de la Justice ausdrückt. Im übrigen wird im Rahmen der Problematik des Schutzes der Privatsphäre ohnehin auf die geplante Automatisierung des Verkehrsstrafregisters und des Kfz-Fahrer-Klassifizierungssystems zurückzukommen sein[(275)]. Es sei daher, ohne weitere Einzelheiten zu berücksichtigen, hier insoweit auf dieses Projekt eingegangen, als es für das Verständnis des Kfz-Führerscheinsystems und die späteren Überlegungen zum Schutz der Privatsphäre erforderlich ist.

Abgesehen von der zentralen Erfassung der für die Verwaltung einschlägigen Straßenverkehrsdaten durch das Ministère de l'Intérieur beauftragt die Loi Nr. 7o-539 im Abschnitt II das Ministère de la Justice mit der zentralen Erfassung der Gerichtsurteile in Straßenverkehrsdeliktssachen und der Schaffung eines darauf aufbauenden Kfz-Fahrer-Klassifizierungssystems.

Die für die zentrale Erfassung der Gerichtsurteile in Straßenverkehrsdeliktssachen erforderliche Automatisierung des Verkehrsstrafregisters soll im Rahmen der Automatisierung des gesamten Strafregisters erfolgen[276].

In Bezug auf die Organisation eines automatisierten Verkehrsstrafregisters stand man hinsichtlich der Art und des Ausmaßes der Zusammenarbeit mit dem Ministère de l'Intérieur als verantwortlicher Stelle für die Kfz-Führerscheindatenbank vor folgender Alternative:

(a) Aufbau zweier völlig autonomer EDV-Systeme wie es mit dem Text der Loi Nr. 7o-539, die die beiden Problemkreise getrennt behandelt, durchaus vereinbar wäre,
(b) Aufbau zweier getrennter EDV-Systeme mit jeweils eigenem Rechenzentrum und Datenfernverarbeitungsnetz bei gleichzeitiger Verbindung zwecks Datenaustauschs und Verhinderung unnötiger Datendoppelspeicherung,
(c) Aufbau eines einzigen, für beide Ministerien gemeinsamen Systems unter Beibehaltung zweier Zugriffsnetze (für die Präfekturen und die Gerichte).

Während die erste Alternative verworfen wurde, da sie die technischen und wirtschaftlichen Möglichkeiten der EDV nicht voll ausgenutzt hätte, wurde die dritte Alternative ausgeschlossen, weil sie die Problematik auf eine politische Ebene gehoben hätte, ohne eine juristisch befriedigende Lösung bieten zu können, die die für den gemeinsamen Betrieb eines einzigen Systems notwendigen Garantien hätte anbieten müssen.

Es wurde also die zweite Alternative alsdie einzig gangbare akzeptiert[278]. Dabei ist für das Ministère de la Justice ein System von 5 bis 6 interregionalen Rechenzentren mit dem Zentralstrafregister in Nantes vorgesehen.

In der Frage der Kompetenzverteilung insbesondere hinsichtlich der Verantwortung für die Kfz-Fahrerdatenbank zwischen Ministère de l'Intérieur und Ministère de la Justice ergaben sich im wesentlichen zwei Alternativen:

(a) Endgültige Übertragung der Kompetenz für Aufbau und Verwaltung der Kfz-Fahrerdatenbank neben der Kfz-Führerscheindatenbank auf das Ministère de l'Intérieur bei Beschränkung des Ministère de la Justice auf die Zuständigkeit für das Straßenverkehrsstrafregister,
(b) Übertragung der Kompetenz für Aufbau und Verwaltung der Kfz-Fahrerdatenbank neben dem Straßenverkehrsstrafregister auf das Ministère de la Justice bei Beschränkung des Ministère de l'Intérieur auf die Kfz-Führerscheindatenbank.

Hier wurde der zweiten Alternative der Vorzug gegeben, da sie als die wirtschaftlichere eingeschätzt wurde, dem Sinn der Loi Nr. 7o-539 eher gerecht wird und im übrigen den Vorstellungen des Ministère de la Justice entsprach, ohne im Ministère de l'Intèrieur auf Widerstand zu stoßen[279].

Die Notwendigkeit des Informationsaustauschs zwischen den beiden Systemen ergibt sich aus den normalen Verfahrensabläufen, z.B. bei Mitteilungen der Identität neuer Kfz-Führerscheininhaber sowie der von den Präfekturen verhängten Sanktionen an das Ministère de la Justice oder Eintragung von Gerichtsurteilen in die Dateien des Ministère de l'Intérieur.

Zur Erleichterung dieses Informationsaustauschs werden beide Ministerien jeweils freien Zugriff zu gewissen unproblematischen Informationen (z.B. Personalien, Aktenzeichen etc.) im System des anderen Ministeriums haben. Die dabei erforderliche Kompatibilität zwischen beiden Systemen wird besonders durch die gemeinsame Verwendung des SAFARI-Personenkennzeichens sowie abgestimmter Dateistrukturen sichergestellt[28o].

Art. 3 der Loi Nr. 7o-539 überträgt dem Ministère de la Justice desweiteren die Aufgaben der Klassifizierung der Kfz-Fahrer entsprechend dem Gefährlichkeitsgrad ihres Verhaltens gemessen an Natur, Ausmaß, Anzahl und Frequenz der jeweils begangenen Verkehrsdelikte.

Dies Kfz-Fahrer-Klassifizierungssystem soll zusammen mit der Kfz-Fahrerdatenbank als Bestandteil des Verkehrsstrafregisters in das geplante automatisierte allgemeine Strafregister integriert werden. Abgesehen von den jeweils betroffenen Kfz-Fahrern selbst, den Gerichten sowie in besonderen Fällen den Präfekten und sonstigen Verwaltungen, werden insbesondere auch die Kfz-Versicherungsgesellschaften Zugang zu der globalen Punkteklassifizierung ihrer (zukünftigen) Kfz-Versicherungsnehmer haben. Das Informationsrecht der Versicherungen erstreckt sich jedoch nicht auf die einzelnen Basisinformationen; so wird ihnen nicht mitgeteilt werden, aufgrund welcher im Verkehrsstrafregister eingetragener Verkehrsdelikte die jeweilige Punkteklassifizierung erfolgte[(281) (282)].

Soweit die 197o definierte Konzeption hinsichtlich des Straßenverkehrsstrafregisters, während jedoch die Realisierung der nationalen Kfz-Führerscheindatenbank durch das Ministère de l'Intérieur zügig vorangetrieben wurde, verzögerte sich die Realisierung des Straßenverkehrsstrafenregisters ganz erheblich. Noch im Frühjahr 1974 stand die Durchführungsverordnung des Ministre de la Justice zum Gesetz Nr. 7o-539 aus und leitende Beamte des Ministère de la Justice kritisieren heute dieses Gesetz als unausgereift und unanwendbar und fordern eine mehr oder weniger einschneidende Revision[(283)].

Das dabei hier hauptsächlich interessierende Dilemma bildet der Umstand, daß nach heutigen Vorausschätzungen die Automatisierung des gesamten Strafregisters frühestens 198o fertiggestellt sein wird, die Schaffung des (elektronischen) Straßenverkehrsstrafregisters jedoch kaum bis dahin hinausgeschoben werden kann und sei es nur weil der rentable Betrieb der in Kürze vollständig operationellen Kfz-Führerscheindatenbank des Ministère de l'Intérieur die Existenz eines elektronischen Straßenverkehrsstrafregisters voraussetzt.

Die Anfang 1974 von Beamten des Ministère de la Justice zur Entscheidung durch den Ministre de la Justice ausgearbeitete Alternative sieht vor, entweder an der bisher projektierten Automatisierung des Straßenverkehrsstrafregisters im Rahmen der Automatisierung des gesamten Strafregisters festzuhalten, jedoch durch Einsatz ganz erheblicher Mittel und den provisorischen Verzicht auf eine dezentralisierte Struktur mit 6 regionalen Rechenzentren die Realisierung dieses Projekts entscheidend zu beschleunigen oder aber die Schaffung eines (elektronischen) Straßenverkehrsstrafregisters getrennt von der Automatisierung des allgemeinen Strafregisters durchzuführen[(284)].

Dabei befürworten die verantwortlichen Beamten des Ministère de la Justice jedoch ausdrücklich die Lösung einer beschleunigten, jedoch integrierten Automatisierung des allgemeinen Strafregisters einschließlich des Straßenverkehrsstrafregisters[(285)]. Dies zum einen aus gewissen juristischen Gründen, die sonst insbesondere eine grundlegende Änderung des Gesetzes Nr. 7o-539 erforderlich machen würden, da verschiedene grundsätzliche Vorschriften bezüglich des allgemeinen Strafregisters, das nach der momentanen Konzeption das zukünftige Straßenverkehrsstrafregister als integrierenden Bestandteil umfassen soll, aufgehoben werden müßten[(286)]. Zum anderen aus tatsächlichen Gründen, da das Straßenverkehrsstrafregister sich weitgehend mit dem allgemeinen Strafregister überschneiden und das Weiterbestehen von manuellen Teilstrafregistern den Rationalisationseffekt der Automatisierung des Straßenverkehrsstrafregisters ganz erheblich reduzieren und insbesondere bei der Datenerfassung durch die Gerichte einen erheblichen Mehraufwand mit sich bringen würde[(287)].

Jedoch selbst bei einer schnell erfolgenden Entscheidung des Ministre de la Justice zugunsten der einen oder der anderen Alternative wird auf Grund sonstiger noch zur Lösung anstehender Probleme und gerade auch auf Grund des ganz erheblichen Aufwands bei der Umspeicherung des bisherigen (manuellen) Strafregisters von traditionellen auf elektromagnetische Datenspeicher dem Vernehmen nach mit der Realisierung des (elektronischen) Straßenverkehrsstrafregisters sicher nicht vor zwei Jahren und länger gerechnet werden können(288).

Dieser Umstand verursacht allerdings das folgende Problem: Das Ministère de l'Intérieur beabsichtigt in Anwendung des Décret Nr. 72-457 vom 31.5.1972(289) (das nach Aussage verantwortlicher Beamter des Ministère de la Justice weit über die Vorschriften des Gesetzes Nr. 7o-539 hinausgeht, rechtswidrig ist und nur auf Grund mangelnder Koordination innerhalb des Ministère de la Justice gegengezeichnet worden ist) und im Bestreben seine in Kürze vollständig operationelle Kfz-Führerscheindatenbank unter optimalen Bedingungen zu betreiben, die dazu erforderlichen Daten, die eigentlich vom zukünftigen (elektronischen) Straßenverkehrsstrafregister jeweils zur Verfügung gestellt werden sollen, nebst den notwendigen Basisdaten, auf die das Ministère de l'Intérieur eigentlich kein Zugriffsrecht hat, in die Kfz-Führerscheindatenbank mit aufzunehmen. In diesem Fall würde das Ministère de l'Intérieur jedoch nach Aussage der bereits zitierten verantwortlichen Beamten des Ministère de la Justice über etwa 97 % des Datenbestandes des geplanten Straßenverkehrsstrafregisters verfügen, womit die im Gesetz Nr. 7o-539 angestrebte klare Kompetenztrennung zwischen Ministère de la Justice und Ministère de l'Intérieur hinsichtlich der Justiz-, bzw. administrativen Straßenverkehrs-(Straf-)Daten durchbrochen würde und es würde sicher äußerst schwierig, wenn nicht unmöglich sein, gegen die Macht des Faktischen angehend zu einem späteren Zeitpunkt dieses aufwendige, mit hohen Kosten verbundene Provisorium wieder rückgängig zu machen.

3.3.2.2.1.3. Kfz-Zulassungsdatenbank

Bisher besteht auf nationaler Ebene lediglich eine vom Ministère de l'Intérieur verwaltete Kfz-Bestandsdatenbank, die der Feststellung des amtlichen Kfz-Kennzeichens anonym aufgegebener Fahrzeuge aufgrund der jeweiligen Fahrgestellnummer dient. Diese Datenbank enthält insbesondere:

- Fahrgestellnummer,
- Fahrzeugart,
- Hersteller,
- Fahrzeugtyp,
- Jahr und Monat der Zulassung,
- amtliches Kennzeichen.

Der größte Mangel dieser Datenbank besteht darin, daß Ummeldungen (oder sogar der Untergang von Fahrzeugen) und damit verbundene Kfz-Kennzeichenänderungen nicht erfaßt werden und daher lediglich eine Liste (von bis zu 16 und mehr) "möglicher" Fahrzeuge ausgegeben wird, die dann manuell überprüft werden muß[(29o)].

Namentlich dieser Mangel wird bei der in der ersten Aufbauphase befindlichen umfassenderen Kfz-Zulassungsdatenbank ("fichier des cartes grises") vermieden.

Neben der Hauptaufgabe dieser Kfz-Zulassungsdatenbank, sämtliche für die Zulassung und für den Betrieb von Kraftfahrzeugen von den Präfekturen als Kfz-Verkehrsbehörden benötigten Daten bereitzustellen sowie insbesondere die tatsächliche Ausstellung jeglicher erforderlicher Zulassungspapiere (Kfz-Schein etc.) zu automatisieren, soll die Kfz-Zulassungsdatenbank auch zu Fahndungszwecken bei Verkehrs- und anderen Delikten sowie bei anonymen Fahrzeugaufgaben etc. dienen.

Zuständig für das (später auf ganz Frankreich auszudehnende) Versuchsprojekt in den vier Départements der Pariser Region ist wiederum die Pariser Polizeipräfektur.

Entsprechend dem erheblich weitergesteckten Aufgabengebiet enthält die Kfz-Zulassungsdatenbank, über die in der bisherigen Kfz-Bestandsdatenbank enthaltenen Daten hinaus, weitere umfangreiche Daten:

- Personalien und Adressen des Kfz-Eigentümers,
- Details bezüglich von Ort, Datum, Kennzeichen etc. der anstehenden, vorhergehenden und ersten Zulassung sowie bezüglich von Stillegungen, Diebstählen etc.,
- ausführliche technische Detaildaten des Kraftfahrzeugs (Art, Type, Hersteller, Farbe, Karosserienummer, zulässiges Gesamt- / Leergewicht, Abmessungen etc.),
- Erst-/Gebrauchtwagenkauf(291).

Eine erhöhte Zuverlässigkeit dieser Daten ergibt sich daraus, daß sie sämtlich von den Präfekturen der Straßenverkehrsämter selbst erfaßt werden und aufgrund von Anträgen zur Erstzulassung, Ummeldung, Stillegung, Abmeldung durch Käufer, Verkäufer oder Halter ständig aktualisiert werden. Gewisse Mängel ergeben sich jedoch noch immer aufgrund eines gewissen Prozentsatzes nicht angezeigter Adressenänderungen sowie nicht erfolgter Kfz-Abmeldungen.

Die Kfz-Zulassungsdatenbank dient im einzelnen:

- der Kfz-Kennzeichenfeststellung und Halteridentifizierung zu Fahndungszwecken (Polizei, Justiz, Finanzämter),
- Ausstellung der Kfz-Zulassungspapiere ("carte grise" etc.),
- jährliche Kfz-Bestandserhebungen und sonstige Statistiken für die Präfekturen und sonstigen Verwaltungen.

3.3.2.2.2. Automatisches Wählerverzeichnis

Seit dem Beginn der Arbeiten am Projekt SAFARI besteht der Gedanke, das bisherige Wählerverzeichnissystem zu automatisieren(292).

Die Bürgermeisterämter verwalten jeweils eine Wählerliste, in der grundsätzlich alle Wahlberechtigten erfaßt sind, die ihren Wohnsitz in der entsprechenden Gemeinde haben(293). Der Bürgermeister ist dabei dem zuständigen Präfekten dafür verantwortlich, daß die kommunale Wählerliste auf dem laufenden gehalten wird. So nimmt er entsprechend den Voraussetzungen des ministeriellen Rundschreibens Nr. 69/352 vom 31.7.1969, d.h. unter besonderer Beobachtung der Bedingungen des Mindestalters, der Nationalität und geographischen Bindung zur Gemeinde die Eintragungen bzw. Streichungen in der Wählerliste vor und stellt die Wählerausweise aus.

Das INSEE unterhält gemäß der Loi Nr. 46-1899 vom 28.8.1946(294) ein nationales Wählerverzeichnis in Form einer manuellen Kartei, das auf den kommunalen Wählerlisten basiert und von den INSEE-Regionaldirektionen entsprechend dem Geburtsort der Wähler verwaltet wird. Dabei ist es Aufgabe des INSEE, die Bürgermeister in ihrer Arbeit zu unterstützen und eventuell festgestellte Anomalien dem zuständigen Präfekten anzuzeigen.

Zu diesem Zweck nimmt das INSEE mehrfache Kontrollen vor, um zu prüfen, ob

- der Wähler existiert,
- das Wahlalter erreicht hat,
- nicht gleichzeitig in verschiedenen Gemeinden eingetragen ist und
- seine Wahlberechtigung nicht auf Grund gerichtlichen Urteils (von den Gerichten angezeigt) oder Verlust der französischen Nationalität (vom Ministère des Affaires Sociales angezeigt) verloren hat.

Seit Ende 1972 hat nunmehr das INSEE die Arbeit am Projekt des automatischen Wählerverzeichnisses begonnen, um es rechtzeitig vor der für 1975/1976 geplanten allgemeinen Revision des Wählerverzeichnisses abzuschließen. Das Globalziel des Projekts ist es, aufbauend auf dem SAFARI die vom INSEE hinsichtlich der kommunalen Wählerlisten auszuübende Kontroll- und Koordinationsfunktion mittels der EDV zu rationalisieren.

Dabei wird das konzipierte System eines automatischen Wählerverzeichnisses dem INSEE insbesondere erlauben(295):

- eine Kontrolle der Wahllisten nicht nur wie bisher nach der Geburtsgemeinde des Wählers, sondern auch nach der Gemeinde, in der der Wähler effektiv eingetragen ist, durchzuführen[296],
- die Zusammenarbeit zwischen dem INSEE und den Gemeinden, die individuell oder im Verband über EDV-Anlagen verfügen, erheblich zu vereinfachen,
- die Verbreitung des nationalen SAFARI-Personenkennzeichens in den Gemeindeverwaltungen beschleunigt zu fördern.

Es ist dabei jedoch keinesfalls daran gedacht, daß das INSEE in diesem Rahmen neue Kompetenzen an sich zieht; die Gemeinden bleiben vielmehr allein verantwortlich für die Aufstellung und Fortschreibung der Wählerlisten[297].

Das automatische Wählerverzeichnis wird sich im wesentlichen stützen auf:

- eine Datei der in den Wählerlisten der Gemeinden eingetragenen Wähler sowie der Personen, denen das Wahlrecht entzogen wurde, mit zwei einerseits nach der Geburtsgemeinde und andererseits nach der Gemeinde der Eintragung als Wähler gegliederten Folgedateien. die dabei für jeden Wähler erfaßten Informationen umfassen: Personalien, SAFARI-Kennzeichen, Départements und Gemeinde der Eintragung als Wähler, Jahr der Eintragung sowie eventuell Grund des Wahlrechtsentzugs;
- eine Datei der Anträge auf Streichung aus einer bestimmten kommunalen Wählerliste, die unter anderem zur Kontrolle der Durchführung der Streichungen dient;
- eine (manuelle) Kartei[298] des Entzugs des Wahlrechts mit den folgenden Informationen: Personalien, SAFARI-Kennzeichen, Grund und Dauer des Wahlrechtsentzugs, Datum der Verurteilung, bzw. des Verlust der französischen Staatsangehörigkeit, Bezeichnung der die Maßnahme mitteilenden Stelle;
- eine (manuelle) Kartei zur Identifizierung der nicht im SAFARI erfaßten Personen (im wesentlichen handelt es sich um außerhalb des metropolen Frankreichs geborene Personen);

- eine Datei der Gemeinden;
- ein Archiv der vom INSEE empfangenen Unterlagen, die der Aktualisierung des Wählerverzeichnisses dienen[299].

Das automatisierte Wählerverzeichnis, das etwa 3o Millionen Wähler bei circa 2 Millionen Änderungen pro Jahr erfassen wird, wird vom Rechenzentrum des INSEE in Nantes verwaltet werden.

3.3.3. Informationsverbundsysteme

Obwohl die Délégation à l'Informatique bereits seit einiger Zeit die Bedeutung des Problemkreises "Datenfernverarbeitung und EDV-Verbund" betont[3o1], wurden bisher lediglich im Rahmen einer von der Délégation à l'Aménagement du Territoire et à l'Action Régionale (DATAR) herausgegebenen Studie[3o2] sowie einer im Auftrag der Délégation à l'Informatique von der Beratungsfirma STERIA erstellten Untersuchung[3o3] einige Vorüberlegungen über ein allgemeines Verwaltungs-Datenbanksystem angestellt, ohne daß das allerdings bisher zu einem konkreten Konzept geführt hätte.

Bevor jedoch auf die Untersuchung der STERIA eingegangen wird, sei kurz auf zwei (projektierte, bzw. im Aufbau befindliche) Datenfernübertragunsnetze hingewiesen; weiterhin seien die Grundzüge eines Versuchsprojekts eines (allgemeinen) Computerverbundsystems skizziert.

3.3.3.1. Datenfernübertragunsnetze HERMES / CADUCEE

Bis zum Mai 1972 wickelte das Ministère des Postes et Télécommunications (PTT) die Datenfernübertragung ausschließlich mittels Stand- oder Wählleitungen über das allgemeine öffentliche Telefon- und Telegrafennetz ab[3o4].

Gegenüber der sich inzwischen überstürzenden Entwicklung der Datenfernverarbeitung sind diese Übertragungsnetze jedoch technologisch wie kapazitätsmäßig unzureichend[3o5]; bei jährlichen Zuwachsraten von 8o % bis 1oo % wird die Anzahl der in Frankreich installierten Terminals (Datenendstationen), die Anfang 1971 noch 36oo Einheiten betrug, für das Jahr 1975 auf etwa 4o.ooo (!) Einheiten geschätzt.[3o5a]

Es ist daher für etwa 198o die Inbetriebnahme eines HERMES genannten, spezialisierten Datenfernübertragungsnetzes geplant. Es handelt sich dabei um ein integriertes Netz für Digitalübertragung mittels Puls-Code-Modulation[3o6] über Breitbandleitungen[3o7].

Um bis 198o den wachsenden Bedarf befriedigen zu können und gleichzeitig gewisse Erfahrungen für das HERMES zu sammeln, ist seit Mai 1972 ein CADUCEE[3o8] genanntes spezialisiertes Datenfernübertragungsnetz in Betrieb genommen worden.

Das CADUCEE ist ein Übertragungsnetz mit klassischer (Analog-) Technologie und besteht aus einer elektromechanischen Schaltzentrale für bis zu 2ooo Leitungen in Paris, an die sternförmig 14 in der Provinz installierte Konzentratoren angeschlossen sind[3o9]. Die Übertragungsleitungen sind Wählverbindungen mittlerer Geschwindigkeit[31o] und sind für Vollduplex-Betrieb ausgelegt. Von den praktizierten Tarifen her ist das CADUCEE, das im übrigen modulations- und codetransparent ist, besonders für die Stapelfernverarbeitung (remote batch) geeignet[311].

Inwieweit CADUCEE nachhaltig zur Deckung des Datenfernübertragungsbedarfs bis zur Inbetriebnahme des HERMES beitragen wird, ist allerdings eher zweifelhaft. So wird bis 1976/1977 mit 2ooo Abonnenten gerechnet und dementsprechend gibt es Stimmen, die dem CADUCEE eine veraltete Technologie und eine zu schnelle Saturierung vorwerfen[312].

3.3.3.2. Computerverbundsystem CYCLADES

Das Projekt CYCLADES(313) soll über die Probleme der reinen Datenfernübertragung und insbesondere der Erstellung der technischen (Hardware-) Übertragungseinrichtungen hinausgehend Erfahrungen für den Betrieb eines zukünftigen allgemeinen EDV-Verbundsystems vermitteln. Als Versuchsprojekt soll CYCLADES keine allgemeine Lösung bringen oder einen allgemeinen Bedarf decken. Sondern mittels eines beschränkten, jedoch hinreichend diversifizierten allgemeinen Computerverbunds gleichsam als lebensgroßes Modell dienen, das zukünftige Bedürfnisse antizipiert und zur Entwicklung der für ihre Befriedigung erforderlichen neuen Technologien beiträgt(314).

Dabei beschränkt sich CYCLADES im wesentlichen auf die Probleme der allgemeinen Organisation und Basissoftware für die Interaktionen eines allgemeinen hochintegrierten EDV-Verbundsystems, ohne daß weiter auf die einzelnen möglichen externen Funktionen eingegangen wird. Zwar umfaßt das Projekt damit wesentliche Teilprobleme, die beim Aufbau und Betrieb eines jeden Datenbankenverbundsystems auftreten, jedoch verdeutlicht bereits der Begriff "Réseau général d'ordinateurs", daß es um grundsätzliche Probleme eines allgemeinen Computerverbundsystems geht, das sich dazu nicht nur auf klassische Datenbankfunktionen beschränkt, wie aus dem Folgenden deutlich wird(315).

Im Auftrag der Délégation à l'Informatique und unter der Projektleitung durch das IRIA soll im Rahmen des CYCLADES-Projekts zunächst ein Verbund zwischen den Rechnern von 13 Forschungseinrichtungen und Hochschulen unter deren eigener Mitwirkung als Projektteilnehmer erstellt werden, dem sodann nach Fertigstellung sieben Verwaltungen als Benutzer angeschlossen werden sollen(316).

Wie beim amerikanischen Advanced Research Projects Agency Net (ARPANET) werden die Verbindungen zwischen den ange-

<u>Schaubild Nr. 3.12</u> : Projektierte Struktur des CYCLADES(318).

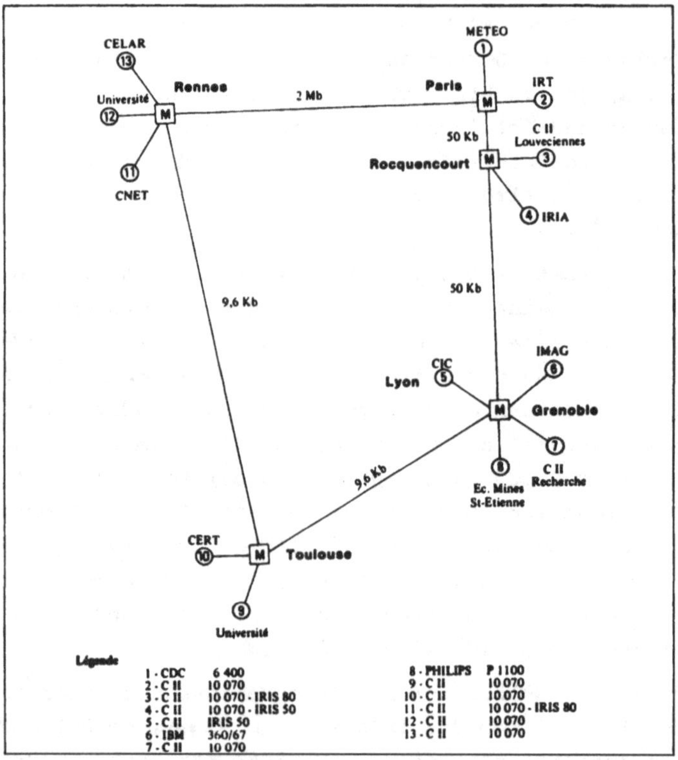

schlossenen Rechnern verschiedener Herkunft, an die wiederum eine Reihe von Terminals angeschlossen sein können, mittels eines autonomen Übertragunsnetzes von zunächst fünf kleinen CII-Mitra- 15-Rechnern erstellt, die ihrerseits durch Duplex-Standleitungen verbunden sind(317). Die Einbeziehung und Benutzung des CADUCEE-Übertragungsnetzes ist dabei nicht vorgesehen, da zu Versuchszwecken Übertragungsleitungen unterschiedlichster Leistungsfähigkeit (von 9,6 Kilobaud bis 2 Megabaud) benutzt werden sollen, wie sie zum Teil erst für das HERMES-Netz vorgesehen sind, und im übrigen die angestrebten Übertragungsgeschwindigkeiten (in der Größenordnung von loo Millisekungen) beim heutigen Stand der Technik mit Wählübertragungsnetzen unvereinbar sind(319). CYCLADES wird sich daher auf von den PTT gemietete Spezialstandleitungen stützen.(32o)

Abgesehen von den technischen Problemen der Einrichtung derartiger Hochleistungsübertragungsleitungen liegt die besondere Schwierigkeit des CYCLADES jedoch - wie bereits festgestellt - auf dem Gebiet der Entwicklung der für den Betrieb des Computerverbunds notwendigen Software(321). Diese spezifische Schwierigkeit gründet einerseits in dem Umstand, daß das CYCLADES - insoweit wie das ARPANET - ein im doppelten Sinn allgemeines oder heterogenes System ist: Es integriert Computer verschiedener Hersteller und Leistungsstärke und ist nicht auf einen bestimmten Anwendungsbereich spezialisiert. Andererseits jedoch - und insofern über den relativ begrenzten Service des ARPANET hinausgehend - strebt das CYCLADES ein außerordentlich hohes Integrationsniveau an, das gerade auch für die später anzuschließenden Verwaltungen interministeriell sowie im Verhältnis "Zentralverwaltung - nachgeordnete Behörden" von besonderem Interesse sein wird.

(a) <u>Datenaustausch:</u> Abgesehen von der Übertragung von (Gesamt- oder Teil-) Dateien oder der Abfrage von aggregierten Einzeldaten, wie sie auch in der Stapelfernverarbeitung (remote batch) möglich sind, können aufgrund der außerordentlich kurzen Übertragungszeiten on-line von einem Programm während der Verarbeitung mittels Direktzugriffs Daten von irgendwo innerhalb des Verbundsystems installierten Dateien abgerufen werden. Das erübrigt in gewissem Maße das mehrfache Bereithalten gleicher umfangreicher Datensätze an verschiedenen Orten.

(b) Gemeinsame Programmbenutzung: Programme, die verschiedene Behörden interessieren, können mittels eines solchen Verbundsystems allgemein verbreitet (und verändert) werden, so daß die verschiedenen Stellen sie auf ihren eigenen Rechenanlagen betreiben können. Dieses Verfahren eignet sich allerdings insbesondere zwischen verschieden ausgelegten Konfigurationen nur bedingt, abgesehen davon, daß die Mehrfachspeicherung von Programmen vor allem auf Direktzugriffsspeichern sich als sehr aufwendig erweisen kann.

Das Verbundsystem ermöglicht es jedoch - wiederum aufgrund der geringen Übertragungszeiten - darüberhinaus, daß von einem Rechner aus ein an beliebiger Stelle im Verbund zur Verfügung stehendes Programm aktiviert wird und auf der Konfiguration, für die es eingerichtet ist, läuft, wobei für die Verarbeitung benötigte Daten wie die Ergebnisdaten mittels Datenfernübertragung vom aufrufenden Rechner an den gerufenen, bzw. entgegengesetzt übermittelt werden.

(c) Gemeinsame Hardware-Benutzung:
Diese skizzierte gemeinsame Programmbenutzung führt also zugleich zur gemeinsamen Hardware-Benutzung. Ausstattungsorientierte Wirtschaftlichkeitserwägungen weisen jedoch ganz allgemein in diese Richtung. So führen gelegentlich auftretende Spitzenbelastungen einer Konfiguration nicht mehr notwendig zu ihrer Vergrößerung, sondern soweit möglich zur Ausnutzung freier Kapazitäten anderer Anlagen des Verbunds. Ähnliches gilt für selten benutzte spezialisierte periphäre Einrichtungen (Plotter, Mikrofilmdrucker etc.) sowie unter gewissen Voraussetzungen für nur in Notfällen eingesetzte Tandemanlagen(322).

In letzter Konsequenz wendet sich der Benutzer - dem "black box-Konzept" vergleichbar - mit einem konkreten Problem über irgendeinen Terminal nicht mehr an "seinen" oder irgendeinen anderen identifizierbaren Rechner, sondern an das Computerverbundsystem in seiner Gesamtheit. Der Monitor des Verbundsystems aktiviert daraufhin ein irgendwo gespeichertes Programm, was unter Umständen seinerseits Teilprobleme zur Lösung an eine weitere EDV-Anlage delegiert und Daten von einer Datenbasis abruft, deren Datensätze physikalisch möglicherweise in verschiedenen Speichern an verschiedenen Orten getrennt erfaßt sind, um dann die Ergebnisdaten zur Ausgabe an das aufrufenden Terminal zu übertragen(323).

Bei der für Anfang 1975 geplanten vollständigen Inbetriebnahme des CYCLADES wird allerdings erst eine sehr begrenzte Anzahl von Anwendungen möglich sein(324), die so gewählt werden, daß sie von einem möglichst großen Kreis von Benutzern ausgenutzt werden können, um so die Investition des CYCLADES zu rentabilisieren(325).

Dabei eröffnet die Teilnahme am CYCLADES für die Verwaltung neben dem kurzfristigen Vorteil der Benutzung des Verbundsystems zur Datenfernverarbeitung allgemein die Möglichkeit, Konzeptionen für ihre zukünftigen integrierten Informationssysteme zu entwickeln, indem sie verschiedene Varianten modellartig erproben und Erfahrungen hinsichtlich des gemeinsamen Betriebs solcher Systeme gewinnen kann.

Letzteres ist von besonderer Bedeutung, da es sowohl eine Verstärkung der interministeriellen Zusammenarbeit wie der Dezentralisierung zugunsten nachgeordneter Behörden näherrückt.

3.3.3.3. Réseau Général d'Information Administrative

Die Projekte HERMES, CADUCEE und CYCLADES beschränken sich wie dargestellt im wesentlichen auf die technischen Hardware-, bzw. Softwareprobleme der Datenfernübertragung und

Verarbeitung und schneiden die Probleme der inhaltlichen Zweckbestimmung und Ausfüllung wie der organisatorischen Konzeption eines allgemeinen integrierten Verwaltungsbankensystems mehr nur am Rande an.

Der letzteren Problematik widmet die bereits wiederholt zitierte von der DATAR herausgegebene Studie "Schéma général d'adménagement de la France: Eléments pour un schéma directeur de l'informatique"(326) einige Passagen.

Neben einer summarischen Darstellung der wichtigsten geplanten bzw. realisierten Verwaltungsdatenbanken als erste Elemente eines zukünftigen allgemeinen Datenbankensystems(327), beschränkt sich diese unter dem Blickwinkel der nationalen Raumordnung und Regionalentwicklung angefertigte Studie hinsichtlich des Anschlusses der Verwaltungen an ein solches Datenbankensystem allerdings auf einige wenige sehr allgemein gefaßte Bemerkungen(328). Dabei erscheint die - ohne weitere Ausführungen und Kritik gezogene - Folgerung, daß eine, im übrigen befürwortete, interadministrative Koordination letztlich (notwendig) zu einem zentralisierten Datenbankensystem führt(329), insofern als zumindest erstaunlich, als es gerade ein Hauptauftrag der DATAR ist, die Dezentralisierung Frankreichs zu fördern, abgesehen davon, daß keine technische Notwendigkeit in dieser Richtung besteht.

Die von der privaten Beratungsfirma STERIA im Auftrag der Délégation à l'Informatique erstellte umfangreiche Untersuchung über ein "Réseau Général d'Information Administrative" befaßt sich im Gegensatz zur von der DATAR herausgegebenen Studie speziell mit einem aufzubauenden allgemeinen Verwaltungsinformationsbankensystem, das sowohl interministeriell ist wie auch die nachgeordneten Provinzbehörden miteinbezieht(33o).

Nachdem im Februar 1972 die Ergebnisse einer sehr detaillierten Erhebung von etwa 12o der wichtigsten Dateien der Verwaltung in einer sechsbändigen Dokumentation zusammengestellt worden waren,[331] stellte die STERIA im Mai 1972 einen umfangreichen Bericht fertig, der eine zusammenfassende Analyse nicht nur der technischen, sondern gerade auch der verwaltungsspezifischen Probleme des Aufbaus und Betriebs eines allgemeinen Verwaltungsinformationssystems umfaßt und die wichtigsten sich ergebenden Alternativen herausarbeitet[332].

Im Folgenden wird auf die wesentlichen Feststellungen und Gedankengänge des zusammenfassenden 5. Kapitels dieses Berichts eingegangen, der im übrigen, ohne den Anspruch einer ausgearbeiteten Konzeption zu erheben, doch repräsentativ für den Stand der augenblicklichen Überlegungen ist, in denen sich bei Berücksichtigung der bereits gesammelten konkreten Erfahrungen der verschiedenen Anwendungen und Projekte die großen Linien der zukünftigen Entwicklung auf dem äußerst wichtigen Gebiet der Integration von Verwaltungsdatenbanken in Frankreich deutlich abzeichnen[333].

Nach der der Untersuchung der STERIA zugrundeliegenden Konzeption kristallisiert sich das Problem der Strukturierung eines allgemeinen Verwaltungsinformationsbankensystems in der Notwendigkeit, die Gesamtheit der Informationen zu mobilisieren, über die die Verwaltung als Ganzes verfügt, um so einerseits - verwaltungsintern wie im Kontakt mit dem Bürger - den reibungslosen Ablauf der laufenden (routinemäßigen) Verwaltung, wie andererseits die Unterstützung von Entscheidungen der planerischen Ebene mit den erforderlichen Planungsdaten zu gewährleisten. Dabei werden die Informationen als von ihren jeweiligen administrativen Finalitäten abstrahierte Daten lediglich in Bezug auf die durch sie charakterisierten jeweiligen Einheiten betrachtet[334].

3.3.3.3.1. Alternativen

Die mittels Analyse der aktuellen Funktionen und Informationsflüsse bestimmten logischen Informationsflußstrukturen lassen nach der STERIA drei Organisationsformen des Informationsflusses als möglich hervortreten(335):

(a) Austausch von Ergebnissen ("Echange de résultats"): Der (horizontale) Informationsaustausch zwischen den verschiedenen Verwaltungen ist bei dieser Alternative dadurch charakterisiert, daß die Verwaltungsstellen lediglich Ergebnisdaten untereinander austauschen und im übrigen jede Verwaltung selbst die Erfassung des Großteils der von ihr benötigten Daten durchführt, während sie die von anderen Stellen gelieferten (Ergebnis-) Daten weitgehend als zu überprüfende Rohdaten behandelt(336).

Obwohl diese (traditionelle) Organisation des Informationsflusses ihrer Natur nach nicht sonderlich rationell ist, würde ein interministerielles EDV-Verbundsystem - allerdings unter gleichzeitiger Festschreibung bestehender Verwaltungsstrukturen - bei entsprechender Einrichtung der vielfachen Schnittstellen ein gewisses Maß an Effizienzerhöhung gewährleisten(337).

(b) Informationsbörse ("Bourse de données")(338): Die zweite Alternative umfaßt eine Systematisierung des Datenaustauschs ohne allerdings den einzelnen Verwaltungen das "Vorrecht" der Datenerfassung zu nehmen. Eine solche informationsbörsen-ähnliche Struktur würde neben der bloßen "Transit"-Funktion in gewissem Maße zugleich die Rolle eines Dokumentationszentrums ausfüllen(339).

(c) Kooperative Datenerfassung mit zentraler Speicherung (auf der Ebene des Verbundnetzes) ("Collecte coopérative avec stockage centralisé (au niveau du réseau)"):

Die dritte von der STERIA aufgezeigte und von ihr klar favorisierte Lösung basiert auf der Überlegung, daß theoretisch für jede Kategorie von Informationen eine bestimmte Verwaltungsbehörde (bzw. eine beschränkte Anzahl von Behörden) bestimmbar ist, die insofern die optimale Datenerfassungsstelle darstellt. Wenn dementsprechend das bisher praktizierte Prinzip aufgegeben wird, wonach jede Verwaltung dazu berufen ist, grundsätzlich die Gesamtheit der von ihr benötigten Informationen selbst zu beschaffen, so wäre eine Organisation des Informationsflusses möglich, die die bisher weitgehende Mehrfacherhebung von Daten vermeidet.

Jede Behörde würde danach lediglich die Daten erfassen, hinsichtlich deren Erfassung sie am günstigsten plaziert, bzw. eingerichtet ist (um sie den sonstigen interessierten Stellen zur Verfügung zu stellen) und anderseits die übrigen von ihr benötigten Daten aus dem allgemeinen Verwaltungsinformationsbankensystem beziehen. Es würde sich also um eine insofern kooperative Datenerfassung handeln(34o).

Hinsichtlich der Organisation der Speicherung der derart kooperativ erfaßten Daten befürwortet die STERIA eine Konzeption, nach der die EDV-Anlagen der angeschlossenen Benutzer mit ihren Datenspeichern nicht in das Informationsbankensystem selbst integriert sind oder es sogar erst konstituieren, sondern das Informationsbankensystem vielmehr eine mit eigenen Datenspeichern versehene verselbständigte Einheit ist. Ein solches Informationsbankensystem besteht also im wesentlichen aus einem Datenfernübertragungsnetz, das eine beschränkte Anzahl von mit Großspeichern ausgestatteten EDV-Anlagen verbindet. An dieses System sind die EDV-Anlagen der Benutzer - vom Gesamtsystem gesehen - lediglich in der Funktion von (intelligenten) Terminals angeschlossen. Es handelt sich also um eine "zentrale" Datenspeicherung auf der Ebene des Verbundnetzes(341). Diese technische Zentralisierung wird - wie aus dem Bericht der STERIA indirekt hervorgeht(342) - allerdings auch auf der Ebene der allgemeinen Verwaltungsstruktur einen gewissen zentralistischen Trend zur Begleiterscheinung haben und nach der Analyse der STERIA im Laufe der Entwicklung wohl zu einem selbständig organisierten zentralen Verwaltungsinformationsdienst mit eigener verwaltungsmäßiger Ausstattung führen[343].

Die Bevorzugung der zentralen Datenspeicherung auf der Ebene des Verbundnetzes wird dabei von der STERIA allein mit technischen Gegebenheiten begründet:

Während nach der Erwartung der STERIA bis zum effektiven Aufbau eines allgemeinen Verwaltungsinformationsbankensystems die für eine zentrale Datenerfassung auf der Ebene des Verbundnetzes erforderlichen Massenspeichersysteme mit den entsprechenden Zugriffstechniken für Massendateien entwickelt sein werden[344], wird es jedoch - immer nach der STERIA - ungeachtet des zukünftigen Fortschritts in der Datenübertragungstechnik nicht möglich sein, die von einer Verwaltungsbehörde erfaßten Daten (für deren Erfassung die jeweilige Behörde im übrigen am geeignetsten ist) bei dieser zu speichern, ohne daß durch die Befriedigung der in der Summe massenhaften datenabrufenden Anfragen der jeweils übrigen Benutzer das Informationsbankensystem überlastet würde[345].

Abgesehen von der Frage, ob die bei einer zentralen Speicherung wohl eher zentralistische Tendenz hin - sichtlich der Verwaltungsstrukturen wünschenswert ist, ist jedoch eine solche zentrale Organisation der Datenspeicherung vom technischen Standpunkt gesehen durchaus nicht zwingend notwendig. So erwartet Pouzin, Projektleiter des CYCLADES beim IRIA, ganz im Gegenteil, daß der technologische Fortschritt gerade auch in der Datenfernübertragung die sich bisher teilweise manifestierende Tendenz zu einer geringen Anzahl superleistungsfähiger Großsysteme - Pouzin spricht von "elektronischen Dinosauriern" - aufhält und die Möglichkeit eröffnet, neue Verbundsystemkonfigurationen mit weit verteilten, untereinander verbundenen Einzelsystemen unterschiedlicher Leistungsstärke zu konzipieren[346]. So ist es - wie bereits dargestellt - im übrigen auch Ziel des CYCLADES, ein Datenübertragungsverbundsystem aufzubauen, das unbelastet von unhandlichen Massenspeichern und jeglicher eigenständiger Organisation die EDV-Anlagen der angeschlossenen Benutzer als konstituierende Elemente eines Informationsbankensystems verbindet.

Darüberhinaus läßt sich eine gewisse Inkohärenz in den diesbezüglichen Überlegungen der STERIA feststellen. Wenn sie einerseits davon ausgeht, daß die technische Entwicklung den Zugriff zu in Massenspeichern (des Übertragungssystems) erfaßten Daten ermöglichen wird, so ist nicht einzusehen, warum das direkte Abrufen von Daten bei den sie erfassenden Verwaltungsbehörden technisch nicht möglich sein soll, ohne diese, bzw. das gesamte Verbundsystem zu überlasten; ganz abgesehen davon, daß die EDV-Konfigurationen der einzelnen Verwaltungsbehörden in der Tendenz ohnehin dem Umfang und der Bedeutung der jeweils von ihnen erfaßten und verarbeiteten Daten angepaßt sein dürften. So geht die STERIA im übrigen selbst davon aus, daß gewisse Kategorien von Informationen nicht auf der Ebene des Verbundnetzes, sondern bei den sie erfassenden Behörden gespeichert würden; und zwar sollen das vor allem selten benötigte oder - bezeichnenderweise - gerade besonders umfangreiche Dateien sein(347).

3.3.3.3.2. Optionen

Vor diese dreifache Alternative hinsichtlich der zu wählenden Organisationsform des Informationsflusses gestellt, sieht sich die Verwaltung einer Reihe von allgemeinen Optionen gegenüber, die die Wahl zwischen den Konzepten "Austausch von Ergebnissen", "Informationsbörse" und "Kooperative Datenerfassung" in starkem Maße mitbestimmt. Diese im Bericht der STERIA aufgeführten Optionen betreffen vor allem(348):

- die Frage ob die Verwaltung ein eigenes oder ein allgemeines öffentliches Übertragungsnetz benutzt (Unter dem Gesichtspunkt der Kosten steht nach der STERIA praktisch nur die zweite Möglichkeit offen.);

- ob, inwieweit und unter welchen Bedingungen halbstaatliche Stellen (Sécurité Sociale, EDF-GDF, SNCF etc.) und lokale Selbstverwaltungskörperschaften Zugang zum Verwaltungs-Informationsbankensystem haben werden;

- inwieweit die Betonung auf die interne Effizienz der Verwaltung oder auf die Öffnung zum Bürger gelegt wird;

- welche Haltung die Verwaltung gegenüber der Frage des Schutzes der Privat- und Geheimnissphäre der Personen, bzw. der Unternehmen und sonstigen Organismen einnimmt sowie

- die grundsätzliche Frage, ob die Verwaltung ein Informationsbankensystem als bloße Rationalisierungsmaßnahme ansieht, die gegenüber der bestehenden, bzw. einer zukünftigen nach sonstigen Kriterien definierten Verwaltungsstruktur neutral ist, oder ob sie im Gegenteil bereit ist, im Rahmen der Konzipierung eines allgemeinen Verwaltungs-Informationsbankensystems die gegebenen Verwaltungsstrukturen und Zuständigkeiten im Sinne einer allgemeinen Globaloptimierung in Frage zu stellen.

Obwohl die STERIA deutlich eine auf kooperativer Datenerfassung mit zentraler Speicherung aufbauende Struktur bevorzugt, vermeidet sie es dennoch entsprechend ihrer Funktion als Beratungsunternehmen, hinsichtlich der zu wählenden Struktur des Informationsflusses sowie der von ihr aufgezeigten Optionen eine endgültige Entscheidung zu treffen. Sie bemüht sich jedoch die Konsequenzen der Entscheidung für die eine oder andere Alternative zumindest tendenziell aufzuzeigen.

3.3.3.3.3. Konsequenzen und Folgemaßnahmen

Allgemein stellt die Untersuchung fest, daß das erstrebte Ziel immer auch darin besteht, die Effizienz der laufenden

Verwaltung zu verbessern, den entscheidungsstützenden Systemen die erforderlichen Daten zur Verfügung zu stellen und dabei die EDV-Ausstattungen der Verwaltung optimal auszunutzen. Wieweit dies jedoch realisiert wird, hängt weitestgehend von der zu treffenden Grundsatzentscheidung hinsichtlich der drei aufgezeigten Alternativen ab(349).

Abgesehen von Überschlagsrechnungen zur Feststellung, ob die Realisierungszeiträume im einzelnen akzeptabel sind, ist nach der ausgesprochen realistischen Ansicht der STERIA der finanzielle Faktor weniger als eventuell eliminierendes Kriterium, denn als ein die einmal in Gang gesetzte Entwicklung beschleunigendes oder verlangsamendes Element zu sehen, da die Rentabilität von derartigen Globalprojekten im Spannungsfeld kurzfristiges/langfristiges Optimum, Partial-/Globaloptimierung ohnehin nicht zuverlässig abzuschätzen sei(35o).

Die Konsequenzen und notwendigen Folgemaßnahmen der einzelnen Alternativen skizziert die Untersuchung im wesentlichen wie folgt:

(a) Austausch von Ergebnissen: In diesem Fall ist eine Intensivierung des EDV-orientierten Datenaustauschs im Rahmen der bestehenden Informationskanäle erforderlich. Die Schnittstellen und Berührungspunkte zwischen den Behörden der verschiedenen Ressorts sind (vor allem technisch) möglichst kompatibel zu konzipieren. Allgemein sind weitgehende Normungen und Standardisierungen für den Datenaustausch zwischen den Datenbanken verschiedener Ministerien besonders wichtig. Desweiteren sind klare Zuständigkeitsverteilungen insbesondere zwischen den einzelnen Fachministerien und dem Ministère de l'Economie et des Finances erforderlich(351).

(b) Informationsbörse: Verglichen mit einer auf den bloßen Austausch von Ergebnisdaten abzielende Struktur, die einer sehr statischen Haltung entspricht und die Möglichkeiten der EDV hinsichtlich des Datenaustauschs nur wenig ausnutzt, stellt eine informationsbörsen-ähnliche Struktur einen Fortschritt dar. Jedoch erfordert diese Lösung (unter anderem auf Grund der zum Schutz der Privat- und Geheimnissphäre notwendigen Maßnahmen) kurzfristig eine erhebliche Investition. Dabei würde in die interne Arbeitsweise der einzelnen Verwaltungen nicht eingegriffen.

Diese Lösung wird dadurch geprägt, daß die Verwaltungen in einem durch die Benutzung der Informationsbörse initiierten - allerdings sicher langwierigen - Lernprozeß erkennen, daß es in vielen Fällen effektiver ist, auf in anderen Behörden bereits vorhandene Daten zurückzugreifen, als in jedem Fall sämtliche Daten selbst zu erfassen. Diese Erkenntnis würde dann grundsätzlich zur kooperativen Datenerfassung führen[(352)].

(c) Kooperative Datenerfassung: Während vor allem die erste Lösung in eine Summe von Einzelprojekten zerfällt, wird für die Verwirklichung einer Struktur kooperativer Datenerfassung ein klar definiertes etappenweises Vorgehen vorgeschlagen:

- Bestimmung der für die Voruntersuchung verantwortlichen Stelle,
- Bedarfsanalyse eines weiten Anwendungsbereichs,
- Bestimmung des effektiven Umfangs des Projekts (insbesondere: Kategorien von Informationen, angeschlossene Behörden),
- Darstellung der Informationsflüsse,
- technische, wirtschaftliche und sozioadministrative Entscheidung über das Grobkonzept,
- Bestimmung der für die Realisierung des Projekts verantwortlichen Stelle,
- allgemeine Spezifizierung und Erarbeitung der notwendigen Gesetzes- und Verwaltungsvorschriften,
- technische Ausarbeitung des Projekts,
- (möglicherweise zunächst auf gewisse Kategorien von In-

formationen beschränkte) Versuchsrealisierungen,
- Gesamtrealisierung[353].

3.3.3.3.4. Vorläufige Maßnahmen

Bis zu den endgültigen Entscheidungen hinsichtlich der verschiedenen Optionen und Alternativen schlägt die STERIA eine Reihe von kurzfristig durchzuführenden, vorläufigen Maßnahmen zur allgemeinen Erleichterung des Datenaustauschs und wirtschaftlicheren Ausnutzung der EDV-Ausstattung der Verwaltung vor:

(a) Fortsetzung der Untersuchung der Informationsflüsse[354]:

- Analyse der vorhandenen Daten (Inventarisierung und Fortschreibung, verschiedene Einzelaspekte),
- Kategorisierung der Daten nach der Notwendigkeit ihrer Verbreitung,
- Entwicklung von den Datenaustausch regelnden Grundsätzen zum Schutze der Privat- und Geheimnissphäre;

(b) Technische Untersuchungen und Realisierungen[355]:

- fortführende Untersuchungen der technischen Probleme der Datenfernübertragung,
- Untersuchung der technischen Möglichkeiten zum Schutz der Privat- und Geheimnissphäre,
- Ausbau der technischen Datenfernübertragungseinrichtungen der PTT über das gesamte Territorium;

(c) Sensibilisierung der Bediensteten für die Notwendigkeit kooperativer Zusammenarbeit und Abbau des rigiden Zuständigkeitsdenkens[356];

(d) Entwicklung des für Wirtschaftlichkeitsanalysen der Verwaltungsautomation erforderlichen Instrumentariums (was allerdings durch das Fehlen einer allgemeinen Kostenrechnung der Verwaltung erschwert wird)[357].

Wie wenig konkret die Ergebnisse der bisher angestellten Vorüberlegungen in Frankreich hinsichtlich eines allgemeinen Verwaltungs-Informationsbankensystems jedoch bis heute geblieben sind, wird treffend durch die abschließende, sehr allgemeine Feststellung der Untersuchung der STERIA charakterisiert. Danach erfordert die Schaffung des "Réseau Interadministratif" die Lösung sowohl juristischer und soziologischer wie technischer und finanzieller Probleme. Die Verwendung des mehrdeutigen Begriffs "Réseau Interadministratif", erscheint dabei insofern bedeutsam, als bei den Alternativen "Austausch von Ergebnissen" und "Informationsbörse" zunächst kaum von einem allgemeinen Verwaltungs-Informationsbankensystem gesprochen werden kann. Im übrigen stehen die erforderlichen Optionen und Grundsatzentscheidungen noch aus.

Ganz allgemein entsteht der Eindruck, daß die momentane Entwicklung hinsichtlich der Problematik eines allgemeinen Verwaltungs-Informationsbankensystems in Frankreich, mangels einer kohärenten, besonders auch die "untechnischen" Standpunkte der Verwaltung einbeziehender Konzeption, mehr durch die eher technisch-orientierten Projekte wie HERMES, CADUCEE und CYCLADES bestimmt wird.

Als allgemeines Ergebnis des Kapitel 3. können zusammenfassend die folgenden Feststellungen gemacht werden.

Die allgemeine Struktur des institutionellen Rahmens der französischen Verwaltungsautomation erscheint zunächst grundsätzlich als adäquat. Die Délégation à l'Informatique kann sich als eine mit interministeriellen Kompetenzen ausgestattete, ausreichend flexible Stelle in Verfolg ihrer Funktion der Förderung und Koordinierung der französischen Verwaltungsautomation sowohl in der Phase der Definition einer allgemeinen Verwaltungsautomationspolitik, wie in der Phase ihrer Implementierung auf die verschiedenen ministeriellen EDV-Kommissionen stützen. Ein Element erhöhter Flexibilität ergibt sich aus dem Umstand, daß die Délégation à l'Informatique dabei jeweils nach Bedarf mit einzelnen ministeriellen EDV-Kommissionen oder über die interministerielle EDV-Kommission mit der Gesamtheit der EDV-Kommissionen in

Kontakt treten kann. Im Verbund mit den weiteren einschlägigen Stellen wird so das Phänomen "Verwaltungsautomation" grundsätzlich im ganzen einigermaßen ausreichend abgedeckt. Dies - abgesehen von der im folgenden Kapitel 4. deutlich werdenden unzulänglichen Behandlung der Datenschutzproblematik im Rahmen der "offiziellen" Verwaltungsautomation - allerdings mit einer schwerwiegenden Ausnahme, die zugleich auf ein zentrales dysfunktionales Element der Struktur des institutionellen Rahmens der französischen Verwaltungsautomation hinweist.
Zwar fällt über die Aufgaben der Verwaltungsautomation hinaus auch noch die EDV-Industrie- und Ausbildungsförderung im weitesten Sinne in den Kompetenzbereich der Délégation à l'Informatique, für Fragen der automationsbedingten Verwaltungsreform ist sie jedoch grundsätzlich nicht zuständig. Der Auftrag, die verschiedenen Verwaltungen auf den Beitrag hinzuweisen, den die EDV im Hinblick auf die Reformierung der Verwaltungsmethoden, Verfahren und Strukturen leisten kann, ist insoweit nur als völlig unzureichender Ansatz zu werten. Dies umso mehr, als - soweit ersichtlich - auch keine sonstige Stelle den Problemkreis der automationsbedingten Verwaltungsreform auf über Einzelfragen hinausgehender übergeordneter Ebene ernsthaft betreut.

Andererseits war auch gerade die Aufgabe der Industrieförderung durch die Délégation à l'Informatique (über die Frage der auf Grund der verfolgten Präferenzpolitik in gewissem Maße uneffektiven und kostenungünstigen Beschaffungspolitik hinaus) insofern ein dysfunktionales Element, als die Verwaltungsautomationspolitik der Délégation à l'Informatique bisher allgemein in wohl zu starkem Maße EDV-ausstattungsorientiert war und erst in letzter Zeit, insbesondere mit den neuesten Bemühungen auf dem Gebiet der funktionalen Verwaltungsautomationsplanung, ein mehr anwendungsorientierter Ansatz gefördert wird, der den originären Bedürfnissen der Verwaltung gerechter wird.

Inwieweit die nunmehr angestrebte Automationsleitplanung Erfolg haben wird, kann bisher allerdings noch nicht tat-

Einerseits werden die (nicht weisungsbefugten) ministeriellen EDV-Kommssionen - insbesondere gegenüber den mächtigen Directions Générales verschiedener Ministerien - auf erhebliche Schwierigkeiten stoßen, das neue deutlich anspruchsvollere Konzept der Automationsleitplanung sowie die effektive Implementierung zukünftiger Leitpläne durchzusetzen.

Andererseits erschöpft sich das eigentlich Neue der von der Délégation à l'Informatique propagierten "Planification Informatique" sowie der "Schémas Directeurs d'Automatisation" im wesentlichen in der relativen Abkehr von der ausgeprägten Ausstattungsorientierung zugunsten einer mehr funktionalen Anwendungsorientierung. Neue, präzisere Planungsmethoden und Verfahren dazu wurden den EDV-Kommissionen jedoch bisher von der Délégation à l'Informatique nicht an die Hand gegeben. Insbesondere fehlen nach wie vor adäquate Methoden der Kosten-/Nutzenanalyse.

Hinsichtlich der Beschaffungspolitik sind abgesehen vom Abbau der Ausstattungsorientierung insbesondere die Rolle der Commission des Marchés d'Informatique sowie die (allerdings bisher noch nicht weiter konkretisierten) Bestrebungen, darauf aufbauend zu einer weitgehenden Zentralisierung der Verwaltung des gesamten Computerparks der öffentlichen Hand zu kommen, als sehr interessante Ansätze zu werten. Die im Zusammenhang mit der Verwaltungsautomation weiterhin auftretenden finanz- und gerade auch personalpolitischen Probleme zeigen jedoch, wie schwer sich die französische Verwaltung teilweise tut, die traditionellen, tatsächlichen wie rechtlichen Verwaltungsgegebenheiten an die Erfordernisse der Verwaltungsautomation anzupassen.

Die Ausführungen über die interministeriellen Informationssysteme und insbesondere über die Informationsverbundsysteme hingegen lassen verschiedentlich die Gefahr einer überwiegend technischen Orientierung gewisser Verwaltungsautomationsprojekte bei gleichzeitiger Vernachlässigung sächlich abgeschätzt werden. Zwei grundsätzlich auch weiterhin bestehende Probleme zwingen jedoch zu einer eher reservierten Beurteilung.

organisationsrechtlicher und besonders datenschutzrechtlicher Fragen hervortreten. Die Aktualität dieser Gefahr wird am Problem der Kompetenzverteilung zwischen Ministère de la Justice und Ministère de l'Intérieur hinsichtlich des Straßenverkehrsstrafregisters deutlich, das bereits in das nunmehr folgende Kapitel 4. hineinweist und dort nochmals speziell aufgegriffen wird.

4. Datenschutz in Frankreich

Neben den verschiedenartigsten, in den bisherigen Ausführungen bereits mehr oder weniger intensiv angesprochenen, (insbesondere personal-, organisations-, melde-, finanz- und haushalts-, beschaffungs- und subventions-)rechtlichen Fragen ist einer der wichtigsten rechtlichen Fragenkomplexe der Verwaltungsautomation die bis tief ins Verfassungsrecht ragende Datenschutzproblematik. Eine signifikante umfassende Untersuchung der französischen Verwaltungsautomation kann daher nicht darauf verzichten, an zentraler Stelle auf die spezifische, konkrete Ausformung sowie auf die entsprechenden Lösungsversuche einzugehen, die die Datenschutzproblematik im Rahmen der französischen Verwaltungsautomation gefunden hat.

Da allerdings die verwaltungsautomationsbedingten Datenschutzprobleme integrierender Bestandteil der allgemeinen - durch private wie öffentliche, traditionelle wie elektronische Datenverarbeitung bedingten - Datenschutzproblematik sind, wird hier unter Vermeidung einer artifiziellen Trennung, bei allerdings betonter Berücksichtigung der verwaltungsautomationsspezifischen Aspekte, die gesamte französische Datenschutzdiskussion behandelt.

4.1. Spezifischer Kontext der Datenschutzproblematik im Rahmen der französischen Verwaltungsautomation

Gewisse Elemente der Datenschutzproblematik in Frankreich sowie insbesondere gewisse Tendenzen der französischen Datenschutzdiskussion sind lediglich im spezifischen nationalen Kontext verständlich.

Ohne den Rahmen dieser Untersuchung sprengen zu wollen, wird daher im Folgenden das im Rahmen der französischen Datenschutzdiskussion besonders in Beziehung zur Verwaltungsautomation relevante Umfeld abgesteckt. Die dabei betrachteten Aspekte betreffen einerseits gewisse historische Erfahrungen und aktuelle politische Vorkommnisse sowie andererseits gewisse einschlägige staatsrechtliche, administrative und politische Grundparameter und Charakteristiken der französischen Staatsverwaltung.

4.1.1. Historische Erfahrungen und aktuelle politische Vorkommnisse

Wenn hier zunächst auf einige historische Erfahrungen und aktuelle politische Vorkommnisse in Frankreich eingegangen wird, so hat das im einzelnen verschiedene Gründe.

Entsprechend der in Frankreich stark ausgeprägten allgemeinen Tendenz zum historizistischen Rückgriff auf üblicherweise zumindest revolutionäre bzw. napoleonische Zeiten - im Rahmen der französischen Datenschutzdiskussion wird verschiedentlich von den Geächtetenlisten der französischen Revolution und sogar des römischen Reichs gesprochen - steht die vielfach zitierte "affaire des fiches" als Beispiel dafür, daß das Datenschutzproblem gerade auch im sich als Wiege der modernen Menschen- und Bürgerrechte verstehenden Frankreich über eine lange Tradition verfügt. Darüberhinaus zeigt die "affaire des fiches" zugleich in besonders krasser Form die nicht nur in Frankreich bestehende allgemeine Tendenz der Exekutive, für gewisse Zwecke eine möglichst weitgreifende Persönlichkeitserfassung des Einzelnen durchzuführen, und damit den eminent politischen Charakter der Datenschutzproblematik.

Die Erfahrung des Vichy-Regimes während der deutschen Okkupation schlägt sich in den verschiedensten für die französische Verwaltungsautomation und Datenschutzdiskussion relevanten Formen, vor allem aber in den durch das Fehlen eines Melderechts bedingten Problemen nieder(1).

Während unter anderem die "affaire du fichier de l'ORTF" demonstriert, daß das Datenschutzproblem nicht nur - wie von gewissen französischen Stimmen gerne ausgeführt wird(2) - in den USA, sondern auch in Frankreich ein durchaus aktuelles Problem ist, lassen die jüngsten, im engsten Umfeld der Datenschutzproblematik angesiedelten Vorkommnisse der "affaire des écoutes téléphoniques" und der "affaire du Canard Enchaîné" das gerade für den Datenschutz existentielle und letztlich entscheidende Problem der im Widerstreit gegen Staatsraison und Wirtschaftsmacht stehenden demokratischen - administrativen, richterlichen und parlamentarischen - Kontrolle, ein Haupt-, wenn nicht das Kernproblem der französischen Datenschutzdiskussion, besonders plastisch hervortreten(3).

4.1.1.1. "Affaire des fiches"

Die "affaire des fiches"(4) von 1904 gilt in der heutigen Datenschutzdiskussion in Frankreich als ein Archetyp der Persönlichkeitsrechtsverletzung in der Form einer rechtswidrig der innersten Privatsphäre angehörende Informationen erfassenden Personalkartei der Verwaltung(5).

Nachdem die "affaire Dreyfus"(6) die französische Nation in zwei sich leidenschaftlich bekämpfende Lager - einerseits die republikanischen, liberalen, antiklerikalen "dreyfusards", andererseits die monarchistischen, konservativen, nationalistischen, antisemitischen "anti-drefusards" - geteilt hatte, übernahm der General André 1900 die Aufgabe als Ministre de la Guerre die ausgeprägt "anti-dreyfusard"-eingestellte monarchistische französische Armee zu "säubern" und insbesondere das Offizierskorps zu republikanisieren[7].

General André hatte bereits zuvor während mehrerer Jahre privat zwei, "Corinthe" beziehungsweise "Carthage" genannte Karteien geführt, in denen er ihm persönlich bekannte Offiziere erfaßte, deren politische und weltanschauliche Überzeugung in der einen oder anderen Richtung ausgeprägt waren. Die liberalen, republikanischen Offiziere, die für eine Wiederaufnahme des Dreyfus-Prozesses waren, wurden im "Corinthe" und die erheblich zahlreicheren "notorisch reaktionären, anti-dreyfus-eingestellten" Offiziere im "Carthage" erfaßt.

Bei seinem Amtsantritt als Minister beauftragte General André seinen Kabinettschef Colonel Percin, ein Doppel dieser Karteien anzufertigen, fortzuführen und eine größtmögliche Anzahl von Offizieren zu erfassen. Percin entledigte sich dieser Aufgabe, indem er ihm als republikanisch bekannte Personen und insbesondere Offiziere - zum Teil unter Druck - hinsichtlich der politischen und weltanschaulichen Überzeugungen von Offizieren befragte[8].

Die effektive Führung der Karteien übertrug Percin dem Captaine Mollin, der als Freimaurer vor allem die Verbindung zum Secrétaire Général Adjoint Bildegain der Freimaurerloge Grand Orient de France zwecks Informationsaustauschs aufrechterhielt.

Diese Loge verstand sich als "association républicaine" und hatte sich dem Ministère de la Guerre gegenüber zur Unterstützung der Republikanisierung der Armee unter Ausnutzung von Karteien und sonstigen Informationen, über die sie ihrerseits verfügte, bereit erklärt. So wurden Mollin von der Loge fast täglich eine gewisse Anzahl von Karteikarten - zwischen dem 1.9.19o1 und dem 3o.1o. 19o3 insgesamt 18818 verschiedene Offiziere in Frankreich und den französischen Kolonien betreffende Karteikarten - übersandt[9].

Die Loge du Grand Orient de France unternahm sogar eine sich auf das metropole Frankreich, Algerien und Tunesien erstreckende vertrauliche Erhebung über die politischen und weltanschaulichen Überzeugungen der französischen Offiziere(1o).

In Verfolg des allgemeinen Ziels der Republikanisierung der Armee wurden in die insbesondere bei anstehenden Versetzungen und Beförderungen konsultierten Offizierskarteien Informationen aufgenommen, die neben der beruflichen Qualifikation der Offiziere auch deren politischen, weltanschaulichen, philosophischen und religiösen Überzeugungen und Aktivitäten bis ins engste Familienleben hinein wiedergaben, wobei starke Vergröberungen und denunzierende Eintragungen nicht vermieden wurden(11) (12).

Obwohl die Offizierskartei streng vertraulich behandelt wurde und lediglich einem äußerst kleinen Personenkreis zugänglich war, wurden 19o2 etwa 3o Karteikarten entwendet, um im Oktober 19o4 im Parlament und insbesondere in der Tageszeitung "Le Figaro" der Regierung wie auch dem Grand Orient vorgehalten zu werden(13). Auf Grund des öffentlichen, "affaire des fiches" genannten Skandals, in dessen Verlauf auch auf die "affaire Dreyfus" Bezug genommen wurde, mußten insbesondere der Ministre de la Guerre André zurücktreten und Capitaine Mollin die Armée verlassen.

4.1.1.2. Der Etat Français des Vichy-Regime's

Die Erfahrungen der deutschen Okkupation, der Kollaboration und der Résistance zwischen 194o und 1944 erschütterten die französische Zivilisation nachhaltig und haben bis heute in Frankreich gerade auch im Rahmen der Verwaltungsautomation allgemein und der Datenschutzproblematik im besonderen gewisse Nachwirkungen. Ähnlich wie es nach dem Krieg bei Einführung des "numéro de sécurité sociale" genannten, allgemeinen Personenkennzeichens des INSEE peinlichst vermieden wurde, entsprechende Vorarbeiten des Etat Français unter dem Vichy-Regime zu erwähnen[14], wagte es zum Beispiel bisher noch keine französische Nachkriegsregierung, die Einführung eines effizienten Einwohnermelderechts ernsthaft zu erwägen oder gar öffentlich zu diskutieren. Zur Zeit der deutschen Okkupation war nämlich von den Besatzern ein Melderecht oktroyiert worden und seither ist dieser Fragenkomplex in Frankreich als mit einer totalitaristischen Staatsverwaltung assoziiert tabuisiert[15].

Während diese historische Erfahrung einerseits zu einer gewissen, im Rahmen der Datenschutzdiskussion eher als positiv zu wertenden Erhöhung der allgemeinen gallischen Sensibilität gegenüber staatlichen Eingriffen und Kontrollen jeder Art führte, besteht andererseits eine gewisse Tendenz, mit der nationalen Verdrängung der Kollaboration durch das offizielle Frankreich, den Totalitarismus als von außen importiert wahrzunehmen und gewisse interne antidemokratischen Tendenzen im Dienste der Staatsraison zu übersehen. Auch die Erfahrungen des Kolonialkriegs in Algerien, die von der - in der Tradition der "affaire des fiches" stehenden - Kennzeichnung der Kommunisten in den Wehrpflichtigenlisten, über Folterungen bis hin zum offenen Militärputsch reichten, haben diese Tendenz nicht nachhaltig beeinflußt[16].

In diesem Zusammenhang ist es bezeichnend, daß im Rahmen der französischen Datenschutzdiskussion verschiedentlich auf die Notwendigkeit hingewiesen wird, daß eine zukünftige allgemeine Datenschutzgesetzgebung Einrichtungen vorsieht, die zumindest für die wichtigsten nationalen Datenbanken in Fällen von außen kommender nationaler Gefahr einerseits die Sicherung der Datenbanken vor der Vernichtung, bzw. andererseits gerade im Gegenteil die quasi-automatische Vernichtung von durch mißbräuchliche Benutzung bedrohten Datenbeständen sicherstellt[17].

4.1.1.3. "Affaire du fichier de l'ORTF"

Im Juni 1972 legte der Berichterstatter der Mission Sénatoriale d'Information dem Ministre de la Justice eine Dokumentation vor, aus der hervorging, "daß im vergangenen Jahr ein Teilzeitarbeits-Unternehmen versucht hat, verschiedenen Personen die (Radio- und Fernseh-) Gebührendatei des Office (de Radiodiffusion - Télévision Français) zu verkaufen, von der sie auf rechtswidrige Weise eine Kopie erlangt hatte, und die eine Datei darstellt, deren wirtschaftlicher Wert für gewisse Unternehmen offensichtlich enorm ist".[(18)]. So wurde zum Beispiel einem Fernunterrichtsunternehmen die circa 3 Millionen gebührenzahlende, bzw. befreite Radiohörer und Fernsehzuschauer enthaltende, auf Magnetbänder gespeicherte Adressdatei der ORTF-Außenstelle Rennes für etwa FF 4oo.ooo angeboten[(19)].

Während unter anderem ein bei der ORTF angestellter (und später entlassener) gaullistischer Parlamentsreserve-Kandidat als Anbieter der Datei der ORTF auftrat, war das in Frage stehende Teilzeitarbeits-Unternehmen für seine enge Geschäftsverbindungen mit einem anderen vom damaligen UDR-Generalsekretär René Tomasini kontrollierten Teilzeitarbeits-Unternehmen bekannt[(1o)]. Tomasini, dem im übrigen vorgeworfen wurde, einem anderen von ihm kontrollierten Unternehmen, das vor seiner Liquidierung dieselben Geschäftsräume benutzte, etwas außerhalb der Legalität Aufträge verschafft zu haben, legte sein hohes Parteiamt im August 1972 nieder[(21)].

Vor diesem Hintergrund wirkt die Feststellung des Berichts des Ministère de la Justice besonders beziehungsreich, wonach, nachdem mehreren bedeutenden öffentlichen Stellen und Unternehmen große Geldsummen zwecks Kommerzialisierung ihrer Kundendateien angeboten wurden, eine klare Regelung dieser Problematik dringend erforderlich sei[(22)].

4.1.1.4. "Affaire des écoutes téléphoniques"

Die "affaire des écoutes téléphoniques"[23] zeigt, wie sehr sich die seit 1958 ununterbrochen (im wesentlichen) gaullistisch bestimmte V. Republik gerade gegenüber den Persönlichkeitsrechten und insbesondere der Privatsphäre der Bürger von Erwägungen der - zum Teil sehr parteilich ausgelegten - Staatsraison leiten läßt.

Nach im Juni 1973 von der französischen Presse gemachten, im Bericht einer daraufhin geschaffenen Senats-Kontrollkommission vom Oktober 1973[24] bestätigten und von der Regierung in wesentlichen Punkten nicht widersprochenen und jedenfalls nicht widerlegten Feststellungen werden vom Groupement Interministériel de Contrôle (GIC), einem staatlichen Telefonabhördienst, in einer während der deutschen Okkupation von der Gestapo errichteten Zentrale und unter Ausnutzung der von den deutschen Besatzern installierten und später erweiterten, zum normalen Telefonnetz parallelen Telefoninfrastruktur in Paris etwa 15oo und in der Provinz etwa 2ooo Telefonanschlüsse ständig überwacht und täglich etwa 11.ooo verschiedene Telefongespräche abgehört[25]. Obwohl das Abhören von Telefongesprächen nach französischem Recht nur auf ein Rechtshilfeersuchen eines Untersuchungsrichters hin rechtsmäßig erfolgt[26] und ansonsten durch Artikel 368 Code Pénal mit bis zu einem Jahr Gefängnis und einer Geldstrafe bis zu 5o.ooo F bedroht wird, soll über die Hälfte der Telefonabhörungen der (illegalen) politischen Überwachung dienen, während im übrigen zu Gegenspionage- und (zum geringsten Teil) zu kriminalpolizeilichen Zwecken abgehört wird[27].

Abgehört werden die Telefonanschlüsse von Politikern (einschließlich Ministern) der Regierungsparteien wie der Opposition, von Geschäftsleuten, freiberuflich Tätigen, Journalisten, Call-Girls etc.[28]. Der UDR-Abgeordnete und ehemalige Ministre de l'Equipement Albin Chalandon betont angesichts dieses Zustands: "Es ist unstatthaft, daß die Telefonüberwachung dazu benutzt wird, systematisch denjenigen nachzuspionieren, die in der einen oder anderen Form als Freunde oder Feinde der Regierung am öffentlichen Leben teilnehmen."(29) So wurden bereits Ministern, Abgeordneten und Senatoren im Palais de l'Elysée, bzw. im Hôtel Matignon Äußerungen vorgehalten, die sie in privaten Telefongesprächen gemacht hatten(3o).

Die wichtigsten Auftraggeber des GIC sind neben dem Elysée und dem Matignon das Ministère de l'Intérieur, das Ministére des Armées, das Ministére des Finances und die verschiedenen französischen Geheimdienste; gewisse Niederschriften werden jedoch auch interessierten Abgeordneten vom Ministère de l'Intérieure zur Verfügung gestellt(31).

Gegenüber der aktuellen Prozedur, die zwar der persönlichen Zustimmung des Premier Ministre bedarf, jedoch rein verwaltungsintern ist, wird die Schaffung eines unabhängigen Kontrollorgans gefordert(32) und der Senat beschloß, eine Commission de Contrôle des services administratifs procédant aux écoutes téléphoniques mit der Durchführung einer Untersuchung zu betrauen(33).

Nachdem zwei Senatoren über einen Polizeioffizier nahegelegt worden war, auf eine Teilnahme an der entsprechenden Senatsdebatte zu verzichten, gab der von der Regierung entsandte Staatssekretär schließlich vor dem Senat zu verstehen, daß die Regierung nicht auf die Informationsquelle der Telefonüberwachung zu verzichten gedächte, daß eine neue diesen Problemkreis betreffende Gesetzgebung daher "letztlich unnütz" sei und daß schließlich eine parlamentarische Kontroll- oder Untersuchungskommission, "wenn sie darauf abziele gewisse vom Verteidigungsgeheimnis erfaßte Informationen zu erhalten, das große Risiko laufen, ihr Ziel nicht zu erreichen"(34).

Die Regierungspartei UDR verzichtete dementsprechend auf die Teilnahme an den Arbeiten der vom Senat mit großer Mehrheit beschlossenen Kontrollkommission, da diese ohnehin ohne Wirkung sein werde. Ein UDR-Senator stellte Umfang und Opportunität der in Frage stehenden Telefonabhörungen in das unbeschränkte Ermessen der Regierung, qualifizierte das Problem als Vertrauensfrage und wies insbesondere darauf hin, daß der Premier Ministre Messmer, der Ministre des Armées Galley und der Ministre des Postes et Télécommunications Germain "Kameraden der Befreiung" seien[35]. Diese pauschale Vertrauenserklärung steht allerdings in gewissem Widerspruch zum offensichtlich wohl zwischen den sich gegenseitig abhörenden Regierungsmitgliedern selbst bestehenden Mißtrauen sowie zu der Versicherung des bekannten Journalisten J.François Revel, wonach in Frankreich "die Zukunft des elektronischen Polizeistaats gesichert ist"[36].

Der bereits mehrfach zitierte Bericht der Senats-Kontrollkommission bestätigte die oben wiedergegebenen Tatsachen in vollem Umfang, ohne allerdings wesentlich neue Umstände aufzudecken[37]. Die Exekutive verfolgte nämlich unter Berufung auf das Geheimnis der nationalen (militärischen, zivilen und wirtschaftlichen) Verteidigung gegenüber der Untersuchung der Senats-Kontrollkommission eine totale Obstruktionspolitik. Die Kommission konnte daher keinen (amtierenden oder ehemaligen) Minister sowie keinen Beamten anhören und erhielt ganz allgemein keinerlei Auskünfte seitens der Verwaltung[38].

Während die Illegalität eines großen Teils der von der Exekutive durchgeführten Telefonabhörungen ein in der Öffentlichkeit allgemein unbestrittenes und resignierend hingenommenes Faktum ist[39], ist inzwischen die Tatsache, daß sich die Exekutive systematisch der demokratischen Kontrolle entzieht zum eigentlichen Problem der "affaire des écoutes téléphoniques" geworden[4o]. Selbst der Staatspräsident, der nach Artikel 5 Absatz 1 der französischen Verfassung über die Beachtung der Verfassung durch die öffentliche Gewalt wacht, ließ eine entsprechende Aufforderung der Senats-Kontrollkommission, die Regierung zur Beendigung ihrer Obstruktion zu veranlassen, ohne jegliche Antwort[41].

Der Präsident der Senats-Kontrollkommission, der Senator Marcilhacy stellte daher bei der Übergabe des Berichts der Kommission fest: "Der Beweis ist erbracht. Das Parlament kann die Handlungen der Exekutive nur noch mit deren Erlaubnis kontrollieren... Wenn diese Methoden andauern könnte sich das Land ein Parlament bald sparen..."[42].

4.1.1.5. "Affaire du Canard Enchaîné"

Am 3. Dezember 1973 überraschte ein leitender Mitarbeiter der oppositionellen satirischen Wochenzeitung "Le Canard Enchaîné", die eine Reihe der größten, zum Teil höchste Regierungspolitiker betreffenden Skandale der V. Republik aufgedeckt hat, zu später Abendstunde in den kurz vor dem Bezug stehenden neuen Büroräumen der Zeitung in Paris drei "Arbeiter", die nach eigener Aussage die Zentralheizung installierten, ihre Auftraggeber jedoch verschwiegen. Da die Heizung bereits seit Wochen funktionierte und er verdächtige Arbeitsspuren und verschiedenes elektronisches Abhörmaterial ausgebreitet sah, entfernte sich der Journalist, um Kollegen zu rufen. Auf der Straße hörte er aus dem Wechselsprechgerät eines Polizisten: "Hallo Nr. 2, folgt dem Kerl, der gerade rausgekommen ist. Wir hauen ab, rette sich wer kann."

In Begleitung zurückkommend, fand der Journalist zwar weder Arbeiter noch Abhörmaterial, jedoch Löcher in Wänden und Decken sowie eindeutige Spuren der Vorbereitung einer Mikrofoninstallation vor[43]. Abgesehen von den am fraglichen Abend vor dem Gebäude des "Canard Enchaîné" postierten Polizisten und sonstigen Verdachtsmomenten (das Telefon eines Mitarbeiters der Zeitung wurde z.B. abgehört), wies insbesondere die Tatsache, daß der Ministre de l'Intérieur Raymond Marcellin wenige Wochen zuvor Beamte mit der Suche nach den geheimen in seinem Ministerium tätigen Informanten des "Canard Enchaîné" im Rahmen eines anderen Skandals beauftragt hatte, auf das Ministère de l'Intérieur als die verantwortliche Stelle hin[44].

Zunächst wurde die Affaire von hohen Regierungspolitikern jedoch als "Ulk", bzw. als möglicherweise vom "Canard Enchaîné" selbst inszenierte Werbemaßnahme abgetan[45], während ein ehemaliger gaullistischer Ministre de l'Intérieur versicherte, daß die Mikrofoninstallationsspezialisten des Ministère de l'Intérieur nicht die Täter sein könnten, da diese bedeutend professioneller arbeiteten[46].

Nachdem der auf Grund einer Privatklage des "Canard Enchaîné" tätig gewordene Untersuchungsrichter (das Ministère de la Justice leitete bisher trotz der erheblichen politischen Bedeutung der Affaire von sich aus keine Untersuchung ein) modernste Abhörgeräte im Kamin des an die Büros des "Canard Enchaîné" angrenzenden Gebäudes sicherstellte, wurde die Affaire seit Januar 1974 durch die Weigerung der Exekutive geprägt, den Untersuchungsrichter in angemessener effektiver Weise zu unterstützen. Obwohl der "Canard Enchaîné" mit präzisen und substantiierten Angaben die Vernehmung und Gegenüberstellung von verschiedenen, namentlich benannten Beamten des Abschirmdienstes der Direction de la Surveillance du Territoire (DST) des Ministère de l'Intérieur beantragte, lehnte der Direktor der DST, deren eigentliche Aufgabe die Gegenspionage ist, eine entsprechende Aufforderung des Untersuchungsrichters unter Berufung auf das militärische (!) Geheimnis und das Militärstrafrecht ab[47].

Bereits zu Anfang der Affaire hatte der Parlamentarier Diligent (Union Centriste) dem Staatssekretär Vertadier gegenüber, der den "von einem Fieberanfall niedergeworfenen" Ministre de l'Intérieur in der Debatte des Haushalts des Ministère de l'Intérieur vertrat, mit Blick auf die "affaire du Canard Enchaîné" und die "affaire des écoutes téléphoniques" zugleich diese allgemeine Tendenz der Regierung, sich der demokratischen Kontrolle zu entziehen, wie folgt vorgeworfen:

"Sie berufen sich auf die Staatsraison, um illegale Abhörmaßnahmen durchzuführen, Sie berufen sich auf sie, um dem Parlament Rechenschaftslegung zu verweigern; morgen werden Sie sich darauf berufen, um die Evidenz zu leugnen"[48].

Nachdem ein Inspektor der DST von Zeugen als einer der Mikrofoninstallateure erkannt wurde[49], entstanden die abenteuerlichsten Interpretationen und Spekulationen, die von der bewußten Sabotageaktion französischer Agenten der DST zur Desavouierung des Ministre de l'Intérieur Raymond Marcellin bis zur Beteiligung des amerikanischen CIA reichen, ohne daß die Justiz - weiterhin von der Exekutive mehr behindert als unterstützt - bisher Licht in die Hintergründe der Affaire hätte bringen können oder auch nur entsprechende Aussichten eröffnet hätte[5o].

Neben diesen jüngsten Skandalen stehen einige in Frankreich aufgetretene Einzelfälle speziell aus dem Problemkreis "EDV und Privatsphäre", wie sie bisher hauptsächlich aus den USA kolportiert wurden[51].

So versandte 1971 ein französischer Verlag auf Grund eines Bearbeitungsfehlers einer Adressdatei eines spezialisierten Adressverlages an 35.ooo Kinder zwischen lo und 12 Jahren Werbeprospekte für pornographische Publikationen[52].

In einem anderen Fall erschlich sich ein französisches Unternehmen mittels detaillierter Fragebogen eine große Anzahl von intimen und vertraulichen Auskünften, indem den Befragten in Aussicht gestellt wurde, gegen ein geringes Entgelt ein unfehlbares Mittel zu erhalten, um das loo. Lebensjahr zu erreichen[53].

4.1.2. Verschiedene staatsrechtliche, administrative und politische Grundparameter und Charakteristiken der französischen Staatsverwaltung

Es erscheint einleuchtend, daß - wie die jeweils verschiedenen nationalen historischen Erfahrungen - auch die trotz identischer Grundfunktionen und Probleme bestehenden, jeweils verschiedenen "Individualitäten" der einzelnen nationalen (Staats-) Verwaltungen die Datenschutzproblematik der Verwaltungsautomation in den verschiedenen Ländern insofern gegeneinander differenzieren, als sie die diesbezügliche Haltung sowohl der jeweiligen nationalen Verwaltung selbst wie auch die der jeweils (als Vertreter der Legislative, der Rechtsprechung, der Lehre etc.) befaßten Fachleute, bzw. der betroffenen nationalen Öffentlichkeit spezifisch beeinflussen. Im Folgenden wird daher auf die wichtigsten für die Datenschutzproblematik der französischen Verwaltungsautomation relevanten staatsrechtlichen, administrativen und politischen Grundparameter und Charakteristiken der französischen Staatsverwaltung, also in gewisser Weise auf die datenschutzrelevante französische Verwaltungswirklichkeit eingegangen.

4.1.2.1. Gesetzgebungszuständigkeit der Legislative und Kompetenzbereich des autonomen Verordnungsrechts der Exekutive

Während sich der deutsche Grundgesetzgeber, aus der Erfahrung mit dem sich an die Stelle eines nichtfunktionierenden Parlamentarismus setzenden deutschen Faschismus heraus, betont für eine Stärkung der Stellung des Parlaments bei gleichzeitiger Sicherstellung seiner Funktionsfähigkeit (z.B. durch die 5%-Klausel und das konstruktive Mißtrauensvotum) entschied, wurde in Frankreich das mit dem ausländischen Totalitarismus kollaborierende und weitgehend von den Volksmassen geduldete Pétain-Regime, das bereits mit Kriegsende durch die Übertragung der Legitimität vom Vichy-Regime auf den sie reklamierenden General de Gaulle offiziell bewältigt war, durch die universale Berufung auf die Widerstandsbewegung der "résistance" einer kleinen Minderheit von Aktivisten, die jedoch als die Äußerung des patriotischen, des eigentlichen Frankreichs hingestellt wurde, sowie durch die Erfahrungen mit dem unstabilen Parlamentarismus der die III. Republik insoweit wiederholenden IV. Republik[54] gänzlich aus dem offiziellen französischen Bewußtsein verdrängt.

Nach einer Periode der zivilen und militärischen Insubordination starker, von einem beträchtlichen Anteil der Bevölkerung getragener Kräfte mit dem Ziel der Aufrechterhaltung der französischen Kolonialherrschaft in Algerien folgte General de Gaulle dem lautgewordenen Ruf nach einem starken, das Vaterland rettenden Mann[55].

Derart (indirekt) aus dem Militärputsch in Algerien hervorgegangen, durch den diskreditierten Parlamentarismus und die starke Persönlichkeit de Gaulle's geprägt, ist es das Hauptanliegen der - weder rein parlamentarisch noch rein präsidentiell verfaßten - V. Republik, insbesondere durch einen dem Parlament nicht verantwortlichen, jedoch das oberste Leitungsorgan des Staats verkörpernden und - seit 1962 - direkt gewählten Staatspräsidenten sowie eine mit gegengenüber dem Parlament erweiterten Befugnissen ausgestattete Regierung, stabile Regierungsverhältnisse zu schaffen. Im Rahmen der französischen Datenschutzproblematik ist dabei eine spezielle, sich in diese allgemeine Tendenz einfügende, die Stellung der Exekutive zu Lasten der des Parlaments stärkende Eigentümlichkeit der Verfassung der V. Republik von ganz besonderer Bedeutung.

Entgegen dem traditionellen Konzept des gewaltengliedernden demokratischen Staats mit der klassischen Funktionsaufteilung zwischen dem Parlament, das - vorbehaltlich gewisser grundsätzlicher rechtsstaatlicher Beschränkungen - als allzuständiges souveränes Gesetzgebungsorgan ohne Beschränkung hinsichtlich des Regelungsgegenstandes jede Angelegenheit ansichziehen und gesetzlich regeln kann, einerseits, und der Exekutive, die für den Erlaß von (gesetzvertretenden, ergänzenden, durchführenden und anwendenden) Rechtsverordnungen jeweils einer entsprechenden, hinsichtlich Inhalt, Zweck und Ausmaß präzisen (gesetzlichen) Ermächtigung durch den Gesetzgeber bedarf, andererseits, stellt Artikel 34 der Verfassung von 1958 eine abschließende Aufzählung der in die Gesetzgebungszuständigkeit (die darüberhinaus bezüglich verschiedener Regelungsgegenstände lediglich eine Rahmengesetzgebungszuständigkeit ist) des Parlaments fallenden Regelungsgegenstände dar[(56)]; während Artikel 37 der Exekutive in allen anderen Bereichen eine autonome Verordnungszuständigkeit einräumt, in deren Ausübung die Exekutive, da, abgesehen von der Verfassung und den allgemeinen Rechtsgrundsätzen, durch keine Gesetze beschränkt, einen der Souveränität des Gesetzgebers analogen Regelungsspielraum hat[(57)]. Die Exekutive ist also generell berechtigt, ohne auf gesetzliche Ermächtigungen angewiesen zu sein, außerhalb der in Artikel 34 dem Parlament reservierten Regelungsbereiche, nur der Verfassung und den allgemeinen Rechtsgrundsätzen, nicht aber den (einfachen) Gesetzen unterworfen, mit dem gesetzgeberischen Ermessen analoger Freiheit "autonome Rechtsverordnungen" ("règlements autonomes") zu erlassen, die im Gegensatz zu den gesetzdurchführenden, bzw. anwendenden Rechtsverordnungen gesetzesgleich neue Verpflichtungen des Bürgers begründen können und bezüglich der vor Inkrafttreten der Verfassung von 1958 ergangenen Gesetze, die außerhalb des nunmehr in Artikel 34 abschließend definierten Gesetzgebungszuständigkeitsbereich ("domaine de la loi") liegende Bereiche regeln, sogar gesetzesändernde Wirkung haben[(58)].

Gemäß Artikel 41 der Verfassung von 1958 kann die Exekutive ihren Kompetenzbereich des autonomen Verordnungsrechts ("domaine du règlement") gegenüber Beeinträchtigungen durch den Gesetzgeber, der ein auf den Erlaß eines außerhalb seiner Gesetzgebungszuständigkeit liegenden Gesetzes zielendes Gesetzgebungsverfahren in Gang setzt, durch Geltendmachung der "Unzulässigkeit" verteidigen, worauf im Streitfalle die Exekutive oder der Parlamentspräsident den Conseil Constitutionnel zur (Exekutive, Rechtsprechung und Gesetzgebung bindenden) Entscheidung anrufen kann[(59)]. Die Exekutive kann auch noch nach Erlaß eines von ihr beanstandeten Gesetzes den Conseil Constitutionnel anrufen und bei einer für sie günstigen Entscheidung das Gesetz mittels Décret ändern[(60)].

Der Kompetenzbereich des autonomen Verordnungsrechts der Exekutive ist dabei wirkungsvoller geschützt als der Kompetenzbereich der Legislative. Während nämlich die Exekutive einerseits ihre Zuständigkeit zum Erlaß einer von ihr geplanten autonomen Verordnung a priori vom Conseil d'Etat prüfen lassen kann (ohne daß die Beurteilung des Conseil d'Etat allerdings für den unter Umständen später befaßten und letztlich entscheidenden Conseil Constitutionnel ein bindendes Präjudiz darstellt) und andererseits den Conseil Constitutionnel hinsichtlich eines von ihr als unzulässig beanstandeten Gesetzesvorhabens direkt anrufen kann, hat das Parlament nicht die Möglichkeit eine a priori-Begutachtung seiner Zuständigkeit zum Erlaß eines Gesetzes durch den Conseil d'Etat zu veranlassen, sondern ist darauf angewiesen, ein entsprechendes Gesetzgebungsverfahren in Gang zu setzen, um damit Gefahr zu laufen, daß die Exekutive unter Umständen mit Erfolg die Unzulässigkeit des konkreten gesetzgeberischen Tätigwerdens geltend macht. Ähnlich kann das Parlament die Unzulässigkeit einer Rechtsverordnung der Exekutive nicht direkt vor dem Conseil Constitutionnel geltend machen, sondern kann letztlich eine Entscheidung dieses Organs nur herbeiführen, indem es ein den Regelungsgegenstand der von ihm beanstandeten Rechtsverordnung betreffendes Gesetzgebungsverfahren einleitet, das dann unter Umständen von der Exekutive vor dem Conseil Constitutionnel mit Erfolg beanstandet wird[61].

Die Problematik der beschränkten Gesetzgebungskompetenz der Legislative und der konkreten, vielfach äußerst umstrittenen Abgrenzung zwischen "domaine de la loi" und "domaine du règlement" ist im Hinblick auf den gesetzlichen (Individual-) Datenschutz in Frankreich von besonderer Bedeutung. Es geht dabei insbesondere um die noch näher zu untersuchende Frage, ob und inwieweit das Parlament auf Grund seiner in Artikel 34 der Verfassung von 1958 verankerten Gesetzgebungszuständigkeit hinsichtlich der "Bürgerrechte und der dem Bürger zur Ausübung seiner Grundrechte eingeräumten fundamentalen Garantien" zum Erlaß von gesetzlichen Datenschutzregelungen zuständig ist(62).

4.1.2.2. Elemente der Organisation und Funktionsweise der französischen Staatsverwaltung

Es handelt sich nunmehr im weiteren darum, einen in einer rein staats- und verwaltungsorganisationsrechtlichen Darstellung der französischen Staats- und Verwaltungsform nicht vermittelbaren Eindruck hinsichtlich gewisser, für die Datenschutzproblematik der französischen Verwaltungsautomation relevanter Elemente der Organisation und Funktionsweise der französischen Staatsverwaltung zu geben.

4.1.2.2.1. Verwaltungszentralisation und Konzentration

Der französische Einheitsstaat ist in höchstem Grade zentralisiert und läßt mit seiner Balkanisierung in 95 Départements und circa 38.ooo Gemeinden, von denen 36.ooo weniger als 5ooo Einwohner aufweisen, wenig Raum für eine selbständige lokale und regionale Selbstverwaltung.

Die direkt gewählten Conseils généraux und Conseils municipaux haben als Selbstverwaltungskörperschaften auf Département-, bzw. Gemeindeebene keine wirkliche Autonomie - die Steuerautonomie liegt z.B. vollständig beim Zentralstaat - sondern sind in ihrer Arbeit völlig auf die wohlwollende Mitwirkung der staatlichen Stellen angewiesen(63). Daran hat auch die am 1.1o.1973 in Kraft getretene Regionalreform, die von Kritikern teilweise als "Witz" apostrophiert wird, nichts Wesentliches geändert(64).

Bezeichnend für diesen Zustand und für die Einschätzung der Selbstverwaltungskörperschaften als bloße Verlängerungen der Staatsverwaltung ist im übrigen die vor den letzten Gemeindewahlen im Oktober 1973 wiederholt an die Wähler ergangene Ermahnung der Regierung, die Gemeindewahlen "nicht zu politisieren".

Das wahre Zentrum der öffentlichen Gewalt und des politischen Lebens des Département ist der uniformierte, von Napoleon nach dem Vorbild der vorrevolutionären Intendanten des Königs geschaffene Präfekt als Vertreter der Zentralgewalt(65).

Heute gemäß Artikel 13 der Verfassung auf Vorschlag des Innenministers vom Staatspräsidenten ernannt, hat der Präfekt eine doppelte Funktion: Er ist einerseits als Vertreter aller ministeriellen Ressorts Chef grundsätzlich sämtlicher staatlicher Behörden sowie Aufsichtsbehörde über die kommunalen Körperschaften in seinem Département(66). Darüberhinaus ist er andererseits zugleich oberstes Exekutivorgan des Département (soweit dieses eine Selbstverwaltungskörperschaft ist) und insofern sowohl für die Vorbereitung wie die Ausführung der Entscheidungen des Conseil général des Département zuständig(67). In Ausfüllung beider Funktionen stützt sich der Präfekt im übrigen auf das ausschließlich aus staatlichen Bediensteten bestehende Personal der Präfektur und der sonstigen ihm unterstellten staatlichen Behörden.

Das eigentlich entscheidende Element, das die ohnehin zuungunsten der Selbstverwaltung überstark ausgeprägte Zentralisation in Frankreich zum vielfach scharf kritisierten, jedoch soweit ersichtlich beständigen Exzess treibt, ist jedoch die extreme Konzentration der Entscheidungskompetenz hinsichtlich ziemlich aller regionalen, wenn nicht lokalen Fragen von einiger Bedeutung auf der Ebene der Pariser Zentralverwaltung(68) (69).

Der Präfekt hat als einzige echte Instanz zwischen der Zentralverwaltung in Paris und den Gemeinden eher die Funktion einer Unterbehörde und ist insoweit in höchstem Maße gegenüber den zugleich die Funktion der Mittelinstanz ausfüllenden und dementsprechend aufgeblähten Ministerien weisungsabhängig. Bezeichnenderweise werden die beim Präfekten organisierten und von ihm koordinierten, den verschiedenen Ministerien nachgeordneten Département-Behörden ("directions départementales") allgemein als "Außenstellen" ("services extérieurs") der Ministerien bezeichnet[70]. Die Ministerialbürokratie zieht dabei in weitem Maße Entscheidungen von regionaler, bzw. lokaler Bedeutung an sich und beschränkt damit die Entscheidungskompetenz der "services extérieurs" sehr. Die direkt befaßte und unmittelbar über sämtliche Informationen des jeweiligen Falls verfügende (Außen-) Stelle muß also die Entscheidung der nur indirekt und häufig ungenügend informierten Ministerialbürokratie herbeiführen, für deren Ausführung sie dann wieder verantwortlich ist. Dieses Verfahren führt oft zu realitätsfernen Entscheidungen durch die Ministerialbürokratie, erschöpft sich andererseits vielfach in der bloßen Zustimmung zum Entscheidungsvorwurf der Außenstelle und erhöht in jedem Fall den Arbeits- und Zeitaufwand erheblich.

Kritiker stellen daher fest, daß "das französische Verwaltungssystem durch das Unvermögen gekennzeichnet ist, am Platze irgendeine wichtige Angelegenheit zu regeln"[71], da "in der politisch-administrativen Organisation keine mittlere Instanz exisitert, die über eine ausreichende Autorität verfügt, um Initiativen ergreifen und Risiken eingehen zu können, die ihrem Vermögen und ihrer Repräsentativität entsprechen"[72].

Für die derart zentralisierte französische Verwaltungsbürokratie sind moderne Informationssysteme, insbesondere auch zur Mobilisierung lokaler und regionaler Informationen selbstverständlich von ganz besonderer Bedeutung. Zugleich stellt die Entwicklung und Verwendung solcher vertikal integrierter Informationssysteme im Rahmen stark zentralistischer Strukturen gerade hinsichtlich des Datenschutzproblems ein besonders delikates Problem dar.

4.1.2.2.2. Technokratie

Neben einer sich teilweise selbst blockierenden Bürokratie findet der französische Zentralismus mit seiner Massierung des Sachverstandes und der Entscheidungskompetenzen auf der Ebene der Zentralverwaltung in Paris Ausdruck in einer ausgeprägten Ministerialtechnokratie, die sich einerseits in erheblichem Maße dem Einfluß der politischen Führung des Parlaments und in gewissem Maße sogar dem der Regierung entzieht und andererseits wesentliche Entscheidungen und Regelungen von politischer Bedeutung nach rein fachlichen und - vordergründig - "ideologiefreien" Gesichtspunkten trifft und so in erheblichem Umfang politische Entscheidungskompetenzen an sicht zieht[(73)].

Dieser weitgehend kritisierte, notorische Zustand gründet sich auf eine Reihe spezifisch französischer Gegegenheiten, die über die allgemeine Tendenz der Komplizierung und Technisierung der modernen Welt weit hinausgehen:

- Die Tendenz des französischen Zentralismus', selbst Angelegenheiten der Départements weitgehend auf Ministerialebene zu regeln, führt insbesondere angesichts der Ausuferung des Interventionsbereichs des modernen Wohlfahrts- und Dienstleistungsstaates zu einer entsprechenden Konzentrierung von Techniker- und Spezialisten-Stäben in einigen, zum Teil äußerst mächtigen Generaldirektionen (insbesondere des Ministère de l'Economie et des Finances), die - kleinere Ministerien an Einfluß übertreffend - selbst fast wie eigenständige Ministerien zu betrachten sind.

- Die zentralistische Verwaltung hat, gepaart mit einer weit verbreiteten autoritären Staatskonzeption, in Frankreich eine dirigistische Tradition entstehen lassen, die neben Devisenbewirtschaftung, staatlichen Preisblockierungen und ähnlichen Maßnahmen auch zur französischen "planification" und in der Form der "rationalisation des choix budgétaires" (RCB) zu einem dem amerikanischen "Planning Programming Budgeting System" (PPBS) nachgebildeten Finanz-

und Budgetplanungssystem geführt hat und die Entwicklung nationaler EDV-Informationssysteme unter Ausnutzung von ohnehin bereits auf nationaler Ebene vorhandenen Informationen und entsprechenden vertikal integrierten Informationsflußstrukturen insofern als logische Weiterentwicklung erscheinen läßt.

- Die relative Unabhängigkeit der Ministerialbürokratie gegenüber der Politik hat sich bereits unter der III. und IV. Republik herausgebildet. Gegenüber einer Vielzahl von Parteien, einer großen Heterogeneität der parlamentarischen Mehrheiten sowie der Regierungen und ständig in schneller Abfolge erfolgenden Regierungsumbildungen und Wechseln stellte die Verwaltung ein stabiles, in gewisser Weise die Kontinuität des politischen Lebens garantierendes und daher ein besonders einflußreiches Element des Staates dar(74).

- Heute wird die relative Unabhängigkeit der Verwaltung gegenüber dem Parlament durch die die Stellung der Exekutive deutlich stärkende Verfassung von 1958 bewahrt. Diese von einem vom General de Gaulle beauftragten, weniger Parlamentarier als vielmehr hohe Beamte umfassenden Stab entworfene Verfassung drängt den Einfluß des Parlaments insgesamt - von der Opposition ganz zu schweigen(75) - und insbesondere seine Kontrollmöglichkeiten gegenüber der Exekutive - wie immer wieder betont wird - zwecks Vermeidung eines parteienbestimmten Parlamentarismus ("régime des partis") stark zurück. Diese besonders durch die Beschränkung der Gesetzgebungskompetenz der Legislative bestimmte Situation läßt sich folgendermaßen charakterisieren: "Man hat gewisse Bereiche - die Außen- und Verteidigungspolitik, die Polizei, die wichtigsten öffentlichen Anstalten - der parlamentarischen Kontrolle unter dem Vorwand entgleiten lassen, daß es sich um zu wichtige Dinge handele. Zugleich bläht sich die Praxis der Verordnungen auf, da es unnötig ist, den Gesetzgeber zu bemühen, um sich mit geringfügigen Fragen zu befassen"(76). Dementsprechend sprechen Kritiker zu Recht vom "Zusammenbruch demokratischer Kontrollen zumindest in der spätgaullistischen Periode[77]". Diese Tendenz wird jedoch durch den enormen Informationsvorsprung der Verwaltung auf Grund der - zunehmend elektronisch-gestützten - Zentralisierung erheblicher Datenmassen auf nationaler Ebene durch die Zentralverwaltung noch ganz erheblich verstärkt.

Sozusagen als Träger der französischen Ministerialtechnokratie haben sich die ehemaligen Absolventen ("anciens") der sogenannten "grandes écoles" und ganz besonders der Ecole Nationale d'Administration (ENA) und der Ecole Polytechnique an die Spitze dieser verschiedenen konvergierenden Tendenzen gesetzt[78].

Als Elite des Staates akzeptiert, bzw. kritisiert und sich jedenfalls als solche verstehend, monopolisieren diese Beamten fast die Gesamtheit der leitenden Verwaltungsfunktionen und insbesondere die bedeutensten Beamten-"corps"[79].
Auf Grund einer ausgeprägten dreifachen Uniformität hat sich unter diesen Ehemaligen der "grandes écoles" und insbesondere der ENA eine Art elitäres "Klassenbewußtsein" herausgebildet[80]:

- Trotz allgemein ausgeschriebener, anonymer Zulassungswettbewerbe ("concours d'entrée") rekrutieren sich die Schüler der "grandes écoles" stark überproportional aus sozial und wirtschaftlich deutlich überprivilegierten Gesellschaftsschichten (hohe Beamte, freie Berufe etc.).

- Die aus Paris stammenden Schüler sind ebenfalls überproportional vertreten.

- Auf Grund der sozialen und geographischen Uniformität sowie der jeweils mehr oder weniger identischen Vorbildung vor Eintritt in die jeweilige "grande école" besteht eine weitgehende intellektuelle und mentalitätsmäßige Uniformität, die zum Teil als Fehlen von Kreativität, Originalität und Systemkritik kritisiert wird.

Darüberhinaus bilden sich gewisse Kasten und Unterkasten,

die auf Schulsolidarität, "Promotionskamaraderie" eines Jahrgangs und Corpsgeist der einem Corps angehörenden Ehemaligen aufbauen(81).

Wie stark unter diesen Bedingungen der Einfluß der im wesentlichen, wenn nicht konservativ denkenden, so doch letztlich konservativ handelnden, und nach sachlich und fachlich "richtigen" Entscheidungen suchenden Ehemaligen der "grandes écoles" ist, läßt sich mit wenigen Angaben am Beispiel der ENA demonstrieren:

- Etwa 80 % der circa 2200 "Enarques" üben eine Funktion in Paris (d.h. also praktisch in der Ministerialverwaltung) aus.

- Von den circa 5000 leitenden Verwaltungsbeamten (einschließlich Technikern) sind etwa ein Drittel Absolventen der erst Ende 1945 ins Leben gerufenen ENA. (Ein gewisser Prozentsatz wandert in die staatlichen Unternehmen und in die Privatwirtschaft ab.)

- Stetig an Bedeutung zunehmend, stellen die Enarques bereits heute die Mehrheit des "(grand) corps" der Cour des Comptes und in absehbarer Zeit ebenso des "(grand)corps" des Conseil d'Etat, sowie etwa 25 % des starken "corps" der "administrateurs civiles"(82).

Bei einem allgemeinen Drang nach Karriere, Einfluß und Macht nährt das "quasi monopole"(83) der Ehemaligen der "grands écoles" das Bewußtsein: "Zusammen besitzen wir die Macht in Frankreich"(84). Und das umso mehr als sich die höheren Beamten in den insgesamt äußerst einflußreichen persönlichen Mitarbeiterstäben des Staatspräsidenten und der Minister ("cabinets présidentiel et ministériels") noch weiter konzentrieren(85):

- 90 % der persönlichen Mitarbeiter der Minister sind höhere Beamte,
- 40 % sind Enarques und
- 30 % gehören allein den "grands corps" Conseil d'Etat, Cour des Comptes, Inspection des Finances, Corps préfectoral und Corps diplomatique an(86).

Diese höheren Beamten ziehen als Mitglieder der "cabinets ministériels" teilweise in erheblichem Maße Kompetenzen der ministeriellen Abteilungen an sich und nehmen als enge Ratgeber des Staatspräsidenten, des Premier Ministre und der Minister darüberhinaus erheblichen Einfluß auf die politischen Entscheidungen. Die "cabinets" werden daher auch verschiedentlich als "administration de superposition" oder "administration parallèle" bezeichnet(87).

In der politischen Debatte wird dagegen teilweise auch von den anonymen und "niemandem Rechenschaft schuldigen" Mitgliedern der "cabinets" als den "heimlichen Baronen , die in Wahrheit Frankreich regieren" gesprochen(88).

Für relativ viele Beamte sind die "cabinets" darüberhinaus das Vorzimmer zu einer eigenen politischen Karriere als Abgeordneter oder Minister geworden, ohne daß sie den Umweg über eine mehr oder weniger lange Parteiarbeit auf Ortsvereinsebene machen müßten(89).

Hier sei nicht weiter auf die allgemeinen politischen Auswirkungen der derart strukturierten französischen Ministerialtechnokratie eingegangen. Es lassen sich jedoch beispielsweise seitens der Délégation à l'Informatique, der bezeichnenderweise eine Reihe von Ehemaligen insbesondere der ENA angehören bzw. angehört haben(9o), insbesondere hinsichtlich der Datenschutzproblematik gewisse technokratische Tendenzen feststellen(91); in diesem Zusammenhang erscheint es ebenfalls als bezeichnend, daß im Rahmen der bisher von der Délégation à l'Informatique zusammen mit den inter-/, ministeriellen EDV-Kommissionen verfolgten Verwaltungsautomatisierungspolitik bisher das Hauptgewicht auf der reinen EDV-Ausstattung der Verwaltung lag und selbst in den neukonzipierten Verwaltungsautomationsleitplänen die Datenschutzproblematik sowie die Frage der Partizipation des Parlaments, der intermediären Gewalten wie der einzelnen Bürger völlig vernachlässigt und soweit ersichtlich - mit einer gewissen Ausnahme bezüglich des Datenschutzproblems - auch an anderer Stelle nicht weiter berücksichtigt werden.

Dies ist objektiv als ein Versuch des Ausweichens vor hochpolitischen Fragestellungen mittels technokratischer Ansätze zu werten. Dabei werden Entscheidungen gefällt und Entwicklungen in Gang gesetzt, die nur vordergründig ideologiefrei sind, in Wahrheit jedoch im erzielten Effekt erhebliche politische und speziell für das Schicksal der demokratischen Strukturen ganz entscheidende Bedeutung haben. Neben den Politikern sind wohl gerade die in Frankreich von Technokraten teilweise leicht abschätzig als "Literaten" eingestuften Juristen besonders berufen, die in diesem Zusammenhang bestehenden Gefahren der Technokratie zu erkennen und soweit möglich aufzufangen.

So wurde bereits vereinzelt die Gefahr der "Abschwächung der Partizipation" des Bürgers gerade auch an der Verwaltung sowie des "Primats des Quantitativen" beschworen, die letztlich in einer "wahren Herrschaft der Maschinen" gipfeln könne, die ihrerseits auf Grund ihrer Rigidität und der verschiedensten technischen, wirtschaftlichen und finanziellen "Sachzwänge" gewisse politische Entscheidungen unmöglich macht, bzw. andere im Gegenteil gerade fordert[92]. Zwar wirkt es zunächst als etwas überzogen, wenn von der Gefahr gesprochen wird, "daß in der 'informatisierten' Welt von morgen eine Konspiration der Techniker gefährlicher werden könnte als ein Generalskomplott aus alten Zeiten"[93]. Verschiedene utopistische, gerade auch die EDV als existentielles Element integrierende Gesellschafts-, Staats- und Verwaltungsmodelle mit ganz augeprägten technokratischen Tendenzen von innerhalb, bzw. außerhalb der Verwaltung stehenden französischen Autoren geben jedoch zu den allergrößten philosophischen, politischen und juristischen Bedenken in dieser Richtung Anlaß[94]. Und so wird mit großer Berechtigung festgestellt: "Eine ...Gefahr der Verwendung der EDV liegt darin begründet, daß sie die technokratische Bedrohung erhöht ... (und) der Begriff der Demokratie unter Umständen in Frage gestellt wird"[95].

4.1.2.2.3. Die französische Verwaltung im Kontakt mit Politikern, Vertretern der Wirtschaft und Bürgern

Der preußischen Tendenz der deutschen Verwaltung zu einer gewissen Rigidität in der Beobachtung von gesetzlich oder im Wege von Verordnungen und Verwaltungsvorschriften fixierten Verfahren, die ihren Niederschlag im Luhmann'schen Konzept der "Legitimation durch Verfahren" findet, steht in der französischen Verwaltung die romanische Tendenz zu einer gewissen "Flexibilität" und zur "Korrektur" gegenüber. So wird der autoritäre und dirigistische Charakter der zentralistischen französischen Staatsverwaltung durch vielfältige persönliche Einflußnahmen ("interventions") und Beziehungen ("piston") in gewisser Weise abgemildert(96).

In der Provinz angesiedelte Interessenten und Bittsteller versuchen zum Beispiel, entsprechend der Tatsache, daß das wahre Entscheidungszentrum für alle auch nur halbwegs wichtigen Fragen in den Pariser Ministerien liegt,und daß die Zentralgewalt durchaus üblicherweise bei entsprechender Interessenlage auch in Einzelfällen der laufenden Verwaltung den nachgeordneten Instanzen Anweisungen geben(97), die präfektorale Instanz zu umgehen und mittels einer Eingabe ihres lokalen Parlamentsabgeordneten oder sonstiger gut plazierter Personen direkt auf ministerieller Ebene ihre Angelegenheit zu regeln(98).

In Paris selbst sind Wirtschaft, Politik und Verwaltung wie bereits angedeutet noch enger und direkter verflochten; dies umso mehr als die parlamentarischen Kontrollen weitgehend zusammengebrochen sind und die die Regierung tragenden konservativen Parteien seit 14 Jahren ununterbrochen die parlamentarischen Mehrheiten stellten, die Schlüsselpositionen in der Verwaltung und in den verstaatlichten, bzw. staatlich beeinflußten Wirtschaftsunternehmen (Großbanken, Versicherungsunternehmen, verschiedene staatliche und private Rundfunkgesellschaften, große Automobilhersteller etc.)

mit politischen Anhängern und Sympathisanten besetzten und allgemein sehr enge Beziehungen zur privaten Wirtschaft pflegen[99]. In diesem Rahmen dienen die Beziehungen der Wirtschafts- und politischen Führer zur Verwaltung teils zur Vermeidung mehr oder weniger überflüssiger bürokratischer Prozeduren[100], teils zur Erlangung kleiner "Gefälligkeiten"[101], teils zur Erleichterung oder Verschleierung massiver Pressionen und zum Teil Spitzenpolitiker implizierender, skandalöser Machenschaften[102].

Das prägende Element der allgemeinen Einstellung des französischen Bürgers gegenüber Staat, Regierung und Verwaltung ist der ausgeprägte, in gewisser Weise dem jahrhunderteal-ten Gegensatz zwischen Jakobinern und Girondisten entsprechende Dualismus zwischen dem vielbeschworenen französischen Individualismus und der nicht minder deutlichen "absolutistischen Konzeption der Autorität"[103]. Ohne den Anspruch auf eine vollständige Erklärung zu erheben, kann festgestellt werden, daß diese beiden Tendenzen sich in einem hohen Grade gegenseitig bedingen.

Während der Franzose einerseits Abhängigkeitsverhältnisse und allgemein jede Bedrohung seiner Autonomie als Individuum vehement verteidigt und sich nur widerwillig ihn persönlich betreffenden Regelungen unterwirft, wertet er den Individualismus und das Streben nach persönlicher Autonomie bei seinen Mitbürgern insgesamt als Undiszipliniertheit, als Unfähigkeit ohne äußeren Zwang sich oder etwas zu organisieren, effizient und verantwortungsbewußt zu sein, sich für das Gemeinwohl zu engagieren und Bürgersinn zu entwickeln. Der Franzose kann sich daher insbesondere im politischen und staatlichen Bereich keine gemeinschaftliche Aktion oder Organisation ohne eine entsprechend gerichtete starke Autorität vorstellen[104]. Nach den Erfahrungen mit dem "undisziplinierten" Parlamentarismus der III. und IV. Republik kennt die V. Republik eine weitestgehende Delegation der Gemeinschaftsaufgaben an die straff auf den dem Parlament nicht verantwortlichen Staatspräsidenten orientierte Regierung und die Zentralverwaltung, die ihrerseits die Bürger als "unmündige Verwaltete" betrachten[1o5]. Ein gewisses, nicht allzu knapp bemessenes Maß an autoritärer Bevormundung, absolutistischer Willkür sowie Korruption in der politischen und administrativen Führung des Staates gesteht der Franzose dabei - soweit er jeweils nicht selbst persönlich betroffen ist - als dem Staat inhärentes Element zu. Entsprechende Vorkommnisse bieten dem Durchschnitts-Franzosen Anlaß zu hitzigen Diskussionen und teilweise zu Massendemonstrationen mit manchmal anschließendem Scharmützel mit der militarisierten Einsatzpolizeitruppe der Compagnie Républicaine de Sécurité (CRS), an deren Ende jedoch kaum der - eher germanisch-angelsächsisch anmutende - ernsthafte und in der einen oder anderen Form verwirklichte Entschluß zugunsten wesentlicher Änderung steht[1o6].

Vor diesem Hintergrund ist es daher nicht erstaunlich, daß das im Rahmen der französischen Datenschutzdiskussion verschiedentlich nicht nur von offiziellen Stellen vorgebrachte, die Gefährdung der Privatsphäre herunterspielende Argument, daß mittels der Verwaltungsautomation ein erhöhtes Maß an Gerechtigtkeit (durch Unterdrückung von Möglichkeiten der Einflußnahme auf die Verwaltung, der Korruption, der Steuerhinterziehung, der Unterdrückung von Bußgeldbescheiden etc.) realisierbar sei, in der französischen Öffentlichkeit nicht weiter verfängt[1o7].

So sympathisch dem Franzosen nämlich die Beschneidung von Privilegien ist, die er nicht teilt, so wenig stört ihn ihre Existenz tatsächlich solange er nicht direkt durch sie beeinträchtigt wird, er aber - insofern wiederum äußerst sensibel - spürt, daß ihre Beseitigung mit dem offiziellen Ziel eines Mehr an Gerechtigkeit eine letztlich auch ihn direkt treffende Erhöhung an Reglementierung und Kontrolle, d.h. eine Verminderung seiner individuellen Autonomie mit sich bringen wird. Und so werden die ständig kritisierten Phänomene: Uneffizienz, Unflexibilität, Mangel an Koordination, Bürokratismus, starre Hierarchisierung und Zentralismus mit allen ihren negativen Auswirkungen letztlich von der französischen Bevölkerung weitgehend als die effektivste Beschränkung der absoluten und willkürlichen Autorität des Staates gesehen, weil sie dem Staat die dirigistische Kontrolle des Individuums und den direkten Eingriff in seine "Autonomie" erschweren(1o8). Dementsprechend besteht in Frankreich eine starke Tendenz, in der Aufrechterhaltung einer ungeordneten, d.h. vor allem unkoordinierten, unsystematischen und uneffizienten Verwaltung die beste Garantie für den Schutz der Privatsphäre gegenüber der Verwaltungsautomation zu sehen(1o9).

4.2. Bisheriger Stand der gesetzlichen Regelungen zum Schutz der Privatsphäre

Nachdem im vorstehenden Abschnitt der spezifische (historische, staatsrechtliche, administrative und politische) Kontext der Datenschutzproblematik im Rahmen der französischen Verwaltungsautomation skizziert wurde, wird nunmehr auf den bisherigen Stand der gesetzlichen Regelungen zum Schutz der Privatsphäre, also auf den (verfassungs- und allgemein-) rechtlichen Rahmen eingegangen, der die datenschutzrechtliche Stellung des Bürgers insbesondere gegenüber der staatlichen Verwaltungsautomation bestimmt. Nach Behandlung des verfassungsrechtlichen Schutzes der Privatsphäre und einem anschließenden Überblick über einzelne allgemeine, d.h. nicht spezifisch EDV-datenschutzbezogene Geheimnisschutzvorschriften, wird auf zwei Fälle eingegangen, in denen sich der Gesetzgeber speziell mit Fragen des EDV-Datenschutzes im Rahmen der Verwaltungsautomation befaßt hat.

4.2.1. Verfassungsrechtlicher Schutz der Privatsphäre

4.2.1.1. Verfassungsrechtliche Anerkennung der Privatsphäre

Die Verfassung der V. Republik kennt keine dem Grundrechtskatalog des deutschen Grundgesetzes entsprechende explizite Aufzählung und Definition einzelner Grundrechte. Die Verfassung vom 4.10.1958 erklärt in einer Präambel lediglich allgemein die Verbundenheit des französischen Volkes mit den Menschen- und Bürgerrechten, wie sie in der "déclaration des droits de l'homme et du citoyen" vom 26.8.1789 unter den Auspizien des Höchsten Wesens als natürliche, unveräußerliche und heilige Rechte des Menschen Ausdruck und mit Erweiterungen in der Präambel der Verfassung vom 27.10. 1946 Eingang gefunden haben[110].

Diese geltendes französisches Verfassungsrecht darstellende in der Präambel der Verfassung der V. Republik zitierten Texte[111] haben einen relativ abstrakten Charakter. Während die Präambel der Verfassung von 1946 auf die Menschen- und Bürgerrechte der Deklaration von 1789 verweist, werden dort im Artikel 2 die Freiheit, das Eigentum, die persönliche Sicherheit und der Widerstand gegen Unterdrückung als die natürlichen unveräußerlichen Rechte der Menschen proklamiert. Artikel 4 führt weiter aus, daß "die Freiheit darin besteht alles zu tun, was die Rechte anderer nicht verletzt" und definiert damit eine allgemeine Handlungsfreiheit im Dienste einer freien Entfaltung der Persönlichkeit wie sie ihre Entsprechung im Artikel 2, Absatz 1 des deutschen Grundgesetzes gefunden hat[112]. Die Privatsphäre, bzw. in der französischen Terminologie das Privatleben ("vie privée") als geschütztes Rechtsgut findet also, wie im übrigen die Mehrzahl der modernen - im deutschen Grundgesetz weitgehend ausdrücklich verfassungsrechtlich verankerten - Grundrechte in der französischen Verfassung keine ausdrückliche Begründung. Die Menschen- und Bürgerrechte und insbesondere die allgemeine Handlungsfreiheit erfahren vielmehr ihre konkrete Ausgestaltung einerseits - wie Artikel 34 der französischen Verfassung von 1958 im übrigen ausdrücklich postuliert[113] - in einfachen Gesetzen (ohne Verfassungsrang)[114] und andererseits in den allgemeinen Rechtsgrundsätzen ("principes généraux du droit"), die von der Rechtsprechung, d.h. vor allem vom Conseil d' Etat, entwickelt wurden und denen Gesetzesrang zugesprochen wird[115]. Bezeichnend ist in diesem Zusammenhang beispielsweise die weite (Formal-) Definition der Grundrechte von Costa[116]: "Unter dem Begriff 'libertés publiques' versteht man die Rechte und Freiheiten der Bürger und Gruppen, die durch die Verfassung <u>oder die Gesetzgebung</u> anerkannt und garantiert werden".

Wohl als Folge des Mangels eines zentralen Grundrechtskatalogs und der dadurch bedingten unübersichtlichen Zerfaserung des Grundrechtsbestands in einzelne Gesetzesvorschriften der allgemeinen Gesetzgebung und in die Kasuistik der allgemeinen Rechtsgrundsätze[117] besteht in der französischen Rechtswissenschaft hinsichtlich der Grundrechte eine unverfestigte und verwirrende Terminologie, die zwar in Frankreich nicht weiter als störend empfunden und daher nicht weiter reflektiert wird, da sie soweit ersichtlich ohne dogmatische Signifikanz ist, die jedoch gerade auch den am Stand der französischen Datenschutzdiskussion interessierten ausländischen Beobachter zunächst nachhaltigst verwirrt.

Es handelt sich dabei im wesentlichen lediglich um verschiedene Einteilungen der Grundrechte, ohne daß jeweils im einzelnen von Bedeutung ist, ob es sich um verfassungsrechtlich ausdrücklich verankerte Grundrechte handelt oder nicht. Der wesentliche Unterschied besteht insoweit darin, daß entweder in Anlehnung an den Titel der "déclaration des droits de l'homme et du citoyen" von 1789 von einer Zweiteilung in Menschen- und Bürgerrechte oder aber von einem allgemeinen Konzept der Grundrechte ausgegangen wird, die dann nach jeweils verschiedenen Kriterien in verschiedene Arten von Grundrechten differenziert werden.

So liegt die Zweiteilung in Menschen- und Bürgerrechte beispielsweise in folgenden von Lehre und Rechtsprechung verschiedentlich benutzten Begriffspaaren zu Grunde[118]:

- "droits de l'homme" - "libertés publiques"[119],
- "libertés privées" - "libertés publiques"[12o],
- "droits de l'individu" - "droits du citoyen"[121],
- "libertés individuelles" - "libertés publiques"[122].

Die zweite Konzeption bezeichnet die Gesamtheit der Grundrechte als "libertés publiques" (oder einfach als "libertés"), um die einzelnen Grundrechte dann unter Verwendung zum Teil synonymer Begriffe in verschiedene Kategorien einzuteilen[123]; so zum Beispiel:

- "libertés individuelles"(oder "libertés de la personne", "libertés fondamentales"),
- "libertés collectives" (oder "libertés intellectuelles", "libertés de la pensée"),
- "libertés économiques (et sociales)".

Die Beliebigkeit der französischen Terminologie wird jedoch besonders dadurch deutlich, daß zum Beispiel im Jahresbericht 1969-197o des Conseil d'Etat der Begriff "libertés publiques" in der Überschrift des ersten Teils im Gegensatz zum Begriff "libertés privées" im Sinne von "Bürgerrechte" verwandt wird, um dann wenige Seiten später die allgemeine Bedeutung "Grundrechte" anzunehmen[124].

Ohne auf weitere Einzelheiten einzugehen, kann jedoch festgestellt werden, daß in der juristischen Diskussion über die Auswirkungen der EDV die Verwendung insbesondere des Begriffspaares "libertés publiques" - "libertés privées" (bzw. "libertés individuelles ") im allgemeinen darauf hinweisen soll, daß der fortschreitende EDV-Einsatz im öffentlichen wie privaten Sektor neben dem Problem des Individualdatenschutzes ein Problem der Erhaltung und des Ausbaus der demokratischen Strukturen stellt[125].

Im Rahmen der speziellen Diskussion über den Individualdatenschutz werden die sich auf die Artikel 2 und 4 der Deklaration von 1789 gründenden "libertés individuelles" (Persönlichkeitsrechte)[126] in der Ausformung des "droit au respect de la personnalité" bzw. speziell des "droit au respect de la vie privée (/ de l'intimité) de l'individu" (Recht auf Schutz der Privat- bzw. Intimsphäre des Individuums) als geschützte Rechtsgüter angesehen, ohne daß dabei der Bezug auf positives Verfassungsrecht und insbesondere auf die Deklaration von 1789 gemacht würde[127]. Wenn in diesem Zusammenhang in der französischen Datenschutzdikussion von "libertés publiques" oder einfach von "libertés" gesprochen wird, so ist im allgemeinen darin lediglich eine unpräzise Ausdrucksweise für die "libertés individuelles" oder speziell für das "droit au respect de la vie privée" zu sehen. Die Vielzahl der sonstigen verwendeten Bezeichnungen ist Ausdruck der Auffächerung des "droit au respect de la vie privées" in einzelne Komponenten.

So gibt nach Ansicht des Conseil d'Etat das Recht auf Schutz der Privatsphäre einen Anspruch "in Ruhe gelassen zu werden" und damit in gewissem Maße einen "Anspruch auf Ruhe oder Vergessen" sowie ein "Recht keine Auskünfte" zu geben[128]. Der Bericht des Ministère de la Justice spricht darüberhinaus vom Recht auf Nichtdiskriminierung im Berufsleben, auf Wahrhaftigkeit der gespeicherten personenbezogenen Informationen sowie auf Kenntnis der Entscheidungsregeln gewisser besonderer Entscheidungen[129].

Gemäß der STERIA[13o] besteht der Schutz der Privatsphäre aus einem Bündel von Schutzmaßnahmen gegen:

- Einmischung ins familiäre und häusliche Leben,
- jede Beeinträchtigung der physischen und psychischen Integrität bzw. der moralischen oder intellektuellen Freiheit,
- jede Beeinträchtigung der Ehe bzw. des Rufs,

- jede beeinträchtigende Interpretation von Äußerungen bzw. Handlungen,
- ungerechtfertigte Verbreitung beeinträchtigender Tatsachen des Privatlebens,
- unberechtigter Gebrauch des Namens, der Identität oder des Abbildes,
- jede Handlung zum Zwecke des Ausspionierens, Belauschens, der Überwachung und der ständigen Reizung und Beunruhigung,
- Bruch des Brief- und Fernsprechgeheimnisses,
- veruntreuenden Gebrauch privater mündlicher oder schriftlicher Mitteilungen,
- Verbreitung von unter die berufliche Schweigepflicht fallenden persönlichen Umständen.

Es wird jedoch trotz dieser und anderer Versuche den Begriff der Privatsphäre zu konkretisieren davon ausgegangen, daß eine allgemeine Definition der Privatsphäre auf Grund ihrer inhärenten zeitlichen, örtlichen, soziologischen und persönlichen Relativität nicht möglich ist[131].

4.2.1.2. Mangelnder verfassungsgerichtlicher Schutz der Privatsphäre

Der verfassungsgerichtliche Schutz gegenüber die Privatsphäre beeinträchtigenden (einmal erlassenen) Gesetzen ist in der Verfassung der V. Republik, die insoweit einer dem französischen Verfassungsrecht eigentümlichen Tradition folgt, nicht gegeben. Eine eigenständige Verfassungsgerichtsbarkeit existiert in Frankreich nicht.

Während der Conseil d'Etat als letzte (verwaltungsgerichtliche) Instanz über die Verfassungsmäßigkeit von Verwaltungsakten und Rechtsverordnungen der Verwaltung in vollem Umfang befindet, gilt das entsprechend dem Konzept des "Supremats des Gesetzes" gegenüber Gesetzen nicht; der Conseil d'Etat stellt insoweit lediglich die Existenz von Gesetzesvorschriften, nicht jedoch deren Verfassungsmäßigkeit oder

Verfassungswidrigkeit fest[132]. Zwar wird die Verfassung dogmatisch rangmäßig über den Gesetzen eingestuft, jedoch wird keiner Autorität die Kompetenz der Verfassungsmäßigkeitsüberprüfung von Gesetzen zuerkannt[133]. Dem Bürger steht daher im Fall eines das Grundrecht der Privatsphäre beeinträchtigenden, möglicherweise verfassungswidrigen Gesetzes kein Rechtsmittel und insbesondere keine Verfassungsbeschwerde zur Seite. Die Behebung der Verfassungswidrigkeit eines Gesetzes ist allgemein nur im Wege der Gesetzgebung durch das Parlament möglich.

Diese Situation wird allerdings in gewissem Umfang durch den Artikel 61 der Verfassung von 1958 abgemildert. Danach überprüft der Conseil Constitutionnel vor Verkündung eines Gesetzes dessen Verfassungsmäßigkeit[134]. Gemäß Artikel 62 steht die Erklärung der Verfassungswidrigkeit eines zur Verkündung anstehenden Gesetzes durch den Conseil Constitutionnel der Verkündung und damit dem Inkrafttreten dieses Gesetzes entgegen; gegenüber dieser die politischen und staatlichen Institutionen sowie die Gerichte bindenden Entscheidung ist kein Rechtsmittel gegeben.

Die (seltenen und in diesem Zusammenhang nicht einschlägigen) Fälle der "lois organiques" ausgenommen, wird der Conseil Constitutionnel nur nach Vorlage des zu prüfenden (noch nicht verkündeten) Gesetzes durch den Staatspräsidenten, den Premier Ministre oder durch den Präsidenten einer der beiden parlamentarischen Kammern tätig. Die a priori-Kontrolle durch den Conseil Constitutionnel ersetzt die Möglichkeit einer Verfassungsmäßigkeitsüberprüfung von Gesetzen nach ihrer Verkündigung allerdings nur unzulänglich. Abgesehen davon, daß es in den meisten Fällen die Regierung ist, die die Verfassungswidrigkeit eines Gesetzentwurfs des Parlaments eher aus politischen Gründen zur Verteidigung ihres autonomen Verordnungskompetenzbereichs geltend macht[155], erscheint die a priori-Verfassungsmäßigkeitsprüfung durch den Conseil Constitutionnel gerade im Hinblick auf eventuelle Grundrechtsverletzungen wenig effizient[136]. Zusammenfassend kann daher festgestellt werden, daß der Schutz der Privatsphäre (wie im übrigen auch der Schutz der übrigen Grundrechte) zumindest gegenüber der Gesetzgebung durch das französische Verfassungsrecht unzureichend erscheint[137].

Angesichts dieser Tatsache ergibt sich das Paradoxon, daß die - gemessen an klassischen Konzepten der Gewaltenteilung im demokratischen Rechtsstaat und der souveränen Allzuständigkeit des Gesetzgebers - bedenklich erscheinende Beschränkung des Kompetenzbereichs der Legislative auf den "domaine de la loi" durch Artikel 34 zugunsten eines weiten Bereichs des autonomen Verordnungsrechts der Exekutive vor dem allgemeinen Hintergrund der französischen Verfassung von 1958 und insbesondere der gerichtlichen Unüberprüfbarkeit der Gesetze auf ihre Verfassungsmäßigkeit hin insofern als Positivum erscheint, als die (autonomen) Verordnungen der Exekutive im Verwaltungsrechtsweg voll auf ihre Verfassungsmäßigkeit hin übeprüfbar sind und daher im Vergleich zur Situation gegenüber der Gesetzgebung insoweit ein (stärkerer) Grundrechtsschutz gegeben ist[138].

Das wiederum hat allerdings zum folgenden äußerst bedenklichen Ergebnis geführt: "Die häufige Praxis der Regierungen, die wenn eine willkürliche Verordnung durch den Verwaltungsrichter aufgehoben worden ist, durch das Parlament ein Gesetz abstimmen lassen, das sie - die aufgehobenen Bestimmungen wiederholend - jeglicher Diskussion entgehen läßt."[139]

4.2.2. Einzelne gesetzliche Geheimnisschutzvorschriften sowie Rechtslage hinsichtlich der Amtshilfe

In der französischen Gesetzgebung existieren eine Reihe von (nicht EDV-datenschutzspezifischen) Vorschriften, die direkt oder indirekt dem Schutz der Privatsphäre dienen. Eine Liste der in diesem Zusammenhang wichtigsten Gesetzesvorschriften umfaßt die folgenden Vorschriften(14o):

Öffentliches Recht

- Art. lo Statut général de la fonction publique (allgemeine Beamtenschweigepflicht)(141),
- Art. 6 Loi Nr. 51-711 sur le secret en matière de statistiques (statistisches Geheimnis)(142),
- Art. 2oo6 ff Code général des Impôts (Steuergeheimnis),
- Décret Nr. 62-921 (Einschränkung der Publizität der standesamtlichen Unterlagen)(143),
- Décret Nr. 7o-1o66 (Geheimhaltung der Verwaltungsarchive)(144).

Strafrecht

- Art. 378 Code pénal (ärztliche etc. Schweigepflicht)(145),
- Art. 187 Code pénal und Art. L 6 Code des Postes et Télécommunications (Brief- und Fernsprechgeheimnis)(146),
- Art. 11 Code de procédure pénale (Untersuchungsgeheimnis im Strafermittlungsverfahren).

Zivilrecht

- Art. 1382 Code civil (Schutz gegen unerlaubte Handlungen).

Besonders erwähnenswert ist darüberhinaus das Gesetz Nr. 7o-643 zur Verstärkung des Schutzes der Persönlichkeitsrechte der Bürger vom 17.7.197o(147). Dieses Gesetz, das insbesondere den Grundrechtsschutz im Strafermittlungs- und Vollzugsverfahren betrifft, trifft in einem von sechs Abschnitten als erstes französisches Gesetz überhaupt ausdrücklich Regelungen zum "Schutz des Privatlebens" ("protection de la vie privée").

Nach Art. 22 Loi Nr. 7o-643 nimmt Art. 9 Code civil den folgenden Wortlaut an:

"Jedermann hat Anspruch auf die Unbeeinträchtigtkeit seines Privatlebens ("droit au respect de sa vie privée"). Die Richter können unbeschadet von Schadenersatz auf jegliche Maßnahme, wie beispielsweise Beschlagnahme und Einziehung erkennen, die geeignet ist, eine Beeinträchtigung der Intimität des Privatlebens zu verhindern oder zu unterbinden; diese Maßnahmen können in dringenden Fällen im Wege der einstweiligen Verfügung erfolgen."

Art. 23 der Loi Nr. 7o-643 modifiziert die Art. 368 - 372 Code pénal. Danach stellt Art. 368 Code pénal jede Beeinträchtigung der Intimität des Privatlebens Dritter unter Strafe (2 Monate - 1 Jahr und / oder Geldstrafe von 2ooo - 5o.ooo F), die durch Abhörung, Aufzeichnung oder Übertragung mittels technischer Vorrichtungen von Äußerungen einer Person in privaten Räumen ohne dessen Zustimmung erfolgt; Analoges gilt für Abbildungen von Personen.

Art. 369 Code pénal (neue Fassung) droht dieselbe Strafe demjenigen an, der vorsätzlich eine derart erlangte Aufzeichnung oder ein Dokument aufbewahrt, einem Dritten oder der Öffentlichkeit zur Kenntnis bringt bzw. einen solchen Akt duldet.

Art. 37o Code pénal (neue Fassung) stellt die nicht genehmigte Veröffentlichung von Wort- und Bildmontagen unter Strafe, soweit sie nicht als solche gekennzeichnet sind, bzw. ihr Charakter nicht offensichtlich ist.

Art. 371 Code pénal (neue Fassung) ermächtigt die Verwaltung, im Verordnungswege eine Liste der technischen Vorrichtungen im Sinne des Art. 368 aufzustellen, deren Herstellung, Einfuhr und Verkauf sodann lediglich auf Grund einer ministeriellen Genehmigung zulässig ist, deren Modalitäten in derselben Verordnung zu präzisieren sind.

So positiv die ausdrückliche Anerkennung des Anspruchs auf ein unbeeinträchtigtes Privatleben (mit Drittwirkung) im Rahmen des Zivilrechts zu werten ist, so ist doch zu verzeichnen, daß die knappe Formulierung des neugefaßten Art. 9 Code civil keinerlei Beitrag zur Präzisierung der - in Lehre und Rechtsprechung teilweise kasuistisch versuchten - Definition des "Privatlebens" bzw. der "Privatsphäre" leistet(148). Darüberhinaus erstaunt die strenge

Beschränkung im Gesetzestext wie auch in den vorausgegangenen parlamentarischen Debatten auf die Probleme der Abhör- und Spionage-Geräte , ohne daß auf die speziellen EDV-bedingten Datenschutzprobleme auch nur am Rande eingegangen wurde(149).

Es ist dabei allerdings nach der "affaire des écoutes téléphoniques" und der "affaire du Canard Enchaîné" nicht zu verkennen, daß dieser Konzentrierung auf die Abhör- und Spionage-Geräte nachträglich eine gewisse prophetische Qualität nicht abzusprechen ist. Zugleich wird mit Blick auf die anläßlich dieser beiden Skandale erfolgte Weigerung der Exekutive, die parlamentarische, bzw. richterliche Kontrolle mitwirkend zu unterstützen oder auch nur zu dulden, überdeutlich, daß das Problem der "Verstärkung des Schutzes der Persönlichkeitsrechte der Bürger" gegenüber der Exekutive letztlich kein rechtliches, sondern ein politisches Problem ist: Es geht insoweit um die Funktionsfähigkeit der demokratischen Kontrollen.

In diesem Zusammenhang sei unter dem Aspekt des Geheimnisschutzes auch kurz auf die französische Rechtslage hinsichtlich der Amtshilfe eingegangen.

Obwohl das Problem der Weitergabe und des Austauschs von (Individual-) Informationen innerhalb der Verwaltung nicht nur für den Schutz der Privatsphäre von besonderer Bedeutung ist, existieren keine umfassenden Rechtsvorschriften oder über rudimentäre Ansätze hinausgehenden strukturierten Doktrinen hinsichtlich der Amtshilfe ("assistance administrative") in der Form von Informationsweitergabe, bzw. Austausch zwischen verschiedenen Verwaltungen(15o). Während die in Art. lo Statut général de la fonction publique verankerte allgemeine - sehr weitgehende und daher ständig verletzte - Beamtenschweigepflicht insoweit lediglich das Verhalten der Amtsträger gegenüber außerhalb der Verwaltung stehenden Personen und nichtöffentlichen Stellen betrifft, unterliegt der Informationsaustausch innerhalb des öffentlichen Sektors dem allgemeinen, wenig präzisen und daher in der Praxis letztlich bedeutungslosen Prinzip der "beruflichen Diskretion" ("discrétion professionnelle"), wonach ein Amtsträger einem Kollegen oder einer anderen Stelle gegenüber Mitteilungen nur in Ausübung seiner Dienstgeschäfte machen kann[151], oder wie der Conseil d'Etat formuliert; "Die Mitteilung muß im Interesse der (empfangenden) Stelle erfolgen"[152].

Es ist dabei ganz allgemein festzustellen, daß die Praxis der Schweige- und Diskretionspflicht der Beamten weniger von der Sorge um die Persönlichkeitsrechte der Bürger, als vielmehr von der Staatsraison im weitesten Sinne bestimmt wird. Die effektivste Bremse gegenüber einem ungehemmten, möglicherweise die Privatsphäre gefährdenden zwischenbehördlichen Informationsfluß zwischen verschiedenen Ressorts scheint daher unter den gegebenen Umständen das auf mangelnder Koordination beruhende "cloisonnement", die ausgeprägte Abkapselung der französischen Behörden untereinander, zu sein.

Diese Abkapselung wird insoweit dadurch gefördert, daß das französische öffentliche Recht keine dem Art. 35 I GG entsprechende allgemeine Pflicht zur Amtshilfe kennt. Jedes Amtshilfeersuchen, dem auf unterer Ebene in freiem Ermessen nicht entsprochen wird, macht einen Antrag auf dem Dienstweg notwendig, ohne daß die ersuchte Behörde daraufhin verpflichtet wäre, dem Amtshilfeersuchen stattzugeben. Wenn das nicht zu einer allgemeinen Paralyse führt, so ist das auf die stark zentralistische und konzentrierte französische Verwaltung zurückzuführen, die unformelle, persönlich geprägte Kontakte zwischen Behörden verschiedener Ressorts erleichtert. Dieser Umstand zeigt jedoch zugleich, daß das Fehlen eines klaren umfassenden Amtshilferechts insbesondere auch im Rahmen der Datenschutzproblematik letztlich negativ zu werten ist, da der Komplex der Amtshilfe damit in den rechtlich nicht bzw. nicht hinreichend erfaßten Bereich abgedrängt wird, somit schließlich indirekt auch die Entwicklung einer einschlägigen Rechtsprechung und einer gesicherten Dogmatik verhindert wird.

Der Verwaltung wird derart ein unkontrollierter Spielraum zugestanden und der Schutz der Privatsphäre des Bürgers durch die Geheimnis- und Diskretionspflicht der Beamten und durch gewisse vage Amtshilfegrundsätze ist von den Zufälligkeiten der Dyskoordination der Verwaltung abhängig und erfolgt eher akzidentiell und willkürlich soweit es nämlich mit dem "Interesse der (empfanden) Stelle", also letztlich mit der Staatsraison koinzidiert, die sich jedoch jederzeit mehr oder weniger beliebig auf den Grundsatz der Einheit der Verwaltung besinnen kann, um den ungehemmten verwaltungsinternen Informationsfluß zu fordern.

4.2.3. Bisheriges spezifisch EDV-datenschutzbezogenes gesetzgeberisches Tätigwerden

Das französische Parlament hat sich bisher in zwei Fällen im Rahmen seiner gesetzgeberischen Tätigkeit speziell mit der EDV-bezogenen Datenschutzproblematik befaßt:

Im Fall der Loi Nr. 7o-539 du 24.6.197o concernant la centralisation de la documentation relative à la circulation routière (Gesetz über die Zusammenfassung der straßenverkehrsbezogenen Daten) (153) haben Datenschutzerwägungen die endgültige Fassung des Gesetzes maßgeblich mitbestimmt, während im Fall der Loi Nr. 7o-1318 du 31.12.197o sur la réform hospitalière (Krankenhausreformgesetz) (154) insbesondere aus Datenschutzerwägungen ein wichtiger Bestandteil der Gesetzesvorlage der Regierung nicht in die endgültige Gesetzesfassung mit aufgenommen wurde.

4.2.3.1. Loi Nr. 7o-539 concernant la centralisation de la documentation relative à la circulation routière (Gesetz über die Zusammenfassung der straßenverkehrsbezogenen Daten)

Die Loi Nr. 7o-539 zielt wie bereits dargestellt auf die Zusammenfassung der straßenverkehrs-, d.h. insbesondere der Kfz-Fahrer-bezogenen Daten von Verwaltung und Justiz ab[155].

In Artikel 1 dieses Gesetzes wird dem Ministre de l'Intérieur aufgetragen, auf nationaler Ebene sämtliche Daten des Kfz-Führerscheinwesens (einschließlich der Verwaltungsmaßnahmen hinsichtlich von Führerscheinauflagen, Beschränkungen und Entziehungen) sowie des Kfz-Zulassungswesens zentral zu erfassen[156].

Die Artikel 2 und 3 beauftragen den Ministre de la Justice mit der zusammenfassenden Erfassung der Gerichtsurteile in Straßenverkehrsdeliktssachen sowie der Führung eines Straßenverkehrsstrafregisters und eines darauf aufbauenden Kfz-Fahrerklassifizierungssystems[157].

Dieser letzte Teil der Loi Nr. 7o-539 war es insbesondere, der nach den Worten des Berichterstatters der Commission des Lois Constitutionelles, de la Législation et de l'Administration Générale de la République der Assemblée Nationale erstmals dem Parlament die Gelegenheit gab, "die administrativen und juristischen Konsequenzen der Anwendung der EDV im Bereich der Gesetzgebung, des Strafprozesses und der Persönlichkeitsrechte zu messen"[158]. Es wird daher im Folgenden unter dem Blickwinkel des Datenschutzes (insbesondere unter Berücksichtigung der Berührungspunkte mit der Kfz-Führerscheindatenbank des Ministère de l'Intérieur) auf das Projekt "fichier des conducteurs: condamnations pénales et judiciaires / classement des conducteurs" des Ministère de la Justice und seine Entwicklung in der parlamentarischen Diskussion eingegangen[159].

4.2.3.1.1. Parlamentarische Diskussion

Zwar deutet der Text der Loi Nr. 7o-539 in keiner Weise auf den beabsichtigten Einsatz der EDV hin, sondern ließe insofern durchaus auch eine konventionelle (manuelle) Realisierung des Gesetzesauftrags zu, jedoch wird bereits aus dem obigen Zitat und allgemein aus der parlamentarischen Debatte deutlich, daß die Ausnutzung der Möglichkeiten der EDV als zentrales Element des Projekts eines "fichier des conducteurs" gesehen wurde. Im übrigen wurde seitens des damaligen Ministre de la Justice René Pleven darauf hingewiesen, daß die Regierung in der Frage der Zentralisierung der straßenverkehrsbezogenen (Verwaltungs- und Justiz-) Daten beschlossen hatte, das Parlament im Wege des Gesetzgebungsverfahrens zu konsultieren, obwohl es sich im Grunde lediglich um eine organisatorisch-technische Umstellung der bereits vorhandenen (manuellen) Datensammlungen handele, die als verwaltungsinterne Angelegenheit auch durch bloße (interne) Verwaltungsvorschriften möglich gewesen wäre; dies weil die Regierung es gerade vorzöge, "die Regeln und Grenzen des EDV-Einsatzes (in der Verwaltung) durch das Parlament präzisieren zu lassen"[16o].

Dabei traf die Regierungsvorlage allerdings sowohl in der Assemblée Nationale wie im Sénat auf erhebliche Widerstände.

So wurde der Antrag eines Abgeordneten, die Diskussion der Regierungsvorlage einzustellen, vom zuständigen Ausschuß der Assemblée Nationale mit nur neun gegen acht Stimmen bei einer Enthaltung abgewiesen; bei Umwandlung der Enthaltungsstimme in eine Ablehnung wäre die Vorlage also gar nicht bis vor das Plenum gelangt[161]. Im zuständigen Ausschuß des Sénat war sodann zunächst das Prinzip der Kfz-Fahrerklassifizierung selbst abgelehnt worden - der Berichterstatter qualifizierte die geplante Kfz- Fahrerklassifizierung sogar als "schockierend, peinlich, bis schikanös" - um erst nach einer Intervention des Ministre de la Justice im Plenum des Sénat wieder in die Diskussion aufgenommen zu werden[162]. In den Plenumsdebatten in der Assemblée National wie im Sénat stieß die Regierungsvorlage sodann gerade im Hinblick auf den geplanten Einsatz der EDV zum Teil nochmals auf starke Ablehnung, die schließlich zu einigen erheblichen Änderungen in der endgültigen Gesetzesfassung zugunsten eines erhöhten Datenschutzes führte[163].

4.2.3.1.2. Präzendenzfall für die Frage der Gesetzgebungskompetenz des Parlaments auf dem Gebiet des Datenschutzes

Zunächst stellt die Tatsache der Intervention des Gesetzgebers als solche bereits insofern eine allgemeine Garantie des Datenschutzes des Bürgers dar, als das Gesetz Nr. 7o-539 als ein Präzedenzfall für die Frage gewertet werden kann, inwieweit das Parlament gemäß Artikel 34 der Verfassung von 1958 zuständig ist, zum Schutz der"den Bürgern zur Ausübung ihrer Grundrechte eingeräumten fundamentalen Garantien" gesetzliche Datenschutzregelungen zu treffen, die in die "interne" Verwaltungsorganisation eingreifen[164]. Zwar erklärte der Ministre de la Justice in der Assemblée Nationale ausdrücklich, daß "die Wahl eines technischen Verwaltungsverfahrens offensichtlich nicht die Intervention des Gesetzgebers erfordert"[165], daß die Regierung also in ihrer Entscheidung dennoch das Parlament zu konsultieren in freier Entscheidung handelte, jedoch wird die Entscheidung, "die Regeln und Grenzen des EDV-Einsatzes (in der Verwaltung) durch das Parlament präzisieren zu lassen"[166] zumindest für die Zukunft als Präzedenzfall die Stellung des Parlaments gegenüber der Exekutive insbesondere hinsichtlich der Frage seiner Regelungskompetenz **bezüglich** die Datenschutzproblematik berührender Probleme der Verwaltungsautomation möglicherweise stärken[167].

Wenn jedoch die Datenschutzproblematik als Regelungsgegenstand nicht in den Kompetenzbereich des autonomen Verordnungsrechts der Exekutive, sondern vielmehr in den Kompetenzbereich des Gesetzgebers fallen sollte, so wäre das allerdings mit folgendem ambivalenten Effekt verbunden: Zwar würde einerseits die Datenschutzkontrolle der Verwaltung durch die Gesetzgebung gesichert, andererseits wird aber der Rechtsschutz des Bürgers insbesondere in Fällen der Verletzung des verfassungsrechtlich garantierten Rechts auf die Respektierung der Privatsphäre insofern verkürzt, als die Gesetze auf Grund des "Supremats des Gesetzes" gerichtlich nicht auf ihre Verfassungsmäßigkeit hin überprüfbar sind (168).

4.2.3.1.3. Konkrete Datenschutzvorschriften

Das Gesetz Nr. 7o-539 enthält jedoch auch eine Reihe konkreter Elemente, die dem Schutz der Privatsphäre dienen sollen.

4.2.3.1.3.1. Organisation

Ursprünglich sah die Regierungsvorlage die Schaffung einer eigenständigen Verwaltungsbehörde als zentrale Straßenverkehrsdatenbank sowohl für die Daten des Führerschein- und Kfz-Zulassungswesens wie für das Straßenverkehrsstrafregister und das Kfz-Fahrerklassifizierungssystem vor. Nachdem jedoch der von der Regierung konsultierte Conseil d' Etat aus juristischen und administrativen Erwägungen wie auch die Assemblée Nationale sich gegen das Vorhaben einer solchen eigenständigen Verwaltungsbehörde aussprachen, verzichtete die Regierung auf die Realisierung dieses Projekts (169).

Während die Assemblée Nationale vorschlug, die Zuständigkeit hinsichtlich der Zusammenfassung der Daten des Kfz-Führerschein- und Zulassungswesens einerseits und des Straßenverkehrsstrafregisters und Kfz-Fahrerklassifizierungssystems andererseits auf das Ministère de l'Intérieur und das Ministère de la Justice aufzuteilen[170], zog der befaßte Ausschuß des Sénat dieser Lösung einer "janusköpfigen Datenbank"[171] eine Lösung vor, die "unter Berücksichtigung der Bedeutung, die der Datenbank für die Persönlichkeitsrechte zukommt", sowie als Ausdruck des Vertrauens in die Person des Ministre de la Justice René Pleven sowie seines Ministeriums den gesamten in Frage stehenden Datenbestand unter die Aufsicht des Ministre de la Justice gestellt hätte[172].

Der Ministre de la Justice optierte jedoch unter Hinweis auf die mangelnde EDV-Ausstattung des Ministère de la Justice für das von der Assemblée Nationale befürwortete Konzept, wie es schließlich in der eingangs skizzierten Form fixiert wurde, er konnte die Zustimmung des Sénat dazu jedoch erst erreichen als er versicherte, daß trotz der zunächst geplanten gemeinsamen Benutzung einer Konfiguration des Ministère de l'Intérieur, an die die Gerichte per Terminal angeschlossen werden sollten, der unter der Verantwortung des Ministre de la Justice stehende Datenbestand von dem des Ministère de l'Intérieur - vor allem softwaretechnisch - völlig voneinander getrennt gehalten würde, sodaß insbesondere die angeschlossenen Gerichte und Präfekturen jeweils nur zu dem für sie bestimmten Datenbestand Zugriff haben würden[173] und daß diese Lösung im übrigen nur als Provisorium für die Zeit anzusehen sei, in der das Ministère de la Justice noch nicht über eine ausreichende eigene EDV-Ausstattung verfügt[174]. Diese Versicherung hat allerdings inzwischen deutlich an Überzeugungskraft verloren, wie gewisse, oben dargestellte Tendenzen im Ministère de l'Intérieur zeigen[175].

4.2.3.1.3.2. Erfaßte Daten

Hinsichtlich des erfaßten Datenbestandes sieht das Gesetz Nr. 7o-539 eine Reihe von Datenschutzregelungen vor:

- In Artikel 1 und 2 sind die unter der Verantwortung des Ministre de l'Intérieur, bzw. des Ministre de la Justice zu erfassenden Informationen jeweils gesondert und abschließend aufgeführt.

- Gemäß Artikel 4 und 5 kann der jeweils betroffene Kfz-Fahrer die Mitteilung sämtlicher ihn betreffender gespeicherter Informationen einschließlich seiner Klassifizierung und gemäß Artikel 7 gegebenenfalls ihre Berichtigung verlangen. Dabei sieht Artikel 7, Absatz 2 ein vereinfachtes gebührenfreies Gerichtsverfahren zwecks Berichtigung fehlerhafter, sich auf Gerichtsurteile beziehender Eintragungen vor. Gemäß Artikel 7, Absätze 4 und 5 wendet sich der Betroffene hinsichtlich der fehlerhaften, sich auf Verwaltungsentscheidungen beziehenden Eintragungen an die entscheidende Behörde, die die beantragte Berichtigung vornehmen muß, soweit sie nicht innerhalb von zwei Monaten die Richtigkeit der von ihr gespeicherten Informationen beweisen kann.

Diese Beweislastregelung ist von besonderem Interesse, da sie eine eindeutige Entscheidung zugunsten des Datenschutzes der betroffenen Kfz-Fahrer trifft und dabei zugleich einen nicht unerheblichen Mehraufwand in Kauf nimmt, der darin besteht, daß die Verwaltung derart praktisch gezwungen ist, parallel weiterhin ein manuelles Archiv zu Beweiszwecken zu unterhalten[176].

- Artikel 4, Absatz 2 sieht in Verbindung mit Artikel 78o Code de procédure pénale unter bestimmten Voraussetzungen die Löschung, bzw. Modifizierung der gespeicherten Daten vor. So führt eine Amnestie zur Löschung von Verurteilungen, während Begnadigungen, Straferleichterungen etc. zusätzlich zu den gespeicherten Verurteilungen erfaßt werden. Darüberhinaus sollen die mehr als 6 Jahre zurückliegenden Sanktionen, soweit zwischenzeitlich keine weiteren Eintragungen erfolgten, nicht mehr verwendet werden.

4.2.3.1.3.3. Zugriffsberechtigte

Der Gesamtauszug der sich auf eine Person beziehenden gespeicherten Informationen kann gemäß Artikel 4 ausschließlich der betroffenen Person, den Gerichten und den Präfekturen zugänglich gemacht werden, die im jeweiligen Einzelfall mit einem Führerscheinentzugsverfahren befaßt sind.

Artikel 5 sieht jedoch die Mitteilung eines Teilauszugs vor, der Auskunft gibt über Existenz, Kategorie und Gültigkeit des Kfz-Führerscheins, über die für den Betrieb der Kraftfahrzeuge erforderlichen Genehmigungen und Unterlagen sowie über die (globale) Klassifizierung (ausschließlich der zugrundeliegenden Basisdaten) des jeweils betroffenen Kfz-Fahrers. Solche Teilauszüge werden auf Antrag den betroffenen Kfz-Fahrern, den öffentlichen Verwaltungen hinsichtlich der von ihnen eingestellten, bzw. einzustellenden Kfz-Fahrer sowie den Kfz-Versicherungsgesellschaften hinsichtlich ihrer Kfz-Versicherungskunden[177] zur Verfügung gestellt.

Artikel 6 verbietet jede über die Fälle der Artikel 4 und 5 hinausgehende sonstige Weitergabe von namentlich gekennzeichneten Informationen während Artikel lo die Erschleichung von solchen Informationen unter Strafe stellt.

Darüberhinaus wird technischen Vorkehrungen - insbesondere der Aufrechterhaltung der getrennten Speicherung der für die Justiz bzw. der für die Verwaltung bestimmten Daten und der Beschränkung des Zugriffs der Gerichte und der Präfekturen mittels Terminals auf den jeweils in Übereinstimmung mit den Vorschriften des Gesetzes Nr. 7o-539 für sie vorgesehenen Datenbestand - besondere Wichtigkeit zugemessen. Diese Vorschriften des Gesetzes Nr. 7o-539 würden allerdings möglicherweise bei der Durchsetzung der bereits dargestellten, sich auf das Décret Nr. 7o-457 vom 31.5.197o stützenden Bestrebungen des Ministère de l'Intérieur verletzt werden[178].

4.2.3.2. Loi Nr. 7o-1318 portant réforme hospitalière (Krankenhausreformgesetz)

Während im Fall der Loi Nr. 7o-539 die zum Teil ernsten Widerstände sowohl der Assemblée Nationale wie des Sénat insofern besonders bemerkenswert erscheinen als der Hauptzweck des Gesetzesvorhabens in der "bloßen technischen Zusammenfassung" bereits existierender Karteien bestand und das Gesetz schließlich erst nach langwierigen Debatten und zum Teil erheblichen Änderungen der Regierungsvorlage die beiden Kammern passierte, ist der Fall der auf eine Krankenhausreform abzielenden "Loi Nr. 7o-1318 portant réforme hospitalière"(179) insofern noch signifikanter als das Parlament hier einen wichtigen Teil der Regierungsvorlage gerade auch aus Datenschutzerwägungen rundheraus verworfen hat.

So sah die ursprüngliche Gesetzesvorlage der Regierung zur Krankenhausreform im Rahmen ihrer allgemeinen Zielsetzung einer Neudefinition des Verhältnisses zwischen dem öffentlichen und privaten Krankenhaussektor in einem Artikel 26 die Führung individueller Gesundheitsregister ("dossiers individuels de santé") der Bevölkerung im Rahmen der öffentlichen Gesundheitspflege vor(18o). Ohne daß der Wortlaut der Gesetzesvorlage insoweit Auskunft gab, wurde auch hier allgemein davon ausgegangen, daß sich die Führung der individuellen Gesundheitsregister entscheidend auf die EDV stützen würde(181).

Die geplante Einführung der individuellen Gesundheitsregister verfolgte im wesentlichen eine dreifache Zielsetzung(182):

- In medizinischer Hinsicht sollte dem behandelnden Arzt jeweils schnell möglichst erschöpfende Informationen über die gesamte Krankengeschichte (allgemeine Gesundheitscharakteristiken, vorhergehende Krankheiten, chirurgische Eingriffe, Impfungen etc.) des jeweiligen Patienten zur Erleichterung der Diagnose und zur Beschleunigung der ärztlichen Versorgung in dringenden Notfällen zur Verfügung gestellt werden.

- In finanzieller Hinsicht sollte der durch wiederholte Vornahme gleicher Untersuchungen etc. bedingte unnötige Mehraufwand reduziert werden.

- Schließlich war zur Unterstützung der Formulierung der nationalen Gesundheitspolitik sowie der medizinischen Forschung die Einrichtung regionaler Gesundheitsdatenbanken und eine nationale Gesundheitsstatistikdatenbank geplant.

Ohne das Projekt der Einführung der individuellen Gesundheitsregister im Rahmen der Senatsdebatte anläßlich der ersten Lesung der Gesetzesvorlage als solches weiter in Frage zu stellen(183), konzentrierte sich der Sénat in seinen vom Plenum akzeptierten Abänderungen der Regierungsvorlage insbesondere auf die Verstärkung des insoweit durch die ärztliche Schweigepflicht garantierten Schutzes der Privatsphäre(184). Danach wurde der Zugang zu den individuellen Gesundheitsregistern (unter Ausschluß z.B. von bei Versicherungen angestellten Ärzten) auf "behandelnde Ärzte" beschränkt. Weiterhin bedurfte der Arzt zur Konsultation eines individuellen Gesundheitsregisters jeweils der Zustimmung des Patienten oder dessen gesetzlichen Vertreters; die ursprüngliche Gesetzesvorlage räumte auch dem Erben die Befugnis zur Erteilung dieser Zustimmung ein.

Darüberhinaus wurde in Übereinstimmung mit dem Ministre de la Santé Publique et de la Sécurité Sociale der gesamte 4. Absatz des Artikel 26 gestrichen, der einen den Artikeln 4 bzw. 7 der Loi Nr. 7o-539 entsprechenden Auskunfts- und Berichtigungs-, bzw. Löschungsanspruch einräumte. Unter Hinweis auf den heftigen Widerstand des Ärztestands gegenüber einem solchen Anspruch, wurde die Abänderung mit dem Umstand begründet, daß ein solcher Anspruch in vielen Fällen die Ärzte davon abhalten würde, gewisse wertvolle Informationen in die individuellen Gesundheitsregister aufnehmen zu lassen, da sie diese selbst vor ihren Patienten aus überwiegend psychologischen Gründen in gewissem Maße geheimhalten wollen.

Die (vom Sénat derart abgeänderte) Bestimmung des Artikel 26[185] wurde jedoch in der Assemblée Nationale im Rahmen der ersten Lesung entschieden abgelehnt und schließlich ersatzlos gestrichen. Durchaus der potentiellen Vorteile der individuellen Gesundheitsregister bewußt und den Grundgedanken nicht eigentlich prinzipiell in Frage stellend äußerten verschiedene Abgeordnete wie insbesondere auch der Berichterstatter der Commission des Affaires Culturelles, Familiales et Sociales die Ansicht, daß das (zum Teil als "Zukunfts-", bzw. sogar als "futuristisches Projekt" qualifizierte) Vorhaben in der vorgelegten Form noch nicht genügend ausgereift sei und die endgültigen Ausführungsbedingungen noch nicht genügend präzisiert seien[186].

Diese Kritik führte zu einem dreifachen Bedenken:

- Zunächst wurde im Hinblick auf den hohen Kostenaufwand der Einführung und laufenden Führung der individuellen Gesundheitsregister darauf hingewiesen, daß die erforderliche Finanzierung des Projekts nicht gesichert sei und insbesondere die Möglichkeit des Budgets des Ministère de la Santé Publique et de la Sécurité Sociales überstiege[187].

- Weiterhin wurde mit Nachdruck auf die erheblichen im Regierungsentwurf, der insoweit lediglich noch auszuarbeitende Ausführungsverordnungen ankündigte, kaum gestreiften (EDV-) technischen und organisatorischen Probleme der Realisierung des Projekts sowie der für die Führung der Gesundheitsregister erforderlichen Informationsflüsse hingewiesen[188].

- Vor diesem Hintergrund wurden besonders starke Bedenken hinsichtlich der Bedrohung der Privatsphäre laut. Da die die Gesundheit betreffenden und zum Teil vom behandelnden Arzt nicht einmal dem jeweiligen Patienten mitgeteilten Informationen als besonders schutzbedürftig eingeschätzt wurden, wurde die fehlende Präzisierung hinsichtlich der die Vertraulichkeit gesundheitsbezogener Daten sicherstellenden technischen und organisatorischen Maßnahmen als besonders bedenklich bewertet, zumal neben den (behandelnden) Ärzten eine Vielzahl von untergeordnetem Personal im Rahmen verschiedener Manipulationen (Datenkodierung, Datenerfassung auf Datenträgern etc.) Zugang zu den vertraulichen Gesundheitsdaten gehabt hätten[189].

Diese Beurteilung der Gesetzesvorlage der Regierung (in der im Sénat geänderten Fassung) durch die Assemblée Nationale faßte ein Abgeordneter in der folgenden an den Ministre de Santé Publique et de la Sécurité Sociale gerichteten Aufforderung zusammen:

"Ich beschwöre Sie - und Sie scheinen bereits dazu bereit zu sein - dies futuristische Projekt, das die Finanzen, das ärztliche Geheimnis, die Persönlichkeitsrechte und die Unabhängigkeit des Ärztestands betrifft, während des Jahres 1971 mit einigen von uns zu untersuchen, um dem Parlament ein wohl fundiertes Projekt zu unterbreiten"[19o].

Der Ministre de la Santé Publique et de la Sécurité Sociale verteidigte den Art. 26 seines Gesetzentwurfs gegenüber dieser in der Assemblée Nationale geäußerten Kritik nur halbherzig. Er erkannte die vorgebrachten Bedenken weitgehend an und kündigte die Inauftraggabe von Untersuchungen insbesondere an das INSERM und das IRIA zur Klärung der einschlägigen medizinischen und EDV-technischen Probleme sowie zur Ausarbeitung der Prozeduren und des organisatorischen Konzepts eines nationalen Systems der individuellen Gesundheitsregister an. Obwohl der Minister der Meinung war,"daß die Aufnahme dieses Prinzips (der individuellen Gesundheitsregister) in das (Krankenhausreform-) Gesetz von einem gewissen Interesse ist", zögerte er nach eigenen Worten für die Aufnahme des Art. 26 zu kämpfen und stellte die Entscheidung der Assemblée Nationale anheim[191].

Nachdem der Berichterstatter der Commission des Affaires Culturelles, Familiales et Sociales de l'Assemblée Nationale sich daraufhin nochmals gegen die Annahme des Art. 26 ausgesprochen hatte, wobei er zugleich davon ausging, daß nach adäquaten Vorarbeiten ein entsprechender neuer Gesetzentwurf eingebracht werden sollte, votierte die Assemblée Nationale gegen die Annahme des Art. 26[(192)].

4.3. Tendenzen und Konzepte der französischen Datenschutzdiskussion

Es wird nunmehr versucht, die wesentlichen Tendenzen und Konzepte der französischen Datenschutzdiskussion (unter besonderer Beachtung der Verwaltungsautomationsaspekte) herauszuarbeiten.

Dabei wird bewußt kein dogmatischer Aufbau gewählt, da die französische Datenschutzdiskussion noch weit davon entfernt ist, sich zu einer kohärenten Datenschutzrechtsdogmatik zu verfestigen. So liegen beispielsweise weder monographische Abhandlungen noch (von einem gewissen isolierten und unvollständigen Versuch abgesehen) Datenschutzgesetzentwürfe vor.

Es erscheint daher richtiger, die verschiedenen Stimmen der französischen Datenschutzdiskussion einzeln zu Wort kommen zu lassen. Abgesehen davon, daß damit die Möglichkeit gegeben ist, die französische Datenschutzdiskussion in etwa in ihrer chronologischen Entwicklung durchsichtig werden zu lassen, erlaubt es diese Vorgehensweise, die unterschiedlichen Tendenzen und Konzepte im Meinungsstreit der französischen Datenschutzdiskussion durch das Eingehen auf die den verschiedenen Standpunkten zu Grunde liegenden, zum Teil widerstreitenden Wertungen und Interessenslagen plastischer herauszuarbeiten.

4.3.1. Die Datenschutzproblematik in der öffentlichen Meinung

Allgemein kann festgestellt werden, daß die französische Öffentlichkeit - soweit sie sich auf die allgemeine Presse (als Gegensatz zur juristischen, verwaltungswissenschaftlichen bzw. EDV-Fachpresse verstanden) stützt - über das Phänomen "EDV" und speziell über die Datenschutzproblematik einigermaßen hinreichend informiert ist[193].

Verschiedene Autoren versuchen mit jeweils unterschiedlicher Schwerpunktbildung, jedoch im wesentlichen eher allgemein und untechnisch gehalten, insbesondere die gefährlichen durch den fortschreitenden EDV-Einsatz vor allem auch im öffentlichen Sektor bedingten Auswirkungen und Konsequenzen für die Gesellschaft und das Individuum ins Bewußtsein der Öffentlichkeit zu heben. Dabei sind die in diesem Zusammenhang wichtigsten, wiederkehrend behandelten Probleme:

- die Gefährdung der Privatsphäre des Individuums(194),
- die fortschreitende Rationalisierung und Quantifizierung sämtlicher, gerade auch sozialer und humaner Probleme und das Eindringen der EDV-Technik und Verfahren in das alltägliche Leben mit der Tendenz zu einer "informatisierten Gesellschaft" ("société informatisée") und zu einer allgemeinen Enthumanisierung der Gesellschaft und des Lebens(195),
- der damit verbundene Einfluß des zunehmenden EDV-Einsatzes auf die Mentalität und Denkweise der Menschen(196)
- die Gefahr der Machtansammlung (insbesondere im öffentlichen Bereich) durch exzessive Informationskonzentrierung und Monopolisierung mittels moderner EDV-Technologien und deren politischen Folgen auf die Demokratie(197).

Diese verschiedenen Punkte werden zwar notwendigerweise vereinfachend und journalistisch aufgemacht, jedoch insgesamt überwiegend abgewogen dargestellt und diskutiert. Und ganz im Widerspruch zu dem ihr verschiedentlich von seiten der Verwaltung (insbesondere der Délégation à l' Informatique), der Regierung, der EDV-Spezialisten und Computerhersteller gemachten Vorwurf der undifferenzierten Panikmache und Verteufelung der EDV, weist die Presse durchaus auch darauf hin, daß die EDV in der heutigen hochkomplexen Welt eine unentbehrliche Funktion ausfüllt und ihre Verwendung die Erfüllung vieler vom Bürger gegenüber Gesellschaft, Staat und Wirtschaft zunehmend formulierter Erwartungen und Ansprüche überhaupt erst möglich macht, die allgemeine Verbreitung der EDV also grundsätzlich zu Recht unaufhaltsam sei[198].

Eine Reihe anderer Autoren befassen sich in detaillierter Form speziell mit der Bedrohung der Privatsphäre des Bürgers durch die vielfältigen - operationellen, im Aufbau befindlichen oder geplanten - Datenbanken der staatlichen Verwaltung und insbesondere mit dem nationalen Personenkennzeichenregister SAFARI[199].

Bei einer spürbaren Skepsis gegenüber den offiziellen Absichtserklärungen der Exekutive[200] wird die traditionelle Abneigung der französischen Verwaltungsbehörden, mit Stellen eines anderen Ressorts koordiniert und kooperativ zusammenzuarbeiten, als die zur Zeit einzig tatsächlich effektive Garantie vor einer den Bürger in seiner gesamten Persönlichkeit gegenüber der Verwaltung "bloßstellenden" Zusammenfassung aller über ihn im gesamten Verwaltungsapparat existierenden Informationen angesehen, die insbesondere durch eine allgemeine Verwendung des SAFARI-Kennzeichens ermöglicht wird[201].

Den Äußerungen in der allgemeinen Presse ist im wesentlichen gemeinsam, daß sie - das Hauptgewicht auf die Darstellung des Ausmaßes der Bedrohung der Privatsphäre legend - weniger ausführlich - wenn überhaupt - auf die zu ergreifenden juristischen und technischen Schutzmaßnahmen eingehen und sich insofern in den folgenden, relativ globalen Vorschlägen und Forderungen erschöpfen[202]:

- grundsätzliche Notwendigkeit einer allgemeinen gesetzlichen Datenschutzregelung,
- Auskunfts- und Berichtigungsanspruch des Einzelnen hinsichtlich der über ihn gespeicherten (Individual-) Daten,
- technische Schutzmaßnahmen vor unberechtigtem und mißbräuchlichem Datenzugriff,
- Einsetzung eines unabhängigen Datenschutzkontrollorgans.

Daß die in der allgemeinen Presse geäußerten Befürchtungen in einem nicht unerheblichen Maße von der französischen Bevölkerung geteilt werden, zeigt eine (allerdings nicht repräsentative) Umfrage der renommierten Abendzeitung "Le Monde"[(2o3)]. Die folgenden Angaben geben die in diesem Zusammenhang bedeutsamsten Ergebnisse wieder:

- 44,4 % der Antwortenden glauben, daß eine (im übrigen von 67,9 % als unvermeidlich erachtete) allgemeine Verbreitung der EDV eine "weniger humane" Gesellschaft zur Folge hat.
- 72,4 % erwarten, daß der allgemeine Einsatz der EDV zu einer Änderung der menschlichen Denkweise führen wird.
- 78,4 % bejahen, daß die die administrative und technokratische Kontrolle verstärkende EDV die Persönlichkeitsrechte bedroht; nur 17,4 % verneinen diese Annahme klar.
- 49,8 % nehmen an, daß die EDV eher die Entwicklung zentralistischer Strukturen fördert[(2o4)].

4.3.2. Datenschutzdiskussion in der Fachliteratur

Im Gegensatz zur allgemeinen Presse geben die datenschutzbezogenen Veröffentlichungen in der französischen (juristischen wie EDV-) Fachliteratur in der Tendenz eine detailliertere und systematischere Analyse der Datenschutzproblematik und machen insgesamt differenziertere Lösungsvorschläge[(2o5)]. Obwohl jedoch insbesondere seit 1971 vermehrt einschlägige Veröffentlichungen zu verzeichnen sind, fehlt es in Frankreich völlig an geschlossenen, die Datenschutzproblematik erschöpfenden und ausländische Erkenntnisse systematisch erschließenden Untersuchungen und Monographien[(2o6)].

Es seien daher im vorliegenden Abschnitt aus der Vielzahl von Artikeln, Verlautbarungen und sonstigen Manifestationen (Kongressen, Rundgesprächen, Podiumsdiskussionen etc.) unterschiedlichen wissenschaftlichen Niveaus zusammenfassend die großen Linien der verschiedenen Konzepte, Vorschläge und Forderungen der französischen Fachliteratur im Hinblick auf eine zukünftige Datenschutzregelung, d.h. die Ansätze und Grundzüge einer sich bildenden allgemeinen französischen Datenschutzdoktrin herausgearbeitet(2o7).

Ohne daß eine artikulierte Gegenposition ersichtlich ist, spricht sich praktisch die Gesamtheit vor allem der juristischen Autoren für die Notwendigkeit von spezifischen gesetzlichen Datenschutzregelungen aus, wobei verschiedentlich die hohe Dringlichkeit solcher Regelungen betont wird(2o8). Die EDV wird insoweit nicht nur als rein quantitatives, die Effizienz bisheriger Prozeduren erhöhendes, sondern zugleich als mit einer neuen Qualität behaftetes, d.h. eine neuartige Bedrohung für die Privatsphäre darstellendes Phänomen gesehen(2o9).

Gegenüber den Befürchtungen von EDV-Spezialisten und mit Fragen der Verwaltungsautomation befaßten Beamten, wonach spezielle rechtliche Regelungen des Einsatzes der EDV, d.h. vor allem des Betriebs von Dateien und Datenbanken, eben diesen Einsatz der EDV in zulässigem Maße behindern und wünschenswerte EDV-Anwendungen unnötig erschweren könnten(21o), wird von verschiedenen Autoren eingewandt, daß die bei fehlender klarer rechtlicher Regelung unvermeidliche Rechtsunsicherheit der Verantwortlichen und die mißtrauische, ablehnende Haltung der Öffentlichkeit letztlich ein größeres Hindernis insbesondere für den Aufbau und den Betrieb von Datenbanken darstellen(211).

Im Prinzip fassen die französischen Autoren (explizit oder imlizit) den Regelungsbereich einer zukünftigen Datenschutzregelung sehr weit: So wird die Datenverarbeitung grundsätzlich allgemein, d.h. sowohl in der herkömmlichen ("manuellen") wie in der modernen ("elektronisch gestützten") Form(212) und sowohl im Privatsektor wie in der öffentlichen Verwaltung als datenschutzregelungsbedürftig angesehen(213). Die französische Fachliteratur konzentriert sich allerdings praktisch ausschließlich auf die Aspekte der elektronischen Datenverarbeitung und sieht - bedingt durch die besondere, weitgehend nicht demokratisch kontrollierte Machtfülle und den extremen Zentralismus der französischen Exekutive sowie das traditionelle tiefe Mißtrauen des französischen Bürgers gegenüber dem Autoritarismus seines Staates - die drängendsten Probleme im Bereich der Dateien und Datenbanken der öffentlichen (Zentral-) Verwaltung[214].

Der wesentliche Ausgangspunkt maßgeblicher Autoren ist die Erkenntnis, daß "weder die Lehre noch die Rechtsprechung eine präzise Definition (der Privatsphäre ("vie privée")) geben"[215], und daß es keine von Natur aus "geheimen" oder "neutralen" Informationen gibt, daß also diese Begriffe äußerst relativ sind[216].

Es wird daher überwiegend die Unterscheidung in datenschutzbedürftige "Individual-" oder "personenbezogene Daten" ("données nominatives") einerseits und - insoweit unproblematische - "Sach-" oder "allgemeine Daten" ("données générales") andererseits als Ansatzpunkt für eine realistische Datenschutzgesetzgebung angesehen[217].

4.3.2.1. Datenschutz in den verschiedenen Datenverarbeitungsphasen

In der Frage inwieweit Informationen ermittelt, erfaßt und insbesondere in Dateien und Datenbanken gespeichert werden können, wird allerdings teilweise inkonsequenterweise auf den Versuch zurückgegriffen, eine Hierarchie der Informationen nach Geheimnisstufen aufzustellen. So wird einerseits eine "Definition der Bereiche" gefordert, "in denen der Einsatz von Computern erlaubt, bzw. ausgeschlossen ist"[218], während andererseits die Speicherung "gewisser Arten von (personenbezogenen) Informationen" als regelungsbedürftig angesehen wird; diese (insbesondere religiöse, rassische, politische Umstände, das Intimleben oder Bestrafungen etc. betreffenden) vertraulichen Informationen sollen unter eine "prinzipielle Sperre mit der Möglichkeit einer gewissen Anzahl von Ausnahmegenehmigungen" fallen[219].

Demgegenüber wird jedoch von anderer Seite zu Recht auf die Relativität der Konzepte des Geheimnisses und der Privatsphäre, auf die Nachteile einer grundsätzlichen Sperrung von Informationen und die dementsprechende Schwierigkeit einer an den Geheimnisgrad der Informationen anknüpfenden gesetzlichen Regelung der Informationsspeicherung hingewiesen[220]. Vor diesem Hintergrund erscheint ein anderer - allerdings ebenfalls nicht weiter ausgeführter - Ansatz als möglicherweise praktikabler. Danach ist die Speicherung (personenbezogener) Daten zulässig, soweit sie im Rahmen rechtmäßiger, d.h. gerade auch verhältnismäßiger Erfüllung der gesetzlichen oder in sonstiger Form definierten Aufgaben der speichernden Verwaltungsstelle erfolgt[221].

Hinsichtlich der Weitergabe von personenbezogenen Daten werden ebenfalls "sehr präzise Regelungen" und zwar sowohl hinsichtlich der globalen Übertragung ganzer Dateien ("cession globale") wie der Mitteilung einzelner Daten ("diffusion partielle") gefordert[222]. Ohne nähere Ausführungen werden zum Teil spezielle Regelungen für verschiedene "Dateikategorien" gefordert[223].

Während einerseits allgemein von der Notwendigkeit einer verstärkten allgemeinen Datenzugriffskontrolle ausgegangen wird[224], wird andererseits besonders auf die rechtliche Regelung der Weitergabe und des Austauschs von Informationen zwischen verschiedenen öffentlichen Verwaltungen und Behörden Wert gelegt[225]. Insofern wird zum Teil betont, daß "jede Verwaltung nur Zugang zu den Informationen haben sollte, zu deren Empfang sie berechtigt ist" und daß "die Verbreitung von Informationen an (außerhalb der Verwaltung stehende) Dritte sorgfältig geregelt werden sollte"[226].

Die Phase der Datenveränderung oder Datenverarbeitung im engeren Sinne, (Hinzufügung neuer Daten, Teillöschung oder Verknüpfung mit anderen (personenbezogenen) Daten etc.)

wird offensichtlich hinsichtlich ihrer Zulässigkeit nicht weiter als problematisch angesehen und daher in der französischen Fachliteratur nicht behandelt.

Auch auf die beispielsweise von einer Verwaltungsstelle beabsichtigte ,jedoch möglicherweise schutzwürdige Belange Dritter beeinträchtigende Löschung von gespeicherten personenbezogenen Daten wird in der französischen Fachliteratur nicht eingegangen[227].

4.3.2.2. Informations- und Abwehrrechte

Einigkeit besteht in der französischen Fachliteratur darüber, daß dem Bürger gegenüber den Haltern von Dateien und Datenbanken gewisse Informations- und Abwehrrechte einzuräumen sind, ohne daß im einzelnen deren Ausbildung und Umfang präzisiert würden.

Grundsätzlich wird dem Bürger ein Recht auf Kenntnis über die Tatsache der Existenz und über den Inhalt der ihn betreffenden (personenbezogenen) Datenspeicherungen eingeräumt[228]. Dabei wird allerdings nicht klar, inwieweit es sich dabei um ein bloßes Einsichtsrecht oder vielmehr um ein Recht auf Auskunft oder aber sogar um ein Recht auf (automatische) Informierung durch den Datei-, bzw. Datenbankhalter handelt[229]. In der Tendenz wird wohl ein Einsichts-,bzw. Auskunftsrecht gepaart mit der obligatorischen Anmeldung von Dateien und Datenbanken (mit personenbezogenem Inhalt) gegenüber der Verwaltung für ausreichend gehalten[23o].

Gegenüber unrichtigen, verfallenen, bzw. rechtswidrig gespeicherten oder weitergegebenen Daten sollen dem Bürger entsprechende auf Berichtigung, Vervollständigung, Löschung, Sperrung etc. gerichtete Abwehrrechte zugestanden werden[231].

Das Problem des Schadenersatzes bei mißbräuchlicher, die Privatsphäre verletzender Datenverarbeitung wird im Rahmen der französischen Datenschutzdiskussion lediglich gestreift[232].

4.3.2.3. Organisation der Datenschutzkontrolle

Besondere Bedeutung wird in der französischen Fachliteratur dem Problem der Organisation der administrativen und gerichtlichen Datenschutzkontrolle zugeteilt.

4.3.2.3.1. Administrative Datenschutzkontrolle

Die herrschende Meinung fordert die Einrichtung eines selbständigen Datenschutzkontrollorgans, das in den verschiedenen Vorschlägen wechselnd als "commission de contrôle / de sauvegarde / de surveillance de l'informatique" ("EDV-Kontroll- / Schutz- / oder Überwachungskommission"), "Conseil de l'Informatique" ("EDV-Rat"), "Haut-Comité de l' Informatique" ("EDV-Oberausschuß") oder "Comité des Sages" ("Ausschuß der Weisen") bezeichnet wird(233). Die eine solche Institution charakterisierenden Prinzipien sind nach allgemeiner Ansicht:

- Selbständigkeit (überministeriell und nicht in die Verwaltungshierarchie eingegliedert),
- Unabhängigkeit gegenüber der Regierung (gestützt auf das besondere Ansehen und die moralische Autorität der gegenüber der Regierung nicht weisungsgebundenen und in der Öffentlichkeit bekannten Mitglieder des Kontrollorgans und deren langfristige Berufung),
- fachliche Kompetenz der Mitglieder (Juristen, Verwaltungs- und EDV-Fachleute etc., kein fachlich inkompetenter Honoratiorenverein),
- Kollegialität,
- Permanenz(234).

Im übrigen hat sich jedoch noch kein allgemeiner Konsensus bezüglich Zusammensetzung, Organisation und Bestallungsmodus des geforderten Datenschutzkontrollorgans herausgebildet. Allgemein stehen sich insofern folgende zwei grundsätzliche Konzeptionen gegenüber:(235)

- Nach der einen Konzeption bestünde das Kontrollorgan aus einer Reihe eminenter Persönlichkeiten, die Kontrollaufgaben nebenamtlich wahrnehmen, während die laufenden Geschäfte durch einen Stab ständiger Mitarbeiter unter der Leitung eines hauptamtlichen Direktors versehen würden.

- Die andere Konzeption sieht ein weniger personalaufwendiges Kontrollorgan mit relativ jungen hauptamtlichen Personen vor, die direkt die Kontrollaufgaben ausfüllen und unter Umständen ihrerseits durch ein größeres repräsentativeres Gremium in Grundsatzfragen beraten und beaufsichtigt würden.

Die Frage inwieweit das Datenschutzorgan zur effektiven Ausübung seiner Funktion eines sich über das gesamte nationale Territorium erstreckenden (dekonzentrierten) Behördenunterbaus bedarf wird von keiner Seite diskutiert.

Hinsichtlich der Aufgaben und Kompetenzen eines zukünftigen Datenschutzkontrollorgans bestehen ebenfalls erst wenig präzise Vorstellungen in der französischen Fachliteratur; dies insbesondere deshalb, weil die einzelnen Funktionen des Kontrollorgans weitgehend von der noch ausstehenden allgemeinen Datenschutzregelung abhängen. Allgemein wäre es jedoch nach der Literatur Aufgabe des Kontrollorgans, die Beachtung der den Schutz insbesondere der Privatsphäre des Bürgers gewährleistenden (zukünftigen) Gesetze und Verordnungen in der öffentlichen Verwaltung und im Privatsektor zu überwachen und wesentlich zur weiteren Verbesserung solcher Datenschutzbestimmungen beizutragen. Im Rahmen dieser doppelten Zielsetzung würde das Datenschutzkontrollorgan:

- auf Antrag der Bürger, bzw. von Amts wegen zu Kontrollen schreiten und dem Bürger insbesondere die Ausübung seiner Informations- und Abwehrrechte erleichtern bzw. überhaupt erst ermöglichen,

- gewisse Entscheidungen gegenüber Dateien- und Datenbankenhaltern fällen und Anmeldungen entgegennehmen (Zulassungen,(Sonder-) Genehmigungen z.B. bezüglich der Speicherung bzw. der Weitergabe gewisser personenbezogener

Einzel-Daten oder ganzer Dateien, Registrierung von Dateien und Datenbanken),

- gesetzliche Regelungen ausfüllende und an die technische Entwicklung anpassende Datenschutz-Verordnungen formulieren bzw. erlassen,

- Datenschutzgutachten, Untersuchungen und Stellungnahmen zur Unterstützung der Regierung, der Gerichte und des Parlaments in datenschutzbezogenen Fragen ausarbeiten[(236)].

Die Unabhängigkeit des Datenschutzkontrollorgans, wie es mehr oder weniger einheitlich von der Literatur konzipiert wird, wird jedoch in entscheidenden Fragen ihre Grenze wohl an der Haltung der Regierung finden. Abgesehen davon, daß die Regierung mittels eines Bestallungsmodus', der in der Literatur nicht weiter präzisiert wird, sicher beispielsweise durch den Délégué à l'Informatique, einen hohen vom Ministère de la Justice entsandten Beamten oder durch sonstige von ihr ernannte Personen mehr oder weniger direkt im Datenschutzkontrollorgan vertreten sein wird, wird sich die Regierung - insbesondere wenn dem Kontrollorgan relativ weite Zuständigkeiten eingeräumt werden, wie es die Literatur vorschlägt - die Möglichkeit vorbehalten, ihre jeweilige Ansicht letztlich durchzusetzen. So wird in der Literatur zum Teil sogar ausdrücklich davon ausgegangen, daß die Regierung bei abweichender Meinung eine zweite Entscheidung des Datenschutzkontrollorgans herbeiführen und sich danach gegebenenfalls der Anwendung auch dieser zweiten Entscheidung des Kontrollorgans widersetzen können wird[(237)].

4.3.2.3.2. Gerichtliche Datenschutzkontrolle

Während das Prinzip eines Datenschutzkontrollorgans bisher als unverzichtbares Element der französischen Literaturmeinung erscheint, sieht die völlig herrschende Meinung jedoch nicht die Einrichtung eines Datenschutz-Sondergerichts vor[(238)].

Die einzigen in der Diskussion stehenden, die gerichtliche Datenschutzkontrolle betreffenden, jedoch nicht weiter konkretisierten Überlegungen sind prozessualer und strafrechtlicher Art und zielen einerseits auf die Schaffung beschleunigter Gerichtsverfahren und die Beweislasterleichterung insbesondere zum Zwecke der Durchsetzung der Informations- und Abwehrrechte der Bürger und andererseits auf die Verschärfung der strafrechtlichen Sanktionen bei Geheimnisbruch sowie die eventuelle Definition neuer Informationsmißbrauchsdelikte[239].

Weiterhin wirkt sich in diesem Zusammenhang eine historisch bedingte Besonderheit des französischen Prozessrechts aus, die in Artikel 66 der Verfassung ihren Niederschlag findet. Danach ist die ordentliche Gerichtsbarkeit die "Hüterin der Persönlichkeitsrechte" ("gardienne de la liberté individuelle"). Nach der von Rechtsprechung und Literatur entwickelten sogeannten "théorie de la voie de fait" ist der ordentliche Rechtsweg selbst in öffentlich-rechtlichen Streitigkeiten gegenüber offenkundig rechtswidrigen, Persönlichkeitsrechte oder gewisse sonstige Grundrechte (Eigentum an Immobilien, Unverletzbarkeit der Wohnung, Pressefreiheit etc.) verletzenden hoheitlichen Maßnahmen gegeben[24o]. Dies führt zu einer gewissen Dualität zwischen dem ordentlichen und dem Verwaltungsrechtsweg und darausfolgend zu einer teilweise widersprüchlichen Rechtsprechung der Cour de Cassation (als "Hüterin der Persönlichkeitsrechte") und des Conseil d'Etat (der sich als "Hüter der Grundrechte" versteht)[241].

Im Rahmen der Datenschutzdiskussion wird von der rechtswissenschaftlichen Literatur mit Nachdruck darauf hingewiesen, daß bei Verletzungen der Privatsphäre durch die Verwaltung die ordentlichen Gerichte zuständig sind[242]. Damit wendet sich die Literatur einerseits dagegen, einem administrativen Datenschutzkontrollorgan gewisse richterliche Funktionen zu übertragen, die in den Zuständigkeitsbereich der ordentlichen Gerichtsbarkeit als Hüterin der

Persönlichkeitsrechte fallen[243], und andererseits dagegen, im Rahmen der Verwaltungsgerichtsbarkeit ein Datenschutz- Sondergericht einzurichten[244].

4.3.2.4. EDV-Berufsethik

Die herrschende Meinung in Frankreich fordert seit Jahren als ein wichtiges Element des Datenschutzes die Ausarbeitung einer "EDV-Berufsethik" ("déontologie de l'informatique" oder "déontologie de la profession d'informaticien") in der Form eines mehr oder weniger zwingenden "Ehrenkodexes der EDV-Spezialisten" ("code de déontologie de l'informatique", "code de moral professionnelle des informaticiens" oder auch "charte de l'informatique")[245]. Die diesbezüglichen Äußerungen der herrschenden Meinung erschöpfen sich jedoch im wesentlichen in summarischen Forderungen, ohne daß ernsthafte bzw. ernstzunehmende Bemühungen in Richtung auf die tatsächliche Definition einer solchen EDV-Deontologie erkennbar wären.

Die verschiedenen Äußerungen der sich insofern besonders berufen fühlenden EDV-berufsständischen Vereinigungen und ihrer Vertreter geben beispielsweise bisher bestenfalls eine (grobe) Bestandsaufnahme der zu lösenden deontologischen Probleme sowie einige allgemeine und zum Teil praxisfern - da unoperational und unkontrollierbar - erscheinende Verhaltensgrundsätze, ohne daß dabei auf die spezifischen Datenschutzprobleme eingegangen würde[246].

Bei diesem Stand kann zwar kein abschließendes Urteil über die grundsätzliche Möglichkeit der Datenschutzverstärkung durch einen spezifischen deontologischen Verhaltenskodex in Frankreich gefällt werden, jedoch erscheinen die entsprechenden Aussichten auf absehbare Zeit eher gering. Abgesehen davon, daß berufsständische Vereinigungen per Definition die beruflichen und das heißt letztlich weitgehend die materiellen Interessen ihrer Mitglieder verfolgen und daher der den Bürger betreffende Datenschutz möglicherweise mehr ein Public-Relationsthema für diese Vereinigung ist, ist nicht ersichtlich wie bei einer Vielzahl von sich dazu noch schnell verändernden EDV-Berufsbildern mit den verschiedensten (materiellen) Interessen und Ambitionen und einem relativ geringen Prozentsatz berufsständisch organisierter EDV-Spezialisten operationale, alle EDV-Berufsbilder erfassende, einen effektiven Datenschutz gewährleistende berufsethische Regeln definiert, ihre Beachtung und Anwendung effektiv kontrolliert und Verstöße entdeckt und sanktioniert werden können. Während dies im Privatsektor gerade auch durch die wirtschaftlichen Interessen der Wirtschaftsunternehmen als EDV-Anwender, von denen die EDV-Spezialisten zu einem Großteil materiell und allgemein beruflich abhängig sind, in hohem Maße hintertrieben werden kann, ist es schwer vorstellbar, daß die öffentliche Verwaltung insoweit neben dem Disziplinarrecht des öffentlichen Dienstes einen spezifischen von berufsständischen Vereinigungen vertretenen deontologischen Kodex duldet (247).

Neben berufsethischen Regeln fordert die herrschende Meinung in Frankreich die Anwendung technischer Datensicherungsmaßnahmen, die zum Datenschutz beitragen, indem sie den unbefugten Zugriff auf Daten, zweckentfremdende Verwendung von Daten und sonstige mißbräuchliche Datenmanipulationen verhindern oder zumindest erschweren (248). Dabei wird jedoch im Rahmen der (juristischen) Datenschutzdiskussion auf die verschiedenen - hardware- bzw. software-orientierten - technischen Schutzmaßnahmen im einzelnen nicht eingegangen (249). Vereinzelt wird auch darauf hingewiesen, daß die komplizierte EDV-Technik bereits in sich einen gewissen Schutz gegenüber mißbräuchlichen Datenmanipulationen durch mit dem jeweiligen EDV-System nicht eng vertraute Personen darstellt, der bei (manuellen) Karteien und Dossiers etc. nicht gegeben sei (25o).

4.3.3. Datenschutzgesetzentwurf des Abgeordneten Michel Poniatowski

Im Oktober 197o reichte der damalige Abgeordnete und Generalsekretär der Regierungspartei Fédération Nationale des Républicains Indépendants und heutige Minister Michel Poniatowski in der Assemblée Nationale einen "Gesetzentwurf zur Schaffung eines EDV-Überwachungsausschusses und eines EDV-Gerichts" ein(251), der bis heute in Frankreich der einzige auf eine allgemeine, d.h. nicht nur die Modalitäten des Betriebs eines bestimmten EDV-Systems der Verwaltung regelnde Datenschutzregelung hinzielende Gesetzentwurf geblieben ist; insbesondere die Exekutive hat bis heute noch keinen entsprechenden Gesetzentwurf entwickelt oder auch nur in (konkreter) Vorbereitung(252).

4.3.3.1. Inhalt und Motive des Pontiatowski-Gesetzentwurfs

Der Pontiatowski-Gesetzentwurf ist trotz, bzw. gerade wegen seiner offensichtlichen Mängel von besonderem Interesse. Während nämlich bei den verschiedenen damals vorliegenden ausländischen Datenschutzgesetzentwürfen überwiegend das Hauptproblem darin gesehen wird, den Bereich der zu schützenden Privatsphäre abzustecken bzw. personenbezogene Daten von (reinen) Sachdaten zu trennen und die der EDV in ihren verschiedenen Aspekten und Phasen aufzuerlegenden datenschutzbedingten Schranken zu definieren und also versucht wird, im ersten Schritt eine gesetzlich fixierte materiellrechtliche Datenschutzregelung zu entwerfen, sagt der Poniatowski-Gesetzentwurf über die Frage der datenschutzbedingten Grenze der (inhaltlichen) Zulässigkeit des EDV-Einsatzes nichts aus. Dieser Entwurf zielt vielmehr auf eine reine Datenschutzverfahrensregelung ab und auch der Artikel 4 ist zunächst eine bloße Zuständigkeitsregelung für das Beschwerdeverfahren, ohne eigentlich einen Maßstab für die Frage der Begründetheit zu geben:

"Gesetzentwurf Nr. 1454 zur Schaffung eines EDV-Überwachungsausschusses und eines EDV-Gerichts[253]:

Artikel 1: Es wird ein EDV-Überwachungsausschuß bestehend aus neun Mitgliedern geschaffen: Davon werden

- 3 Mitglieder vom Premier Ministre,
- 3 Mitglieder von der Assemblée Nationale,
- 2 Mitglieder vom Sénat ernannt;
- Der Délégué à l'Informatique ist Mitglied von Amts wegen.

Der Vorsitzende hat die entscheidende Stimme; er wird durch den Ausschuß unter den vom Parlament entsandten Mitgliedern gewählt.

Artikel 2: Die Eigentümer von EDV-Anlagen sind verpflichtet, dem Ausschuß jegliche Auskünfte hinsichtlich des Betriebs ihrer Computer sowie der Verwendung der erhaltenen Informationen zu machen.

Artikel 3: Der Ausschuß ist mit jeglicher Untersuchungsbefugnis sowohl gegenüber den Stellen der staatlichen Organismen wie gegenüber denen der Selbstverwaltungskörperschaften, den Unternehmen und Personen ausgestattet, die nach außen wirkend eine Tätigkeit ausüben, deren Kontrolle durch das vorliegende Gesetz vorgesehen ist.

Artikel 4: Der Ausschuß ist ermächtigt, über sämtliche Beschwerden zu befinden, die sowohl von einzelnen Personen wie von Körperschaften gegenüber jeglicher Verwendung von durch Computer und in der EDV eingesetzte Geräte bereitgestellten Informationen erhoben werden können, die von ihnen als fehlerhaft, tendentiös, mißbräuchlich oder als ihre Privatsphäre oder die Ausübung der Persönlichkeitsrechte verletzend bzw. einschränkend eingeschätzt wird.

Artikel 5: Jede Beschwerde, deren Begründetheit vom Ausschuß anerkannt wurde, wird durch diesen an eine besondere, EDV-Gericht genannte, Kammer des Verwaltungsgerichts überwiesen.

Artikel 6: Gegen die Entscheidung des EDV-Gerichts ist die Berufung vor dem Conseil d'Etat zulässig.

Artikel 7: Die vom Ministerrat erlassenen Ausführungsverordnungen regeln die Bedingungen der praktischen Ausführung des vorliegenden Gesetzes."

Wie aus den dem Gesetzentwurf vorangestellten Motiven deutlich wird, war dem angestrebten "Gesetz zur Schaffung eines EDV-Überwachungsausschusses und eines EDV-Gerichts" jedoch durchaus die Funktion zugedacht, die Datenschutzproblematik in seiner gesamten Tiefe zu lösen. Abgesehen davon, daß einige weitreichende konkrete Vorschläge hinsichtlich der Ausfüllung der sehr weitgefaßten Artikel 2 und 3 mittels Ausführungsverordnungen gemäß Artikel 7 gemacht werden(254), enthalten die Motive einige allgemeine Rechtsprinzipien, deren Verwirklichung als Aufgabe des EDV-Überwachungsausschusses im Verein mit dem EDV-Gericht gesehen wird(255):

- "Verpflichtung der vorherigen Mitteilung an jeden Einzelnen über die ihn betreffenden, auf Magnet- oder technologisch gleichwertigen Speichern erfaßten Informationen",
- "Beschränktheit der Berechtigung zur Informationsweitergabe",
- "Prinzip der Löschung sehr alter Informationen nach dem französischen Gewohnheitsrecht des 'Rechts auf Vergessen' (droit à l'oublie)",
- "Berichtigungsverfahren hinsichtlich fehlerhafter Informationen oder bestrittener kategorisierender Bewertungen"

Besonders weitgehend ist dabei die Definition der Privatsphäre, da hinsichtlich der personenbezogenen Daten allein auf die Entscheidung des Betroffenen abgestellt wird, diese an Dritte - unter bestimmten Maßgaben - weiterzugeben oder nicht: "Unter diesen Bedingungen ist es entscheidend, daß sich die Privatsphäre des Bürgers hinsichtlich der EDV als das Recht zu entscheiden definiert, welche Information er über sich selbst mit anderen teilen muß und zuzugestehen, daß gewisse Informationen Teil des moralischen Kapitals jedes Menschen sind und nicht für jedermann zugänglich gemacht werden"[(256)]. Diese Verfügungsbefugnis des Einzelnen hinsichtlich der ihn betreffenden Daten wird dabei dem Wortlaut nach nicht mittels einer Datenhierarchie relativiert, in der es "freie", d.h. für Dritte ohne weiteres zugängliche Daten gibt. Ebensowenig wird der öffentlichen Verwaltung, soweit sie in rechtmäßiger Ausübung ihrer Aufgaben handelnd notwendig auf personenbezogene Daten angewiesen ist, ein entsprechender Spielraum eingeräumt. Allerdings ist anzunehmen, daß diese weitgehende Konsequenz des Gesetzentwurfs von Poniatowski nicht beabsichtigt ist, sondern eher als eine Folge des auch in anderer Hinsicht deutlich feststellbaren unfertigen Charakters des wesentliche Probleme unberücksichtigt lassenden Poniatowski-Gesetzentwurfs zu werten ist.

4.3.3.2. Der Poniatowski-Gesetzentwurf in der französischen Datenschutzdiskussion

Obwohl der Gesetzentwurf nie bis ins parlamentarische Plenum gelangt ist, wird er in der französischen Datenschutzdiskussion sehr beachtet. In der allgemeinen Presse wird er, wenn auch undifferenziert und mehr wegen seiner allgemeinen Zielrichtung, grundsätzlich unterstützt[(257)]. Jedoch sowohl bei EDV-Fachleuten wie besonders bei Juristen trifft er auf zum Teil scharfe Ablehnung. Dabei wird ihm - insbesondere in mündlichen Äußerungen - einerseits mangelnde Berücksichtigung der technischen und wirtschaftlichen Gegebenheiten der EDV sowie fehlender juristischer Sachverstand vorgeworfen und andererseits wird er vielfach als politisches Manöver im Interesse der sich besonders stark unter Vertretern der freien Berufe rekrutierenden Wählerschaft der Républicains Indépendants eingestuft. Letzterem liegt die Überlegung zugrunde, daß die freiberuflich Tätigen in Frankreich vor dem Hintergrund einer besonders weitgehenden und von ausländischen Kommentatoren als "Teil der französischen Folklore" gewerteten Steuerhinterziehung ein besonderes Interesse am Schutz ihrer "finanziellen Privatsphäre" gegenüber der staatlichen Verwaltung haben, deren mächtigstes Superministerium, das jahrelang von Valéry Giscard d'Estaing (ebenfalls Mitglied der Républicains Indépendants) geleitete Ministère de l'Economie et des Finances, aus der Sicht der Bürger besonders durch die Steuerabteilung (Direction Générale des Impôts) bestimmt wird.

Ohne umfassende Gegenkonzepte zu entwerfen, beanstandet die Fachkritik insbesondere die folgenden Punkte des Poniatowski-Gesetzentwurfs:

- Die obligatorische Anzeige sämtlicher EDV-Systeme und Dateien (einschließlich ihres Inhalts und ihrer Zweckbestimmung) durch private und öffentliche EDV-Anwender wird als zu aufwendig und zu schwerfällig eingeschätzt. Daher wird vorgeschlagen, die für den rein internen Gebrauch bestimmte Dateien auszunehmen und lediglich die dem Zugriff Außenstehender direkt oder indirekt offenstehende Dateien der Anzeigepflicht zu unterwerfen[258].

- Einer der wenigen veröffentlichten konkreten (partiellen) Gegenvorschläge stammt vom Syndicat de la Magistrature[259]. Danach würde sich das Datenschutz-Kontrollorgan zusammensetzen:

  . zu einem Drittel aus Mitgliedern des Parlaments (Assemblée Nationale und Sénat),

  . zu einem Drittel aus Richtern, d.h. zu einem Sechstel aus Richtern der drei obersten Gerichtshöfe (Conseil d'Etat, Cour de Cassation, Cour des Comptes) und zu einem Sechstel aus Vertretern der nationalen berufsständischen Richterorganisationen,

  . zu einem Drittel aus Vertretern der repräsentativen Berufsorganisationen der Arbeitgeber- und Arbeitnehmerschaft.

Dieser Vorschlag zeichnet sich im Vergleich zum Poniatowski-Entwurf vor allem durch die Einbeziehung intermediärer Gewalten (Richtergewerkschaften, Arbeitgeber- und Arbeitnehmervertretungen) aus, wobei die darüber hinausgehende Abwesenheit von durch die Exekutive entsandten Mitgliedern die Unabhängigkeit eines solchen Datenschutzkontrollorgans ganz erheblich erhöhen würde.

- Es wird weiterhin gefordert dem in seiner Privatsphäre verletzten Bürger die Möglichkeit zur direkten Klageerhebung vor den Gerichten zu gewähren, ohne daß er - wie der Poniatowski-Gesetzentwurf in den Artikeln 4 und 5 vorsieht - das Datenschutzkontrollamt anrufen muß, das dann seinerseits über die Klageerhebung entscheidet[260].

- Ein weiterer Ansatzpunkt der Kritik am Poniatowski-Gesetzentwurf ist die dort vorgesehene Übertragung der Zuständigkeit in Rechtsstreitigkeiten anläßlich von (privat oder hoheitlich erfolgten) Verletzungen der Privatsphäre durch EDV-Maßnahmen an ein zu schaffendes EDV-Sondergericht der Verwaltungsgerichtsbarkeit. Während einerseits der Bruch mit der (bereits erwähnten) in Artikel 66 der Verfassung von 1958 erneuerten französischen Tradition, wonach die ordentliche Gerichtsbarkeit Hüterin der Persönlichkeitsrechte ist, bemängelt wird[261], wird andererseits von verschiedenen Stimmen der dem französischen Recht fremde Sondergerichtscharakter eines speziellen EDV-Gerichts entschieden abgelehnt[262].

Demgegenüber ist jedoch bezeichnend, daß insbesondere die letztere Überlegung das Syndicat de la Magistrature als Richtergewerkschaft (!) nicht weiter beunruhigt, daß vielmehr in Verfolg seines weniger dogmatisch-, denn problemorientierten Interesses an der Sicherstellung einer effektiven Datenschutzkontrolle durch die Gerichte, eine einführende EDV-Ausbildung der Richter befürwortet, "um einen Verzicht der Gerichtsbarkeit zugunsten der Experten und Technokraten zu verhindern"[263].

Andere Stimmen geben ebenfalls zu bedenken, daß die Bedeutung der zu erwartenden Konsequenzen der modernen EDV-gestützten Verwaltungsinformationssysteme derart groß ist, daß gerade auch bezüglich eines eventuell zu schaffenden Datenschutzkontrollorgans und eines EDV-Gerichts Brüche mit der Tradition und "juristische Anomalien" nicht von vornherein ausgeschlossen werden sollten(264).

Trotz dieser zum Teil scharfen Kritik und obwohl trotz zweier weiterer öffentlicher Vorstöße durch Poniatowski(265) sein Gesetzentwurf bisher weder vom parlamentarischen Plenum behandelt wurde, noch zu konkreten Datenschutzregelungen seitens der Exekutive geführt hat, kommt dem Poniatowski-Gesetzentwurf das bedeutende Verdienst zu, ganz wesentlich zur Sensibilisierung der Öffentlichkeit gegenüber der Datenschutzproblematik beigetragen zu haben. Insbesondere jedoch hat der Poniatowski-Gesetzentwurf durch die an ihm entzündete Fachdiskussion dazu beigetragen, daß die französische Datenschutzdoktrin trotz bestehender Gegensätze hinsichtlich Bestallungsmodus und Modalitäten von Kompetenzen, Organisation und Arbeitsweise heute von dem gesicherten Prinzip der Notwendigkeit zumindest eines spezialisierten, weitestgehend unabhängigen Datenschutzkontrollorgans ausgeht. Die Schaffung eines solchen - wie auch immer konzipierten - Kontrollorgans erscheint daher einigermaßen sicher Bestandteil einer zukünftigen französischen Datenschutzregelung zu sein.

4.3.4. Datenschutzuntersuchung des Conseil d'Etat

Der Conseil d'Etat ("Staatsrat"), der zugleich oberstes Verwaltungsgericht und administratives Beratungsorgan der französischen Regierung ist, beschäftigt sich im Rahmen seiner beratenden Funktion bereits seit geraumer Zeit mit den juristischen Aspekten der EDV und der französischen Verwaltungsautomation. So organisierte die Délégation à l'Informatique im Verein mit dem CEPIA bereits im November 1968 ein dreitägiges EDV-Einführungsseminar für die Mitglieder des Conseil d'Etat im Centre d'Etude du BREAU der EDF.

Im Anschluß daran arbeiteten verschiedene Mitglieder des Conseil d'Etat in vier Arbeitsgruppen einen gemeinsamen internen Bericht aus, in dem ein knapper einführender, jedoch thematisch weitgespannter Problemkatalog aufgestellt wurde, der die Probleme insbesondere auch der Verwaltungsautomation behandelt(266). Bereits in diesem Bericht wird zaghaft die Frage gestellt, ob nicht eine Klausel zum Schutz der Persöhlichkeitsrechte des Bürgers vor mißbräuchlichem EDV-Einsatz in die Präambel der Verfassung aufgenommen werden sollte und ob die Schaffung eines für Fragen der Datenspeicherung und Verarbeitung zuständigen, beratenden "Rats der Weisen" ("Conseil des sages") nicht eine entsprechende Garantie für den Bürger darstellen würde(267).

In etwas ausführlicherem Umfang geht der Conseil d'Etat jedoch in einer 197o im Auftrag der Regierung erstellten Untersuchung auf die Datenschutzproblematik ein. Diese Untersuchung über "Die Auswirkungen der Entwicklung der EDV auf die Grundrechte und die Verwaltungsentscheidungsprozesse" wurde der Regierung im Frühjahr 1971 als Teil des Jahresbericht 1969/7o des Conseil d'Etat vorgelegt(268). Obwohl der Inhalt dieser - grundsätzlich nur einem äußerst beschränkten Personenkreis zugänglichen - Untersuchung zumindest in großen Zügen inzwischen an die Öffentlichkeit gedrungen ist, ist sie trotz vielseitiger diesbezüglicher Kritik bisher nicht veröffentlicht worden und wird weiterhin als vertrauliches Dokument behandelt(269).

Zwar umfassen die knapp achtzehn im Rahmen der Untersuchung der Datenschutzproblematik gewidmeten Seiten weder eine wissenschaftlich erschöpfende Behandlung des Datenschutzproblems noch einen konkreten Datenschutzgesetzvorschlag, es sei hier jedoch im wesentlichen aus zwei Gründen mit gewisser Ausführlichkeit auf die Untersuchung des Conseil d'Etat eingegangen. Es handelt sich nämlich - von einer nachfolgenden Studie des Ministère de la Justice abgesehen[27o] - um die einzige datenschutzbezogene, einigermaßen ausführliche (wenn auch unveröffentlichte) "Äußerung" seitens einer offiziellen französischen Stelle, die das Problem nicht nur präsentiert, um einige nicht weiter ausgeführte prinzipielle Forderungen und mehr fragmentarische Gedanken hinsichtlich einer zukünftigen französischen Datenschutzregelung beizusteuern. Darüberhinaus kommt der Untersuchung gerade durch die Autorenschaft des Conseil d'Etat und die Haltung der Regierung gegenüber den darin enthaltenen Empfehlungen besondere Bedeutung zu[271].

4.3.4.1. Ansatz

Im ersten hier einschlägigen Teil beschäftigt sich der Conseil d'Etat mit den Auswirkungen der EDV auf die "libertés publiques et privées"[272].

Wie bereits ausgeführt ist die französische Terminologie hinsichtlich der "libertés" etc. jedoch nicht verfestigt, insbesondere wird zum Teil überhaupt der Begriff "liberté privée" abgelehnt[273] und auch die Ausführungen des Conseil d'Etat selbst lassen insoweit kein eindeutiges Konzept erkennen. Aus der Einleitung sowie dem gesamten Aufbau des hier betrachteten ersten Teils geht jedoch hervor, daß die vom Conseil d'Etat betrachtete Problematik die Auswirkungen der EDV einerseits auf die demokratischen Bürgerrechte und andererseits auf die Persönlichkeitsrechte umfaßt[274]. Dementsprechend geht der Ansatz des Conseil d'Etat weit über die eigentliche Datenschutzproblematik hinaus:

"Die EDV stellt einen gewaltigen Fortschritt dar. In allen Bereichen werden die die Gemeinschaft und den Einzelnen betreffenden Entscheidungen besser untermauert, die Gemeinschaft wie der Einzelne werden besser informiert werden ... Es kann auch nicht einen Augenblick daran gedacht werden, eine solche Entwicklung abzulehnen. Der Conseil d'Etat, der davon gänzlich überzeugt ist, wünscht lediglich, daß diese Mittel in einem Land, in dem eine wahre Demokratie herrschen soll, in den Dienst des Menschen gestellt werden und seinem Fortschritt dienen, ohne seine Privatsphäre und geheiligsten Rechte zu verletzen; daß diese Mittel, soweit sie eine bessere und vollständigere Kenntnis der menschlichen Handlungen ermöglichen, weder zum Monopol der mächtigen Wirtschaftsinteressen noch des Staates werden. Eine informatisierte Welt, in der eine Minderheit allmächtig wird, würde einen erschreckenden Rückschritt für unsere Zivilisation darstellen.

Weit davon entfernt, die Entwicklung der Industrie zu bremsen, wird in dieser Weise aus der neuen Technik ein neues Recht erstehen, das Recht auf Information, das zugleich einen Expansionsfaktor und eine neue Garantie der Verwendung zu legitimen Zwecken darstellen wird."[275]

In Verfolg dieses Ansatzes behandelt der Conseil d'Etat in einem ersten Kapitel die Datenschutzprobleme, die sich hinsichtlich der personenbezogenen (Individual-) Daten ("données nominatives") durch die EDV für die Persönlichkeitsrechte des Bürgers ergeben[276], während in einem knappen, den allgemeinen, nicht personenbezogenen Sachdaten gewidmeten und hier - da den Rahmen der Datenschutzproblematik sprengend - nicht weiter berücksichtigten zweiten Kapitel auf die Gefahr der privaten oder staatlichen Informationsmonopolisierung mittels der EDV und den insbesondere entsprechend dem Demokratieprinzip notwendigen Ausbau des subjektiven Rechts auf Information hingewiesen wird[277].

Wenn der Conseil d'Etat dabei entsprechend dem Titel seiner Untersuchung auf diese Probleme nur im Hinblick auf die EDV eingeht, so schließen die gewählten Formulierungen zum großen Teil die Anwendung der gemachten Feststellungen im Rahmen der traditionellen (manuellen) Informationsverarbeitung zumindest nicht aus[278]. Der Conseil d'Etat betont dementsprechend selbst, daß eine umfassende Regelung der Datenschutzproblematik auch die manuelle Datenverarbeitung erfassen muß[279].

Während die Thematik der Untersuchung des Conseil d'Etat insoweit also eingeschränkt ist, erfährt sie andererseits - gerade im Vergleich mit den Äußerungen der Literatur und dem Poniatowski-Gesetzentwurf - eine bedeutende Ausweitung. Wenn der Conseil d'Etat nämlich von datenschutzwürdigen "données nominatives" (personenbezogene, bzw. besser: Individualdaten, wörtlich: Nominativdaten) spricht, so faßt er darunter alle Daten, die namentlich oder aber in einer die Identifizierung ermöglichenden Weise auf Personen weisen, und zwar unabhängig davon, ob es sich um natürliche oder juristische Personen handelt[28o].

Ohne weitere Ausführungen stellt der Conseil d'Etat dabei fest, daß " die juristischen Personen - und ganz besonders die Unternehmen - das Recht auf denselben Schutz (wie die natürlichen Personen) insbesondere hinsichtlich des (Geschäfts-) Geheimnisses haben, das für die (erwerbsstrebenden) juristischen Personen das ist, was die Intimität für die natürlichen Personen ist".[281] Die Ausführungen des Conseil d'Etat, die allerdings im übrigen nicht weiter auf die gleichwohl sehr spezielle Datenschutzproblematik der juristischen Personen eingehen, sondern sich auf den Datenschutz natürlicher Personen konzentrieren, beziehen sich also grundsätzlich implizit auch auf die juristischen Personen.

Die in diesem Punkte mangelnde Ausgereiftheit der Überlegungen des Conseil d'Etat wird bereits durch die Erwägung deutlich, daß wenn der Datenschutz schon über die natürlichen Personen hinausgehend insbesondere Wirtschaftsunternehmen umfassen soll, nicht einzusehen ist, warum dann an die juristische Rechtspersönlichkeit angeknüpft wird und damit rechtsfähige Unternehmen gegenüber nicht rechtsfähigen bevorzugt werden, obwohl letztere grundsätzlich durchaus ebenso bedeutend sein können und selbst soweit sie wirtschaftlich unbedeutender sind, deshalb nicht grundsätzlich weniger schutzwürdig erscheinen[282].

Im Folgenden wird hier daher das Hauptaugenmerk auf den auf die natürlichen Personen bezogenen Datenschutz gerichtet; die ohnehin nur marginalen, auf die juristischen Personen bezogenen Äußerungen des Conseil d'Etat werden lediglich in Anmerkungen berücksichtigt.

4.3.4.2. Fundamentale Datenschutzprinzipien

Die vom Conseil d'Etat definierten "fundamentalen (Daten-) Schutzprinzipien" sind, da für die EDV sowohl im privaten wie im öffentlichen Sektor konzipiert, bewußt allgemein formuliert; sie sollen jedoch mittels Ausnahmegenehmigungen an spezielle Einzelfallgestaltungen angepaßt werden können[283]. Diese Datenschutzprinzipien gliedern sich in drei große Problemkreise:

- Regelung der Speicherung gewisser Informationen,
- Garantien für die betroffenen Personen,
- Pflichten der (personenbezogenen) Dateien besitzenden oder verarbeitenden Personen.

4.3.4.2.1. Regelung der Speicherung gewisser Informationen

Nach dem Vorschlag des Conseil d'Etat ist die Speicherung der sich auf die folgenden Aspekte beziehenden personenbezogenen Informationen in privaten oder administrativen Dateien grundsätzlich verboten:

- Religion, Rasse, politische Überzeugungen,
- Intimleben bzw. (bei juristischen Personen) Geschäftsgeheimnis,
- verjährte, amnestierte etc. Straftaten.

Eine dementsprechende durch Rechtsverordnungen präzisierte Gesetzgebung würde dabei jedoch für die folgenden Fälle die Möglichkeit der Gewährung von generellen Ausnahmegenehmigungen vorsehen:

- Bedürfnisse der öffentlichen Sicherheit und Ordnung,

- Bedürfnisse der politischen, religiösen etc. Organisationen und Vereinigungen hinsichtlich der ihrer spezifischen Zielsetzung entsprechenden Daten (ohne Antragserfordernis),
- wissenschaftliche Forschungserfordernisse.

Jegliche sonstige eventuell gewährte Ausnahmegenehmigungen ergingen als Einzelfallregelung[(284)].

Diese Vorschläge des Conseil d'Etat gehen allerdings in der Tat nicht über den Charakter sehr unbestimmter Grundsatzerklärungen hinaus; so stellt beispielsweise die nicht weiter spezifizierte Forderung nach dem Verbot der Speicherung von Daten des Intimlebens physischer Personen, bzw. des Geschäftsgeheimnis juristischer Personen keinen weiterführenden Beitrag dar. Das entscheidende Problem der genauen Definition der in die Intim- bzw. Geschäftsgeheimnissphäre fallenden Informationen wird vom Conseil d' Etat letztlich nicht ernsthaft angegangen.

Die ganz besondere Schwäche dieser Vorschläge des Conseil d'Etat liegt jedoch in ihrer Beschränkung auf das Verbot der Speicherung eines absoluten Minimums an besonders delikaten personenbezogenen Informationen, deren grundsätzliche Nicht-Speicherung eine "demokratische Selbstverständlichkeit" sein sollte. Das insofern eigentliche und vom Conseil d'Etat völlig unberücksichtigt gelassene Problem ist aber vielmehr, inwieweit eine Verwaltung, ein privates Unternehmen oder sonstige Organismen die Gesamtheit oder wesentliche Anteile der breiten heterogenen "Informationsspur", die jeder Mensch mehr oder weniger bewußt und freiwillig hinter sich läßt und die das Minimum der Daten der Intim- oder Privatsphäre um ein Vielfaches übersteigt, zentral erfassen kann, um sie eventuell zu Persönlichkeitsprofilen zu integrieren. Bei Verwendung moderner psychologischer und soziologischer Erkenntnisse und mathematisch-statistischer Methoden können solche integrierten Persönlichkeitsprofile die Betroffenen unter Umständen erheblich differenzierter und kompletter erfassen, in ihrer Persönlichkeit in weit größerem Maße "durchsichtig" machen und Manipulationen aussetzen, als die kargen Informationen über die Zugehörigkeit oder Nichtzugehörigkeit zu einer Partei, Gewerkschaft, Religionsgemeinschaft etc., die - isoliert - insofern als eher harmlos erscheinen.

4.3.4.2.2. Garantien für die betroffenen Personen

Der Conseil d'Etat schlägt weiterhin vor, den betroffenen Personen folgende zwei "Garantien" zur Seite zu stellen:

4.3.4.2.2.1. Genehmigungspflicht bei Datenweitergabe

Die Weitergabe personenbezogener Daten oder Dateien sollte nach den Vorstellungen des Conseil d'Etat grundsätzlich eine vorherige Genehmigung erfordern, um die automatische oder heimliche Datenweitergabe zu verhindern.

Als Weitergabe ist dabei jede entgeltliche oder unentgeltliche Abtretung, jede Vermietung oder sonstige Mitteilung von Einzeldaten oder Teil- bzw. Gesamtdateien an Dritte, insbesondere auch im Verhältnis zwischen den Verwaltungen verschiedener Ressorts anzusehen. Die erforderliche Genehmigung ist allerdings danach nicht bei dem durch die in Frage stehenden Daten jeweils Betroffenen, sondern bei einer dazu speziell zuständigen öffentlichen Stelle einzuholen.

Diese allgemeine Garantie kann jedoch nach Ansicht des Conseil d'Etat durch Erwägungen der inneren und äußeren Staatssicherheit sowie insbesondere im Interesse des Bürgers selbst (z.B. hinsichtlich des Zugangs zu Gesundheitsdaten) eingeschränkt werden[285].

So positiv unter datenschutzrechtlichen Gesichtspunkten eine grundsätzliche Genehmigungspflicht der Weitergabe personenbezogener Daten und Dateien zunächst einzuschätzen ist, so erstaunlich ist dieser zum Problem der Datenweitergabe gemachte Vorschlag des Conseil d'Etat insofern, als er die Datenweitergabe nicht von der Zustimmung des jeweils betroffenen Bürgers, sondern von der Genehmigung einer öffentlichen Stelle abhängig macht, ohne sich auch nur mit einer Andeutung dazu zu äußern, nach welchen Gesichtspunkten und Prinzipien diese Genehmigungen zu erteilen oder zu verweigern sind. Das ist um so irritierender, als dies zum Beispiel auch für die Datenweitergabe zwischen verschiedenen ministeriellen Ressorts gilt, wobei die Datenweitergabe zwischen voneinander völlig unabhängigen, jedoch demselben Ministerium unterstellten Behörden als Problem garnicht gesehen wird.

Darüberhinaus wird nicht klar, in welcher Form (mittels Gesetz, Rechtsverordnung, Verwaltungsakt etc.) über die Einschränkung der "Garantie" der Genehmigungspflicht der Datenweitergabe "im Interesse der Bürger" entschieden werden soll.

4.3.4.2.2.2. Subjektives Informationsrecht

Zum Schutze gegen rechtlich unzulässige, inhaltlich unrichtige oder tendenziöse ihn betreffende gespeicherte Daten soll nach Ansicht des Conseil d'Etat dem Bürger selbst (entsprechendes gilt für die juristischen Personen) ein "droit d'accès aux renseignements" gegenüber den Haltern der jeweils in Frage stehenden Dateien und Datenbanken zustehen. Inwieweit es sich dabei lediglich um ein Einsichtsrecht (wie es die verwendete französische Bezeichnung andeutet) oder um ein Auskunftsrecht handelt, wird vom Conseil d'Etat nicht weiter erörtert. Dagegen wird jedoch wohl auf die Notwendigkeit hingewiesen, mittels entsprechender Rechtsverordnungen mißbräuchliche und paralysierende Informationsbegehren zu verhindern.

Eine die tatsächliche Ausübung des Einsichts- bzw. Auskunftsrechts erheblich vereinfachende und in weitem Maße überhaupt erst ermöglichende Anzeigepflicht der Halter von Dateien gegenüber den jeweils erfassten Personen hinsichtlich der sie betreffenden gespeicherten Informationen wird nicht empfohlen. Dies sei bezüglich der für den internen Gebrauch der Verwaltungsstellen und Unternehmen bestimmten Dateien nicht erforderlich und im Fall der Weitergabe von Daten und Dateien an Dritte werde ohnehin eine (von einer speziellen Genehmigungsbehörde erteilte) Genehmigung erforderlich sein, die jeweils bzw. soweit für erforderlich erachtet unter der Bedingung der Anzeige der Weitergabe gegenüber den Betroffenen ergehen könnte[(286)].

Dabei übersieht der Conseil d'Etat jedoch wiederum die Gefahr der Ansammlung von den Einzelnen unrechtmäßig in seinen Persönlichkeitsrechten verletzenden Informationen "zum internen Gebrauch", ohne daß dabei im Verhältnis zu Dritten Informationsweitergabevorgänge erfolgen. Von der Existenz solcher unter Umständen sehr umfangreicher interner Datenbestände, von denen innerhalb großer Behörden- und Unternehmensstrukturen in den verschiedensten und zum Teil unerwartetsten Formen Gebrauch gemacht werden kann, würden die Betroffenen also möglicherweise - wenn nicht gar wahrscheinlicherweise - nichts erfahren und könnten daher ihr Einsichts- bzw. Auskunftsrecht insoweit nicht wahrnehmen.

Darüberhinaus besteht die Frage, inwieweit in der Praxis die zuständige Genehmigungsbehörde die Genehmigung der Datenweitergabe tatsächlich mit der Bedingung der Anzeige gegenüber den Betroffenen beschwert. Dies Problem besteht gerade auch gegenüber der öffentlichen Verwaltung selbst. Wenn beispielsweise ein Ministerium in Verfolg eines durchaus legalen Projekts beantragt, die Daten eines anderen Ministeriums oder eines großen verstaatlichten Versorgungsunternehmens übernehmen zu dürfen, ohne daß dem Staat "unnötige Kosten" durch eine umfangreiche Anzeigenaktion entstehen, die das Projekt noch dazu unter Umständen durch "verfrühtes Bekanntwerden" gefährdet oder zusätzlich verteuert, so besteht eben die nicht unbeträchtliche Gefahr, daß sich die Genehmigungsstelle "verständig" zeigt.

Es läßt sich aus dem Zusammenhang entnehmen, daß der Conseil d'Etat, obwohl er sich überraschenderweise insoweit nicht ausdrücklich äußert, dem Einsichts- bzw. Auskunftsrecht die entsprechenden Abwehransprüche (Berichtigungs-, Löschungs- etc. Ansprüche) zur Seite gestellt sehen will.

4.3.4.2.3. Pflichten der personenbezogene Daten besitzenden oder verarbeitenden Personen bzw. Stellen

Nach den Vorstellungen des Conseil d'Etat sind die öffentlichen und privaten Stellen als Halter von Dateien mit personenbezogenen Daten für die Beobachtung der Datenschutzvorschriften verantwortlich und zwar unabhängig davon, ob diese Dateien von diesen Stellen selbst intern für eigene Zwecke, oder aber in ihrem Auftrag - sei es von anderen öffentlichen Stellen, sei es von gewerblichen Service-Rechenzentren - verarbeitet werden; in fremdem Auftrag verarbeitende Stellen träfe danach also gegenüber eventuell verletzten Einzelpersonen (oder Unternehmen) keine direkte Verantwortlichkeit[287]. Eine solche generelle Entlastung, z.B. der gewerblichen Rechenzentren, die auf Grund ihrer vielfältigen Kontakte unter dem Aspekt des Datenschutzes nicht zu unterschätzende Gefahrenpunkte darstellen, erscheint allerdings unverständlich.

Über das Verbot der Speicherung gewisser Daten und die obigen dem Bürger gewährten Garantien hinaus, sollten nach Ansicht des Conseil d'Etat den Haltern von personenbezogenen Dateien die folgenden weiteren Verpflichtungen auferlegt werden:

4.3.4.2.3.1. Meldepflichten

Nachdem zunächst erwogen worden war, allen öffentlichen und nicht-öffentlichen Stellen eine Meldepflicht hinsichtlich Existenz, Inhalt und Verwendungszwecke sämtlicher personenbezogener Dateien aufzuerlegen, wurde dies als für die in Frage stehenden Stellen zu aufwendig bewertet.

Die Meldepflicht soll sich daher nicht auf für den "internen Gebrauch", insbesondere für Zwecke der allgemeinen Verwaltung (z.B. Personaldateien für Gehalts- und Lohnberechnungen oder Beförderung) bestimmte Dateien, sondern lediglich auf Existenz und allgemeine Verwendungszwecke von Dateien erstrecken, die eine "Gefahr für Außenstehende" darstellen; dabei wird allerdings keinesfalls klar, wie diese Differenzierung in der Praxis durchzuführen ist, da zur ersten (nicht meldepflichtigen) Kategorie beispielsweise "Kundendateien mit Adressen und sonstigen (?) Referenzen" gezählt werden(288).

Auf eine allgemeine Meldepflicht der technischen EDV-Installationen wurde - da als zu aufwendig eingeschätzt - ebenfalls verzichtet(289).

4.3.4.2.3.2. Antragspflichten

Wie sich bereits aus den Ausführungen unter 4.3.4.2.2. ergibt sind verschiedene Vorhaben antragspflichtig. Die nach der Konzeption des Conseil d'Etat sowohl von öffentlichen wie nicht-öffentlichen Stellen zu stellenden Anträge, die entsprechend substantiiert sein müssen, beziehen sich im einzelnen auf folgende Genehmigungen:

- Ausnahmegenehmigung für die Speicherung personenbezogener Daten religiösen, politischen oder das Intimleben betreffenden Inhalts soweit sie über die gesetzlich geregelten Fälle hinausgehen,
- Genehmigung der Weitergabe von personenbezogenen Daten, bzw. Dateien an Dritte,
- Genehmigung der entgeltlichen oder unentgeltlichen Verarbeitung eigener personenbezogener Dateien für Dritte(29o).

4.3.4.2.3.3. Technische und berufsethische Schutzpflichten

Weiterhin fordert der Conseil d'Etat die Definition der Pflichten der technischen Datensicherung im Verordnungswege. Dabei läßt sich allerdings im einzelnen ein gewisser Mangel an Vertrautheit mit den technischen Datensicherungsproblemen seitens des Conseil d'Etat nicht verkennen.

Auch die Forderung nach entsprechenden berufsethischen Regeln ("EDV-Deontologie"), die im öffentlichen Sektor beispielsweise über die allgemeinen Beamtenpflichten hinausgehen sollen, wird nicht weiter präzisiert[291].

4.3.4.3. Konkretisierung und Anwendung der Datenschutzprinzipien

Obwohl sich der Conseil d'Etat selbst der Unzulänglichkeit der von ihm definierten allgemeinen Datenschutzgrundsätze, die auf sich allein gestellt sicher keinen effektiven Datenschutz gewährleisten könnten, bewußt ist, strebt er insoweit keine weitere direkte Konkretisierung mittels gesetzgeberischer Maßnahmen an, sondern sieht vor, daß diese Konkretisierung einer eher programmatischen Datenschutzgesetzgebung durch Rechtsverordnungen der Regierung erfolgt. Ausarbeitung wie Anwendung dieser Verordnungen sollen jedoch weitgehend einem spezialisierten öffentlichen Datenschutzkontrollorgan übertragen werden, während die Kompetenz zur Regelung von datenschutzbezogenen Rechtsstreitigkeiten zwischen der ordentlichen und der Verwaltungsgerichtsbarkeit aufgeteilt werden soll.

4.3.4.3.1. Haut Comité de l'Informatique

Hinsichtlich der Kompetenz eines öffentlichen Datenschutzkontrollorgans vor die Alternative gestellt, entweder der Regierung die Zuständigkeit und Verantwortung für die Verwirklichung des Datenschutzes zu belassen oder ganz im Gegenteil diese Aufgabe einem von der Exekutive völlig unabhängigen Organ zu übertragen, befürwortet der Conseil d' Etat eine vermittelnde Lösung:

Zwar soll dem Datenschutzkontrollorgan eine sehr weitreichende, sich gerade auch in seiner personellen Zusammensetzung ausdrückende Unabhängigkeit eingeräumt werden, jedoch handelt es sich letztlich dabei um eine delegierte, wenn auch sehr umfassende Zuständigkeit. Die Regierung soll weiterhin die allgemeine Datenschutzpolitik bestimmen und durchsetzen können. Dazu soll ihr die Möglichkeit gegeben werden, vom Datenschutzkontrollorgan eine nochmalige Überprüfung seiner Entscheidungen zu verlangen, deren Verwirklichung sie sich dann bei fortbestehender Meinungsverschiedenheit widersetzen könnte[292].

Innerhalb dieses vorgegebenen Rahmens versucht der Vorschlag des Conseil d'Etat ein Maximum an Unabhängigkeit des Datenschutzkontrollorgans - insbesondere auch hinsichtlich der personellen Zusammensetzung und der Organisation - zu verwirklichen.

4.3.4.3.1.1. Personelle Zusammensetzung und Organisation

So wird vorgeschlagen einen "Haut Comité de l'Informatique" genannten "Rat der Weisen" ("Comité des sages") zu bilden, der sich aus EDV-Spezialisten, Juristen und Vertretern des öffentlichen Lebens zusammensetzt. Seine neun Mitglieder würden (offensichtlich durch die Regierung) aus drei jeweils neun Kandidaten umfassenden Listen ausgewählt, von denen die erste von den Präsidenten des Conseil d'Etat, der Cour de Cassation und der Cour des Comptes gemeinsam aufgestellt würde, während die zweite Kandidatenliste von der Académie des Sciences und der Académie des Sciences Morales et Politiques und die dritte Liste vom Conseil Economique et Social vorgelegt würden.

Den Vorsitz des Haut Comité hätte eines der Mitglieder. Bei einer Amtszeit von fünf Jahren (mit der Möglichkeit der einmaligen Wiederernennung) wären die Mitglieder ohne die Zustimmung des Haut Comité selbst von der Regierung nicht absetzbar. Die Kontinuität würde durch die jährliche Neubesetzung eines Fünftels (!) der neun Mitglieder gesichert.

Der Délégué à l'Informatique könnte mit beratender Stimme an den Debatten des Haut Comité teilnehmen, während ein hoher Beamter als ständiger Vertreter des Ministre de la Justice die Funktion des "commissaire du gouvernement" ausfüllen würde.

Da es einerseits das Ziel ist, für das Haut Comité besonders qualifizierte Mitglieder zu gewinnen, die darüber hinaus auf Grund sonstiger von ihnen ausgefüllter Funktionen in der Öffentlichkeit möglichst bekannt und geachtet sind und die daher zwangsläufig nicht die Gesamtheit ihrer Arbeitskraft ihrer Funktion im Haut Comité widmen können, und andererseits die dem Haut Comité übertragenen Aufgaben und Kompetenzen - wie aus dem Folgenden deutlich wird - äußerst umfangreich wären, sieht der Conseil d'Etat die Einrichtung eines "gutausgebauten Stabes" vor, der das Haut Comité unterstützt und insbesondere von Routineaufgaben befreit. Das Budget des Haut Comité und dieses Stabes, dessen Personal vom Präsidenten des Haut Comité ausgewählt und ihm direkt unterstellt würde, würde jährlich direkt vom Parlament beschlossen(293).

4.3.4.3.1.2. Funktionen und Aufgaben

Das Haut Comité hat nach dem Vorschlag des Conseil d'Etat eine doppelte Funktion:
Neben seiner eigenen ständigen Kontroll- und Entscheidungsfunktion dient es der Regierung zugleich als beratendes Organ, wobei es ihm freistehen soll, ob und in welcher Form es seine Entscheidungen, bzw. beratenden Äußerungen veröffentlicht.

4.3.4.3.1.2.1. Kontroll- und Entscheidungsfunktionen

Das Haut Comité hat danach gegenüber (öffentlichen wie nichtöffentlichen) Stellen ein allgemeines Untersuchungs- und

Überwachungsrecht hinsichtlich sämtlicher EDV-Anlagen und Datenbestände und macht davon auf Antrag (einer natürlichen oder juristischen Person) oder aber von Amts wegen Gebrauch; und zwar dies sowohl im Interesse der Erforschung von Einzelfällen wie zur allgemeinen Information hinsichtlich gewisser Entwicklungen der EDV zwecks eventueller - von Regierung bzw. Parlament vorzunehmenden - Anpassungen der einschlägigen Datenschutzbestimmungen.

Darüber hinaus stellt das Haut Comité die zentrale Datenschutz-Melde- und Genehmigungsstelle dar. Sämtliche rechtlich erforderlichen Meldungen und Anzeigen hinsichtlich Existenz, Inhalt, Verwendungszweck und Weitergabe von personenbezogenen Dateien haben ihm gegenüber zu erfolgen. Sämtliche Anträge auf Genehmigungen für die Weitergabe von personenbezogenen Daten und auf Ausnahmegenehmigungen für die Speicherung normalerweise von der Speicherung ausgeschlossener Daten werden vom Haut Comité entschieden.

Dabei steht es dem Haut Comité frei, seine Entscheidungen mit gewissen Bedingungen und Auflagen zu beschweren, um die Beachtung der Datenschutzbestimmungen zu gewährleisten sowie vor allem dem Bürger die Durchsetzung seiner Informations- und Abwehrrechte zu ermöglichen.

Um eine Behinderung der kritisierten Verwaltung oder der privaten Antragsteller durch verzögernde Bearbeitung seitens des Haut Comité zu verhindern, wird ein schnelles Bearbeitungsverfahren vorgesehen. Überschreitungen von festgesetzten Bearbeitungsfristen sollen jedoch nur in Fällen von einfachen Anzeigen und Anmeldungen, nicht jedoch in den Fällen von beantragten (ausdrücklichen) Genehmigungen die entsprechende ausdrückliche Zustimmung seitens des Haut Comité ersetzen[(294)].

4.3.4.3.1.2.2. Beratende Funktion

Ohne selbst die Zuständigkeit zum Erlaß von Rechtsverordnungen zu haben, füllt das Haut Comité nach der Konzeption des Conseil d'Etat eine sehr weitreichende beratende Funktion aus. Danach hat das Haut Comité einerseits die Aufgabe der Regierung aus eigener Initiative heraus und sich auf seine empirischen Beobachtungen und Erfahrungen stützend jegliche Ausweitungen, Modifizierungen, etc. der Datenschutzgrundsätze vorzuschlagen, die die technische, politische und sonstige Entwicklung notwendig oder einfach erstrebenswert erscheinen läßt.

Andererseits ist die Regierung gehalten, von sich aus das Haut Comité zu den von ihr geplanten die allgemeinen gesetzlichen Datenschutzgrundsätze anwendenden und ausfüllenden Rechtsverordnungen zu konsultieren. Das gilt insbesondere hinsichtlich der Frage des Umfangs und der Ausgestaltung der Informations- und Abwehrrechte der Bürger, der technischen Datensicherungsmaßnahmen sowie der berufsethischen Regeln[(295)].

Die schwerwiegenste strukturelle Schwäche des Datenschutzkonzepts des Conseil d'Etat ist jedoch insoweit die Beschränkung des gesetzlich fixierten Datenschutzrechts auf eine Reihe verdienstvoller, jedoch ungenügend konkretisierter und als solche äußerst wirkungsschwacher Datenschutzgrundsätze. Dadurch würde der Exekutive die Möglichkeit gegeben, mittels des Erlasses (oder auch Nicht-Erlasses) entsprechender Rechtsverordnungen das Datenschutzrecht in entscheidendem Umfang selbst zu gestalten. Das wirkt um so bedenklicher als die Verwaltung als Gesamtheit gesehen der bei weitem größte EDV-Anwender und daher insofern selbst Partei ist.

Hinsichtlich der Konzeption des Haut Comité selbst stört zwar zunächst vor allem die Möglichkeit der Exekutive, sich letztlich über ihr nicht genehme Entscheidungen hinwegzusetzen. Es ist jedoch nicht zu verkennen, daß eine solche Maßnahme der Regierung - soweit nicht als gerechtfertigt erscheinend - jeweils erhebliche öffentliche Kritik hervorrufen würde, die wiederum die Bürger zu gerichtlichen Schritten ermutigen würde, so daß die französische

Regierung sich sicherlich nicht in leichtfertiger Weise über das Haut Comité hinwegsetzen würde.

Viel bedenklicher ist vielmehr der Einfluß zu werten, den die Regierung beim vorgeschlagenen Bestallungsmodus der Mitglieder des Haut Comité ausüben könnte, wenn sie zum Beispiel bei der jährlichen Neubestallung von 2 Mitgliedern unter dreimal neun Kandidaten frei auswählen kann. Bereits zwei Legislaturperioden von je vier Jahren würden ausreichen, um das Haut Comité praktisch völlig mit ihr politisch mehr oder weniger nahestehenden Persönlichkeiten zu besetzen; in Frankreich hat es jedoch zum Beispiel seit über 15 Jahren zwar bedeutende politische Personalwechsel, jedoch praktisch keinen wahren politischen Machtwechsel gegeben.

Darüber hinaus ist, obwohl das Haut Comité entsprechend den Vorstellungen des Conseil d'Etat insbesondere die wichtige Kompetenz zum Erlaß von Rechtsverordnungen nicht hätte, der zu erwartende Arbeitsanfall (Routine- und Ausnahmegenehmigungen, Anzeigen und Meldungen, Information und Überwachung, Ausarbeitung neuer Konzepte, Stellungnahmen zu Regierungsprojekten etc.) nicht zu unterschätzen. Die effektive Erledigung dieser Aufgaben würde eine aufwendige Behördenorganisation erfordern, die noch dazu über das gesamte Territorium verteilte Außenstellen für eine schnelle und reibungslose Erledigung der Kontroll- und Entscheidungsfunktion verfügen müßte. Es erscheint, daß der Conseil d'Etat dieses organisatorische Problem stark unterschätzt, wenn er lediglich von der Notwendigkeit spricht, daß die (neun nebenamtlichen (!)) Mitglieder des Haut Comité von einem "gut ausgebauten Stab" unterstützt werden.

4.3.4.3.2. Rechtsschutz

Während das Haut Comité als Verwaltungsstelle einerseits als Melde-, Genehmigungs- und Kontrollbehörde und andererseits als beratendes, die allgemeine datenschutzrelevante

Entwicklung der EDV verfolgendes Organ fungiert, verbleibt nach dem Vorschlag des Conseil d'Etat die Kompetenz zur Regelung von Rechtsstreitigkeiten auch in Datenschutzfragen weiterhin bei den Gerichten, ohne daß dabei an die Einrichtung eines speziellen Datenschutzgerichts gedacht wird.

Rechtsstreitigkeiten des Bürgers mit privaten EDV-anwendenden Stellen werden auf den ordentlichen Rechtsweg verwiesen. In Rechtsstreitigkeiten mit öffentlichen Stellen sind nach dem Conseil d'Etat - nach entsprechendem Widerspruchsverfahren vor der jeweiligen Verwaltungsaufsichtsbehörde - erstinstanzlich die "tribunaux administratifs" und letztinstanzlich der Conseil d'Etat selbst zuständig[296]. Allerdings schlägt der Conseil d'Etat vor, gegenüber datenschutzbezogenen Verordnungen der Regierung sowie gegenüber Entscheidungen des Haut Comité direkt den Rechtsweg zum Conseil d'Etat zu eröffnen[297].

Abschließend schlägt der Conseil d'Etat vor, die Datenschutzgrundsätze kurzfristig gesetzlich zu fixieren und zugleich das Haut Comité ins Leben zu rufen. Die erste Aufgabe des Haut Comité wäre es sodann, im Kontakt mit berufsständischen Vertretern der EDV-Spezialisten eine gründliche Untersuchung insbesondere über die Verwirklichung dieser Grundsätze, die Modalitäten der Kontrolle der Dateien und ihrer Verwendung sowie über entsprechende Sanktionen zu unternehmen, die sich später in einer weiteren konkretisierenden Datenschutzgesetzgebung niederschlagen könnte.

Bis dahin sollten vorläufige Maßnahmen, insbesondere das (irreal wirkende) Verbot der Weitergabe jeglicher sich auf natürliche oder juristische Personen beziehender Informationen seitens öffentlicher Stellen und Unternehmen an Dritte erfolgen[298].

Im übrigen befürwortet der Conseil d'Etat - wie bereits angedeutet - eine Harmonisierung zwischen den zukünftigen sich auf (elektronische) Dateien beziehenden Vorschriften und denen bezüglich der (manuellen) Karteien[299].

4.3.5. Haltung der französischen Verwaltung gegenüber dem Datenschutzproblem

Mangels umfassender Äußerungen seitens der Verwaltung bzw. mangels einer die Verwaltung insgesamt bindenden Stellungnahme der Regierung kann nicht eigentlich undifferenziert von der Haltung der französischen Verwaltung gegenüber dem Datenschutzproblem gesprochen werden.

Die verschiedenen Stellen, die in den einzelnen Ministerien mit der Konzipierung, dem Aufbau und Betrieb von EDV-Systemen betraut sind bzw. als mehr oder weniger große EDV-Anwender auftreten, machen - wenn sie das Datenschutzproblem überhaupt berühren - im allgemeinen in ihren (naturgemäß zumeist unveröffentlichten) Äußerungen diesbezüglich lediglich marginale Feststellungen. Soweit sie dabei nicht die spezielle Bedrohung der Privatsphäre durch die EDV überhaupt negieren und es vielmehr als wünschenswerten bis notwendigen Fortschritt werten, durch straffere Kontrollen die Bürger zu gesetzmäßigerem Verhalten zu bringen, begnügen sie sich verständlicherweise damit, festzustellen, daß in der Tat eine EDV-bedingte Gefährdung der Privatsphäre besteht, daß das Problem des dementsprechend erforderlichen Datenschutzes jedoch weit über ihren jeweiligen Kompetenzbereich hinausgeht, um dann zu "rein technischen" Problemen des jeweils in Frage stehenden Projekts überzugehen.

Es gibt im Ganzen nur drei Stellen, bei denen zur Datenschutzproblematik - unter jeweils deutlich verschiedenem Blickwinkel - mehr oder weniger systematische und umfassende Überlegungen angestellt werden, ohne daß insoweit allerdings zusammenhängende offizielle Erklärungen gemacht worden wären[300].

Es handelt sich um:
- die Direction Générale de l'Institut National de la Statistique et des Etudes Economiques (INSEE),
- die Délégation à l'Informatique,
- die Direction des Affaires Civiles et du Sceau des Ministère de la Justice.

4.3.5.1. INSEE: Statistisches Geheimnis und Datenschutz

Das INSEE hat sich seit langem - soweit ersichtlich bereitwillig - besonderen, gerade auch die Privatsphäre schützenden statistischen Geheimnisschutzvorschriften unterworfen. Um jedoch die Haltung des INSEE gegenüber dem Geheimnisschutz in der herkömmlichen Form bzw. in der aktuellen EDV-orientierten Ausprägung des Datenschutzes wirklich beurteilen zu können, ist die besondere Interessenlage des INSEE in die Prüfung mit einzubeziehen.

4.3.5.1.1. Besondere Interessenlage des INSEE

Als zentrale französische Wirtschaftsinformationsbehörde ist das INSEE zur Erfüllung seiner Aufgaben[3o1] entscheidend auf die Information der Wirtschaftssubjekte (Individuen, private Haushalte, Industrie- und Handelsunternehmen etc.) angewiesen, die das INSEE in verschiedenster Form als individuelle Basisdaten bzw. als Statistiken unmittelbar selbst erhebt oder über die verschiedensten privaten und öffentlichen Stellen bezieht. Und in dem Maße wie das moderne hochkomplizierte sozio-ökonomische System zunehmend statistische Daten sämtlicher Lebensbereiche in immer feinerer Strukturierung benötigt, wird die erschöpfende Erfassung zunehmend detaillierterer, sich zum Teil selbst auf die intimsten Lebensbereiche beziehender Informationen immer unerläßlicher.

Dementsprechend kategorisch formuliert Artikel 3 Loi Nr. 51-711[3o2] (Gesetz über die Verpflichtung, Koordination und Geheimhaltung auf dem Gebiet der Statistik) die Verpflichtung der natürlichen und juristischen Personen, wahrheitsgemäß und termingerecht die in statistischen Erhebungen geforderten Auskünfte zu geben (soweit die Erhebungen vom Ministre de l'Economie et des Finances sowie dem für den jeweils betroffenen Problembereich zuständigen Minister genehmigt wurden), während Artikel 7 bei wiederholter Verletzung dieser Verpflichtung ganz empfindliche Strafen für natürliche wie juristische Personen von bis zu 5o.ooo FF androht, die im Fall von mehr als loo Arbeitnehmer beschäftigenden Unternehmen bis zu 5oo FF je Arbeitnehmer betragen können und soweit das Privat- und Familienleben betreffende Auskünfte in Frage stehen immerhin bis zu 12.ooo FF je Pflichtverletzung betragen kann.

Eine solche insbesondere dem Informationsbedürfnis des Staates weitestgehend entgegenkommende Regelung war natürlich nur bei gleichzeitiger Garantierung der Geheimhaltung der individuellen personen- und unternehmensbezogenen Daten möglich. Dies zum einen aus rein rechtlichen Gründen, da ohne eine solche Garantie das verfassungsrechtlich garantierte allgemeine Persönlichkeitsrecht (insbesondere in seiner speziellen Ausformung des Anspruchs auf Respektierung der Privatsphäre) in seinem Kernbereich entscheidend ausgehöhlt worden wäre; der Wortlaut des Artikels 3 weist nämlich keinerlei Einschränkungen auf, es können danach - wie auch durch den Wortlaut des Artikel 6 bestätigt wird - selbst die intimsten Befragungen erfolgen, da es keine rechtlich definierte Grenze (etwa die "Privat- und Intimsphäre" oder das "Geschäftsgeheimnis") gäbe. Es besteht insofern lediglich eine politische Kontrolle; außerhalb der Verwaltung durchgeführte statistische Erhebungen müssen gemäß Art. 2 Loi Nr. 51-711 vom für das INSEE zuständigen Ministre de l'Economie et des Finances und dem an der Durchführung der Erhebung interessierte Minister gegengezeichnet werden; das jedoch setzt insbesondere eine spezialgesetzliche Ermächtigung oder die Aufnahme der jeweiligen Erhebung in ein gemäß Artikel 1 Loi Nr. 51-711 jährlich von einem (Vertreter des Parlaments, des Conseil Economique und intermediärer Gewalten vereinigenden) Comité de Coordination des Enguêtes Statistiques aufzustellendes Programm voraus[(3o3)].

Zum anderen jedoch entspricht die Existenz einer solchen Geheimhaltungspflicht, obwohl sie die Erstellung bestimmter Statistiken zum Teil erheblich erschwert, wenn nicht gar unmöglich macht, paradoxerweise einem essentiellen Interesse des INSEE. Letztlich steht und fällt nämlich die Realisierung von Statistiken jeglicher Art mit der aktiven und gutwilligen Kooperation der befragten (natürlichen und juristischen) Personen. Sobald diese die Verletzung ihrer Privatsphäre bzw. ihrer Geschäftsgeheimnisse befürchten müssen, ist kaum damit zu rechnen, daß sie insgesamt bereit wären, vollständige und wahrheitsgemäße Angaben zu machen. Gegenüber massenhaften, zum Großteil nicht identifizierbaren wahrheitswidrigen Angaben oder Informationsverweigerungen ist es dem Staat jedoch aus politischen wie tatsächlichen Gründen unmöglich, mit repressiven Mitteln vorgehend die erforderlichen statistischen Daten einzutreiben.

Diese Interessenlage findet ihren Ausdruck in Artikel 6 Loi Nr. 51-711: Während der in Absatz 1 garantierte Geheimnisschutz gegenüber den sich auf das Privat- und Familienleben beziehenden Daten noch als notwendige, rein rechtlich motivierte Folge des verfassungsmäßig begründeten allgemeinen Persönlichkeitsrechts gewertet werden könnte, besteht diese ausschließlich rechtliche Erklärungsmöglichkeit im Falle des Absatz 2 nicht. Dort wird nämlich der Geheimnisschutz von Geschäftsdaten gegenüber den Steuerbehörden und gegenüber Fahndungen anläßlich von Wirtschaftsverbrechen garantiert. Eine solche Garantie ist jedoch keineswegs auf Grund eines Grundrechts rechtlich erforderlich, sondern könnte auch fehlen; allerdings könnten in diesem Falle mangels Kooperation seitens der Steuerpflichtigen und insbesondere der Unternehmen eine Reihe wichtigster Wirtschafts- und sogar Privatdaten wohl sicher nicht bzw. nicht mit der erforderlichen Zuverlässigkeit erfaßt werden.

Das INSEE - wie im übrigen jegliche vergleichbare Funktionen ausfüllende Stelle - hat also ein ureigenes "technisch" begründetes Interesse am Bestand solcher das statistische Geheimnis schützender Gesetzesvorschriften.

Damit ist die spezielle Situation charakterisiert, aus der heraus das INSEE, obwohl hinsichtlich der Erstellung gewisser Statistiken durch das statistische Geheimnis zum Teil empfindlich behindert, auf Grund übergeordneter "technischer" Erwägungen, die insofern außerhalb jeglicher juristischer oder gar politischer Überlegungen liegen, peinlich auf die Respektierung des statistischen Geheimnisses bedacht sein muß. Bereits eine einzelne in der Öffentlichkeit bekannt werdende Verletzung des statistischen Geheimnisses durch das INSEE würde unter Umständen einen spektakulären Vertrauensverlust seitens der "Datenlieferanten" mit allen damit verbundenen schwerwiegenden Folgen nach sich ziehen, der für das INSEE insgesamt katastrophaler wirken würde als die strafrechtliche und disziplinarische Bestrafung einzelner das statistische Geheimnis verletzender Bediensteter des INSEE.

Diese Situation kompliziert sich jedoch für das INSEE dadurch, daß im Gegensatz zu den im Wege von Befragungen und sonstigen direkten Erhebungen erfaßten "statistischen (Individual-) Daten", die durch Artikel 6 Loi Nr. 51-711 völlig von jeglicher Weitergabe an andere (private oder öffentliche) Stellen ausgeschlossen sind, die im Rahmen der laufenden Verwaltung als Basis- oder Ergebnisdaten anfallenden "administrativen (Individual-) Daten" nach dem Grundsatz der Einheit der Verwaltung ("unité de l'administration") grundsätzlich unbeschränkt zu jeglicher Weitergabe durch das INSEE an andere staatliche Stellen bereitstehen; dabei wird natürlich gegenüber außerhalb der Verwaltung stehenden Personen und Stellen grundsätzlich die Vertraulichkeit von Daten der Privatsphäre gewahrt. Da jedoch das INSEE neben "statistischen Daten" in besonderem Maße auf diese "administrativen Daten" angewiesen ist, besteht immer die latente Gefahr, daß dem INSEE besonders wichtige und umfangreiche Daten liefernde Verwaltungsstellen, wie zum Beispiel die überaus mächtige -wie das INSEE - ebenfalls dem Ministère de l'Economie et des Finances angehörende Direction Générale des Impôts, Pressionen auf das INSEE ausüben, um im Gegenzug andere vom INSEE erfaßte Informationen für ihre eigenen Bedürfnisse zu erhalten;wobei dann wiederum die Gefahr besteht, daß die Grenze zwischen den von jeglicher Mitteilung ausgeschlossenen "statistischen Daten" und den grundsätzlich insoweit nicht problematischen "administrativen Daten" verwischt und nicht strikt beobachtet wird.

4.3.5.1.2. Informationsweitergabe durch das INSEE

Vor diesem Hintergrund sind die anläßlich der (erfolgten, bzw. in Angriff genommenen) Realisierung des automatischen Personenkennzeichenregisters SAFARI und des automatischen Wählerverzeichnisses seitens des INSEE gemachten datenschutzbezogenen Überlegungen von besonderem Interesse[3o4]. Dabei ist insbesondere eine vertrauliche Studie eines Inspecteur général einschlägig, der in der Funktion eines Chargé de mission auprès du Directeur général, also als dem Direktor des INSEE direkt zugeordneter ständiger Sonderbeauftragter, speziell mit den juristischen Fragen des statistischen Geheimnisses und des Datenschutzes befaßt ist[3o5].

Danach hat das INSEE in der Vergangenheit gegenüber den verschiedensten um Information nachsuchenden Stellen eine eher liberale Haltung eingenommen[3o6]. So insbesondere gerade gegenüber der Direction Générale des Impôts, die in der Steuerfahndung erhebliche Schwierigkeiten hat, da es in Frankreich kein Einwohnermelderecht gibt und das Auffinden eines säumigen Steuerzahlers im Falle eines Wohnsitzwechsels, insbesondere bei Umzug in eine andere Gemeinde äußerst aufwendig, wenn nicht unmöglich ist.

In einer vertraulichen internen Übereinkunft vom 22.9. 1951 zwischen dem INSEE und der DGI erklärte sich das INSEE dementsprechend bereit, der DGI zwecks Wohnsitzfeststellungen im Rahmen von Steuerfahndungen Zugang zu den vom INSEE zu den verschiedensten Zwecken erfaßten "administrativen Daten", namentlich zum (damals noch manuellen) nationalen Personenkennzeichenregister und Wählerverzeichnis zu gewähren.

Obwohl - soweit ersichtlich keineswegs rechtswidrig - stellt diese Unterstützung der Steuerfahndung für das INSEE ein höchst delikates Problem dar, da eine entsprechend kommentierte, "journalistisch aufgemachte" Verbreitung dieser Tatsache in der Öffentlichkeit das Vertrauen in die Geheimhaltung der "statistischen Daten" ganz allgemein und mit den bereits skizzierten Folgen tief erschüttern könnte. Das INSEE besteht dementsprechend gegenüber der DGI darauf, daß seitens der Steuerfahndungsbeamten gegenüber den Steuerpflichtigen keinerlei Bezug oder auch nur Anspielung auf die Unterstützung durch das INSEE gemacht wird[307].

Einen für französische Verhältnisse noch heikleren Charakter weist die ebenfalls vertrauliche interne Vereinbarung zwischen dem INSEE und der Direction Générale de la Sûreté Nationale (Nationaler Sicherheitsdienst) vom 26.3.1964 auf. Danach hat die Kriminalpolizei direkten Zugang zu den "administrativen Karteien" des INSEE (Personenkennzeichenregister, Wählerverzeichnis, Identitäts- und Sozialversicherungsbeitrittsunterlagen etc.) zum Zwecke der Wohnsitzfeststellung von Verdächtigen, Zeugen etc. im Rahmen kriminalpolizeilicher Vorermittlungsverfahren[308]. Dementsprechend dürfen die Ermittlungsbeamten insoweit niemals, d.h. selbst nicht in offiziellen Berichten ihre Informationsquelle angeben[309].

In weiteren derartigen Vereinbarungen gibt das INSEE bisher einer beachtlichen Zahl von öffentlichen und privaten Stellen systematisch Zugang zu seinen "administrativen Daten":

- Préfectures (als Wehrerfassungsstellen); Ministère des Armées, Direction de la Gendarmerie et de la Justice Militaire; Service des Recherches dans l'Interêt des Familles,
- INSERM,
- Société Commerciale de Réassurance (SCOR),
- private Genealogie-Büros etc.

Darüber hinaus gibt das INSEE einzelnen Auskunftsbegehren von Einzelpersonen und privaten Organisationen - allerdings in nur sehr beschränktem Maße - nach, während einzelnen Auskunftsbegehren öffentlicher Stellen zu administrativen Zwecken in fast unbeschränktem Umfang stattgegeben wird[310].

Diese insbesondere gegenüber öffentlichen Stellen ausgesprochen liberale Haltung des INSEE ist unter einer Reihe von Gesichtspunkten bedenklich[311]. Eine differenzierende Revision erscheint daher anläßlich der Automatisierung des Personenkennzeichenregisters SAFARI und des Wählerverzeichnisses als erforderlich. Die den hier gemachten Ausführungen zu Grunde liegende Studie des INSEE schlägt daher eine allgemeine Nuancierung dieser bisherigen liberalen Haltung vor und betont insbesondere die Notwendigkeit:

- hinsichtlich des Personenkennzeichenregisters eine deutlichere Trennung zwischen "statistischen" und "administrativen Daten" zu machen,
- die bisher erfolgte Bekanntgabe der öffentlichen Stellen, bei denen ein bestimmtes Individuum - möglicherweise äußerst umfassend - datenmäßig erfaßt ist, auf genau definierte Fälle einzuschränken,
- den Kreis der öffentlichen Stellen einschränkend genau zu definieren, denen Auskünfte hinsichtlich des Wohnsitzes einzelner Individuen gegeben werden können.[312]

Besonders bemerkenswert ist der in diesem Zusammenhang gemachte Vorschlag, bei einer Neudefinierung der Haltung des

INSEE hinsichtlich des statistischen Geheimnisses und allgemein hinsichtlich des Datenschutzproblems gerade auch den Conseil d'Etat bzw. das von ihm vorgeschlagene Haut Comité de l'Informatique zu Rate zu ziehen[313]. Damit wird deutlich, daß die Existenz einer gesetzlichen Datenschutzregelung selbst einem echten Bedürfnis der Verwaltung entsprechen kann; gestützt auf eine klare Datenschutzregelung könnte das INSEE zum Beispiel erheblich sicherer abschätzen, inwieweit es Daten weitergeben kann und damit, sich gegenüber äußeren Pressionen leichter behauptend, Situationen vermeiden, die das Vertrauen, das es bei den "Informationslieferanten" genießt, zerstören könnten.

Darüberhinaus stellt das INSEE ein besonders signifikantes Beispiel dafür dar, wie sich mangels klarer, umfassender und ausreichend detaillierter Datenschutz- und Amtshilferegelungen im Laufe der Zeit Usancen bilden, die später mit mehr oder weniger ausgeprägtem Erschrecken als "zu liberal" erkannt werden, daß allgemein eben eine "die technische und wirtschaftliche Entwicklung nicht hemmende" Rechtsordnung letztlich ihre soziale Steuerfunktion nicht erfüllt und es daher zu unerwünschten und zum Teil höchst bedenklichen Entwicklungen kommen kann.

4.3.5.2. Datenschutzbezogene Argumentation der Délégation à l'Informatique

4.3.5.2.1. Der das Datenschutzproblem herunterspielende Ansatz

Ähnlich wie sich das INSEE mit der Datenschutzproblematik lediglich insoweit beschäftigt, wie diese im Rahmen der Erfüllung seiner Funktion als zentrale Wirtschaftsinformationsstelle relevant ist, wurde die Haltung der Délégation à l'Informatique bisher deutlich durch die von ihr im Rahmen des Plan Calcul verfolgte Förderung der EDV-Industrie sowie der privatwirtschaftlichen und staatlichen EDV-Anwendung geprägt[314].

Das wird in gewisser Weise bereits durch den Umstand deutlich, daß die Délégation à l'Informatique selbst, obwohl sie sich grundsätzlich als umfassend für die EDV zuständig erklärt, bisher keine umfassende und differenzierende datenschutzbezogene Untersuchungen angestellt hat. Insbesondere die im Anschluß an die Fertigstellung der Datenschutzuntersuchung des Conseil d'Etat im Laufe des Jahres 1971 vom Délégué à l'Informatique und einigen seiner Mitarbeiter gemachten öffentlichen Diskussionsbeiträge und internen Stellungnahmen erschöpfen die Datenschutzproblematik keinesfalls[315]. Da sie letztlich das Datenschutzproblem unter dem Blickwinkel sieht, die Schaffung von Datenschutzvorschriften zu verhindern, die die Entwicklung und Verbreitung der EDV unnötig bzw. übermäßig behindern, nimmt die Délégation à l'Informatique dabei inhaltlich zwangsläufig in verschiedenen wichtigen Punkten eine Gegenstellung gegenüber dem Conseil d'Etat ein[316].
Dies umso mehr als die Délégation à l'Informatique als vor allem auf Kooperation angewiesene "administration de mission" in Verfolg ihrer Mission primär um ein jeweils gutes Verhältnis nicht nur zu der Regierung und den verschiedenen EDV-anwendenden Verwaltungen sondern auch zur Computerindustrie und den EDV-Spezialisten des privatwirtschaftlichen und des öffentlichen Sektors besorgt sein muß und daher ohnehin nur in sehr beschränktem Maße hinsichtlich kontroverser (da entscheidende Interessen gerade auch dieser in der Datenschutzdiskussion Partei darstellenden Gruppen involvierender) Datenschutzprobleme eben diesen Interessen zuwiderlaufende Vorstellungen äußern kann.

Dabei findet sich die Délégation à l'Informatique allerdings in einem nicht unerheblichen Dilemma, da sie sich selbstverständlich nicht jeglicher Beteiligung an der in der allgemeinen wie der Fachpresse mehr oder weniger virulent geführten Datenschutzdiskussion enthalten kann, in ihren Äußerungen jedoch einerseits glaubwürdig sein muß und also die Existenz eines Datenschutzproblems nicht grundsätzlich völlig negieren kann, andererseits hinwiederum das Problem nicht unnötig hochspielen will. Es entsteht daher bei den greifbaren Äußerungen seitens der Délégation à l'Informatique der Eindruck, daß das Problem mehr oder weniger bewußt hinhaltend behandelt, um nicht zu **sagen kaschiert** wird. Trotz verbaler Konzessionen zugunsten des Datenschutzes tritt jedoch bei einer gewisse Widersprüche eliminierenden Synthese der Äußerungen verschiedener Vertreter der Délégation à l'Informatique eine eindeutig einseitig EDV-freundliche bzw. gegenüber den Datenschutztendenzen der herrschenden Meinung der Fachliteratur reservierte Haltung klar hervor.

So betont der Délégué à l'Informatique in seiner Stellungnahme zur Untersuchung des Conseil d'Etat einleitend, daß eine zu negative Darstellung des durch die EDV bedingten Datenschutzproblems eine große Gefahr darstelle: Einerseits könne in der Öffentlichkeit eine Reaktion des Widerstand gegenüber dem durch die EDV ermöglichten technischen und wirtschaftlichen Fortschritt eintreten und andererseits würde dabei möglicherweise ein echtes schwerwiegendes Problem übersehen, das darin bestehe, daß die Möglichkeiten der EDV noch nicht voll zugunsten der Wirtschaft und der Gesellschaft ausgenutzt würden[317].

Dementsprechend tut sich die Délégation à l'Informatique schwer zuzugestehen, daß die im privaten wie öffentlichen Sektor eingesetzte EDV eine ernstzunehmende und nicht zu unterschätzende Gefahr insbesondere für die Privatsphäre und allgemein für das allgemeine Persönlichkeitsrecht darstellt. So spricht Costa bezeichnenderweise von der Schwierigkeit in der Frage, ob die EDV eine Gefahr für die Privatsphäre darstellt, "den Mythos von der Realität" zu trennen[318]. Weiterhin wird wiederholt darauf hingewiesen, daß "eine gewisse journalistische Tendenz"[319], popularwissenschaftliche Veröffentlichungen sowie die "Sensationspresse"[32o] sich des Themas als ein "gefundenes Fressen"[321] annehmen und diesbezügliche Darstellungen geben, die "schlicht und einfach dem Bereich der Science-fiction angehören"[322].

Diese simplifizierende Darstellung seitens der Délégation à l'Informatique hebt sich allerdings ihrerseits insoweit kaum über das beanstandete Niveau mancher journalistischer Äußerungen "einer gewissen Presse" hinaus, wird den durchaus abgewogenen Äußerungen in der seriösen Presse in keiner Weise gerecht und weicht der wissenschaftlichen Diskussion mit der Fachliteratur aus, die ihrerseits bei aller Unzulänglichkeit doch durchaus ernstzunehmende Ansätze aufweist.

Darüber hinaus verkennt beispielsweise Costa - unbewußt oder bewußt - die Dynamik der technischen Entwicklung, wenn er von der "Sensationspresse und den Geistern (spricht), die gern Wissenschaft und Science-fiction verwechseln", um dann festzustellen, daß "der Alptraum eines Computer-Verbundsystems, das sämtliche Daten über alle Bürger zentralisiert, sich noch lange Zeit an technischen und praktischen Unmöglichkeiten stoßen wird"[323]. Bereits heute existieren nationale und internationale Computer-Verbundsysteme und während die EDV mit Hilfe der schnellen Entwicklung der Mini- und Micro-Computer in naher Zukunft auch in die bisher "computer-ungefährdeten" Lebensbereiche eindringen wird, eröffnen die nicht minder schnellen Fortschritte der Datenfernübertragung und Verarbeitung in zunehmendem Maße den Aufbau noch umfassenderer Computer-Verbundsysteme[324]. Es ist im übrigen wohl kaum anzunehmen, daß bei den in Frankreich bereits seit geraumer Zeit angestellten Überlegungen hinsichtlich des Aufbaus eines umfassenden allgemeinen Verwaltungsinformationsbankensystems Wissenschaft und Science-fiction verwechselt werden[325]. Und selbst der "Over all-Computer" ist heute in Form eines bereits in der Entwicklung befindlichen Rechengiganten in den Bereich der Möglichkeiten gerückt, der mittels einer neuen Computerarchitektur über einen Zentral-Computer eine Vielzahl von 64 (!) parallel arbeitenden "Sklaven-Computern" koordiniert und an einen Mammut-Datenspeicher angeschlossen werden soll, der eine Weltbibliothek erfassen könnte(326).

Wenn die Délégation à l'Informatique letztlich dennoch - wie es scheint mit einem gewissen Unmut - zugesteht, daß es eine Gefahr für das allgemeine Persönlichkeitsrecht, also ein Datenschutzproblem gibt, so versucht sie insoweit die gefährdende Rolle der EDV mit einer Reihe von Argumenten zu relativieren, wobei allerdings einige Widersprüche auftreten und gewisse Gedanken nicht konsequent zu Ende gedacht werden(328):

- Eines der seitens der Délégation à l'Informatique ständig auftauchenden Argumente besagt, daß die EDV insofern nichts Neues darstellt als die Privatsphäre bereits vor Einführung der EDV bedroht war (329). So wird entsprechend der allgemeinen französischen Tendenz zur Historisierung ernsthaft betont, daß bereits die alten Römer (wie auch die "Erfinder" der modernen Menschenrechte während der französischen Revolution) über Datensammlungen in Form von Listen der Geächteten verfügten(33o).

Während in anderem Zusammenhang gerade auch von der Délégation à l'Informatique der bedeutende, durch das machtvolle Instrument der EDV bedingte und qualitative Veränderungen herbeiführende Fortschritt auf eine totale Informationsmobilisation hin ständig unterstrichen wird, wird plötzlich im Rahmen der Datenschutzdiskussion zwischen den römischen Geächtetenlisten und den modernen EDV-Dateien kein wesentlicher Unterschied mehr gesehen und die EDV als mißverstandenes Hilfsmittel dargestellt, das unverdient mit dem nicht durch sie bedingten, sondern lediglich durch sie aufgedeckten Problem der Gefährdung der Privatsphäre durch Informationssammlungen identifiziert wird(331). Obwohl konzediert wird, daß die EDV einen gewissen diese Gefahr "beschleunigenden bzw. verstärkenden Effekt" ausübt, wird keineswegs aus den (Karteien bzw. Dateien implizierenden) Vorkommnissen der Vergangenheit ("affaire des fiches", etc.) die Folgerung gezogen, daß es sich beim Datenschutzproblem um ein zwar altes, jedoch durch die technische Entwicklung der EDV entscheidend verschärftes und daher heute um so dringender regelungsbedürftiges Problem handelt.

- In Verfolg des Bestrebens, die EDV zu exkulpieren und die spezielle Gefährdung der Privatsphäre durch die EDV zu relativieren, wird seitens der Délégation à l'Informatique auch verschiedentlich darauf hingewiesen, daß die Verletzungen der Privatsphäre durch sonstige moderne Techniken - insbesondere durch das heimliche Abhören von Gesprächen mittels versteckter Mikrophone, Sender und Tonbandgeräte sowie Telefonabhörvorrichtungen - bedeutend gefährlicher sei(332).

Abgesehen davon jedoch, daß solche Privatsphärenverletzungen mehr oder weniger punktuell bleiben, d.h. sich lediglich auf eine beschränkte Anzahl bestimmter Orte und Personen beziehen, während durch entsprechende EDV-Manipulationen insbesondere im öffentlichen Sektor zugleich Tausende, wenn nicht Millionen von Bürgern in ihrer Privatsphäre bedroht werden, ist nicht einzusehen, wieso ein Verletzungstatbestand nicht regelungsbedürftig sein soll, nur weil ein anderer Tatbestand, der im übrigen bereits eine gesetzliche Regelung gefunden hat(333), eine noch schwerere Verletzung darstellt. Durch die "affaire des écoutes téléphoniques" und die "affaire du Canard Enchaîné", die beide illegales Handeln der Exekutive vermuten bzw. als sicher erscheinen lassen und durch die massive Behinderung der diesbezüglichen parlamentarischen bzw. richterlichen Aufklärungsversuche durch die Regierung geprägt sind, hat diese Argumentation der Délégation à l'Informatique im übrigen eine unverhoffte Bedeutung bekommen. Die beiden zitierten Skandale illustrieren das allgemeine Phänomen, daß die Exekutive - aus welchen Gründen auch immer - dazu tendiert, ihr zu Gebote stehende technische Hilfsmittel gerade zur Informationsgewinnung bis an die Grenze der Illegalität und eben in gewissen nicht auszuschließenden Fällen darüberhinaus auszunutzen und sich gegenüber demokratischen Kontrollen in exzessivem Maße hinter Argumenten der Staatsraison zu verschanzen. Es ist aber kein Grund ersichtlich, der dagegen spräche, diese Erkenntnis auch auf das Hilfsmittel der EDV anzuwenden.

- Weiterhin wird seitens der Délégation à l'Informatique darauf hingewiesen, daß die EDV auf Grund ihrer komplizierten Technik dem unbefugten Zugriff durch Außenstehende erheblich größere Barrieren entgegenstellt, also die elektronisch gespeicherten Daten technisch wesentlich besser geschützt werden als die Daten der herkömmlichen Karteien, Ordner etc., die dem Zugriff jedweder Putzfrau offenstünden(334). Während dies selbstverständlich nicht vollständig von der Hand zu weisen ist, ist andererseits zu bedenken, daß ein Operateur eines Rechenzentrums mit der Entwendung oder der (noch erheblich diskreteren) Kopierung eines Magnetbandes mehr Daten entwendet, als es 1ooo bestochene Putzfrauen jemals könnten. Darüberhinaus ist der systematisch betriebene "befugte", jedoch rechtswidrige Zugriff einer (öffentlichen oder privaten) Stelle auf die Daten einer anderen Stelle unter Einsatz der EDV-Techniken (Datenfernübertragung und Verarbeitung etc.) sehr viel diskreter als der - beispielsweise postalische - Austausch von auf traditionellen Datenträgern gespeicherten Massendaten(335).

- Der entscheidende Grund für die von der Délégation à l'Informatique ständig versuchte Relativierung des (EDV-bedingten) Datenschutzproblems ist ein sehr restriktives Konzept des Persönlichkeitsrechts. Während heute vielfach in der Datenschutzdikussion dem Bürger ein weitreichendes Verfügungsrecht über die ihn betreffenden Informationen zugestanden wird, wonach er eben gerade auch gewisse Informationen über sich selbst nach eigenem Ermessen zurückhalten bzw. nur unter gewissen, von ihm gesetzten Bedingungen (z.B. der Nichtverwendung außerhalb vordefinierter Zwecke oder der Nichtweitergabe an dritte Stellen)mitteilen kann, besteht für die Délégation à l'Informatique das Persönlichkeitsrecht darin, "jedem ein Maximum an Informationen über jeden zu geben"(336). Da aber die vollständige Kenntnis eines Menschen nicht gefährlicher für seine persönliche Freiheit sei als zu Fehlurteilen führende Teilinformationen, sei es "dann jedoch schon besser, einen Menschen auf Grund eines Maximums an Informationen und nicht auf Grund lediglich eines Teils zu beurteilen"(337).

Es bedarf keiner weiteren Ausführungen dafür, daß ein solches Konzept in der letzten Konsequenz jeglichen Datenschutz unnötig macht, da es letztlich nichts mehr zu schützen gäbe und daß damit ungewollt die Begründetheit der Forderung nach einer effektiven Datenschutzgesetzgebung demonstriert wird, die das Persönlichkeitsrecht des Bürgers gegenüber der technischen Entwicklung als eindeutig höherrangiges Rechtsgut einstuft.

Über diese Versuche, die Gefahr der EDV für die Privatsphäre zu relativieren bzw. herunterzuspielen, gelangt die Délégation à l'Informatique schließlich zu dem folgenden Schluß:

"Es besteht unbestreitbar hinsichtlich der Bedrohung durch den Computer ein Mythos, den es zu zerstören gilt. Jedoch stellt es keine Lösung dar, das tatsächlich bestehende Gefahrenelement, wenn es auch gering ist, zu leugnen. In Wahrheit würde die Entwicklung der EDV mehr durch das Fortbestehen des durch Untätigkeit genährten Mythos' gehemmt als durch die Existenz einer gewissen Anzahl rechtlicher und technischer Regelungen, die die bereits erwähnte Gefahr begrenzten und ihr den geheimnisvollen Charakter nähmen: Man fürchtet das Unbekannte und der bestehende Mangel an Regelungen verursacht die Überschätzung der möglichen Gefahren der Computer"[338].

Es geht der Délégation à l'Informatique also im Ansatz nicht primär darum, das "ohnehin geringe" Datenschutzproblem zu lösen, sondern mittels eines Minimums an Datenschutzregelungen zu verhindern, daß sich der "Mythos" der Gefährdung der Privatsphäre durch die EDV perpetuiert und die Entwicklung der EDV hemmt.

Dementsprechend wird die Stellungnahme des Délégué à l'Informatique zur Untersuchung des Conseil d'Etat von der ausführlich dargelegten Besorgnis geprägt, daß eine zu früh ergehende und zu repressive Datenschutzgesetzgebung die Entwicklung der EDV in unerwünschter Weise hemmen könnte, während die Frage nach den Folgen einer zu liberalen bzw. zu spät ergehenden Datenschutzgesetzgebung für die Persönlichkeitsrechte der Bürger garnicht gestellt wird[339].

4.3.5.2.2. Stellungnahme zur Untersuchung des Conseil d'Etat

Der Délégué à l'Informatique Allègre stellt dementsprechend in seiner Stellungnahme zur Untersuchung des Conseil d'Etat zunächst fest, daß einerseits keine Dringlichkeit hinsichtlich des Erlasses einer Datenschutzgesetzgebung besteht und daß andererseits gewisse juristische und tatsächliche Aspekte der Datenschutzproblematik noch ungenügend untersucht sind[340]. Die eher globalen Vorschläge für noch anzustellende Untersuchungen lassen jedoch mehr auf eine Verzögerungstaktik denn auf ein echtes Bemühen um eine Datenschutzregelung schließen.

Nachdem zum Beispiel betont wurde, daß ein internationaler Vergleich der verschiedenen nationalen (bestehenden oder geplanten) Datenschutzgesetzgebungen keinen Schluß hinsichtlich des Grads an Freiheit in den jeweiligen Staaten zuließe, da die Konzeption über die datenschutzwürdige Privat- und Geheimnissphäre je nach Sektor (Steuergeheimnis, Bankgeheimnis etc.) in den verschiedenen Ländern zu unterschiedlich seien, wird vorgeschlagen eine internationale Datenschutzkonferenz einzuberufen, um die Erarbeitung einer internationalen Datenschutzkonvention in Angriff zu nehmen und damit zu verhindern, daß die einzelnen Staaten jeweils verschiedene Datenschutzregeln aufstellen, die später nur sehr schwierig zu harmonisieren sind(341). Daß ein solches Verfahren den Erlaß nationaler Datenschutzregelungen bis ins nächste Jahrtausend vertagen würde, dürfte klar sein, wenn man eben gerade an die verschiedenen nationalen Konzepte des Geheimnisses und die Subtilität der betroffenen Detailprobleme denkt: dem Prinzip der Publizität sämtlicher von der schwedischen Exekutive gehaltener Informationen steht beispielsweise das Prinzip des Geheimnisses sämtlicher von der französischen Exekutive gehaltener Informationen kraß gegenüber; parlamentarische Kontrolle bedeutet in der Bundesrepublik und in Frankreich zwei völlig verschiedene Dinge und die unabhängige BBC hat mit der ORTF als offiziellem Sprachrohr der französischen Regierung nur das Medium "Rundfunk und Fernsehen" sowie die Ausnutzung derselben physikalischen Gesetze gemein(342).

4.3.5.2.2.1. Kritik einzelner Vorschläge des Conseil d'Etat

Sodann kritisiert der Délégué à l'Informatique eine Reihe von Vorschlägen des Conseil d'Etat als Lösungen, die zwar zunächst als zufriedenstellend erschienen, jedoch tatsächlich zu vermeiden seien(343).

- So ist nach Ansicht des Délégué à l'Informatique jegliche Diskrimination zwischen den traditionellen und den elektronischen Methoden der Datenverarbeitung zu vermeiden, da eine einseitig die EDV erfassende Datenschutzgesetzgebung den Fortschritt hemmen könnte, indem sie potentielle EDV-Anwender dazu motivieren könnte, gewisse delikate Daten weiterhin in traditioneller Form zu speichern und zu verarbeiten(344).

In diesem Zusammenhang wird eine ausgeprägte Inkohärenz in der Argumentation der Délégation à l'Informatique deutlich, die den tendenziellen Charakter der Beiträge der Délégation à l'Informatique zur französischen Datenschutzdiskussion demonstriert. Während nämlich einerseits betont wird, daß die EDV gegenüber der traditionellen Datenverarbeitung nichts Neues darstellt und daher kein akutes, eine spezielle Regelung erforderndes Datenschutzproblem darstellt, wird andererseits erklärt, daß im Falle des Erlasses einer Datenschutzgesetzgebung auch die traditionelle Datenverarbeitung erfaßt werden müsse, da "die einmal beschlossene Verwendung einer Datensammlung zu politischen, wirtschaftlichen oder sonstigen schädigenden Zwecken auch mit manueller Methode erfolgt: die Datenverarbeitung ist dabei sicher langwieriger und weniger einfach, wenn jedoch eine Schädigungsabsicht besteht, erfolgt sie aber in jedem Fall"(345).

Wenn aber demnach also gewisse Schädigungen bezweckende Datenverarbeitungsmanipulationen unter Einsatz der EDV schneller und leichter vorzunehmen sind, so ist keinesfalls verständlich warum eingangs die Datenschutz-Regelungsbedürftigkeit der EDV bestritten wird.

- Weiterhin wendet sich der Délégué à l'Informatique gegen den Vorschlag des Conseil d'Etat, die Speicherung gewisser "gefährlicher" Informationen bezüglich politischer oder religiöser Überzeugungen, Intimleben etc. grundsätzlich auszuschließen, da nicht der Inhalt einer Datei als solcher, sondern lediglich der Gebrauch, den man davon macht ausschlaggebend sei und im übrigen ein solches Speicherungsverbot wenig praktikabel sei(346). Vorschläge ob und wie der - sicher eher noch schwieriger zu kontrollierende - Gebrauch solcher Daten geregelt werden soll, werden allerdings seitens des Délégué à l'Informatique nicht gemacht. Er begnügt sich damit festzustellen, daß durch die (praktisch erst durch die EDV in nennenswertem Umfang ermöglichte) Kombinierung verschiedenster, isoliert "ungefährlicher" Daten ebensogut Gefahren für den betroffenen Bürger entstehen können, daß es beispielsweise besser sei, die politische Meinung eines Menschen klar zu kennen, als durch Kombinierung verschiedener "ungefährlicher" Informationen - möglicherweise falsch - zu vermuten. Damit demonstriert Allègre jedoch ein weiteres Mal unfreiwillig die Gefährdung des Persönlichkeitsrechts durch die EDV; gänzlich vollständige Information wird es bezüglich der Bürger nämlich niemals geben, so daß grundsätzlich immer die Gefahr von Fehlschlüssen auf Grund von EDV-gestützter Kombinierung "ungefährlicher" Daten besteht.

- Wie der Conseil d'Etat schätzt der Délégué à l'Informatique eine allgemeine Meldepflicht bezüglich sämtlicher Dateien als zu aufwendig und im übrigen als entbehrlich ein, lehnt jedoch im Gegensatz zum Conseil d'Etat auch die Differenzierung in für Außenstehende gefährliche und also meldepflichtige und ungefährliche, meldefreie Dateien ab, ohne allerdings echte Gegenvorstellungen zu entwickeln(347).

- Ein spezielles direktes Einsichts- bzw. Auskunftsrecht der Bürger gegenüber den öffentlichen und privaten Stellen hinsichtlich der dort gespeicherten, sie betreffenden Daten lehnt der Délégué à l'Informatique selbst unter der Voraussetzung ab, daß die mißbräuchliche Ausübung dieses Informationsrechts durch entsprechende Vorschriften verhindert wird. Ein solches allgemeines Informationsrecht würde die Gefahr heraufbeschwören, daß "vom Verfolgungswahn Besessene oder böswillige Elemente angereizt würden, öffentliche Stellen und private Unternehmen mit paralysierenden Anträgen zu überlasten"; lediglich im Rahmen von Rechtsstreitigkeiten soll der jeweilige Klageführende beantragen können, daß der Richter die von der beklagten Ge-

genpartei gespeicherten, ihn betreffenden Daten einsieht, soweit sie für den konkreten Rechtsstreit einschlägig sind, wobei es im freien Ermessen des Richters stehen soll, diesem Antrag nachzukommen(348).

Dieser äußerst restriktive Vorschlag erscheint als völlig unzureichend. Er macht "Besessene und böswillige Elemente" zum allgemeinen Maßstab und beschränkt den Bürger letztlich aus Rentabilitätsgründen in unzulässiger Weise in der Wahrnehmung seiner Rechte. Da es keine Schwierigkeit darstellen dürfte, flexible Regelungen zu finden, die mißbräuchliche Auskunftsbegehren grundsätzlich vermeiden, erscheint dieser Vorschlag des Délégué à l'Informatique als eine um so willkürlichere und undemokratischere Entscheidung.

Weiterhin erscheint es als im höchsten Maße widersprüchlich, um nicht zu sagen unlauter, den Bürger unter dem Hinweis, daß "eine undurchsichtige Gesellschaft keine freie Gesellschaft ist" zur Mitteilung seiner privatesten Gegebenheiten (politische und religiöse Überzeugung, Intimleben, Gesundheit etc.) zu verpflichten, um ihm dann im Gegenzug die freizügige Information über die ihn betreffenden gespeicherten Daten zu verweigern, die ihm weitgehend erst die Möglichkeit gibt, Verletzungen seiner Rechte festzustellen und entsprechenden Rechtsschutz zu erlangen.

4.3.5.2.2.2. Minimalprinzipien des Délégué à l'Informatique

Über die Ablehnung verschiedener Vorschläge des Conseil d'Etat hinaus zeigt der Délégué à l'Informatique jedoch einige wenige Grundzüge einer zukünftigen Datenschutzregelung auf, die er allerdings selbst bezeichnenderweise "Minimalprinzipien" ("principes minima") nennt(349).

- Anstelle der Genehmigungspflicht hinsichtlich jeglicher Weitergabe von Dateien wie Einzeldaten, die er wohl zu Recht für zu aufwendig einschätzt, schlägt der Délégué à l'Informatique die Schaffung eines ad hoc-Ausschusses vor, der gewisse, allgemeine Ausnahmeregelungen zulassende Verbotsregelungen für die Weitergabe von bestimmten Informationen an bestimmte private oder öffentliche Stellen aufstellen würde[350].

- Gegenüber einer von ihm als "oft restriktiv und archaisch" qualifizierten Konzeption des Geheimnisses der Franzosen fordert der Délégué à l'Informatique weiterhin, "daß die Informationen besser fließen und der Begriff des Geheimnisses zurückgeht", um sodann kurioserweise zu beklagen, daß "das französische Recht nur sehr langsam das, was die Angelsachsen "privacy" nennen, d.h. die Intimität des Privatlebens, anerkennt und schützt"[351].

Dieser überraschende Widerspruch erklärt sich dadurch, daß Allègre unter verstärktem Schutz der Privatsphäre die Verschärfung der bei Verletzungshandlungen angedrohten zivil- und verwaltungsrechtlichen sowie der noch zu schaffenden straf- und disziplinarrechtlichen, bzw. berufsethischen Sanktionen versteht. Diese - zum großen Teil noch nicht existenten - Sanktionen stellen nach seiner Ansicht " ein ziemlich umfangreiches Arsenal (dar), das ausreicht ... um gegen eventuelle Mißbräuche der EDV anzukämpfen"[352].
Es ist dabei allerdings nicht zu übersehen, daß in der gesamten Stellungnahme des Délégué à l'Informatique auch nicht eine einzige Andeutung enthalten ist, wie denn letztlich die zu sanktionierenden Tatbestände gefaßt werden sollen, mit anderen Worten, was also die zu bekämpfenden "Mißbräuche der EDV" sind und wie die zu schützende Privatsphäre zu definieren ist.

- Obwohl der Délégué à l'Informatique dem Problem der Kontrolle einen besonderen Stellenwert einräumt und - auf die "affaire des fiches" ausdrücklich hinweisend - die Gefahr beschreibt, daß eine private oder öffentliche Stelle über eine unter Umständen längere Zeit hinweg zahlreiche Mißbräuche hinsichtlich der ihr zur Verfügung stehenden Informationen begeht, bevor der jeweils Betroffene von der Verletzung seiner Rechte erfährt, ist er - wie oben bereits dargestellt - nicht bereit, dem Bürger ein direktes Auskunfts-, bzw. Einsichtsrecht zuzugestehen[353]. Er hält es insofern für ausreichend, daß neben dem Verwaltungsrichter (dem unter Umständen eine erweiterte Überprüfungsmöglichkeit hinsichtlich der Verwaltungsentscheidungen zugrunde liegenden Informationen eingeräumt werden solle[354]) ein Haut Comité auf Antrag des Bürgers hin eine Untersuchung anstellen kann.

- Das Haut Comité, wie es der Délégué à l'Informatique vorschlägt, unterscheidet sich allerdings erwartungsgemäß sowohl hinsichtlich seiner Zusammensetzung wie seiner Kompetenzen deutlich von der diesbezüglichen Konzeption des Conseil d'Etat. So sieht der Délégué à l'Informatique die Ernennung je eines Drittels der Mitglieder des Haut Comité durch den Staatspräsidenten und die beiden Kammern des Parlaments vor[355]. Obwohl der Délégué à l'Informatique die Bedeutung der Unabhängigkeit des Haut Comité unterstreicht, gibt dieser Bestallungsmodus jedoch der Exekutive, deren eigentlicher Chef der Staatspräsident ist, einen gegenüber der vom Conseil d'Etat vorgeschlagenen Konstruktion noch erheblich stärkeren Einfluß. Während der Staatspräsident selbst bereits ein Drittel der Mitglieder direkt bestimmen könnte, könnte er über die von ihm ernannte und jederzeit abrufbare Regierung Einfluß auf die Entscheidung der die Regierung unterstützende Mehrheit in der Assemblée Nationale nehmen; die die Mehrheit der Assemblée Nationale stellenden Parteien hinwiederum haben grundsätzlich auch im Sénat eine starke Stellung.

Die Kompetenzen des Haut Comité sind nach der Konzeption des Délégué à l'Informatique gegenüber dem Konzept des Conseil d'Etat stark beschränkt. Das liegt einerseits daran, daß der Délégué à l'Informatique allgemein die Schaffung einer Reihe von Genehmigungs- und Meldepflichten ablehnt. Der entscheidende Unterschied liegt jedoch darin, daß der Délégué à l'Informatique dem Haut Comité keine beratende Funktion zubilligt[356]. Das Haut Comité wäre also nicht aufgerufen, aus eigener Initiative oder auf Anfrage durch die Regierung hin Vorstellungen und Vorschläge zur allgemeinen Ausfüllung einer zukünftigen Datenschutzgesetzgebung zu entwickeln, die die Regierung zwar auch nach dem Konzept des Conseil d'Etat nicht binden würden, über die die Regierung jedoch tatsächlich nicht ohne weiteres hinweggehen könnte.

Nach dem Vorschlag des Délégué à l'Informatique verbliebe dem Haut Comité also lediglich die Aufgabe, über die Genehmigung der Datenweitergabe zu entscheiden, wobei insofern - wie oben dargestellt - gewisse Richtlinien bereits von einem ad hoc-Ausschuß definiert würden.

Daneben hätte das Haut Comité die Aufgabe, auf individuellen Antrag hin oder aus eigener Initiative Untersuchungen über eventuelle Datenmißbräuche durchzuführen, deren Ergebnisse das Haut Comité unter Umständen in Form von Berichten dem Parlament oder dem Staatspräsident vorlegen könnte[357]. Bezeichnenderweise sieht der Délégué à l'Informatique in einem solchen Haut Comité mehr ein "Informations-Kommitee" ("comité de l'information") als ein "EDV-Kommitee" ("comité de l'Informatique").

- Eine ganz besondere Bedeutung gesteht der Délégué à l'Informatique der Ausarbeitung einer EDV-Deontologie und der Schaffung einer berufsständischen Organisation durch die EDV-Fachleute selbst zu, die unter Umständen später in entsprechenden Rechtsverordnungen ihren Niederschlag fänden[358]. Dabei gesteht der Délégué à l'Informatique ein, daß die wahren Verantwortlichen des rechtmäßigen oder mißbräuchlichen Einsatzes der EDV weniger die EDV-Fachleute als die ihnen übergeordneten (von einer EDV-Deontologie und einer EDV-berufsständischen Organisation ohnehin nicht erfaßten bzw. nur äußerst schwerlich erfaßbaren) leitenden Beamten oder Direktoren sind und daß darüberhinaus eine klare Definition des Berufsbildes des EDV-Fachmannes auf erhebliche Schwierigkeiten stößt. Vor allem aber im Hinblick auf die bisherigen eindeutig untauglichen (wenn auch zum Teil recht unterhaltsamen) Versuche verschiedener EDV-Berufsvertreter[359] erscheint es nicht recht verständlich, warum gerade von seiten der Délégation à l'Informatique, die einerseits dem Conseil d'Etat mehr oder weniger unverholen mangelnde Fachkenntnis und unpraktikable Vorschläge ankreidet und allgemein auch den Vorwurf der Science-fiction nicht scheut, auf eine von einer berufsständischen Organisation getragenen EDV-Deontologie so besonderer Wert gelegt wird. Neben dem etwas merkwürdig anmutenden Ziel "die Isolierung (der EDV-Fachleute) in der Nation zu verhindern" wird von Abschreckung vor mißbräuchlichen EDV-Anwendungen durch disziplinarische Sanktionen sowie davon gesprochen, "die öffentliche Meinung hinsichtlich der tatsächlichen Macht der wenig bekannten Personen (der EDV-Fachleute) zu beruhigen"[(36o)].

Man ist daher wiederum versucht, in diesen Vorschlägen des Délégué à l'Informatique weniger echtes Bemühen um Datenschutzproblemlösungen zu sehen, als vielmehr ein Verzögerungsmanöver, das möglicherweise mit gewissen sonstigen, allgemein auf die Entwicklung des nationalen EDV-Sektors gerichteten Gesichtspunkten koinzidiert.

- Auch auf dem Sektor der (technischen) Datensicherung sieht der Délégué à l'Informatique grundsätzlich keine über (nicht weiter präzisierte) Empfehlungen hinausgehenden Maßnahmen für möglich an[(361)].

Zusammenfassend trifft der Délégué à l'Informatique folgende, die von ihm vertretene Haltung charakterisierende Feststellung:
"Es ist jedoch meine tiefe Überzeugung, daß die Gefahr zu spät eine gesetzgeberische Maßnahme zu ergreifen geringer ist als die, das normative Gebäude überstürzt zu errichten"[(362)].

4.3.5.2.3. Auftragsgutachten der STERIA

Im Vergleich mit der bisher behandelten, sehr liberalen Datenschutzkonzeption der Délégation à l'Informatique ist die im Auftrag eben der Délégation à l'Informatique im Mai 1972 fertiggestellte, bereits mehrfach zitierte Untersuchung des privaten EDV-Beratungs- und Planungsbüros STERIA über ein allgemeines Verwaltungs-Informationsbankensystem von besonderem Interesse, da dort in einem insbesondere der speziellen Datenschutzproblematik eines solchen EDV-Verbundsystems gewidmeten Abschnitt eine Reihe von Feststellungen gemacht werden, die sich deutlich von verschiedenen Aussagen der Délégation à l'Informatique abheben und daher den hier bereits belegten tendenziellen Charakter der Datenschutzkonzeption der Délégation à l'Informatique weiter hervortreten lassen(363); dies umso mehr als die Société d'Etudes et de Réalisations en Informatique et Automatisme (STERIA) als privates EDV-spezialisiertes Unternehmen einerseits ohne Zweifel über die insoweit erforderliche technische und betriebswirtschaftliche Kompetenz verfügt und vor allem andererseits in keinem Fall unter dem Verdacht einer gegenüber dem technischen und wirtschaftlichen Fortschritt feindlichen oder politisch oppositionellen Haltung steht, wofür im übrigen bereits die Tatsache der Auftragsvergabe durch die Délégation à l'Informatique an die STERIA spricht.

4.3.5.2.3.1. Ansatz

Einleitend macht die STERIA die folgenden Feststellungen: "Da die EDV einen (neuen) Sachverhalt schafft, ist es unerläßlich, daß das Recht sich bemüht, ihre Entwicklung zu regeln"(364). Neben einer Institution, die in ihrer Funktion wohl dem Haut Comité, wie es der Conseil d'Etat vorschlägt, entspricht, sei eine EDV-Deontologie erforderlich, "da die technischen Schutzmaßnahmen - wie sie auch immer beschaffen sein mögen - letztlich immer von den Fachleuten umgangen werden können"(365).

Die sodann folgenden (teilweise nicht sehr klaren) Ausführungen basieren insbesondere auf der (nicht sehr glücklichen) Unterscheidung zwischen zwei Arten von Informationen:

- <u>"wesensmäßig vertrauliche Informationen"</u> ("informations intrinsèquement confidentielles"), d.h. Informationen, die ihrem Wesen nach insofern vertraulich sind, als die Regeln ihrer Verarbeitung und Weitergabe in genereller Form bestimmbar sind; z.B.: " das Individuum X hat keinen Zugriff zur Information Y". Dabei kann "Information Y" für eine gesamte Datei (z.B. eine Familienstand und Straftaten vereinende Datei) oder für einen Teil einer Datei (z.B. Daten bezüglich der Straftaten oder Familienstand und Straftaten hinsichtlich Minderjähriger) stehen(366).

Das Hauptproblem dieser wesensmäßig vertraulichen Informationen wird darin gesehen, daß bei komplizierten "Vertraulichkeitsvorschriften", d.h. insbesondere wenn sich die "Vertraulichkeitsbeziehungen" zwischen der jeweiligen Datei und dem einzelnen (potentiellen) Benutzer nicht als einfache Alternative "Genehmigung / Verweigerung des Zugriffs" ausdrückt, ein erheblicher Rentabilitätsverlust für das jeweilige EDV-System durch die durch die Notwendigkeit komplizierter Prüfungsverfahren etc. bedingte Verlängerung der Zugriffszeiten eintritt(367).

- "<u>global vertrauliche Informationen</u>" ("informations globalement confidentielles"), d.h. Informationen, deren mißbräuchliche Verwendung durch die Kombinierung von zwar nicht "wesensmäßig vertraulichen", jedoch zuvor verstreuten und nicht ohne weiteres in Verbindung zu bringenden Informationen ermöglicht wird; z.B. wenn aus der Kombination isolierter (jedoch einzeln nicht "wesensmäßig vertraulicher") Daten auf mißbräuchlich verwendbare Informationen geschlossen wird oder wenn durch Kombinierung verschiedener Daten auf die Identität einer einzelnen Person oder Personengruppe geschlossen wird(368).

Mittels des Konzepts der "global vertraulichen Informationen" wird deutlich, daß es höchst problematisch ist, Daten, die ohne Identifizierungsmerkmal gespeichert werden, wie es allgemein geschieht automatisch als "neutrale", "ungefährliche" Daten zu betrachten, die nicht datenschutzbedürftig sind. In Wahrheit stellt ein großer Teil der "neutralen" Daten selbst jeweils ein Teilidentifizierungsmerkmal dar, das mit anderen Teilidentifizierungsmerkmalen kombiniert zu einer absoluten (Voll-) Identifizierung von Personen oder (mehr oder weniger kleinen) Personengruppen führen kann[369].

Nach Ansicht der STERIA müssen daher Datenschutzerwägungen sowohl hinsichtlich der "wesensmäßig" wie der "global vertraulichen Informationen" dazu führen, daß die Dateien eines zukünftigen allgemeinen Verwaltungs-Informationsbankensystems derart in Untergruppen aufgespaltet werden, daß verhindert werden kann, daß eine unzulässige Menge von Daten über jeweils eine Person zusammengefaßt und kombiniert werden kann[370]. Trotz des eher unglücklichen und in wesentlichen Punkten unklar bleibenden Ansatzes ist der STERIA zumindest im Ergebnis insoweit wohl zuzustimmen.

4.3.5.2.3.2. Datenschutz des Bürgers

Über den technischen Inhalt der von der STERIA mit Blick auf ein allgemeines Verwaltungs-Informationsbankensystem vorgeschlagenen, jedoch grundsätzlich auch für einzelne EDV-Systeme anwendbaren Maßnahmen hinaus, ist hier aber vor allem die Tatsache von Interesse, daß grundsätzlich der "Gegensatz zwischen dem Konzept des Verbundsystems, das die Mobilität der Information impliziert, und dem der Vertraulichkeit, die mehr oder weniger gesichert ist, wenn die Information schwer mobilisierbar ist" akzeptiert wird[371], statt daß der Datenschutz Rentabilitätserwägungen geopfert wird[372].

Ebenso positiv ist der Umstand zu werten, daß klar darauf hingewiesen wird, daß es "unmöglich ist, einen absoluten (technischen) Schutz zu garantieren" und daß daher neben Maßnahmen zur Benutzeridentifikation etc. gesetzliche Datenschutzregelungen erforderlich sind[373]. Eine besonders klare Stellung nimmt die STERIA dabei in der Frage des Einsichts- und Auskunftsrechts der Bürger ein. Unter Hinweis darauf, daß falsche Informationen z.B. über längere Zeit indirekt nachteilige Folgen für den Bürger haben können, die dieser auf eine (rechtmäßige) (Ermessens-) Entscheidung einer Behörde und nicht auf das Vorliegen falscher Basisdaten zurückführt und daher nicht beanstandet, betont die STERIA, daß "aus evidenten Gründen der sozialen Gerechtigkeit" systematisch alle Bürger in regelmäßigen Abständen der Inhalt der über sie gespeicherten Informationen mitgeteilt werden muß[374]. Die Bürger sollen dabei verpflichtet werden, diese Mitteilungen (ähnlich den Bankkontenauszügen zum Jahresende) unterschrieben zurückzusenden. Derart genehmigte "Informationskontenauszüge" könnten dem Bürger in späteren Gerichtsverfahren von der Verwaltung vorgehalten werden. Darüberhinaus würde so der für die Verwaltung damit verbundene erhebliche Aufwand in gewisser Weise dadurch kompensiert, als in weitem Maße sonstige individuelle Informationserhebungen und Umfragen überflüssig würden.

Das entscheidende Argument bleibt für die STERIA jedoch,daß "die (derart gesicherte) Kenntnis der Dateien der Verwaltung durch die Verwalteten ohne jeden Zweifel ein Fortschritt gegenüber der heutigen Situation darstellt"[375]. So stellt für die STERIA "das Vertrauen, das die Nation bereit ist in ihre Verwaltung und Regierung zu setzen", die wichtigste äußere Bedingung für die Erstellung eines allgemeinen Verwaltungs-Informationsbankensystems dar[376]. Daher wird von der STERIA zugunsten des Bürgers einerseits ein, sogar Elemente des militärischen Geheimnisschutzes übernehmender[377], effektiver Datenschutz und andererseits eine erhöhte Transparenz der Verwaltung[378] befürwortet.

Damit setzt die STERIA als privatwirtschaftliches EDV-Beratungs- und Planungsbüro bemerkenswerterweise nicht den technischen und wirtschaftlichen Fortschritt als übergeordnetes Maß der EDV-Entwicklung, sondern ist im Gegenteil bereit, dem Bürger einen Rentabilitätseinbußen verursachenden, wirksamen, nicht nur auf einen Minimaldatenbereich beschränkten Datenschutz zu gewähren und ganz erhebliche und aufwendige Auskunftsrechte einzuräumen.

4.3.5.2.3.3. Reaktion der Délégation à l'Informatique

Obwohl damit in einem im Auftrag der Délégation à l'Informatique erstellten Gutachten eine Position definiert wurde, die der der Délégation à l'Informatique in wesentlichen Punkten diametral entgegengesetzt ist, hat diese soweit ersichtlich ihre Haltung zur Datenschutzproblematik bis heute in keiner Weise modifiziert. Dabei ist bereits der Umstand bezeichnend, daß die Délégation à l'Informatique keine erkennbaren Anstalten macht, die Datenschutzdiskussion auf breiter Ebene in Gang zu halten bzw. wieder in Gang zu bringen und dies obwohl im Laufe des Jahres 1971 wiederholt unterstrichen wurde, daß vor der Fixierung einer gesetzlichen Datenschutzregelung noch wichtige Untersuchungen, Umfragen und Erhebungen anzustellen seien.

Von seiten der Délégation à l'Informatique wird weiterhin darauf hingewiesen, daß "Datensammlungen schon in der Antike zur Zeit der Ächtungslisten des Marius" existierten(379) und der Délégué à l'Informatique betont weiterhin, daß "die Fortschritte (der Verwaltungsautomation)... geeignet sind, das traditionelle Bild der Verwaltung im Bewußtsein der Öffentlichkeit gründlich zu verändern, indem sie diese fähiger machen, die Bedürfnisse der Bürger zu befriedigen", um dann den wenig überzeugenden, in jedem Fall jedoch nicht zwingenden Schluß zu ziehen: "Soweit man die Dinge in einem Gebiet, in dem die Debatten leicht einen leidenschaftlichen Charakter annehmen können, mit Objektivität betrachten will, muß der Einsatz der EDV innerhalb der großen Verwaltungsbehörden vom Bürger als ein mächtiger Faktor der Befreiung (!) angesehen werden"(380).

Für den Délégué à l'Informatique ist es immer noch ein "seltsames Paradoxon, (daß) man viel über die unerfreulichen Folgen spricht, die der Einsatz der EDV gegenüber den Persönlichkeitsrechten zeitigen soll"(381).

"Wenn sich gesetzgeberische Eingriffe als erforderlich erweisen sollten" (es wird dabei nicht klar, welche Ereignisse oder Entwicklungen sich dafür realisieren müssen), "werden sie nach einer Reihe (dann noch anzustellender) gründlicher Untersuchungen und im Bemühen erfolgen müssen, nicht die Entwicklung des EDV-Instruments, in dem was es an Positivem enthält, zu behindern"[382]. Bis dahin bleibt es für den Délégué à l'Informatique die drängendste Aufgabe, "die unbegründeten Ängste" des breiten Publikums zu zerstreuen, so daß es "von sich aus begreift, daß die EDV im Rahmen des bedeutenden Themas der Persönlichkeitsrechte weder die übermäßige Ehre der Aktualität, noch die Schande des Angeklagtseins verdient"[383]. Und noch im Herbst 1973 war die Devise des Délégué à l'Informatique in Sachen Datenschutz: "Eile mit Weile"[384].

4.3.5.3. Datenschutz-Untersuchung der Groupe d'Etude Législative sur 'Libertés et Traitement de l'Information' des Ministère de la Justice

Auf Initiative des Ministre de la Justice wurde im Februar 1972 bei der Direction des Affaires Civiles et du Sceau des Ministère de la Justice eine Groupe d'Etude Législative sur 'Libertés et Traitement de l'Information' eingerichtet[385].

Die Aufgabe dieser Arbeitsgruppe war es, unter Berücksichtigung der Vorschläge des Conseil d'Etat, der darauf bezogenen Vorbehalte der Délégation à l'Informatique und des allgemeinen Bestrebens, neue Verwaltungskontrollen so unbelastend wie möglich und nur bei unabweislichen Gründen einzurichten und entsprechend dem Wunsch der Regierung verschiedene die allgemeinen Grundsätze einer zukünftigen Datenschutzgesetzgebung betreffende Alternativen gerade zum Konzept des Conseil d'Etat auszuarbeiten[386]. Dementsprechend wurde in dem im November 1972 dem Ministre de la Justice vorgelegten, nicht veröffentlichten "Rapport à Monsieur le Garde des Sceaux sur la protection de la vie privée face au traitement des informations individuelles"[387] bewußt keinerlei Versuch unternommen, einen auch nur groben Datenschutzgesetzentwurf zu erstellen; es wurde im Gegenteil betont, daß einem endgültigen Gesetzentwurf noch mehrere Untersuchungen und Konsultationen vorausgehen müßten[388].

4.3.5.3.1. Aufbau und Ansatz der Untersuchung

In einem ersten Abschnitt legt die Untersuchung der Arbeitsgruppe des Ministère de la Justice zunächst die grundsätzliche Opportunität einer gesetzlichen Datenschutzregelung dar. Dabei werden einerseits insbesondere die spezifisch EDV-bedingten Gefahren für die Privatsphäre und allgemein für die Grundrechte stichpunkthaft, jedoch umfassend aufgeführt[389] und andererseits wird auf verschiedene rechtspolitische Überlegungen hingewiesen, die gesetzgeberische Datenschutzmaßnahmen als opportun erscheinen lassen[39o].

Neben den verschiedenen datenschutzbezogenen Äußerungen und Bestrebungen der öffentlichen Meinung, der juristischen Fachliteratur, gewisser Parlamentarier, EDV-Fachleute und Computerhersteller sowie gewissen einschlägigen Skandalen[391] werden die vielfältigen und zum Teil sehr fortgeschrittenen ausländischen Datenschutzbemühungen als die Opportunität einschlägiger französischer Gesetzesmaßnahmen erhöhende Umstände gewertet[392]. Eine besondere Sorge ist dabei, daß Frankreich auf Grund einer übermäßigen Verzögerung datenschutzgesetzlicher Maßnahmen "die verschiedenen Nationen enttäuscht, die (Frankreich) als Wiege des Rechtsschutzes der Grundrechte ansehen und von ihm insofern gut geeignete Vorschläge erwarten"[393].

Im zweiten Abschnitt wird ein Überblick über die verschiedenen Arten von möglichen Datenschutzmaßnahmen gegeben[394].

Hinsichtlich der (technischen) Datensicherung wird auf die Unmöglichkeit hingewiesen, über ganz allgemeine Grundsätze hinaus durch Gesetze oder Rechtsverordnungen allgemein die für die verschiedenen Arten von Daten erforderlichen Sicherungsmaßnahmen zu definieren. Es soll dem im konkreten Fall für die jeweilige Datei Verantwortlichen übertragen werden, - unterstützt und kontrolliert durch eine spezialisierte Stelle - die im einzelnen erforderlichen technischen Sicherungsmaßnahmen zu bestimmen(395).

Hinsichtlich der Möglichkeit, zu (rechtlich) fixierten deontologischen Schutzmaßnahmen zu gelangen, nimmt die Untersuchung ebenfalls eine deutlich zurückhaltende Haltung ein. Mangels eines einheitlichen Berufsbildes des EDV-Fachmanns wird die Möglichkeit der Schaffung einer allgemeinen berufsständischen Vereinigung der EDV-Fachleute als nicht sehr groß eingeschätzt, während zudem darauf hingewiesen wird, daß ohnehin eine sich allein an die EDV-Fachleute wendende Deontologie an den eigentlichen für die Dateien einer privaten oder öffentlichen Stelle Verantwortlichen vorbeizielt(396).

Nach Darlegung der Unzulänglichkeit der bisherigen rechtlichen Vorschriften bezüglich der verschiedenen Berufsgeheimnispflichten(397), spricht sich die Arbeitsgruppe grundsätzlich für den Erlaß einer allgemeinen Datenschutzgesetzgebung aus, wobei sie nicht ausschließt, daß besonders wichtige spezifische Sachverhalte darüberhinaus durch spezielle gesetzliche Datenschutzvorschriften geregelt werden(398).

Die wesentlichen Vorschläge des Conseil d'Etat sowie insbesondere die dazu ergangene Stellungnahme des Délégué à l'Informatique werden in einem <u>dritten Abschnitt</u> der Untersuchung der Arbeitsgruppe knapp aufgeführt(399). Der Ansatz des Conseil d'Etat wird dabei als logisch und einfach sowie - da zunächst lediglich auf einige wenige Datenschutzgrundsätze abzielend - als pragmatisch eingeschätzt.

Sodann werden im <u>vierten Abschnitt</u> einige Optionen für eine allgemeine Datenschutzgesetzgebung getroffen(4oo). Eine solche Gesetzgebung sollte sich danach auf die Individualdaten ("données nominatives") von natürlichen und juristischen Personen beziehen(4o1), unabhängig davon, ob sie in traditionellen Karteien oder elektronischen Dateien gespeichert sind(4o2).

In jeder privaten und öffentlichen, EDV-anwendenden Stelle soll die Funktion eines "Datei-Verantwortlichen" ("maître des fichiers") von einer speziell bestimmten Person, bzw. hilfsweise vom Leiter der jeweiligen Stelle wahrgenommen werden[4o3]. Diese Datei-Verantwortlichen trifft danach eine zivil- wie strafrechtliche Haftungsvermutung.

Ein zukünftiges Datenschutzgesetz soll im übrigen lediglich einige Grundsätze hinsichtlich der geschützten Grundrechte und der Informations- und Abwehrrechte des Bürgers sowie der allgemeinen Datensicherungspflichten der Besitzer von Dateien enthalten, während die jeweils notwendige Konkretisierung von einer speziellen Konsultations- und Überwachungsstelle wahrgenommen werden soll[4o4]. Dabei ergibt sich die Notwendigkeit einer solchen Konsultations- und Überwachungsstelle insbesondere aus der Tatsache, daß nach der Vorstellung der Arbeitsgruppe, dem Bürger kein Recht auf direkte oder sogar systematische Mitteilung der über ihn gespeicherten Informationen zustehen soll.

Entgegen dem Urteil des Délégué à l'Informatique sieht die Arbeitsgruppe nicht nur die Verwendung der Dateien und die Weitergabe von Informationen, sondern ebenfalls die Informationsspeicherung für regelungsbedürftig an[4o5]. Während der ursprüngliche Zweck der Speicherung als primärer Anknüpfungspunkt für unpraktikabel eingeschätzt wird, soll bei einer die Datenspeicherung betreffenden Regelung zunächst an den Inhalt der zu speichernden Daten angeknüpft werden[4o6].

Dabei wird unterschieden zwischen:

- "sehr sensibelen Daten" ("données très sensibles"), die sich auf religiöse, politische etc. Überzeugungen, auf das Intimleben etc. beziehen und deren Charakter für die Mehrzahl der vorhersehbaren Verwendungen Verletzung der Privat- und Intimsphäre, Diskriminierungen oder allgemein nicht wieder rückgängig zu machende unerträgliche Schädigungen befürchten lassen;

- "neutralen Daten" ("données neutres"), die sich auf Namen, Adresse, Geburtsdaten, Beruf etc. beziehen und die als "offene" Daten - von extremen Ausnahmefällen abgesehen - grundsätzlich ohne weiteres weitergegeben werden können;

- "sensibelen Daten" ("données sensibles"), die den Großteil der (zwischen den "sehr sensibelen Daten" und den "neutralen Daten" anzusiedelnden) Daten ausmachen und hinsichtlich derer differenzierte Regelungen - insbesondere bezüglich ihrer Weitergabe und Kombinierung - erforderlich sind[4o7].

4.3.5.3.2. Vorschläge bezüglich einer allgemeinen Datenschutzgesetzgebung

In einem fünften und letzten Abschnitt formuliert die Arbeitsgruppe stichpunkthaft verschiedene, zum Teil relativ detaillierte Vorschläge für eine zukünftige allgemeine Datenschutzgesetzgebung[4o8].

Die dabei zugrundeliegende Konzeption lehnt sich weitgehend an die des Conseil d'Etat an[4o9]. Unterschiede ergeben sich insofern vor allem aus folgenden Tendenzen der Arbeitsgruppe[41o]:

- betonte Berücksichtigung des jeweiligen Datenverarbeitungszwecks (speziell für die der Speicherung nachfolgenden Verarbeitungsphasen),
- Bemühen, die Bedingungen der Hinfälligkeit der gespeicherten Daten zu präzisieren,
- Bemühen, die Meldepflichten und Verwaltungskontrollen so wenig aufwendig wie möglich zu gestalten.

4.3.5.3.2.1. Datenschutz in den verschiedenen Datenverarbeitungsphasen

Die Speicherung "sehr sensibelen Daten" bedarf nach Ansicht der Arbeitsgruppe der Genehmigung durch die "Überwachungsstelle" ("organisme de surveillance")(411), während die Speicherung "sensibeler Daten" der Genehmigung lediglich bedarf, wenn es sich um die systematische Speicherung von Individualdaten handelt, die nicht unmittelbar zu Zwecken der laufenden Verwaltung bzw. Geschäftsführung erfolgt(412). "Neutrale Daten" bedürfen - bis auf von der Überwachungsstelle bestimmte Ausnahmefälle - keinerlei Genehmigung(413).

Hinsichtlich der internen Verwendung von Datensammlungen schlägt die Arbeitsgruppe vor, keine Kontrolle durch die Überwachungsstelle einzurichten, jedoch den Begriff "interne Verwendung" so restriktiv wie möglich zu definieren. So sollen in verschiedenen Branchen tätige Unternehmen eines Konzerns oder in verschiedenen Aufgabenbereichen tätige Behörden, auch wenn sie demselben Ressort angehören, jeweils die Verantwortung für ihre Datensammlungen behalten. Schwere strafrechtliche Sanktionen sollen z.B. getroffen werden, wenn "sehr sensibele Daten" zu anderen als den zuvor angemeldeten (internen) Zwecken verwendet werden(414).

Bezüglich der Datenweitergabe wird unterschieden zwischen der Mitteilung von Einzeldaten und der Weitergabe bzw. Fusion ganzer Datensammlungen (Dateien oder Karteien etc.).

Die Mitteilung von Einzeldaten zwischen privaten Stellen soll - von gewissen Ausnahmen abgesehen - für die folgenden Daten grundsätzlich ausgeschlossen werden:

- "sehr sensibele Daten",
- von Arbeitgebern erfaßte Daten (einschließlich "neutraler Daten"),
- von Banken, Versicherungsgesellschaften, sozialen Institutionen und Versicherungsträgern, Versorgungsunternehmen etc. erfaßte Daten (einschließlich "neutraler Daten"), außer zwischen zusammenarbeitenden Stellen derselben Branche bzw. desselben Aufgabenbereichs,
- von unter beruflicher Schweigepflicht stehenden Personen erfaßte Daten, außer - mit Wissen des Betroffenen - gegenüber Mitarbeitern,

- von der Verwaltung erfaßte Daten gegenüber privaten Stellen, ausgenommen die Daten des Personenkennzeichenregisters SAFARI und sonstige gesetzlich freigegebene Datensammlungen.

Die Mitteilung von Einzeldaten zwischen Verwaltungsbehörden soll durch Rechtsverordnungen, hilfsweise durch die Überwachungsstelle geregelt werden. Die Anzahl von Einzelmitteilungen soll, sobald sie eine bestimmte Schwelle überschreitet, der Überwachungsstelle mitgeteilt werden, die im übrigen in gewissen Fällen von den obigen Regeln einengende oder ausweitende Ausnahmen machen könnte[(415)].

Die Weitergabe ganzer Datensammlungen soll grundsätzlich in denselben Fällen wie die Mitteilung von Einzeldaten ausgeschlossen sein. Darüberhinaus wäre nach Ansicht der Arbeitsgruppe eine Genehmigung durch die Überwachungsbehörde für jede Weitergabe ganzer Sammlungen von "sensibelen Daten" erforderlich, wobei der spezielle Zweck der Weitergabe ausschlaggebend wäre. Hinsichtlich "neutraler Daten" wird - von eventuellen Ausnahmeregelungen durch die Überwachungsstelle abgesehen - keine Beschränkung vorgeschlagen[(416)].

Bezüglich der Frage der Einsichts- bzw. Auskunftsrechte der Betroffenen schlägt die Arbeitsgruppe eine vermittelnde Lösung vor.

Danach sollen bei der Speicherung von "sehrsensibelen Daten" - vorbehaltlich eventueller Ausnahmeregelungen durch die Überwachungsstelle - deren Existenz antraglos den Betroffenen mitgeteilt werden; dasselbe gilt bei entsprechender (Ausnahme-) Regelung durch die Überwachungsstelle für "sensibele Daten". Der Inhalt selbst der gespeicherten "sehr sensibelen" bzw. "sensibelen Daten" soll nur auf Antrag des Betroffenen und bei entsprechender Entscheidung der Überwachungsstelle mitgeteilt werden[(417)].

4.3.5.3.2.2. Organisation der Datenschutzkontrolle

Die Aufgaben und Kompetenzen einer zukünftigen (EDV-) Überwachungsstelle ("organisme de surveillance") bestimmen sich nach der Konzeption der Arbeitsgruppe folgendermaßen:

- Erteilung der Genehmigung:
  . der Speicherung "sehr sensibeler Daten" zu eng umrissenen Zwecken,
  . der Weitergabe "(sehr) sensibeler Daten" (Einzeldaten wie ganze Datensammlungen),
- Auferlegung der Verpflichtung:
  . zur Mitteilung des Inhalts gespeicherter Daten an die Betroffenen,
  . zur Berichtigung oder Löschung von (fehlerhaften, illegalen, verjährten etc.) Daten,
- Ausspruch des ausnahmsweisen Verbots der Speicherung oder Weitergabe nicht "sehr sensibeler Daten",
- Durchführung von Untersuchungen (auf Antrag oder aus eigener Initiative) hinsichtlich des Inhalts der Datensammlungen und der Beachtung der jeweiligen (deklarierten) Zielsetzung,
- Anfertigung von Stellungnahmen (auf Antrag oder aus eigener Initiative)
  . gegenüber den "Datei-Verantwortlichen" bezüglich der Rechtmäßigkeit konkreter Datenmanipulationen,
  . gegenüber der Regierung hinsichtlich eventuell erforderlicher Modifizierungen von Datenschutzvorschriften.

Die Überwachungsstelle besäße jedoch keine Rechtsprechungskompetenz; sie könnte allerdings gerichtliche Verfolgungsmaßnahmen anregen bzw. im Rahmen gerichtlicher Verfahren gutachterlich tätig werden(418).

Hinsichtlich der Zusammensetzung und Organisation der Überwachungsstelle strebt die Arbeitsgruppe eine möglichst wenig aufwendige Lösung an, wobei zugleich die Notwendigkeit betont wird, daß die Mitglieder der Überwachungsstelle eine richterähnliche Unabhängigkeit genießen.

Es wird auch zu bedenken gegeben, daß die notwendige Permanenz sowie die Zusammenarbeit mit zu Rate gezogenen Spezialisten eher zu realisieren sei, wenn die Mitglieder der Überwachungsstelle nicht sämtlich eminente Persönlichkeiten sind, die lediglich nebenamtlich tätig werden. In jedem Falle - insbesondere wenn eine "Ombudsman-ähnliche" Lösung beschritten wird, wird von der Arbeitsgruppe die Einrichtung eines qualifizierten Sekretariats vorgesehen(419).

Wie bereits dargelegt, befürwortet die Arbeitsgruppe nicht die Schaffung einer allgemeinen EDV-berufsständischen Organisation und einer allgemeinen EDV-Deontologie. Es wird jedoch an die Möglichkeit gedacht, eine spezielle Geheimnispflicht für mit der Verarbeitung von Datensammlungen betraute Personen zu schaffen (unabhängig davon, ob es sich dabei im konkreten Fall um EDV-Fachleute handelt oder nicht) sowie spezifische, gewisse Sektoren erfassende deontologische Regelungen im Wege der Rechtsverordnung zu treffen(42o).

4.3.5.3.2.3. Besonderheiten bezüglich Dateien und Datenbanken der öffentlichen Verwaltung

Hinsichtlich der Dateien und Datenbanken der öffentlichen Verwaltung sieht die Arbeitsgruppe zwei Besonderheiten vor:

- Nach Ansicht der Arbeitsgruppe fällt die Regelung der Schaffung, bzw. Fusion, des Betriebs etc. der "großen öffentlichen Dateien und Datenbanken" (wie z.B. das Personenkennzeichenregister SAFARI, die Kfz-Fahrerdateien, das automatisierte Wählerverzeichnis etc.) in die ausschließliche Regelungskompetenz des Gesetzgebers im Sinne des Artikels 34 der Verfassung von 1958. Es handelt sich danach z.B. um Dateien, die die Bevölkerung erschöpfend erfassen oder auf Grund obligatorischer Auskünfte durch die Bürger erstellt wurden. Abgesehen vom grundsätzlichen Ausschluß von Mitteilungen von Individualdaten an Private, unterliegen die

Dateien der laufenden Verwaltung ansonsten nach Ansicht der Arbeitsgruppe im Vergleich zu privaten Dateien grundsätzlich keinerlei besonderen Vorschriften[(421)].

- Den Dateien der Polizei und der nationalen Verteidigung wird allerdings ein Sonderstatus eingeräumt. Diese Dateien sollen keinerlei Beschränkungen hinsichtlich der Speicherung von die öffentliche Sicherheit bzw. die Landesverteidigung betreffenden Informationen unterworfen sein. Die Mitteilung von Inhalt oder auch nur Existenz der gespeicherten Informationen an die Betroffenen ist aus naheliegenden Gründen ebenfalls nicht vorgesehen.

Die Arbeitsgruppe schlägt lediglich eine gewisse globale Kontrolle - eventuell durch die allgemeine Überwachungsstelle - hinsichtlich des Globalvolumens der gespeicherten Individualdaten, der verschiedenen betroffenen Personenkreise, der generellen Art der gespeicherten Informationen sowie hinsichtlich des rein sicherheitspolizeilichen, bzw. landesverteidigenden Charakters der tatsächlichen Verwertung der Informationen vor. Ein - z.B. durch die allgemeine Überwachungsstelle - jährlich anzufertigender Bericht über die globale Entwicklung der diesbezüglichen Praktiken der Polizei- bzw. der Landesverteidigungsbehörden sollte nach Ansicht der Arbeitsgruppe allgemein veröffentlicht werden oder zumindest neben dem Premier Ministre, dem Ministre de l' Intérieur und dem Ministre des Armées auch dem Ministre de la Justice vorgelegt werden[(422)].

Da die einzelnen Vorschläge der Arbeitsgruppe - nach eigener Aussage - im wesentlichen eine mit gewissen Varianten, Alternativen und Detailvorschlägen ausgestattete Kombination von Vorschlägen des Conseil d'Etat und der Délégation à l'Informatique ist, die ihrerseits im obigen bereits eingehend kritisch behandelt wurden, wird hier auf eine detaillierte Stellungnahme verzichtet.

Es kann jedoch allgemein festgestellt werden, daß die Untersuchung der Arbeitsgruppe vor allem durch die relative Vernachlässigung des Problems der Identifikation mittels Kombination von nicht-individualisierten, jedoch jeweils Teilidentifikation ermöglichenden Daten und dadurch bedingt durch eine verhältnismäßig liberale Haltung insbesondere gegenüber den "sensibelen Daten" geprägt wird.

Weiterhin erscheint das vorgeschlagene Konzept hinsichtlich des Informationsrechts des Bürgers als zu restriktiv. Das Erfordernis der Genehmigung jedes Auskunftsbegehrens durch die Überwachungsstelle läuft Gefahr, prohibitiv zu wirken oder aber eine erheblich personalstärkere Organisation zu verlangen als es die Arbeitsgruppe vorzusehen scheint. Wie auch allgemein wohl keine realistischen Vorstellungen von dem enormen Arbeitsanfall bestehen, der bei einer Überwachungsstelle auftreten wird, die auf eine wirkungsvolle Realisierung ihrer Kontroll-, Konsultations-, Genehmigungs- etc. Funktionen bedacht ist. Inwieweit eine solche Überwachungsstelle darüberhinaus eine effektive - wenn auch nur globale - Kontrolle der Geheimdateien der Polizei- und der militärischen Behörden durchführen könnte, erscheint im Hinblick auf die Erfahrungen mit den Telefon- und sonstigen Abhörpraktiken der französischen Exekutive als höchst zweifelhaft.

Aus Gründen, auf die im folgenden Abschnitt noch einzugehen ist, ist hinsichtlich der Datenschutzüberlegungen bis heute im Ministère de la Justice kein wesentlicher, über die hier behandelte, bereits im November 1972 fertiggestellte Untersuchung der Groupe d'Etude Législative sur 'Libertés et Traitement de l'Information' hinausgehender inhaltlicher Fortschritt zu verzeichnen.

Ein weiterer im Juli 1973 von der Direction des Affaires Civiles et du Sceau fertiggestellter Bericht stellt lediglich eine reduzierte, um nicht zu sagen "entschärfte" Version der ursprünglichen Untersuchung der Arbeitsgruppe dar[423]. Abgesehen von den fehlenden Ausführungen über die Vorschläge des Conseil d'Etat sowie über die detaillierten Vorschläge der Arbeitsgruppe selbst hinsichtlich einer allgemeinen Datenschutzgesetzgebung (Teil III, bzw. IV der ursprünglichen Untersuchung) wird in diesem Folgebericht die ursprüngliche Untersuchung mit identischen Formulierungen praktisch original wiedergegeben.

Diese zweite Version der ursprünglichen Untersuchung der Arbeitsgruppe sollte als Diskussionsgrundlage im Rahmen einer breitangelegten Konsultation der EDV-Fachleute durch das Ministère de la Justice dienen, die jedoch - wie auch sonstige konkrete Datenschutzbemühungen - auf Grund höherer politischer Entscheidung nicht realisiert wurde und bis auf weiteres wohl auch nicht in Aussicht steht. Bezeichnenderweise wird allerdings in beiden - bis heute als vertraulich behandelten - Berichten mit relativer Ausführlichkeit die grundsätzliche Opportunität einer allgemeinen Datenschutzgesetzgebung diskutiert[(424)].

4.3.6. Datenschutzpolitik der französischen Regierung

Der Versuch einer repräsentativen Darstellung der Datenschutzpolitik der französischen Regierung stößt auf ganz erhebliche Schwierigkeiten. Von einigen knappen auf gewisse Datenschutzaspekte des Personenkennzeichenregisters SAFARI beschränkten, unvollständigen und insofern in gewissem Maße zum Teil sogar irreführenden Äußerungen abgesehen, liegen hinsichtlich der Datenschutzproblematik insgesamt seitens der Regierung lediglich wenige öffentliche Erklärungen sehr allgemeinen Charakters vor, die eher als über mehrere Jahre verstreute, hinhaltende Randbemerkungen zum Zwecke der Minimalisierung des Problems und der Beruhigung der Bevölkerung, denn als auf eine echte Problemlösung hinzielende Definition einer aktiven Datenschutzpolitik zu werten ist.

Es wird daher in den folgenden Abschnitten versucht, über die offiziellen Erklärungen hinaus, insbesondere gestützt auf gewisse auf das SAFARI bezogene interne Überlegungen und Praktiken der Verwaltung sowie unter Berücksichtigung gewisser Stellungnahmen und Entscheidungen der höchsten politischen Führung, wie sie von mit Fragen des Datenschutzes befaßten verantwortlichen Beamten wiedergegeben werden, die wesentlichen Wertungen und Grundentscheidungen der französischen Regierung bezüglich des Datenschutzproblemkreises herauszuarbeiten.

4.3.6.1. Äußerungen zu Datenschutzaspekten des Personenkennzeichenregisters SAFARI

Fast zwei Jahre nach der Vorlage seines Datenschutzgesetzentwurfs[(425)] engagierte sich der damalige Abgeordnete und Generalsekretär der Fédération Nationale des Républicains Indépendants Michel Poniatowski im Rahmen einer Presseerklärung vom 25.7.1972 ein weiteres Mal öffentlich in der Frage des Datenschutzes; während er einerseits - weiterhin ohne Erfolg - forderte, daß die Assemblée Nationale seinen Gesetzentwurf berate, wies er andererseits ganz besonders auf die fortschreitende Realisierung des Personenkennzeichenregisters SAFARI und die Bedrohung hin, die die mittels des SAFARI ermöglichte systematische Verbindung und Integration der verschiedensten personenbezogenen Dateien seitens der Verwaltungen verschiedenster Ressorts für die Privatsphäre des Bürgers darstellen[(426)].

In einer Verlautbarung, die als direkte Stellungnahme zur Presseerklärung Poniatowski's gewertet werden kann, äußerte sich daraufhin das dem Premier Ministre direkt zugeordnete Comité Interministériel pour l'Information zu den Befürchtungen hinsichtlich der "Gefahren eines Mißbrauchs der von den verschiedenen Verwaltungen geschaffenen Dateien" und betonte, daß diese Befürchtungen "auf offensichtlich falschen Informationen beruhen"[(427)]. Zunächst wird dabei unterstrichen, daß die Schaffung von Dateien der öffentlichen Verwaltung zwei wesentlichen Zielen entspricht:

- "die behördlichen Verwaltungsmethoden zu modernisieren",
- "den Bürgern mittels größerer Schnelligkeit in der Durchführung und Vereinfachung der Formalitäten Leistungen von besserer Qualität zu gewährleisten"[428].

Sodann wird kategorisch festgestellt, daß "die Erstellung von EDV-Verbundsystemen die Privatsphäre der Bürger ... nicht beeinträchtigt", da "die Regelungen des Berufsgeheimnisses durch die eingesetzten neuen Techniken nicht modifiziert werden"[429].

Diese oberflächliche Argumentation läßt die Kernfrage, ob und inwieweit die neuen Techniken in Verfolg eines effektiven Schutzes der Privatsphäre nicht gerade ganz im Gegenteil Modifizierungen und Erweiterungen der Regeln des Berufsgeheimnisses im weitesten Sinne erforderlich machen, völlig unberührt. Darüberhinaus werden Funktionen und Bedeutung des SAFARI, die intern immer wieder besonders hervorgehoben werden, gegenüber der Öffentlichkeit in nicht minder starkem Maße heruntergespielt und die Existenz jeglicher durch das SAFARI bedingter Datenschutzprobleme bereits im Ansatz negiert[430]. So muß mit den folgenden Unklarheiten und Halbwahrheiten ein die Problemstellung verdrehender, irreführender Eindruck in der Öffentlichkeit entstehen:

"Eine einzelne (die Bürger erfassende) Zentraldatei oder eine systematische Verbindung zwischen den verschiedenen Computern gibt es nicht und wird es nicht geben. Ihre Spezialisierung, die ihren Nutzen verbürgt, wiedersetzt sich der allgemeinen Zusammenfassung der Informationen"[431].

Diese Erklärung erscheint in der Tat als völlig unzureichend und daher letztlich als unsignifikant. Sie schließt insbesondere keinesfalls aus, daß ein unerträgliches Maß an personenbezogenen Daten, wenn nicht in einer einzelnen Datei oder Datenbank, so doch in einigen, zahlenmäßig begrenzten untereinander verbundenen Dateien oder Datenbanken zwar physisch dezentral gespeichert wird, um mittels des bereits geplanten allgemeinen Verwaltungs-Informationsbankenverbundsystems zur integrierten Verarbeitung bereitgehalten zu werden, ohne daß deshalb die "systematische Verbindung zwischen (sämtlichen) Conputern" erforderlich wäre(432). Im übrigen ist es unter anderem gerade das erklärte Ziel des SAFARI, den Austausch von Informationen zwischen den verschiedenen Verwaltungen zu erleichtern, die - da mit dem jeweiligen Personenkennzeichen versehen - notwendig personenbezogene Informationen sind(433).

Vor diesem Hintergrund erscheint die folgende, in Bezug auf die Verlautbarung des Comité Interministériel pour l'Information gemachte kritische Äußerung als durchaus adäquat:

"Worte sind ein schwacher Schutz gegenüber einer Gefahr, die in allen Ländern mit entwickelter EDV erkannt wird"(434).

Wohl unter dem Eindruck des unzureichenden Charakters der Reaktion seitens der Regierung auf seine Presseerklärung richtete der Abgeordnete Poniatowski im August 1972 eine schriftliche Anfrage an den Ministre de l'Economie et des Finances bezüglich der folgenden Punkte(435):

- Inhalt der im SAFARI erfaßten Informationen,
- Art der Benutzung des SAFARI durch andere Verwaltungen sowie der eventuell geplanten Verbindungen zwischen verschiedenen Dateien der Verwaltung,
- Vorkehrungen der Verwaltung zur Vermeidung von Verletzungen der Persönlichkeitsrechte der Bürger durch die Integration von Verwaltungsdateien.

In seiner Antwort hob der Ministre de l'Economie et des Finances Ende September 1972 insbesondere hervor, daß "das (Personenkennzeichen-) Register nicht mit einem Bevölkerungsregister zu verwechseln ist. Es umfaßt insbesondere nicht die Adresse der Personen, ihre Nationalität, ihren Beruf, ihren Personenstand, den Ehenamen der verheirateten Frauen etc. und es ist nicht vorgesehen, weitere Informationen als die oben angegebenen (im SAFARI) aufzunehmen ..."(436).

Obwohl die Erklärung des Ministers zunächst sehr beruhigend, da präzise erscheint, ist nicht zu verkennen, daß sie eine Reihe ganz erheblicher Bedrohungen der Privatsphäre nicht ausschließt.

So besteht zunächst die Möglichkeit, daß über die bisher gespeicherten Informationen hinaus weitere und insbesondere gerade auch die ausdrücklich ausgeschlossenen Informationen zwar nicht im Rahmen des SAFARI selbst, jedoch in eigenständigen, vom INSEE oder einer sonstigen Stelle unterhaltenen Dateien erfaßt werden, auf die - soweit im konkreten Fall hinsichtlich der jeweiligen Person einschlägig - im SAFARI als "annexe Nebendateien" hingewiesen wird.

Eine weitere Möglichkeit, über das SAFARI auf nicht im SAFARI enthaltene Informationen zuzugreifen, ergibt sich dadurch, daß im SAFARI für jede Person die (privaten oder öffentlichen) Stellen (z.B. Sozialversicherungskassen) registriert werden, die die zur Erteilung des jeweiligen Personenkennzeichens erforderlichen Basisdaten geliefert bzw. das bereits existierende Personenkennzeichen abgefragt haben und bei denen daher sonstige Informationen (z.B. Gehalt, Gesundheitszustand etc.) abgerufen werden können[437].

Die unter Umständen größte Gefahr besteht jedoch darin, daß öffentliche Stellen, die - zu welchen Zwecken auch immer - eine (ständig aktualisierte) Kopie des SAFARI-Registers erhalten, darauf aufbauend eigene Bevölkerungsregister der verschiedensten Ausformungen einrichten können[438].

Trotz dieser Unzulänglichkeit geht die Erklärung des Ministre de l'Economie et des Finances jedoch insofern über die Verlautbarung des Comité Interministériel pour l'Information hinaus, als sie zumindest implizit anerkennt, daß die Integration von Verwaltungsdateien grundsätzlich eine Bedrohung für die Persönlichkeitsrechte der Bürger darstellen kann[439]. Darüberhinaus erweckte der Minister den Eindruck, als befürworte er eine allgemeine Datenschutzregelung, blieb insofern allerdings relativ allgemein und präzisierte insbesondere nicht, inwieweit es sich dabei um Gesetzesvorschriften oder Rechtsverordnungen handeln sollte(44o). Wie jedoch aus den Ausführungen des folgenden Abschnitts deutlich wird, wurde dieser Eindruck bis heute in keiner Weise durch datenschutzbezogene Maßnahmen der Regierung bestätigt.

4.3.6.2. Haltung hinsichtlich der Opportunität und Ausrichtung einer eventuellen allgemeinen Datenschutzgesetzgebung

Die Haltung der gegenwärtigen französischen Regierung hinsichtlich der Opportunität und Ausrichtung einer eventuellen allgemeinen Datenschutzgesetzgebung wird durch einen krassen Gegensatz zwischen den öffentlichen Äußerungen und der tatsächlich verfolgten Politik geprägt: Während die Regierung versucht, in der Öffentlichkeit den Eindruck zu vermitteln, daß auf ihre Initiative hin zielstrebig an der Ausarbeitung einer allgemeinen Datenschutzgesetzgebung gearbeitet wird, wird die von der Regierung tatsächlich verfolgte Datenschutzpolitik bisher durch die politisch bedingte, beharrliche Verschleppung jeglicher gesetzgeberischer oder verordnungsrechtlicher Datenschutzmaßnahmen charakterisiert(441).

Im Folgenden sei, insbesondere gestützt auf die verschiedensten mündlichen Äußerungen von mit den berührten Fragestellungen verantwortlich befaßten bzw. engstens vertrauten Datenschutzspezialisten innerhalb und außerhalb der französischen Ministerialverwaltung, die aus naheliegenden Gründen nicht namentlich zitiert werden, versucht eine klare und abgewogene Darstellung der Datenschutzpolitik der französischen Regierung zu erreichen(442).

4.3.6.2.1. Öffentliche Äußerungen in den Jahren 1969 - 197o

Bereits im September 1969 drückte der damalige Premier Ministre Chaban Delmas anläßlich der Eröffnung des Salon International de l'Informatique, de la Communication et de l'Organisation de Bureau (SICOB) in Paris-La Defense die Besorgnis der Regierung hinsichtlich der Auswirkungen des fortschreitenden Einsatzes der EDV gerade auch für die Persönlichkeitsrechte der Bürger aus; die Regierung beauftragte den Conseil d'Etat daher damit, eine entsprechende Untersuchung mit Vorschlägen von Maßnahmen zum Schutze der Persönlichkeitsrechte der Bürger zu erstellen(443).

Anläßlich der Eröffnung des darauffolgenden SICOB im September 197o charakterisierte der Premier Ministre Chaban Delmas die Datenschutzpolitik seiner Regierung folgendermaßen:

"Eine informatisierte Welt, in der eine Minderheit zur Allmacht gelangt indem sie den Einsatz der Computer kontrolliert, die jegliche Formen der menschlichen Aktivitäten lenken, würde eine schreckliche Regression unserer Zivilisation darstellen. Ich versichere nicht nur, daß diese Entwicklung keinesfalls unvermeidlich ist, sondern darüberhinaus, daß wir unsere gesamten Kräfte einsetzen werden, um jeglichen Versuch dieser Art im Keim zu ersticken. Ich erwarte sehr bald einen Bericht des Conseil d'Etat, der sich auf meinen Wunsch aufmerksam über die Probleme gebeugt hat, die die Entwicklung der EDV hinsichtlich der Grundrechte und insbesondere hinsichtlich der Persönlichkeitsrechte hervorruft; die Regierung ist bereit, nach Kenntnisnahme dieses Berichts jegliche Sicherungs- und Schutzmaßnahmen zu treffen, die sich als erforderlich erweisen"(444).

4.3.6.2.2. Reaktion auf den Bericht des Conseil d'Etat

Unter dem Eindruck dieses öffentlichen Engagements der Regierung und gestützt auf entsprechende Äußerungen seitens der Délégation à l'Informatique wurde allgemein erwartet, daß der vom Premier Ministre angeforderte, vom Conseil d'Etat als selbständiger Teil seines Jahresberichts 1969-197o im Januar 1971 der Regierung vorgelegte Bericht über die "Auswirkungen der Entwicklung der EDV auf die Grundrechte und die Verwaltungsentscheidungsprozesse" einerseits veröffentlicht und andererseits kurzfristig zu konkreten Gesetzesvorlagen und sonstigen Schutzmaßnahmen führen würde[445].

Diese Erwartungen wurden jedoch enttäuscht: Die Untersuchung des Conseil d'Etat ist bis heute unveröffentlicht geblieben. Soweit seitens der Exekutive in der Öffentlichkeit darauf eingegangen wird, wird diese Nichtveröffentlichung mit dem - vor und kurz nach der Fertigstellung des Berichts insbesondere seitens der Délégation à l'Informatique niemals zuvor gebrauchten - formalen Argument begründet, daß es nicht üblich sei, die von der Regierung beim Conseil d'Etat angeforderten Berichte zu veröffentlichen[446].

Vor allem jedoch führte die Untersuchung des Conseil d'Etat zu keinerlei auch nur vorläufigen Entwürfen von Datenschutzgesetzesvorlagen oder Rechtsverordnungen seitens der Regierung. Die Regierung Chaban Delmas hatte ganz im Gegenteil gegenüber den Vorschlägen des Conseil d'Etat eine Reihe grundlegender Vorbehalte und lehnte es daher ab, die Konzeption des Conseil d'Etat zur Grundlage ihrer Datenschutzpolitik zu machen.

Die "technokratische" Argumentation der um die technische und wirtschaftliche Entwicklung und den fortschreitenden Einsatz der EDV sowie speziell um die Entwicklung der französischen EDV-Industrie besorgten Délégation à l'Informatique global zusammenfassend, bemängelte die Regierung die zu "doktrinäre, juristisch-philosophische" Konzeption des Conseil d'Etat, während sie selbst einer sich mehr auf technischen Sachverstand und wirtschaftliche Einsichten gründenden pragmatischeren Konzeption den Vorzug gegeben wissen wollte.

Die entscheidenden, die ablehnende Haltung der Regierung bestimmenden Erwägungen waren - und sind - jedoch letztlich datenschutzfremden, allgemein politischen Charakters.

So erschien der französischen Regierung ein weitgehend unabhängiges Haut Comité de l'Informatique, das nach den Vorstellungen des Conseil d'Etat als Datenschutzkontrollorgan nicht nur weitgehende administrative Entscheidungsbefugnisse, sondern nicht weniger weitreichende Untersuchungs- und Kontrollbefugnisse selbst gegenüber der Verwaltung und insbesondere im Rahmen des Erlasses von einschlägigen Rechtsverordnungen haben sollte, als nicht akzeptabel, da ein solches Datenschutzkontrollorgan, nach dem Urteil der französischen Regierung, die Exekutive allgemein in der Erledigung ihrer Aufgaben wie gerade auch in der Wahrnehmung ihres autonomen Verordnungsrechts in unerträglichem Maße behindern würde.

Darüberhinaus fürchtete die Regierung, daß eine ernsthafte, öffentlich geführte Diskussion über die tatsächliche Ausstattung eines solchen Datenschutzkontrollorgans mit Zuständigkeiten, Personal- und Sachmitteln etc. in eine Diskussion "ausgeartet" wäre, in der die bestehende Verwaltungsstruktur und darüberhinaus die allgemeinen staatlichen und politischen Institutionen in ihren wesentlichen Grundzügen in Frage gestellt worden wären. Diese für ausländische Beobachter zunächst unverständliche Übersensibilität der französischen Regierung läßt sich aus gewissen Eigenarten der Verfassung und des Verfassungslebens der V. Republik erklären, die zu einer mehr oder weniger stetigen Diskussion über die Struktur und das Funktionieren der verfassungsrechtlichen sowie allgemein der politischen Institutionen, gepaart mit einer ständigen Angst vor einem Rückfall in die "unbewältigte Vergangenheit des Parteienregimes" der

III. und IV. Republik und die darüberhinaus traditionell extremen Unstabilität des französischen Parlamentarismus, Anlaß geben[(447)].

Ein nicht minder großer Stein des Anstoßes für die französische Regierung waren die über das Problem des (Individual-) Datenschutzes hinausgehenden Ausführungen des Conseil d'Etat über das allgemeine Recht (der Bürger) auf Zugang insbesondere zu den (Sach-) Informationsquellen der öffentlichen Stellen[(448)]. Bei einem Regime, das die staatliche Rundfunk- und Fernsehanstalt ORTF offiziell als Sprachrohr der Regierung bezeichnet und nach Belieben auch effektiv so benutzt sowie deren (gaullistischen, von der Regierung selbst ausgewählten und gegen erheblichen parlamentarischen Widerstand durchgesetzten) Direktor nach Ablauf eines Drittels seiner gesetzlich verankerten Amtszeit rechtswidrig seines Amtes enthebt, da er sich öffentlich gegen die ständigen Versuche massiver politischer Einflußnahme verwahrt hatte und das weiterhin dem Parlament in der Haushaltsdebatte wichtige volkswirtschaftliche Basisdaten verweigert, müssen das Konzept eines - insbesondere gegen das Informationsmonopol der öffentlichen Stellen gerichteten - allgemeinen Rechts auf Information ("droit à l'information") und der Vorschlag dem Parlament, den Parteien, Berufsorganisationen und sonstigen intermediären Gewalten etc. einen ausgedehnten Zugang zu den Informationssystemen der Exekutive einzuräumen, auf ganz erheblichen politischen Widerstand stoßen[(449)].

Ein weiterer von der Regierung energisch zurückgewiesener Punkt ist die Vorstellung des Conseil d'Etat, auch die zu Zwecken der Verteidigung der öffentlichen Sicherheit und Ordnung unterhaltenen Dateien der Polizei und der Armee grundsätzlich im Rahmen einer allgemeinen Datenschutzgesetzgebung regelnd zu erfassen[(45o)].

Vor dem Hintergrund dieser, zu den "technokratischen" Vorbehalten der Délégation à l'Informatique hinzukommenden, allgemein politischen Erwägungen kritisierte die französische Regierung den Bericht des Conseil d'Etat als einen "eindimensionalen" Vorschlag, der - keine Alternativen aufzeichnend - ihren Entscheidungsspielraum in unzulässigem Maße verkürze. Es wurde daher beim Premier Ministre entschieden, daß die Untersuchung des Conseil d'Etat nicht nur nicht veröffentlicht würde, sondern auch nicht Grundlage einer eventuellen Datenschutzregelung sein könne(451).

4.3.6.2.3. Öffentliche Äußerungen im Jahr 1972

Nachdem der Président de la République Pompidou überraschend die Regierung Chaban-Delmas, der unmittelbar zuvor das massive Vertrauen der Mehrheit der Assemblée Nationale ausgesprochen worden war, abberufen und Anfang Juli 1972 die Regierung Messmer eingesetzt hatte, äußerte sich der neue Premier Ministre Pierre Messmer anläßlich der Eröffnung des SICOB am 22. September 1972 zur Datenschutzproblematik in ähnlicher Weise wie sein Amtsvorgänger:

"Ich weiß, daß die Errichtung großer EDV-Systeme legitime Befürchtungen hinsichtlich des Respekts unserer Persönlichkeitsrechte hervorruft. Ich bin jedoch fest davon überzeugt, daß die EDV unter der Bedingung, daß die unerläßlichen juristischen Schutzbestimmungen mit ausreichender Bestimmtheit definiert werden, ganz im Gegenteil allen einen größeren Entscheidungs- und Handlungsspielraum einräumen und schließlich eine bessere Partizipation sowie mehr Freiheit gewähren wird"(452).

Die in diesem Zusammenhang weiterhin gemachten, folgenden Ausführungen lassen jedoch den Eindruck entstehen, daß dem vom Premier Ministre verheißenen Schutz der Persönlichkeitsrechte und der angekündigten Erhöhung der Freiheit weniger ein Wille zu entsprechenden direkten politischen Maßnahmen als vielmehr eine gewisse technokratische Fortschrittsgläubigkeit zugrundeliegt:

"In der staatlichen Verwaltung wie in den Unternehmen ... erfordert die Einführung der EDV eine Überprüfung der Methoden und Strukturen; sie erlaubt es, Fortschritte in der Kenntnis der Kosten und Nutzen zu machen; sie trägt dazu bei, die Beziehungen zwischen dem Verwaltungsbeamten und dem Bürger zu vereinfachen. Und dadurch gewährt sie ein Mehr an Freiheit: der Moment ist nicht mehr fern, wo sich der Beamte durch die neuen Hilfsmittel unterstützt, wie es seiner Aufgabe entspricht, noch mehr dem Bürger widmen können wird, indem er sich von den sekundären Aufgaben befreit, die nur zu oft sein Verhältnis zum Publikum verfälschen"(453).

Dieser Eindruck wurde durch einige Äußerungen bestätigt, in denen sich der Premier Ministre Messmer wenige Tage nach der Eröffnung des SICOB 1972 anläßlich einer Besichtigung einer Fabrikationsstätte der CII am 28. September 1972 die wesentlichen Argumente des traditionell von der Délégation à l'Informatique vertretenen Standpunkts zu eigen machte:

"Ich kenne die Gefahren, die eine mißbräuchliche Verwendung der EDV für die Grundrechte darstellen kann und es ist normal, daß sie Befürchtungen weckt.

Ich erwidere darauf zunächst, daß man sich davor hüten muß, das Werkzeug mit dem Gebrauch, der von ihm gemacht wird, zu verwechseln. Schon bevor die Computer erfunden wurden haben es gewisse politische Regime - und mit welcher schrecklichen Effizienz - verstanden, die Bürger in Datensammlungen zu erfassen, sie zu verfolgen, zu hetzen und die menschliche Person schließlich zu unterjochen und zu zerstören. Im Gegensatz dazu wird ein die Freiheit und die Rechte der Bürger respektierender Staat keinen Mißbrauch von den Informationen machen, über die er mit oder ohne der Hilfe leistungsstarker Rechner verfügt.

Die Kernfrage des Problems liegt in Wahrheit in der Verwendung, die möglicherweise von in Datensammlungen der Verwaltung enthaltenen Individualinformationen gemacht werden kann. Diesbezüglich modifiziert die Modernisierung der Hilfsmittel der Verwaltung in nichts die Geheimhaltungspflichten und die öffentlichen Gewalten sind daher verpflichtet, sich ihrer Beachtung zu versichern"[454].

Im Bestreben, eventuelle Besorgnisse der Öffentlichkeit zu zerstreuen, präsentierte der Premier Ministre die (wenigen) datenschutzbezogenen Bemühungen der Exekutive als ein, auf die Initiative der Regierung gründendes, von ihr stetig gestütztes und aktiv vorangetriebenes kohärentes Bestreben, das sich - so der hervorgerufene Eindruck - in einem mehr oder weniger kurzen Zeitraum in einer Datenschutzgesetzgebung niederschlagen werde; dabei beanspruchte Premier Ministre Messmer sogar die Initiative für die Arbeiten der Arbeitsgruppe des Ministère de la Justice für sich, obwohl sich diese Arbeitsgruppe nicht nur bereits unter der Regierung seines Vorgängers Chaban Delmas konstituiert hatte und bei der Machtübernahme durch Messmer schon etwa fünf Monate tätig war, sondern darüberhinaus dem Vernehmen nach gerade eher als ein vom Ministère de la Justice initiierter Versuch zu werten ist, angesichts der Passivität der damaligen Regierung die Überlegungen der Regierung hinsichtlich der Datenschutzproblematik wieder in Bewegung zu bringen.

So unterstrich Premier Ministre Messmer, daß die Regierung weiterhin (!) den Datenschutz gewährleiste :

"Das ist, was wir gemacht haben und das ist was wir machen werden. Ich erinnere hier an die wichtigsten seit 1969 getroffenen Maßnahmen:

- Der Conseil d'Etat hat, von der Regierung beauftragt, Anfang 1971 einen bedeutenden Bericht über die EDV und die Grundrechte vorgelegt.
- Ich habe das Ministère de la Justice damit beauftragt, in Zusammenarbeit mit der Délégation à l'Informatique unter einem technischen Blickwinkel gewisse Punkte zu vertiefen, die dieses hohe Gremium (Conseil d'Etat) nicht hat behandeln können. Eine Arbeitsgruppe wird in Kürze ihre Ergebnisse vorlegen.

- Zugleich sind insbesondere von der Délégation à l'Informatique sowohl mit anderen Ländern wie mit Organismen, die wie der Europarat dies Problem unter einem internationalen Blickwinkel untersuchen, enge Kontakte geknüpft worden.

Das Ministère de la Justice und die Délégation à l'Informatique verfolgen aktiv die Gesamtheit dieser Untersuchungen und Konsultationen, insbesondere um die Geheimnispflicht mittels einer guten Anpassung der Vorschriften an die spezifischen Probleme der jeweiligen Verwaltung und des jeweiligen Berufssektors in die Wirklichkeit umzusetzen. Entsprechend dem Ergebnis dieser Arbeiten wird dem Parlament eine Gesetzesvorlage unterbreitet werden.

Die Vorsichtsmaßnahmen sind also getroffen und die Rechte eines jeden sind gewahrt"[(455)].

Die wichtigsten Elemente des Standpunkts des Premier Ministre sind dabei, soweit sie aus diesen Äußerungen direkt oder indirekt ablesbar und für seine spätere Haltung gegenüber den Untersuchungen der Arbeitsgruppe des Ministère de la Justice bestimmend sind:
- eine weitgehende Übereinstimmung mit dem deutlich technokratisch geprägten Standpunkt der Délégation à l'Informatique und daraus folgend
- die deutliche Zurückhaltung gegenüber der Datenschutzkonzeption des Conseil d'Etat,
- die Überzeugung, daß das Datenschutzproblem im "freiheitlichen Frankreich" weder zeitlich noch inhaltlich akut ist (so daß - insbesondere gesetzliche - Datenschutzregelungen nicht als dringend erforderlich erscheinen, sondern z.B. internationale Konsultationen etc. abgewartet werden können),
- die Tendenz, einer allgemeinen Datenschutzregelung spezifische Regelungen für verschiedene einzelne Sektoren vorzuziehen.

4.3.6.2.4. Reaktion auf den Bericht des Ministère de la Justice

Nachdem der Conseil d'Etat seinen Bericht Anfang 1971 der Regierung vorgelegt hatte, war nach einem Jahr völliger Vernachlässigung des Datenschutzproblems auf Initiative des Ministre de la Justice hin im Februar 1972 bei der Direction des Affaires Civiles et du Sceau die Groupe d'Etude Lègislative sur 'Libertés et Traitement de l'Informatique' gebildet worden. Diese Arbeitsgruppe hatte jedoch, wie bereits ausgeführt, keinesfalls die Aufgabe einen Datenschutzgesetzentwurf oder auch nur konkrete Vorschläge für eine zukünftige Datenschutzgesetzgebung auszuarbeiten; sie sollte lediglich unter Berücksichtigung der Vorbehalte der Délégation à l'Informatique und der Tendenz der Regierung, neue Verwaltungskontrollen nur soweit unumgänglich einzurichten, eine Reihe von Alternativen zu den (verworfenen) Vorschlägen des Conseil d'Etat für die Regierung auszuarbeiten und zu kommentieren[(456)].

Die Arbeitsgruppe stellte nach einem für die führenden Regierungsstellen, die dem Vernehmen nach mit einer sich weitaus länger verzögernden Bearbeitung gerechnet hatten, überraschend kurzem Zeitraum im November 1972 diesen Datenschutzbericht fertig[(457)]. Die Konzeption, bzw. Grundtendenzen des Berichts wichen allerdings in wesentlichen Punkten von der vom Premier Ministre zuvor definierten Haltung der Regierung ab.

Obwohl es die ausdrückliche Zielsetzung der Arbeitsgruppe war, insbesondere unter Berücksichtigung technisch-wirtschaftlicher Aspekte gewisse Alternativen und Gegenkonzepte zu den Vorschlägen des Conseil d'Etat zu machen, kam die Arbeitsgruppe - zum Teil wegen der ganz besonderen juristischen Autorität, die der Conseil d'Etat in Frankreich genießt, zum Teil wegen einer gewissen Affinität der, zwei Drittel der Arbeitsgruppe ausmachenden Juristen zum Standpunkt des Conseil d'Etat - letztlich doch nicht an der

Untersuchung des Conseil d'Etat vorbei. Trotz wesentlicher Abschwächungen der Vorschläge des Conseil d'Etat knüpfte der Bericht der Arbeitsgruppe in wichtigen Punkten in - vom Standpunkt der Regierung - zu starkem Maße an die im übrigen ausführlich behandelte und berücksichtigte Konzeption des Conseil d'Etat an. Insbesondere das Anerkenntnis der Existenz eines bedeutenden und akuten Datenschutzproblems, das die Arbeitsgruppe zur kategorischen Befürwortung des Erlasses einer gesetzgeberischen Datenschutzregelung führte, die darüberhinaus einerseits allgemeinen Charakter haben und andererseits kurzfristig erfolgen sollte, widersprach der diesbezüglichen Position der Regierung[458].

Es wurde daher entgegen den Vorstellungen des Ministère de la Justice die konkrete Ausarbeitung einer Datenschutzgesetzgebung hinausgeschoben und Anfang 1973 zunächst zu Konsultationen verschiedener Ministerien geschritten[459]. Obwohl sich bis Anfang 1974 noch nicht sämtliche Ministerien geäußert hatten, zeigten die Reaktionen verschiedener wichtiger Ministerien bereits in der ersten Jahreshälfte 1973, daß trotz zum Teil nicht zu unterschätzender, den verschiedenen Ministerien spezifischer Probleme eine gemeinsame Basis für eine allgemeine Datenschutzregelung hätte gefunden werden können[460].

Als das Ministère de la Justice daraufhin im Frühjahr 1973 die Konsultationen auf der Basis der im November fertiggestellten Untersuchung auch auf den nicht-öffentlichen Sektor ausweiten wollte, um insbesondere Vertreter der EDV-Fachleute, Computerhersteller, große Dateien haltende Unternehmen und speziell mit Datenschutzfragen befaßte Fachleute zu befragen, wurde vom Premier Ministre entschieden, daß es nicht in Frage käme, einen Bericht außerhalb der Verwaltung zirkulieren zu lassen, der die nach wie vor geheimgehaltene Untersuchung des Conseil d'Etat in gewisser Ausführlichkeit wiedergibt und diskutiert und sogar bereits "detaillierte Vorschläge für eine allgemeine Gesetzgebung" macht.

Der Berichterstatter der Arbeitsgruppe des Ministère de la Justice erstellte daraufhin im Juli 1973, wie bereits ausgeführt, eine zweite Version, die die beanstandeten Passagen des ersten Berichts ausläßt und sich darüberhinaus ausdrücklich als bloße Diskussionsgrundlage versteht und peinlichst darauf bedacht ist, den Anschein einer die Tendenzen einer zukünftigen Datenschutzregelung vorausnehmenden Stellungnahme zu vermeiden[(461)].

In den einleitenden Ausführungen hielt allerdings auch diese zweite Version des Berichts der Arbeitsgruppe dezidiert an zwei fundamentalen Grundsätzen fest:

- Es wurde einerseits betont, daß parallel zu weiteren Untersuchungen eine gesetzliche Datenschutzregelung relativ kurzfristig möglich und notwendig sei.

- Andererseits wurde unterstrichen, daß eine mit aller Klarheit öffentlich geführte Datenschutzdiskussion "eine der ersten Garantien gegen eine anarchische Verwendung der EDV, ihre Inbeschlagnahme durch einige Eingeweihte und ihren Mißbrauch zu illegalten Zwecken" sei und "daß die vorbereitenden Arbeiten für eine gesetzliche Intervention soweit wie möglich auf umfangreichen Konsultationen aufbauen können müssen"[(462)].

Gerade dieser zweite Punkt nähert sich jedoch in gewisser Weise der von der Regierung praktisch zurückgewiesenen Forderung des Conseil d'Etat nach der Realisierung des allgemeinen Rechts auf Information des Bürgers und steht in krassem Widerspruch zur von der damaligen Regierung verfolgten Politik, die Datenschutzproblematik herunterzuspielen und insbesondere durch die Geheimhaltung der Untersuchungen des Conseil d'Etat eine öffentliche Datenschutzdiskussion, die der Regierung möglicherweise gewisse Maßnahmen aufgezwungen hätte, zu vermeiden.

Es wurde daher im September 1973, nicht weiter überraschend, beim Premier Ministre die Entscheidung gefällt, daß auch die zweite Version des Berichts der Arbeitsgruppe nicht außerhalb der Verwaltung in Umlauf gebracht und die geplanten, darauf aufbauenden Datenschutz-Konsultationen nicht durchgeführt werden könnten[(463)].

Darüberhinaus wurde dem Vernehmen nach beim Premier Ministre entschieden, daß allgemein die Veröffentlichung von Untersuchungen sowie die Durchführung von Konsultationen, die über vorbereitende Grundlagenuntersuchungen hinausgehend direkt auf die Ausarbeitung einer allgemeinen Datenschutzgesetzgebung abzielen, nicht zu erfolgen hätten. Es wurde im übrigen - wiederum im Widerspruch zur von der Arbeitsgruppe des Ministère de la Justice geforderten Offenheit der Datenschutzdiskussion - verlangt, Existenz wie Inhalt dieser Entscheidung geheimzuhalten.

4.3.6.2.5. Heutiger Stand und zukünftige Tendenzen

Die allgemeine Haltung der französischen Regierung zur Datenschutzproblematik, wie sie nach zuverlässigen Mitteilungen wohlunterrichteter Stimmen Ende 1973 beim Premier Ministre definiert wurde, Anfang 1974 weiterhin Gültigkeit besaß und bis auf weiteres wohl unverändert bleiben wird, läßt sich folgendermaßen umreißen:

Die öffentliche Meinung zeigt sich trotz gelegentlicher mehr oder weniger sporadischer Äußerungen in der Presse als Gesamtheit gegenüber dem Thema des Datenschutzes im wesentlichen desinteressiert und es sind auch keine sonstigen politisch relevanten diesbezüglichen Pressionen zu verzeichnen. Es erscheint daher im Urteil der Regierung als gänzlich überflüssig, daß die Exekutive eine ("nicht geforderte") öffentliche Datenschutzdiskussion von sich aus in Gang setzt, die noch dazu "in unkontrollierbare Bahnen geraten könnte". Wohl auch um ausgeweitete öffentliche Datenschutzdiskussionen und Konsultationen "überflüssig" zu machen und die im Anschluß an den Gesetzentwurf des damaligen Abgeordneten Poniatowski und die Vorschläge des Conseil d'Etat von verschiedenen Datenschutzfachleuten ständig erhobene

Forderung nach einem Datenschutzkontrollorgan zu unterlaufen, wurde die Entscheidung getroffen, einen ad hoc-Datenschutzberatungsausschuß ins Leben zu rufen.

Die dementsprechend am 17.4.1974 durch den Ministre de la Justice Jean Taittinger konstituierte Commission 'Informatique et Libertés'(464) besitzt allerdings weder die Funktion eines Datenschutzkontrollorgans noch überhaupt einen präzisen Auftrag. Es handelt sich vielmehr um ein reines Konsultativorgan, das ganz allgemein "damit betraut ist, der Regierung jegliche Maßnahmen vorzuschlagen, die zu treffen sind, um in vollem Umfang die Persönlichkeitsrechte sowohl im Rahmen des Privatlebens wie in der Ausübung der Grundrechte vor den Verletzungen zu schützen, die die Entwicklung der EDV nach sich ziehen sollte"(465).

In seiner Rede anläßlich der Konstitution der Kommission umriß der Ministre de la Justice deren Aufgabe bezeichnenderweise noch unpräziser: "Sie (die Regierung) erwartet von Ihnen, daß Sie ihr gestützt auf die bereits durchgeführten Untersuchungen und nach Anhörung aller betroffenen Personen jegliche adäquate Empfehlungen machen"(466).

Wenn man allerdings berücksichtigt, daß bereits die zuvor von derRegierung in Auftrag gegebenen Datenschutzunternehmungen des Conseil d'Etat und der Arbeitsgruppe des Ministère de la Justice nicht nur zu keinerlei effektiven Datenschutzmaßnahmen seitens der Regierung geführt haben, sondern praktisch in toto verworfen bzw. ihre Fortführung (gerade auch mittels entsprechender Umfragen und Erhebungen) unterbunden wurde, so wirkt es nicht überraschend, wenn die Installierung einer Commission 'Informatique et Libertés' unter der betonten Berufung auf die "bereits durchgeführten Untersuchungen" bei kompetenten Kritikern Assoziationen an eine bewußt errichtete "Nebelwand" hervorruft(467).

Hinsichtlich der personellen Besetzung weist die Commission 'Informatique et Libertés' eine im Grunde mit der früheren Arbeitsgruppe des Ministère de la Justice identische Struktur auf. Zwar hat die Regierung im Bestreben, die Ernsthaftigkeit ihres Vorhabens in der Öffentlichkeit zu demonstrieren, einen mit deutlich höherem Prestige ausgestatteten Personenkreis ausgewählt(468), jedoch stellt sich damit zugleich verschärft die Frage, inwieweit ein zahlenmäßig beschränktes Gremium anderweitig stark engagierter Persönlichkeiten sich der höchst komplexen Datenschutzproblematik in ausreichender Weise widmen kann, geschweige denn eine kohärente Datenschutzgesetzgebung zu erarbeiten vermag.

So ist die Datenschutzproblematik bezeichnenderweise nach Ansicht der französischen Regierung auch noch nicht reif für eine endgültige Regelung, wie zum Beispiel die verschiedenen, international noch im Gange befindlichen Untersuchungen zeigten. Datenschutzmaßnahmen, wie sie die Commission 'Informatique et Libertés' vorschlagen soll, werden daher wohl lediglich in den engen Grenzen der unbedingten Notwendigkeit getroffen werden. Dabei sind zunächst die rein verwaltungsinternen Möglichkeiten (Verwaltungsvorschriften, Rundschreiben, Anweisungen etc.) auszuschöpfen..Soweit sich verwaltungsinterne Maßnahmen als unzureichend erweisen sollten, werden in aller Regel rechtliche Regelungen lediglich im Verordnungswege getroffen werden. Einzelne gesetzliche Datenschutzregelungen hingegen werden grundsätzlich auf den - in der Sicht der Regierung insoweit eng umgrenzten - verfassungsrechtlich abgesicherten Gesetzgebungskompetenzbereich des Parlaments beschränkt bleiben und daher die Ausnahme darstellen(469).

Im übrigen sollen sich eventuell als erforderlich erweisende Datenschutzmaßnahmen unter der Mitwirkung der Commission 'Informatique et Libertés' pragmatisch konzipiert werden und sich jeweils nur auf einen bestimmten mehr oder weniger eng begrenzten Sektor beziehen. Eine allgemeine umfassende französische Datenschutzgesetzgebung ist danach also in absehbarer Zeit nicht zu erwarten(47o).

Der grundsätzlichen Tendenz des demokratischer Kontrolle weitgehend entwöhnten spät-gaullistischen Regimes, jegliche Datenschutzregelungen, die auch nur tendenziell ein Anwachsen der von außen ausgeübten Kontrolle über die Exekutive zeitigen, soweit es eben geht zu verhindern, liegt die allgemeine politische Philosophie zugrunde, daß die vom Volk gewählten Regierenden Anspruch auf das stetige Vertrauen der Regierten haben. Zwar ist dieser Versuch der Reduzierung der Kontrolle der Regierenden auf die Kontrolle durch ihr eigenes Gewissen vor dem allgemeinen Hintergrund des die V. Republik prägenden Zusammenbruchs der demokratischen Kontrolle grundsätzlich nicht weiter als außergewöhnlich einzuschätzen, er erscheint jedoch nach den jüngsten und weiterhin schwelenden Skandalen der nach Aussage der Senatskontrollkommission überwiegend illegalen politischen Telefonüberwachungen und der versuchten, die politische Polizei und den Ministre de l'Intérieur erheblich ins Zwielicht bringenden Mikrofonbespitzelung des 'Canard Enchaîné' als ganz besonders wenig überzeugend.

Zusammenfassend ist hinsichtlich der Haltung der französischen Regierung zum Datenschutzproblem eine ganz eigenartige Regression zu verzeichnen:

Nachdem der Conseil d'Etat 1969 von der Regierung damit beauftragt worden war, zu untersuchen, welche Datenschutzregelungen zu treffen seien, verneinte die Regierung auf den Bericht der Arbeitsgruppe des Ministère de la Justice vom November 1972 hin bereits die Opportunität einer kurzfristig zu erlassenden Datenschutzgesetzgebung, um im September 1973 selbst die in der zweiten Version des Berichts der Arbeitsgruppe vom Juli 1973 formulierten Minimalprinzipien der Öffentlichkeit der Datenschutzdiskussion und der gesetzgeberischen Regelung abzulehnen, während nunmehr seit etwa Anfang 1974 von der Délégation à l'Informatique erst die ersten Grundlagenerhebungen zum Problemkreis des Datenschutzes vorbereitet werden[471].

Besonders repräsentativ für diese Regression ist der Kontrast zwischen dem Verhalten des der liberalen Partei der Républicains Indépendants angehörenden ehemaligen Abgeordneten Michel Poniatowski, der sich zunächst verschiedentlich vehement für die Schaffung einer allgemeinen Datenschutzgesetzgebung öffentlich eingesetzt und den bisher einzigen französischen Datenschutzgesetzentwurf erarbeitet hatte sowie dem Verhalten des seit April 1973 in der zweiten Regierung Messmer zum Minister aufgestiegenen Poniatowski, der trotz der jüngsten einschlägigen Skandale bisher keine datenschutzbezogene öffentliche Äußerungen mehr machte.

Nicht minder bezeichnend ist die Tatsache, daß anläßlich des SICOB im September 1973, also fünf (!) Jahre, nachdem der Conseil d' Etat von der Regierung mit einer Datenschutzuntersuchung beauftragt wurde, der Ministre du Développement Industriel et Scientifique Jean Charbonnel in einer der letzten einschlägiggen öffentlichen Äußerungen eines Mitglieds der französischen Regierung versucht, mit denselben vagen Formulierungen und undifferenzierten Argumenten das Datenschutzproblem zu minimalisieren, wie sie seit Jahren von der französischen Regierung sowie insbesondere von der Délégation à l'Informatique unverändert in der Öffentlichkeit benutzt werden:

" Ein solchesEingreifen des Staates (zur Förderung der allgemeinen Entwicklung der EDV in Frankreich) hat sicherlich gewisse Befürchtungen entstehen lassen: Riskiert es eine 'informatisierte' Gesellschaft nicht, unvermeidlich eine 'kontrollierte' Gesellschaft zu werden? sicher ist die Information insoweit eng mit Macht verbunden, als jeder, der eine Information besitzt, ein Stück Macht innehat. Die Technologie, die die Macht der Information multipliziert, birgt daher Gefahren in sich , die die Grundrechte der Bürger beeinträchtigen können.

Dieses Problem ist jedoch nicht erst mit der EDV entstanden. In Wahrheit liegt der einzige wirkliche Schutz des

Bürgers im demokratischen Charakter der Staatsgewalt. Der Computer stellt als solcher keine Bedrohung für den Menschen dar; der einzig wahre Feind des Menschen ist eben der Mensch selber"(472).

In dem isolierten Bestreben, die "zu Unrecht angegriffene und verunglimpfte EDV-Technik" zu verteidigen, demonstriert der Minister dabei jedoch ungewollt, daß das Datenschutzproblem ein politisches Problem ist, das darüberhinaus in Frankreich eine besondere Dimension annimmt, da eben der "demokratische Charakter der Staatsgewalt" in Frankreich auf Grund der weitgehend zusammengebrochenen parlamentarischen Kontrolle der Exekutive durchaus nicht über jeden Zweifel erhaben ist.

Im übrigen illustriert bereits die von - sachlich durch nichts gerechtfertigter - Geheimhaltung geprägte, eher verschleiernde und bis an den Rand der Irreführung gehenden "Informations"-Politik der französischen Regierung bezüglich der von ihr verfolgten Datenschutzpolitik, den wenig demokratischen Charakter eben dieser Datenschutzpolitik. Wie soll sich der einfache französische Bürger ein realistisches Bild von der tatsächlich von seiner Regierung verfolgten Datenschutzpolitik machen, wenn selbst seit langen Jahren international anerkannte Datenschutzspezialisten noch im September 1973, trotz eines in gewisser Weise erleichterten Informationszugangs nicht nur irrtümlich von einer "wahrscheinlich kurzfristig erfolgenden französischen Datenschutzgesetzgebung" sprechen, sondern über zweieinhalb Jahre nach der Fertigstellung der Untersuchung des Conseil d'Etat, die zu keinem Zeitpunkt jemals von der französischen Regierung ernsthaft als auch nur mögliche Grundlage einer zukünftigen Datenschutzgesetzgebung angesehen wurde, im Rahmen eines der Datenschutzproblematik in Frankreich gewidmeten (unveröffentlichten Entwurfs eines) Länderberichts eben diese Untersuchung des Conseil d'Etat als die Grundzüge einer in Bälde zu erwartenden französischen allgemeinen Datenschutzgesetzgebung bestimmend darstellen(473).

4.4 Der aus der französischen Datenschutzdiskussion gewonnene neue Ansatz einer Datenschutzkonzeption

Zusammenfassend kann festgestellt werden, daß die französische Datenschutzdiskussion in ihrer Signifikanz bisher allgemein unter einem gewissen Mangel an umfassenden Untersuchungen und speziell unter der Zurückhaltung der im Bereich der Exekutive (zu der auch der Conseil d'Etat in seiner konsultativen Funktion zählt) angestellten ersten Überlegungen leidet. Die verschiedenen dennoch zu verzeichnenden (veröffentlichten und unveröffentlichten) Untersuchungen und Diskussionsbeiträge sind vielfach durch mangelnde Systematik und inhaltlich durch ein "nachklappendes" unkritisches Nachempfinden von ausländischen, teils deutlich überholten Ansätzen sowie - im Falle der Délégation à l'Informatique und der französischen Regierung - sogar durch eine gegenüber der Datenschutzproblematik grundsätzlich, wenn nicht kategorisch ablehnenden, so doch ausgeprägt skeptischen Haltung gekennzeichnet.

Wenn aber in Frankreich also beispielsweise verschiedentlich noch der international weitgehend überwundene, da ungangbare Versuch gemacht wird, über den Begriff einer allgemein definierten "Privatsphäre" zu einer absoluten Datenhierarchie der Schutzwürdigkeit und damit zu einer abstrakten Definition von mehr oder weniger schutzwürdigen Datentypen zu gelangen und originäre dogmatische Ansätze im Grunde nicht ersichtlich sind, so vermittelt die französische Datenschutzdiskussion, wie sie oben betrachtet wurde, jedoch dennoch gerade für den ausländischen Beobachter gewisse bedeutsame Einsichten, die in die jeweilige nationale Datenschutzdiskussion eingebracht und dort unter den jeweils spezifischen Gegebenheiten analysiert, durchaus zur Herausbildung neuer Datenschutzansätze beitragen können. So wird hier nunmehr - wenn auch nur skizzenhaft - versucht, aus den Feststellungen und Ergebnissen des Kapitels 4. und insbesondere des Abschnitts 4.3. in zwei Schritten den thesenhaften Ansatz einer neuen

Datenschutzkonzeption herauszudestillieren, wobei abschließend im Lichte dieser Konzeption eine zusammenfassende Stellungnahme zur (bis etwa Mitte 1974) von der französischen Regierung verfolgten Datenschutzpolitik angefügt sei.

4.4.1. Datenschutzverfahrensrechtlicher Ansatz ("Legitimation durch Verfahren")

In der französischen Datenschutzdiskussion ist (insoweit den internationalen Datenschutzuntersuchungen folgend) im wesentlichen versucht worden, das Datenschutzproblem - verkürzt gesagt die Frage: Welche Daten von welchen (natürlichen oder juristischen) Personen sind in welcher Weise gegenüber welchen Datenverarbeitungsvorgängen welcher Autoren zu schützen? - generell "inhaltlich" zu lösen. So wurde nacheinander mehr oder weniger nachdrücklich versucht:

- die "Privat- und Geheimnissphäre" zu definieren, um die diese berührenden Daten unter besonderen (Daten-)Schutz zu stellen,
- zwischen - besonders zu schützenden - "personenbezogenen" und - keines besonderen Schutzes bedürfenden - "(reinen) sachbezogenen Daten" zu unterscheiden und
- festzustellen, ob Daten (insbesondere seitens öffentlicher Behörden) im Rahmen "rechtmäßiger Erfüllung der Aufgaben" bzw. der "Ausübung berechtigter Interessen" - also rechtmäßig - verarbeitet werden oder nicht.

Diese Versuche sind jedoch bisher und wohl auch bis auf weiteres fehlgeschlagen. Während der erste Ansatz an der ausgeprägten Relativität der "Privat- und Geheimnissphäre" in concreto scheiterte, machte die (notwendige) Einführung des Konzeptes der "personenbeziehbaren Daten" den zweiten Ansatz praktisch zunichte; die harmlosesten "(rein) sachbezogenen Daten" können eben im konkreten Fall durch entsprechende Datenverarbeitungsvorgänge zu "personenbeziehbaren Daten" werden, die ihrerseits durch weitere Datenkombinierung zu "personenbezogenen Daten" werden können. Auch der dritte Ansatz, der zwar soweit ersichtlich bisher noch nicht umfassend und ernsthaft in Frankreich untersucht worden ist, da die französische Datenschutzdiskussion wohl noch nicht in hinreichendem Maße das Scheitern der ersten beiden Ansätze realisiert hat, jedoch bereits verschiedentlich in die Diskussion gebracht wurde, wird letztlich kaum an dem Umstand vorbeikommen, daß die nicht näher definierten Begriffe "rechtmäßige Erfüllung der Aufgaben" bzw. "Ausübung berechtigten Interesses" mangels Bestimmtheit als zentrale Begriffe eines effektiven operationalen Datenschutzes nicht brauchbar sind; daß es aber gelingen könnte, diese Begriffe in ausreichendem Maße und in gewollter Zeit durch Gesetzgebung, Verwaltungsverordnungen und Rechtsprechung zu konkretisieren, steht jedoch kaum zu erwarten. Ohne daß ausgeschlossen werden soll, daß insbesondere das Konzept der "Datenverarbeitung in berechtigter Erfüllung der Aufgaben" bzw. in "Ausübung berechtigten Interesses" für gewisse mehr oder weniger eng umrissene Fall-Typen durch Gesetzgebung und Verwaltungsverordnungen ausreichende Konkretisierung erfahren kann, wird hier (bis auf weiteres) vom Scheitern der inhaltlichen Datenschutzkonzeptionen (soweit sie den Anspruch globaler Lösungsansätze erheben) ausgegangen[(474)].

In dieser Situation sollte daher ernsthaft verschiedenen sich direkt oder indirekt aus der französischen Datenschutzdiskussion ergebenden Anregungen nachgegangen werden, die auf gewisse verfahrensrechtliche Datenschutzregelungsmöglichkeiten hinweisen.

So ist zunächst festzustellen, daß sich - abgesehen von den Reserven der Délégation à l'Informatique und der französischen Regierung - alle einschlägigen Stimmen der französischen Datenschutzdiskussion ohne Ausnahme prinzipiell für die Schaffung eines Datenschutzkontrollorgans aussprechen. Von ganz besonderem Interesse ist dabei der Poniatowski-Gesetzentwurf, der - ohne sich allerdings auf die hier angestellten rechtsdogmatischen Erwägungen zu gründen, eher unreflektiert - in seinem Anspruch, die Datenschutzproblematik in ihrer gesamten Tiefe zu lösen, in gewisser Weise einen auf "Induktion" materiellen Datenschutzrechts über Datenschutzverfahrensvorschriften gerichteten Ansatz darstellt.

Dabei darf allerdings nicht übersehen werden, daß Poniatowski, wie auch wohl sämtliche sonstigen, die Einrichtung eines Datenschutzkontrollorgans fordernden Stimmen, den zur Sicherstellung der Effektivität eines solchen Organs erforderlichen Aufwand im weitesten Sinne ganz offensichtlich in entscheidendem Ausmaß unterschätzen. Ein kompetenzarmer für das gesamte nationale Territorium zuständige, jedoch punktuell in einer Stadt organisierte Honoratiorenclub plus Sekretariat wird sich niemals über eine nur verbrämende Alibifunktion hinausheben können. Ein funktionsfähiges Datenschutzkontrollorgan erfordert vielmehr - insbesondere unter dem Blickwinkel des hier skizzierten verfahrensrechtlichen Ansatzes - eine Ausstattung sowohl mit umfassenden Kompetenzen zur Führung von Melderegistern, zur Durchführung von Untersuchungen und Kontrollen sowie zum Erlaß von Empfehlungen • , Genehmigungen,(administrativen) Sanktionen etc. als auch mit einer über einen adäquaten, das gesamte nationale Territorium umspannenden dekonzentrierten Unterbau verfügenden Organisation.

Ohne hier auf die - keinesfalls zu unterschätzenden - Probleme der konkreten Definition einer solchen kompetenzmäßigen und organisatorischen Ausstattung eingehen zu können, sei insoweit - insbesondere unter Berücksichtigung der Notwendigkeit, die legitimen wirtschaftlichen Interessen der EDV-Anwender allgemein und der Verwaltungsautomation im besonderen zu wahren - lediglich auf die folgenden, auf die Vermeidung einer dysfunktionalen Bürokratisierung gerichteten Aspekte und Möglichkeiten hingewiesen:

- Ohne seine Verantwortlichkeit der "Richtlinienkompetenz" sowie die Möglichkeit, jegliche einschlägige Angelegenheit an sich zu ziehen, zu verlieren, sollte das Datenschutzkontrollorgan - soweit das Ziel eines effektiven Datenschutzes nicht infrage gestellt wird - in den verschiedenen Kompetenzbereichen in betonter, jedoch differenzierter Art und Weise von den Möglichkeiten der Delegation und der Kooperation Gebrauch machen. Entsprechende Bezugspunkte können grundsätzlich neben staatlichen Stellen auch sonstige öffentliche wie auch private Stellen als intermediäre Gewalten (wie es z.B. das Syndicat de la Magistrature vorsieht) bis herunter zu individuellen Datenschutzverantwortlichen oder gar betroffenen Bürgern sein.

- Gestützt auf eine ausreichende organisatorische Ausstattung und die soeben angedeuteten Maßnahmen der Delegation und Kooperation ist ein besonderer Wert auf einfache und schnelle und - soweit einen effektiven Datenschutz nicht gefährdend - möglichst wenig belastende Untersuchungs-, Kontroll-, Melde-, Genehmigungs- etc. Verfahren zu legen.

- In der konkreten Ausgestaltung sowohl der angesprochenen Verfahren wie der Delegations- und Kooperationsstrukturen sollte verstärkt speziell nach rechtlichen wie tatsächlichen Maßnahmen gesucht werden, die die Erfordernisse eines effektiven rechtsstaatlichen Datenschutzes einerseits mit denen der EDV und der allgemeinen Effizienz andererseits miteinander in Einklang bringen. Dabei kann es sich beispielsweise um die Ausnutzung gerade der modernen EDV-Techniken in Form der automatischen Datenzugriffsprotokollierung, der Benutzeridentifikation oder allgemein der Datensicherung handeln.

Als in diesem Zusammenhang besonders vielversprechend ist hier vorallem auch die - im jeweils konkreten Fall allerdings überwiegend äußerst schwierig zu realisierende - Verknüpfung von Interessen, Zielsetzungen und Motivationen (Funktionen) datenverarbeitender Stellen mit sonstigen - zumeist externen - Interessenslagen, Umständen und Gegebenheiten zu selbstregulierenden Mechanismen einzuschätzen. Das insoweit signifikanteste (französische) Beispiel -

wenn nicht Modell - ist das INSEE, das in Verfolg seines Ziels der größtmöglichen Mobilisierung von Wirtschafts- und Sozialdaten auf Grund seines Angewiesenseins auf die kooperative Datenlieferung durch die individuellen Wirtschaftssubjekte als Verknüpfung mit externen Interessenslagen und Umständen einen optimal realisierten, umfassenden Datenschutz, der als "Datenflußhemmung" konzeptionell zunächst in diametralem Gegensatz zu seiner originären Hauptfunktion steht, in seinem Bereich als adoptierte sekundäre, jedoch damit eigene Aufgaben akzeptiert. Wenn sich seitens des INSEE insbesondere im Kontakt mit der DGI und gewissen Polizeibehörden dennoch gewisse möglicherweise "zu liberale Usancen" der Datenweitergabe herausbilden konnten - das INSEE beklagt sich bezeichnenderweise weniger über die Behinderung durch Privat- und Geheimnissphäre, als vielmehr über externe Pressionen seitens öffentlicher Stellen - so liegt das eben daran, daß das INSEE durch diese insoweit über keine den Datenschutz in derselben Weise gewährleistenden, selbstregulierenden Mechanismen verfügenden Stellen praktisch zu den zitierten "internen" Vereinbarungen und Verfahren genötigt wurde; gleichzeitig wird dadurch gerade die Notwendigkeit von Verfahrensmechanismen dargetan, die die Transparenz und die Publizität des Verwaltungshandelns und damit die demokratische Kontrolle gewährleisten. Die Existenz solcher Mechanismen hätte dem INSEE die in Frage stehenden "internen Vereinbarungen" - zumindest in der aktuellen Form - sicher erspart.

In diesem Zusammenhang ist der von der STERIA gemachte Vorschlag der Einführung regelmäßig an die Bürger zu verschickender und von ihnen zu genehmigender "Informationskontenauszüge" insofern von besonderem Interesse, als er ein wohl besonders glückliches Beispiel für eine innovative Datenschutzmaßnahme darstellt, die in einem einfachen klaren Verfahren eine partielle Datenschutzkontrollfunktion sogar an den jeweils betroffenen Bürger delegiert und über den unter demokratischen Aspekten höchst begrüssenswerten Nebeneffekt der Erhöhung der Transparenz des Verwaltungshandelns und der Bürgerpartizipation hinaus sogar einen gewissen Beitrag zur Erhöhung der Effizienz der Verwaltung leistet, indem zugleich im weiten Maße sonstige individuelle Informationserhebungen und Umfragen überflüssig gemacht werden.

4.4.2. Elemente einer partizipatorischen Lösungsstruktur zur inhaltlichen Konkretisierung des Datenschutzes ("Legitimität durch Konsensus")

Ausgehend von dem soeben skizzierten datenschutzverfahrensrechtlichen Ansatz, der - aus der Auseinandersetzung mit der französischen Datenschutzdiskussion und mit der französischen Verwaltungsautomation allgemein hervorgegangen - allerdings noch der Überprüfung anhand der internationalen und insbesondere der deutschen Datenschutzdiskussion bedarf, ist jedoch nicht zu verkennen, daß damit eine materiellrechtliche Konkretisierung des Datenschutzes nicht überflüssig wird, sondern ganz im Gegenteil nach wie vor das eigentliche Ziel der Datenschutzbemühungen bleiben muß. - Bezeichnenderweise weist auch der verfahrensrechtliche Datenschutzgesetzentwurf des Abgeordneten Michel Poniatowski insbesondere in seinem Artikel 4 sowie in seinen Motiven materiellrechtliche Elemente auf.

Der hier vertretene verfahrensrechtliche Ansatz geht aus den dargelegten Überlegungen nur eben davon aus, daß ein - an Begriffe wie "Privat- und Geheimnissphäre", "personenbezogene" bzw. "Sachdaten", "rechtmäßige Erfüllung der Aufgaben" bzw. "Ausübung berechtigter Interessen" anknüpfendes - allgemeines Datenschutzgesetz allein wohl kaum gegenüber der Vielzahl und Vielfalt der konkreten Problemgestaltungen einen ausreichend umfassenden und effektiven Datenschutz garantieren kann. Die mühsame Herausbildung einer gesicherten Datenschutzrechtsprechung kann andererseits nicht abgewartet werden und ist bei der sich überstürzenden technischen Entwicklung in gewollter Zeit wohl auch gar nicht möglich. Die Formulierung von speziellen (z.B. problem- bzw. branchenspezifischen) Datenschutzgesetzen und Rechtsverordnungen, wie vor allem ihre effektive konkrete Durchsetzung jedoch erfordert gerade die integrierte und weitreichende Mitwirkung eines organisatorisch und kompetenzmässig gut ausgestatteten Datenschutzkontrollorgans.

Es wird daher vorgeschlagen, auf ein - in "Anerkennung" des verfassungsrechtlich verbürgten Persönlichkeitsrechts möglicherweise mehr oder weniger halbherzig erlassenes - materiellrechtliches, mit umfassendem Regelungsanspruch ausgestattetes Datenschutzgesetz zu verzichten, da sich ein solches Gesetz auf Grund der aufgezeichneten Unzulänglichkeiten der bisherigen "inhaltlichen" Ansätze in weiten Strecken wohl unvermeidlich kaum über das Niveau eines Alibigesetzes herausheben wird, u.U. erhebliche Rechtsunsicherheit mit sich bringen und jedenfalls keinen effektiven Datenschutz sicherstellen wird.

Statt einer solchen unvollkommenen - mehr rechtstechnischen - statischen "Lösung" sollte versucht werden, mittels einer bewußten politischen Anstrengung, eine dynamische "Lösungsstruktur" zu definieren, deren Herzstück das hier geforderte kompetenzmäßig und organisatorisch großzügig ausgestattete Datenschutzkontrollorgan wäre. Der Auftrag einer solchen Lösungsstruktur wäre zugleich auf die schrittweise problem- und branchenspezifische inhaltliche Konkretisierung und (Vor)-Formulierung (von Einzelgesetzen und Rechtsverordnungen) wie auch auf die Durchsetzung des Datenschutzes (gegenüber traditioneller wie elektronischer Datenverarbeitung) gerichtet. Dabei kommt es darauf an, daß dieser Lösungsstruktur neben verschiedensten Organisations- und Verfahrensgrundsätzen sowie Kompetenzregelungen und einigen großen Leitlinien - sei es im Rahmen einer die Struktur insbesondere des Datenschutzkontrollorgans instituierenden Gesetzgebung, sei es in einem gesonderten programmatischen Gesetz, wie es verschiedentlich in Frankreich als eine "magna carta des Datenschutzes" gefordert wird - der Grundsatz des verfassungsmäßig garantierten Schutzes der Privat- und Geheimnissphäre und seine grundsätzliche Höherrangigkeit gegenüber Effektivitäts- und Wirtschaftlichkeits-Erwägungen sowie allgemein gegenüber materiellen Interessen vorgegeben werden.

Die entscheidende Leitlinie für das konkrete Vorgehen einer solchen Lösungsstruktur muß insoweit die Erkenntnis sein, daß - abgesehen von z.B. einigen rein technischen Problemen der Datensicherung - die entscheidenden Probleme des Datenschutzes keine nach technischen und wirtschaftlichen Gesichtspunkten oder rein "rechtstechnisch" objektiv lösbaren Probleme sind, sondern vielmehr weitgehend politische Entscheidungen erfordern. Bei der Konkretisierung des Datenschutzes sollten daher in Anwendung der im vorausgehenden Punkt gemachten verfahrensrechtlichen Forderungen im Rahmen einfacher, schneller und soweit erforderlich innovativer Verfahren mittels - mehr oder weniger institutionalisierter - Delegation und Kooperation die jeweils betroffenen (natürlichen und juristischen) Personen und ihre - gerade auch politischen - Vertreter sowie interessierte intermediäre Gewalten in jeweils adäquater Weise partizipatorisch beteiligt werden. Wenn Schlüsselbegriffe des Datenschutzes wie "Privat- und Geheimnissphäre", "personenbezogene, personenbeziehbare und Sachdaten" sowie "rechtmäßige Erfüllung von Aufgaben und Ausübung berechtigter Interessen" schon nicht per Deduktion aus dem Grundgesetz oder in sonstiger abstrakter Weise generell und allgemeinverbindlich definierbar sind, so sollte mittels adäquater Verfahren partizipatorischen Wertentscheidungen und Kontrollen Raum gegeben werden.

Als ein einschlägiges Modell mag insoweit wiederum das INSEE dienen. Angesichts der Unmöglichkeit, abstrakt und generell zu definieren, welche Umstände Gegenstand von - durch natürliche und juristische Personen obligatorisch zu beantwortenden - statistischen Erhebungen sein können und welche Umstände - insbesondere unter dem Gesichtspunkt der zu schützenden Privat- und Geheimnissphäre - grundsätzlich von der Erhebung zu statistischen Zwecken ausgeschlossen sind, ist in der Loi-Nr. 51-711 auf jeglichen diesbezüglichen Versuch der abstrakten Definition und Abgrenzung verzichtet worden, um in den Bestimmungen der Artikel 1 und 2 diese Problematik sodann zwecks konkreter politischer Lösung im Wege kollektiver (Einzelfall-) Entscheidung durch politisch Verantwortliche und die Interessen der jeweils betroffenen (natürlichen und juristischen) Personen vertretende intermediäre Gewalten und Gruppierungen zu überantworten.

Auf den Verfahrensgrundsätzen "Delegation und Kooperation", "Transparenz und Partizipation", "Integration der öffentlichen Diskussion" aufbauend wäre das Grundkonzept eines derart organisierten Datenschutzes: "Legitimität(!) durch Konsensus" und insofern sei hier von partizipatorischer Lösungsstruktur gesprochen[(475)].

Ohne nun die gesamte französische Datenschutzdiskussion global an dieser hier ohnehin nur skizzierten Konzeption eines datenschutzverfahrensrechtlichen Ansatzes verbunden mit der prinzipiellen Propagierung einer partizipatorischen Lösungsstruktur zur inhaltlichen Konkretisierung des Datenschutzes, deren praktische Realisierung darüberhinaus zugestandenermaßen durchaus nicht problemlos sein würde, messen zu wollen, sei insofern abschließend zumindest darauf hingewiesen, daß sich die von der französischen Regierung bisher (tatsächlich) verfolgte und insbesondere von der Délégation à l'Informatique vertretene Datenschutzpolitik bezeichnenderweise weitgehend durch die Negation der wesentlichen der hier vorgeschlagenen Datenschutzkonzeption zu Grunde liegenden Grundsätze und Wertungen charakterisiert.

So scheint die französische Regierung allgemein den Gesichtspunkten der Effizienz und Wirtschaftlichkeit gegenüber dem Datenschutz eine höhere Priorität einzuräumen. Der Forderung nach effektiven demokratischen (Datenschutz-) Kontrollen und insbesondere nach einem kompetenzmäßig und organisatorisch großzügig ausgestatteten Datenschutzkontrollorgan sowie innovativen Datenschutzverfahren wird ein zweifelhafter um die technische und wirtschaftliche Entwicklung der EDV-Industrie und der EDV-Anwendung besorgter Liberalismus und die Ablehnung jeglicher "die (staatlichen) Institutionen inFrage stellenden Diskussion" entgegengestellt. Und der Forderung nach Transparenz und Partizipation mittels Delegation und Kooperation im Rahmen der Formulierung und Durchsetzung des Datenschutzes oder allgemein nach Behandlung der Datenschutzproblematik als ein die Öffentlichkeit und die Fachwelt interessierendes und ein einer - eine möglichst breite politische Basis beteiligenden - Lösung bedürfendes Problem entspricht die Beauftragung kleiner mehr oder weniger elitärer Gremien, die mehr oder weniger brauchbare Untersuchungen anstellen, deren Ergebnisse sodann von der Regierung zum einen ohne weitere problemorientierte Auseinandersetzung verworfen und zum anderen nicht einmal in die Fachdiskussion, geschweige denn in die politische Diskussion eingebracht werden, sondern über Jahre hinaus vertraulich bis geheim bleiben.

Während hier einer Datenschutzlösung das Wort geredet wird, die ihre demokratische Legitimität durch (politischen) Konsensus bezieht und die - selbst wenn sie nicht den hier skizzierten verfahrensrechtlichen Ansatz realisieren sollte - so doch zumindest eine, das Ergebnis eines möglichst breit angelegten Konsultationsprozesses darstellende, bewußt politische Entscheidung ist, besteht in Frankreich bei Anhalten der bisherigen allgemeinen politischen wie der speziellen datenschutzbezogenen Tendenzen die Gefahr, daß, wenn es einmal zu einer (nicht nur symbolischen) Datenschutzregelung kommen sollte, diese einen stark technokratischen Charakter haben wird; und zwar technokratisch in dem Sinne, als es eine "in aller Stille" von einem - beispielsweise der heutigen Commission 'Informatique et Libertés' entsprechenden - Expertengremium ausgearbeitete "unpolitische" Lösung sein würde, die den Sachverstand an die Stelle des demokratisch gebildeten Willens setzend, den verschiedenartigsten "Sachzwängen" und insbesondere dem Effektivitätsdenken Rechnung trägt und unterschwelligen - letztlich durchaus politischen - Wertungen sowie möglicherweise sogar verdecktem politischem Kalkül den Datenschutz opfert, auf den der Bürger und die Gesellschaft aus der verfassungsrechtlichen Anerkennung der Privat- und Geheimnissphäre heraus Anspruch haben.

Die Überlegung, daß der Gesetzgeber eine technokratische Datenschutzlösung grundsätzlich verhindern oder aber eben zum demokratisch Gewollten erheben kann, entkräftet die hier geäußerten Befürchtungen nicht, da die französische Regierung den Datenschutz als in weitestem Maße in den ihr reservierten Kompetenzbereich des autonomen Verordnungsrechts fallend betrachtet, so daß der gestaltende oder auch nur verhindernde Eingriff des Gesetzgebers insoweit möglicherweise weitgehendst unmöglich ist. Zudem haben es die politischen und verfassungsrechtlichen Zustände der V. Republik bereits in der Vergangenheit der Regierung erlaubt, vom Conseil d'Etat als verfassungswidrig zu Fall gebrachte Verordnungen im Wege der Gesetzgebung auf Grund des "Supremats des Gesetzes" der verfassungsrechtlichen Überprüfung durch die Gerichte zu entziehen, so daß selbst wenn die französische Regierung zu irgendeinem Zeitpunkt einen Datenschutzgesetzentwurf "durch das Parlament bringt" damit einem derartigen Datenschutzgesetz u.U. nur eine sehr formale Legitimation anhaftet, ohne daß ihr eventuell technokratischer Charakter behoben wäre oder ihr notwendigerweise gar eine demokratische Legitimität zuzusprechen wäre.

5. Zusammenfassung

Wie im Verlauf der vorliegenden Untersuchung hervorgetreten ist, weist die französische Verwaltungsautomation eine Reihe interessanter konkreter Ansätze und Anregungen auf, die hier nicht nochmals im einzelnen aufgeführt werden können. Die bemerkenswertesten und - trotz gewisser wesentlicher Unzulänglichkeiten - grundsätzlich als positiv einzuschätzenden Komponenten der französischen Verwaltungsautomation sind jedoch zum einen die der Verwaltungsautomation global seit etlichen Jahren von den höchsten politischen Stellen Frankreichs eingeräumte hohe Priorität und zum anderen der klar gegliederte institutionelle Rahmen als ein für die Formulierung wie die Durchsetzung einer angestrebten (möglichst) kohärenten Politik der interministeriellen Förderung und Koordination der französischen Verwaltungsautomation bereitstehendes organisatorisches Instrument.

Vor diesem Hintergrund gelang die koordinierende Steuerung der bisherigen (im wesentlichen rein) quantitativen Entwicklung der Verwaltungsautomation in Frankreich insbesondere durch die Délégation à l'Informatique und die Commission Interministérielle de l'Informatique, vor allem gemessen an der in die nationale EDV-Industrieförderungspolitik integrierten Präferenzpolitik, in einigermaßen zufriedenstellendem Maße.

Dabei weist gerade das der Commission des Marchés d'Informatique eine wichtige Funktion zuweisende zentrale Beschaffungsverfahren einige höchst interessante Ansätze sowie Ausbaumöglichkeiten auf.

Allgemein scheint auch das kürzliche Bemühen um die Entwicklung und Durchsetzung einer interministeriell integrierten funktionsorientierten Automationsleitplanung als solches trotz des bisherigen Fehlens konkreter Ergebnisse und der noch völlig unausgereiften Methodologie grundsätzlich als bemerkenswert.

Auf personalpolitischem Gebiet ist vor allem die gefundene dienstrechtliche Lösung als prinzipiell adäquat anzusehen.

Hinsichtlich der Datenschutzproblematik vermittelt die französische Diskussion die verschiedensten konkreten Anregungen. So entstand insbesondere der hier skizzierte neue Ansatz einer Datenschutzkonzeption unter anderem teils durch direkte Übernahme von Elementen gewisser konkreter Vorschläge (z.B. zum Datenschutzkontrollorgan oder zum Informationskontenauszug der STERIA), teils durch die Integrierung von Beobachtungen und Analysen gewisser Mechanismen (z.B. des statistischen Geheimnisses des INSEE) und teils durch die antithetische Auseinandersetzung mit der Datenschutzpolitik der französischen Regierung und der Délégation à l'Informatique, also in gewisser Weise als (partielle) Synthese der französischen Datenschutzdiskussion.

Trotz dieser verschiedenen durchaus positiven Aspekte weist die französische Verwaltungsautomation jedoch zwei fundamentale Unzulänglichkeiten auf:

(a) Politik wie Organisation der französischen interministeriellen Verwaltungsautomation werden sowohl hinsichtlich der allgemeinen Konzeption wie auch in Einzelfragen in besonderem Maße durch einen zu verengten technokratischen Blickwinkel bestimmt. So gelang es der französichen Verwaltungsautomation - trotz der nunmehr unternommenen Bemühungen um eine integrierte funktionsorientierte Automationsleitplanung - noch nicht, aus dem ihr bisher durch den stark industrieförderungsorientierten Kompetenzbereich der Délégation à l'Informatique inzidenter gesteckten, insbesondere auf die (eher quantitativen) Fragen der Beschaffungspolitik und des technisch problemlosen Einsatzes der EDV fixierten Rahmen nachhaltig herauszutreten. Wesentliche qualitative Fragestellungen insbesondere politischen und rechtlichen Charakters sowie hinsichtlich von Maßnahmen struktureller Verwaltungsreform, die über EDV-technische

Büro- und Ablauforganisationsfragen hinausgehen, werden - von gewissen mehr punktuellen Äußerungen gewisser, nicht über Entscheidungskompetenzen im Bereich der Verwaltungsautomation verfügender Stimmen abgesehen - von der (offiziellen) institutionalisierten Verwaltungsautomation nicht oder nur höchst unzulänglich, wenn nicht sogar nur widerwillig berücksichtigt.

Diese Tatsache tritt zum einen im Rahmen der Datenschutzproblematik auf Grund des hinhaltenden, Problemlösungen eher behindernden als fördernden Taktierens von Regierung und Délégation à l'Informatique hervor. Zum anderen erscheint der Fragenkomplex der EDV-bedingten bzw.-bezogenen Verwaltungsreform im Rahmen der Politik der interministeriellen Förderung und Koordination der französischen Verwaltungsautomation nicht nur nicht als selbständiger Komplex, sondern ist auch ganz allgemein nicht einer bestimmten, insoweit fachlich wie organisatorisch kompetenten Stelle zur zentralen umfassenden Bearbeitung zugeteilt worden.

(b) Selbst unter dem - hier als zu eng kritisierten - technokratischen Blickwinkel ist allerdings eine weitere Unzulänglichkeit der französischen Verwaltungsautomation festzustellen, die in der <u>mangelenden systematischen und methodologischen Durchdringung</u> des Phänomens "Verwaltungsautomation" liegt. Gerade die nunmehr durch die Délégation à l'Informatique propagierte funktionsorientierte Automationsleitplanung ist insofern als Eingeständnis des bisherigen Fehlens geeigneter methodischer Konzepte und Instrumente zur Planung und Steuerung der interministeriellen Verwaltungsautomation zu werten. Da aber auch für die jetzt angestrebte Automationsleitplanung weiterhin kein geeignetes Instrumentarium operationaler und insbesondere quantitativer Methoden und Techniken (z.B. für Kosten-Nutzen-Analysen etc.) zur Hand ist, besteht die Gefahr, daß sich der Effekt der neuen Automationsleitplanung im wesentlichen in einem gewissen - allerdings grundsätzlich positiv zu bewertenden - Abbau der bisherigen exzessiven Ausstattungsorientierung der französischen interministeriellen Verwaltungsautomation erschöpfen und eben nicht den von der Délégation à l'Informatique erhofften entscheidenden Durchbruch zu einer interministeriell integrierten Politik der französischen Verwaltungsautomation erbringen wird.

Verkürzt kann somit abschließend festgestellt werden, daß Organisation und Politik der interministeriellen Förderung und Koordination der französischen Verwaltungsautomation - von gewissen dysfunktionalen durch die Präferenzpolitik und durch eine gewisse inhärente Unflexibilität der Verwaltung bedingten Elementen abgesehen - im wesentlichen für die Lösung der Probleme der zunehmend verstärkten (ausstattungsmäßigen) Einführung der EDV in die Verwaltung und des (technischen) Betriebs ihrer EDV-Anlagen einigermaßen adäquat konzipiert sind. Trotz gewisser interessanter Ansätze hinsichtlich der (überwiegend erst projektierten) interministeriellen Informationssysteme verbleiben diese Aspekte bisher im Zentrum der französischen Verwaltungsautomationspolitik.

Damit wird allerdings das Phänomen "Verwaltungsautomation" lediglich in seinen eher äußeren (technischen) Erscheinungsformen erfaßt, so daß fast der Eindruck des Fortbestehens der "Gründerzeit" der französischen Verwaltungsautomation entsteht. Verstärkt wird dieser Eindruck einerseits durch die mangelnde systematische und methodologische Durchdringung sowie durch den deutlich technokratischen Charakter der offiziellen französischen Verwaltungsautomation gerade auch hinsichtlich der Datenschutzproblematik.

Damit ergeben sich zwei grundsätzliche Erkenntnisse, die über die spezifischen französischen Verhältnisse hinausgehend allgemeine Bedeutung für die Verwaltungsautomation haben:

Zum einen ist das die Erkenntnis der jeglicher Verwaltungsautomation mehr oder minder virulent innewohnenden Gefahr der sich der demokratischen politischen Kontrolle entwindenden technokratischen Entwicklung.

Und zum andern die Erkenntnis der Funktion und Bedeutung des Juristen gegenüber dem Phänomen "Verwaltungsautomation" insbesondere im Interesse seiner umfassenden, nicht nur rein technisch-wirtschaftlichen Bewältigung. Dabei kann der Jurist, soweit er sich beispielsweise im Rahmen des öffentlichen Rechts für verwaltungswissenschaftliche Fragestellungen interessiert, einen möglicherweise wertvollen Beitrag zur systematischen und methodologischen Durchdringung der Verwaltungsautomation leisten. Besonders aber in in Verbindung mit der Verwaltungsautomation auftretenden staats- und verfassungsrechtlichen Fragen, die weit über die Datenschutzproblematik hinausgehen und beispielsweise die Gewaltenteilung und -hemmung betreffen, fällt dem Juristen neben dem Politiker eine ganz besonders wichtige, für die Erhaltung und den Ausbau der demokratischen Staats- und Gesellschaftsstrukturen unverzichtbare Aufgabe der inhaltlichen Durchdringung und Bewältigung der Verwaltungsautomation über die technisch-wirtschaftlichen Grundgegebenheiten hinaus in ihrem sozialen Gehalt zu. Auf dem Wege dahin einen rechtsdogmatische, rechtspolitische und rechtstatsächliche Aspekte integrierenden rechtswissenschaftlichen Beitrag zu leisten, war das letzte Ziel der vorliegenden Untersuchung.

6. A N M E R K U N G E N

zu den Kapiteln 1. bis 4.

6.1 Kapitel 1.

(1) So stellt auch die EDV-Arbeitsgruppe der französischen Richtergewerkschaft (Syndicat de la Magistrature (71), S. 6) fest: "... die Weiterbildungskommission (Commission 'Formation Permanente') muß die Information der Richter hinsichtlich der Fragen der EDV zu einem der Ziele ihrer Tätigkeit machen, um ein Abdanken der Rechtsprechung zugunsten der Experten und Technokraten zu verhindern." Entsprechendes gilt aber eben nicht nur für die Rechtsprechung, sondern für die Rechtswissenschaft ganz allgemein.

(2) Vgl. bezüglich der Zentralisation allgemein die Ausführungen unter 4.1.2.2.1.

(3) Vgl. bezüglich der "services extérieurs" sowie allgemein zur Konzentration in der französischen Staatsverwaltung die Ausführungen unter 4.1.2.2.1.
In einzelnen Ressorts (insbesondere in der Steuer- und Finanzverwaltung) wird im übrigen versucht, entsprechend dem Konzept der "centres de calcul banalisés"("banalisierte"bzw. "standardisierte Rechenzentren") mittels der Schaffung von Verwaltungsbezirken mit quantitativ und qualitativ einigermaßen identischem Arbeitsanfall selbst Rechenzentrumsorganisation und Betrieb für das gesamte nationale Territorium zentral zu standardisieren.

(4) Vgl. bezüglich der Ausfüllung mittelinstanzlicher Funktionen durch die französische Ministerialbehörden die Ausführungen unter 4.1.2.2.1.

(5) Bezeichnenderweise besteht in Frankreich keine einzige auf Fragen der Rechts- und / oder Verwaltungsautomation spezialisierte Fachzeitschrift. Darüberhinaus entstammen die hier einschlägigen Veröffentlichungen nur zum geringeren Teil den rechts- und verwaltungswissenschaftlichen Fachpublikationen. Selbst rechts- und verwaltungswissenschaftliche Äußerungen zur französischen Verwaltungsautomation und Datenschutzdiskussion erscheinen vielmehr in weitem Maße in den verschiedensten Publikationen der Presse.

Die 1973 veröffentlichte Arbeit Hadas-Lebel (71) deckt zwar grundsätzlich die hier behandelte Thematik ab, kann aber wohl höchstens als Ansatz zu einer umfassenden wissenschaftlichen Abhandlung bezeichnet werden, da z.T. wichtige Fragestellungen mehr kursorisch behandelt werden, weite Stellen mehr oder weniger unkritische Übernahmen darstellen und überhaupt nur ein Minimum an Quellen, Dokumentation und Literatur - und auch nur darstellend - berücksichtigt wurden.

(6) Vgl. bezüglich der Bezeichnungen der französischen Ministerien Annex I unter Punkt 7.1.

6.2. Kapitel 2.

(1) Vgl. bezüglich der monatlichen durchschnittlichen Betriebsdauern unter 12.1.1.1.4.3.

(2) Vgl. bezüglich der personalpolitischen Probleme unter Abschnitt 3.2.3.

(3) Vgl. bezüglich der haushaltsrechtlichen, finanzierungs- und allgemein beschaffungspolitischen Probleme unter 12.1.2.2. und unter Abschnitt 3.2.2. sowie speziell unter 3.2.2.2.

(4) Vgl. bezüglich Kostenrechnung und Amortisationsmethode unter 12.1.2. und 12.1.2.6.

(5) Vgl. bezüglich der Problematik des EDV-Planungs- und Kontrollinstrumentariums speziell unter Abschnitt 3.2.1.1.

6.3 Kapitel 3.

(1) Eine deutsche Entsprechung für die Bezeichnung "Délégation à l'Informatique" zu finden, trifft vor allem deshalb auf Schwierigkeiten, weil es in der BRD keine der Délégation à l'Informatique mit ihrem weiten Aufgabenfächer entsprechende Stelle gibt. Der ihr vorstehende Délégué à l'Informatique könnte jedoch als EDV-Beauftragter bezeichnet werden.

(2) Vgl. allg. zu Entstehung, Aufgaben, Struktur und Arbeitsweise der Délégation à l'Informatique Hadas-Lebel (71), S. II.2-II.5

(3) "Plan Calcul", wörtlich "Rechenplan", bedeutet sinngemäß "Datenverarbeitungsförderungsprogramm".

Vgl. auch allg. zur damaligen Situation und zur Entstehung des Plan Calcul La Documentation Française (68a) S. 1-4 u. Ministère des Affaires Etrangères (68), s. 1-13.

(4) Nicht zu verkennen sind jedoch auch militärstrategische Erwägungen.1963 hatte das amerikanische State Department die Lieferung eines CDC 66oo-Großrechners, der zu Kernforschungszwecken für die Entwicklung der französischen Wasserstoffbombe dienen sollte, mit einem Embargo belegt. Das Embargo wurde erst drei Jahre später, drei Wochen nach Entstehen des Plan Calcul, aufgehoben. Vgl. in diesem Zusammenhang Petit/Portnoi (71) S. 87; Thibout (71), S. 123-124; Treille (73b), S. 14o.

(5) Vgl. zu den diesbezüglichen vergeblichen Bemühungen der öffentlichen Hand Petit/Portnoi (71), S. 86-87; Treille (73b), S. 63. 197o wurde Bull dann von der amerikanischen Gesellschaft Honeywell übernommen; vgl. dazu Treille (73b), S. 65-66.

(6) Bull beherrschte damals ca. 25 % des französischen Marktes.

(7) Vgl. bezüglich dieser Einschätzung z.B. Kuhn de Chizelle zitiert in Petit/Portnoi (71), S. 87.

(8) So z.B. der derzeitige Délégué à l'Informatique Allègre (68c), S. 13o.

(9) Vgl. insoweit bezüglich der Entstehung des Plan Calcul Petit/Portnoi (71), S. 88; Treille (73 b), S. 14o-141.

(1o) Décret Nr. 66-756 vom 8.1o.1966, Journal Officiel 11.1o. 1966, S. 8939.

(11) Décret (o.Nr.) vom 8.1o.1966, Journal Officiel 11.1o. 1966, S. 8939.

(12) Vgl. zu den Begriffen "Loi", "Décret", "Arrêté", "Circulaire", "Instruction" etc. die terminologischen Ausführungen im Annex Nr. II.

(13) Robert Galley war später in der Regierung Messmer Ministre des Postes et Télécommunications, bzw. Ministre des Armées.

(14) Vgl. Art. 1 des Décret Nr. 66-756.

(15) Vgl. Art. 2 Nr. 4 des Décret Nr. 69-724 vom 18.7.1969, Journal Officiel 19.7.1969, S. 7323.

(16) Vgl. beispielsweise mit sich wiederholenden Formulierungen die Äußerungen des Délégué à l'Informatique Maurice Allègre (68a), S. 7 - 8; (68b), S. 24; (68c), S. 129; (72a), S. 11-12 sowie des Délégué Adjoint Pierre Audoin (71a), S. 14f.

(17) 1.) Konvention mit der Compagnie Internationale pour l'Informatique (CII) hinsichtlich der Entwicklung insbesondere von Zentraleinheiten ("convention I: Etat-CII"), (April 1967).

2.) Konvention mit der SESCOSEM u. anderer Zulieferindustrien hinsichtlich der Entwicklung elektronischer Computerbauteile ("Convention microélectronique"), (Juli 1968).

3.) Konvention mit der SPERAC hinsichtlich der Entwicklung peripherer Geräte ("convention périphérique"), (Juli 1968). Nach dem Fehlschlag der SPERAC, die daraufhin teilweise von der CII absorbiert wurde, erfolgte eine Neugruppierung der frz. Peripherieherstellerindustrie; vgl. dazu "Informatique: Les fabricants français de matériels périphériques ..." (73), S. 9.

4.) Konvention mit der CII hinsichtlich der Verlängerung der ersten Konvention um 5 Jahre unter Betonung der Notwendigkeit der europäischen Zusammenarbeit ("convention II: Etat-CII"), (August 1971). Es wird insofern auch vom 2. Plan Calcul gesprochen; vgl. Allègre (72 a), S. 16.

Vgl..auch die Kommentare in der Öffentlichkeit anläßlich der Unterzeichnung der (1.) Konvention mit der CII am 13.4.1967 Vichney (67), S. 1; Mariano (67), S. 6; Ministère de l'Economie et des Finances (67), S. 1-2; sowie anläßlich der Verlängerung am 3.8.1971 Lloret (71b), S. 15; Olmer (71), S. 7; Vichney (71), S. 9-1o.

(18) Die Bedeutung dieser staatlichen Unterstützung wird besonders deutlich, wenn man die Finanzierungsschwierigkeiten kleiner aufstrebender Hersteller in der BRD und deren zum Teil gezwungenermaßen abenteuerlichen Finanzierungsmanöver betrachtet; vgl. dazu z.B. den Fall der "Wagner Computer AG vormals Kamerun-Eisenbahn-Gesellschaft" ("Schlechte Fälle" (73), S. 49-51).

(19) Quelle: Audoin/Font (72), S. 32.

(2o) So der Ministre du Développement Industriel et Scientifique Jean Charbonnel auf einer Pressekonferenz vom 12.2.1973.

(21) Vgl. ausführlich zur Entstehung der CII, der allgemeinen Restrukturierung der computerorientierten, elektronischen Industrie in Frankreich und den verschiedenen Konventionen Treille (73b), S. 142-155; Petit/Portnoi (71), S. 88-99.

(22) Vgl. dazu Allègre in "L'Europe de l'informatique a-t-elle sa chance?" (72), S. 66-71; Allègre (72b), S. 23 sowie Demoillard (72), S. 8; Vgl. auch bezüglich der letzten offiziellen Stellungnahme seitens der französischen Regierung Quatrepoint (74c), S. 3o; (74d), S. 15 u. 19; (74e), S. 3o; Wourgaft (74b), S. 1 u. 9.

(23) Vgl. dazu Jean Charbonnel in O.1. Informatique-Hébdomadaire Nr. 229, 19.2.1973, S. 1 u. 4; ebenso in Quatrepoint (74d), S. 15 u. 19.

(24) Vgl. im einzelnen bezüglich der allgemeinen Finanzsituation sowie besonders bezüglich der Finanzierungsschwierigkeiten der CII seit 1973 und im Zusammenhang mit der Schaffung der UNIDATA Wourgaft (73d), S. 1 u. 8; (74a), S. 1-2; (74b), S. 1 u. 9; (74c), S. 1 u. 18; (74e), S. 1 u. 8; Roire (74), S. 27-28; Quatrepoint (73), S. 42; (74a), S. 3o; (74b), S. 3o; (74c), S. 3o; (74d), S. 15 u. 19; (74e), S. 3o; "Computers: Fighting again" (74), S. 98; "Ordinateurs: la CII annonce la couleur" (74), S. 68, Prévot (74b), S. 1; Pellandini (74), S. 7; "Affaires: Le capital de la CII va être augmenté" (74), S. 31.

(25) So erklärten der Délégué à l'Informatique: "Avant de coopérer, il faut exister" (L'Expansion Juli/August 1972, S. 75) und der Ministre du Développement Industriel et Scientifique Jean Charbonnel: "Exister d'abord, coopérer ensuite: tel est l'objectif que s'est fixé le Plan Calcul." (O.1. Informatique-Hebdomadaire Nr. 229, 19.2.1973, S. 1 u. 4, ebenso in Quatrepoint (74d), S. 15;

Janco/Furjot (72), S. 57 werten jedoch dasEinschwenken auf eine europäische Kooperation als implizites Eingeständnis des Fehlschlags des Plan Calcul, der von ihnen im übrigen (abgesehen von ihrer prinzipiellen ideologischen Ablehnung) im Hinblick auf die monopolistische Stellung von IBM als von vornherein absurde Anmaßung qualifiziert wird.

Ebenfalls sehr kritisch gegenüber der Politik des Plan Calcul Quiniou (71), S. lo4-111, der von der "Allègre Mythe International Baby Electronic" (AMIBE) spricht, (S. lo6). Deutlich positiver die Einschätzung bei Thibout (71), S. 124-125. Der Senator Chauty kritisiert die unzulängliche Vertriebsstruktur der CII; vgl. Guichard (73c), S. lo.

(26) Vgl. zum "Plan Calcul européen" die Äußerungen der Commission des Communautés Européennes (72), S. 1-4 sowie "Préparation d'une politique industrielle commune dans le secteur de l'informatique" (73), S. lo; bezüglich der Reaktionen in der frz. Presse vgl. Wourgaft/ Bui (73), S. 1 u. 8; Grapin (73), S. 17-19; Dardenne (73), S. 6; "Un esprit communautaire puissant ..." (73), S. lo;"Europe: L'informatique entre Bruxelles et les industriels" (73), S. 29.

(27) Vgl. zur offiziellen frz. Haltung Demoillard (72), S.8.

(28) Neben dem Plan Calcul zugunsten der frz. Hardware-Hersteller hat die Délégation à l'Informatique Anfang 1971 im Anschluß an einen Beschluß des Ministerrats vom 8.1.1971 einen "Plan Software" definiert, der die frz. EDV-Beratungs- und Softwareindustrie einschließlich der Service-Rechenzentren fördern soll. Die Implikationen des Plan Software für die frz. Verwaltungsautomation sind jedoch äußerst beschränkt und bei weitem nicht mit den Auswirkungen des Plan Calcul zu vergleichen.

Im wesentlichen handelt es sich um die Subventionierung der Entwicklung von gewissen Softwareprodukten im Auftrag der Verwaltung. Diese Software-Entwicklungen werden von der Délégation à l'Informatique, bzw. der DGRST bis zu 5o % ihrer Kosten subventioniert, wenn es sich um anspruchsvolle Leitprojekte handelt, die dem jeweiligen Beratungs- und Softwareunternehmen ein weiter verwertbares Know-how vermittelt und/oder für die Verwaltung auf Grund ihrer modernen Konzeption oder Wiederverwendbarkeit in anderen Verwaltungsbereichen von besonderer Bedeutung sind.

Vgl. im einzelnen zum Plan Software Allègre (71a), S. 43-46; Baquiast (71c), S. 49-5o; Audoin/Font (72), S. 31-36; Délégation à l'Informatique (72a), S. 15-16; Hadas-Lebel (71), S. VI.7-VI.9; "Dynamisierung der Software-Industrie" (72), S. 5-lo. Vgl. auch allg. zur frz. EDV-Beratungs- und Software-Industrie Délégation à l' Informatique(71g), 17 S.; (73d), 19S. u. (73e), 27 S.; Hadas-Lebel (71),S. VI.1 - VI. 11.

(29) Vgl. bezügl. Entstehung, Aufgaben u. Struktur des IRIA Loi Nr. 67-7 vom 3.1.1967, Journal Officiel 5.1.1967, S. 131 sowie Décret Nr. 67-722 vom 25.8.1967, Journal Officiel 29.8.1967, S. 8643-8645; vgl. auch Laudet (71), S. 2o-21.

(3o) Décret Nr. 73-13o vom 12.2.1973, Journal Officiel 13.2. 1973, S. 167o.

(31) Vgl. dazu "Un comité de recherche pour l'informatique française", S. 1 u. 12.

(32) Die wichtigsten Abteilungen des IRIA seien hier jedoch zumindest aufzählungsweise genannt: Laboratoire de Recherche d'Informatique et d'Automatique (LABORIA) für die Forschung; Service de Synthèse et d'Orientation de la Recherche Informatique (SESORI), der sowohl die Aufgaben des ehemaligen Comité de Recherche en Informatique (CRI) wie das Sekretariat des neugebildeten Comité Consultatif de la Recherche en Informatique (CCRI) wahrnimmt; Service Technique Informatique (STI) für die technische Beratung und Unterstützung; Service Formation Information (SEFI) für die Dokumentation, Publikation und Ausbildung.

Vgl. bezügl. näherer Einzelheiten - insbesondere für den Stand nach der Umstrukturierung des IRIA durch das Décret des Min. du Développement Industriel et Scientifique vom 13.3.1973 - den Jahresrapport des IRIA (73), 93 S. sowie "L'IRIA se restructure" (73), S. 12. Vgl. auch bezüglich des CEPIA die Ausführungen unter 3.1.6.3.

(33) Vgl. bezüglich des verwendeten Lehrmaterials Ecole Nationale d'Administration (73): Enseignement général d'informatique, o.S.

(34) Vgl. Näheres zum CEPIA unter 3.1.6.3. sowie allg. zur EDV-Ausbildung der Beamten unter 3.2.3.4.

(35) Vgl. bezügl. dieser Aufgabenstellung der Délégation à l'Informatique Baquiast (71a), S. 26; Délégation à l'Informatique (71j), S. 7; La Documentation Française (71I), S. 3-4.

(36) Quelle: Délégation à l'Informatique (71j), S. 4-5.

(37) Das CRI wurde im März 1973 durch das CCRI abgelöst; vgl. Décret Nr. 73-338 vom 13.3.1973, Journal Officiel 24.3. 1973, S. 3225-3227.

(38) Vgl. zum Konzept der "administration de mission" Pisani (56), S. 155-158, sowie Autexier/Heppenheimer (71), S. 87-129; kritisch zu der Differentierung "administration de gestion/administration de mission" Debbasch (69), S. 158-161.

(39) Vgl. dazu insbesondere unter 3.2.2.1.

(4o) Circulaire du Premier Ministre Nr. 14.o96/SG vom 7.12.1967, 4 S.

(41) Vgl. allg. zu Aufgaben, Struktur u. Arbeitsweise der Commissions Ministérielles de l'Informatique Hadas-Lebel (71), S. II.5-II.11.

(42) Die Tatsache, daß nicht alle Ministerien über eine EDV-Kommission verfügen, erklärt sich damit, daß das Rundschreiben vom 7.12. 1967 die Möglichkeit vorsieht, daß Ministerien, die nur in geringem Maße von der EDV Gebrauch machen, für die also die Bildung einer eigenen EDV-Kommission zu aufwendig erscheint, sich lediglich darauf beschränken, einen EDV-spezialisierten Beamten mit der Wahrnehmung der Aufgaben einer EDV-Kommission und insbesondere mit der Zusammenarbeit mit dem Délégué à l'Informatique betrauen. Zum Teil bildeten auch zwei Ministerien eine gemeinsame EDV-Kommission (so das Ministère des Transports u. das Ministère de l'Equipement et du Logement sowie das Ministère du Trauvail, de l'Emploi et de la Population und die Affaires Sociales).

Die Bezeichnungen für die einzelnen EDV-Kommissionen variieren z.T. von Ministerium zu Ministerium. So finden sich neben dem überwiegend verwendeten Begriff "Commission (Ministérielle) de l'Informatique", auch die Bezeichnungen "Mission à l'informatique" (Education Nationale), "Commission de Développement de l'Informatique" (Economie et Finances sowie Equipement et Logement).

(43) Vgl. zu den Aufgaben der ministriellen EDV-Kommission das Rundschreiben des Premier Ministre vom 12.1.1971, S. 2-5.

(44) Das "cabinet du ministre" ist der Stab der persönlichen u. unmittelbaren (auch nicht-beamteten) Mitarbeiter des einzelnen Ministers, den dieser nach persönlichem Ermessen im Rahmen einer für jedes Ministerium jeweils festgesetzten Höchstzahl (etwa lo bis 2o) auswählt. Vgl. Näheres bezüglich der "cabinets ministériels" unter 4.1.2.2.2.

(45) Zur Commission des Marchés d'Informatique vgl. unter 3.1.5.

(46) Zu den Funktionen der Sekretariate der ministeriellen EDV-Kommissionen vgl. im einzelnen den vom Délégué à l'Informatique definierten Aufgabenkatalog der EDV-Kommissionen in Ministère des Postes et Télécommunication (72b), S. 1.

(47) Vgl. dazu Cour des Comptes (72), S. 36, wo auf die unterschiedliche Effizienz der verschiedenen ministeriellen EDV-Kommissionen hingewiesen wird.

(48) Zum Teil wird von verantwortlichen Beamten des Ministère de l'Economie et des Finances insoweit sogar von einem "völligen Fehlschlag" ("échec absolu") der EDV-Kommission dieses Ministeriums gesprochen. Vgl. auch Braibant (71a) S. 2o4, der in anderem Zusammenhang - jedoch offensichtlich auf den französischen Erfahrungen fußend - ganz allgemein die Einrichtung von "directions de l'informatique" fordert, die den jeweiligen Ministern direkt unterstellt und den sonstigen "directions (générales)" gleichgestellt sind.

(49) Arrêté vom 24.9.197o, Journal Officiel 25.9.197o, S. 8947, 1. Spalte; vgl. allg. zu Aufgabe, Struktur und Arbeitsweise der Commission Interministérielle de l'Informatique Hadas-Lebel (71), S. II.11-II.12. Die zuweilen für die Commission Interministérielle de l'Informatique verwandte Abkürzung "CII bis" erklärt sich aus der Übereinstimmung der Abkürzung der Compagnie Internationale pour l'Informatique (CII).

Vgl. zum Begriff "Arrêté" die terminologischen Ausführungen im Annex Nr. II.

(5o) Vgl. bezügl. der Tätigkeitsgebiete der Commission Interministérielle de l'Informatique Délégation à l'Informatique (71d), S. 56-57 sowie in Cour des Comptes (72), S. 117; Baquiast (71a), S. 26.

(51) Arrêté vom 19.2.1971, Journal Officiel 21.2.1971, S. 1779.

(52) Arrêté vom 24.9.197o, Journal Officiel 25.9.197o, S. 8947, 2. Spalte.

(53) Dabei wurden im Arrêté vom 6.5.1971, Journal Officiel 11.5.1971, S. 4484 die folgenden Ressorts berücksichtigt: Ministère des Armées, Ministère de l'Economie et des Finances, Ministère de l'Education Nationale, Ministère de l'Equipement et du Logement, Ministère de l' Intérieur und Ministère des Postes et Télécommunications.

(54) Diese Kommission wurde inzwischen in Commission des Marchés d'Informatique umbenannt; vgl. auch unter 3.1.5.

(55) Vgl. auch zur EDV-Personalpolitik unter 3.2.3.

(56) Décret Nr. 72-198 vom 13.3.1972, Journal Officiel 14.3. 1972, S. 2671-2673.

(57) Décret Nr. 72-199 vom 13.3.1972, Journal Officiel 14.3.1972, S. 2673-2677.

(58) Laut interministeriellen Rundschreibens des Premier Ministre vom 6.4.1972, Journal Officiel 11.4.1972, S. 3787-3788 erfolgte diese die Gesamtheit der 7 Spezialkommissionen für das staatliche Beschaffungswesen erfassende Reform im Bestreben das Element der (a priori-) Kontrolle zugunsten der beratenden Funktion der Kommissionen für das staatliche Beschaffungswesen zu reduzieren. Gleichzeitig wurde die Gesamtprozedur durch die Erhöhung der "Interventionsschwellen" sowie durch die Einführung verkürzter imperativer Bearbeitungsfristen und einer "Selektivkontrolle" vereinfacht.

(59) Journal Officiel 11.4.1972, S. 3787-3788.

(6o) So die Schwellenwerte nach ihrer Anhebung durch den Arrêté des Ministre de l'Economie et des Finances und des Ministre de l'Industrie, du Commerce et de l'Artisanat vom 18.3.1974, Journal Officiel 28.3.1974, S. 3494. Zuvor betrugen die respektiven Werte 3 Mill, 75.ooo, 8oo.ooo Francs.

(61) Vor der Anhebung durch den Arrêté vom 18.3.1974 betrugen diese Schwellenwerte 6oo.ooo, 15.ooo bzw. 3oo.ooo Francs.

(62) Vgl. bezügl. dieser Sonderfälle Art. 212, Nr. 3 - 7 des Décret Nr. 72-198.

(63) Vgl. zur Begutachtung des SOFIA Ministère de l'Economie et des Finances (72a), 13 S.

(64) Vgl. Näheres bezügl. Entstehung, Aufgaben, Struktur und Arbeitsweise des BIADI Commission Interministérielle de l'Informatique (73c), S. 1-13; vgl. auch die Untersuchung Commission Interministérielle de l'Informatique (73b), S. 1-9.

(65) Vgl. Näheres zum IRIA unter 3.1.1.2.1.

(66) Vgl. Näheres zum CEPIA Malgoire (71), S. 67-68; IRIA (7o), S. 33-34; (72), S. 52-53; (73), S. 7o-71; vgl. auch das Jahresprogramm 1974 des CEPIA (73), S. 1-31.

(67) Vgl. bezüglich der EDV-Ausbildung am CFPP Delattre (71), S. 69-73.

(68) Vgl. allg. zur Ausbildungspolitik unter 3.2.3.4.

(69) Vgl. das Décret Nr. 46-1432 vom 14.6.1946, Journal Officiel 15.6.1946, S. 5273; der erste Vorläufer des INSEE war das 18oo von Lucien Bonaparte geschaffene Bureau de la Statistique.

(7o) Vgl. bezügl. der Aufgaben des INSEE Henry (69a), S. 77; (69b), S. 15; Sfez (7o), S. 342; de Baecque (73), S. 273-275.

(71) Es handelt sich dabei vor allem um die Projekte SAFARI, SIRENE, SAGACE, SIC, SUSE, das automatisierte Wählerverzeichnis sowie die Observatoires Economiques Régionaux, auf die (mit Ausnahme von SIC und INSE) im Folgenden noch eingegangen wird.

(72) Vgl. Näheres zur Struktur des INSEE Henry (69a), S. 77; (69b), S. 15;Sfez (7o), S. 344.

Vgl. zum INSEE auch die Ausführungen unter 3.3.2.2.2. sowie unter 4.3.5.1.

(73) Vgl. zur "administration de mission" unter 3.1.1.3.; allg. zu Aufgabe, Struktur u. Arbeitsweise der DATAR Sfez (7o), S. 273-29o; Belorgey (7o), S. 129-133; Fourneret (7o), S. 16-19; Premier Ministre (73a), S. 3-6.

(74) Vgl. bezüglich der Reorganisation des Ministeriums Décret Nr. 72-655 vom 12.7.1972, Journal Officiel 13.7.1972, S. 7379.

Traditioneller Weise wird noch immer überwiegend, abkürzend vom Ministère de l'Equipement,(et du Logement) gesprochen.

(75) Es stehen insofern u.a. der FDES, FIAT, FAD und der FNAFU zur Verfügung.

(76) Weiterhin arbeiten mit der DATAR zusammen: OREAM, CODER, GIF, CIAT etc.

(77) Das Ziel dieser Politik ist es, eine bessere geopraphische Verteilung der Bevölkerung und ihrer Aktivitäten zu verwirklichen, um so zugleich eine rationelle Ausnutzung des nationalen Territoriums sowie eine Verbesserung der Lebensbedingungen und der individuellen Selbstverwirklichung zu erreichen; vgl. dazu insbes. DATAR (71), S. 67.

(78) Vgl. dazu Harrois-Monin (71a), S. 43; darüberhinaus hat die DATAR in Zusammenarbeit mit der Délégation à l'Informatique mit der Veröffentlichung "Eléments pour un schéma directeur de l'informatique" (DATAR (71), 157 S.) einen ersten Versuch gemacht, einen nationalen EDV-Leitplan als Teil eines allgemeinen Nationalen Raumordnungsleitplans zu definieren.

(79) Vgl. zur Schwerpunktbildung der interministeriellen Verwaltungsautomationspolitik Délégation à l'Informatique (71d) S. 55-57; (71j), S. 7 sowie in Cour des Comptes (72), S. 117.

(8o) Vgl. allg. zu Konzeption und Inhalt der ministeriellen EDV-Ausstattungsprogramme Hadas-Lebel (71), S. II.9-II.1o.

(81) Vgl. Circulaire interministérielle Nr. 14.o96/SG vom 7.12.1967, 4 S.

(82) Vgl. Circulaire interministérielle vom 12.1.1971, 7 S.

(83) Arrêté vom 24.9.197o, Journal Officiel 25.9.197o, S. 8947, 1. Spalte.

(84) Vgl. insoweit zur Rolle der interministeriellen EDV-Kommission Délégation à l'Informatique (71d), S. 56 u. Baquiast (71a), S. 26.

(85) Vgl. dazu Délégation à l'Informatique (71d), S. 56 u. Cour des Comptes (72), S. 3o.

(86) So Délégation à l'Informatique (71 d), S. 56.

(87) So Cour des Comptes (72), S. 3o.

(88) Vgl. dazu Délégation à l'Informatique (71d), S. 56.

(89) Vgl. Délégation à l'Informatique (71d), S. 56 u. Baquiast (71a), S. 25.

(9o) Vgl. dazu insbesondere Décret vom 8.1o.1966, Art. 3; Arrêté vom 24.9.197o, Art. 2; Circulaire vom 7.12.1967, S. 1-3; Circulaire vom 12.1.1971, S. 1-3; Arrêté vom 12.3.1971, Art. 4; vgl. auch die Formulierung "Schéma directeur d'équipement informatique" in Ministère des Postes et Télécommunications (72b), 139 S.

(91) Vgl. zur Unzulänglichkeit der EDV-Ausstattungsprogramme Délégation à l'Informatique (71 l), insbes. S. 3.

(92) Vgl. dazu Délégation à l'Informatique (71 l), S. 3.

(93) Vgl. die Stellungnahme der Délégation à l'Informatique in Cour des Comptes (72), S. 115.

(94) Vgl. Commission Interministérielle de l'Informatique (72 d I), 1 S.

(95) Délégation à l'Informatique (73a), 61 S.

(96) Vgl. allg. zur Konzeption der Planification Informatique (Notwendigkeit, Funktion, Methodik etc.) Délégation à l'Informatique (73a), S. 5-6.

(97) Vgl. allg. zu Inhalt u. Methode der Automationsleitpläne Délégation à l'Informatique (73a), S. 7-61.

(98) Vgl. Délégation à l'Informatique (73a), S. 27-61.

(99) Vgl. bezügl. Konzept und graphischer Gestaltung der "cible" EDF-GDF (72e), S. 1o-13 u. Délégation à l' Informatique (73 a), S. 23-25.

(1oo) Quelle: Délégation à l'Informatique (73a), S. 25.

(1o1) Vgl. dazu Délégation à l'Informatique (71 1), S. 3.

(1o2) Vgl. Baquiast (71a), S. 26.

(1o3) Vgl. Délégation à l'Informatique (71d), S. 63.

(1o4) Vgl. zu diesen Schwierigkeiten Délégation à l'Informatique (71d), S. 63.

(1o5) Vgl. zu dieser Konzeption der "actions pilotes" der Délégation à l'Informatique Allègre (71a), S. 44-45.

(1o6) Vgl. bezügl. der Aufzählung der wichtigsten "actions pilotes" Baquiast (71a), S. 26; Délégation à l'Informatique (71 1), S. 1-4; (71d), S. 63-66 mit näheren Ausführungen sowie in Cour des Comptes (72), S. 115.

(1o7) Vgl. zur Kritik des Rechnungshofs an der Praxis der "actions pilotes" Cour des Comptes (72), S. 3o-31.

(1o8) Vgl. zu den Aufgaben der Arbeitsgruppe Délégation à l'Informatique (71d), S. 56 und Baquiast (71a), S. 26.

(1o9) Vgl. zu dieser Tendenz Allègre (71a), S. 45 f.

(11o) Vgl. allg. zum COBOL-Projekt Bialot (72), S. 55-57; Commission Interministérielle de l'Informatique (72b), 4 S.; (72c), 4 S.; (73a), 1o S.; (73f), 25o S.; (73g), 117 S.

(111) So Allègre (71a), S. 46.

(112) Vgl. nähere Einzelheiten Greiveldinger/Le Moguen/Matha (72), S. 51-52 u. Min. du Développement Industriel et Scientifique (72b), S. 12-13.

(113) Vgl. allg. zum Plan Comptable Lauzel (73), 126 S.

(114) Vgl. zur Stellung des INSEE zum Plan Comptable Min. du Développement Industriel et Scientifique (72b), S. 13; vgl. auch zur Anpassung des Plan Comptable an die Erfordernisse der EDV Barranger (72), S. 17-24.

(115) Das Hauptgewicht liegt dabei auf der Hardware-Beschaffung, da bezüglich der Software keine globale allgemeine Politik definiert ist (die Délégation à l'Informatique fördert lediglich einige Einzelprojekte) und die Probleme der Anwendersoftware im übrigen technisch zu komplex und zu speziell sind.

(116) Dabei wird vor allem auf die Möglichkeit der vom französischen Staat unkontrollierbaren Firmenumgruppierungen verwiesen. So fühlten sich die offiziellen Stellen durch die Übernahme der Firma Bull durch Honeywell, nachdem sie zuvor von General Electric aus französischer Hand aufgekauft worden war ("affaire Bull"), in ihrer Politik des Plan Calcul bestätigt.

(117) Vgl. Allègre (68a), S. 11; La Documentation Française (71I), S. 4; Ministère de l'Equipement et du Logement (71b), S. 5; vgl. auch Pellandini (71), S. 36.

(117a) Vgl. Délégation à l'Informatique (71d), S. 7, S. 9, S. 13, S. 16ff.

(118) Bezüglich der nicht-französischen europäischen Hersteller ist dies Konzept mehr ein Postulat für die Zukunft.

(119) Vgl. bezüglich dieser Tendenz z.B. Ministère de l'Equipement et du Logement (71b), S. 5 u. S. 9; Ministère des Postes et Télécommunications (72b), S. 42.

(12o) So Cour des Comptes (72), S. 32.

(121) So Délégation à l'Informatique in Cour des Comptes (72), S. 116: "Evaluer est une chose, choisir un matériel en se conformant aux impératifs d'une politique industrielle cohérente en est une autre."

(122) Vgl. zum Beschaffungsverfahren unter 3.2.2.3.

(123) Vgl. dazu unter 3.2.2.2.

(124) Vgl. dazu unter 2.1.2.2.

(125) Vgl. Cour des Comptes (71), S. 53; (72), S. 33; Délégation à l'Informatique (71a), S. 16.

(126) EDF-GDF (71e), 21 S.; (71d), 13 S.; Ministère des Postes et Télécommunications (72b), S. 43-48; Ministère de l'Education Nationale (7ob), 14 S. Auf die Vor- und Nachteile der einzelnen Alternativen (Kauf, Miete, Leasing) wird hier nicht weiter eingegangen, da es sich dabei um wirtschaftlich-technische Detailfragen allgemeiner Natur handelt, die nicht spezifisch für die französische Verwaltung sind.

(127) Vgl. Délégation à l'Informatique (71a), S. 36; Ministère des Postes et Télécommunications (72b), S. 44; Hadas-Lebel (71), S. II.15.

Die mangelnde Neutralität des französischen Haushaltsrechts gegenüber der Alternative "Kauf/Leasing/Miete" wirkte sich ursprünglich auch zu Lasten der CII aus. Als (insbesondere im Vergleich mit der IBM) kapitalschwacher Hersteller ist die CII verstärkt auf den Abschluß von Kaufverträgen bzw. von Mietverträgen mit längerer Laufzeit angewiesen. Da neben Kaufverträgen auch Mietverträge mit über einjähriger Laufzeit entsprechend den orthodoxen haushaltsrechtlichen Vorschriften als Investitionsvorhaben budgetiert werden, fand sich die CII, obwohl grundsätzlich durch die Präferenzpolitik unterstützt, trotz degressiver Tarife durch die Tendenz der Verwaltung zu Mietverträgen mit einjähriger Laufzeit paradoxerweise pönalisiert. (Vgl. dazu Délégation à l'Informatique (71a), S. 37; Ministère des Postes et Télécommunications (72b), S. 44; Hadas-Lebel (71), S. II. 15; Pellandini (71), S. 36).

Um diesen Nachteil zu beseitigen hat die CII inzwischen unter Beteiligung verschiedener Finanzinstitute die Compagnie Internationale pour la Location de Matériel d'Informatique (CILOMI) gegründet. Diese Finanz-Gesellschaft erwirbt die CII-EDV-Anlagen, um sie der CII im Leasingverfahren zu günstigen Bedingungen wieder zur Verfügung zu stellen, die so ihre EDV-Anlagen zu den von der Konkurrenz praktizierten Bedingungen vermieten kann; vgl. zur CILOMI Lloret (71b), S. 15; Olmer (71), S. 7; Vichney (71), S. 9 u. S. 1o.

(128) Vgl. Cour des Comptes (71), S. 54; Délégation à l'Informatique (71d), S. 61 sowie in Cour des Comptes (71), S. 161.

(129) Délégation à l'Informatique (71d), S. 61.

(13o) Vgl. Ministère de l'Education Nationale (7ob), 14 S.; vgl. in diesem Zusammenhang auch die Ausführungen unter 12.1.1.1.2. in fine.

(131) Vgl. Ministère de l'Education Nationale (72a), S. 12.

(132) Das wird dadurch erleichtert, daß das französische Bildungswesen im Gegensatz besonders zur BRD vom Zentralstaat kontrolliert wird und im übrigen die Universitäten nicht autonom sind.

(133) Vgl. bezüglich der in den unterbreiteten Unterlagen notwendig enthaltenen Informationen das interministerielle Rundschreiben vom 12.1.1971 Abs. I, Punkt 2 sowie Hadas-Lebel (71), S. II.8-II.9.

(134) Vgl. zur Ausübung des Vetorechts durch die Délégation à l'Informatique Allègre (69a), S. 9.

(135) Die (seltenen) Fälle, in denen die Délégation à l'Informatique von ihrem Vetorecht Gebrauch gemacht hat, werden mit großer Diskretion behandelt. Es erscheint jedoch als sicher, daß es sich bisher überwiegend, wenn nicht ausschließlich, um Fälle gehandelt hat, in denen die Délégation à l'Informatique im Widerspruch zur befaßten ministeriellen EDV-Kommission auf einer Ausrüstung mit EDV-Anlagen der CII bestanden hat.

(136) Vgl. bezüglich Aufgaben, Struktur und Arbeitsweise der Commission des Marchés d'Informatique die Ausführungen unter 3.1.5.

(137) Vgl. zu diesem Problem Cour des Comptes (71), S. 53 sowie die Stellungnahme der Délégation à l'Informatique in Cour des Comptes (71), S. 158.

(138) Vgl. Délégation à l'Informatique (71a), S. 37-38 sowie Hadas-Lebel (71), S. II.15-II.16.

(139) Vgl. bezüglich der diesbezüglichen Entwicklung in der BRD "EDV-Knechte" (73), S. 63.

(14o) Vgl. die Ausführungen unter[1]2.1.1.2.,[1]2.1.2.4. und[1]2.2.2.

(141) Vgl. dazu die niedrigen Werte für die monatliche durchschnittliche Betriebsdauer unter[1]2.1.1.1.4.3.

(142) Vgl.Délégation à l'Informatique (71d), S. 58.

(143) Vgl. z.B. die Beurteilung der EDV-Personalsituation in den einzelnen Ministerien durch die Délégation à l'Informatique (71d), S. 7, 9, 13, 16, 19 etc.

(144) So rügte die Délégation à l'Informatique im Rahmen ihrer Stellungnahme zur Kritik des Rechnungshofs, daß die Commission des Personnels de l'Informatique bis dahin erst einmal zusammengetreten war, Cour des Comptes (72), S. 116; vgl. allg. zu Aufgaben, Struktur und Arbeitsweise der Commission des Personnels de l'Informatique die Ausführungen unter 3.1.4.

(145) So Délégation à l'Informatique (71d), S. 59.

(146) Bei den "corps" handelt es sich um eine Konzeption, die dem deutschen Dienstrecht unbekannt ist und die, da sie praktisch, wenn nicht funktionslos, so doch als unnötig komplizierend entbehrlich ist, ohne eine Gesamtdarstellung der französischen Laufbahnbestimmungen, die den Rahmen dieser Untersuchung sprengen würde, nicht plastisch darzustellen ist. Es sei hier dennoch eine knappe Charakterisierung gegeben.

Die dienstrechtliche Stellung und insbesondere Rekrutierungs-, Beförderungs- und Besoldungsmodalitäten der Beamten bestimmen sich über die Grundsätze des allgemeinen Beamtenstatus ("statut général") hinaus nach dem Sonderstatut ("statut particulier") des jeweiligen Corps, dem der Beamte angehört.

Im Gegensatz und zusätzlich zur "horizontalen" Gliederung der "Kategorien" A, B, C und D die im wesentlichen den deutschen Laufbahngruppen des höheren, gehobenen, mittleren und einfachen Dienstes entsprechen, stellen die "corps" eine "vertikale" Gliederung in Beamte gleicher Fachgruppen dar. Dabei haben die meisten "corps", die es in allen Kategorien gibt, mehrere "Grade" ("grades") mit in der Regel wiederum verschiedenen (Gehalts-)Stufen ("échelons"). So gibt es beispielsweise die folgenden Corps: Corps der Polizeikommissare, Corps der Volksschullehrer (mit nur einem Grad) Corps der Museumswächter, Corps der Offiziere.

Neben den ministeriellen Corps gibt es interministerielle Corps, die sämtliche Beamte aller Ministerien, die dieselbe Tätigkeit ausüben, zusammenfassen (z.B. Corps der Mechanographen, Corps der technischen Bürobediensteten, d.h. Stenotypisten und Datentypisten).

Insbesondere die klassischen elitären "grands corps" (Conseil d'Etat, Cour des Comptes, Inspection des Finances), deren Mitglieder sich aus den Absolventen der Ecole Nationale d'Administration (ENA) rekrutieren, genießen ein ganz außergewöhnliches Prestige. Die Mitglieder dieser "grands corps" bilden ein hochgeschätztes intellektuelles Reservoir des Staats und werden häufig von ihren Aufgaben in ihrer jeweiligen Verwaltung freigestellt und zu den verschiedensten hochqualifizierten Missionen im öffentlichen Sektor abgeordnet, ohne jedoch im allgemeinen ihr Corps zu verlassen. Vgl. Näheres zu den französischen Beamtenlaufbahnbestimmungen bei Blanc (71), S. 21-34; vgl. zur Stellung der "grands corps" als Träger der französischen Ministerialtechnokratie die Ausführungen unter 4.1.2.2.2.

(147) Vgl. zur im Folgenden dargestellten Entwicklung der dienstrechtlichen Stellung der EDV-Fachkräfte Hadas-Lebel (71), S. V.5-V.14 sowie "Situation des fonctionnaires affectés au traitement de l'information" (71), S. 5-1o.

(148) Décret Nr. 6o-928 vom 31.8.196o, Journal Officiel 8.9. 196o, S. 823o-8231.

(149) Décret Nr. 62-1o85 vom 14.9.1962, Journal Officiel 19.9. 1962, S. 9123.

(15o) Quelle: Hadas-Lebel (71), S. V.6; die Differenz vom 9.267 zur unter 2.1.1.2. für den 1.1.197o angegebenen Gesamtzahl von 7.134 erklärt sich vor allem daraus, daß dort die Locher und Datentypisten nicht mit aufgenommen wurden.

(151) Loi Nr. 7o-1211 vom 23.12.197o, Journal Officiel 24.12. 197o, S. 11893; vgl. dazu auch Silvera (71), S. 555.

(152) Das trifft allerdings nicht für die Locher und Datentypisten zu, die durch das Décret Nr. 71-341 vom 29.4.1971, Journal Officiel 8.5.1971 mit den Stenotypisten zu einem "corps d'agents techniques de bureau", also einem interministeriellen Sondercorps, zusammengefaßt wurden.

(153) Décret Nr. 71-342 vom 29.4.1971, Journal Officiel 8.5. 1971, S. 4396-4399; vgl. dazu auch Silvera (71), S. 555-557.

(154) Cour des Comptes (72), S. 33.

(155) So Cour des Comptes (72),S. 33.

(156) Vgl. dazu Comité Central d'Enquête sur le Coût et le Rendement des Services Publics (71), S. 72, wo von einem Fall von zweistündiger Arbeitszeitverkürzung zur Kompensierung der Unannehmlichkeit des Schichtbetriebs berichtet wird, in dem die auf Grund des Schichtbetriebs erhoffte erhöhte Wirtschaftlichkeit durch eben diese Arbeitszeitverkürzung wieder zunichte gemacht wurde; vgl. auch das bereits erwähnte Décret Nr. 62-1o85 vom 14.9.1962, Journal Officiel 19.9.1962, S. 9123, das die Beschäftigung von Beamten wie Angestellten ermöglichte. Nach Hadas-Lebel (71), S. V.25 wurde der Großteil der Programmierer des Ministère des Postes et Télécommunications seit 1958 mittels Verträgen angestellt, deren Gesetzmäßigkeit vom Conseil d'Etat in einem Arrêt vom 23.2.1966 in Zweifel gezogen wurde. Vgl. auch Gilli (69), S. 1o5 "Les spécialistes de l'informatique doivent être rémunérés sur des bases que la grille indiciaire de la fonction publique ne permet pas d'envisager ... les administrations se trouvent donc contraintes à prendre des libertés aves la règlementation en vigueur pour les spécialistes."

(157) Vgl. Délégation à l'Informatique (71d), S. 58; (71a), S. 38.

(158) So Délégation à l'Informatique (71a), S. 19; vgl. dazu auch die Ausführungen unter 12.1.2.4.

(159) Vgl. Délégation à l'Informatique (71a), S. 39 sowie auch Rambier (69), S. 37.

(16o) Vgl. Décret Nr. 71-343 vom 29.4.1971, Journal Officiel 8.5.1971, S. 4399-44o1; vgl. dazu auch Silvera (71), S. 557-558.

(161) Das stufenweise Absinken wird jedoch im Ergebnis dadurch gemildert, daß der absolute Betrag des Gehaltszuschlags, als Bruchteil des sich im Laufe der Jahre steigenden Jahresgehalts berechnet, jeweils weniger stark abnimmt. Im übrigen besteht die Möglichkeit, gemäß Art. 8 den Gehaltszuschlag entsprechend der beruflichen Qualifikation und der persönlichen Leistung des einzelnen Beamten bis zu 25 % anzuheben.

(162) Graphik entsprechend Art. 7 des Décret 71-343 vom 29.4. 1971, Journal Officiel 8.5.1971, S. 44oo-44o1.

(163) So der Rechnungshof Cour des Comptes (72), S. 33; vgl. auch die kritische Stellungnahme des Ministère de l'Education Nationale sowie noch kritischer die Délégation à l'Informatique in Cour des Comptes (72), S. 12o, bzw. S. 116.

(164) So die Délégation à l'Informatique in Cour des Comptes (72), S. 116.

(165) Diese Regelung stößt besonders auf Kritik; vgl. z.B. die Stellungnahme des Ministère de l'Education Nationale in Cour des Comptes (72), S. 12o.

(166) Das Prinzip des gleichmäßigen Zugangs zu den öffentlichen Ämtern sämtlicher Laufbahngruppen hat in Frankreich zur Ausbildung eines allgemeinen Auswahlwettbewerbssystems geführt. Danach werden (von Sonderfällen abgesehen) jeweils eine gewisse Zahl von Stellen öffentlich zum "concours" ausgeschrieben. Im Rahmen des "concours externe"(oder auch "concours étudiant") können sich alle über die jeweils erforderlichen Qualifikationen und sonstigen Voraussetzungen (Diplome etc.) verfügenden Kandidaten, insbesondere Absolventen der "grandes écoles" (ENA, Polytechnique etc.) gewissen Prüfungen unterziehen, an deren Ende ein "classement" entsprechend der jeweils erreichten Punktzahl erstellt wird. Eine der Anzahl der ausgeschriebenen Stellen entsprechende Zahl von Kandidaten hat daraufhin Anspruch in der Reihenfolge ihres im Wettbewerb erreichten Ranges eingestellt zu werden.

Üblicherweise wird ein gewisser Prozentsatz der zum "concours" ausgeschriebenen Stellen für den "concours interne" (oder auch "concours fonctionnaire") reserviert. An diesem können bereits im Dienst stehende Beamte teilnehmen, die zwar nicht über dieselben Diplome jedoch über eine gewisse Zahl von Dienstjahren verfügen.

Abgesehen von den "concours internes" und der Regelbeförderung nach dem Anciennitätsprinzip existieren als weitere Beförderungsmöglichkeiten der Beamten ("promotion interne") die "examens professionnels" sowie die "promotion au tour extérieur".

Die "examens professionnels" sind Prüfungen, in denen die Beamten, insbesondere nach abgeschlossener Teilnahme an Fortbildungsmaßnahmen, die Qualifizierung für gewisse Funktionen unter Beweis stellen können, um so eine Beförderung zu erreichen.

Die "promotion au tour extérieur" ist eine Beförderungsmaßnahme, die unter Durchbrechung des Anciennitätsprinzips die individuelle Leistung des Beamten honoriert.

Der wesentliche Unterschied zwischen diesen Beförderungsmaßnahmen und den "concours internes" liegt darin, daß die einzelnen "concours" allen die jeweiligen Voraussetzungen erfüllenden Beamten offenstehen und daß die erfolgreiche Teilnahme einen Anspruch auf die Zuteilung einer der ausgeschriebenen Stellen entsprechend des jeweils erreichten Rangs im "classement" gibt.

(167) Arrêté vom 3.1.1972, Journal Officiel 23.1.1972, S. 971-98o.

(168) Vgl. zu diesem inzwischen verschiedentlich realisierten Vorschlag Délégation à l'Informatique (71d) S. 59.

(169) Vgl. bezügl. dieser Verträge Délégation à l'Informatique in Cour des Comptes (72), S. 116.

(17o) Vgl. bezüglich der verschiedenen Ausbildungseinrichtungen Hadas-Lebel (71), S. V.16-V.18 sowie zum SCOM, CFPP und CEPIA unter 3.1.6.1., bzw. 3.1.6.3.

(171) Vgl. bezüglich des Urteils des Rechnungshofs Cour des Comptes (72), S. 33.

(172) Vgl. bezüglich der von der Délégation à l'Informatique festgestellten Unzulänglichkeiten und der von ihr geforderten Maßnahmen Délégation à l'Informatique (71 a), S. 39 sowie (71d), S. 59.

(173) Vgl. bezüglich der Schwierigkeiten der verwaltungsinternen EDV-Ausbildung Delattre (71), S. 69-73.

(174) Vgl. bezüglich dieser Alternativen Hadas-Lebel (71), S. V.18-V.19.

(175) Vgl. zu den getroffenen Maßnahmen Délégation à l'Informatique (71d), S. 58-59; Hadas-Lebel (71), S. V.19-V.2o.

(176) Vgl. bezüglich des verwendeten Lehrmaterials Ecole Nationale d'Administration (73), o.S.
Die Probleme der Verwaltungsautomation wurden im übrigen bereits vor Einrichtung des EDV-Kurses an der ENA in einzelnen Seminaren und Stagenrapporten behandelt, so vgl. z.B. Mehl (67), 89 S.; Delignières (71), 6o S.; Long (64), ca. 86 S.

(177) So ist beispielsweise der ehemalige Adjoint au Délégué à l'Informatique, Chargé des Problémes d'Application de l'Informatique Jean-Paul Baquiast ENA-Absolvent. Er war von der DGD abgestellt worden und ist inzwischen als Leiter des bedeutenden Projekts SOFIA wieder in der DGD tätig. Sein Nachfolger M. Empereur ist ebenfalls ENA-Absolvent.

(178) Vgl. Commission Interministérielle de l'Informatique (72a I-IV): Résultats d'une enquête sur les systèmes d'informations de l'Administration et de quelques entreprises publiques.

(179) Vgl. bezügl. dieser Prinzipien Allègre (7ob), S. 2-4, ("Man kann nichts tun").

(18o) Vgl. bezügl. dieser Definition Hessische Zentrale für Datenverarbeitung (7o), S. 24 sowie analog Fiedler (7oIII), S. 6o4; Göttlinger (72), S. 12 u. S. 227; Steinmüller et al. (7o), S. 81; Interministerielle Arbeitsgruppe 'Datenbanksystem' (71I), S. 13o; für den englischen Sprachraum vgl. z.B. United Nations (71), S. 83.

(181) Commission Interministérielle d l'Informatique (72aII), S. 1: "L'expression système d'informations ... désigne un ensemble de moyens mis en oeuvre en vue de la fourniture d'informations à des fins de décision et de contrôle." Vgl. auch die fast identische Definition bei Méallier (72), S. 69.

(182) Vgl. z.B. die in Commission Interministérielle de l'Informatique (72aI-IV) als "systèmes d'informations" erfaßten Systeme, vor allem die Übersicht in (72aII) S. 3-7.

Vgl. in dem Zusammenhang auch die sehr weite Definition bei Salmona (71), der im übrigen insoweit auf die Mängel der bestehenden (französischen) Terminologie hinweist, S. 19: "Les systèmes d'informations sont constitués de données et des moyens d'accéder à des données, de les traiter éventuellement, et de les extraire"; ("Informationssysteme bestehen aus Daten und den Mitteln auf sie zuzugreifen, sie eventuell zu verarbeiten und abzufragen").

(183) Vgl. bezüglich dieser Unterscheidung Commission Interministérielle (72aII), S. 1-2; (72aIV), S. 1-2 sowie Méallier (72), S. 69; Bruguiere, (71), S. 28; Schilansky/Joseph (7o), S. 59. Die Tatsache, daß in Deutschland im Rahmen der Verwaltungsautomation im allgemeinen kein besonderer Wert auf diese dreiteilige Unterscheidung gelegt wird, wird bereits dadurch beleuchtet, daß keine allgemein akzeptierte Entsprechung für den Begriff "base de données" (engl. "data Base") existiert. Hier wird dem Begriff "Datenbasis"der Vorzug gegeben.

(184) Vgl. zu dieser Abgrenzung Commission Interministérielle de l'Informatique (72aII), S. 1-2; (72aIV), S. 1-2 sowie Binet/Lesca (73), S. 143-148 mit weiteren Nachweisen.

(185) Vgl. Commission Interministérielle de l'Informatique (72aIII), wo in der Auswertung dann nicht mehr zwischen Dateien und Datenbasen unterschieden wird; vgl. auch Pipe (73), S. 34, der die Begriffe "data base" und "data bank" synonym gebraucht.

(186) Vgl. Commission Interministérielle de l'Informatique (72dIII), S. 1; Délégation à l'Informatique (71d), S. 63-64; Commission de l'Information Economique du VIème Plan zitiert bei Hadas-Lebel (71), S. VII-7.

(187) Vgl. bezügl. dieser Aufstellung STERIA (72bI), S. 24.

(188) So Commission Interministérielle de l'Informatique (72dIII), S. 1; Hadas-Lebel (71), S. IV-17; vgl. auch Giscard d'Estaing (72), S. 38o5; Calot/Greiveldinger (71), S. 45.

(189) Vgl. Commission Interministérielle de l'Informatique (72dIII), S. 1 sowie die Mitteilung des Bundesministers des Innern über den Besuch des Délégué à l'Informatique M. Allègre am 1o.-11. Oktober 1972 bei der Koordinierungs- und Beratungsstelle für die EDV in der Bundesverwaltung (KBSt) in Bonn in: Presse- und Informationsamt der Bundesregierung Nr. 145, 18.1o.1972, S. 1744.

(19o) So die übliche Darstellung. Tatsächlich wurde jedoch bereits 1941 unter dem Vichy-Regime das nationale Personenkennzeichen geschaffen, das im wesentlichen nach dem Krieg unverändert blieb; vgl. dazu das interne Informationsblatt des INSEE: "Les grands travaux de l'INSEE" (72), S. 65. Die erste Ausgabe des im nationalen Personenkennzeichen integrierten "Code officiel géographique" wurde bereits 1943 veröffentlicht; vgl. dazu INSEE (71e), S. 1.

Bei der effektiven Einführung des Personenkennzeichens nach dem Krieg wurde dann allerdings nach außen jede Bezugnahme auf die Zeit der deutschen Okkupation und das nicht-resistente, mit der deutschen Besatzung kollaborierende offizielle Frankreich peinlichst vermieden.

(191) Vgl. bezüglich dieser Entwicklung Calot/Greiveldinger (71), S. 45-46; Giscard d'Estaing (72), S. 38o5.

(192) In der wörtlichen Übersetzung "Automatisiertes System für die Verwaltungsdateien und das Personenregister"

(193) Vgl. bezüglich der in das SAFARI gesetzten Erwartungen INSEE (7ob), S. 9-1o, S. 12, S. 16; SERTI (71), S. 67; Greiveldinger/Le Moguen/Matha (72), S. 53.

(194) "France métropolitaine" umfaßt das Kern-Frankreich und Korsika, also ausschließlich der französischen überseeischen Kolonien ("Départments et Territoires d'Outre-Mer", DOM/TOM).

(195) Vgl. im einzelnen zum erfaßten Personenkreis INSEE (7ob), S. 3; (71b), S. 1; Commission Interministérielle de l'Informatique (72aII), S. 9.

(196) Vgl. zu diesen Angaben SERTI (71), S. 68;Commission Interministérielle de l'Informatique (72aII), S. 9.

(197) Vgl. bezüglich der erfaßten Informationen Commission Interministérielle de l'Informatique (72aII), S. lo; Giscard d'Estaing (72), S. 38o5; Greiveldinger/Le Moguen/ Matha (72), S. 53; SERTI (71), S. 68; INSEE (7ob), S. 4; (74), S. 2.

(198) Vgl. zur Struktur des Personenkennzeichens Commission Interministérielle de l'Informatique (72aII), S. lo; Greiveldinger/Le Moguen/Matha (72), S. 53; Calot/Greiveldinger (71), S. 45; SERTI (71), S. 68; INSEE (71b), S. 2-4; (7ob), S. 4-5 sowie speziell zum Moduloberrechnungsmodus der Prüfziffer Calot/Greiveldinger (71), S. 46 u. S. 48; vgl. auch zur "numéro de sécurité sociale" Caplat (64), S. 189-19o.

(199) Vgl. bezüglich des "Code Officiel Géographique: Pays Etrangers" INSEE (71e), S. 1-12.

(2oo) Das Kennzeichenpartikel (lo9.) besagt, daß der Geburtsort innerhalb der Grenzen Vorkriegsdeutschlands liegt. (Bei Bedarf wird zwischen BRD (142.) und DDR (141.) differenziert). Die Prüfziffer (im vorliegenden Fall (17.) wird im Publikumsverkehr nicht verwendet.

(2ol) Soweit zumindest das vorgesehene Verfahren. In der Praxis ist es allerdings heute noch bei jeder Rückmeldung (z.B. an der Universität Paris II) erforderlich auf circa lo verschiedenen Formularen jeweils die gesamten Personalien und die Adresse anzugeben.

(2o2) Vgl. dazu die Kritik der SERTI (71), S. 69 sowie des INSEE (7ob), S. 11, das selbst, wenn auch nicht in absehbarer Zeit, eine grundlegende Reform des Personenkennzeichens unter Verwendung des vollständigen Geburtsdatums und gleichzeitiger Vernachlässigung des Geburtsorts im europäischen Rahmen für möglich hält.

Ein für die Realisierung des SAFARI verantwortlicher leitender Beamter des INSEE qualifizierte das SAFARI-Personenkennzeichen als "franchement mauvais" ("offensichtlich schlecht"). Vgl. auch die Kritik in INSEE (74), S. 6.

(2o3) Vgl. bezüglich dieser Entscheidung Calot/Greiveldinger (71), S. 46 sowie SERTI (71), S. 69; INSEE (7ob), S. 11.

(2o4) Es handelt sich vor allem um die "Bulletins statistiques d'etat civil" sowie die "Avis nominatifs de décès"; vgl. im übrigen SERTI (71), S. 69; INSEE (7ob), S. 6.

(2o5) Vgl. zu den Funktionen des SAFARI SERTI (71), S. 69; INSEE (7ob), S. 6 u. S. 14; (74), S. 3-5.

(206) Vgl. bezügl. der Normung der magnetgespeicherten Anfragen und Antworten die Mitteilungen INSEE (72e), S. 1-10; (72k), S. 1-3.

(207) Vgl. bezügl. der das nationale Personenkennzeichen (bereits, bzw. zukünftig) benutzenden Stellen Greiveldinger (73), S. 12; SERTI (71), S. 67; INSEE (70b),,S. 2.

(208) Vgl. Commission Interministérielle de l'Informatique (72 dIII), S. 1 sowie Délégation à l'Informatique (73a), S. 13, S. 19-20, S. 32, wo ausdrücklich nach dem Ausmaß der Verwendung der nationalen Kennzeichensysteme gefragt wird.

(209) Vgl. zur weiteren Entwicklung Délégation à l'Informatique (71d), S. 63; SERTI (71), S. 70; INSEE (70b), S. 15.

(210) Décret Nr. 48-1129 vom 15.7.1948, Journal Officiel 16.7. 1948, S. 6952-6953.

(211) In diesem Zusammenhang wird zwischen "entreprise" (Unternehmen) und "établissement" (Betrieb) unterschieden, wobei ein Unternehmen mehrere Betriebe umfassen kann; vgl. Näheres zu dieser Unterscheidung im Folgenden.

(212) So konstatierte das INSEE (69), S. 4 bezüglich des alten Unternehmensreferenznummer-Systems selbst, daß die "Unzulänglichkeiten zugleich das System der Identifikation, Organisation und Verfahren des Änderungsdienstes sowie Inhalt und Verwaltung der Datei erfassen".

(213) Vgl. allgemein zu den Charakteristiken des bisherigen manuellen Unternehmensreferenznummer-Registers Ministère du Développement Industriel et Scientifique (72b), S. 11; Greiveldinger/Le Moguen/Matha (72), S. 52 sowie insbesondere INSEE (69), S. 4-7.

(214) In der wörtlichen Übersetzung "Automatisiertes System für das Unternehmens- und Betriebs-Register".

(215) Vgl. zu dieser globalen Zielsetzung des SIRENE INSEE (72a), S. 7; (69), S. 8; Héraud (70), S. 1-2.

(216) Vgl. Décret Nr. 73-314 du 14.3.1973 portant création d'un système national d'identification et d'un répertoire des entreprises et de leurs établissement, Journal Officiel 21.3.1973, S. 3042-3043.

(217) Vgl. zur Unterscheidung "associés" / "clients" im Folegenden.

(218) Vgl. zur verwaltungs-, bzw. wirtschafts-statistisch-orientierten Zielsetzung im einzelnen Commission Interministérielle de l'Informatique (72aII), S. 15; Greiveldinger/Le Moguen/Matha (72), S. 52-53; INSEE (72a), S. 7-8; (69), S. 8-10 SERTI (71), S. 61; Héraud (70), S. 1-3.

(219) "Toute personne physique ou morale, exerçant (de façon autonome) une activité professionnelle non salariée" so Commission Interministérielle de l'Informatique (72 aII), S. 15; INSEE (72a), S. 11; Greiveldinger/Le Moguen/Matha (72), S. 52; Pouzin (72bII), S. 3.

(22o) "Impôts sur les bénéfices industriels et commerciaux" (BIC).

(221) Vgl. Héraud (7o), S. 5.

(222) Vgl. Greiveldinger/Le Moguen/Matha (72), S. 53; Héraud (7o), S. 5; INSEE (69), S. lo.

(223) "Tout lieu possédant un caractère topographique distinct où s'exerce l'activité d'une unité économique (entreprise) déterminée" so SERTI (71), S. 63 sowie mit analogen Formulierungen Commission Interministérielle de l'Informatique (72aII), S. 15; INSEE (72a), S. 12; Greiveldinger/Le Moguen/Matha (72), S. 52; Pouzin (72bII), S. 3. INSEE (69), S. 13 definiert "Betriebe" als "Gesamtheit von Produktionsmittel mittels derer ein Unternehmen seine wirtschaftliche Tätigkeit an einem bestimmten Ort ausübt".

(224) Die Zahlen der jeweils ersten Spalte stellen die Schätzung der Commission Interministérielle de l'Informatique (72aII), S. 15 dar; die Zahlen der jeweils zweiten Spalte (bis auf eine Ausnahme höher als die entsprechenden Zahlen der ersten Spalte) entstammen der für die Délégation à l'Informatique angefertigten Untersuchung der SERTI (71), S. 62 und beziehen sich auf das Jahr 1974. Héraud (7o), S. 5 geht noch von einer Gesamtzahl der Unternehmen von nur 1,9 Millionen und der Betriebe von nur 2,1 Millionen aus.

(225) So SERTI (71), S. 63, wo von einer InBetriebnahme des SIRENE ab Januar 1973 ausgegangen wird.

(226) Vgl. SERTI (71), S. 62; Héraud (7o), S. 4; INSEE (69), S. lo; einige zusätzlich erfaßte, zur Identifikation nicht notwendige komplementäre Informationen dienen als statistische Basisdaten sowie zur parallelen, jedoch inhaltlich unabhängigen Feststellung der jeweiligen "activités économiques pricipale et secondaire" des Unternehmens und seiner Betriebe.

(227) Vgl. bezüglich der erfaßten Informationen Commission Interministérielle de l'Informatique (72aII), S. 16; Ministère du Développement Industriel et Scientifique (72b), S. 11; INSEE (72a), S. 16; (69), S. lo; Pouzin (72bII), S. 3; SERTI (71), S. 62; Héraud (7o), S. 4.

(228) Entsprechend dem französischen Konzept der "personne morale".

(229) Vgl. unter 3.2.1.2.2.

(23o) Der Aufwand, der dadurch entsteht, daß nunmehr eine Folgedatei erforderlich ist, mittels der über das Unternehmenskennzeichen der Standort und die Wirtschaftstätigkeit des Unternehmens bzw. Betriebs festgestellt werden kann, wird allerdings durch die extremen direkten und indirekten Vorteile eines "unsignifikanten" Kennzeichensystems weit aufgewogen.

(231) Vgl. bezüglich der Definition des Fortbestehens und Erlöschens von Unternehmen und Betrieben INSEE (72a), S. 11-13.

(232) Vgl. allgemein zur Grundkonzeption des Unternehmenskennzeichens Ministère du Développement Industriel et Scientifique (72b), S. 11; INSEE (72a), S. 9-1o; (69), S. 11; Héraud (7o), S. 6.

(233) So die Schätzung von Héraud (7o), S. 8; vgl. allgemein zur Struktur des SIRET INSEE (72a), S. 14-15; Commission Interministérielle de l'Informatique (72aII), S. 16; Greiveldinger/Le Moguen/Matha (72), S. 52; Ministère du Développement Industriel et Scientifique (72b), S. 11; Pouzin (72bII), S. 3; SERTI (71), S. 63; vgl. jedoch INSEE (69), S. 14, wo noch von einer Länge des SIREN von 8 Stellen und einer entsprechenden Gesamtlänge des SIRET von lo bis 13 Stellen (jeweils einschließlich einer Prüfziffer) ausgegangen wird.

(234)
(235) So die Angaben in INSEE (72a), S. 14.

(236) Vgl. zur Liste der "assoziierten" Stellen Commission Interministérielle de l'Informatique (72aII), S. 15; INSEE (72a), S. 18-19; (69), S. 17; Greiveldinger/Le Moguen/Matha (72), S. 53; SERTI (71), S. 61; Héraud (7o), S. 5-6 und S. 9.

(237) Vgl. bezüglich des Verfahrens für Ersterfassung und Modifizierung sowie insbesondere zur Funktion der assoziierten Stellen Commission Interministérielle de l'Informatique (72aII), S. 15; SERTI (71), S. 64; Héraud (7o), S. 9-1o; INSEE (69), S. 17-23.

(238) Soweit bei der Identifikation die Klassifizierung des Unternehmens oder Betriebs nach der (primären und sekundären) Wirtschaftsaktivität nicht problemlos parallel erfolgen kann, so geschieht das ohne die Kennzeichenzuteilung zu verzögern zu einem späteren Zeitpunkt getrennt; vgl. dazu INSEE (72a), S. 17.

(239) Vgl. bezügl. der Funktionen des SIRENE sowie zum Kundenkreis Commission Interministérielle de l'Informatique (72aII), S. 17; SERTI (71), S. 62 u. 64; Héraud (7o), S. lo-12; INSEE (69), S. 23-24.

(24o) Vgl. zu diesem Zeitplan Pouzin (72bII), S. 4.

(241) Vgl. Commission Interministérielle de l'Informatique (72dIII), S. 1 sowie Délégation à l'Informatique (73a), S. 19-2o, S. 32.

(242) Vgl. dazu Héraud (7o), S. 5; INSEE (69), S. lo, S. 13.

(243) Vgl. dazu Ministère du Développement Industriel et Scientifique (72b), S. 11; INSEE (69), S. lo.

(244) Vgl. dazu Commission Interministérielle de l'Informatique (72dIII), S. 1; Greiveldinger/Le Moguen/Matha (72), S. 53; Héraud (7o), S. 5.

(245) Commission Interministérielle de l'Informatique (72aII), S. 17 spricht von einer momentanen Reaktionszeit von "einigen Tagen bis mehreren Monaten, je nach Anfrageart"; dagegen stellt INSEE (69), S. 23 fest: "... très souvent le délai idéal à respecter se compte en quelques dizaines d'heures".

(246) Vgl. Commission Interministérielle de l'Informatique (72aII), S. 17; Délégation à l'Informatique (71d), S. 63; SERTI (71), S. 66; Héraud (7o), S. 11; INSEE (69), S. 24.

(247) Vgl. SERTI (71), S. 61 u. 66; Héraud (7o), S. 6.

(248) Vgl. Commission Interministérielle de l'Informatique (72dIII), S. 1.

(249) In der wörtlichen Übersetzung "Interministerielles elektronisches Lokalisierungssystem".

(25o) Üblicherweise "Groupe de travail interloc" genannt.

(251) Die Commission Interministérielle de l'Informatique hatte im übrigen im Dezember 1972 beschlossen, eine "expérience pilote" (Versuchsprojekt) bezüglich der Harmonisierung von Dateien der Verwaltung, die liegenschaftsbezogene Daten enthalten, in Marseille zu fördern; vgl. Commission Interministérielle de l'Informatique (72dIV), S. 1.

(252) Ministère de l'Economie et des Finances, DGI/ Ministère de l'Equipement et du Logement, DAFU (72h), 21 u. V S.; vgl. dort auch zur Vorgeschichte und den allgemeinen Vorüberlegungen zum SILOE S. 1-5; vgl. darüberhinaus nähere Einzelheiten zum SILOE Commission Interministérielle de l'Informatique (72a), S. 28-3o; Greiveldinger/Le Moguen/Matha (72), S. 53-54; Délégation à l'Informa-

tique (71d), S. 64; SERTI (71), S. 17-18 u. S. 71-75; Brandt/Drape/Sautereau/Dubuisson (73), S. 91-93.

(253) Dem deutschen Gauß-Krüger-Koordinatensystem entspricht das französische System der "coordonnées de Lambert".

(254) Vgl. zu dieser doppelten Funktion des SILOE Ministère de l'Economie et des Finances/Ministère de l'Equipement et du Logement (72h)S. 3-4, S. 6 u. S. 11-12; Ministère de l'Economie et des Finances (72b), S. 1-2.

(255) Der französische Grundbuchbeamte ("conservateur des hypothèques") ist ein Beamter der DGI.

(256) Vgl. bezügl. der im SILOE erfaßten Informationen Ministère de l'Economie et des Finances/Ministère de l'Equipement et du Logement (72h), S. 6-8; Ministère de l'Economie et des Finances (72b), S. 2.

(257) Vgl. zum Problem der Gebäudekennzeichnung Ministère de l'Economie et des Finances/Ministère de l'Equipement et du Logement (72h), S. 8-1o; Ministère de l'Economie et des Finances (72b), S. 3.

(258) Vgl. zu den technischen Einzelheiten der Struktur des Grundstückskennzeichens Ministère de l'Economie et des Finances/Ministère de l'Equipement et du Logement (72h), S. 12-14.

(259) Vgl. zum FITOPO Brandt/Drape/Sauterau/Dubuisson (73), S. 94.

(26o) Vgl. Näheres zur (integrierenden und lokalisierenden) Funktion des SILOE Ministère de l'Economie et des Finances/Ministère de l'Equipement et du Logement (72h), S. 3-4, S. 11-12.

(261) Vgl. zu Organisation und Verfahren der Datenübertragung auf Magnetspeicher Ministère de l'Economie et des Finances/Ministère de l'Equpement et du Logement (72h), S. 14-19; Ministère de l'Economie et des Finances (72b), S. 4.

(262) Vgl. zur Organisation der allgemeinen Verwaltung und des Änderungsdienstes Ministère de l'Economie et des Finances/Ministère de l'Equipement et du Logement (72h), S. 19-2o; Ministère de l'Economie et des Finances(72b), S. 4.

(263) Quelle: Ministère de l'Economie et des Finances/Ministère de l'Equipement et du Logement (72h), S. 2o-21.

(264) Vgl. die Ausführungen unter 3.3.

(265) Vgl.bezüglich des Einteilungsschemas der französischen Verwaltungsdatenbanken Commission Interministérielle de l'Informatique (72aII): Gliederung (S.O), Ausführungen (S. 2) sowie die Aufstellung ausgewählter Datenbanken (S. 3-7); dasselbe Einteilungsschema liegt auch Hadas-Lebel (71), S. VII.2-VII.7 und Pouzin (72bII), S. 1-1o sowie der Übersicht in Commission Interministérielle de l'Informatique (72aIV), S. 6 und "Banques de données de l'Administration" (71), S. 47 zugrunde.

(266) Quelle: Commission Interministérielle de l'Informatique (72aII), S. 3-7; (72aIV), S. 6.

(267) Nicht zu verwechseln mit dem gleichnamigen projektierten System für die Zollabfertigung zu Land.

(268) So neben mündlichen Äußerungen z.B. "Les grands travaux de l'INSEE" (72), S. 66; Greiveldinger (73), S. 1-2.

(269) Loi Nr. 7o-539 vom 24.6.197o, Journal Officiel 25.6.197o, S. 5963-5964; dieses Gesetz kann auf Deutsch etwa als "Gesetz über die Zusammenfassung der straßenverkehrsbezogenen Daten" bezeichnet werden.

(27o) Hinsichtlich der Bezeichnung der hier in Frage stehenden Systeme als Datenbanken sei darauf hingewiesen, daß der Begriff "fichier" gerade auch in der außer-wissenschaftlichen Diskussion in Frankreich in unscharfer Weise nicht nur "Datei", sondern je nach dem Zusammenhang auch "Datenbank" bedeuten kann. So werden gerade auch die hier behandelten Systeme in der im vorliegenden Kapitel vielfach zitierten, den französischen Datenbanken gewidmeten Aufstellung der Commission Interministérielle de l'Informatique (72aII), S. 12-14 erfaßt.

(271) Vgl. bezüglich der angegebenen Daten Commission Interministérielle de l'Informatique (72aII), S. 12.

(272) Vgl. bezüglich der Liste der gespeicherten Daten Commission Interministérielle de l'Informatique (72aII), S. 13; STERIA (72a), Blatt o9-12-o3.

(273) Vgl. allgemein zur Organisation der Datenerfassung Commission Interministèrielle de l'Informatique (72aII), S. 12; STERIA (72a), Blatt o9-12-o1.

(274) Vgl. dazu Pouzin (72bII), S. 3 sowie allgemein zur augenblicklichen Leistung und den geplanten Erweiterungen des Systems Commission Interministérielle de l'Informatique (72aII), S. 14; STERIA (72a), Blatt o9-12-o4/o5.

(275) Vgl. die Ausführungen unter 4.2.3.1.

(276) Das Verkehrsstrafregister stellt mit etwa 2oo.ooo erfaßten Personen ein Drittel des gesamten Strafregisters dar.

(277) Vgl. dazu Délégation à l'Informatique (71m), S. 1.

(278) Vgl. dazu Délégation à l'Informatique (71m), S. 2.

(279) Vgl. dazu Délégation à l'Informatique (71e), S. 3-4.

(28o) Vgl. zum Informationsaustausch zwischen beiden Systemen Délégation à l'Informatique (71e), S. 4; (71m), S. 2; Ministère de la Justice (72a), S. 5.

(281) Vgl. zum Informationsrecht der Versicherungsgesellschaften Art. 5 Loi Nr. 7o-539; Délégation à l'Informatique (71e), S. 5; Thiebault (71), S. 8.

(282) Vgl. zu den verschiedenen Konzeptionen hinsichtlich der Modalitäten der Berichtigung und Löschung von Eintragungen und allgemein zum Schutz der Privatsphäre die Ausführungen unter 4.

(283) Ein mit der Schaffung des elektronischen Straßenverkehrsstrafregisters befaßter leitender Beamter des Ministère de la Justice äußerte sich insoweit ganz besonders kritisch, da das Gesetz Nr. 7o-539 ungenügend vorbereitet, in kürzester Frist im sommerlich leeren Parlament "durchgezogen" worden sei: "Die Parlamentarier haben die Problematik überhaupt nicht begriffen. ...Man hat uns beauftragt, das Chaos zu automatisieren."

(284) Vgl. bezüglich dieser Alternative Ministère de la Justice (73d), S. 1-9 sowie (74b), S. 1-7.

(285) Vgl. dazu Ministère de la Justice (73d), S. 5-6 u. S. 9 sowie (74b), S. 1 u. S. 5.

(286) Vgl. bezüglich der juristischen Gründe im einzelnen Ministère de la Justice (73d), S. 4-5 sowie (74b), S. 1-4.

(287) Vgl. bezüglich der tatsächlichen Gründe im einzelnen Ministère de la Justice (74b), S. 4-5.

(288) Vgl. bezüglich sonstiger noch zur Lösung anstehender Probleme und insbesondere zum Vorschlag die Dauer der Speicherung von Straßenverkehrsstraftaten mittels Änderung des Gesetzes Nr. 7o-539 von 6 auf 3 Jahre zu reduzieren Ministère de la Justice (74d), S. 1-5; vgl. insoweit auch zum Umfang des in Frage stehenden Datenbestandes Ministère de la Justice (74a), S. 1-6.

(289) Décret Nr. 72-457 vom31.5.1972 Journal Officiel 3.6.1972, S. 5596-5597. Außerordentlich kritisch hinsichtlich der Legalität dieses Décret und der darauf beruhenden Pläne des Ministère de l'Intérieur: "En vertu d'un décret à la légalité douteuse une circulaire donne au Ministère de l'Intérieur la possibilité de mettre en fiches certaines décisions judiciaires" (74), S. 38.

(29o) Vgl. allgemein zur Kfz-Bestandsdatenbank STERIA (72a), Blatt o9-13-o1/o5.

(291) Vgl. weitere Einzelheiten zu den erfaßten Daten sowie allgemein zum Konzept der Kfz-Zulassungsdatenbank STERIA (72a), Blatt o9-11-o1/o5.

(292) Vgl. bezüglich Einzelheiten des bisherigen (manuellen) Wählerverzeichnisses INSEE (72j), S. 3-4 sowie (7oc), 48 S.

(293) Dabei besteht in Frankreich die Besonderheit, daß keine Meldepflicht bei Ortswechsel besteht, so daß ein Wähler auch nach einem Gemeindewechsel nach wie vor in der Ursprungsgemeinde wählen kann, solange er sich nicht in die Wählerliste seiner neuen Gemeinde eingeschrieben hat.

(294) Loi Nr. 46-1889 vom 28.8.1946, Journal Officiel 29.8. 1946, S. 75o2-75o3.

(295) Vgl. dazu INSEE (74), S. 3-4.

(296) Das war bisher sehr schwierig und nur unter sehr hohem Aufwand möglich. So bedurfte z.B. die Kontrolle der Wählerlisten allein auf Korsika 11o Mann-Monate seitens des INSEE und dazu des doppelten Aufwands seitens der Präfektur von Korsika; vgl. dazu INSEE (72j), S. 5.

(297) Vgl. zur Zielsetzung des automatischen Wählerverzeichnisses INSEE (72j), S. 4-5.

(298) Die Automatisierung der von den Gerichten und dem Ministère des Affaires Sociales mitgeteilten Verurteilungen, bzw. Verluste der Nationalität erweist sich als äußerst delikat und schwierig.

(299) Vgl. bezüglich der Struktur des Systems INSEE (72j), S. 6 u. S. 22-23; vgl. auch bezüglich des Informationsflusses zwischen den beteiligten Stellen INSEE (72j), S. 24-26 sowie INSEE (73f), S. 14 u. V S.

(3o1) Vgl. z.B. Délégation à l'Informatique (71d), S. 57 u. 76

(3o2) Délégation à l'Aménagement du Territoire et à l'Action Régionale (71); der hier betrachtete Problemkreis wird dort jedoch nur sehr allgemein und eher am Rande behandelt.

(3o3) STERIA (72a-c).

(3o4) Vgl. dazu Lloret (71aI), S. 1 u. 26; Picard (72), S. 65-66; "L'informatique: L'ordinateur et son environnement" (72), S. 27;Ministère des Postes et Télécommunications (72f), S. 5-6; Dennery (71), S. 11-13; sowie allgemein zur Situation der Datenfernübertragung in Frankreich Ministère des Postes et Télécommunications (71), 47 S. und Commissariat Général du Plan, Commission Permanente de l'Electronique du Plan (71), ca. 7o S.

(3o5) Insbesondere für das sprichwörtlich "katastrophale" französische Telefonnetz bedarf das keiner weiteren Ausführungen. Seit mehreren Parlamentswahlen ist die "misère du téléphone" Wahlkampfthema und neue Telefonzentralen werden wie in Entwicklungsländern vom französischen Premier Ministre eingeweiht (so am 15.5. 1973 die Zentrale unter den Tuilleries in Paris); vgl. allgemein zum Rückstand der Datenfernübertragung in Frankreich Saulnier (73a), S. 6.

(3o5a) Vgl. bezügl. dieser Schätzung Picard (72), S. 68.

(3o6) Diese in Frankreich als "modulation par impulsion et codage" (MIC) bezeichnete Technik wird bereits seit 1971 zwischen Paris und Orléans sowie zwischen Paris-Rennes-Brest-Nantes ("autoroute électronique de l'Ouest") praktisch erprobt.

(3o7) Vgl. zum HERMES Picard (72), S. 67; "L'informatique: L'ordinateur et son environnement" (72), S. 28; Lloret (71aIII), S. 15; Galley (71), S. 39; Dennery (71), S. 14; vgl. bezüglich der technischen Vorüberlegungen zum HERMES Centre National d'Etudes des Télécommunications (72), S. 1-51.

(3o8) Während die Bezeichnung des HERMES-Projekts bewußt mit Bezug auf den griechischen Götterboten Hermes (Gott des Handels, der Wege, der Wanderer, der Diebe, des Schlafs und Traums, Begleiter der Geister der Verstorbenen nach der Unterwelt, Erfinder der Lyra) gewählt wurde, stellt der Begriff "CADUCEE" nicht minder beziehungsreich die französische Bezeichnung für den Heroldsstab des Hermes dar.

(3o9) Die 14 Konzentratoren sind in den folgenden Städten installiert: Nancy, Strasbourg, Lyon, Grenoble, Nice, Marseille, Clermond-Ferrand, Toulouse, Orléans, Bordeaux, Nantes, Rennes, Rouen und Lille.

(31o) Die Übertragungsgeschwindigkeit beträgt im interregionalen Betrieb 48oo Baud (später 96oo Baud). Im Umkreis von 3o km um Paris sind Übertragungen mit Geschwindigkeiten bis zu 72.ooo Baud möglich.

(311) Vgl. allgemein zum CADUCEE Lloret (71aIII), S. 15; "Liinformatique: L'ordinateur et son environnement" (72), S. 28; Délégation à l'Aménagement du Territoire et à l'Action Régionale (71), S. 53 u. S. 56; Picard (72), S. 66-67; Electricité de France-Gaz de France (7oa), S. 12; Galley (71), S. 39; "PTT: CADUCEE est opérationel (72), S. 57;

sowie besonders ausführlich Profit (71), S. 57-61 und mit allen technischen Einzelheiten Ministère des Postes et Télécommunications (72f), S. 1-28 sowie (74a), S. 1-28.

(312) So z.B. Royer (72), S. 61.

(313) Der Begriff "CYCLADES", französische Bezeichnung für die griechische Inselgruppe Kyklades im Ägäischen Meer, assoziiert den Begriff "cycle", der den deutschen Begriffen "Kreis", "Zyklus" entspricht.

(314) Vgl. zum Modellcharakter des CYCLADES Pouzin (72a), S. 19-2o u. S. 22; (72c), S. 32.

(315) Demgegenüber wählte die interministerielle Arbeitsgruppe 'Datenbankensystem' beim Bundesministerium des Innern (71 I), S. 8 den Begriff "Informationsbankensystem" um gerade auf die "Information-bereitstellende" Funktion des projektierten Datenbankenverbunds hinzuweisen.

(316) Vgl. zu den Projektteilnehmern und ihren EDV-Ausstattungen Pouzin (72bIV), S. 2.

(317) Vgl. zu den Details der technischen Ausstattung dieses autonomen Übertragungsnetzes Pouzin (72bIV), S. 2-4.

(318) Quelle: Pouzin (73a), S. 58.

(319) Vgl. zur Frage der Benutzung des CADUCEE Pouzin (72a), S. 15.

(32o) Vgl. bezügl. technischer und kostenmäßiger Einzelheiten der Benutzung dieser Spezialstandleitungen Pouzin (72bIV), S. 4-8.

(321) Vgl. zu den Software-Problemen Pouzin (72 bV), S. 1-2; sowie speziell unter dem Gesichtspunkt der Kompatibilität Assabgui/Campel et al. (73), S. 85.

(322) Vgl. ausführlich zu den Möglichkeiten des Datenaustauschs sowie der gemeinsamen Benutzung von Programmen und EDV-Anlagen Pouzin (72a), S. 24-26 u. S. 28-29; (72c), S. 33-34.

(323) Vgl. zu diesen Möglichkeiten des geplanten Computerverbuddsystems Assabgui/Campel et al. (72), S. 86 u. S. 88.

(324) Vgl. zum Umfang der Realisationen im Rahmen des CYCLADES Pouzin (72bVI), S. 2-4 sowie zum Zeitplan der Projektrealisierung Pouzin (73a), S. 59; (72a), S. 43; (72c), S. 37. Vgl. bezüglich einer ersten Teilinbetriebnahme mit vier angeschlossenen Computern am 8.2.1974 Prévot (74a), S. 1 u. lo; "Les progrès de la téléinformatique en France ..." (74), S. 14.

(325) 6o % des für die Zeit von 1971 bis 1975 auf etwa 6o Millionen Francs geschätzten Aufwands wird von den Projektteilnehmern, d.h. den Forschungseinrichtungen und Hochschulen in Form kostenlos zur Verfügung gestellter Maschinenzeit und Personalbeteiligung getragen; vgl. bezügl. näherer Einzelheiten zu Kosten und Finanzierung des CYCLADES Pouzin (72a), S. 46-48; (72bVI), S. 8-23. Anfang 1974 wurde allerdings öffentlich lediglich von einem Aufwand von lo Millionen Franc bis Ende 1974 gesprochen; so Prévot (74a), S. lo; "Les progrès de la téléinformatique en France ..." (74), S. 14.

(326) Délégation à l'Aménagement du Territoire et à l'Action Régionale (71), S. 157 S.

(327) Vgl. DATAR (71), S. 73-8o sowie etwas ausführlicher zum Observatoire Economique Méditerranéen, S. 119-122.

(328) Vgl. DATAR (71), S. 38-39 u. S. 43-44.

(329) So DATAR (71), S. 38.

(33o) Die französische Terminologie ist insoweit noch nicht völlig verfestigt. Es findet sich vor allem auch der praktisch bedeutungsgleiche Begriff "Réseau Informatique Interadministrations". Grundsätzlich bereitet insofern der Begriff "réseau" die Hauptschwierigkeit bei der Übertragung ins Deutsche. Während die Grundbedeutung "Netz" ist, wird dieser Begriff zum Teil im Sinne von "Verbund", bzw. "Verbundsystem" benutzt, wobei jeweils mittels eines hinzugefügten weiteren Begriffs wie "ordinateur(s)" oder "informatique" der EDV-orientierte Charakter des jeweiligen Verbund (-Systems) erläutert wird, so z.B. in "Réseau Général d'Ordinateurs", "Réseau Informatique Généralisé" oder "Réseau Informatique Interadministrations". Wo ein derart erläuternder Begriff fehlt, muß der Begriff "réseau" entsprechend der jeweiligen konkreten inhaltlichen Bedeutung erweiternd übertragen werden, so eben z.B. mit "Datenbankensystem", bzw. "Informationsbankensystem" beim Ausdruck "Réseau Général d'Information Administrative".

(331) Vgl. z.B. den ersten Band STERIA (72a).

(332) STERIA (72bI-VI).

(333) STERIA (72bV), S. 255-279, (gerafft wiederaufgenommen in STERIA (72c), 15 S.).

(334) Vgl. dazu STERIA (72bV), S. 254, S. 255 u. S. 278.

(335) Vgl. STERIA (72bV), S. 255-256 u. ff.

(336) Die STERIA weist darauf hin, daß der überwiegende Teil des interadministrativen Datenaustauschs, den sie im übrigen als relativ gering bewertet, sich auf das Ministère de l'Economie et des Finances (Bereich Finanzen) konzentriert. Ein diese Situation wiederspiegelndes Verwaltungsinformationsbankensystem liefe danach möglicherweise die Gefahr von der insofern besonders sensiblen französischen Öffentlichkeit als zu "steuerverwaltungsorientiert" empfunden und abgelehnt zu werden.

(337) Vgl. zu dieser (ersten) Alternative STERIA (72bV), S. 27, S. 256-257.

(338) Es werden insoweit auch die Ausdrücke "Bourse d'échanges" und "Echange de données à contrôler" verwandt; vgl. dazu z.B. STERIA (72bIV), S. 185. Dabei deutet der letzte Begriff darauf hin, daß es sicher bei den weitergegebenen Daten um Basisdaten handelt, die von der empfangenden Stelle vor der Verarbeitung ("a priori") überprüft werden können.

(339) Vgl. zu dieser (zweiten) Alternative STERIA (72bV), S. 257-258.

(34o) Vgl. zu dieser (dritten) Alternative STERIA (72bV), S. 258 u. S. 278.

(341) Vgl. bezüglich der Organisation der Datenspeicherung STERIA (72bV), S. 258-26o.

(342) Vgl. STERIA (72bV), S. 278.

(343) Vgl. die Ausführung hinsichtlich eines Zusammenrückens der großen Benutzer STERIA (72bV), S. 26o.

(344) Vgl. STERIA (72bV), S. 259.

(345) Vgl. STERIA (72bV), S. 258.

(346) Vgl. dazu Pouzin (72a), S. II.

(347) So STERIA (72bV), S. 259.

(348) Vgl. zu diesen Optionen STERIA (72bV), S. 26o-266.

(349) STERIA (72bV), S. 267.

(35o) STERIA (72bV), S. 267.

(351) STERIA (72bV), S. 267-269. Dabei wird auf die Sonderstellung des Ministère de l'Economie et des Finances angespielt, das als "Superministerium" einen vielfach überstarken Einfluß auf die Entscheidungen der übrigen Ressorts nimmt und bezeichnenderweise verschiedentlich als "état dans l'état" (Staat im Staat) bezeichnet wird.

(352) STERIA (72bV), S. 269.

(353) STERIA (72bV), S. 269-271.

(354) STERIA (72bV), S. 272-273.

(355) STERIA (72bV), S. 273-274.

(356) STERIA (72bV), S. 274-275.

(357) Vgl. mit einigen globalen Vorschlägen STERIA (72bV), S. 275-277.

6.4 Kapitel 4.

(1) Vgl. zu den durch das Fehlen eines Melderechts bedingten Problemen der französischen Verwaltung die Ausführungen unter 4.3.5.1.

(2) Vgl. dazu beispielsweise die Argumentation der Délégation à l'Informatique unter 4.3.5.2.1.

(3) Bezeichnenderweise beinhaltet der bisher einzige dem französischen Parlament vorgelegte Datenschutzgesetzentwurf des Abgeordneten Poniatowski einen zunächst reinen Datenschutzverfahrensrechtsvorschlag, der sich insbesondere mit der Organisation der administrativen und gerichtlichen Datenschutzkontrolle befaßt; vgl. dazu unter 4.3.3.

(4) Etwa: "Karteikarten-Affäre".

(5) Vgl. dazu die verschiedenen Zitate der "Affaire des fiches" in Conseil d'Etat (71a), S. 6; Ministère de la Justice (72b), S. 1 u. (74g), S. 12; Fougère (67), S. 29; vgl. auch Bertrand (71c), S. 4o: "Die sämtliche Franzosen erfassende Zentraldatei würde die schwere Epoche der "affaire Dreyfus" zurückrufen."

(6) Der im damals zwischenzeitlich deutsch gewordenen Elsaß geborene französische Offizier jüdischer Abstimmung Alfred Dreyfus wurde wegen angeblichen Landesverrats an das Deutsche Reich unter leidenschaftlicher Anteilnahme der französischen Öffentlichkeit von einem Militärgericht 1894 verurteilt, öffentlich degradiert und zu lebenslänglicher Festungshaft auf die pazifische Teufelsinsel verschickt.
Nachdem Emile Zola 1898 in einem offenen Brief ("J'accuse", in: L'Aurore vom 31.1.1898) schwere Anschuldigungen gegenüber verschiedenen Beamten, Offizieren und Politikern aussprach, forderte die französische Linke die Wiederaufnahme des Verfahrens. 1899 wurde Dreyfus begnadigt und schließlich 19o6 freigesprochen und rehabilitiert. Die hauptsächlichen Dreyfus belastenden Dokumente waren Fälschungen des Ministère des Armées - im Laufe des Verfahrens war die (der Verteidigung nicht zugänglich gemachte) von der Anklage dem Gericht unterbreitete Geheimakte mittels gefälschter Dokumente von vier auf über 3oo (!) angewachsen - das sich dann trotz später erlangter Kenntnis des wahren Schuldigen einer Wiederaufnahme des Verfahrens mit zum Teil rechtswidrigen Maßnahmen widersetzte. Vgl. weitere Einzelheiten in der "Chronologie de l'affaire Dreyfus" in Zola (69), S. 9-24.

(7) Bildegain (191o), S. 91 spricht in diesem Zusammenhang von "l'épuration nécessaire de l'armée, de la nécessité de républicaniser les cadres". Mollin (19o5), S. 22 spricht von "la délicate et difficile mission de républicaniser l'armée".

(8) Vgl. bezüglich der Entstehungsgeschichte der aus "Corinthe" und "Carthage" hervorgegangenen geheimen Offizierskarteien des Ministère de la Guerre Mollin (o5), S. 51-53.

(9) Vgl. bezüglich des im übrigen zweiseitigen Informationsaustauschs zwischen dem Ministère de la Guerre und der Loge du Grand Orient de France Mollin (o5), S. 95 u. S. 91-92 sowie Bildegain (lo), insbes. S. 91, S. 95 u. S. 126.

(lo) Vgl. bezüglich dieser Erhebung Bildegain (lo), S. 93.

(11) Vgl. bezüglich der Benutzung der Kartei bei Beförderungen Mollin (o5), S. 82.

(12) Vgl. bezüglich des Inhalts der erfaßten Informationen die folgenden Mollin (o5) entnommenen Beispiele:
Mollin (o5),
S. llo: "Monsieur de Courson de Villeneuve, Oberst im 13. Infanterie-Regiment in Nevers: Mit Sicherheit nicht republikanisch; klerikal, aber im ganzen höflich und korrekt, sogar gutherzig, obwohl den Republikanern gegenüber äußerst ungünstig eingestellt; duldet jedoch nicht, daß jemand gegen die Regierung Propaganda macht."

S. 111: "Monsieur Bouysson, Hauptmann im 122. Infanterie-Regiment in Montpellier: Aus Aude gebürtig. Liberaler Geist, eher vom Nationalismus gefärbt. Geht manchmal zur Messe obwohl Junggeselle; frequentiert einige Priester. Mann von liebenswürdiger Art; bei Gelegenheit brauchbar. Paßt sich an die Gegenwart an, sähe jedoch sicher mit Genugtuung den Nationalismus triumphieren."

S. 111-113: "Monsieur Vallut, Hauptmann im 25. Artillerie-Regiment in Châlons-sur-Marne: Verheiratet, Vater von 5 Kindern im Alter von 14, 12, lo, 8 und 1 Jahren. 3 Söhne gehen ins von Priestern geleitete Collège Saint-Etienne zur Schule und eine zehnjährige Tochter hat eine eigene mit ihrer Ausbildung betraute Lehrerin. Die allgemeinen Erkundigungen, die in bezug auf Monsieur Vallut eingezogen wurden, sind eher günstig; er steht im Ruf in guten Verhältnissen zu leben. Die politischen Ansichten Monsieur Vallut's sind eindeutig reaktionär; er versucht nicht einmal es zu verschleiern. Seine ziemlich zahlreichen Kontakte in Châlons-sur-Marne sind in den reaktionärsten Kreisen ausgewählt. In philosophischer Hinsicht hat er eindeutig klerikale und verbohrte Gedanken. Frequentiert regelmäßig die Kirchen und gehört zu denen, die der Ansicht sind, daß es außerhalb der Kirche kein Heil gibt. Er gibt sich, soweit man weiß, keinen Machenschaften gegen die Regierung hin."

S. 113: "Monsieur Leconte, Hauptmann im 84. Regiment, Ecole Normale de Tir (Champs de Châlons): Völlig klerikal, jedoch trotzdem gut zu seinen Männern. Unbedingt der Reaktion verpflichtet. Frequentiert die Kirche."

S. 113-114: "Monsieur Von der Scherr, Oberst im 1o6. Infanterie-Regiment, Châlons-sur-Marne: ... In politischer Hinsicht hat er immer eine sehr korrekte Haltung gehabt. Ohne Zurschaustellung oder falsche Scham läßt er politische Gefühle vermuten, die völlig in Übereinstimmung mit unseren Institutionen sind".

S. 115: "Monsieur Martine, Hauptmann im 11. Jäger-Regiment in Vesoul: Soll wenig sympathisch sein. Intendantensohn, wie ich glaube, der nationalistisch sein soll. (Er selbst) muß es sein; soll jedoch, so sagt man, aufgeschlossene Gedanken haben."

S. 118: "Monsieur Hélouis, Oberst beim Oberkommando, Generalstab des 3. Corps, 39. Infanterie-Regiment in Rouen: In jeder Hinsicht vollkommen; ausgezeichnete Ansichten. Pflichtbewußter und äußerst liebenswürdiger Mensch."

S. 119: "Monsieur Martin d'Escrienne, Hauptmann im 4. Schützen-Regiment in Soussey: Bretone. Führt seine Familie zur Sonntagsmesse und nimmt daran teil; ist dort jedoch eher um seiner sehr frommen Frau Freude zu machen. Reaktionäre Ansichten. Gott und mein König, wie auch immer, solange es nicht die Republik ist. Sehr gebildeter Offizier, von seinen Leuten sehr geliebt. Zurückgezogener Mensch, der wenig ausgeht. Oberflächliche Philosophie, die sich über alles lustig macht und auf das Übrige pfeift. Wäre zu fürchten, wenn er nicht ehrgeizig wäre."

(13) Vgl. bezüglich des Ausbruchs der "affaire des fiches" Mollin (o5), S. 45; Bildegain (1o), S. 136 sowie Le Figaro vom 28.1o., 29.1o. und 2.11.19o4.

(14) Vgl. dazu unter 3.3.1.1.1., Fußnote (19o).

(15) Vgl. zu der Tendenz insbesondere der Steuerbehörden, den Mangel eines Melderechts auf kaltem Wege über das nationale Wählerverzeichnis oder sonstige Datensammlungen zu kompensieren die Ausführungen unter 4.3.5.1.

(16) Insbesondere der allgemein als realistisch eingeschätzte französische Film "R.A.S." ("Keine besonderen Vorkommnisse") von 1973 belegt die Tatsache der Markierung der Kommunisten mittels roter Kreuze in den Wehrpflichtigenlisten; vgl. bezügl. der Authentizität des Films "R.A.S.: au-dessous de la vérité" (73), S. 27.

(17) Vgl. bezüglich solcher Überlegungen Conseil d'Etat (71a), S. 15; Ministère de la Justice (72b), S. 11; Laroque (69), S. 38; vgl. auch Salmona (71), S. 22, der sich nach dem möglichen Ausmaß der nationalsozialistischen Verbrechen für den Fall fragt, daß den Nationalsozialisten in den besetzten Gebieten Bevölkerungsdatenbanken zur Verfügung gestanden hätten. Vgl. weiterhin Westin/Martin/Lufkin (73), France S. 9, wo diese Überlegungen der französischen Datenschutzdiskussion als für amerikanische Ohren ungewöhnlich wirkend bezeichnet werden.

(18) So die Erklärung des Senators Diligent im Senat am 2o.6. 1972, zitiert nach Cardoze (72a), S. 4.

(19) Vgl. dazu Pouchin (73a), S. 8 und (73b), S. 25 sowie "Il cours toujours, le fichier" (73), S. 4.

(2o) Vgl. dazu im einzelnen Cardoze (72a), S. 4 sowie Pouchin (73a), S. 8 und (73b), S. 25.

(21) Vgl. dazu "Frankreich: Nicht rechts, nicht links" (72), S. 116.

(22) Vgl. Ministère de la Justice (72b), S. 9; vgl. auch Clerc (72), S. 7, wonach einem staatlichen Unternehmen seitens eines Versandhauses lo Millionen Francs für die Überlassung seinerKundendatei angeboten wurde. Tchang-Benoit (73), S. 226 spricht von einem Angebot an das nationale Stromversorgungsunternehmen EDF über den Ankauf der Datei der Benutzer und ihres Verbrauchs.

(23) Etwa: "Telefonabhörskandal".

(24) Rapport fait au nom de la Commission de contrôle des services administratifs procédant aux écoutes téléphoniques. Sénat Document Nr. 3o, Première session ordinaire de 1973-1974; Annexe au procès-verbale de la séance du 25 octobre 1973; hier zitiert unter den Namen des Präsidenten und des Berichterstatters der Kommission Marcilhacy/Monory (73), 115 S.

(25) So die Angaben von Nay (73), S. 47. "Les écoutes téléphoniques et la protection de la vie privée" (73), S. 11 spricht, den 'Canard Enchaîné' zitierend, von 2ooo überwachten Anschlüssen in Paris und 3ooo in der Provinz. Bonnot (72), S. 84-87 geht von 15oo, bzw. 25oo in Paris, bzw. in der Provinz zugleich möglichen Abhöroperationen aus. Der kommunistische Senator Duclos sprach sogar von 2ooo-3ooo Personen in der Pariser Region und etwa 4ooo Personen im restlichen Frankreich, die telefonisch überwacht werden; vgl. dazu auch "L'Affaire des écoutes téléphoniques devant le Sénat" (73), S. lo. Die Senats-Kontrollkommission geht von insgesamt 15oo bis 5ooo überwachten Anschlüssen aus; vgl. dazu Marcilhacy/Monory (73), S. 27. Vgl. zur Schaffung der Abhörinstalltionen durch die Gestapo Marcilhacy/Monory (73), S. 14. Vgl. auch allgemein zur "affaire des écoutes téléphoniques" "Frankreich: Großes Ohr" (73), S. 9o.

(26) Vgl. insoweit Malherbe (68), S. 22-29.

(27) Vor dem Senat erklärte der Secrétaire d'Etat auprès du Ministre chargé des Relations avec le Parlement Olivier Stern: "Die Regierung bedient sich der Telefonüberwachung, um die Sicherheit des Staates, die Erhaltung der Republik, die Verhinderung von strafbaren Handlungen und die Sicherheit der Bürger sicherzustellen... Sie ist insbesondere berechtigt, sich für die Aktivitäten der rechts- und links-

extremistischen Bewegungen zu interessieren, deren Ziel es ist, die republikanischen Institutionen anzugreifen und zu zerstören. Diese Information bezieht sich ebenfalls auf die in Kontakt mit diesen Bewegungen stehenden Personen." (zitiert nach "L'affaire des écoutes téléphoniques devant le Sénat" (73), S. 1o sowie Backmann (73a), S. 22). Dagegen stellt die Senats-Kontrollkommission fest, "daß die Telefonabhörungen in der Mehrzahl der Fälle illegal erfolgen"; vgl. dazu Marcilhacy/Monory (73), S. 7o.

(28) Der damalige Abgeordnete und heutige Minister Michel Poniatowski machte die folgenden Feststellungen: "Die Telefonabhörungen werden heute gegenüber Journalisten, Gewerkschaftsführern, Politikern, Mitgliedern der ministeriellen Kabinette und sogar gegenüber Ministern durchgeführt. Eventuelle Wahlkandidaten und selbst einfache Bürger (werden) unter dem Vorwand der Meinungsforschung abgehört." (zitiert nach Marcilhacy/Monory (73), S. 92). Vgl. weiterhin zum Kreis der Überwachten "Frankreich: Großes Ohr" (73) S. 9o; Backmann (73a), S. 23; Nay (73), S. 47: "Abgehört zu werden ist heute ein Statussymbol."

(29) Zitiert nach Backmann (73a), S. 46. Ein die Regierung insoweit kritisierender Senator besitzt beispielsweise Niederschriften von Telefongesprächen eines "ministre amoureux" sowie von Unterhaltungen spanischer Hausangestellter von Abgeordneten der Regierungsparteien; vgl. dazu Nay (73), S. 46.

(3o) Vgl. dazu Claisse (73), S. 44.

(31) Vgl. dazu Nay (73), S. 47 sowie "Frankreich: Großes Ohr" (73), S. 92.

(32) Der ehemalige Minister Chalandon schlug vor, "diese Praxis streng zu regeln, so daß keine Abhörung ohne die Zustimmung einer richterlichen, von der Regierung unabhängigen Kommission stattfindet" (zitiert nach Nay (73), S. 46). Vgl. zur Debatte im Senat "L'affaire des écoutes téléphoniques devant le Sénat" (73), S. 1o.

(33) Vgl. zu dieser Entscheidung des Senats "Le Sénat veut contrôler les écoutes téléphoniques" (73), S. 4.

(34) Vgl. zu diesen Reaktionen der Regierung Backmann (73a), S. 22 sowie "L'affaire des écoutes téléphoniques devant le Sénat" (73), S. 1o.

(35) Vgl. zum Beschluß des Senats und insbesondere zur Haltung der UDR "Le Sénat veut contrôler les écoutes téléphoniques" (73), S. 4.

(36) Revel (73), S. 15.

(37) Vgl. auch die ausführliche Zusammenfassung des Berichts in Guichard (73b): "Les écoutes téléphoniques fonctionnent illégalement dans la majorité des cas, estime la commission sénatoriale de contrôle", S. 8-9.

(38) Marcilhacy/Monory (73), S. 6o;vgl. auch insbesondere S. 69 und die im Anhang (S. 75-1o5) wiedergegebene offizielle Korrespondenz. Danach verweigerte die Regierung immer unter Berufung auf Staatsgeheimnisse und Staatsraison ausdrücklich und förmlich jede Unterstützung. Der Ministre de la Justice (!) lehnte ein Erscheinen vor der Senatskommission ab. Der Ministre des Armées sagte eine im Einvernehmen mit ihm speziell anberaumte Anhörung in einem Schreiben ab, das durch Boten zu Beginn eben dieser Anhörung zugestellt wurde. Der Ministre de l'Intérieur und der Ministre de la Santé Publique et de la Sécurité Sociale antworteten auf entsprechende Einladungen der Kommission überhaupt nicht. Letzterer war Michel Poniatowski, der sich - wie bereits erwähnt - als Abgeordneter zuvor scharf gegen die Abhörpraktiken der Regierung ausgesprochen hatte.

(39) Während führende Persönlichkeiten wie Jean Paul Sartre und der bekannte Journalist Maurice Clavel Klage wegen illegaler Telefonüberwachung und Verletzung des Postgeheimnisses führten (vgl. "MM. Clavel, Debû-Bridel et Sartre confirment leurs plaintes pour écoutes téléphoniques" (73), S. 25) und der Parteivorsitzende des Centre Démocrate Jean Lecanuet in einer schriftlichen Anfrage an den Premier Ministre sich darüber beunruhigt zeigt, daß sein Name auf einer zirkulierenden Liste führender Politiker (Maurice Faure, François Mitterand, Jean-Jacques Servan-Schreiber etc.) erscheint, deren Telefonanschluß abgehört würde (vgl. "M. Lecanuet et les écoutes téléphoniques" (73), S. 13), versichert der Generalsekretär der UDR Alexándre Sanguinetti: "Wissen Sie, heute hört jeder jeden ab ... Die Telefonabhörungen sind Teil der Leiden, die das menschliche Dasein mit sich bringt; und es ist leider nicht mehr das Privileg der Regierung." (vgl. "M. Sanguinetti: L'écoute téléphonique n'est plus le privilège du gouvernement" (73), S. 46).

Der Führer der gemäßigten Gewerkchaft CFT Constantin Simakis beschwerte sich in einem an den Ministre des Postes et des Télécommunications gerichteten Schreiben darüber, daß "die an meinem Telefonanschluß angebrachte Abhöreinrichtung die Gespräche in starkem Maße stört und mir Gespräche in die Provinz meist unmöglich macht" und bittet: "Ich wäre ihnen dankbar, wenn Sie von ihrer Weisungsbefugnis Gebrauch machen würden, so daß diese Telefonabhöreinrichtung modifiziert wird und mir so einwandfreie Verbindungen erlaubt werden, für die ich eine sehr hohe Gebühr entrichte." (Vgl. "Les tables d'ècoute gênent la CFT" (73), S. 57).

(4o) Die im deutschen Abhörgesetz institutionalisierte parlamentarische Kontrolle wird in der französischen Öffentlichkeit verschiedentlich als vorbildlich gewertet. Der Bericht der Senats-Kontrollkommission referiert im übrigen den Text des deutschen Abhörgesetzes in seiner Gesamtheit; vgl. Marcilhacy/Monory (73), S. 23-26.

(41) Vgl. Marcilhacy/Monory (73), S. 69.

(42) Zitiert nach Cornu (73), S. 13.

(43) Vgl. bezüglich dieses Vorfalls in den Räumen des 'Canard Enchaîné' Escaro (73), S. 1 u. 8 (Bericht des die Mikrofoninstallateure überraschenden Journalisten); "Frankreich: Na, sowas" (73), S. 111-113; Randal (73), S. 1.

(44) Vgl. dazu Backmann (73c), S. 22-25.

(45) Vgl. dazu "L'affaire des écoutes au 'Canard Enchaîné': Les déclaration de MM Messmer, Vertadier et Sanguinetti au debut de l'affaire" (73), S. 12; Backmann (73 c), S. 23.

(46) Vgl.dazu Le Canard Enchaîné Nr. 2772, 12.12.1973, S. 2.

(47) Vgl. bezüglich dieser Ablehnung "L'affaire du 'Canard Enchaîné': Le directeur de la DST refuse ... (73), S. 22 sowie "Les écoutes clandestins au 'Canard Enchaîné' ..." (73), S. 19.

(48) So Sénateur Diligent zitiert nach "Devant l'Assemblée Nationale M. Joseph Comiti ..." (73), S. 16.

(49) Vgl. dazu Pontaut (74), S. 21-22; Schmid (74), S. 5; "'Le Canard Enchaîné' et les écoutes téléphoniques: ..." (74), S. 32.

(5o) Vgl. bezüglich der verschiedenen Interpretationen und Spekulationen Sarazin (74), S. 11; vgl. bezüglich gewisser Versuche der Regierung, den Verdacht auf den CIA zu richten "'Le Canard Enchaîné' et les écoutes téléphoniques: ... (74), S. 32, wo auch von der langjährigen Installation von Mikrofonen beim Führer der französischen Sozialisten berichtet wird.

(51) Vgl. beispielsweise die Darstellungen verschiedener ausländischer Fälle von Computer-Kriminalität, Datenentwendungen und Unterschlagungen, Verletzungen der Privatsphäre etc. in "Quelques exemples de malveillances" (72), S. 39-4o; Kirchberger (71b), S. 47-51; Vincendon (73), S. 68-7o; vgl. auch Ministère de la Justice (72b), S. 9.

(52) Vgl. dazu insbesondere Touffait (73), S. 4; Braibant (71b), S. 799 sowie Ministère de la Justice (72b), S. 9.

(53) Vgl. dazu Braibant (71b), S. 799-8oo.

(54) Während die durchschnittliche Amtszeit der 87 Présidents du Conseil (entspricht etwa dem heutigen Premier Ministre) in den 7o Jahren der III. Republik (1871-194o) immerhin lo Monate betrug, waren die 22 Présidents du Conseil der IV. Republik (1947-1958) durchschnittlich nur noch 6 Monate im Amt; vgl. dazu La Documentation Française (68b) Nr. IV, S. 3-4; u. (72a), Nr. VI, S. 2.

(55) Vgl. bezüglich dieser Entwicklung Belorgey (7o), S. 3o-31.

(56) Daneben sieht die Verfassung von 1958 über den Artikel 34 hinaus in einer abschließend aufgeführten Reihe von Fällen den Erlaß von "lois organiques" durch das Parlament vor; vgl. zum Begriff der "loi organique" die Ausführungen im Anhang.

(57) Daneben besteht selbstverständlich für die Exekutive weiterhin die traditionelle Möglichkeit des Erlasses von gesetzdurchführenden, bzw. anwendenden Verordnungen ("règlements d'execution") auf Grund von gesetzlicher Ermächtigung durch den Gesetzgeber in den Bereichen seiner Gesetzgebungskompetenz.

(58) Vgl. zum Begriff und Konzept der "règlements autonomes" Rivero (71), S. 56, S. 6o-63, S. 69; Belorgey (7o), S. 22o-223; Guillien/Vincent (72), S. 286-287.

(59) Vgl. im einzelnen zur Funktion des Conseil Constitutionnel als gerichtsähnliche Schiedsstelle sui generis in diesem Zusammenhang La Documentation Française (68b), Nr. VII, S. 1-4; (72a), Nr. VII, S. 1-4; Belorgey (7o), S. 22-223; Rivero (71), S. 61-62.

(6o) Vgl. zu dieser Möglichkeit Rivero (71), S. 61.

(61) Vgl. zur Problematik des unterschiedlich wirkungsvollen Schutzes des "domaine de la loi" und des "domaine du règlement" Belorgey (7o), S. 222-223.

(62) Vgl. dazu die Ausführungen unter 4.2.3.1.2.

(63) Gravier (58), S. 13-14 demonstrierte unter dem beziehungsreichen Titel "Paris et le désert français" (Paris und die französische Wüste) das starke Übergewicht der französischen Staatsverwaltung gegenüber der lokalen und regionalen Selbstverwaltung mit einem eindrucksvollen Vergleich. Während auf loo Bedienstete des Zentral-, bzw. Bundesstaats in England 125, in der Schweiz 147 und in den USA sogar 213 Bedienstete der Verwaltung der lokalen und regionalen Selbstverwaltungskörperschaften und even-

tuell Teilstaaten entfielen, standen in Frankreich jeweils loo staatlichen Bediensteten nur 38 Bedienstete der Selbstverwaltungskörperschaften gegenüber.

Diese Zahlen haben sich zumindest für Frankreich bis heute nicht wesentlich geändert. Laut dem französischen Haushaltsplan von 197o (zitiert nach de Baecque (73), S. 47) standen den 1.944.577 staatlichen Bediensteten lediglich 668.994 Bedienstete der Selbstverwaltungskörperschaften gegenüber; das entspricht einem Verhältnis von loo zu 34. Bei Berücksichtigung der 987.535 Bediensteten der staatlichen Versorgungsbetriebe (EDF, GDF, SNCF, RATP, ORTF), Sozialversicherungen (Sécurité Sociale) und halbstaatlichen Wirtschaftsunternehmen (Banken, Versicherungen, Charbonnage de France, Air France, SEITA etc.) sinkt dieses Verhältnis sogar auf loo zu 23.

(64) So der allgemein sehr kritische Artikel "Frankreich hat von Paris die Schnauze voll" (73), S. 14o; vgl. zum Standpunkt der französischen Regierung Premier Ministre (73b), S. 1-7.

(65) Vgl. zur Stellung des Präfekten Detton/Hourticq (72), S. 14: "Die Präfekten Bonaparte's folgen unter einer anderen Bezeichnung den Intendanten des Königs nach. Sie sind sogar mächtiger als diese, da sie durch kein Privileg beschränkt sind."

"Frankreich hat von Paris die Schnauze voll" (73), S. 137: "Die 'Sonne der Provinzen' nannte der 'Express' den nach unten allmächtigen französischen Präfekten, um den 'die gewählten Gemeindevertreter wie Satelliten kreisen während der Bürger im dunkeln bleibt'. Oppositionsführer François Mitterand klagte: 'Statt eines Napoleon in Paris haben wir einen pro Departement'."

Glayman (73), S. 87: "Der Präfekt bleibt also (auch nach der am 1.1o.1973 in Kraft getretenen Regionalreform) praktisch allmächtig".

Mandrin (68), S. 63:"Man muß Hegel gelesen haben und verstehen was der hegel'sche Staat - diese Manifestation Gottes auf Erden - ist, um eine Vorstellung vom Präfekten zu haben. Der Präfekt hat wie Christus teil an einer doppelten: menschlichen und göttlichen Natur. Während jedoch der eine als Gott Mensch geworden ist, ist der andere als Mensch Gott geworden."

(66) Die dem Präfekten nicht unterstellten staatlichen Behörden auf Département-Ebene gehören den folgenden Ressorts an: Justiz, Streitkräfte, Finanzen, Ausbildung, Gewerbeüberwachung.

(67) Vgl. Näheres bezügl. der Funktionen und Kompetenzen des Präfekten: Belorgey (7o), S. 298-3o7; Rivero (71), S. 325, S. 328-331; de Baecque (73), S. 2o3-2o5; Detton/Hourticq (72), S. 18-26.

(68) Während im Bereich der öffentlichen Verwaltung "Zentralisation insbesondere Unterordnung unter die Rechts- und Fachaufsicht der staatlichen (Zentral-) Verwaltung bedeutet, bezeichnet der Begriff "Konzentration" (im Gegensatz zur "Regierungszentralisation" z.T. auch "Verwaltungszentralisation" oder unpräzise einfach "Zentralisation" genannt) die Unterordnung weisungsabhängiger Stellen ohne eigene, bzw. mit nur geringer eigener Entscheidungsgewalt unter die Oberbehörden.

Das Konzept der Zentralisation betrifft dabei insbesondere die Frage der Kompetenzaufteilung zwischen der staatlichen Zentralverwaltung und den lokalen und regionalen Selbstverwaltungskörperschaften, also die Frage wer die Entscheidungen trifft; in einem zentralisierten Staat überwiegt der Kompetenzbereich der Zentralverwaltung verglichen mit dem sonstiger Verwaltungsträger mehr oder weniger stark. Das Konzept der Konzentration dagegen betrifft die Frage der Kompetenzaufteilung z.B. innerhalb der Hierarchie der Zentralverwaltung, also die Frage auf welchem hierarchischen Niveau innerhalb des Behördenaufbaus der Zentralverwaltung die Entscheidungen getroffen werden; in einem konzentrierten Verwaltungsaufbau überwiegt der Kompetenzbereich der Verwaltungsspitze verglichen mit dem der Mittel- und Unterbehörden mehr oder weniger stark. Es ist also durchaus eine stark zentralisierte und zugleich stark dekonzentrierte Staatsverwaltung denkbar, die zwar den sonstigen Verwaltungsträgern einen nur minimalen Kompetenzbereich überläßt, zugleich aber ihren eigenen Mittel- und Unterbehörden einen jeweils sehr weiten Kompetenzbereich einräumt.

In Frankreich wird allerdings vielfach der Begriff "centralisation" undifferenziert für das Globalphänomen "Zentralisation plus Konzentration" benutzt, d.h. für den Zustand der "Allzuständigkeit" der französischen Staatsverwaltung gepaart mit der weitgehenden Massierung der Kompetenzen bei den ausnahmslos in Paris angesiedelten Oberbehörden; in diesem globalen Sinne wird hier der Begriff "Zentralismus" verwandt.

(69) Bereits die liberalen Girondisten traten zur Zeit der französischen Revolution gegenüber den autoritären und zentralistischen Jakobinern stark für ein dezentralisiertes politisches und administratives System ein; vgl. allgemein zum historischen und bis heute erhaltenen Gegensatz zwischen der girondistisch-dezentralistischen und der jakobinisch-zentralistischen Tendenz in Frankreich Fox (73), 229 S.

Die damals letztlich siegreiche zentralistische Tendenz wurde - mehr oder weniger kurzfristig und ohne nachhaltige Auswirkungen durch die Juli-Monarchie und die III. Republik unterbrochen - über Napoleon, die Restauration, das II. Empire und das Vichy-Regime bis auf den Gaullismus und einen sich zunehmend installierenden Pompidolismus tradiert. In dieser Tradition wird die Zentralisation im Verein mit der Konzentration als Garant des Fortbestehens

Frankreichs als Staat und Nation gesehen.

So wertet der ehemalige Premier Ministre und Altgaullist Michel Debré (56), S. 135, einer der Schöpfer der Verfassung der V. Republik, "die Zentralisation in Paris und die nationale Einheit" als "zwei eng verbundene Realitäten, die nicht getrennt werden können ... Die regionale Struktur, die auf 2o Regionen herausliefe, kann unter dem Vorwand einer administrativen und wirtschaftlichen Dezentralisation zu einer Gefahr für die nationale Einheit führen... Mit Macht ausgestattet werden sie (die Provinzparlamente) politische Versammlungen, die zu fürchten uns fast zehn Jahrhunderte gelehrt haben".

Vgl. auch bezüglich der überwiegenden zentralistischen Tendenz in Frankreich Detton/Hourticq (72), S. 8, die zuvor (S.7) feststellen, daß die Dezentralisation "beim Bürger eine gewisse staatsbürgerliche Reife voraussetzt". De Baecque (73), S. 34-35 spricht von einer französischen Allergie gegenüber dem Föderalismus ("allergie fédérale").

Der Kritik am alle anderen Lebensbereiche erfassenden und zum "allgemeinen Zentralismus" ausartenden "politischen und administrativen Zentralismus" wurde in der Nachkriegszeit durch Gravier's "Paris et le desert français" ein neuer Impuls gegeben, ohne daß allerdings wirkungsvolle Änderungen dieses Zustands eingetreten wären oder auch nur in Aussicht stünden. So stellt die Pariser Zeitung "Combat" fest: "Die Regionalisierung ist wie ein Seeungeheuer, es taucht mal auf, dann verschwindet es wieder, je nach den Wellen der französischen Politik"; (zitiert nach "Frankreich hat von Paris die Schnauze voll" (73), S. 138).

Crozier (7o), S. 93-95 sieht darin, daß die französische Verwaltung ein "extrem zentralisiertes System" ist, ein wichtiges Element dafür, daß "die französische Verwaltung das beste Beispiel für sämtliche Praktiken bietet, die die Entwicklung der Gesellschaft blockieren". Revel (71), S. 57 führt aus: "Tatsächlich ist die in Frankreich als unentbehrliche Krücke der Regierungszentralisation verstandene Verwaltungszentralisation ein Überbleibsel der Vergangenheit. Statt die Effizienz des Staats zu gewährleisten, hindert sie ihn daran, auf die Bedürfnisse einer modernen Gesellschaft zu antworten... Heute ist es die Zentralgewalt, die als Feind angesehen wird". Vgl. auch Debbesch (74), S. 9; Lafont (67), 25o S.; (71), 3o9 S.

(7o) Vgl. zum Konzept der "services extérieurs" Mignot/d'Orsay (68), S. 35-37; de Baecque (73), S. 172-185 sowie S. 2o3-2o5 speziell zur Koordinierungsfunktion des Präfekten.

(71) So Gravier (58), S. 12; vgl. auch Mignot/d'Orsay (68), S. 63, wonach "das französische Bürokratie-System derart gestaltet ist, daß die entscheidende Person nie mit der betroffenen Person konfrontiert wird". De Baecque (73), S. 42 führt in diesem Zusammenhang aus: "... der Staat spielt bei uns eine besonders bedeutende Rolle ... Der Staat setzt sich in zahlreichen Gebieten an die Stelle

der Privatinitiative... (und) nimmt Zuständigkeiten wahr, die anderswo sonstigen Körperschaften zufallen".

Als besonders schlagendes Beispiel weist de Baecque (73), S. 42 darauf hin, daß die Stadtplanung in Frankreich in den Verantwortungsbereich des Staates fällt, da die Bürgermeister, soweit sie insofern tätig werden, als Vertreter des Staates handeln. Im übrigen ist die tägliche Verwaltungspraxis auf der Ebene der "services extérieurs" im Département auf deutsche Verhältnisse übertragen mit einer Situation vergleichbar, in der das örtliche Oberbayrische Bauamt einen stetigen, täglich mehrfachen telefonischen Kontakt mit einem Bundesministerium für Regionalplanung, Infrastruktur, Wohnungswesen und Tourismus hätte und ständig Vorgänge zur (Einzelfall-) Entscheidung nach Bonn schickte.

(72) So Crozier (7o), S. 217.

(73) Schwartzenberg (72), S. lo und Duverger (72), S. 1 sprechen beispielsweise von einer "technostructure politico-administrative", bzw. von einer "structure de la technodémocratie". Nach Guillien/Vincent (72), S. 323 bezeichnet der (sogar als verfassungsrechtlicher Begriff klassifizierte) Begriff "technocratie" ein "Regime, in dem die Techniker und Beamten de facto oder de jure die Politiker in der Ausübung der Macht verdrängen". Vgl. weiterhin zum Begriff "Technokratie" Birou (66), S. 4o8-4o9; de Baecque (73), S. 19-2o. Vgl. zum Zusammenhang von Zentralismus und Technokratie Pisani (69), S. 137-14o.

(74) Vgl. zum Verhältnis von Verwaltung und Politik in der III. und IV. Republik Gournay (72), S. 114-115; Laroque (58), S. 413.

(75) Oppositionelle Vorsitzende von parlamentarischen Ausschüssen gibt es grundsätzlich nicht.

(76) So Vedel (73), S. 11.

(77) Vgl. "Frankreich: Nicht rechts, nicht links" (78), S. 118.

(78) Es handelt sich bei den "grandes écoles" um eine Reihe von bewußt als Eliteschulen konzipierten, außerhalb des allgemeinen Hochschul- und Universitätssystems organisierten Ausbildungsstätten verschiedener fachlicher Ausrichtungen.

Die Aufgabe der in diesem Zusammenhang wichtigsten "grande école", der Ecole Nationale d'Administration, ist es, für sämtliche Ressorts einen Großteil der leitenden Verwaltungsbeamten der nicht-technischen Laufbahnen auszubilden; vgl. dazu Näheres Direction Générale de l'Administration et de la Fonction Publique (72), S. 1o5-113.

Die 1799 gegründete und dem Ministère des Armées unterstellte Ecole Polytechnique ("X") bildet für zivile oder militärische höhere Beamtenlaufbahnen mit wissenschaftlichem, technischem oder wirtschaftlichem Charakter aus; die "ingénieurs diplômés de l'Ecole Polytechnique" besuchen zwecks konkreter Spezialisierung üblicherweise noch eine weiterführende Ausbildungsstätte ("école d'application") wie insbesondere die Ecole Nationale des Ponts et Chaussées, Ecole Nationale Supérieure des Télécommunications, Ecole Nationale Supérieure des Mines oder eben auch die Ecole Nationale d'Administration; vgl. Näheres zur Ecole Polytechnique Direction Générale de l'Administration et de la Fonction Publique (72), S. 129-132.

(79) Vgl. zur Konzeption der Beamten-"corps" die Ausführungen unter 3.2.3.1.

(8o) Kritiker sprechen in diesem Zusammenhang zum Teil von einem "geschlossenen Gefäß" ("vase clos"). Vgl. auch "Clubs des enarques et projet industriel" (73), S. 4, wo von einer "neuen Hierarchie der Kasten", von "Clubs der Enarques der neuen Welle", von der "polytechnischen Mafia", von "Dynastien" etc. gesprochen wird.

(81) Vgl. zur Kastenbildung in der französischen Verwaltung Crozier (66), S. 769-772; Cotta (72), S. 15-16; Pisani (69), S. 137, der vom "zunehmenden Entstehen furchterregender Verwaltungskasten" spricht.

(82) Vgl. bezüglich dieser Angaben Maisl (71), S. 14.

(83) So der Ausdruck bei Crozier (7o), S. 16o.

(84) So die Charakterisierung bei Cotta (72), S. 15.

(85) Die "cabinets" sind die nach freiem Ermessen berufenen und jederzeit kündbaren persönlichen Mitarbeiterstäbe des Président de la République, des Premier Ministre, der Minister, Staatssekretäre, Directeurs (généraux) (Abteilungsleiter) und Präfekten. (Vgl. zur ambivalenten und im Vergleich zu den Staatssekretären der deutschen Bundesregierung in der Regel deutlich weniger einflußreichen Stellung der französischen Staatssekretäre Passeron (72 I), S. 6 u. Druesne (73), S. 143-144).

Die auf ministerieller Ebene je nach Ressort circa 1o bis 2o Mitglieder zählenden "cabinets ministériels" setzen sich zusammen aus: Directeur de cabinet (dessen politische Stellung in etwa der des deutschen Staatssekretärs entspricht), Chef de cabinet sowie mehrere Attachés de cabinet, Chargés de mission und Conseillers techniques. Dabei kommen zu den zahlenmäßig jeweils beschränkten "offiziellen" Mitarbeitern noch sogenannte "offiziöse"und "geheime" hinzu. (Vgl. zur Zusammensetzung der "cabinets ministériels" Siwek-Pouydesseau (73), S. 3o-35 sowie zur Funktion der verschiedenen Mitglieder S. 36-38. Die Zahl der "offiziellen" Mitglieder der "cabinets" ist eigentlich auf je 7 für die Staatssekretäre und je lo, bzw. 11 für die Minister beschränkt; vgl. dazu Décret Nr. 48-1233 vom 28.7.1948, Décret Nr. 51-lo3o vom 21.8.1951 sowie Décret Nr. 54-485 vom 11.5.1954).

Die Mitglieder der "cabinets" erhalten Bezüge, sind jedoch nicht Beamte, soweit sie es nicht bereits vorher schon waren. Die "cabinets ministériels" nehmen die Verbindung zum Parlament und sonstigen außerhalb des jeweiligen Ressorts stehenden Stellen und Personen sowie zu den dem Ressort angehörenden Abteilungen und untergeordneten Stellen wahr. Im Verhältnis zu den Abteilungsleitern jedoch bestehen zum Teil erhebliche Schwierigkeiten, da diese sich durch die relativ personalstarken und äußerst einflußreichen "cabinets" Teile ihrer Kompetenzen beraubt sehen. So wird in "Clubs des enarques et projet industriel" (73), S. 4 festgestellt: "Den 'cabinets ministériels' wird in der Gesamtheit der Verwaltung der Prozeß gemacht ... In Verbindung mit der politischen Stabilität und der Langlebigkeit der Regierung (der V. Republik) hat die Macht der 'cabinets ministériels' derart zugenommen, daß sie eine wahre neue Institution im Verwaltungsgetriebe darstellen".

Vgl. auch allgemein zum Begriff des "cabinet" Guillien/Vincent (72), S. 47; vgl. zu den deutschen begrifflichen Entsprechungen Internationales Institut für Rechts- und Verwaltungssprache (69 V), S. 45-46; vgl. zu Funktion und Arbeitsweise der "cabinets" Cathérine (61), S. 17o-174; de Baecque (73), S. 166-168, S. 176-179 und S. 196; Siwek-Pouydesseau (73), S. 38-41 sowie allgemein die Monographie Siedentopf (7o), 527 S.

(86) Vgl. zu diesen Angaben Cotta (72), S. 24;vgl. auch zur Zusammensetzung der "cabinets ministériels" die im wesentlichen gleichlautenden Statistiken und Ausführungen bei de Baecque (73), S. 181-185 und S. 166-167; vgl. ebenfalls Siwek-Pouydesseau (73), S. 33-34 mit (wohl auf anderer Basis gewonnenen) abweichenden, jedoch tendenziell vergleichbaren Daten.

(87) Vgl. zu dieser Terminologie Druesne (73), S. 143 sowie ähnlich Passeron (72 I), S. 6; vgl. auch allgemein zu den "superstructures des administrations centrales" Institut Français des Sciences Administratives/Fondation Nationale des Sciences Politiques (73a), 367 S.

(88) So die Wertung des gaullistischen Direktors der französischen Staats- und Regierungs-Rundfunk- und Fernsehanstalt ORTF Arthur Conte nach seiner vorzeitigen und gegen das vom Parlament beschlossene Statut der ORTF verstoßenden Entlassung durch die Regierung; vgl. dazu Viansson-Ponte (73): "Publiant ses souvenirs de l'ORTF M. Arthur Conte s'en prend vivement à M. Pompidou et au Régime", S. 14.

(89) So z.B. Valéry Giscard d'Estaing (Ministre de l'Economie et des Finances), Jacques Chirac (Ministre de l'Agriculture et du Développement Rural), Michel Poniatowski (Ministre de la Santé Publique et de la Sécurité Sociale) sowie die Exminister Jacques Duhamel und François-Xavier Ortoli (heute Präsident der Kommission der EG). Der momentanen Regierung'Messmer II' gehören knapp lo (!) Enarques als Minister an.

Der heutige Ministre des Affaires Etrangères Michel Jobert (Enarque und Angehöriger des "grand corps" der Cour des Comptes) war zuvor Mitglied des "cabinet" des Staatspräsidenten Pompidou und bis zu seiner Ernennung zum Minister in der Öffentlichkeit vollkommen unbekannt.

Vgl. in diesem Zusammenhang Cotta (72), S. 14 und allgemein bezüglich der Karrieremöglichkeiten über die "cabinets" de Baecque (73), S. 255-257 sowie "Clubs des énarques et projet industriel" (73), S. 4: "Heute ist der Durchgang durch ein 'cabinet' eine fast sichere Garantie der Beschleunigung der Karriere."

(9o) Vgl. dazu auch die Ausführungen unter 3.2.3.4. sowie Anmerkung 3.177.

(91) Vgl. dazu die Ausführungen unter 4.3.5.2.

(92) Vgl. dazu die Ausführungen von Braibant (69), S. 11-12.

(93) Vgl. Passeron (7o), S. 25.

(94) Es sei hier vor allem verwiesen auf den Enarque und ehemaligen Délégué Adjoint à l'Informatique Baquiast (73): "Informatique et Administrations - 198o-199o -: Note de synthèse prospective", 48 S. sowie auf Jean Roux (72 J): "Et demain ... la machine à gouverner?: Le pouvoir et l'Ordinateur", 2o3 S. und Jean Roux (73 J): "Vers une démocratie scientifique", lol S. Die hochtechnokratischen Ansätze und Überlegungen beider Autoren enthalten zum Teil erschreckende, zum Teil die Parodie der Sciencefictionliteratur streifende Gedankengänge und Vorschläge, in denen bereits Kernbegriffe wie "société informatisée" und "démocratie informatisée", bzw. "démocratie scientifique" und "machine à gouverner" an George Orwell's "1984" erinnern und fragen lassen, ob uns wirklich nur noch ein Jahrzehnt von der Realisierung solcher Utopien trennen.

(95) Juvigny (7o), S. 16; Elgozy (72), S. 231 spricht im übrigen in diesem Zusammenhang bereits von "ordinocrates", was mit "Computokraten" wiedergegeben werden kann ("Ordinateur" ist der französische Begriff für Computer.).

(96) Vgl. zum "spezifisch französischen System von Bestechlichkeit" "Frankreich: Nicht rechts, nicht links" (72), S. 118: "Ganz Frankreich, das Vaterland der allgemeinen Regeln

und besonderen Ausnahmen, ist heimlich Komplize dieses Systems", schreibt das Magazin 'Le Point'. Sein Motor: der "Piston" - die Beziehung."

(97) Diese Art Eingriff auf die Regelung von Einzelfällen unter Übergehung der direkt kompetenten Stellen und u.U. entgegen eventuell bestehender Pläne und Richtlinien etc. ist selbst auf höchster Ebene üblich. So förderte der französische Staatspräsident Pompidou persönlich aus mehr oder minder privatem Interesse Kunstausstellungen, nahm Einfluß auf von Urbanisten stark umstrittene Pläne einer das linke Seine-Ufer möglicherweise verschandelnden Pariser Stadtautobahn, befaßte sich mit der Höhe von Bürogebäuden im Pariser Vorort La Défense etc. Vgl. dazu z.B. Feydel (73): "Urbanisme: Paris: Le Pouvoir est à l'Elysée", S. 144-145.

Das Ministère de l'Economie et des Finances seinerseits plant augenblicklich ein massives Bürohaus im Widerspruch zu einem rechtskräftigen Bebauungsplan am Seine-Ufer zu errichten.

(98) Es ist durchaus nicht ungewöhnlich, daß Parlamentarier mehrere tausend (bis zu über 1o.ooo (!)) Eingaben im Jahr bei Ministerien machen. 'Le Monde' vom 3o.9.1972: "Quand la parlementaire intervient trop et le Parlement pas assez" (72), S. 11 kritisiert den Kontrast zwischen dem beschränkten Einfluß des Parlaments und der ständigen Einflußnahme der Parlamentarier. Vgl. dazu auch "Frankreich: Nicht rechts, nicht links" (72), S. 118: "Wer aus der Provinz auf die Verteilungsmechanismen Einfluß nehmen will, braucht die Beziehung nach Paris."

(99) Vgl. dazu Crozier (7o), S. 226: "Der Staat spielt eine entscheidende Rolle in Bezug auf die Aufrechterhaltung dieser Kasten-Privilegien in der Wirtschaft und zwar zum einen auf Grund der Verbindungen, die auf höchster Ebene zwischen den Kasten der Verwaltung und den Kasten der Wirtschaftsführer bestehen und zum anderen vor allem, weil die für gewisse Branchen oft entscheidenden Unterstützungen seitens des Staats derart verwaltet werden, daß sie fast ausschließlich denen zugute kommen, die Zugang zum Verwaltungsapparat haben, d.h. den Wirtschaftsnotabeln."

(1oo) Darin wird zum Teil sogar eine fast legitime Korrektiv-Funktion gegenüber einem blockierten und blockierenden Verwaltungssystem gesehen; so z.B. Crozier (7o), S. 13o-131: "Das System der Beziehungen ("système D") erlaubt jegliche erforderlichen Anpassungen am bürokratischen Verfahren. Es stellt in einem Ausmaß die lebende, konstante und unerläßliche Anti-These dazu dar, daß man sich manchmal fragen könnte, ob diese Kehrseite des Systems nicht im Grunde seine eigentliche Essenz darstellt."

(1o1) Es ist beispielsweise durchaus nicht ungewöhnlich, daß ein wegen einer Ordnungswidrigkeit mit einem Bußgeldbescheid belegter Verkehrsteilnehmer seinen eigenen Einfluß oder den eines mehr oder weniger hochgestellten Freundes ausnutzt, um diesen Bußgeldbescheid unterdrücken zu lassen. Der etablierte Ausdruck für diese - vom Verfasser der vorliegenden Untersuchung persönlich intern in einer französischen Präfektur beobachtete - Operation ist "faire sauter une contravention".

(1o2) Vgl. zu einer Reihe von, zumeist gaullistische Politiker und Personen aus ihrer Umgebung involvierenden Betrugs-, Steuerhinterziehungs- und sonstiger Skandale in den Jahren 1971 und 1972 "Frankreich: Nicht rechts, nicht links" (72), S. 116-117. Insbesondere Gabriel Aranda, ein früherer persönlicher Mitarbeiter des ehemaligen Ministre de l'Equipement Chalandon verursachte eine beträchtliche Skandalwelle mit der Veröffentlichung der Fotokopien von 136 Fällen zum Teil massiver Interventionen von 48 zumeist gaullistischen Politikern; nach seiner Aussage lautet die allgemeine Verhaltensmaßregel in den Ministerien gegenüber den Pressionen seitens der Politiker: "Surtout ne remuez pas la merde"; vgl. dazu 'Le Canard Enchaîné' vom 2o.9.1972, S. 1 sowie allgemein S. 2-4. Auf Grund einer von Aranda denunzierten Intervention wurde beispielsweise eine Bauerlaubnis in einem Lawinensperrgebiet erteilt; das auf Grund dieser Bauerlaubnis errichtete Gebäude wurde dann auch prompt mit mehreren Menschenopfern unter einer Lawine begraben.

Abgesehen davon, daß Aranda sich gegenüber dem Vorwurf des Geheimnisbruchs zu verteidigen hat, haben seine Enthüllungen-soweit aus der Presse ersichtlich - wohl keine weiter erwähnenswerte gerichtliche Konsequenzen für die beschuldigten Persönlichkeiten gezeitigt.

(1o3) Vgl. bezüglich des Begriffs "conception absolutiste de l'autorité" Crozier (7o), S. 13o.

(1o4) Vgl. zum französischen Dualismus zwischen Individualismus und absolutistischer Konzeption der Autorität Crozier (7o), S. 13o. Dieselbe Sichtweise liegt letztlich unter anderem auch der Überzeugung der stark in der jakobinischen Tradition stehenden orthodoxen Gaullisten, wie z.B. Michel Debré zu Grunde, daß ein dezentralisiertes Frankreich das Ende Frankreichs als Staat wie als Nation ist; vgl. dazu Debré (56), S. 134: "... das französische Temperament gehört zu denen, die leicht dazu führen die Freiheit zu mißbrauchen... Die Zentralisation ... erscheint als ein Damm gegen die Regellosigkeit."

(1o5) Wenn Jean Planchais (zitiert nach "Frankreich hat von Paris die Schnauze voll" (73), S. 137) feststellt: "Paris betrachtet die Provinz noch immer als zu verwaltende Domäne, wo unbedarfte Vasallen nicht kapieren, daß man nur ihr Bestes will", so gilt das in gewisser Weise allgemein für das Verhältnis der französischen Staatsverwaltung zum Bürger. Vgl. dazu auch Ribs (73), S. 4o8: "... diese verwunderliche, oft nicht genügend unterstrichene, der französischen Dmokratie eigene Kombination zwischen den liberalen Forderungen der Demokratie und den Imperativen eines stark zentralisierten und hierarchisierten Staates, einer Art abstraktes und dominierendes Wesen, das sich Bürgern aufzwingt, die ihm gegenüber rechtlich sehr unzureichend gerüstet sind". Schwartzenberg (73): "Le malaise français et le virus du fascisme", S. lo spricht von einer "Kultur der Unterwürfigkeit" ("culture de sujetion").

(1o6) Vgl. dazu "Frankreich: Es reicht" (73), S. 72: "Die Skandale nämlich, wie auch das ungenierte Schalten des Staatschefs und seiner Mehrheit, bestärkten viele Franzosen in dem ererbten Glauben, daß die Herrschenden tun, was sie wollen, daß Politiker Spitzbuben sind, daß der allgegenwärtige Staat sie nur schröpft"; vgl. auch Crozier (7o), S. 13o: "Die absolute und willkürliche Autorität wird in ihrem Prinzip sowie als letzte und beruhigende Zuflucht aufrechterhalten". Die Skepsis hinsichtlich der Frage inwieweit die oppositionellen Kräfte wesentliche Änderungen in Aussicht stellen, drückt Raymond Aron mit Blick auf das im letzten Parlamentswahlkampf im Frühjahr 1973 von Sozialisten und Kommunisten vorgelegten "gemeinsame Programm" ("programme commun") folgendermaßen aus: "Die kommen mit den Parolen von vorgestern und halten sich auch noch für die Avantgarde". (Zitiert nach "Frankreich: Es reicht" (73), S. 73).

(1o7) Vgl. bezüglich dieser Argumentation R.P. Riquet (zitiert nach Bruguière (71), S. 37): "Wenn Freiheit die Möglichkeit zu täuschen ist, dann bedroht die EDV die Freiheit; wenn Freiheit etwas anderes ist, so hat die EDV nichts mit ihr zu tun".

Lhermitte, (in: DATAR (71), S. lo): "Die Nationen haben die Aufgabe, anders als durch die Möglichkeit zu täuschen, das wertvollste Gut des Individuums, die persönliche Freiheit zu bewahren... Die Hoffnung die Entwicklung der EDV zu einer großen Möglichkeit zur Vergrößerung der Freiheit und der Menschenwürde zu gestalten ...".

Gallouédec-Genuys (72a), S. 146: "... der Einsatz der EDV-Techniken behindert die Bevorzugungen, Privilegien und Betrügereien aller Arten".

Clarke/Skrotzky (71), S. 11 weisen darauf hin, daß die Einführung der EDV die Unterdrückung von Straßenverkehrsbußgeldbescheiden unmöglich mache.

Das Ministère de l'Economie et des Finances ist dabei, die in Frankreich (teils dank der Hilfestellung von Finanzbeamten besonders entwickelte Steuerhinterziehung) mittels Reorganisation und Automatisation zu bekämpfen; vgl. dazu "Frankreich: Ein paar Milliardäre" (73), S. 113 sowie "Fraude fiscale: L'ordinateur mène l'enquête" (73), S. 18-2o.

Im Ministère de l'Intérieur wird der Hoffnung Ausdruck gegeben, mit Einführung des SAFARI-Personenkennzeichens zu verhindern, daß auf Korsika, das sich nach wie vor gegenüber der Zentralgewalt, ihren lokalen Vertretern und Direktiven recht spröde verhält, weiterhin Tote in den Wählerlisten geführt werden und mit der Hilfe noch im Leben verweilender Mitbürger weiterhin wählen.

(1o8) Vgl. dazu Crozier (7o), S. 13o: "... sie (die absolute und willkürliche Autorität des Staates) verliert ihren offensiven Charakter durch die Zentralisation, die sie (von den konkreten Problemen und Situationen) entfernt, sowie durch die Hierarchisierung und gegenseitige Abkapselung (der verschiedenen Verwaltungsstellen und Instanzen), die das Individuum ihm gegenüber schützt"; vgl. auch die Grundthese von Crozier (7o), Einband: "Die blockierte Gesellschaft: Warum ist Frankreich ein konservatives Land? Weil der anarchisierende Individualismus und die zentralisierende Bürokratie in Wahrheit Komplizen sind."

(1o9) Vgl. dazu Henry (69a), S. 82 und (69b), S. 17: "... gewisse Stimmen gehen sehr weit und wünschen, daß die Unordnung der Verwaltung ("désordre administratif") als die beste Sicherung dieser (individuellen) Freiheit fortbesteht".

Vgl. auch Lefranc (69), S. 84 sowie Hargraves (zitiert nach STERIA (72b III), S. 154): "Heute wird das Privatleben des Individuums in weitem Maße durch die Konfusion geschützt, die in der Demokratie herrscht".

Vgl. weiterhin Niblett (71), S. 4o: "... im Zustand der wachsenden Reduzierung der Entropie, die (aus der Reduzierung der Konfusion) resultiert, läuft das Individuum Gefahr, gewisse Freiheiten, insbesondere die Freiheit sich zu entfalten zu verlieren, deren es sich heute erfreut."

(11o) Vgl. bezüglich des Wortlauts der verschiedenen französischen Verfassungstexte Godechot, (7o): "Les constitutions de la France depuis 1789", 5o8 S.

(111) Vgl. zur Frage der Verfassungsqualität der Präambel der Verfassung der V. Republik und der dort zitierten Texte Colliard (72), S. 99-1o3; Rivero (73), S. 15o-152; Robert (71/73), S. 63, S. 98-1oo.

(112) Bezeichnenderweise lautete einer der Vorschläge zur Fassung des Artikel 2, Absatz 1 des deutschen Grundgesetzes: "Jedermann hat die Freiheit, zu tun und zu lassen, was die Rechte anderer nicht verletzt und nicht gegen die verfassungsmäßige Ordnung oder das Sittengesetz verstößt"; so der Vorschlag des Allgemeinen Redaktionsausschusses vom 13.12.1948, Jahrbuch des öffentlichen Rechts, Neue Fassung

1, S. 54-55, zitiert nach Steinmüller et al. (72), S. 85.

(113) Artikel 34: "... das Gesetz fixiert die Vorschriften hinsichtlich: - der Bürgerrechte und den den Bürgern zur Ausübung der Grundrechte gewährten fundamentalen Garantien..."

(114) So ist z.B. die Unverletzbarkeit der Korrespondenz in Frankreich nicht ausdrücklich verfassungsrechtlich garantiert. Lediglich Artikel L. 6 Code des Postes et Télécommunications postuliert das Briefgeheimnis, dessen Bruch Artikel 187 Code pénal unter Strafe stellt.

(115) So stellt insbesondere Malherbe (68): "La vie privée et le droit moderne", S. 1 auf weitere Autoren verweisend fest: "Das Geheimnis des Privatlebens ist in keinem Gesetzestext geregelt, es existiert jedoch und wird geschützt ... Man muß die Grundlage des von der Rechtsprechung entwickelten Instituts (des Privatlebens) in den allgemeinen Rechtsgrundsätzen suchen".

Vgl. allgemein zur "théorie des principes généraux" Colliard (72), S. 1o5-1o6 sowie speziell zur Frage ihres Gesetzesranges S. 1o6-1o8. Vgl. auch La Documentation Française (72d) Nr. III.

(116) Costa (71), S. 5o.

In der Definition der "libertés publiques" von Colliard (72), S. 25 wird auf die Verfassung überhaupt nicht ausdrücklich Bezug genommen: "Man bezeichnet mit dem Begriff "libertés publiques" auf Gesetz oder Rechtsverordnung beruhende rechtliche Situationen, in denen dem Einzelnen das Recht zugestanden wird, im Rahmen der durch das positive Recht und eventuell durch die für die Erhaltung der öffentlichen Ordnung zuständige Verwaltungsbehörde unter richterlicher Kontrolle bestimmten Grenzen unbeschränkt zu handeln. Dieses Recht wird durch gerichtliche Klage und insbesondere durch die Veranlassung der Rechtmäßigkeitskontrolle geschützt."

(117) Zur Schwierigkeit einer erschöpfenden Erfassung der "principes généraux du droit" vgl. Colliard (72), S. 1o6.

(118) In diesem Zusammenhang werden in der französischen Diskussion die Begriffe "droits" und "libertés" synonym gebraucht, ohne daß damit das Problem des Status negativus, bzw. activus oder der Drittwirkung der Grundrechte angesprochen würde.

(119) Rivero (73), S. 16 ff.

(12o) Conseil d'Etat (71a), S. 5; "libertés publiques" ist dabei mit "Bürgerrechte" zu übersetzen. Anders jedoch die Konzeption von Robert (71/73), S. 15, wonach "libertés publiques" die Grundrechte sind, über die alle Bürger verfügen, während "libertés privées", wie z.B. das Eigentumsrecht ("droit de propriété"), Rechte sind, die Privileg-, bzw. Monopolcharakter haben. Dabei wird allerdings nicht klar, ob Robert ein allgemeines Recht auf Eigentum (im Gegensatz zum Recht auf ungestörte Nutzung des jeweils vorhandenen Eigentums) anerkennt, bzw. wie er ein solches Recht auf Eigentum einstuft.

(121) Imbert (68), S. 8-9.

(122) Ministère de la Justice (72b), S. 2; Conseil d'Etat (7o II), S. 2.

(123) Vgl. Colliard (72), S. 2oo-2o3; Belorgey (7o), S. 46; Gallouédec-Genuys (71a), S. 3; Hadas-Lebel (71), S. VII.1-VII.16; La Documentation Française (68 b), Nr. XII, S. 1-4.

(124) Vgl. Conseil d'Etat (71a), S. 5 u. S. lo. Eine Reihe sonstiger Begriffe und Begriffspaare machen eine eindeutige Einordnung noch schwieriger, vgl. z.B. Conseil d'Etat (71a), S. 8: "les droits des citoyens et les libertés publiques" u. S. lo: "les droits civiques et les garanties fondamentales accordées aux citoyens pour l'exercice des libertés publiques".

Vgl. allgemein zur Beliebigkeit der französischen Terminologie Rivero (73), S. 13: "... die Termonologie selbst ist unsicher: 'droits de l'homme', 'droits fondamentaux de la personne','libertés publiques', alle diese Bezeichnungen werden selbst in den Verfassungstexten mehr oder weniger unterschiedslos benutzt". Rivero (73), S. 16 lehnt darüberhinaus die bei anderen Autoren (vgl. z.B. Robert (71/73), S. 14-15) geläufige Unterscheidung zwischen "libertés publiques" und "libertés privées" ab, da für ihn das Konzept der "libertés privées" überhaupt völlig verfehlt ist: "Es existieren keine 'libertés privées'."

(125) So spricht der Conseil d'Etat (71a), S. 5 ausdrücklich von der "Gefahr für die Demokratie und die Grundrechte".

(126) Zum Teil auch "droits individuels", "libertés de la personne", bzw. "libertés fondamentales" genannt.

(127) Vgl. zu den Begriffen "libertés individuelles", "respect de la vie privée" und entsprechenden Synonymen sowie zum Inhalt und Verhältnis dieser Grundrechte Colliard (72), S. 2ol u. S. 293-311; Imbert (68), S. 19-2o; Braibant (69), S. 13 u. (71b), S. 793-795; Robert (71/73), S. 245-247.

(128) Vgl. zu den Begriffen "tranquilité d'un individu", "droit au silence ou à l'oubli", "droit de ne pas renseigner" Conseil d'Etat (71a), S. 7.

(129) Vgl. Ministère de la Justice (72b), S. 8 ebenso Robert (71/73), Nachtrag S. 19-2o.

(13o) Vgl. STERIA (72b III), S. 155-156.

(131) Vgl. dazu Colliard (72), S. 3o9; STERIA (72b III), S. 155 u. S. 156; Robert (71/73), S. 245-247.

Vgl. auch insbesondere Malherbe (68), S. 1, der in seiner speziell dem Rechtsinstitut der Privatsphäre gewidmeten Monographie "La vie privée et le droit moderne" eine allgemeine Definition der Privatsphäre garnicht erst versucht, sondern insofern auf die sich auf die allgemeinen Rechtsgrundsätze stützende Kasuistik der Rechtsprechung verweist.

(132) Vgl. zur "suprématie de la loi" Belorgey (7o), S. 4o u. S. 218 sowie Rivero (73), S. 2o7-2o9; nach Rivero (73), S. 2o3 bildet die folgende Überlegung die ursprünglich dem Konzept des Supremats des Gesetzes zu Grunde liegende Doktrin: "Als Ausdruck des Gemeinwillens ("volonté nationale") kann das Gesetz nicht schaden und insbesondere nicht die Bürger von denen es ausgeht, unterdrücken."

Vgl. auch Colliard (72), S. 139-14o: "Eine solche Kontrolle (der Verfassungsmäßigkeit der Gesetze) verhindert die Souveränität des ordentlichen Gesetzgebers. In dieser Hinsicht mag sie als wenig demokratisch erscheinen... In dem Maße wie sie nicht bereits seit sehr langer Zeit eingerichtet wurde und daher aus Tradition akzeptiert wird, haftet der gerichtlichen Kontrolle der Verfassungsmäßigkeit der Gesetzgebung ein konservativer und anti-demokratischer Charakter an".

Diese Argumentation überrascht um so mehr, als die sehr weitgehende Beschneidung der Souveränität des französischen Parlaments durch die Schaffung eines weitgehend unbeschränkten Kompetenzbereichs eines autonomen Verordnungsrechts der Exekutive durch Artikel 34 der Verfassung von 1958 von der französischen Staatslehre im wesentlichen konstatierend akzeptiert wird.

(133) Vgl. dazu Rivero (71), S. 55 u. (73), S. 21o: " Das Gesetz bleibt souverän. Hat es einmal seine volle Rechtskraft erlangt, entzieht es sich jeder Kontrolle."

(134) Obwohl der Conseil Constitutionnel gewisse verfassungsgerichtliche Funktionen ausübt, ist er als ein Organ sui generis kein eigentliches Verfassungsgericht. So Colliard (72), S. 14o-141, der darauf hinweist, daß die Mitglieder des Conseil Constitutionnel nach rein politischen Gesichtspunkten ernannt werden und auch juristisch völlig unvorgebildete Mitglieder(Ärzte und Direktoren staatlicher Unternehmen etc.) umfassen. Da der Conseil d'Etat (neben seinen administrativen und konsultativen Funktionen) lediglich Verwaltungsgerichtsfunktionen ausübt, existiert in Frankreich keine eigenständige allgemeine Verfassungsgerichtsbarkeit.

Eine - soweit ersichtlich - im Vordringen befindliche Meinung in der französischen Rechtslehre will dem Conseil Constitutionnel jedoch die Qualität eines echten Verfassungsgerichts zuerkennen; so Rivero (73), S. 21o u. Vedel (73), S. 11. Dies erscheint jedoch gerade im Vergleich mit der gut ausgebauten deutschen Verfassungsgerichtsbarkeit als sehr überzogen.

Vgl. auch allgemein zu Funktion, Kompetenzen, Zusammensetzung und Arbeitsweise des Conseil Constitutionnel Artikel 56 - 63 der Verfassung von 1958; Rivero (73), S. 21o-213; La Documentation Française (68b), Nr. VII, S. 1-4 u. (72a), Nr. VII, S. 1-4; Guillien/Vincent (72), S. 84-85.

(135) Vgl. zum Kompetenzbereich des autonomen Verordnungsrechts der Exekutive die Ausführungen unter 4.1.2.1.

(136) Vgl. dazu Belorgey (7o), S. 42-43.

Vgl. auch zu gewissen Bestrebungen, den Conseil Constitutionnel in einen echten obersten Gerichtshof umzuwandeln, um derart "jegliche Möglichkeit auszuräumen, die Verfassung verletzende Gesetze erlassen zu lassen" (so "M. Lecanuet: Si aucun aménagement n'est adopté, le projet sera mis en péril" (73), S. 7).

Vgl. jedoch Rivero (73), S. 211, der (allerdings ohne jegliche weitere Ausführungen und Belege) die a priori- Verfassungsmäßigkeitskontrolle durch den Conseil Constitutionnel als wirksam einschätzt, um dann allerdings selbst den großen Einfluß der jeweiligen politischen Machtkonstellation zu bemängeln und festzustellen: "... der Schutz der verfassungsrechtlichen Grundrechte gegenüber dem Gesetzgeber bleibt trotz der verwirklichten Fortschritte unsicher."

(137) Vgl. dazu Robert (71/73), S. 123: "So erleben wir in Frankreich eine Art 'Dekonstitutionalisierung' des Grundrechtsschutzes ... Das Strafrecht und das Verwaltungsrecht schließen glücklicherweise die Lücken des Verfassungsrechts".

(138) Vgl. zu diesem "erstaunlichen Gegensatz" Rivero (73), S. 212: " ... entgegen den Forderungen des traditionellen Liberalismus' ist die Ausdehnung des Kompetenzbereichs des Verordnungsrechts zu Lasten des Kompetenzbereichs der Gesetzgebung insofern für die Freiheit günstig, als sie eine souveräne Kompetenz (der Legislative) durch eine beschränkte und kontrollierte Kompetenz ersetzt."

(139) Rivero (73), S. 212.

(14o) Vgl. entsprechende Aufstellungen bei Hadas-Lebel (71), S. VII.8-VII.9; Morice (71), S. 56-57; Braibant (71b), S. 797; Colliard (72), S. 3o4-311; Gallouédec-Genuys (72a), S. 145; STERIA (72b III), S. 156-158; Ministère de la

Justice (72b), S. 48-49; Robert (71/73), Nachtrag S. 22; Holleaux (73), S. 35-36; Ribs (73), S. 4o9-41o.

(141) Die in Art. lo Ordonnance Nr. 59-244 du 4.2.1959 relative au statut général des fonctionnaires (J.O. 8.2.1959, S. 1747-1751) begründete allgemeine Beamtenschweigepflicht ist äußerst weit gesteckt.

Danach "ist jeder Beamte, unabhängig von den im Strafgesetzbuch hinsichtlich des Berufsgeheimnisses ergangenen Vorschriften, zur beruflichen Verschwiegenheit bezüglich alles verpflichtet, was die Tatsache und Informationen betrifft, von denen er in und anläßlich der Ausübung seiner Funktion Kenntnis erhält. Jede Unterschlagung sowie jede entgegen den Vorschriften erfolgte Mitteilung von amtlichen Unterlagen oder Dokumenten an Dritte ist streng untersagt. Abgesehen von den ausdrücklich in den geltenden Vorschriften vorgesehenen Fällen, kann der Beamte nur mit Genehmigung des Ministers, dem er unterstellt ist, von dieser Verpflichtung zur Verschwiegenheit, bzw. von dem im obigen Absatz ausgesprochenen Verbot entbunden werden".

Vgl. zum Art. lo auch Fougère (67), S. 22-23.

(142) Art. 6 Loi Nr. 51-711 du 7.6.1951 sur le secret en matière de statistiques (J.O. 8.6.1951, S. 6o13-6o14) untersagt ausdrücklich die Weitergabe - insbesondere zu Steuerfahndungszwecken - von mittels statistischer Erhebungen gesammelten Individualinformationen, die sich auf das Privat- und Familienleben ("vie personnelle et familiale") oder allgemein auf Umstände und Verhaltensweisen privaten Charakters ("faits et comportement d'ordre privé") beziehen; darüberhinaus werden die in irgendeiner Form mit statistischen Erhebungen befaßten Personen dem Berufsgeheimnis unterstellt; vgl. bezüglich des vollständigen Wortlauts unter 4.3.5.1.

(143) Art. lo Décret Nr. 62-921 du 3.8.1962 modifiant certaines règles relatives à la tenue des régistres et à la publicité des actes de l'état civil (J.O. 9.8.1962, S. 7918-7919) gibt allerdings jedem beliebigen Antragsteller ("à tout requérent") ohne weitere besondere Voraussetzungen die Möglichkeit, Auszüge aus den Geburts- und Heiratsregistern hinsichtlich folgender Informationen zu verlangen: Geburtstag und Ort sowie Beruf und Wohnort der Ehegatten, Vorliegen eines Ehevertrages.

(144) Vgl. dazu Loi du 7 messidor an II; Décret Nr. 52-219 du 27.2.1952 (J.O. 2.3.1952, S. 2467); Décret Nr. 62-884 du 31.7.1962 (J.O. 4.8.1962, S. 7747).

Nach dem Décret Nr. 7o-1o66 du 19.11.197o (J.O. 22.11.197o, S. 1o723-1o724), das gegenüber den zuvor zitierten Vorschriften eine leichte Liberalisierung bringt, werden grundsätzlich keine nach dem 1o.7.194o in den Archives Nationales abgelegten Verwaltungsunterlagen und Dokumente der Öffentlichkeit zugänglich gemacht (Art. 1).

Während davon durch Arrêté des jeweils betroffenen Ministers und des Ministre des Affaires Culturelles gewisse für die Öffentlichkeit bestimmte Dokumente ausgenommen werden können (Art. 3), können andererseits im selben Wege mit Rücksicht auf "öffentliche Interessen" oder "Individual- oder Familienehre" gewisse vor dem 1o.7.194o datierte Dokumente weiterhin unter Verschluß gehalten werden (Art.2).

(145) Dem Wortlaut nach betrifft Art. 378 Code pénal lediglich die Schweigepflicht der Ärzte und sonstiger Berufsgruppen des Gesundheitswesens, durch die Rechtssprechung ist diese Bestimmung jedoch zu einer allgemeinen beruflichen Schweigepflicht, die insbesondere auch auf Notare, Wirtschaftsprüfer, Bankangestellte, Geistliche, Sozialarbeiter etc. anwendbar ist, ausgeweitet worden.

(146) Art. 187 Abs. 1 Code pénal stellt in der Form des Gesetzes vom 28.4.1832 den Bruch des Briefgeheimnisses und (entsprechend der Ausweitung durch Lehre und Rechtssprechung) des Fernsprechgeheimnisses als Beamtendelikt unter Strafe. Erst der durch Gesetz vom 15.6.1922 angefügte Art. 187 Abs. 2 stellt das Brief- (und Fernsprech-) Geheimnis allgemein, also auch gegenüber Verletzungen durch Nicht-Beamte unter strafrechtlichen Schutz. Art. L 6 Code des Postes et Télécommunications ist eine inhaltlich parallele spezialgesetzliche Bestimmung.

(147) Loi Nr. 7o-643 du 17.7.197o tendant à renforcer la garantie des droits individuels des citoyens, Journal Officiel 19.7. 197o, S. 6751-6755.

(148) Dazu kritisch Galloúédec-Genuys (73), S. 36; vgl. insoweit zur Kasuistik Colliard (72), S. 3o9-311.

(149) Vgl. dazu kritisch Morice (71), S. 55-56; vgl. bezüglich einzelner marginaler Bemerkungen zum EDV-bedingten Datenschutzproblem die Senatsdebatte vom 18.6.197o, Journal Officiel: Débats Parlementaires: Sénat, 19.6.197o, S. 9o4-9o8.

(15o) Soweit ersichtlich wird ganz allgemein das Problem der Amtshilfe in der französischen Lehre überhaupt nicht weiter behandelt. Vgl. jedoch zu gewissen in die Richtung gehenden Überlegungen im INSEE die Ausführungen unter 4.3.5.1.

(151) Vgl. zur Amtshilfe in Form von Informationsweitergabe, bzw. Austausch STERIA (72b III), S. 157-158, wo betont wird, daß das Prinzip der "discrétion professionnelle" teils nicht genügend restriktiv, teils paralysierend wirkt.

(152) Conseil d'Etat, Arrêt vom 6.3.1953, zitiert nach STERIA (72b III), S. 158.

(153) Loi Nr. 7o-539 vom 24.6.197o, Journal Officiel 25.6.197o, S. 5963-5964.

(154) Loi Nr. 7o-1318 vom 31.12.197o, Journal Officiel 2./3.1.1971, S. 67-72.

(155) Vgl. die Ausführungen unter 3.3.2.2.1.

(156) Vgl. bezüglich näherer Einzelheiten zur Kfz.-Führerscheindatenbank sowie zur Kfz.-Zulassungsdatenbank die Ausführungen unter 3.3.2.2.1.1. bzw. 3.3.2.2.1.3.

(157) Vgl. bezüglich näherer Einzelheiten zum Straßenverkehrsstrafregister und zum Kfz-Fahrerklassifizierungssystem die Ausführungen unter 3.3.2.2.1.2.

(158) So Mazeaud zitiert nach Gallouédec-Genuys (72a), S. 143.

(159) Die Terminologie bezüglich des gesamten von der Loi Nr. 7o-539 erfaßten Bereichs, bzw. der einzelnen Sub-Systeme ist, da nicht im Gesetzestext fixiert, nicht verfestigt und zum Teil sehr unpräzise bis unkorrekt. So wird zum Beispiel die Bezeichnung "fichier des conducteurs" teils für den gesamten erfaßten Datenbestand, teils - wie hier - lediglich für das unter die Verantwortung des Ministère de la Justice gestellte Teilsystem verwandt. Darüberhinaus wird auch in diesem Bereich terminologisch nicht sauber zwischen den Begriffen "Kartei", "Datei" und "Datenbank" unterschieden, sondern undifferenziert der Begriff "fichier" gebraucht; vgl. dazu auch Anmerkung 3.27o.

(16o) Vgl. die Intervention des Ministre de la Justice Pleven in der Debatte der Gesetzesvorlage in der Assemblée Nationale vom 23.4.197o, Journal Officiel: Débats Parlementaires: Assemblée Nationale 24.4.197o, S. 1251.

(161) Vgl. bezüglich der Behandlung der Regierungsvorlage in der Comission des Lois Constitutionnelles, de la Législation et de l'Administration Générales de la République der Assemblée Nationale Braibant (71b), S. 8o2.

(162) Vgl. bezüglich der Ablehnung durch den Ausschuß des Sénat die Intervention des Berichterstatters der Commission des Lois Constitutionnelles, de Législation, du Suffrage Universel, du Règlement et d'Administration Générale Jean Geoffroy in der Debatte des Sénat vom 12.6.197o, Journal Officiel: Débats Parlementaires: Sénat 13.6.197o, S. 799-8o2.

Die Haltung des Ausschusses des Sénat, die von ihrem Berichterstatter bis zur Endabstimmung beharrlich verteidigt wurde, spiegelt in besonders repräsentativer Weise die ausgeprägte Sensibilität der französischen Öffentlichkeit wieder, mit der diese auf jede - auch nur entfernte - Beeinträchtigung des gallischen "Individualismus" reagiert. Dies umso mehr als das Kfz-Fahrerklassifizierungssystem insofern keine direkte Konsequenzen für die von ihm erfaßten Kfz-Fahrer hat, als an die Anzahl der einem einzelnen Kfz-Fahrer zugeteilten "Malus"-Punkte keine unmittelbaren repressiven Folgen (wie z.B. Führerscheinentzug) geknüpft werden sollen, sondern gemäß Artikel 5 lediglich (ohne die zugrundeliegenden Basisdaten) den Kfz-Versicherungsgesellschaften zur Risikoabschätzung und den öffentlichen Verwaltungen bei der Einstellung von Kfz-Fahrern mitgeteilt werden soll.

(163) Vgl. bezüglich der Debatten in der Assemblée Nationale am 23.4.197o Journal Officiel: Débats Parlementaires: Assemblée Nationale 24.4.197o, S. 1243-1256 sowie im Sénat am 12.6.197o Journal Officiel: Débats Parlementaires: Sénat 13.6.197o, S. 799-8o4.

(164) Vgl. bezüglich dieser Wertung als Präzedenzfall Braibant (71b), S. 8o2 sowie Hadas-Lebel (71), S. VI.23.

(165) Vgl. Ministre de la Justice Pleven in Journal Officiel: Débats Parlementaires: Assemblée Nationale 24.4.197o, S. 1251.

(166) Vgl. Ministre de la Justice Pleven in Journal Officiel: Débats Parlementaires: Assemblée Nationale 24.4.197o, S. 1251.

(167) Vgl. jedoch bezüglich der heutigen internen Überlegungen der Regierung, die dem Gesetz Nr. 7o-539 insoweit gerade keinen Präzedenzcharakter zugestehen will, die Ausführungen unter 4.3.6.2.5.

(168) Vgl. bezüglich des "Supremats des Gesetzes" die Ausführungen unter 4.2.1.2.

(169) Vgl. bezüglich der Haltung des befaßten Ausschusses der Assemblée Nationale die Ausführungen des Berichterstatters Mazeaud in Journal Officiel: Débats Parlementaires: Assemblée Nationale 24.4.197o, S. 1244 sowie bezüglich der Haltung der Regierung die Ausführungen des Ministre de la Justice Journal Officiel: Débats Parlementaires: Assemblée Nationale 24.4.197o, S. 1251; vgl. auch allgemein zu den verschiedenen Standpunkten der befaßten Stellen einschließlich des Conseil d'Etat Braibant (71b), S. 8o3 sowie bezüglich der diesbezüglichen Vorüberlegungen zur Regierungsvorlage Délégation à l'Informatique (71e), S. 3-4; (71m), S. 1-2 wie auch die Ausführungen unter 3.3.2.2.1.2.

(17o) Vgl. Mazeaud Journal Officiel: Débats Parlementaires: Assemblée Nationale 24.4.197o, S. 1244.

(171) So die untechnische Ausdrucksweise ("fichier bicéphale") des Berichterstatters Geoffroy Journal Officiel: Débats Parlementaires: Sénat 13.6.197o, S. 799.

(172) Vgl. insoweit Geoffroy in Journal Officiel: Débats Parlementaires: Sénat 13.6.197o, S. 799.

(173) Vgl. zum geplanten, durch die normalen Verfahrensabläufe bedingten und grundsätzlich auf gewisse unproblematische Informationen beschränkten Informationsaustausch zwischen den beiden Systemen, deren insoweit erforderliche Kompatibilität durch die gemeinsame Verwendung des SAFARI-Personenkennzeichens sowie die Abstimmung der Dateistrukturen sichergestellt werden soll Délégation à l'Informatique (71e), S. 4; (71m), S. 2 sowie Ministère de la Justice (72a), S. 5.

(174) Vgl. dazu die Ausführungen des Ministre de la Justice in Journal Officiel: Débats Parlementaires: Assemblée Nationale 24.4.197o, S. 1251 und Journal Officiel: Débats Parlementaires: Sénat 13.6.197o, S. 8o1 sowie die diesbezügliche Stellungnahme von Geoffroy in Journal Officiel: Débats Parlementaires: Sénat 13.6.197o, S. 8o3.

(175) Vgl. bezüglich des Décret Nr. 72-457 des Ministre de l'Intérieur vom 31.5.1972 und der darauf gründenden Bestrebungen seitens des Ministère de l'Intérieur die Ausführungen unter 3.3.2.2.1.2. in fine.

(176) Vgl. dazu Braibant (71b), S. 8o3-8o4.

(177) Vgl. im einzelnen bezüglich des Informationsrechts der Versicherungsgesellschaften Délégation à l'Informatique (71e), S. 5, Thiebault (71), S. 8.

(178) Vgl. bezüglich dieser Bestrebungen die Ausführungen unter 3.3.2.2.1.2. in fine.

(179) Loi Nr. 7o-1318 vom 31.12.197o, Journal Officiel 2./3.1. 1971, S. 67-72.

(18o) Vgl. bezüglich der ursprünglichen Fassung der dem Sénat unterbreiteten Regierungsvorlage Journal Officiel: Débats Parlementaires: Sénat 5.11.197o, S. 1788:
"Abschnitt V: Über die Führung der individuellen Gesundheitsregister.

Artikel 26: Die Bedingungen, unter denen in den einzelnen Gesundheitsfürsorgebezirken die individuellen Gesundheitsregister der Bevölkerung geführt werden, werden in Rechtsverordnungen geregelt.

Diese Vorschriften bestimmen die Bedingungen, unter denen die Pflegeeinrichtungen wie die praktischen Ärzte verpflichtet sind, unter Beachtung der ärztlichen Schweigepflicht jegliche Informationen mitzuteilen, über die sie verfügen, soweit sie zur Führung obiger Register erforderlich sind.

Diese Register können nur durch einen Arzt und mit Zustimmung des Patienten oder seines Rechtsnachfolgers konsultiert werden.

Jede Person, die das Objekt einer namentlich gekennzeichneten Eintragung in einem Gesundheitsregister ist, kann verlangen, daß dieses Register einem Arzt ihrer Wahl übermittelt wird. Sie kann die Wahrheit der registrierten Informationen bestreiten. Die mit der Führung des Registers betraute Stelle ist zur Berichtigung oder zur Löschung der bestrittenen Informationen innerhalb von zwei Monaten verpflichtet, sofern sie nicht in der Lage ist, den Beweis für die Wahrhaftigkeit dieser Informationen zu erbringen.

Jegliche Verletzung des Berufsgeheimnisses führt zur Anwendung der in Artikel 378 Code pénal vorgesehenen Strafen."

(181) Vgl. dazu zum Beispiel die Interventionen des Senators M. André Aubry in der Senatsdebatte vom 4.11.197o, Journal Officiel: Débats Parlementaires: Sénat 5.11.197o, S. 175o sowie des Abgeordneten M. Jacques Sourdille in der Debatte der Assemblée Nationale vom 4.12.197o, Journal Officiel: Débats Parlementaires: Assemblée Nationale 5.12.197o, S. 6197.

(182) Vgl. zur ursprünglich geplanten allgemeinen Zielsetzung der individuellen Gesundheitsregister M.J.-Pierre Blanchet (Berichterstatter der Commission des affaires sociales du Sénat) in Journal Officiel: Débats Parlementaires: Sénat 5.11.197o, S. 1747 sowie M. Claude Peyret (Berichterstatter der Commission des affaires culturelles, familiales et sociales de l'Assemblée Nationale) in Journal Officiel: Débats Parlementaires: Assemblée Nationale 4.12.197o, S. 61o4; vgl. dazu auch Braibant (71b), S. 8o5 und Hadas-Lebel (71), S. VII.24.

(183) M.J.-Pierre Blanchet, Berichterstatter der befaßten Commission des affaires sociales du Sénat, wies jedoch auf die anfänglichen Bedenken der Kommission hin, die die Annahme der Gesetzesvorlage dem Plenum schließlich jedoch begleitet von gewissen Abänderungsanträgen dennoch empfahl; vgl. dazu Journal Officiel: Débats Parlementaires: Sénat 5.11.197o, S. 1789.

(184) Vgl. bezüglich dieser Abänderungen der Regierungsvorlage Journal Officiel: Débats Parlementaires: Sénat 5.11.197o, S. 1788-1789.

(185) Vgl. bezüglich der Fassung, wie sie nach den im Sénat erfolgten Änderungen der Assemblée Nationale vorgelegt wurde, Journal Officiel: Débats Parlementaires: Assemblée Nationale 5.12.197o, S. 6197:

"Abschnitt V: Über die Führung der individuellen Gesundheitsregister.

Artikel 26: Die Bedingungen, unter denen die individuellen Gesundheitsregister der Bevölkerung geführt werden, werden in Rechtsverordnungen geregelt.

Diese Vorschriften bestimmen die Bedingungen, unter denen Pflegeeinrichtungen und praktizierende Ärzte verpflichtet sind unter Beachtung der ärztlichen Schweigepflicht jegliche Informationen mitzuteilen, über die sie verfügen, soweit sie zur Führung obiger Register erforderlich sind.

Diese Register können nur durch einen behandelnden Arzt und mit Zustimmung des Patienten oder gegebenenfalls seines gesetzlichen Vertreters konsultiert werden.

Jegliche Verletzung des Berufsgeheimnisses führt zur Anwendung der in Artikel 378 Code pénal vorgesehenen Strafen."

(186) Vgl. insofern die Interventionen verschiedener Abgeordneter in Journal Officiel: Débats Parlementaires: Assemblée Nationale 4.12.197o, S. 6134 und 5.12.197o, S. 6197-6198.

Die Berechtigung dieser Einschätzung war im übrigen bereits indirekt durch den Ministre de la Santé Publique et de la Sécurité Sociale im vorhinein bestätigt worden; die vom Sénat beschlossene Änderung des Art. 26, Abs. 1 erfolgte auf die Initiative des Ministers, die dieser mit der Begründung ergriff, der Stand der aktuellen Untersuchungen lasse die Organisierung der individuellen Gesundheitsregister auf Bezirks- oder Regionalebene als noch nicht realisierbar erscheinen; vgl. dazu Journal Officiel: Débats Parlementaires: Sénat 5.11.197o, S. 1789.

(187) Vgl. dazu den Abgeordneten Jacques Sourdille in Journal Officiel: Débats Parlementaires: Assemblée Nationale 5.12.197o, S. 6197 sowie den Senator Jean-Pierre Blanchet in Journal Officiel: Débats Parlementaires: Sénat 5.11. 197o, S. 1789.

(188) Vgl. dazu den Berichterstatter Claude Peyret in Journal Officiel: Débats Parlementaires: Assemblée Nationale 4.12. 197o, S. 61o4 und 5.12.197o, S. 6198 sowie den Abgeordneten Jacques Sourdille in Journal Officiel: Débats Parlementaires: Assemblée Nationale 5.12.197o, S. 6197.

(189) Vgl. dazu Jacques Sourdille in Journal Officiel: Débats Parlementaires: Assemblée Nationale 5.12.197o, S. 6197 sowie Claude Peyret in Journal Officiel: Débats Parlementaires: Assemblée Nationale 4.12.197o, S. 61o4 und 5.12. 197o, S. 6198; vgl. auch Robert Vandelanoitte in Journal Officiel: Débats Parlementaires: Assemblée Nationale 4.12.197o, S. 6134.

(19o) So Jacques Sourdille in Journal Officiel: Débats Parlementaires: Assemblée Nationale 5.12.197o, S. 6198. Diese hier zitierte Stellungnahme stützt in gewisser Weise den von Braibant (71b), S. 8o6 und anderen Stimmen ausgesprochenen Verdacht, daß die Ablehnung des Art. 26 durch die Assemblée Nationale zum Teil auch durch die berufsständischen Interessen der privaten Ärzteschaft beeinflußt war, die allgemein eine Verlagerung der Gewichte vom privaten auf den öffentlichen Gesundheitsfürsorgesektor im Wege der "Sozialisierung der Medizin" befürchtete.

(191) Vgl. bezüglich der Intervention des Ministers Robert Boulin in Journal Officiel: Débats Parlementaires: Assemblée Nationale 5.12.197o, S. 6198.

(192) Vgl. dazu Journal Officiel: Débats Parlementaires: Assemblée Nationale 5.12.197o, S. 6198.

(193) Insbesondere die vor allem in der französischen Führungsschicht viel beachtete Abendzeitung "Le Monde" druckt mit gewisser Regelmäßigkeit EDV- und speziell datenschutzbezogene Artikel, die zum Teil juristisches, bzw. EDV-Fachniveau erreichen (vgl. insofern auch unter 4.3.2.).

Hinsichtlich der im Bereich der Exekutive angestellten datenschutzbezogenen Überlegungen steht der (wie sich aus 4.3.5. ergibt) notwendigerweise unzureichende Informationsstand der allgemeinen Presse dem der Fachpublikationen im wesentlichen um nichts nach.

(194) Vgl. beispielsweise Treille (73a), S. 31; Padioleau (7o I), S. 14; Vichney (72), S. 23 u. S. 27; vgl. dazu auch Bonnot (72), S. 84-87, der die Verbreitung der EDV neben behördlicher illegaler Telefonüberwachung, Wirtschaftsspionage und allgemeiner privater Spionage mittels modernster Technologie als integrierten Bestandteil der allgemeinen modernen Bedrohung der Privatsphäre sieht.

(195) Vgl. dazu Vichney (73), S. 29; Vichney/Chabanas/Galus (73), S. 32; Carteron (73), S. 31.

In diesem Zusammenhang sei auf die im Aufbau befindliche Retortenstadt Isle-d'Abeau östlich von Lyon hingewiesen, die ähnlich dem "Community Information System Project" in Minnesota als "ville câblée" ("verdrahtete Stadt"), d.h. mit ausgedehnter Informationsübertragunsinfrastruktur konzipiert, später die privaten Domizile per audiovisueller Datenfernübertragung untereinander und mit Banken, TV, Zeitungen, Geschäften, öffentlichen Stellen etc. verbinden soll; vgl. zu diesem Projekt Desroziers (73), S. 29.

(196) Vgl. dazu beispielsweise Treille (73a), S. 31 mit dem beziehungsreichen Titel "Wir werden alle Informatiker sein".

(197) Vgl. dazu Treille (73a), S. 31; Passeron (7o), S. 25. Landrin (71), S. 4 beschreibt die Gefahr eines zukünftigen allwissenden "over all-computer" (Universalcomputer) und die Versuchung zum Informationsmißbrauch.

(198) Vgl. insofern z.B. Vichney (73), S. 29 u. (72), S. 27; Bonnot (72), S. 87: "... die fortgeschrittene Industriegesellschaft - wie sich die Technokraten ausdrücken - ist immer komplexer und bedarf daher zu ihrem Funktionieren einer immer strengeren Organisation... Es gibt kein wahres Gegenmittel; aus dem einfachen Grunde, daß man, sofern man besser leben will, die soziale Organisation weiter perfektionieren, also die Kontrollen verstärken, das

Individuum weiter einkreisen muß".

Vgl. auch Dreyfus (72), S. 16: "Die Datenbanken sind unvermeidlich, ihre Verwendung muß jedoch kontrolliert werden".

(199) Vgl. dazu Backmann (73b), S. 42-44; "Filature électronique" (7o), S. 3; Clerc (72), S. 7 u. S. 13; Dreyfus (72), S. 15-16; Clarke/Skrotzky (71), S. 11.

(2oo) Vgl. beispielsweise Clerc (72), S. 7 u. S. 13, der darauf hinweist, daß der Umfang der vom Ministère de l'Intérieur geplanten, bzw. bereits in Angriff genommenen Umstellungen von traditionellen (manuellen) Datenträgern auf EDV-Dateien, die offiziell angekündigten Projekte erheblich überschreitet.

Backmann (73b), S. 44 weist seinerseits auf die Verweigerung von Informationen seitens des Ministère de l'Intérieur und auf die Gefahr hin, daß den illegalen Telefonüberwachungen vergleichbare Praktiken zu einem gesetzemißachtenden "Etat électronique" führen.

Dreyfus (72), S. 15 wertet die Versicherung des Comité Interministériel pour l'Information, es sei keine zentrale Bevölkerungsdatenbank geplant und die Verwirklichung von EDV-Verbundsystemen verletzten nicht die Privatsphäre der Bürger als Worte, die eine "schwache Garantie" gegenüber der tatsächlichen Gefahr darstellen.

(2o1) Vgl. speziell zu den Konsequenzen der Einführung des SAFARI-Kennzeichens Clerc (72), S. 13.

Clarke/Skrotzky (71), S. 11 ihrerseits bezweifeln die Einschätzung der Délégation à l'Informatique, eine Speicherung der Individualdaten sämtlicher Bürger und ihre Zusammenfassung mittels Personenkennzeichens und Daten(fern)verbunds sei in naher Zukunft technisch unter akzeptablem finanziellem Aufwand nicht realisierbar.

(2o2) Vgl. dazu beispielsweise im einzelnen "Filature électronique" (7o), S. 3; Clarke/Skrotzky (71), S. 11; Clerc (72), S. 7; Dreyfus (72), S. 16; Backmann (73 b), S. 43-44.

(2o3) Ein am 7.9.1972 in "Le Monde", S. 13 veröffentlichter Fragebogen mit 36 Fragen zum Thema "Der Computer in unserer Gesellschaft" wurde von 3547 Personen in auswertbarer Form beantwortet; die Pariser Region sowie die Berufsgruppen der Führungsschicht in Wirtschaft, Verwaltung und Technik (zu 78,2 % Nicht-EDV-Spezialisten) waren überrepräsentiert. Das kommentierte Erhebungsresultat wurde am 29.11.1972 in "Le Monde", S. 2o-21 veröffentlicht.

(2o4) Vgl. bezüglich dieser Angaben "Les résultats de l'enquête du Monde" (72), S. 2o. Vgl. in diesem Zusammenhang auch Potier (72): "Les Américains et l'ordinateur: mêmes confinances, mêmes craintes dans le public qu'en Europe", S. 6, wo auf die insofern im wesentlichen identische

Haltung des amerikanischen und europäischen Publikums hingewiesen wird.

(2o5) Bei den hier berücksichtigten Veröffentlichungen der französischen Fachliteratur handelt es sich im wesentlichen um Äußerungen von mit den Problemen der EDV und insbesondere der Verwaltungsautomation vertrauten Juristen, Verwaltungsspezialisten und Technikern vor allem in verwaltungswissenschaftlichen und EDV-Fachperiodika und Einzelpublikationen. In der französischen rechtswissenschaftlichen Fachliteratur im engeren Sinne wird die Datenschutzproblematik praktisch überhaupt nicht behandelt und spezielle rechtsinformatische Periodika existieren nicht.

Robert (71/73), der zunächst lediglich auf die Existenz der Datenschutzproblematik hinwies (S. 251-252), widmet zwar in seinem Nachtrag von 1973 dem Thema "Die EDV und die Grundrechte" knapp 9 (kleinformatige) Seiten, dringt dabei jedoch nicht zu einer differenzierten Behandlung der Datenschutzproblematik vor, da er sich mit einem knappen Überblick über die Problemstellung und die bisherigen Bemühungen (Gesetzentwurf des Abgeordneten Poniatowski, Untersuchung des Conseil d'Etat, Loi Nr. 7o-539, Loi Nr. 7o-1318, ausländische Äußerungen) begnügt; vgl. dazu Robert (71/73), Nachtrag S. 18-26.

(2o6) Die (ohnehin nicht erschöpfenden) Untersuchungen des Conseil d'Etat und des Ministère de la Justice sind nicht veröffentlicht worden und daher für die öffentliche französische Datenschutzdiskussion praktisch nicht existent. Trotz gelegentlicher Hinweise und Rückgriffe in der Argumentation auf einschlägige ausländische Erfahrungen gehen bisher soweit ersichtlich nur zwei französische Publikationen in gewissem Umfang direkt auf ausländische Erkenntnisse ein:

Langrod (71), S. 692-695 geht darstellend auf das hessische Datenschutzgesetz und verschiedene sonstige internationale Äußerungen ein; Gallouédec-Genuys (71a), 48 S. veröffentlicht auszugsweise verschiedene ausländische Publikationen.

Daneben existieren einige wenige Übersetzungen von ausländischen Äußerungen zur Datenschutzproblematik, die jedoch bisher in der französischen Datenschutzdiskussion nicht weiter berücksichtigt wurden; vgl. z.B. Rupp (73), S. 2-6 und Strömholm (73), S. 55-67.

Eine besondere Situation besteht allerdings hinsichtlich einschlägiger belgischer Veröffentlichungen, die auf Grund enger sprachlicher Verbindungen und der Kontakte zwischen den jeweiligen nationalen Mitarbeitern des IISA und des IBSA in Brüssel sowie des IFSA in Paris im allgemeinen in Frankreich hinreichend beachtet werden.

(2o7) Die hier versuchte Synthese ist allerdings insofern "idealisierend" als die einzelnen datenschutzbezogenen Äußerungen der französischen Fachliteratur die Datenschutzproblematik kaum umfassend behandeln, sondern sich vielmehr auf globale, wenig differenzierte Feststellungen, bzw. auf die - im allgemeinen ebenfalls nicht weiter vertiefte - Behandlung von Teilaspekten beschränken. Darüberhinaus sind die Ansätze eines Gutteils dieser Äußerungen wenig systematisch.

(2o8) Vgl. dazu beispielsweise Braibant, in: "Transparence ..." (71), S. 59-6o u. (71b), S. 798-8o1; Kirchberger, in: "Transparence ... (71), S. 59; Gallouédec-Genuys (71b), S. 47-48, Langrod (71), S. 692; Berger (67), S. 17 bemerkt zur Frage der Dringlichkeit einer Datenschutzregelung bereits 1967, daß "man sich ja schließlich auch schon Sorgen um ein Weltraumrecht macht".

(2o9) Insbesondere Braibant (71b), S. 798 spricht von einem "hegelianischen Gedankengang": Die EDV zeitigt im Rahmen von Erfassung, Verarbeitung und Verwertung der Informationen derartige quantitative Veränderungen, daß daraus eine qualitative Veränderung resultiert"; vgl. auch Braibant, in: "Transparence..." (71), S. 61. Ähnlich Bertrand in: "Transparence..." (71), S. 6o: "Die EDV ist eine neue Macht, auf Grund der Datenmassen, die sie zu verarbeiten erlaubt". Jacques G. Maisonrouge (73), S. 5 (Präsident IBM-Europe) bestätigt: "Für manche gründet sich die Gefahr darin, daß die Auswertung einer großen Quantität von Informationen diesen eine neue Qualität geben.

Vgl. weiterhin die Schlußresolution der Arbeitsgruppe "Vie individuelle" in: Institut de la Vie/IRIA (72), S. 31: "Damit soll nicht gesagt werden, daß die Bedrohung der Menschenrechte ein neues Phänomen der Epoche der Computer ist, sondern daß der Computer dabei ist, den Aufwand und die Natur der Informationsverarbeitungseinrichtungen in einer Weise zu verändern, daß er in die Gefahr gerät diese Rechte zu verletzen". Ebenso Hadas-Lebel (71), S. VII. 8: "Nicht daß die EDV allein Ursprung dieses Problems (der Bedrohung der Privatsphäre) ist... Die EDV gibt diesem Problem jedoch einen brennenden Charakter ...".

Vgl. in diesem Zusammenhang auch Cour de Cassation (72), S. 16: "Der Fortschritt der Automation belastet die Gesellschaft in jedem Land mit der Bedrohung durch einen Computer, der die Informationen zentralisieren könnte, die zu geben jeder Einzelne im Laufe seines Lebens gezwungen ist ....".

(21o) Vgl. Elgozy (72), S. 237, der nach einer eloquenten Darstellung der Gefahren für die Privatsphäre weniger überzeugend die Notwendigkeit und Sachzwänge der EDV betont und sodann zur Konsequenz kommt: "Die größte Gefahr der EDV ist meiner Ansicht nach, an die Gefahren der EDV glauben zu machen... Von zwei Mythen muß der üblere bekämpft werden: der, der den Fortschritt hemmt". Vgl. bezüglich ähnlicherArgumentationen seitens der Délégation à l'Informatique die Ausführungen unter 4.3.5.2.

(211) So z.B. die Argumentation von Braibant (71b), S. 51-52, der die Ablehnung der individuellen Gesundheitsregister im Rahmen der Krankenhausreform durch das Parlament wesentlich auf das Fehlen einer allgemeinen, den Bedenken von Öffentlichkeit und Abgeordneten gegenüber der EDV Rechnung tragenden Datenschutzregelung zurückführt; ähnlich Braibant, in: "Transparence..." (71), S. 58-59. Vgl. dazu auch Gallouédec-Genuys (71b), S. 47-48 sowie Institut de la Vie/IRIA (72), S. 32.

(212) Insoweit ist bereits bezeichnend, daß im Französischen rein sprachlich kein Unterschied zwischen (manueller) "Kartei" und (elektronischer) "Datei" gemacht wird; in beiden Fällen wir von "fichier" gesprochen, obwohl sich der Begriff "fichier" - wie im Falle des deutschen Begriffspaares "Karte" / "Kartei" - ursprünglich von "fiche" (Zettel, (Kartei-) Karte) ableitet.

(213) Vgl. zum Regelungsbereich Braibant (71b), S. 8o6-8o7: "Es erscheint nicht als wünschenswert, den Anwendungsbereich (der Datenschutzgesetzgebung) auf die öffentlichen Datensammlungen zu beschränken". Vereinzelt wird auch der Problemkreis der Wirtschaftsgeheimnisse ("secrets des affaires") - allerdings ohne weitere Vertiefung - angesprochen; vgl. z.B. Bertrand (71c), S. 41.

(214) Vgl. bezüglich der Konzentrierung auf die Datenschutzproblematik im Bereich der öffentlichen Dateien und Datenbanken Braibant (71a), S. 2o7-2o8 u. (68), S. 345-346; Gallouédec-Genuys (72a), S. 141-148 u. (73), S. 36; Hadas-Lebel (71), S. VII.1-VII.24; Berger (67), S. 15-18.

(215) So beispielsweise Gallouédec-Genuys (73), S. 36.

(216) Vgl. beispielsweise Gallouédec-Genuys (71b), S. 48-49 sowie in: "Transparence ..." (71), S. 6o. Vgl. auch Bertrand (71b), S. 338.12, der die Notwendigkeit betont, "entsprechend dem jeweiligen Sektor des sozialen Lebens differenzierte Regeln für die EDV-Anwendungen aufzustellen."

(217) So insbesondere Braibant (71b), S. 8o7-811; die Sachdaten (zu denen im übrigen auch statistische und sonstige nicht individualisierbare auf Personen (-mehrheiten) bezogene Daten zählen) stellen danach lediglich im Rahmen der Problematik des subjektiven Informationsrechts, im Sinne des Grundrechts auf Information natürlicher (und juristischer) Personen ("droit à l'information") ein Problem dar.

Vgl. jedoch Bertrand (71c), S. 41, der die Unterscheidung in "données nominatives" und "données générales" nicht macht und daher unter anderem mit dem Begriff "données d'interêt public" ("Daten von öffentlichem Interesse") zu operieren versucht, um dann festzustellen: "Der Begriff des öffentlichen Interesses bleibt jedoch noch herauszuarbeiten und zu präzisieren. Der Jurist kennt seinen Inhalt schlecht."

(218) Laroque (69), S. 38.

(219) So Braibant (71b), S. 8o7-8o8; vgl. ebenso Hadas-Lebel (71), S. VII.1o u. S. VII.17; Syndicat de la Magistrature (71), S. 6; Sarda (72), S. 13. Die Kriterien für die Entscheidung, welche Informationen unter die "prinzipelle Sperre" fallen und inwieweit prinzipiell gesperrte Informationen dennoch in Dateien gespeichert werden können, bleiben jedoch im wesentlichen unerörtert.

(22o) Gallouédec-Genuys (72a), S. 143.

(221) Vgl. dazu Gallouédec-Genuys (71b), S. 49. Ähnlich Institut de la Vie/IRIA (72), S. 32: "... es müssen insbesondere die folgenden Prinzipien beachtet werden: Bestimmen ob die zu speicherende Information tatsächlich der verfolgten Zielsetzung entspricht und ob ihre Speicherung unbedingt notwendig ist...".

Für Chamoux (72), S. 179-183, dessen Ansatz allerdings wenig differenziert und systematisch erscheint, stellt die Speicherung jedoch kein datenschutzrelevantes Problem dar; S. 182: "... die Schaffung einer Datenbasis scheint in keinem Fall ein neues juristisches Problem darzustellen."

(222) So Braibant (71b), S. 8o8. Vgl. dazu auch Institut de la Vie/IRIA (72), S. 32 und Syndicat de la Magistrature (71), S. 6; ebenso für den belgischen Rechtskreis François (7o), S. 62-63.

Vgl. jedoch Chamoux (72), S. 182-186, der im Rahmen einer, gewisse Widersprüche aufweisenden Argumentation den bisher existenten rechlichen Schutz gegen unbefugte Informationsweitergabe für auch im Rahmen der EDV ausreichend hält und auf eine sich rasch entwickelnde Rechtsprechung vertraut.

(223) So Braibant (71b), S. 8o8, wobei allerdings nicht klar wird, nach welchen Kriterien diese "Dateikategorien" ("catégories de fichiers") zu bilden sind. Vgl. auch Laroque (69), S. 38, der auf den "Informationstypus" und die "Natur der gestellten Frage" abstellt.

(224) So beispielsweise Bertrand (71c), S. 41: "Je stärker der Informationsreichtum anwächst, umso mehr muß der Zugang beschränkt werden."

(225) Vgl. Braibant (71b), S. 8o8.

(226) Braibant (69), S. 13; ebenso Hadas-Lebel (71), S. VII.1o-VII.11 u. S. VII.17; vgl. auch zur Informationsweitergabe innerhalb der Verwaltung Delignières (71), S. 51/V.

(227) Vgl. insofern jedoch die verschiedentlich aus der Erfahrung der deutschen Okkupation im zweiten Weltkrieg heraus erhobene Forderung, Vorrichtungen zu schaffen, die in Fällen äußeren nationalen Notstands gewisse Datenspeicher löschen, bzw. sogar zerstören, die Ausführungen unter 4.1.1.2.

(228) Vgl. Hadas-Lebel (71), S. VII.11 u. S. VII.17; Institut de la Vie/IRIA (72), S. 32; Kirchberger (71a), S. 46; Antoine (73), S. 1192.

(229) Hadas-Lebel (71), S. VII.11 u. S. VII.17 sowie Tchang-Benoit (72), Chronique S. 228 sprechen allgemein von "droit d'accês" ("Zugangsrecht") der Betroffenen, ohne auf nähere Modalitäten einzugehen. Institut de la Vie/IRIA (72), S. 32 fordert,"die Bürger über die sie betreffenden Informationen zu informieren und ihnen Zugang ("accès") zu gewähren".

Braibant (69), S. 13 spricht von "konsultieren können"; Braibant (71b), S. 8o8 fordert, für die Betroffenen zumindest den Zugang zu den sie betreffenden gespeicherten Daten sicherzustellen und schlägt darüber hinaus vor, die Datenbankenhalter zur (automatischen) Informierung der Betroffenen hinsichtlich der Tatsache der Existenz und des Inhalts der sie betreffenden gespeicherten Daten zu verpflichten; dabei weist Braibant jedoch zugleich auf bestehende Gegenstimmen hin, die eine solche Verpflichtung als zu aufwendig, wenn nicht paralysierend einschätzen; vgl. dazu auch Hadas-Lebel (71), S. VII.11.

(23o) Vgl. bezüglich der Meldepflicht hinsichtlich Dateien, bzw. Datenbanken Hadas-Lebel (71), S. VII.11 sowie Syndicat de la Magistrature (71), S. 6.

(231) Vgl. Braibant (69), S. 13 sowie (71b), S. 912; Kirchberger (71a), S. 46; Syndicat de la Magistrature (71), S. 6; Elgozy (72), S. 243; Antoine (73), S. 1192.

Vgl. auch Chmoux (72), S. 182, der die erheblichen Schwierigkeiten schildert, auf die der Bürger in der Verwirklichung seiner Abwehransprüche trifft.

(232) Vgl. dazu Tchang-Benoit (72), Chronique S. 228.

(233) So insbesondere Braibant (71b), S. 811 u. (69), S. 13 sowie Gallouédec-Genuys (72a), S. 144, Sarda (72), S. 13.

Anderer Ansicht jedoch Chamoux (72), S. 185, der sich unter Hinweis auf die Schnelligkeit der technologischen Innovation im Bereich der EDV und die grundsätzliche Unzulänglichkeit administrativer Kontrollen gegenüber Rechtsverletzungen seitens der Verwaltung (!) gegen "administrative a priori-Kontrollen gegenüber den Datenbanken" ausspricht.

(234) Vgl. bezüglich dieser Prinzipien Braibant (71a), S. 2o8 u. (71b), S. 811-812; Laroque (69), S. 38; Hadas-Lebel (71), S. VII.21; Syndicat de la Magistrature (71), S. 6; Sarda (72), S. 13.

(235) Vgl. zu diesen Konzeptionen Braibant (71b), S. 812.

(236) Vgl. zu Funktion und Aufgabe eines zukünftigen Datenschutzkontrollorgans Braibant (71b), S. 811-812 u. (71a), S. 2o8; Syndicat de la Magistrature (71), S. 6. Hadas-Lebel (71), S. VII.21 (-VII.23) spricht von einer "allgemeinen Untersuchungs- und Kontrollkompetenz über alle Dateien und EDV-Anlagen".

Institut de la Vie/IRIA (72), S. 32 fordert,"... ein öffentliches Prüfungsverfahren hinsichtlich Zielsetzung, Organisation, Verfahren und Garantien der Datenbasen soweit möglich durch eine parlamentarische Kommission oder eine Verwaltungsbehörde, deren Aufgabe es wäre, die Fragen der Persönlichkeitsrechte gründlich zu untersuchen" sowie "eine kompetente gerichtliche oder administrative Stelle, bei der die Bürger ihre Beschwerden in Einzelfällen geltend machen können."

(237) So beispielsweise Hadas-Lebel (71), S.VII.22; vgl. in diesem Zusammenhang auch Juvigny (69), S. 91, der darauf hinweist, daß das schwedische Modell eines Ombudsman's, der allgemein Zugang zu sämtlichen (auch geheimen) Verwaltungsunterlagen hat, ein "extremes Modell darstellt, dessen unmittelbare Übertragung in ein Land wie Frankreich komplexe Probleme aufwerfen würde".

Vgl. auch zum Standpunkt der Exekutive hinsichtlich der Konzeption eines Datenschutzkontrollorgans die Ausführungen unter 4.3.5.2.2.2., 4.3.5.3.2.2. und 4.3.6.2.

(238) So beispielsweise Braibant (71b), S. 812 sowie ähnlich Syndicat de la Magistrature (71), S. 6-7.

Soweit ersichtlich, sieht als einzige ernsthafte Ausnahme der Gesetzentwurf des damaligen Abgeordneten Poniatowski die Einrichtung eines Datenschutz-Sondergerichts vor; vgl. dazu die Ausführungen unter 4.3.3.

(239) Braibant (71b), S. 812.

(24o) Vgl. zur "théorie de la voie de fait" Guillien/Vincent (72), S. 34o; Rivero (73), S. 2o-21 u. S. 219-22o; Robert (71/73), S. 9-12 u. S. 142-145.

Vgl. auch Colliard (72), S. 147-148, der im übrigen auf den Mangel an dogmatischer Klarheit hinsichtlich der "théorie de la voie de fait" hinweist.

(241) Vgl. zu diesen Rechtswegfragen Rivero (73), S. 213-232.

(242) So Cour de Cassation (72), S. 16 und Robert (71/73), Nachtrag S. 24: "... die Richter der ordentlichen Gerichtsbarkeit sollten als traditionelle und von der Verfassung ausdrücklich anerkannte 'Hüter der Persönlichkeitsrechte' trotz der offensichtlichen Neuheit der (Datenschutz-) Probleme weiterhin ihre Rolle spielen."

Hadas-Lebel (71), S. VII.23 scheint der ordentlichen Gerichtsbarkeit allerdings im Rahmen des Datenschutzes die Zuständigkeit für öffentlichrechtliche Streitigkeiten grundsätzlich entziehen zu wollen.

(243) Robert (71/73), Nachtrag S. 24: "Es sollte um jeden Preis verhindert werden, daß das Datenschutzkontrollorgan sich die Zuständigkeit (der Richter der ordentlichen Gerichtsbarkeit) anmaßt."

(244) So die Tendenz des Syndicat de la Magistrature (71), S. 6-7.

(245) Vgl. dazu Braibant (69), S. 13; (71a), S. 2o8 u. (71b), S. 8o9; Kirchberger (71a), S. 46; Gallouédec-Genuys (71b), S. 49-5o; Hadas-Lebel (71), S. VII.11; Bertrand in: "Transparence..." (71), S. 66; Garric, in: "Transparence..." (71), S. 66; Bruguiere (71), S. 37; Elgozy (72), S. 243; Sarda (72), S. 13; Tchang-Benoit (73), Chronique S. 228; Pettiti (73), S. 6-7; Touffait (73), S. 5. Wenn vereinzelt für die (im öffentlichen Dienst beschäftigten) EDV-Spezialisten ein dienstrechtliches Sonderstatut gefordert wird (so z.B. Laroque (69), S. 38 u. Braibant (71a), S. 2o8), so erscheint das nach Erlaß der Loi Nr. 7o-1211 vom 23.12. 197o, Journal Officiel 24.12.197o, S. 11893 insofern als müßig, als es gerade das Ziel dieses Gesetzes ist, EDV-Sonderstatuten abzubauen und künftig völlig zu vermeiden; vgl. dazu die Ausführungen unter 3.2.3.1.

(246) Vgl. bezüglich der einschlägigen Äußerungen der EDV-berufsständischen Vereinigungen "Vers une déontologie de la profession?" (71), S. (25-) 27, wo die Überlegungen des "Premier Congrès des Professionnels de l'Informatique" in Paris (26.-27.4.1971) bezüglich der "Naturgesetze" ("lois naturelles") der EDV-Spezialisten wiedergegeben werden; danach sind deontologische Regeln (insbesondere bezüglich der Wahrhaftigkeit in der Werbung und Preisgestaltung hinsichtlich der zu verkaufenden Hard- und Software, Dienstleistungen, bzw. Ausbildung, Fähigkeiten und Kenntnisse) für die Computerhersteller, EDV-Beratungs- und Service unternehmen sowie für die einzelnen eine Anstellung suchenden EDV-Spezialisten im Kontakt mit als Kunden, bzw. Arbeitgeber auftretenden Firmen erforderlich. Im Rahmen der Abwicklung eines Arbeitsverhältnisses werden einige die Loyalität des EDV-Spezialisten gegenüber seinem Arbeitgeber konkretisierenden Regeln für notwendig gehalten. Der Einzelne soll geschützt werden:
(a) "gegen" die Verarbeitung von ihn betreffenden Informationen und Daten, die ohne oder gegen seinen Willen erstellt wurden und zu seinem Schaden gebraucht werden",

(b) "hinsichtlich des privaten, öffentlichen und beruflichen Lebens, das immer mehr durch vom Computer getroffene Entscheidungen dirigiert wird",
(c) "gegen jede durch die EDV hervorgerufene Beeinträchtigung".

Auch das Arbeitspapier der Groupe de Travail "Informatique et Sociéte" der Association Française de Cybernétique Economique et Technique (73), 5 S. erschöpft sich praktisch in einer knappen Zusammenfassung der bisherigen Äußerungen.

Bezeichnend für den bis heute mangelnden Fortschritt in der Ausarbeitung einer seit Jahren allseits geforderten EDV-Deontologie ist die Tatsache, daß Pettiti (73), S. 7-8, Teilnehmer am soeben zitierten Kongress vom April 1971, über zwei Jahre später auf der "Conférence Mondiale d'Abidjan sur la Paix Mondiale par le Droit" (26.-31.8. 1973) den oben zusammenfassend, bzw. wörtlich wiedergegebenen Katalog der "Naturgesetze" der EDV-Spezialisten wörtlich unverändert vortrug.

Die vom SYNTEC-Informatique ausgearbeiteten "Conditions d'interventions des sociétés d'informatique" werden von Gallouédec-Genuys (71b), S. 5o als "minicode" qualifiziert; vgl. zu diesen Regeln des SYNTEC-Informatique in Informatique et Gestion Nr. 29, Juni-Juli 1971, S. 449-45o.

Die Association Française des Informaticiens (AFIN) (72), S. 11-12 legt in einer "EDV-Charta" ("charte de l'informatique") besonderen Wert auf das Problem des Schutzes beruflicher und industrieller Geheimnisse (insbesondere bei Arbeitgeberwechsel) und spricht dem EDV-Spezialisten einen Anspruch auf fristgemäße Kündigung und Schadenersatz zu, wenn er entlassen wird, weil er sich gegenüber seinem (neuen) Arbeitgeber geweigert hat, sein Berufsethos verletzende Maßnahmen (Bekanntgabe von Geschäftsgeheimnissen des früheren Arbeitgebers etc.) durchzuführen. Das Problem des Schutzes der Privatsphäre wird dagegen überhaupt nicht angesprochen.

Delpérée (71), S. 167-195 (soweit ersichtlich unverändert übernommen in François/Delpérée et al. (71), S. 35-63 sowie als Konzept verwendet in François (71b), S. 69 ff.) behandelt das Problem der EDV-Deontologie speziell für die öffentliche Verwaltung. Obwohl er die Problematik bedeutend breiter angeht und insgesamt differenzierter behandelt, kommt er kaum zu neuen operationalen Resultaten. Er legt insbesondere dar, daß das öffentliche EDV-Personal in erster Linie den besonderen dienstrechtlichen Regelungen des öffentlichen Dienstes unterliegt und deshalb nicht einer allgemeinen, den privaten Sektor umfassenden EDV-Deontologie mit eventuellen berufsständischen Disziplinarverfahren etc. unterstellt werden kann; vgl. dazu Delpérée (71), S. 51 u. S. 61-62.

Der von Bonnechère (73), 19 S. (Präsident der ASAB) im Auftrag der OECD erstellte (jedoch von der OECD (noch) nicht zur Veröffentlichung freigegebene) Entwurf eines EDV-berufsethischen Kodexes berücksichtigt allerdings diese Erkenntnisse nicht. Insbesondere durch Leerformeln und naive Gemeinplätze geprägt, entbehrt dieser Entwurf jeglicher Operationalität. Vgl. z.B.

"Artikel 1: Der EDV-Spezialist muß sich seiner eigenen Stärken und Schwächen bewußt sein.

Artikel 2: Der EDV-Spezialist muß aufgeschlossen sein.

Artikel 3: Der EDV-Spezialist muß über eine angemessene Kenntnis der allgemeinen menschlichen Psychologie verfügen.

Artikel 4: Der junge EDV-Spezialist soll eine bedachte Person sein.

Artikel 5: Der EDV-Spezialist soll einen guten Gebrauch von seiner Zeit zu machen wissen.

Artikel 6: Die erste Pflicht eines EDV-Spezialisten ist es gut informiert zu sein.

Artikel 7: Der EDV-Spezialist muß gegenüber den Überzeugungen anderer tolerant sein.

Artikel 8: Der EDV-Spezialist muß sich um seine eigene berufliche Ausbildung kümmern.

Artikel 9: Der EDV-Spezialist darf andere nie bezüglich seines eigenen Wertes oder des seiner Arbeit täuschen." etc. bis Artikel 34.

Es würde leider den Rahmen dieser Untersuchung sprengen, weiter auf den Entwurf von Bonnechère (73) und insbesondere auf die den einzelnen Artikeln jeweils beigefügten ganz besonders unterhaltsamen "Erläuterungen" einzugehen; in der Erläuterung zu Artikel 7 wird dem EDV-Spezialisten beispielsweise gegenüber Kritik an seiner Arbeit oder allgemein an seinem individuellen Berufsethos empfohlen: "Sein Herz sollte vergeben, selbst wenn sein Verstand nicht vergißt; er soll sich weder im Sieg brüsten, noch in der Niederlage bitter sein." Dabei wird gleichzeitig deutlich, daß von den - Hersteller, Software-Industrie und kommerzielle Anwender umfassenden - EDV-Berufsorganisationen kaum eine wirksame Förderung des Individualdatenschutzes mittels deontologischer Regeln zu erwarten ist! Die den Geheimnisschutz behandelnden Artikel 17 - 19 sind deutlich auf den Schutz von Geschäftsgeheimnissen, insbesondere des jeweiligen, bzw. ehemaligen Arbeitgebers gerichtet, während die Begriffe "Datenschutz" und "Privatsphäre" nicht einmal erwähnt werden.

Bezeichnenderweise wird seitens der AFIN betont, Bonnechère habe "unsere Gedanken - wir können sogar sagen unsere Schlußfolgerungen -" in seinem Entwurf aufgenommen; vgl. insofern "Code de la profession (73), S. VII.

(247) Vgl. ähnlich skeptisch gegenüber der Möglichkeit eine allgemeingültige EDV-Deontologie auszuarbeiten Robert (71/73), Nachtrag S. 21-22.

(248) Vgl. insoweit z.B. Braibant (71b), S. 8o9; Kirchberger (71a), S. 46; Hadas-Lebel (71), S. VII.12; Gallouédec-Genuys (73), S. 36.

(249) Vgl. jedoch Scieller (71a), S. 52-54 hinsichtlich der Hersteller- und benutzerseitig erforderlichen Datensicherungsmaßnahmen.

(25o) So Braibant (71b),-S. 8o9; Gallouédec-Genuys (71a), S. 142 u. (73a), S. 36.

(251) Proposition de loi Nr. 1454 tendant à la création d'un comité de surveillance et d'un tribunal de l'informatique enrégistré à la Présidence de l'Assemblée Nationale le 3o octobre 197o; Annexe au procès-verbal de la séance du 25 novembre 197o. Assemblée Nationale, Constitution du 4 octobre 1958,, IVe Législature, Première session ordinaire de 197o-71, Imprimé Nr. 1454, 7 S.

(252) Vgl. zu den diesbezüglichen allgemeinen Überlegungen im Bereich der Exekutive die Ausführungen unter 4.3.4., 4.3.5. und 4.3.6.

(253) Proposition de loi Nr. 1454 (7o), S. 6-7.

(254) Vgl. Proposition de loi Nr. 1454 (7o), S. 4-5. Zu den als notwendig vorgeschlagenen Maßnahmen gehören:
(a) Verpflichtung der Anmeldung jedes neuen Computers bis spätestens einen Monat nach seiner Inbetriebnahme und zentrale Registrierung von: Name und Adresse des Eigentümers, bzw. des für den Betrieb des Computers Verantwortlichen; Aufstellungsort, Angaben der wichtigsten technischen Charakteristiken der jeweiligen EDV-Anlage.
(b) Für die Öffentlichkeit unzugängliche Registrierung von militärische oder allgemeine Staatsgeheimnisse berührenden EDV-Anlagen.
(c) Bei personenbezogenen Datenverarbeitungen, die kostenlos oder gegen Entgelt in irgendeiner Form Dritten zugänglich gemacht werden, wird eine zusätzliche Registrierung folgender Informationen gefordert: Arten der erfaßten und gespeicherten Informationen, Art und Zweck der Verwendung der Informationen, Namen der für Planung, Entwurf und Programmierung des Systems Verantwortlichen.
(d) Anzeige von Änderungen der System-Konfiguration oder von Art und Zweck der Informationsverarbeitung.
(e) Buchführung über Abruf und Verwendung von Daten und über den Autor der jeweiligen Manipulation.
(f) Öffentlichkeit und allgemeine Zugänglichkeit des allgemeinen Registers.
(g) Verpflichtung der Rechenzentren, auf Anfrage dem EDV-Überwachungsausschuß eine Ausfertigung jedes beliebigen bereits einmal ausgefertigten Dokuments zu Kontrollzwecken zur Verfügung zu stellen.
(h) Recht der durch mißbräuchliche Datenverarbeitung insbesondere in ihrer Privatsphäre Verletzten, vom EDV-Überwachungsausschuß Kopien der sie betreffenden Unterlagen zu erhalten und gegebenenfalls Modifikationen zu erreichen.

(255) Vgl. zu diesen Prinzipien Proposition de loi Nr. 1454(7o), S. 4.

(256) Proposition de loi Nr. 1454 (7o), S. 3.

(257) Vgl. dazu die Ausführungen unter 4.3.1.

(258) So z.B. Hadas-Lebel (71), S. VII.18-VII.19.

(259) Vgl. Syndicat de la Magistrature (71), S. 6.

(26o) Vgl. Bertrand (71b), S. 335.12; Syndicat de la Magistrature (71), S. 6.

(261) So Bertrand (71b), S. 334.12 zum Poniatowski-Gesetzentwurf: "Sie haben über die Opportunität einer solchen Gesetzgebung zu befinden. Was uns Zivilrechtler angeht, so sagen wir, daß es in Frankreich Tradition ist, daß die Persönlichkeitsrechte, der Schutz des Individuums, der Privatsphäre, der Geheimnisse der Privatsphäre immer den Gerichten der ordentlichen Gerichtsbarkeit anvertraut wurden. Die Verwaltungsgerichtsbarkeit war immer die der Beherrschung des Staates. Daß der Schutz einem politischen oder staatlichen Organ überlassen werden soll und daß die Entscheidung in die Zuständigkeit der Verwaltungsgerichtsbarkeit fallen soll, erstaunt und erschreckt uns". Vgl. dazu insbesondere unter 4.3.2.3.2.

(262) Gallouédec-Genuys (71b), S. 5o spricht in diesem Zusammenhang von "der zumindest in der geplanten Form mit dem französischen Recht unzuvereinbaranden Anomalie eines EDV-Überwachungsausschusses und eines EDV-Gerichts". In mündlichen Äußerungen wird insoweit sogar von "juristischen Monstruositäten" gesprochen.

(263) Vgl. Syndicat de la Magistrature (71), S. 6, das allerdings auch dazu tendiert, der ordentlichen Gerichtsbarkeit auch im Rahmen des Datenschutzes ihre Stellung als Hüterin der Persönlichkeitsrechte zu belassen; vgl. dazu unter 4.3.2.3.2.

(264) Vgl. dazu Delignières (71), S. 51/V.

(265) Vgl. bezüglich dieser öffentlichen Vorstöße Poniatowski's die Ausführungen unter 4.3.6.1.

(266) Vgl. Conseil d'Etat (69b), 2o S.; Dieser Bericht berücksichtigt die folgenden vier Problemkreise: (I) "EDV und Entscheidungsvorbereitung"; (II) "EDV und Kontrolle"; (III) "EDV und Verwaltungsstrukturen"; (IV) "EDV und der Mensch".

Es sei in diesem Zusammenhang auch auf zwei vom Conseil d'Etat beherbergte und geförderte Stellen hingewiesen: Es handelt sich zunächst um das Centre de Recherche et Développement en Informatique Juridique, das sich insbesondere mit Fragen der automatischen Rechtsdokumentation beschäftigt. Desweiteren ist der Conseil d'Etat der Sitz des Institut Français des Sciences Administratives, IFSA (französische Sektion des Institut International des Sciences Administratives, IISA), das insbesondere vom Maître des requêtes au Conseil d'Etat Guy Braibant als Generalsekretär betreut wird. Das IFSA hat sich gerade auch speziell mit Fragen der Verwaltungsautomation und des Datenschutzes befaßt; vgl. insbesondere den Bericht Hadas-Lebel (71), der in der Publikationsreihe des IFSA veröffentlicht wurde; (Hadas-Lebel (73)).

(267) Vgl. Conseil d'Etat (69b), S. 19 u. S. 2o.

(268) Vgl. Conseil d'Etat (71a), 3o S.; vgl. auch den entsprechenden Vorentwurf Conseil d'Etat (7o I u. II).

(269) Dem Verfasser war es lediglich auf Grund eines persönlichen Vertrauensverhältnisses zu einer "wissenden" Person möglich, unbehinderten Zugang zum Bericht des Conseil d' Etat zu erhalten.

(27o) Vgl. zur in einer vollständigen und einer auszugsweisen Version vorliegenden Studie des Ministère de la Justice (72b) u. (73b) die Ausführungen unter 4.3.5.3.

(271) Vgl. bezüglich der Haltung der Regierung insbesondere die Ausführungen unter 4.3.6.2.

(272) Conseil d'Etat (71a), S. 5-22. Die folgende kritische Darstellung dieser Ausführungen des Conseil d'Etat folgt im Bemühen um Authentizität im wesentlichen dem originalen Aufbau; dies insbesondere, da die Untersuchung des Conseil d'Etat als vertrauliches Dokument grundsätzlich unzugänglich ist.

Der zweite (hier nicht behandelte) Teil der Untersuchung des Conseil d'Etat befaßt sich in sehr knapper Form mit den Auswirkungen der EDV auf die Entscheidungsprozesse in der Verwaltung; vgl. dazu Conseil d'Etat (71a), S. 25-3o.

(273) Vgl. dazu die Ausführungen unter 4.2.1.1.

(274) Allerdings wird im Text der Untersuchung des Conseil d' Etat "libertés publiques" isoliert zum Teil auch allgemein im Sinne von "Grundrechte" gebraucht; vgl. z.B. Conseil d'Etat (71a), S. 1o.

(275) Conseil d'Etat (71a), S. 6.

(276) Vgl. Conseil d'Etat (71a), S. 1o-18.

(277) Vgl. dazu Conseil d'Etat (71a), S. 19-2o.

(278) Dazu trägt insbesondere die Tatsache bei, daß die Begriffe "données" (Daten) und "fichier" (Kartei oder Datei) im französischen sowohl im Rahmen der manuellen wie der elektronischen Datenverarbeitung benutzt werden.

(279) Vgl. Conseil d'Etat (71a), S. 21.

(28o) Vgl. Conseil d'Etat (71a), S. 1o.

(281) Conseil d'Etat (71a), S. lo.

(282) Vgl. in diesem Zusammenhang auch die folgenden Äußerungen des Conseil d'Etat (71a), S. lo: "Die sich auf die Verarbeitung nominativer Daten beziehenden Vorschriften haben vor allem das Ziel, die Achtung der Grundrechte zu gewährleisten und den Bürgern und Unternehmen die Garantie zu geben, daß diese Garantie nicht theoretisch verbleibt." Es entsteht dabei der vom Conseil d'Etat in der Form sicher nicht beabsichtigte Eindruck, daß (rechtsfähige wie nichtrechtsfähige) Unternehmen als solche allgemein grundrechtsfähig sind.

(283) Vgl. Conseil d'Etat (71a), S. lo.

(284) Vgl. bezüglich dieser vom Conseil d'Etat vorgeschlagenen Grundsätze der Informationsspeicherung Conseil d'Etat (71a), S. 11.

(285) Vgl. bezüglich der vom Conseil d'Etat vorgeschlagenen Regelung der Datenweitergabe Conseil d'Etat (71a), S. 12.

(286) Vgl. bezüglich dieser vom Conseil d'Etat vorgeschlagenen Regelung des Informationsrechts der Betroffenen Conseil d'Etat (71a), S. 12.

(287) Vgl. insoweit Conseil d'Etat (71a), S. 12-13.

(288) Vgl. zu den vom Conseil d'Etat vorgesehenen Meldepflichten Conseil d'Etat (71a), S. 13.

(289) Vgl. dazu Conseil d'Etat (71a), S. 14.

(29o) Vgl. zu den vom Conseil d'Etat vorgeschlagenen Antragspflichten Conseil d'Etat (71a), S. 13.

(291) Vgl. zu den vom Conseil d'Etat vorgeschlagenen technischen und berufsethischen Schutzpflichten Conseil d'Etat (71a), S. 14.

(292) Vgl. zu dieser Grundkonzeption Conseil d'Etat (71a), S. 15.

(293) Vgl. bezüglich der personellen Zusammensetzung und der Organisation des Haut Comité Conseil d'Etat (71a), S. 15-16 u. S. 17.

(294) Vgl. zur eigenständigen Kontroll- und Entscheidungsfunktion des Haut Comité Conseil d'Etat (71a), S. 16-17.

(295) Vgl. zur beratenden Funktion des Haut Comité Conseil d'Etat (71a), S. 17.

(296) Entsprechend der "théorie de la voie de fait" soll zumindest bei besonders eklatanten Rechtsverletzungen seitens der Verwaltung auch weiterhin der ordentliche Rechtsweg offenstehen; vgl. dazu Conseil d'Etat (71a), S. 18.

(297) Vgl. allgemein bezüglich der Überlegungen des Conseil d'Etat zu diesen Rechtswegfragen in datenschutzbezogenen Rechtsstreitigkeiten sowie bezüglich einiger allgemeiner Bemerkungen zu sonstigen Verfahrensfragen Conseil d'Etat (71a), S. 17-18.

(298) Vgl. insoweit Conseil d'Etat (71a), S. 21.

(299) Vgl. allgemein zur vorgeschlagenen Vorgehensweise in Richtung auf die Realisierung einer Datenschutzgesetzgebung Conseil d'Etat (71a), S. 21-22.

(3oo) Dementsprechend fußen die folgenden Ausführungen insbesondere auf vertraulichen Papieren und Rapporten sowie auf mündlichen Äußerungen verantwortlicher Beamter.

(3o1) Vgl. allgemein zu Aufgaben und Organisation des INSEE die Ausführungen unter 3.1.6.4.

(3o2) Vgl. Loi Nr. 51-711 du 7.6.1951 sur l'obligation, la coordination et le secret en matière de statistiques (oder einfach: Loi sur le secret en matière de statistiques), Journal Officiel 8.6.1951, S. 6o13-6o14.

(3o3) Loi Nr. 51-711: Gesetz über die Verpflichtung, Koordination und Geheimhaltung auf dem Gebiet der Statistik

Artikel 1: Beim INSEE wird ein Comité de Coordination des Enquêtes Statistiques (Koordinationsausschuß für die statistischen Erhebungen) geschaffen, der zur Aufgabe hat, die statistischen Erhebungen der öffentlichen Verwaltung mit Ausnahme der statistischen Untersuchungen internen Charakters, die nicht die Beteiligung außerhalb der Verwaltung stehender Personen erfordern, zu koordinieren. Dieser Ausschuß erstellt jährlich ein Programm, das die Gesamtheit der für das Jahr geplanten Erhebungen umfaßt, und bestimmt ihren ungefähren Zeitpunkt und die Fristen, die den natürlichen und juristischen Personen für ihre Beantwortung eingeräumt werden. Das Programm und seine Ausführungsmodalitäten werden vom Minister bestimmt, dem das INSEE untersteht.

Die Zusammensetzung und die Arbeitsweise des Koordinationsausschusses werden durch ein Décret bestimmt, das insbesondere die Bedingungen präzisiert, unter denen die Vertretung der beteiligten natürlichen und juristischen Personen und die des Parlaments und des Conseil Economique sichergestellt wird.

Dem Koordinationsausschuß sitzt auf Grund Delegation durch den Président du Conseil der Ministre des Affaires Economiques vor.

Artikel 2: Mit Ausnahme der statistischen Untersuchungen internen Charakters, die nicht die Beteiligung außerhalb der Verwaltung stehender Personen erfordern, muß jede statistische Erhebung der öffentlichen Verwaltung dem Minister, dem das INSEE untersteht, und dem Minister dem die beteiligten Stellen unterstehen, zur vorhergehenden Gegenzeichnung vorgelegt werden.

Die Gegenzeichnung kann nur erfolgen, wenn die Erhebung im Rahmen des im vorausgehenden Artikel vorgesehenen Programms vorgesehen ist, wenn sie in einem Sondergesetz vorgesehen ist oder wenn sie einen unzweifelhaft notwendigen und dringenden Charakter aufweist.

(3o4) Vgl. bezüglich des SAFARI und des automatischen Wählerverzeichnisses die Ausführungen unter 3.3.1.1., bzw. 3.3.2.2.2.

(3o5) Vgl. bezüglich dieser Studie INSEE (73b), 39 u. IV S. Bezeichnenderweise datiert diese Studie vom Januar 1973, einem Zeitpunkt, zu dem zumindest das SAFARI praktisch bereits operationell war und also eventuelle juristische Gesichtspunkte und Bedenken unter Umständen nur unter ganz erheblichem Aufwand, wenn überhaupt, hätten berücksichtigt werden können. Vgl. auch das Paper INSEE (73d), 7 S.

(3o6) Vgl. bezüglich der bisherigen diesbezüglichen Vorgehensweise des INSEE, INSEE (73b), S. 18-28.

(3o7) Vgl. bezüglich der Auszüge aus der internen Übereinkunft zwischen INSEE und DGI vom 22.9.1951 INSEE (73b), S. 18-2o; insbesondere S. 2o: "Obwohl die Auskünfte, die Ihren Beamten (der DGI) mitgeteilt werden können, administrativer Herkunft sind, ist es in höchstem Maße wünschenswert, daß die Finanzämter gegenüber den Steuerpflichtigen keinerlei Anspielung auf die Unterstützung ihres Auffindens durch das INSEE machen"; vgl. ebendort den Auszug zum "Verschwinden eines Steuerschuldners" aus der Dienstanweisung der DGI (Instruction Nr. 12 D 2-71 vom 3.6.1971).

(3o8) Vgl. bezüglich der internen Vereinbarung zwischen INSEE und DGSN vom 26.3.1964 INSEE (73b), S. 2o-21.

(3o9) Diese Möglichkeit bestand bereits für Amtshilfeersuchen im Rahmen richterlicher Untersuchungsverfahren.

(31o) Vgl. dazu INSEE (73b), S. 24-28.

(311) Vgl. dazu INSEE (73b), S. 28-37; vgl. auch zur Gefahr, daß Empfänger von laufend aktualisierten Kopien des SAFARI eigene Bevölkerungsdatenbanken einrichten INSEE (73d), 7 S.

(312) Vgl. zu diesen Vorschlägen im einzelnen INSEE (73b), S. 38-39.

(313) Vgl. dazu INSEE (73b), S. 37.

(314) Es ist daher nicht weiter erstaunlich, daß sich wesentliche Gedankengänge und Argumente der Délégation à l'Informatique zum Beispiel im Vortrag des Direktors der IBM-Europe Jacques G. Maisonrouge (73), 12 S. vom 8.5.1973 vor der Académie des

Sciences Morales et Politiques des Institut de France wiederholen.

(315) Insbesondere Allègre (71b), 8 S. stellt eine direkte Stellungnahme des Délégué à l'Informatique zur Untersuchung des Conseil d'Etat dar.

Neben dem Délégué selbst haben sich vor allem die Délégués Adjoints à l'Informatique Pierre Audoin und Jean Paul Baquiast (letzterer ist inzwischen wieder zum Ministère de l'Economie et des Finances zurückgewechselt und leitet das Projekt SOFIA der DGD) und der Chargé de Mission à la Délégation à l'Informatique Jean Paul Costa geäußert. Als (freigestellter) Auditeur au Conseil d'Etat nahm Costa, der bis Sommer 1973 in der Délégation à l'Informatique allgemein mit den im Zusammenhang der EDV auftretenden juristischen Problemen befaßt war, die Verbindung zwischen der Délégation à l'Informatique und dem Conseil d'Etat wahr (insbesondere während letzterer seine Datenschutzuntersuchung durchführte).

(316) So stellt der Délégué à l'Informatique Allègre (71b), S. 1 selbst fest: "Obschon ich in zahlreichen Punkten mit der Untersuchung des Conseil (d'Etat) übereinstimme, habe ich in der Frage (des Datenschutzes) letztlich eine ziemlich unterschiedliche und möglicherweise komplementäre Meinung."

(317) So Allègre (71b), S. 1.

(318) Costa (71), S. 5o.

(319) Baquiast (71c), S. 48.

(32o) Costa (71), S. 51.

(321) Audoin in: "Transparence..." (71), S. 59.

(322) Délégation à l'Informatique (71d), S. 67 (irrtümlich als S. 68 ausgewiesen).

(323) Vgl. Costa (71), S. 51.

Dieses Urteil scheint in der Tat eher gewagt zu sein, da qualifizierte Stimmen wie beispielsweise die Maîtres des requêtes au Conseil d'Etat Pierre Juvigny (69), S. 89 und Guy Braibant (69), S. 13 die Gefahr eines "Over all-Computers" durchaus ernstnehmen. Insbesondere Braibant (69), S. 13 spricht von der Gefahr der "Zentralisierung dieser Informationen (über die Bürger) in einem Universal-Computer oder in einem Netz untereinander verbundener Computer."

(324) Vgl. zur Technologie der Mini- und Micro-Computer z.B. "New memories boost mini computer capcity" (73), S. 72-73.

(325) Bezeichnenderweise widmet das technische Planungs- und Beratungsunternehmen STERIA in seiner (unveröffentlichten) im Auftrag der Délégation à l'Informatique erstellten Unter-

suchung über ein allgemeines Verwaltungsinformationsbankensystems eines von fünf Kapiteln Datenschutz- und Sicherungsproblemen; vgl. dazu STERIA (72b III), S. 154-178 sowie die Ausführungen unter 4.3.5.2.3.

(326) Vgl. zum im kalifornischen Amery Research Center installierten Super-Computer Illiac IV "Computer: Schnelle Sklaven" (73), S. 194-195: Diese "derzeit mächtigste Rechenanlage der Welt wird im Endstadium in 1o oder 15 Minuten schaffen wozu herkömmliche Computer gegenwärtig noch 5o Stunden brauchen." Vgl. auch "Der Größt-Computer ILLIAC IV" (74), S. 21, wo bereits von einer geplanten "Quadranten-Anlage" mit 256 "Sklaven-Computern" (Prozessoren) gesprochen wird.

Es sei hier auch auf Baquiast (73), 48 S. hingewiesen, der - subjektiv ganz ernsthaft, objektiv sich jedoch zum Teil auf Science-fiction-Niveau bewegend - das Modell einer "informatisierten Gesellschaft" ("société informatisée"), in der am Ende des gegenwärtigen Jahrhunderts "Technokratie" das entscheidende Organisations- und Funktionsprinzip einer Gesellschaft kybernetischer Menschen darstellt.

(328) Die Argumentation des - insbesondere für die Industriepolitik zuständigen - Délégué Adjoint à l'Informatique Pierre Audoin in: "Transparence ..." (71), S. 59 im Rahmen einer Datenschutz-Fachdiskussion ist insoweit sehr bezeichnend: "Ich für meinen Teil glaube nicht, daß eine Dringlichkeit (zum Erlaß einer Datenschutzgesetzgebung) besteht. Ich glaube nämlich nicht, daß die EDV wirklich die menschliche Freiheit bedroht. Wenn es überhaupt ein Problem gibt, so ist es gerade das eines gewissen Spektakels, das heute um die beiden Begriffe EDV und Persönlichkeitsrechte gemacht wird. Eine gewisse Anzahl von Leuten hat sich aus den verschiedensten Gründen auf ein "gefundenes Fressen" gestürzt. Unter diesen Umständen bin ich allerdings dann der Meinung, daß es richtig ist festzustellen, ob sich hinter den Worten und dem äußeren Anschein tatsächlich eine Gefahr verbirgt."

(329) Vgl. dazu Délégation à l'Informatique (71d), S. 67; Audoin in: "Transparence ..." (71), S. 6o sowie Allègre zit. nach Clarke/Skrotzky (71), S. 11.

(33o) Vgl. Allègre (71b), S. 1 u. S. 2.

(331) Vgl. Audoin (71b), S. 21 in anderem Zusammenhang: "Tatsächlich sind sich sehr wenige Unternehmen und Verwaltungen bewußt geworden, daß ihre Organisation, ihre Geschäfts- und Verwaltungsmethoden und sogar ihre Strategien in Funktion zur EDV neu überdacht werden müssen". Bei dermaßen gravierenden EDV-bedingten Veränderungen ist allerdings schwer vorstellbar, daß nicht zugleich auch adäquate Veränderungen in der Rechtsordnung - insbesondere was den Datenschutz angeht - notwendig sind.

(332) Vgl. so z.B. Costa (71) S. 5o; vgl. auch Costa in: "Transparence ..." (71), S. 6o: "Er (der Computer) ist nicht mehr verantwortlich für die Verletzungen der Grundrechte, als es das Automobil für die Toten und Verletzten ist".

Ebenso aus verständlichen Gründen der Präsident von IBM-Europe Maisonrouge (73), S. 2-3; der feststellt, daß "eine der schwersten Verletzungen des Persönlichkeitsrechts das Recht ist ..., jedes Jahr das Leben Tausender von Bürgern aller Altersklassen in Automobilunfällen auszulöschen", ohne daß man sich die Frage stellt, ob "das Auto die Lebenschancen vermindert."

(333) Vgl. Artikel 23 Loi Nr. 7o-643, vom 17.7.197o; Journal Officiel 19.7.197o, S.6755-6756 ; vgl. dazu die Ausführungen unter 4.2.2.

(334) Vgl. dazu Costa (71), S. 51; Allègre (71b), S. 5.

(335) Bezeichnenderweise wird in DATAR (71), S. 56, einer Studie, die u.a. im Auftrag und unter leitender Mitwirkung des Délégué Adjoint à l'Informatique Baquiast, der hier vertretende Standpunkt unterstützt: "So wie er heute konzipiert ist, bietet der Computer nur schwache Garantien für das Geheimnis der Informationen."

(336) So die Quintessenz der Haltung des Délégué Adjoint à l'Informatique Audoin in: "Transparence ..." (71), S. 63; vgl. ebendort weiterhin: "Für mich ist der Feind Nummer eins der kollektiven und individuellen Freiheit der Mangel an Informationen, bzw. die Existenz geheimer Informationen. Die Angst vor der Information ist eine von den Vorvätern überkommene, in der französischen Mentalität eingegrabene Angst! Wenn das, was man die "Mauer der Privatsphäre" nennt, die Summe der kleinen Gemeinheiten, die jeder glaubt vor dem Blick seines Nachbarn geschützt begehen zu können, wenn das das Persönlichkeitsrecht ist, dann kann die EDV in der Tat in gewissen Fällen eine Gefahr für das Persönlichkeitsrecht darstellen. Das ist jedoch keinesfalls meine Konzeption des Persönlichkeitsrechts... Man versucht uns die Isolierung und Zerstreuung der Informationen als eine Wohltat für das Persönlichkeitsrecht darzustellen. Es scheint mir im Gegenteil, daß dies Phänomen eine schwere Bedrohung der Freiheit ist. Wenn ein Einzelner allein eine Information besitzt, so verleiht ihm das eine Machtposition; er wird versucht sein, diese zu mißbrauchen. Eine undurchsichtige Gesellschaft ist keine freie Gesellschaft (!)".

(337) Vgl. Audoin in "Transparence..." (71), S. 64: "Man verfügt noch bis heute lediglich über bruchstückhafte Informationen über die einzelnen Bürger. Und diese Bruchstücke, diese Teilwahrheiten können ebenso schädlich sein wie die vollständige Kenntnis."

(338) Vgl. Costa (71), S. 51.

(339) Vgl. dazu auch Délégation à l'Informatique (71d), S. 68 (irrtümlich als S. 67 ausgewiesen): "... der Geist, in dem der Schutz der natürlichen und juristischen Personen und die Unterwerfung der Techniker unter berufsethische Regeln durchgesetzt werden müssen, dieser Geist muß seinerseits vermeiden, als dem Fortschritt der EDV entgegengesetzt oder als aus einem Mißtrauen gegenüber der EDV erwachsen zu erscheinen: Das wäre in der Tat zugleich ungerecht und gefährlich. Ungerecht, weil einige mögliche Mißbräuche nicht allgemein die Wohltaten der Einführung der EDV verdecken können; gefährlich, weil dies malthusianistische und für unser Land notwendig unselige Reaktionen hervorrufen könnte".

(34o) Vgl. Allègre (71b), S. 2-4.

(341) Vgl. Allègre (71b), S. 3.

(342) Dem Vorschlag des Délégué à l'Informatique einer internationalen Konzertation hinsichtlich des Datenschutzes liegt letztlich die kuriose Befürchtung zu Grunde, daß in dem - im übrigen eher unwahrscheinlich wirkenden - Fall, daß ein französisches Datenschutzrecht strenger als das eines europäischen Nachbarstaats ist, grenznahe Rechenzentren im Ausland ("centres de calcul périphériques") entstehen, die unter Umgehung des französischen Datenschutzrechts für französische Kunden arbeiten; vgl. dazu Allègre (71b), S. 3. Der eigentliche Stein des Anstoßes ist dabei jedoch wohl die Befürchtung, daß damit möglicherweise die technische und wirtschaftliche Entwicklung der EDV nicht in Frankreich sondern im Ausland stattfindet.

Im übrigen war es gerade die französische Regierung selbst, die aus Überlegungen der Staatsraison und der nationalen Souveränität heraus 23 Jahre (!) benötigte, bevor sie Ende 1973 dem Parlament die Europäische Konvention zum Schutze der Menschenrechte und Grundfreiheiten zur Ratifizierung vorlegte, wobei dann auch noch Vorbehalte gemacht wurden und insbesondere für die französischen Bürger das individuelle Anrufungsrecht des Europäischen Gerichtshofs ausgeschlossen wurde. Das Ganze wurde schließlich vom französischen Außenminister als "europäische Geste" qualifiziert; vgl. dazu "A l'Assemblée Nationale: La ratification de la convention européenne des droits de l'Homme est un geste européen déclare M. Jobert" (73), S. lo sowie Guichard (73a), S. 9.

(343) Vgl. Allègre (71b), S. 4-5.

(344) Vgl. dazu Allègre (71b), S. 4; Costa (71), S. 51 spricht sich dagegen aus, der manuellen Datenverarbeitung eine "Prämie für technische Stagnation" zu geben. Die Délégation à l'Informatique stößt allerdings mit dieser Kritik beim Conseil d'Etat offene Türen auf, da der Conseil d'Etat (71a), S. 21 selbst "eine Harmonisierung zwischen den auf

Dateien, bzw. Karteien anwendbaren Vorschriften wünscht", sich in seiner Untersuchung jedoch durch den eng formulierten Auftrag des Premier Ministre auf die EDV-bezogenen Datenschutzprobleme beschränkt sah.

(345) Allègre (71b), S. 4.

(346) Vgl. Allègre (71b), S. 4.

(347) Vgl. dazu Allègre (71b), S. 4-5.

(348) Vgl. dazu Allègre (71b), S. 5; insoweit erscheint sogar Maisonrouge (73), S. 10 eine weniger restriktive Haltung einzunehmen: "Wir müssen ... verlangen, Kenntnis davon zu haben, was diese Datenspeicher über uns enthalten."

(349) Vgl. bezüglich dieser "Minimalprinzipien" Allègre (71b), S. 5-8.

Sehr interessant wirkt jedoch in diesem Zusammenhang die Tatsache, daß wenige Monate vor der hier behandelten Stellungnahme des Délégué à l'Informatique zur Untersuchung des Conseil d'Etat das (damalige) Mitglied der Délégation à l'Informatique Costa (71), S. 51 die wesentlichen Vorschläge des Conseil d'Etat ohne jegliche Einschränkungen und Kritik als "allgemeine Linie der geplanten gesetzgeberischen Maßnahmen" vorgestellt hat.

(350) Vgl. dazu Allègre (71b), S. 5.

(351) Vgl. Allègre (71b), S. 5-6.

(352) Vgl. Allégre (71b), S. 6.

(353) Vgl. dazu Allègre (71b), S. 6.

(354) Vgl. dazu Allègre (71b), S. 7.

(355) Vgl. dazu Allègre (71b), S. 6.

(356) Vgl. dazu Allègre (71b), S. 6.

(357) Vgl. dazu Allègre (71b), S. 6-7.

(358) Vgl. dazu Allègre (71b), S. 7 sowie Délégation à l'Informatique (71d), S. 68.

(359) Vgl. die kritischen Ausführungen zu den bisherigen Bemühungen sowie zu den allgemeinen Bedenken hinsichtlich der Definition einer EDV-Deontologie unter 4.3.2.4. Der damalige Délégué Adjoint à l'Informatique Baquiast (71c), S. 49 selbst machte die folgende diesbezügliche Äußerung: "... die Berufssparte (der EDV-Fachleute) darf auf keinen Fall in ... einer berufsständischen Vereinigung erstarren. Jeder weiß, daß wir in Frankreich heute unter der Existenz

aller möglicher Arten von (gesellschaftspolitischen) Blockierungen leiden, die sehr zahlreiche berufsständische Vereinigungen aufrechterhalten, die nicht mehr den Erfordernissen der modernen Gesellschaft entsprechen."

(36o) Vgl. insoweit Allègre (71b), S. 7.

(361) Vgl. dazu Allègre (71b), S. 7-8.

(362) Allègre (71b), S. 8.

(363) Vgl. STERIA (72b III), S. 154-178.

(364) STERIA (72b III), S. 158.

(365) Vgl. dazu STERIA (72b III), S. 158-159. Es scheint dabei allerdings, daß die STERIA, wenn sie von der Notwendigkeit einer "EDV-Deontologie" spricht, diesen Begriff nicht lediglich in dem engen, z.B. von der Délégation à l'Informatique benutzten "technischen" Sinne von "EDV-berufsethischen Verhaltensregeln" gebraucht, sondern damit allgemein berufsethische, straf-, disziplinar- etc. rechtliche individuelle Verhaltensregeln bezeichnet, die sich im Gegensatz zu technischen und organisatorischen Datenschutzmaßnahmen an den einzelnen EDV-Fachmann richten.

(366) Vgl. zum Konzept der "wesensmäßig vertraulichen Informationen" STERIA (72b III), S. 16o-161.

(367) Vgl. dazu STERIA (72b III), S. 162.

(368) Vgl. zum Konzept der "global vertraulichen Informationen" STERIA (72b III), S. 16o u. S. 163.

(369) Vgl. dazu STERIA (72b III), S. 164.

(37o) Vgl. dazu STERIA (72b III), S. 165.

(371) Vgl. dazu STERIA (72b III), S. 165.

(372) Vgl. STERIA (72b III), S. 178: "... es ist möglich, mittels einer gewissen Anzahl von Zugeständnissen hinsichtlich der Reaktionszeit des Verbundsystems ein relativ wirksames (Daten-) Schutzsystem zu schaffen."

(373) Vgl. dazu STERIA (72b III), S. 165.

(374) Vgl. dazu STERIA (72b III), S. 175.

(375) Vgl. STERIA (72b III), S. 176.

(376) Vgl. dazu STERIA (72b III), S. 178.

(377) Vgl. dazu STERIA (72b III), S. 164.

(378) Vgl. dazu STERIA (72b III), S. 178.

(379) So ein Mitglied der Délégation à l'Informatique, zitiert nach Clerc (72), S. 7.

(38o) Allègre (72b), S. 28.

(381) Allègre (72b), S. 28.

(382) Allègre (72b), S. 28.

(383) Allègre (72b), S. 28.

(384) Allègre, zit. in: "Succès d'Affluence..." (73), S. 4: "Il faut se hâter lentement."

Der seit Herbst 1973 als Nachfolger von Jean-Pierre Costa nunmehr in der Délégation à l'Informatique für die Datenschutzproblematik zuständige Richter Pierre Leclercq selbst steht wohl der Datenschutzproblematik aufgeschlossener gegenüber; er war zuvor als Leiter der Section de la Documentation et de la Recherche der Direction des Affaires Civiles et du Sceau im Ministère de la Justice in der Funktion des Berichterstatters wesentlich an der Erstellung der im folgenden Abschnitt behandelten Untersuchungen des Ministère de la Justice beteiligt.

Bei jedoch grundsätzlich unveränderter Sachlage ist eine wesentliche Änderung der hinhaltenden Taktik der Délégation à l'Informatique in der Datenschutzdiskussion nur denkbar bei einem entsprechenden Meinungsumschwung der politischen Führung, der allerdings momentan ohne ein ihn indizierendes, schwerwiegendes externes Ereignis kurzfristig kaum zu erwarten ist.

So verläßt die Délégation à l'Informatique mit der dem Vernehmen nach in Vorbereitung befindlichen Grundlagenuntersuchung zur tatsächlichen Handhabung des Geheimnisschutzes im öffentlichen wie im privaten Sektor den Boden ihrer bisher hinhaltenden Datenschutzpolitik wohl nicht. Auch das, ebenfalls dem Vernehmen nach, in Bälde unter wesentlicher Beteiligung der Délégation à l'Informatique einzuberufene interdisziplinäre Spezialistengremium Commission 'Informatique et Libertés' wird ein reiner ad hoc-Ausschuß ohne Entscheidungskompetenzen sein, der lediglich gewisse datenschutzbezogene Empfehlungen hinsichtlich bestimmter, mehr oder weniger eng definierter Sektoren (medizinische Daten, Kreditauskunfteien, nationale Identifikationssysteme, Liegenschaftsdatenbank etc.) formulieren soll.

Die beiden Fixpunkte für die datenschutzbezogene Haltung der Délégation à l'Informatique dürften auf absehbare Zeit weiterhin einerseits die eigene Überzeugung sein, daß "das Datenschutzproblem augenblicklich noch nicht reif für eine (allgemeine) gesetzliche Regelung ist", und andererseits die Haltung der der Datenschutzdiskussion insgesamt deutlich ablehnend gegenüberstehenden französischen Regierung. Vgl. zur Datenschutzpolitik der Regierung die Ausführungen unter 4.3.6.

(385) Die Arbeitsgruppe setzte sich zusammen aus M.Clerget (Stellvertretender Staatsanwalt an der Cour d'Appel von Paris) als Vorsitzender, M.Leclercq (zu der Zeit mit der Leitung der Section de la Documentation et de la Recherche der Direction des Affaires Civiles et du Sceau betrauter Richter) als Berichterstätter, M. Costa (zu der Zeit Chargé de Mission à la Délégation à l'Informatique), M. de Miribel (Leiter des Départment de l'Informatique der Direction Générale de l'INSEE), M. Jaquemin (Direktor in der CII), M. Catala (Professor an der Université Paris II, Zivilrecht, Rechtsdokumentation), M. Robert (Professor an der Universitâ Paris II, öffentliches Recht, Grundrechtsspezialist), M. Leger (in der Direction des Affaires Criminelles et des Grâces des Ministère de la Justice tätiger Richter), M. Dreyfus (Generaldirektor des EDV-Dienstleistungsunternehmens CAP).

Vgl. bezüglich dieser Liste der Mitglieder der Arbeitsgruppe Ministère de la Justice (72b), S. 2.

(386) Vgl. dazu Ministère de la Justice (72b), S. 2-4.

(387) Dieser Rapport wird hier als Untersuchung (der Arbeitsgruppe) des Ministère de la Justice (72b) zitiert.

(388) Vgl. dazu Ministère de la Justice (72b), S. 46.

(389) Vgl. dazu Ministère de la Justice (72b), S. 5-8.

(39o) Vgl. dazu Ministère de la Justice,(72b), S. 8-1o.

(391) Vgl. dazu Ministère de la Justice (72b), S. 8-9; hinsichtlich der Skandale wird auf die "affaire du fichier de l'ORTF" und die auf Grund fehlerhafter Datenverarbeitung durch einen Adressenverlag an Minderjährige verschickten pornographischen Werbeprospekte hingewiesen. Darüberhinaus wird die Gefahr unterstrichen (S. 1o), daß eine "sensationelle Affäre" die Datenschutzproblematik plötzlich derart aktualisieren könnte, daß überstürzt eine - unter Umständen unangepaßte - Gesetzgebung erfolgen muß.

(392) Vgl. dazu Ministère de la Justice (72b), S. 9-1o.

(393) Vgl. dazu Ministère de la Justice (72b), S. 1o. Die Arbeitsgruppe stützte sich unter anderem auf eine umfangreiche Dokumentation über verschiedene auf die Schaffung von Datenschutzgesetzgebung gerichtete ausländische Bemühungen; vgl. Ministère de la Justice (73aI-IX).

(394) Vgl. Ministère de la Justice (72b) S. 1o-16.

(395) Vgl. dazu Ministère de la Justice (72b), S. 1o-11.

(396) Vgl. dazu Ministère de la Justice (72b), S. 11-12.

(397) Vgl. dazu Ministère de la Justice (72b), S. 12-14.

(398) Vgl. dazu Ministère de la Justice (72b), S. 14-16. Besondere gesetzliche Datenschutzregelungen werden z.B. für Dateien des Kredit- und Auskunfteiwesens, medizinische Dateien und für die Datenweitergabe zwischen verschiedenen Verwaltungen in Betracht gezogen.

(399) Vgl.dazu Ministère de la Justice (72b), S. 16-19.

(4oo) Vgl. dazu Ministère de la Justice (72b), S. 2o-3o.

(4o1) Vgl. dazu Ministère de la Justice (72b), S. 2o-21. Das Problem der Identifikation durch Kombination verschiedener "neutraler" Daten wird von der Arbeitsgruppe nicht weiter behandelt.

(4o2) Vgl. dazu Ministère de la Justice (72b), S. 21-24. Dabei werden unter den Begriff "Kartei" sämtliche mit rationalisierten Verfahren bearbeitbare (manuelle) Datensammlungen erfaßt; ausgenommen werden sollen z.B. persönliche Handkarteien.

(4o3) Vgl. dazu Ministère de la Justice (72b), S. 24-25. Im Falle von großen komplexen privaten oder öffentlichen Organisationen soll jede in gewissem Umfang unabhängige Teilorganisation oder Abteilung einen eigenen "Datei-Verantwortlichen" besitzen.

(4o4) Vgl. dazu Ministère de la Justice (72b), S. 25-26.

(4o5) Vgl. dazu Ministère de la Justice (72b), S. 25-26.

(4o6) Vgl. dazu Ministère de la Justice (72b), S. 27-3o.

(4o7) Vgl. bezüglich dieser Differenzierung der Daten Ministère de la Justice (72b), S. 29-3o.

(4o8) Vgl. bezüglich des fünften Abschnitts Ministère de la Justice (72b), S. 3o-46.

(4o9) Auf die von der Arbeitsgruppe verschiedentlich aufgezeigten Varianten und Alternativen wird hier nicht weiter eingegangen, da es sich dabei überwiegend lediglich um Minderheitsvoten bezüglich der verschiedensten Details handelt.

(41o) Vgl. bezüglich dieser Tendenzen Ministère de la Justice (72b), S. 3o.

(411) Vgl. bezüglich der detaillierten Regelungsvorschläge hinsichtlich der verschiedenen - Rasse, Religion, politische und philosophische Überzeugungen, Lebensgewohnheiten, Kreditfähigkeit, Gesundheit, Vorstrafen etc. betreffenden - Daten Ministère de la Justice (72b), S. 31-33.

(412) Vgl. bezüglich der Speicherung "delikater Daten" Ministère de la Justice (72b), S. 33.

(413) Vgl. bezüglich der Speicherung "neutraler Daten" Ministère de la Justice (72b), S. 34.

(414) Vgl. bezüglich der internen Verwendung von Daten Ministère de la Justice (72b), S. 35-36.

(415) Vgl. bezüglich dieser Vorschläge hinsichtlich der Mitteilung von Einzeldaten Ministère de la Justice (72b), S. 37-38.

(416) Vgl. bezüglich dieser Vorschläge hinsichtlich der Weitergabe ganzer Datensammlungen Ministère de la Justice (72b), S. 38-39.

(417) Vgl. bezüglich des Informationsrechts des Bürgers Ministère de la Justice (72b), S. 39-4o.

Zum Problem des Informationsrechts sprach sich allerdings eine starke Minderheit in der Arbeitsgruppe zugunsten einer systematischen Mitteilung des Inhalts der Daten aus; vgl. dazu und zu sonstigen einschlägigen Alternativen Ministère de la Justice (72b), S. 41.

(418) Vgl. bezüglich dieser Vorschläge hinsichtlich der Aufgaben und Kompetenzen der Überwachungsstelle Ministère de la Justice (72b), S. 42.

(419) Vgl. bezüglich dieser Vorschläge hinsichtlich der Organisation der Überwachungsstelle Ministère de la Justice (72b), S. 43-44.

(42o) Vgl. bezüglich der EDV-Deontologie Ministère de la Justice (72b), S. 44.

(421) Vgl. bezüglich der Frage der gesetzgeberischen Kompetenz Ministère de la Justice (72b), S. 45.

(422) Vgl. bezüglich dieser Sonderdateien Ministère de la Justice (72b), S. 45-46.

(423) Vgl. bezüglich dieses zweiten Berichts Ministère de la Justice (73b), 43 S.

(424) Vgl. dazu Ministère de la Justice (72b), S. 5-1o sowie Ministère de la Justice (73b), S. 4-13. Vgl. auch Leclercq (73), S. 9-14, dessen Vortrag eine Zusammenfassung der reduzierten Version der Untersuchung der Arbeitsgruppe gibt.

(425) Vgl. zum Datenschutzgesetzentwurf des Abgeordneten Poniatowski die Ausführungen unter 4.3.3.

(426) Vgl. zur Presseerklärung des Abgeordneten Poniatowski vom 25.7.1972 "L'usage de fichiers électroniques ... (72), S,18: "Der allgemeine Einsatz der EDV für die Kontrolle

der Privatsphäre kann zu einer mit den elementarsten Persönlichkeitsrechten unvereinbaren Repression durch Polizei und Verwaltung führen. Die politische und administrative Umweltverschmutzung kann ebenso schwerwiegend sein wie die eigentliche Umweltverschmutzung ...".

Vgl. ebenso "Tous les Français sont sur fiches..." (72) sowie Cardoze (72b), der in diesem Zusammenhang darauf hinweist, daß nach der Aussage des Abgeordneten Poniatowski die Gefährdung der Privatsphäre besonders durch die EDV-Projekte und Systeme des Ministère de l'Economie et des Finances (das von seinem Parteigenossen Valéry Giscard d' Estaing seit Jahren geleitet wird) erfolge.

(427) Vgl. dazu die Verlautbarung Premier Ministre (72a), S. 1 (im vollen Wortlaut auch wiedergegeben in Molle (72), S.78).

(428) Vgl. Premier Ministre (72a), S. 1.

(429) Vgl. Premier Ministre (72a), S. 1.

(43o) Die einzige und noch dazu irreführende Aussage, die in der Verlautbarung Premier Ministre (72a), S. 2 hinsichtlich der Funktion des SAFARI gemacht wird, besagt, daß das SAFARI "eine gründliche Kenntnis aller demographischen Phänomene erlaubt".

Vgl. dagegen bezüglich der SAFARI-bedingten speziellen Datenschutzprobleme die Ausführungen unter 4.3.5.1. und insbesondere die speziellen vom INSEE als für das SAFARI verantwortlicher Stelle angestellten Überlegungen INSEE (73b), 39 u. IV S. und (73d), 7 S.

(431) Premier Ministre (72a), S. 2.

(432) Vgl. dazu die Ausführungen unter 3.3.3.3.

(433) Vgl. bezüglich der Zielsetzung des SAFARI die Ausführungen unter 3.3.1.1.1.

(434) Dreyfus (72), S. 15.

(435) Vgl. bezüglich des Wortlauts der schriftlichen Anfrage Nr. 25737 des Abgeordneten Poniatowski vom 26.8.1972 in Journal Officiel: Débats Parlementaires: Assemblée Nationale 3o.9.1972, S. 38o5 sowie "SAFARI et le Parlement" (72), S. 11.

(436) Vgl. bezüglich der Antwort des Ministre de l'Economie et des Finances Valéry Giscard d'Estaing (72), S. 38o5 sowie "SAFARI et le Parlement" (72), S. 11-13.
Vgl. dazu auch die Berichterstattung in der Presse "Le fichier administratif de l'INSEE..." (72), S. 3; "Les fichiers électroniques et les libertés individuelles,.." (72), S. 5.

Vgl. bezüglich der im SAFARI erfaßten Informationen die Ausführungen unter 3.1.1.3.; die Nationalität wird zwar nicht gesondert gespeichert, jedoch wird bei im Ausland geborenen Personen das Geburtsland, das zumindest bei Nichtfranzosen in der weitaus überwiegenden Zahl der Fälle mit der Nationalität koinzidiert, kodiert in das Personenkennzeichen selbst integiert.

(437) Die Identität dieser Organismen wird bei entsprechender Vereinbarung mit dem INSEE automatisch mitgeteilt; eine Behörde kann somit beispielsweise erfahren, bei welchem Sozialversicherungsträger ein Bürger versichert ist und hat damit die Möglichkeit, dort um gewisse persönliche (z.B. Gesundheits-) Daten bezüglich des jeweils betroffenen Bürgers nachzusuchen. Vgl. bezüglich der Speicherung der Identität der "Kunden" des SAFARI INSEE (72i), S. 1-7.

(438) Daß es sich bei diesen "Umgehungsmöglichkeiten" um ernst zu nehmende, durchaus nicht rein theoretische Möglichkeiten handelt, zeigen die sich zum Teil auf konkrete Erfahrungen gründenden diesbezüglichen Datenschutzüberlegungen des INSEE; vgl. dazu die Ausführungen unter 4.3.5.1. sowie insbesondere INSEE (73d), S. 6.

Besonders akut ist dabei die sich vielfach manifestierende Tendenz der französischen Verwaltung, mit aller dabei in Frankreich gebotener Diskretion das fehlende Melderecht zu kompensieren. So bestehen im Ministère de l'Intérieur gewisse Überlegungen unter Verwendung des SAFARI ein die Privatadressen umfassendes Bevölkerungsregister aufzubauen; vgl. dazu SERTI (71), S. 29-3o.

In derselben Linie liegt der zweckentfremdende Gebrauch der Wählerlisten zum Zwecke der Adressenfeststellung zum Beispiel im Rahmen der Steuerfahndung; vgl. dazu die Ausführungen unter 4.3.5.1. sowie insbesondere INSEE (73b), S. 16-17, S. 35 und S. 39 sowie INSEE (7oc), S. 48.

Diese Tendenz steht allerdings in mehr oder weniger klarem Widerspruch zu den verschiedenen Versicherungen der Exekutive, die Erfassung der privaten Adressen sei nicht geplant und daher sei es nicht zu befürchten, daß das SAFARI zum Entstehen eines Bevölkerungsregisters führt; so die Versicherungen von Giscard d'Estaing (72), S. 38o5, Calot/Greiveldinger (71), S. 45; Greiveldinger (71), S. 19-32.

(439) Vgl. dazu Giscard d'Estaing (72), S. 38o5: "Die Regierung mißt dem Schutz der Persönlichkeitsrechte eine ganz besondere Bedeutung zu und wird es niemals zulassen können, daß ohne genaue Abwägung zur Integration von Verwaltungsdateien geschritten wird."

(44o) Vgl. dazu Giscard d'Estaing (72), S. 38o5: "Um die Bürger gegenüber den Gefahren zu schützen, die (durch die Integration von Verwaltungsdateien) entstehen könnten, ist der Ministre de la Justice im Anschluß an eine Untersuchung des Conseil d'Etat über die Auswirkungen der

Entwicklung der EDV auf die Grundrechte und die Verwaltungsentscheidungsprozesse damit befaßt, die Verfahren und die institutionellen Regelungen zu untersuchen, die dazu bestimmt sind, die Durchführung solcher Integrationen (von Dateien) zu beschränken."

(441) Vgl. bezüglich der offiziellen Darstellung der Datenschutzpolitik der französischen Regierung z.B. die öffentlichen Äußerungen des Premier Ministre Messmer (72b), S. lo sowie die ursprünglich im Rahmen einer geplanten Erhebung zur Verteilung an die Vertreter der EDV-Fachleute konzipierte Untersuchung des Ministère de la Justice (73b), S. 1-3.

Die auf Frankreich bezogenen, ganz offensichtlich vollkommen unzureichend recherchierten sowie die gesamte Entwicklung der letzten zwei bis drei Jahre nicht berücksichtigenden Ausführungen des (unveröffentlichten) Entwurfs Westin/Martin/Lufkin (73), France S. 7-9 stützen sich insoweit im wesentlichen auf die offizielle französische Darstellung.

Die nicht zur Veröffentlichung bestimmte Untersuchung des Ministère de la Justice (72b), S. 2 und die im Ausland gemachten diesbezüglichen Äußerungen des Berichterstatters dieser Untersuchung Leclercq (73), S. 5-6 erscheinen dagegen dem informierten und insoweit für Nuancen sensibilisierten Beobachter bereits deutlich differenzierter.

(442) Wenn im Folgenden die eine oder andere Nuance unberücksichtigt geblieben sein sollte, so ist das auf den weitgehenden Mangel an schriftlichen Unterlagen zurückzuführen. Eine weitreichende und intime Detailkenntnis der gesamten französischen Datenschutzdiskussion, gewisse eindeutige Indizien und die verschiedensten, sich weitgehend untereinander bestätigenden und ergänzenden mündlichen Äußerungen mit den einschlägigen Interna vertrauter französischer Datenschutzspezialisten erlauben es dem Verfasser der vorliegenden Untersuchung jedoch, sich über die allgemeinen Grundlinien hinaus für die Authentizität sämtlicher wesentlicher Einzelpunkte und Aussagen der folgenden Ausführungen zu verbürgen.

(443) Vgl. bezüglich der Haltung der Regierung im Jahre 1969 sowie hinsichtlich des Auftrags an den Conseil d'Etat Ministère de la Justice (72b), S. 2; Ministère de la Justice (73b), S. 2; Leclercq (73), S. 5.

(444) Premier Ministre Chaban Delmas, zitiert nach Bertrand (71a), S. 82.

(445) Vgl. ausführlich bezüglich des Berichts des Conseil d' Etat (71a), 3o S. die obigen Ausführungen unter 4.3.4.

Vgl. bezüglich der zunächst kurzfristig erwarteten Veröffentlichung des Berichts die im April 1971 gemachten Äußerungen des damaligen für Fragen des Datenschutzes zuständigen Mitglieds der Délégation à l'Informatique Costa (71), S. 51: "... dieser Bericht (des Conseil d'Etat) ist jedoch noch (!) nicht veröffentlicht worden.", sowie Costa in: "Transparence ... (71), S. 68: "Dieser Bericht (des Conseil d'Etat) wurde gerade fertiggestellt. Er wurde dem Premier Ministre vorgelegt, der darüber entscheidet, ob er veröffentlicht wird oder nicht. Im Moment (!) ist er geheim".

Vgl. bezüglich der Erwartung kurzfristiger konkreter Datenschutzmaßnahmen die im September 1971 öffentlich gemachten Äußerungen des damaligen Délégué Adjoint à l'Informatique Baquiast (71c) , S. 48: "... ein Bericht (des Conseil d'Etat), der zur Zeit beim Premier Ministre ist und der, wie ich - ohne mich für den Premier Ministre verpflichten zu wollen - glaube, zur Entstehung einer gewissen Anzahl von Vorschlägen führen wird, die im Verordnungs-, bzw. Gesetzgebungswege realisiert werden". Bereits in einem vertraulichen, dem Premier Ministre im April 1971 von der Délégation à l'Informatique vorgelegten Bericht war auf die grundsätzliche Opportunität baldiger Datenschutzmaßnahmen hingewiesen worden; vgl. dazu Délégation à l'Informatique (71d), S. 68 (irrtümlich als S. 67 ausgewiesen): "Es erscheint schließlich, insbesondere gelegentlich der baldigen Realisierung der ersten interministeriellen Datenbanken erforderlich, eine EDV-Datenschutzgesetzgebung sowie EDV-Verordnungen zu schaffen."

(446) Dem Vernehmen nach ist die Nichtveröffentlichung von Berichten des Conseil d'Etat keine absolute Regel. Dementsprechend erscheint die (soeben zitierte) diesbezügliche Äußerung des Nachfolgers von Jean Paul Costa in der Délégation à l'Informatique Leclercq (73), S. 5 ambivalent: "Er (der Bericht des Conseil d'Etat) wurde noch (!) nicht veröffentlicht, da dies für die Berichte dieses (insoweit) administrativen Gremiums nicht üblich ist."

(447) Vgl. in diesem Zusammenhang auch die Ausführungen unter 4.1.2.

(448) Vgl. bezüglich des subjektiven Informationsrechts Conseil d'Etat (71a), S. 19-2o.

(449) Vgl. zu den diesbezüglichen Vorschlägen des Conseil d'Etat (71a), S. 2o.

Vgl. bezüglich der Amtsenthebung des Direktors des ORTF Arthur Conte Duverger (73), S. 18; Perrier (73), S. 132-134; "Mon départ est en contradiction..." (73), S. 13; Grosser (73) S. 1u.7; "Frankreich: Nur zwei Männer" (73), S. 142-145.

(45o) Vgl. bezüglich der diesbezüglichen sehr vorsichtigen Äußerungen des Conseil d'Etat (71a), S. 11 u. 12.

(451) Vgl. auch bezüglich der Entscheidung der Nichtveröffentlichung des Berichts des Conseil d'Etat Ribs (73), S.4o8.

(452) So Messmer (72a), S. 6; ebenfalls zitiert in "M.Messmer: L'informatique assure une meilleure participation et plus de liberté" (72), S. 8.

(453) So Messmer (72a), S. 5-6; ebenfalls zitiert in "M.Messmer: L'informatique assure une meilleure participation et plus de liberté" (72), S. 8.

(454) So Messmer (72b), S. lo; vgl. auch die Zitate in "A la CII: Je connais les dangers...", (72) S. 8.

(455) So Messmer (72b), S. lo-11; vgl. auch die Zitate in "A la CII: Je connais les dangers ..." (72), S. 8.

(456) Vgl. bezüglich der Aufgabe der Arbeitsgruppe Ministère de la Justice (72b), S. 2.

Die Untersuchungen der Arbeitsgruppe werden allerdings offiziell diskret, die tatsächliche, grundsätzlich ablehnende Haltung der Regierung gegenüber der Konzeption des Conseil d'Etat verschleiernd, als "wünschenswert erscheinende, zur bedeutenden Unterscuhung des Conseil d'Etat komplementäre Untersuchungen mehr technischen Charakters" bezeichnet; vgl. dazu Ministère de la Justice (72b), S. 2; Ministère de la Justice (73b), S. 2 sowie Messmer (72b), S. lo.

(457) Vgl. bezüglich dieses Berichts Ministère de la Justice (72b), 52 S. sowie die Ausführungen unter 4.3.5.3.

(458) Vgl. allgemein bezüglich der Konzeptionen der Arbeitsgruppe die Ausführungen unter 4.3.5.3.1.

Vgl. in diesem Zusammenhang auch die einleitenden grundlegenden Äußerungen in Ministère de la Justice (72b), S. 3-4, wo die "Überzeugung (ausgedrückt wird), daß dieses erste (allgemeine Datenschutz-) Gesetz bereits im heutigen Zeitpunkt opportun und möglich ist."

(459) Vgl. insoweit bezüglich der Position des Ministère de la Justice Leclercq (73), S. 6: "Das französische Ministère de la Justice befürwortete ebenfalls derartige (eine allgemeine Datenschutzgesetzgebung vorbereitende) Untersuchungen; es war jedoch dagegen, daß deren Ergebnisse abgewartet wurden, um die eigentliche gesetzgeberische Arbeit zu beginnen. Es hätte vorgezogen, daß kurzfristig eine erste, eventuell provisorische gesetzliche Regelung erlassen worden wäre, um nicht wieder rückgängig zu machende Entwicklungen zu verhindern und damit so

ein relativ langer Zeitraum ausgenutzt worden wäre, um das Thema ausreifen zu lassen. Wie dem jedoch auch sei, die Verzögerungen sind nun einmal eingetreten."

(46o) Gewisse Mitteilungen hinsichtlich der damaligen Reaktionen der verschiedenen Ministerien lassen die folgenden globalen Tendenzen erkennen:

Die Finanzabteilung des Ministère de l'Economie et des Finances und insbesondere das INSEE zeigten sich bezüglich des Erlasses einer Datenschutzgesetzgebung "sehr aufgeschlossen"; gewisse Sonderprobleme wurden hinsichtlich des Steuergeheimnisses der DGI sowie zur Frage der Kreditfähigkeitsdateien geltend gemacht.

Die Reaktion des Ministère de l'Intérieur wurde als "grundsätzlich relativ günstig" eingestuft; allerdings forderte das Ministère de l'Intérieur, daß die Polizeidateien etc. außerhalb des Regelungsbereichs einer eventuellen allgemeinen Datenschutzregelung verbleiben sollten.

Das Ministère des Armées äußerte sich "enthusiastisch" und forderte sogar einen noch verstärkteren Schutz.

Das Ministère de la Santé Publique et de la Sécurité Sociale wies auf das Sonderproblem der medizinischen Dateien hin, war grundsätzlich jedoch ebenfalls "aufgeschlossen".

(461) Vgl. allgemein bezüglich der zweiten Version des Berichts der Arbeitsgruppe Ministère de la Justice (73b), 43 S. sowie die Ausführungen unter 4.3.5.3.; vgl. speziell zum Charakter dieser zweiten Version als Diskussionsbeitrag Ministère de la Justice (73b), S. 3.

(462) Vgl. bezüglich dieser beiden Grundsätze Ministère de la Justice (73b), S. 2.

(463) Vgl. in diesem Zusammenhang jedoch Leclercq (73), S. 5, der noch im Juli 1973 die Durchführung der Datenschutz-Konsultationen im nicht-öffentlichen Sektor als unmittelbar bevorstehend bezeichnete.

(464) Etwa: Kommission für EDV und Grundrechte, oder EDV- und Grundrechtskommission.

(465) So die Pressevorankündigung vom 11.4.1974 Ministère de la Justice (74e), S. 1.

(466) Ministère de la Justice (74 g), S. lo; (ebenfalls zitiert in: "M. Jean Taittinger a installé la Commission "Informatique et libertés"" (74), S. 25).

(467) Vgl. dazu Boucher (74b), S. 8: "...es wurde eine Kommission für EDV und Grundrechte in Form einer Nebelwand feierlich vom Justizminister installiert. Was

will diese entdecken? Was hofft man nach einem (geheimen) Bericht des Conseil d'Etat, einem (geheimen) Bericht des Justizministeriums und einem (ziemlich vertraulichen) Vortrag des Generalstaatsanwalts der Cour de Cassation hinsichtlich der eventuell zu entdeckenden Mißstände und der zu definierenden Wundermittel noch Neues zu finden?"

(468) Die Commission 'Informatique et Libertés' setzt sich zusammen aus M. Bernard Chenot (Vize-Präsident des Conseil d'Etat) als Vorsitzender, M.Maurice Aydalot (Erster Präsident der Cour de Cassation) als stellvertretender Vorsitzender, M. Maurice Allegre (Délégué à l'Informatique), Me René Bondoux (ehemaliger Präsident der Anwaltskammer), M. Pierre Catala (Professor an der Université de Droit, d'Economie et de Sciences Sociales de Paris), M. Pierre Chatenet (ehemaliger Minister, Mitglied des Conseil Constitutionnel), M. André Danzin (Direktor des IRIA), M. Georges Mathé (Professor der Medizin, Präsident des Comité Consultatif de la Recherche Scientifique et Technique), M. Albert Monguillan (Kammerpräsident an der Cour de Cassation), M. Bernard Tricot (Conseiller d'Etat), Doyen Georges Vedel (Professor an der Université de Droit, d'Economie et de Sciences Sociales de Paris), M. Olivier Wormser (Gouverneur der Banque de France).

Vgl. bezüglich dieser Liste der Mitglieder der Commission 'Informatique et Libertés' Ministère de la Justice (74f), S. 1 u. (74g), S. 9. (Vgl. auch bezüglich der Liste der Mitglieder der früheren Arbeitsgruppe des Ministère de la Justice Anmerkung 4.385).

Bezeichnenderweise wurde M. Adolphe Touffait, einer der wohl kompetentesten französischen Datenschutzspezialisten, der sowohl von seiner Position als Generalstaatsanwalt der Cour de Cassation wie auch von seiner Funktion als Vorsitzender der Commission de Développement de l' Informatique des Ministère de la Justice (!) her zur Mitarbeit in der Commission 'Informatique et Libertés' ganz besonders berufen schien, nicht in die Kommission aufgenommen. Dies wird zum Teil seinem möglicherweise von anderer Stelle als zu engagiert eingeschätztem Eintreten gerade für den Datenschutz zugeschrieben.
So hatte Touffait beispielsweise am 9.4.1973 im Rahmen eines Vortrags in der Académie des Sciences Morales et Politiques festgestellt:"Die zur Zentralisierung der Dateien tendierende Dynamik des Systems droht die Grundrechte und sogar das Gleichgewicht der politischen Kräfte nachhaltig zu verletzen". (Zit. nach Boucher (74a), S. 9). Vgl. im übrigen auch Touffait (73), S. 2-6.

(469) Vgl. zu dieser "Hierarchie" der eventuell zu treffenden Datenschutzmaßnahmen Ministère de la Justice (74g), S. 1o.

In diesem Zusammenhang ist es äußerst bezeichnend, daß die Regierung dem Vernehmen nach, entgegen der Interpretation verschiedener Datenschutzfachleute, das Gesetz Nr. 7o-539 vom 24.6.197o über die Zusammenfassung der straßenverkehrsbezogenen Daten nicht als einen die allgemeine Gesetzgebungskompetenz des Parlaments hinsichtlich des Datenschutzes etablierenden Präzedenzfall anerkennt.

In die Richtung des Vorliegens eines Präzedenzfalles weisende Äußerungen des damaligen Ministre de la Justice Pleven vor dem Parlament (der zum Teil als noch dem Parlamentarismus der Prägung der IV. Republik anhängender Politiker chrakterisiert wird) werden inzwischen als die Regierung nicht bindend qualifiziert. Sie seien damals nicht von der Regierungsspitze beanstandet worden, um unnötige Diskussionen zu vermeiden. (Vgl. bezüglich der Äußerungen des ehemaligen Ministre de la Justice Pleven die Ausführungen unter 4.2.3.1.2.).

Es scheint allerdings, daß die Entscheidung der Regierung, auf den Erlaß von datenschutzbezogenen Verordnungen erst nach Ausschöpfung der verwaltungsinternen Maßnahmen zurückzugreifen, auch von der Befürchtung geprägt ist, daß solche Verordnungen möglicherweise durch den Conseil d'Etat als in die Gesetzgebungskompetenz des Parlaments fallend angesehen und damit aufgehoben werden könnten, wobei eine öffentliche politische Datenschutzdiskussion wohl nicht zu verhindern wäre.

(47o) Vor diesem Hintergrund bleibt die folgende in einem Rundschreiben vom 29.3.1974 an alle Minister und Staatssekretäre erfolgte Anweisung des Premier Ministre Messmer völlig unverständlich: "Bis zur Vorlage der Schlußfolgerungen der Commission ('Informatique et Libertés') wird keinerlei Verbindung zwischen EDV-Systemen verschiedener Ministerien genehmigt und es ist keinerlei Fortentwicklung bestehender Systeme zu betreiben sofern sie nicht dem internen Betrieb der jeweiligen Verwaltung dient". (Zitiert nach Molle (74), S. 4; vgl. auch Ministère de la Justice (74e), S. 1 sowie "Liberté, liberté chérie ..." (74), S. 5).

Da der Auftrag der Commission'Informatique et Libertés' nicht auf die Ausarbeitung einer umfassenden Datenschutzregelung, sondern lediglich unbestimmt auf die Formulierung "adäquater Empfehlungen" abzielt, ist nicht ersichtlich inwiefern sich die Datenschutzproblemlage nach "Vorlage der Schlußfolgerungen" der Kommission entscheidend geändert haben sollte. Andererseits nimmt die Erarbeitung signifikanter Datenschutzkonzeptionen wie die internationalen Erfahrungen lehren ganz erhebliche, jahrelange Zeiträume in Anspruch und es ist kaum anzunehmen, daß die französische Verwaltung über solche Zeiträume hinweg auf die Entwicklung der interministeriellen Verwaltungsautomation verzichten will und kann. Und so scheinen die folgenden beiden Kommentare in der EDV-Fachpresse den Schlüssel zum Verständnis des Rundschreibens des Premier Ministre zu geben: "Diese Erklärung erhält mehr oder weniger Bedeutung je nachdem welchen Sinn man dem Wort 'Verbindung' (zwischen EDV-Systemen verschiedener Ministerien) gibt" (so "Liberté, liberté chérie ..." (74), S. 5). "Welche Stelle ist aber damit betraut zu überwachen, daß tatsächlich keinerlei Verbindung erstellt wird, und welches sind die Sanktionen, die gefällt werden, falls eine Verbindung entstehen sollte?" (So Molle (74), S. 4).

(471) Aus den oben dargelegten Gründen ist die bloße Existenz der Commission 'Informatique et Libertés' als solche zunächst bis auf weiteres, also bis zur Realisierung echter und gerade auch gesetzlicher Datenschutzmaßnahmen, noch nicht als ein einen echten Anfang setzender Fortschritt zu werten.

(472) So Charbonnel (73b), S. 29.

(473) Vgl. insoweit den vorläufigen Entwurf Westin/Martin/Lufkin (73), France S. 8-9. (Prof. Alan F. Westin von der Columbia University, New York kann wohl als der international bekannteste Datenschutzspezialist bezeichnet werden.)

(474) Es ist im Rahmen der vorliegenden Untersuchung nicht möglich, die Gedankengänge, die zu dieser weitreichenden Folgerung führen, im einzelnen (insbesondere in Auseinandersetzung mit den im Rahmen der Bemühungen um einen bundesdeutschen Datenschutzgesetzentwurf erfolgten vielfältigen Untersuchungen und Diskussionsbeiträgen) breiter auszuführen. Die Skizzenhaftigkeit der hier formulierten, mehr als These denn als Konklusion zu verstehenden Ausführungen wird notgedrungen in Kauf genommen.

(475) Dabei sind systemtheoretisch gesehen die (wesentlichsten) konstituierenden Bestandteile der infrage stehenden Lösungs-"Struktur" neben dem Datenschutzkontrollorgan sowie den in den Lösungsprozeß mehr oder weniger institutionalisiert einbezogenen natürlichen und juristischen Personen und Personengruppen gerade auch die Regeln (eine etwaige "magna carta des Datenschutzes", Verfahrensgrundsätze, Einzelgesetze, Verwaltungsverordnungen etc.), die die Organisation der Kompetenzverteilung, Delegation und Kooperation und allgemein das interdependente Funktionieren der Lösungsstruktur bestimmen und steuern.

7. A N H A N G

7.1 **Annex I:** **Die französischen Ministerien** (+)

Offizielle Bezeichnungen	Gebräuchliche Bezeichnungen	Abkürzungen	Deutsche Entsprechungen
Garde des Sceaux, Ministre de la Justice	Justice		Siegelbewahrer u. Justiz
Ministre des Affaires Etrangères	Affaires Etrangères	AE	Auswärtiges
Ministre de l'Intérieur	Intérieur		Inneres
Ministre des Armées	Défense Nationale	DN	Verteidigung
Ministre de l'Economie et des Finances	Economie et Finances	MEF	Wirtschaft u. Finanzen
Ministre de l'Education Nationale	Education Nationale	EN	Unterricht
Ministre de l'Aménagement de Territoire, de l'Equipement, du Logement et du Tourisme	Equipement (et Logement)	MATELT (MEL)	Raumordnung, Ausrüstung, Wohnungsbau u. Fremdenverkehr
Ministre chargé des Réformes Administratives			Verwaltungsreform
Ministre de la Protection de la Nature et de l'Environnement	Environnement		Umweltschutz
Ministre des Affaires Culturelles	Affaires Culturelles	AC	Kultur
Ministre de l'Agriculture et du Développement Rural	Agriculture		Landwirtschaft u. ländliche Entwicklung
Ministre du Développement Industriel et Scientifique	Développement Industriel et Scientifique	MDIS (DIS)	Industrielle u. wissenschaftliche Entwicklung
Ministre du Commerce et de l'Artisanat	Commerce (et Artisanat)		Handel und Gewerbe
Ministre chargés des Relations avec le Parlement			Beziehungen mit dem Parlament
Ministre du Travail, de l'Emploi et de la Population	Travail } Affaires Sociales	} AS	Arbeit, Beschäftigung u. Bevölkerung
Ministre de la Santé Publique et de la Sécurité Sociale	Santé Publique } Affaires Sociales	SP } AS	Öffentliche Gesundheit (u. soziale Sicherheit)
Ministre des Transports	Transports		Verkehr
Ministre de l'Information			Information
Ministre des Postes et Télécommunications	Postes et Télécommunications	PTT	Post u. Fernmeldewesen
Ministre des Départements et Territoires d'Outre-Mer			Überseeische Départements und Gebiete
Ministre des Anciens Combattants et Victimes de Guerre	Anciens Combattants		Ehemalige Frontkämpfer u. Kriegsopfer

(+) Stand: 5.4.1973 - 27.2.1974 (2. Regierung Messmer). Vgl. bezügl. der offiziellen Bezeichnungen, Reihenfolge und personellen Besetzung der Ministerien Art. 1 Décret du 5.4.1973, Journal Officiel 6.4.1973, S. 3899 und bezügl. der deutschen Entsprechungen Informationsblätter, Französische Botschaft, Bad Godesberg Nr. 121, 15.4.1973, S.2.

7.2 Annex II: Zur französischen Terminologie der gesetzgeberischen und administrativen Maßnahmen

Es seien hier einige Erläuterungen zur französischen Terminologie der verschiedenen legislativen und administrativen Maßnahmen gemacht, da in der vorliegenden Untersuchung allgemein die französischen Originalbezeichnungen verwandt werden. Deutsche Übersetzungen dieser Begriffe werden im Bemühen um Authentizität vermieden, zumal da sie nachfolgende Untersuchungen erschweren würden. Dies umso mehr, als die Übersetzung französischer Begriffe unter Verwendung in der deutschen Rechtswissenschaft geläufiger Begriffe gerade in dem hier betrachteten Bereich insofern ein erhebliches Element der Ungenauigkeit mit sich bringt, als die hinter den Begriffen stehenden juristischen Konzepte in den beiden Rechtsordnungen sich weitgehend nicht decken und daher insbesondere bei Rückübersetzungen Mißverständnisse auftreten können.

Der französische Begriff "loi (ordinaire)" ist grundsätzlich mit "(einfachem) Gesetz" zu übersetzen. Es sei hier jedoch zumindest auf die dem französischen Verfassungsrecht eigentümliche in den Artikeln 34 und 37 der Verfassung von 1958 definierte Abgrenzung zwischen "domaine de la loi" (Kompetenzbereich der Gesetzgebung) und "domaine du règlement" (Kompetenzbereich der Rechtsverordnungen) hingewiesen (vgl. dazu im einzelnen die Ausführungen unter 4.1.2.1.), die zu einer hybriden Definition führt. Danach ist "loi" jeder im verfassungsmäßigen, förmlichen Gesetzgebungsverfahren zustandegekommene Willensakt des Parlaments - soweit das formale Kriterium -, der innerhalb des in Artikel 34 der Verfassung von 1958 abgegrenzten Kompetenzbereich der Gesetzgebung liegt - soweit das materielle Kriterium.

Daneben kennt das französische Verfassungsrecht in einer Reihe von in der Verfassung von 1958 abschließend bestimmten Fällen die "lois organiques", die als verfassungspräzisierende bzw. ausfüllende Gesetze von der Verfassung von 1958 rangmäßig zwischen den "lois constitutionnelles" (verfassungsändernde Gesetze bzw. allg. Gesetze mit Verfassungsrang) und den "lois ordinaires" eingestuft werden und gemäß Artikel 46 besonderen Verfahrensvorschriften unterliegen. (Vgl. bezügl. der Definitionen der verschiedenen Gesetzestypen Guillien/Vincent (72), S. 2o9 - 21o).

Die Begriffe "décret" und "arrêté" finden im deutschen Verwaltungsrecht keine präzise begriffliche Entsprechung. Es handelt sich in Abgrenzung zur "législation" (Gesetzgebung) und den "actes de gouvernement" (justizfreie Regierungs-, bzw. Hoheitsakte der Exekutive; gerichtlich nachprüfbare Regierungsakte kennt das französische Verwaltungsrecht nicht) um Sonderformen der, "actes administratifs", bzw. auch "décisions administratives" oder "exécutoires" genannten Verwaltungsmaßnahmen mit Außenwirkung. Diese "actes administratifs" werden ihrerseits - je nachdem ob im einzelnen Fall eine abstrakte oder eine konkrete Regelung getroffen wird - in "actes administratifs réglementaires" (Rechtsverordnungen), auch "décisions (exécutoires) réglèmentaires", "décisions (exécutoires) à portée générale" oder einfach "règlements" genannt, einerseits, und "actes administratifs individuels" (Verwaltungsakte), auch "décisions particulières (individuelles)" oder "décisions (exécutoires) à portée individuelle" genannt, andererseits, eingeteilt. (Vgl. zu diesen Begriffen Guillien/Vincent (72), S. 5 u. 286; Rivero (71), S. 89 - 9o u. 17o; Belorgey (7o), S. 22o - 223; Internationales Institut für Rechts- und Verwaltungssprache (69 V), S. 19 - 22, 29 - 3o).

Hinsichtlich der Form der "actes administratifs" gibt es keine allgemein geltenden Vorschriften. (Vgl. dazu Rivero (71), S. 92). Allgemein ist festzustellen, daß der (materielle) Unterschied zwischen einer abstrakten Maßnahme mit

Außenwirkung und einer konkreten Einzelfallregelung im französischen Verwaltungsrecht eine wesentlich geringere Rolle als im deutschen Verwaltungsrecht spielt und zumal für die Frage der Klagebefugnis nicht entscheidend ist, da insoweit ohnehin keine direkte Rechtsbeeinträchtigung des Klageführers erforderlich ist. Es wird vielmehr bereits ein "persönliches Interesse" für ausreichend erachtet; so z.B. das Interesse der ehemaligen Absolventen einer "Grande Ecole" an der Aufrechterhaltung des Prestige der Schule oder das Interesse der Benutzer einer öffentlichen Einrichtung, des Steuerzahlers, des Wählers oder des Bewohners einer Gemeinde an Entscheidungen, die die Arbeitsweise einer öffentlichen Stelle, bzw. das Leben in der Gemeinde betreffen; vgl. zur Klagebefugnis Rivero (71), S. 225-228.

"Décrets" und "arrêtés" sind also Verwaltungsmaßnahmen mit regelnder Wirkung, die (materiell) im einzelnen Fall jeweils Rechtsverordnungen oder Verwaltungsakte sein können.

Dabei stellen die "décrets" Anordnungen (Rechtsverordnungen oder Verwaltungsakte) sei es des Président de la République, sei es des Premier Ministre dar.

Der Staatspräsident unterzeichnet einerseits die "décrets", die nach den Bestimmungen der Verfassung sowie der diese präzisierenden, bzw. ausfüllenden "lois organiques" in seinen Zuständigkeitsbereich fallen, sowie andererseits gemäß Artikel 13 der Verfassung von 1958 die "décrets", die im von ihm geleiteten Ministerrat beschlossen werden ("décrets délibérés en conseil des ministres"). Dasselbe gilt für die - auf Grund von Ermächtigungsgesetzen ("lois d'habilitation") im Kompetenzbereich der Gesetzgebung gemäß Artikel 38 der Verfassung von 1958 - durch die Regierung erlassenen und den "décrets-lois" der III. und IV. Republik entsprechenden "ordonnances". Diese befristeten gesetzesvertretenden, bzw. gesetzesgleichen Rechtsverordnungen können später vom Parlament als Gesetz ratifiziert werden. Vgl. allgemein zum Begriff der "ordonnances" sowie insbesondere zum Konzept der gesetzesvertretenden Rechtsverordnung Guillien/Vincent (72), S. 237; Rivero (71), S. 63-65; Barraine (67) S. 215; Internationales Institut für Rechts- und Verwaltungssprache (69 IV), S. 2o-21; vgl. bezügl. der "décrets-lois" Guillien/Vincent (72), S. 11o; Rivero (71), S. 57.

Die Entscheidungen des Staatspräsidenten werden im übrigen mit den Ausnahmen des Artikel 19 der Verfassung von 1958 vom Premier Ministre sowie gegebenenfalls von den jeweils verantwortlichen Ministern gegengezeichnet.

Gemäß Artikel 21 der Verfassung von 1958 werden alle sonstigen "décrets" vom Premier Ministre unterzeichnet, wobei nach Artikel 22 wiederum gegebenenfalls die mit der Ausführung des jeweiligen "décret" betrauten Minister gegenzeichnen. Vgl. allgemein zum Begriff des "décret" und seinen verschiedenen Ausformungen Guillien/Vincent (72), S. 11o; Rivero (71), S. 67-69 u. 92; Barraine (67), S. 116; Belorgey (7o), S. 88-91 u. 223; Internationales Institut für Rechts- und Verwaltungssprache (69 IV), S. 21-22.

Die "arrêtés" stellen in Ausführung von Gesetzen und "décrets" ergehende Anordnungen (Rechtsverordnungen oder Verwaltungsakte) jeweils eines oder mehrerer Minister ("arrêtés ministériels" bzw. "interministériels"), bzw. eines Präfekten ("arrêtés préfectorals") oder Bürgermeister ("arrêtés municipaux") dar. Der Begriff "arrêté" ist dabei insbesondere nicht mit dem Begriff "arrêt" zu verwechseln, der einen richterlichen Beschluß insbesondere der Cour d'Appel, Cour d' Assise, Cour de Cassation, Cour des Comptes oder des Conseil d'Etat bezeichnet.

Vgl. allgemein zum Begriff des "arrêté" und den verschiedenen Ausformungen Guillien/Vincent (72), S. 27; Rivero (71), S. 68 u. 92; Barraine (67), S. 33; Belorgey (7o), S. 9o und 223; Internationales Institut für Rechts- und Verwaltungssprache (69 IV), S. 22; vgl. zum Begriff des "arrêt" Guillien/Vincent (72), S. 27.

"Circulaires" (Rundschreiben, bzw. Runderlasse) stellen schriftliche interne Verwaltungsanordnungen dar, die sich insbesondere in der Form der "circulaires ministérielles", bzw. "interministérielles" als (abstrakte) Verwaltungsvorschriften oder (konkrete) Weisungen an mehrere oder die Gesamtheit der Ministerien, bzw. ihrer nachgeordneten Behörden einer hierarchischen Stufe wenden. Nur in äußerst seltenen Fällen, d.h. nur soweit es sich um ganz besonders wichtige allgemeine Runderlasse handelt werden die "circulaires" veröffentlicht.

Die "instructions de service" stellen spezielle interne Erlasse und Dienstanweisungen dar. Vgl. zu den Begriffen "circulaire" und "instruction" Guillien/Vincent (72), S. 62 u. 189; Rivero (71), S. 93 u. 226; Mignot/d'Orsay (68), S. 89.

Das "Journal Officiel (de la République Française: Lois et décrets, arrêtés, circulaires, avis, communications, informations et annonces)" ist das offizielle nationale Gesetz- und Verordnungsblatt, in dem Gesetze und "décrets" sowie allgemein bedeutsame "arrêtés" und "circulaires" etc. veröffentlicht werden. Dabei fungiert die dem Premier Ministre direkt zugeordnete Direction des Journaux Officiels allgemein als Staatsverlag für offizielle Texte wie auch Parlamentsprotokolle und ähnliches.

8. Abkürzungsverzeichnis

Vorbemerkung:
Das folgende Abkürzungsverzeichnis geht weit über die in der vorliegenden Untersuchung auftretenden Abkürzungen hinaus. Es wird damit beabsichtigt, soweit wie möglich dem nichtfranzösischen Leser das Erschließen der nicht zitierten Quellen und Literatur, bzw. ganz allgemein die Durchführung nachfolgender Untersuchungen auf dem Gebiet der französischen Verwaltungsautomation und darüberhinaus zu erleichtern. Dies erscheint umso erforderlicher, als auf den hier einschlägigen Gebieten in Frankreich eine ausgeprägte Tendenz allgemein zu Abkürzungen und ganz speziell zu Akronymen besteht, die sehr häufig als bekannt vorausgesetzt und daher nicht erklärt werden. Da jedoch einerseits insbesondere die Akronyme oft in atypischer Form gebildet und häufig verschieden interpretiert werden - wenn sie nicht überhaupt mehrfache Bedeutung haben - und andererseits keine einschlägigen Abkürzungsverzeichnisse existieren, die die französische Verwaltungsautomation als Querschnittsmaterie einigermaßen abdecken, wird mit dem hier aufgeführten in einem Zeitraum von über zwei Jahren zusammengetragenen Abkürzungsverzeichnis versucht, dem deutschsprachigen Interessenten ein Repertoire an die Hand zu geben, das als Schlüssel zu den in der Sicht der vorliegenden Untersuchung wesentlichen Abkürzungen und Akronymen dient, wie sie im Bereich der französischen Verwaltungsautomation, den von ihr berührten Regelungsbereichen und allgemein im Bereich des öffentlichen Lebens Verwendung finden.
Die verwandte Schreibweise ist hier insbesondere hinsichtlich der in Frankreich sehr unterschiedlich gehandhabten Frage der Verwendung von Abkürzungspunkten sowie der Groß- und Kleinschreibung insofern normalisiert, als grundsätzlich keine Abkürzungspunkte in den Abkürzungen und Akronymen verwandt werden und überwiegend die Großschreibung benutzt wird, da die abzukürzenden Begriffe weitgehend als Eigennamen aufgefaßt werden.

Abs.	Absatz
AC	(Ministère des) Affaires Culturelles
ACCT	Agence Comptable Centrale du Trésor
ACM	Association for Computing Machinery
ACOPOS	Association Internationale pour la Coordination entre la Politique et la Science
ACOSS	Agence Centrale des Organismes de Sécurité Sociale
AD	Articles et Documents
ADASP	Association des Analystes du Secteur Public
Add.	Additif
ADIJ	Association pour le Développement de l'Informatique Juridique
ADIRA	Association pour le Développement de l'Informatique dans la Région Rhône-Alpes
ADISH	Association pour le Développement de l'Informatique dans les Sciences de l'Homme
ADOSSPP	Association pour le Développement des Oeuvres Sociales des Sapeurs Pompiers de Paris
ADVP	Association pour la Défense de la Vie Privée des Personnes
AE	(Ministère des) Affaires Etrangères
AEISEP	Association des Elèves de l'Institut Supérieur d'Electronique de Paris
AF	Air France
AFAP	Association Française pour l'Accroissement de la Productivité
AFCET	Association Française de Cybernétique Economique et Technique
AFFCOD	Association Française des Firme de Conseilers de Direction
AFIM	Association Française des Informaticiens et Mécanographes, (heute: AFIN)
AFIN	Association Française des Informaticiens
AFIRO	Association Française d'Informatique et de Recherche Opérationnelle
AFNOR	Association Française de Normalisation
AFP	Agence France Presse
AFPA	Association pour la Formation Professionnelle des Adultes

AFRA	Association Française de Régulation et d'Automatisme
AFTRP	Agence Foncière et Technique de la Région Parsienne
AG	Aktiengesellschaft
AGIR	Association de Gestion Informatisée et de Réalisation
AIG	Association pour l'Informatique de Gestion
AJDA	Actualité Juridique-Droit Administratif
ALGOL	Algorithmic Language
AMALRIC	Appareil de Mesure Automatique lançant des Appels dans le Réseau et Intégrant un Calculateur
AMEDOC	Aménagement (Méditerranéen) Documentation
AMIBE	Allègre Myth International Baby Electronic
AMIC	Atelier Mécanographique Intercaisses
AN	Assemblée Nationale
Anc. C	(Ministère des) Anciens Combattants et Victimes de Guerre
ANEM	Association Nationale d'Etudes Municipales, (z.T. auch: Association Nationale d'Etudes de Problèmes Municipaux)
ANOSP	Association Nationale des Organisateurs du Secteur Public
ANPE	Agence Nationale pour l'Emploi
ANVAR	Agence Nationale pour la Valorisation de la Recherche
APASP	Association pour le Perfectionnement des Approvisionnements dans les Services Publics
APE	Activité Economique Principale
APUR	Atelier Parisien d'Urbanisme
ARAS	Système pour l'Archivage et la Recherche Automatiques des Sondages
AREC	Centre d'Etudes et de Recherches Appliquées

ARGOS	Accumulation de Donnèes Régionales Géographiques Organisées pour la Statistique
ARPA (NET)	Advanced Research Projects Agency (-Net)
Arr.	Arrêté
ARRCO	Association des Régimes de Retraite Complementaire
Art.	Artikel, o. Article
ASAB	Association des Informaticiens Belges
ATEF	Analyse de Textes en Etats Finis
ATF	(Langage de Programmation) A Tout Faire
Aufl.	Auflage
BALO	Bulletin des Annonces Légales Obligatoires
BAPPA	Bibliothèque Administrative de la Préfecture de la Ville de Paris
BASIC	Beginners All-Purpose Symbolic Instruction Code
BCS	British Computer Society
Bd., Bde.	Band, Bände
BDF	Banque de France, (vgl. BF)
BDU	Banque de Données Urbaines
BDURP	Banque de Données Urbaines de la Région Parisienne
BF	Banque de France, (vgl. BDF)
BFD	Bibliothèque de la Faculté de Droit (et des Sciences Economiques de l'Université de Paris II - Panthéon)
BIADI	Bureau Inter-Administration de Documentation Informatique
BIC	Bénéfices Industriels et Commerciaux
BIGEN	Bulletin d'Informatique de Gestion du Ministère de l'Education Nationale
BIM	Bureau d'Information pour la Mécanographie

BIPE	Bureau d'Informations et de Prévisions Economiques
BMFT	Bundesministerium für Forschung und Technologie
BN	Bibliothèque Nationale
BNIST	Bureau National d'Informations Scientifiques et Techniques
BNP	Banque Nationale de Paris
BODOBE	(Meteorologische Niederschlagsdatenbank der Météorologie Nationale)
BOEN	Bulletin Officiel de l'Education Nationale
BOMA	Bureau Organisation, Méthodes et Automatisation
BPI	Brevet Professionnel d'Informatique
BTP	Bâtiment et Travaux Publics
CA	Chiffre d'Affaires
CADA	Centre d'Analyse Documentaire pour l'Archéologie
CADUCEE	(Projekt eines Datenfernübertragungsnetzes)
CAE	Compagnie d'Automatisme Européenne, (z.T. auch: Compagnie Européenne d'Automatisme Electronique)
CAF	Caisse d'Allocations Familiales
CAMILLE	Calculateur Militaire Léger
CAP	Centre d'Analyse et de Programmation, o.
	Certificat d'Aptitude Professionnelle
CAPA	Comité pour l'Amélioration de la Production des Assurances
CAPFI	Certificat d'Aptitude au Fonctions de l' Informatique
CAR	Circonscription d'Action Régionale, o.
	Commission Administrative Régionale
CASTOR	(Statistisches Standardprogramm des INSEE)
CATI	Centre Administratif de Traitement de l' Information, o.
	Centre Administratif et Technique Interdépartemental
CATRAL	Comité pour l'Etude et l'Aménagement des Horaires de Travail et du Temps des Loisirs de la Région Parisienne
CC	Conseil Constitutionnel, o.
	Cour des Comptes, o.
	Centre de Calcul
CCCHCI	Caisse Centrale de Crédit Hôtelier, Commercial et Industriel

CCES	Comité Consultatif Economique et Social
CCETT	Centre Commun d'Etudes de Télécommunications et de Télévision
CCITT	Comité Consultatif International Télégraphique et Téléphonique
CCIU	Centre de Calcul Inter-Universitaire
CCM	Commission Centrale des Marchés
CCMC	Compagnie des Centres Mécano-Comptables
CCP	Compte Courant Postal
CCRI	Comité Consultatif de la Recherche en Informatique
CCRST	Comité Consultatif de la Recherche Scientifique et Technique
CCSA	Centre de Calcul Scientifique de l'Armement
CCTI	Centre de Calcul et de Traitement de l' Information
CCU	Centre de Calcul Universitaire
CD	Centre Démocrate, o.
	Corps Diplomatique
CDC	Control Data Corporation (so hier), o.
	Compagnie des Compteurs
CDI	Commission de Développement de l'Informatique
CDP	Centre Démocratie et Progrès
CDSH	Centre de Documentation Sciences Humaines
CDU	Classification Décimale Universelle
CE	Conseil d'Etat, o.
	Communauté Européenne, o.
	Coefficient d'Emprise
CEA	Commissariat à l'Energie Atomique
CED	Chaîne d'Extraction à la Demande
CEDIJ	Centre d'Informatique Juridique, vormals: Centre de Recherche et Développement en Informatique Juridique bzw. Centre d'Etudes et Développement en Informatique Juridique)
CEDOCAR	Centre de Documentation de l'Armement
CEE	Communauté Economique Européenne
CEG	Compte d'Exploitation Générale, o.
	Collège d'Enseignement Général
CEGETI	Centre Electronique de Gestion et de Traitement de l'Information

CEGOS	Commission Générale d'Organisation Scientifique
CEI	Comité des Equipements Informatiques
CEJ	Certificat d'Etudes Judiciaires
CELAR	Centre d'Electronique de l'Armement
CEPIA	Centre d'Etudes Pratiques d'Informatique et d'Automatique
CEPREMAP	Centre d'Etudes Prospectives d'Economie Mathématique Appliquée à la Planification
CER	Centre d'Etudes et de Recherches
CERC	Centre d'Etude des Revenus et des Coûts, o.
	Centre d'Etude et de Recherche de la Consommation
CERCI	Compagnie d'Etudes et de Réalisations en Cybernétique Industrielle
CERCLE	Centre d'Etude et de Recherche sur les Collectivités Locales en Europe
CEREBE	Centre de Recherche sur le Bien-Etre
CEREN	Centre d'Etudes Régionales sur l'Economie de l'Energie
CEREQ	Centre d'Etudes et de Recherches sur les Qualifications
CERES	Centre d'Etudes, de Recherches et d'Education Socialiste, (z.T. auch: Centre d'Etudes et de Recherches Economiques Socialistes)
CERFA	Centre d'Enregistrement et de Revision des Formulaires Administratifs
CERSA	Centre d'Etudes et de Recherches de Science Administrative
CES	Conseil Economique et Social, o.
	Collège d'Enseignement Secondaire, o.
	Centre d'Etudes Sociologiques
CESA	Centre d'Etudes Supérieures des Affaires
CESDR	Centre d'Etudes Statistiques du Développement Régional
CESMAP	Centre d'Enseignement Superieur du Management Public
CET	Collège d'Enseignement Technique
CETA	Centre d'Etudes pour la Traduction Automatique
CETE	Centre d'Etudes Techniques de l'Equipement
CETEM	Centre d'Etudes des Techniques Economiques Modernes

CETNB	Comité d'Etudes Techniques et de Normalisation Bancaire
CF	Les Cahiers Français
CFDT	Confédération Française Démocratique du Travail
CFPM	Centre de Formation Professionnelle des Maîtres
CFPP	Centre de Formation Professionnelle et de Perfectionnement
CFRO	Centre Française de Recherche Opérationnelle
CFT	Confédération Française du Travail
CFTC	Confédération Française des Travailleurs Chrétiens
CFTH	Compagnie Française Thomson Houston
CG	Centre de Groupement
CGA	Compagnie Générale d'Automatisme
CGC	Confédération Générale des Cadres
CGE	Compagnie Générale d'Electricité
CGI	Compagnie Générale d'Informatique, o. Code Général des Impôts
CGM	Compagnie Générale Micromatique
CGO	Compagnie Générale d'Organisation
CGPEP	Commissariat Général du Plan, d'Equipement et de la Productivité
CGT	Confédération Générale du Travail
CGT-FO	Confédération Générale du Travail-Force Ouvrière
CHB	Compagnie Honeywell-Bull
CHI	Coefficient d'Hétérogénéité d'Ilôt
CHR	Centre Hospitalier Régional
CHU	Centre Hospitalier Universitaire
CI	Convention Informatique
CIA	Computer Industry Association
CIAT	Comité Interministériel d'Aménagement du Territoire
CIC	Centre d'Informatique Communal
CICI	Centre d'Information sur les Carrières liées à l'Informatique
CIDHEC	Centre Intergouvernemental de Documentation sur l'Habitat et l'Environnement pour les Pays de la Commission Economique pour l'Europe des Nations Unies

CIDJ	Centre d'Information et de Documentation de la Jeunesse
CII	Compagnie Internationale pour l'Informatique (so hier), o.
	Comité Interministériel pour l'Information
CII bis	Commission Interministérielle de l'Informatique
CILOMI	Compagnie Internationale pour la Location de Matériels d'Informatiques
CIMAB	Centre d'Information du Matériel et des Articles de Bureau
CIMIE	Centre Informatique Méditerranéen de l'INSEE et de l'Equipement
CIP	Club Informatique de Provence
CIP1	Centre National Informatique de Paris 1
Cir.	Circulaire
CIRA	Centre Interministériel de Renseignements Administratifs
CIRCE	(Bibliotheksprogramm des SAGACE)
CIRO	Centre d'Informatique et de Recherche Opérationnelle
CIS	Centre Informatique SIRENE
CISI	Compagnie Internationale de Service en Informatique
CIT	Compagnie Industrielle des Télécommunications
CITEE	Compagnie pour l'Information et les Techniques Electroniques
CITEL	Compagnie Internationale de Télé-Informatique
CJC	Ca sier Judiciaire Centrale
CLINSOPS	Comité de Liaison entre l'INSEE, les Administrations Economiques, et les Organisations Professionnelles, Syndicales et Sociales
CNAF	Caisse Nationale d'Allocations Familiales
CNAM	Caisse Nationale d'Assurance-Maladie (so hier), o.
	Conservatoire National des Arts et Métiers
CNAT	Commission Nationale de l'Aménagement du Territoire
CNAV	Caisse Nationale d'Assurance-Vieillesse
CNAVTS	Caisse Nationale d'Assurance-Viellesse des Travailleurs Salariés
CNC	Conseil National de la Comptabilité
CNCA	Caisse Nationale de Crédit Agricole

CNCE	Centre National du Commerce Extérieur
CNEJ	Centre National d'Etudes Judiciaires
CNEN	Centre National d'Exploitation de Nantes
CNER(P)	Conseil National des Economies Régionales (et de la Productivité)
CNES	Centre National d'Etudes Spatiales
CNET	Centre National d'Etudes des Télécommunications
CNEXO	Centre National pour l'Exploitation des Océans
CNFPP	Centre National de Formation Professionnelle et de Perfectionnement
CNIPE	Centre National d'Information pour la Productivité des Entreprises (z.T. auch: Centre National d'Information pour le Progrès Economique)
CNIR	Centre National d'Information Routière
CNOUS	Centre National des Oeuvres Universitaires et Scolaires
CNPF	Conseil National du Patronat Français
CNRO	Caisse Nationale de Retraite Ouvrière
CNRS	Centre National de la Recherche Scientifique
CNS	Conseil National de la Statistique (vormals: COCOES)
CNTE	Centre National de Télé-Enseignement
COB	Commission des Opérations de Bourse
COBOL	Common Business Oriented Language
COCEI	Compagnie Centrale d'Etudes Industrielles
COCHISE	(Außenhandelsdatenbank des CNCE)
COCOES	Comité de Coordination des Enquêtes Statistiques (heute: CNS)
COCOFI	Comité Consultatif pour la Formation et l' Information
CODER	Commission de Développement Economique Régional
CODIER	Comission de Développement de l'Information et des Etudes Régionales
COFROR	Compagnie Française d'Organisation
COMI	Commission de l'Informatique
COMMA	Comité (Consultatif) d'Organisation et de Méthodes de Mecanisation Administrative
COPEP	Commission Permanente de l'Electronique du Plan
CORDES	Comité d'Organisation de la Recherche sur le Développement Economique et Social(z.T. auch:

	Comité d'Organisation des Recherches Appliquées sur le Développement Economique et Social)
CORT	Compagnie d'Organisation Rationnelle du Travail
COS	Coefficient d'Occupation du Sol
COST	Coopération Scientifique et Technique
COTAT	Collège des Techniques Avancées et de l'Aménagement du Territoire
COTTI	Commission du Traitement et de la Transmission de l'Information
Cour de Cass.	Cour de Cassation
CP	(Direction de la) Comptabilité Publique (vgl. DCP)
CPAG	Centre de Préparation à l'Administration Générale
CPT	Centre de Productivité des Transports
CQFD	Centre Qualitatif Français de la Diffusion de la Presse Périodique
CRAM	Caisse Régional d'Assurance-Maladie
CRCAM	Caisse Régionale de Crèdit Agricole Mutuel
CREDAP	Centre de Recherches et d'Etudes sur la Décision Administrative et Politique
CREDOC	Centre de Recherche et de Documentation sur la Consommation, o. Centre de Documentation Juridique (Belgique)
CRI	Comité de Recherche en Informatique (so hier), o. Centre Régional Informatique
CRIDON	Centre de Recherches, d'Information et de Documentation Notariales
CROUS	Centre Régional des Oeuvres Universitaires et Scolaires
CRRJ	Centre de Renseignement et de Rapprochement Judiciaire
CRS	Compagnie Républicaines de Sécurité
CSEE	Compagnie des Signaux et Entreprises Electriques
CSF	Communication sans fil
CSI(F)	Computer Sciences International (France)
CSP	Catégorie Socioprofessionnelle
CTI	Centre de Traitement de l'Information
CTIAA	Centre de Traitement des Informations de l'Etat-major de l'Armée de l'Air
CTIL	Centre de Traitement de l'Information Logistique (de l'Armée des Terre)

CTTTI	Comité Technique du Traitement et de la Trans-mission de l'Information
CYCLADES	(Projekt eines Computerverbundsystems)
C2I	siehe CII
D	Décret (so hier), o. (Recueil) Dalloz
DA	Dalloz Analytique
DAFI	Division de l'Actualité Economique Française et Internationale
DAFU	Direction de l'Aménagement Foncier et de l'Urba-nisme
DAGAS	Direction Chargée de l'Administration Générale et des Affaires Sociales
DAS	Déclaration Annuelle de Salaires
DASS	Direction de l'Action Sanitaire et Sociale
DATAR	Délégation à l'Aménagement du Territoire et à l'Action Régionale
DBTPC	Direction du Bâtiment des Travaux Publics et de la Conjoncture
DCG	Direction Centrale du Génie
DCP	Direction de la Comptabilité Publique, (vgl. CP)
DDE	Direction Départementale de l'Equipement
DEC	Digital Equipement Corporation
Déc.	Décision
DECA	(Modèle de) Demande et de Comportement d'Autofinance-ment
DEJG	Diplôme d'Etudes Juridiques Générales
DELOS	Données Economiques Locales Organisées en Séries
DES	Diplôme d'Etudes Supérieures
DEUG	Diplôme d'Etudes Universitaires Générales
DF	La Documentation Française
DG	Direction Générale
DGD	Direction Générale des Douanes et Droits Indirects
DGI	Direction Générale des Impôts
DGP	Direction Générale des Postes
DGRST	Délégation Générale à la Recherche Scientifique et Technique
DGSN	Direction Générale de la Sûreté Nationale
DGT	Direction Générale des Télécommunications
DH	Dalloz Hebdomadaire

DI	Délégation à l'Informatique
DICA	Direction des Carburants
DIRR	Documentation Internationale de Recherche Routière
DIS	(Ministère du) Développement Industriel et Scientifique,(vgl. MDIS)
DN	Défense Nationale,(Ministère des Armées)
DNSCE	Direction Nationale des Statistiques du Commerce Extérieur
DOM	Département d'Outre-Mer
DOSMED	Fichier Dossiers Médicaux
DOT	Défense Opérationnelle du Territoire
DP	(Direction de la) Dette Publique, o. Direction de la Prévision, o. Dalloz Périodique
DR	Direction Régionale
DRAP	Décret portant Règlement d'Administration Publique
DRASS	Direction Régionale de l'Action Sanitaire et Sociale
DREE	Direction des Relations Economiques Extérieures
DRME	Direction des Recherches et Moyens d'Essais
DS	Droit Social
DSFJ	Directions des Services Financiers et Juridiques
DST	Direction de la Surveillance du Territoire
DTOM	(Ministère des)Départements et Territoires d'Outre-Mer
DTRN	Direction des Télécommunications du Réseau National
DUEL	Diplôme Universitaire d'Etudes Littéraires
DUES	Diplôme Universitaire d'Etudes Scientifiques
DUT	Diplôme Universitaire de Technologie
DV	Datenverarbeitung
EAE	Enquête Annuelle d'Entreprise
ECLAIR	(Dokumentationssystem des IRIA)
Ed.	Edition
EDCE	Etudes et Documents du Conseil d'Etat
EDF	Electricité de France
EDF/GDF	Electricité de France/Gaz de France
EDS	Elektronisches Datenvermittlungssystem

EDV	Elektronische Datenverarbeitung
EDVA	Elektronische Datenverarbeitungsanlage
EFCIS	Société pour l'Etude et la Fabrication de Circuits Intégrés Spéciaux
EGF	Electricité de France/Gaz de France
EGIDE	(Datenbasis, die vormals einen Teilbereich des SUSE abdeckte und mit dem SUSI in diesem aufgegangen ist)
ELF-ERAP	(Staatlicher frz. Mineralölkonzern)
EN	(Ministère de l') Education Nationale
ENA	Ecole Nationale d'Administration
ENEIDE	Ensemble Normalisé sur les Entreprises Industrielles pour le Développement Economique
ENM	Ecole Nationale de la Magistrature
ENSAE	Ecole Nationale de la Statistique et de l'Administration Economique
ENSPTT	Ecole Nationale Supérieure des Postes et Télécommunications
ENSTA	Ecole Nationale Supérieure des Techniques Avancées
EP	Entreprise Publique
EPHE	Ecole Pratique des Hautes Etudes
EPL	Etablissements Publics Locaux
EPURES	Association pour l'Etude des Plans d'Urbanisme de la Région Stephanoise
ERAP	(siehe ELF-ERAP)
etc.	et caetera, o. et cetera
ETL	Equipement Terminal de Ligne
ETTD	Equipement Terminal de Transmission de Données
EURISKO	(Technisches Dokumentationssystem des CEDOCAR)
EXTL	Extrémité de Ligne
FAD	Fonds d'Aide à la Décentralisation
FAL	Fond d'Action Locale
FAMEU	(Datenbank für elektronische Meßgeräte des CELAR)
FASTER	Filing and Source Data Entry Technique for Easier Retrieval
FDES	Fonds de Développement Economique et Social
FIANE	Fonds d'Intervention et d'Action pour la Nature et l'Environnement
FIAT	Fonds d'Intervention à l'Aménagement du Territoire

FICOM	Fichier de Communes
FIDEL	Fichier des Délais de Construction
FIDUTEC	Fiduciaire Française d'Application de Technique Informatique
FIEF	Fichier (Informatique) des Evaluations Foncières
FIFI	Modèle Physico-Financier
FILE	Fichier Informatique pour le Lancement des Enquêtes
FILOC	Fichier des Constructions Neuves
FINALO	Fichier National de Localisation, (heute: SILOE)
FINATO	Fichier National Topographique
FISEM	Fichier de Séries Mensuelles
FITOPO	Fichier Topométrique
FIZOM	Fichier répertoriant les Autorisations, Ouvertures de Chantier, Achèvement des Travaux dans les Zones d'Aménagement Concerté
FNAFU	Fonds National d'Aménagement Foncier d'Urbanisme
FNC	Fichier National des Constructeurs
FNRI	Fédération Nationale des Républicains Indépendants
FNS	Forces Nucléaires Stratégiques
FNSP	Fondation Nationale des Sciences Politiques
FNUJA	Fédération National des Unions de Jeunes Avocats de France
FORTRAN	Formula Translation
frz.	französisch
f., ff.	folgend, folgende
GAA	Gestion Automatisée dans l'Administration
GAM	Groupe d'Action Municipal
GAME	Gestion Automatisée des Marchés de l'Equipement
GAMM	Gestion Administrative et Médicale des Malades
GAMSI	Groupe d'Application des Méthodes et des Systèmes d'Informatique
GAP	Générateur Automatique de Programmes
Gaz.Pal.	Gazette du Palais
GCPU	Groupe Central de Planification Urbaine
GDF	Gaz de France
GE	General Electric
GELA	Groupe d'Etudes sur la Lecture Automatique
GEMMO	Groupe d'Etude de Méthodologie en Matière d' Organisation

GEOTRIC	(Datei des RICO)
GEP	Groupe d'Etudes et de Programmation
GEPATA	Groupe d'Etude des Problèmes de l'Automatisation des Travaux Administratifs
GERMINAL	Groupe d'Etudes et de Recherches des Moyens Informatiques Nécessaires à l'Automatisation Locale
GESAD	Groupe d'Etudes et de Saisie des Données, (z.T. auch: Groupe d'Etude de la Saisie des Données)
Gestapo	Geheime Staatspolizei
GETI	Groupement d'Entreprises pour le Traitement de l' Information
GFI	Groupement Français de l'Informatique
GIC	Groupement Interministériel de Contrôle
GIDA	Groupe d'Informatique Documentaire des Administrations
GIER	Groupement Interministériel d'Exploitation du Renseignement
GIF	Groupe Interministériel Foncier
GIG	Groupement Informatique de Gestion
GIR	Groupement Informatique Régionale
GIRE	Groupement Interprofessionnel pour la Réforme et d'Expansion de l'Office
GMD	Gesellschaft für Mathematik und Datenverarbeitung mbH.
GPNI	Groupement Professionnel National de l'Informatique
Gr.Ar.	Long, Weil et Braibant: Les grands arrêts de la jurisprudence administrative, 5e éd.
GRADIA	Groupe de Recherches et d'Appui pour le Développement de l'Informatique dans l'Administration
GRECOH	Groupe de Recherche et d'Etudes sur la Construction et l'Habitation
GRISBI	Gestion des Routes à partir des Informations Stockées dans une Base de Données Intégrée
GSA	General Services Administration
GSI	Générale de Service Informatique
GTS	Générateur de Tableaux Statistiques
HERAKLES	(Programmbibliotheken - Software)
HERMES	(Projekt eines Datenfernübertragungsnetzes)
HLM	Habitation à Loyer Modéré
Hrsg.	Herausgeber
HT	Hors Taxe

IAE	Institut d'Administration des Entreprises
IATA	International Air Transport Association
IAURP	Institut d'Aménagement et d'Urbanisme de la Région Parisienne
IBI-ICC	Intergovernmental Bureau for Informatics - International Computation Centre
IBSA	Institut Belge des Sciences Administratives
ICOREM	Informatique Communale pour la Région Méditerranéenne
ICSUAB	International Council of Scientific Union Abstracting Board
IDI	Institut de Développement Industriel
IEP	Institut d'Etudes Politiques
IESTO	Institut d'Etudes Supérieurs des Techniques d'Organisation
IF	Inspection des Finances
IFAC	Inspection Fusionnée d'Assiette et de Contrôle, (z.T. auch: Inspection Financière d'Assiette et de Contrôle), o. International Federation of Automatic Control
IFEC	Institut Français des Experts-Comptables
IFIP	International Federation for Information Processing
IFOP	Institut Français d'Opinion Publique
IFSA	Institut Français des Sciences Administratives
IGAME	Inspecteur Général de l'Administration en Mission Extraordinaire
IIAP	Institut International d'Administration Publique
IIAS	International Institute for Administrative Sciences
IIE	Institut d'Informatique d'Entreprise
IISA	Institut International des Sciendes Administratives
IMAG	Institut de Mathématiques Appliquées de Grenoble
IMSAC	Institut Mécanographique de Statistiques d'Applications Comptables
INAS	Institut National d'Administration Scolaire et Universitaire
INC	Institut National de la Consommation
INPI	Institut National de la Propriété Industrielle
INRDP	Institut National de Recherche et de Documentation Pédagogique
Ins.	Instruction
INSEA	Informatic Services Association

INSEAD	Institut Européen d'Administration des Affaires
INSEE	Institut National de la Statistique et des Etudes Economiques
INSERM	Institut National de la Statistique des Etudes en Recherches Médicales
INSPAT	Institut National de Sécurité pour la Prévention des Accidents du Travail
INTERRO	(Datei des RICO)
IR	Impôt sur le Revenu
IRA	Institut Régional d'Administration
IRETIJ	Institut de Recherches et d'Etudes pour le Traitement de l'Information Juridique
IRIA	Institut de Recherche d'Informatique et d'Automatique
IRPP	Impôt sur le Revenue des Personnes Physiques
IRSA	Institut de Recherches Sociologiques Appliquées
IRT	Institut de Recherche des Transports
IRTA	Institut de Recherches Technologiques Appliquées
ISA	Institut Supérieur des Affaires
ISEP	Institut Supérieur d'Electronique de Paris
ISJ	Fonds Documentaire Informatique et Sciences Juridique
ISO	International Organisation for Standardisation
ISTORIC	(Datei des RICO)
ITAP	Institut Technique des Administrations Publiques
ITC	Ingénieurs, Techniciens, Cadres
ITD	Groupement Informatique/Transmission de Données
IUT	Institut Universitaire de Technologie
JCP	Juris-Classeur Périodique
JIIA	Journées Internationales de l'Informatique et de l'Automatisme
J.O.	Journal Officiel
K	Kilobyte
KBSt	Koordinierungs- und Beratungsstelle der Bundesregierung für die EDV in der Bundesverwaltung
KF	(Wertangabe in) Tausend Franc
KGSt	Kommunale Gemeinschaftsstelle für Verwaltungsvereinfachung
L.	Loi
LABORIA	Laboratoire de Recherche d'Informatique et d' Automatique

LACES	London Airport Cargo Electronic Data Processing Scheme
LETI	Laboratoire d'Electronique et Technologie de l' Informatique
LGDJ	Librairie Générale de Droit et de Jurisprudence
LSI	Large Scale Integration
LTA	Lettre de Transport Aérien
MACJ	Magistrats de l'Administration Centrale de la Justice
MALHOS	Fichier Malades Hospitalisés
MATELT	Ministère de l'Aménagement du Territoire, de l' Equipement, du Logement et du Tourisme, (vgl. MEL)
MBLE	Manufacture Belge de Lampes et de Matériel Electroniques
MC	Mémoire Centrale
MDIS	Ministère du Développement Industriel et Scientifique, (vgl. DIS)
Me	Maître
MEDAD	Fichier Médico-Administratif
MEF	Ministère de l'Economie et des Finances
MEL	Ministère de l'Equipement et du Logement, (vgl. MATELT)
MERCURE	(Datenfernübertragungsnetz der EDF)
MF	(Wertangabe in) Millionen Franc
MIAGE	Maîtrise d'Informatique Appliquée à la Gestion
MIC	Modulation par Impulsions et Codage
MIISFIIT	Multi-Interaction Immédiate avec un Système de Fichiers Inverses à Indexation Totale
MIMOSA	Méthodologie Informatique pour la Mise en Oeuvre de Systèmes d'Applications
MISTRAL	Mini-Système en Temps Réel à Applications Limitées
MODEM	Modulateur - Démodulateur
Modif.	Modificatif
MPI	Moyenne et Petite Industrie
MSASS	Ministère de la Santé Publique et de la Sécurité Sociale
NAE	Nomenclature d'Activités Economiques
NAI-NSI-NB	(Branchennomenklatur für die Verwaltung und Auswertung der die unter der Aufsicht des MDIS stehenden Unternehmen betreffenden Jahreserhebungen)
ND	Notes et Etudes Documentaires
NDB	Nomenclature de Branches
NDLR	Note de la Rédaction

NDPS	National Data Processing Service
NEB	Nomenclature (des produits recensées dans les questionnaires) des Enquêtes de Branches
NGP	Nomenclature Générale de Produits
NIC	Numéro Interne de Classement
NNI	Numéro National d'Identité
OASIS	Ordinateur Assistant la Surveillance Intensive et les Soins
OCDE	Organisation de Coopération et de Développement Economiques
ODB	Ordinateur de Bureau
OEBP	Observatoire Economique du Bassin Parisien
OECD	Organisation for Economic Co-operation and Development
OECE	Observatoire Economique du Centre-Est
OEE	Observatoire Economique du l'Est
OEM	Observatoire Economique Méditerranéen
OEN	Observatoire Economique du Nord
OEO	Observatoire Economique de l'Ouest
OER	Observatoire Economique Régional
OESO	Observatoire Economique du Sud-Oest
OFRATEME	Office Français des Techniques Modernes d'Education
o.J.	ohne Jahr
OMA	Organisation, Méthodes et Automatisation
ONIBEV	Organisme Interprofessionnel du Bétail et de la Viande
ONIJ	Organisation Nationale de l'Information Juridique
ONISEP	Office National d'Information sur les Enseignements et les Professions
Ord.	Ordonnance
OREAM	Organisme Régional d'Etude des Aires Métropolitaines
ORTF	Office de Radiodiffusion - Télévision Française
ORTI	Optimalisation des Réseaux de Télé-Informatique
OS	Ouvrier Spécialisé
OTAM	Omnium Technique d'Aménagement
PASCAL	Programme Appliqué à la Selection et à la Compilation Automatisée de la Littérature
PAZ	Plan d'Aménagement des Zones
PCF	Parti Communiste Français
PDG	Président-Directeur Général

PDM	Progrès et Démocratie Moderne
PE	Problèmes Economiques
PEGC	Professeur d'Enseignement Général de Collège
PGI	Perfo-Guide International
PIB	Production Intérieur Brute
PJ	Police Judiciaire
PKZ	Personenkennzeichen
PLATON	(Experimentelles Datenfernübertragungsnetz des CNET)
PL/1	Programming Language Number 1
PM	Premier Ministre
PME	Petites et Moyennes Entreprises
PMI	Petites et Moyennes Industries
PNB	Produit National Brut
POLLUX	(Statistisches Standardprogramm des INSEE)
POS	Plan d'Occupation des Sols
PP	Préfecture de Police
PPBS	Planning-Programming-Budgeting-System
PPPB	Planification, Programmation, Préparation des Budgets
PPS	Problèmes Politiques et Sociaux
PR	Procureur de la République
PRESTE	(Bezeichnung, unter der das SCERT in Frankreich kommerzialisiert wird)
PROFIL	Programme de Traitement des Fichiers Ilôts
PROGRESS	(Bibliotheksprogramm des INSEE)
PS	Progrès Scientifiques, o. Parti Socialiste
PSS	Programme Statistique Standard
PSU	Parti Socialiste Unifié
PTT	(Ministère des) Postes et Télécommunications
PUD	Plan d'Urbanisme de Détail
PUF	Presses Universitaires de France
PUR	Programme Utilitaire de Restitution
RAIRO	Revue Française d'Automatique, Informatique, Recherche Opérationnelle
RAP	Règlement d'Administration Publique
RAS	Rien à signaler
RATP	Régie Autonome des Transports Parisiens

RC	Régistre du Commerce
RCB	Rationalisation des Choix Budgétaires
RDH	Revue des Droits de l'Homme
RDP	Revue du Droit Public (et de la Science Politique)
Rectif.	Rectificatif
REE	Réalisations et Etudes Electroniques
Réf.	Référence
REGION	(Regionale Strukturdatei des OEM)
RER	Réseau Express Régional
Rev.Adm.	Revue Administrative
RFA	République Fédérale Allemande
RG	Renseignements Généraux
RI	Républicains Indépendants
RICO	Répertoire Informatique des Communes
RIDC	Revue Internationale de Droit Comparé
RIPER	Répertoire d'Identification des Personnes, (vgl. SAFARI)
RISA	Revue Internationale des Sciences Administratives
RJT	Revue Juridique Thémis
RM	Répertoire des Métiers
RPG	Report Program Generator
RSF	Revue de Science Financière
RSFP	Revue Française de Science Politique
RZ	Rechenzentrum
S.	Sénat (so hier), o. Recueil Sirey
S.A.	Société Anonyme
SAD	Système d'Accumulation de Données
SAEI	Service des Affaires Economiques et Internationales
SAFARI	Système Automatisé pour les Fichiers Administratifs et le Répertoire des Individus
SAFIM	Système d'Automatisation pour le (Traitement du) Fret International Maritime,(siehe SOFIM)
SAFIR	Système d'Automatisation pour le (Traitement du) Fret International Routier, o. (Datenbank über Zuverlässigkeitsdaten elektronischer Bausteine des CNET)
SAFO	Système (de Traitement) Automatique du Fret à Orly
SAGA	Société d'Aide à la Gestion Automatisée

SAGACE Système Automatique de Gestion et d'Accès aux Comptes Economiques, (z.T. auch: Système Automatisé pour la Gestion Améliorée des Comptes Economiques, o. Système d'Archivage et de Gestion Automatique des Comptes Economiques)

SAGE Service de l'Administration Générale et de l'Equipement

SARL Société à Responsabilité Limitée

SAT Société Anonyme de Télécommunications

SCDC Société Centrale d'Aide Au Développement des Collectivités

SCERT System and Computers Evaluation and Review Technique

SCEI Société Centrale pour l'Equipement du Territoire

SCI (Industrie des) Services et Conseil en Informatique

SCIC Société Centrale Immobilière de Construction

SCOM Service Central d'Organisation et Méthodes

SCOMAA Section Centrale d'Organisation et Méthodes et d'Automatisation Administrative

SCOR Société Commerciale de Réassurance

SCSII Service Central de la Statistique et des Informations Industrielles

SCTI Service Central des Télécommunications et de l'Informatique

SDAU Schéma Directeur d'Aménagement Urbain

SDECE Servide de Documentation Extérieure et de Contre-Espionnage

SDS System Data System

SEA Société d'Electronique et d'Automatisme

SEABIRD (Bibliotheksprogramm des SIC)

SEAT Société d'Engineering Appliqué au Traitement de l'Information

SEC Système Européen de Comptes Economiques Intégrés

SEDEIS Société d'Etudes et de Documentation Economiques, Industrielles et Sociales

SEEF Service des Etudes Economiques et Financières

SEFI Service Formation/Information

SEITA Service d'Exploitation Industrielle des Tabacs et Allumettes

SEM Société d'Economie Mixte

SEMA Société d'Economie et de Mathématiques Appliquées

SENIT Système d'Exploitation Naval de l'Information Technique

SEREG Services d'Enseignement selon la Réparation des Elèves en Groupes

SERIES (Software zur Manipulierung statistischer Daten im Dialogbetrieb)

SERTI Société d'Etudes et de Réalisations pour le Traitement de l'Information

SESA Société d'Etudes et de Systèmes d'Automation

SESAME Système d'Etudes du Schéma d'Aménagement de la France

SESCOSEM Société Européenne de Sémi-Conducteurs et Microélectronique

SESORI Service de Synthèse et d'Orientation de la Recherche Informatique

SETI Société Européenne pour le Traitement de l'Information

SETM Société d'Etudes et de Travaux de Mécanographie

SETRA Service d'Etudes Techniques des Routes et Autoroutes

SEVPO Service d'Edition et de Vente des Publications Officielles

SFER Software Fondamental pour l'Enseignement et la Recherche

SFIB Syndicat des Fabricants d'Ensembles d'Informatique et de Machines de Bureau

SG Société Générale

SGAC Secrétariat Général à l'Aviation Civile

SGBD Système de Gestion de Base de Données

SGF Statistique Générale de la France

SGIP Société de Gestion et d'Informatique Publicis S.A.

SGMM Secrétariat Général à la Marine Marchande

SHM Section Hors Métropole

SIBGE Société Industrielle Bull-General Electric

SIC Système d'Information sur la Conjoncture

SICOB Salon International de l'Informatique, de la Communication et de l'Organisation de Bureau

SICOFEG Société des Ingénieurs Conseils de France en Génie

SIDERAL (Dokumentationssystem für Internationale Mineralölpatente und Literatur der ELF-ERAP)

SIGMA Système Intégré de Gestion Médicale et Administrative

SIL Système d'Information Logement

SILOE Système Interministériel de Localisation Electronique

SINCRO Société d'Informatique de Conseils et de Recherche Opérationnelle

SINDBAD (Datenbank-Benutzersoftware)

SINTRA Société Industrielle des Nouvelles Techniques Radio-électriques et de l'Electronique Française

SIREN (Unternehmenskennzeichen des SIRENE)

SIRENE Système Informatique pour le Répertoire des Entreprises et Etablissements

SIRET (Betriebskennzeichen des SIRENE)

SIRF (Système des) Statistiques et Indicateurs des Régions Françaises

SIROCO Système Informatique Répertoriant les Opérations de Construction

SIRPA Service d'Information et de Relations Publiques des Armées

SIS Société d'Informatique et de Systèmes

SISOL Système d'Information sur les Sols

SITA Société Internationale de Télécommunications Aéronautiques

SITRAM Système d'Informations sur les Transports de Marchandises

SLIGA Société Lyonnaise de Gestion et d'Administration

SM Syndicat de la Magistrature

SMIC Salaire Minimum Interprofessionnel de Croissance

SMIG Salaire Minimum Interprofessionnel Garanti

SNCF Société Nationale des Chemins de Fer

SNECMA Société Nationale d'Etude et de Construction de Moteurs d'Aviation

SNEP Société Nationale des Entreprises de Presse

SNEPC Service National des Examens du Permis de Conduire

SNIAS Société Nationale Industrielle Aérospatiale

SNP Syndicat National des Psychologues

SOC Système d'Ordinateurs Connectés

SOCRATE (Datenbanken - Benutzersoftware)

SODETEG - TAI Société d'Etudes Techniques et d'Entreprises Général - Transmissions, Automatique, Informatique

SOFIA Système d'Ordinateurs pour le (Traitement du) Fret International Aérien

SOFIM Système d'Ordinateurs pour le (Traitement du) Fret International Maritime, (z.T. auch: SAFIM)

SOFIRAD Société Financière de Radiodiffusion

SOFRES Société Française d'Enquête par Sondage

SOGECIM Société pour la Gestion Commerciale et Industrielle par la Mécanographie

SOGETI Société pour la Gestion des Entreprises et le Traitement de l'Information

SOGIR Société de Gestion et d'Informatique Rationnelle

SOREDIJ Société de Recherche de Développement d'Informatique Juridique

SOSI Société de Services Informatiques

SP (Ministère de la) Santé Publique

SPEE Service des Programmes et des Etudes Economiques

SPER Syndicat des Industries de Matériel Professionel Electronique et Radioélectrique

SPERAC Société Systèmes et Périphériques Associés aux Calculateurs

SPHINX (Automatisches Dokumentationssystem), (z.T. auch: SPHYNX)

SPLEEN Système de Programmation Logique des Etudes Economiques

SRE Service Régional de l'Equipement

SS Sécurité Sociale

SSCI Sociétés de/Service et de Conseil en Informatique

SSEE Service des Statistiques et des Etudes Economiques

SSII Service des Statistiques et Informations Industrielles

STAD Société de Traitement Automatique de Données

STAIAT Service du Traitement Automatique de l'Information de l'Armee de Terre

STERIA Société d'Etudes et de Réalisations en Informatique et Automatisme

STI Service du Traitement de l'Information, o. Service Technique Informatique

STRIDA Système de Traitement des Informations de Défense Aérienne

SUSE Système Unifié de Statistiques d'Entreprises, (vormals: SUSI)

SUSI Système Unifié de Statistiques Industrielles, (heute: SUSE)

SVP "S'il vous plait" (Service d'information)

SYNTEC Chambre Syndicale des Sociétés d'Etudes et de Conseils

SYSIF Système d'Interrogation de Fichiers

T., t.	Tome
TA	Tribunal Administratif
TAI	Traitement Automatique de l'Information
TC	Tribunal des Conflits
TCA	Taxe sur le Chiffre d'Affaires
TEC	Tarif Extérieur Commun
TED	Tableau Economique Développé
TEE	Tableau Economique d'Ensemble
TEI	Tableau d'Echanges Interindustriels
TGI	Tribunal de Grande Instance
THEMIS	(Automationsprojekt des Strafregisters)
TIGRE	(Datenfernübertragungsnetz der EDF)
TITN	Société de Traitement de l'Information Technique Nouvelle
TOM	Territoire d'Outre-Mer
TT	Transit Temporaire
TTC	Tout Taxes Comprises
TVA	Taxe sur la Valeur Ajoutée
UAP	Union des Assurances de Paris
UC	Unité Centrale
UCCMA	Union des Caisses Centrales de Mutualité Agricole
UDR	Union des Démocrates pour la République, o. Union pour la Défense de la Republique
UER	Unité d'Enseignement et de Recherche
UFM	Union Fédérale des Magistrats
UGAP	Union des Groupements d'Achats Publics
UGSD	Union de la Gauche Socialiste et Démocrate
UIA	Union Internationale des Avocats
UJA	Union des Jeunes Avocats
UNEDIC	Union Nationale Interprofessionnelle pour l'Emploi dans l'Industrie et le Commerce
UNPL	Union Nationale des Professions Libérales
URADCA	Unité de Recherche d'Analyse Documentaire et Calcul en Archéologie
URBAX	(Kommunale Strukturdatei)
URCSSAF	Union de Recouvrement des Cotisations de Sécurité Sociale et d'Allocations Familiales
URSSAF	Union Régionale de Sécurité Sociale et Allocations Familiales

URP	Union des Républicains de Progrès
UTA	Union des Transports Aériens
Verl.	Verlag
vgl.	vergleiche
VIRUS	Vidage et Restauration des Fichiers d'Application par Utilitaires Systèmes
VIVALDI	(Bibliotheksprogramm des SIC)
Vol., vol.	Volume
WACCC	World Air Cargo Commodity Classification
"X"	Ecole Polytechnique
ZAC	Zone d'Aménagement Concerté
ZAD	Zone d'Aménagement Differé
ZEAT	Zone d'Etudes d'Aménagement du Territoire
ZH	Zone d'Habitation
ZI	Zone Industrielle
ZIRST	Zone pour l'Innovation et les Réalisations Scientifiques et Techniques
ZUP	Zone d'Urbanisation par Priorité

9. Chronologie der einschlägigen gesetzgeberischen und administrativen Maßnahmen

Loi du 7 messidor an II sur l'organisation des Archives Nationales.

Loi (de finance) Nr. 46-854 du 27.4.1946 portant ouverture et annulation de crédits sur l'exercice 1946 (Budget 1946), Journal Officiel(+) 1.5.1946, S. 363o-3637.

Décret Nr. 46-1432 du 14.6.1946 portant règlement d'administration publique relatif à l'Institut National de la Statistique et des Etudes Economiques (INSEE), Journal Officiel 15.6.1946, S. 5273.

Loi Nr. 46-1889 du 28.8.1946 relative au contrôle des inscriptions sur les listes électorales et à la procédure des inscriptions d'urgence, Journal Officiel 29.8.1946, S. 75o2-75o3.

Loi Nr. 46-2294 du 19.1o.1946 portant statut général des fonctionnaires, Journal Officiel 2o.1o.1946, S. 891o-8918.

Décret Nr. 48-1129 du 15.7.1948 portant création d'une commission nationale d'identification des entreprises industrielles, artisanales et commerciales, Journal Officiel 16.7.1948, S. 6952-6953.

Décret Nr. 48-1233 du 28.7.1948 portant règlement d'administration publique en ce qui concerne les cabinets ministériels, Journal Officiel 29.7.1948, S. 746o-7461.

Loi Nr. 51-711 du 7.6.1951 sur l'obligation, la coordination et le secret en matière de statistiques, Journal Officiel 8.6.1951, S. 6o13-6o14.

(+) Die vollständige Bezeichnung des amtlichen Veröffentlichungsblatts der französischen Regierung lautet: Journal Officiel de la République Française: Lois et décrets, arrêtés, circulaires, avis, communications, informations et annonces.

Décret Nr. 51-1o3o du 21.8.1951 modifiant le décret Nr. 48-1233 du 28.7.1948 portant règlement d'administration publique en ce qui concerne les cabinets ministériels, Journal Officiel 22.8.1951, S. 8968-8969.

Décret Nr. 52-219 du 27.2.1952 modifiant les conditions de communication au public de documents versés aux Archives Nationales, Journal Officiel 2.3.1952, S. 2467.

Décret Nr. 52-1o59 du 15.9.1952 portant application de la loi Nr. 51-711 du 7.6.1951 sur l'obligation, la coordination et le secret en matière statistique, Journal Officiel 17.9.1952, S. 9112-9113.

Décret Nr. 54-485 du 11.5.1954 modifiant le décret Nr. 48-1233 du 28.7.1948 portant règlement d'administration publique en ce qui concerne les cabinets ministériels, Journal Officiel 12.5.1954, S. 4455.

Décret Nr. 55-584 du 2o.5.1955 relatif aux conditions de fonctionnement des comptes sur lesquels il peut être disposé par chèques, Journal Officiel 21.5.1955, S. 5o98-5o99.

Constitution (du 4 octobre 1958), lois organiques et ordonnances aux pouvoirs publics. Edition mise à jour au 15 octobre 1972, réimpression 1973, Ed. Journaux Officiels Nr. 1119, Paris 1973, 165 S.

Ordonnance Nr. 59-244 du 4.2.1959 relative au statut général des fonctionnaires, Journal Officiel 8.2.1959, S. 1747-1751.

Décret Nr. 6o-928 du 31.8.196o portant organisation des cadres de mécanographes titulaires sur machines à cartes perforées et statut de ces fonctionnaires, Journal Officiel 8.9.196o, S. 823o-8231.

Arrêté du 27.3.1961 portant création au Commissariat Général du Plan d'une Commission Permanente de l'Electronique, Journal Officiel 3o.3.1961, S. 3173-3174.

Décret Nr. 62-884 du 31.7.1962 modifiant le décret Nr. 52-219 du 27.2.1952 sur les documents versés aux Archives Nationales, Journal Officiel 4.8.1962, S. 7747.

Décret Nr. 62-921 du 3.8.1962 modifiant certaines règles relatives à la tenue des registres et à la publicité des actes de l'état civil, Journal Officiel 9.8.1962, S. 7918-7919.

Décret Nr. 62-1o85 du 14.9.1962 relatif au régime des programmeurs sur contrat des services mécanographes des diverses administrations de l'Etat, Journal Officiel 19.9.1962, S. 9123.

Décret Nr. 66-2o3 du 31.3.1966 portant création d'un Haut comité pour la défense de la langue française, Journal Officiel 7.4.1966, S. 2795.

(Rapport relatif à l'institution d'un plan calcul présenté par le Commissaire Général du Plan François Ortoli approuvé par le conseil interministériel du 19.7.1966 sous la présidence du Général de Gaulle.)

Décret Nr. 66-756 du 8.1o.1966 relatif aux attributions du Délégué à l'Informatique, Journal Officiel 11.1o.1966, S. 8939.

Décret du 8.1o.1966 portant nomination du Délégué à l' Informatique (M. Robert Galley), Journal Officiel 11.1o. 1966, S. 8939.

Arrêté du 8.1o.1966 portant nomination du président de la Commission permanente de l'Electronique (M. Robert Galley), Journal Officiel 11.1o.1966, S. 8939-894o.

Loi Nr. 67-7 du 3.1.1967 portant création d'organismes de recherche, (IRIA etc.), Journal Officiel 5.1.1967, S.131.

Décret du 22.2.1967 portant création d'une Commission de l' Informatique au Ministère de la Justice, Journal Officiel 23.2.1967, S. 1915.

(1ère Convention Etat - CII déf_inisssant la politique de produits de la CII, 13.4.1967).

Décret Nr. 67-722 du 25.8.1967 pris pour l'application de la Loi Nr. 67-7 du 3.1.1967 et relatif à (l'organisation de) l'Institut de Recherche d'Informatique et d'Automatique (IRIA), Journal Officiel 29.8.1967, S. 8643-8645.

Circulaire interministériel Nr. 14.o96/SG du 7.12.1967 relatif à l'équipement des administrations et entreprises publiques en matière de traitement de l'information. Premier Ministre / Ministre de l'Economie et des Finances, 4 S.

Arrêté du 15.1.1968 portant création d'une Commission de l' Informatique au Ministère de l'Intérieur, Journal Officiel 28.1.1968, S. 1o21.

Arrêté du 6.3.1968 portant création d'une Commission de l' Informatique au Ministère de l'Industrie, Journal Officiel 23.3.1968, S. 3oo6-3oo7.

Arrêté du 28.3.1968 portant création d'une Commission de l' Informatique au Ministère des Affaires Sociales, Journal Officiel 3o.4.1968, S. 4392-4393.

('Convention microélectronique' avec la SESCOSEM etc, juillet 1968.)

('Convention périphérique' avec la SPERAC, juillet 1968).

(Erstes DV-Förderungsprogramm der Bundesregierung, vorgelegt vom Bundesminister für Wissenschaftliche Forschung Dr. Gerhard Stoltenberg, 1o.9.1968).

Décret du 27.9.1968 portant nomination du Délégué à l'Informatique (M.Maurice Allègre), Journal Officiel 1.1o.1968, S. 9248.

Arrêté du 19.11.1968 portant création d'une Commission de l' Informatique dans les services du Premier Ministre, Journal Officiel 21.11.1968, S. 1o9o7.

Arrêté du 1.12.1968 portant création d'une Commission de l' Informatique au Ministère des Transports, Journal Officiel 18.2.1969, S. 1851-1852.

Arrêté du 24.5.1969 portant nominations des membres de la Commission Permanente de l'Electronique, Journal Officiel 29.5.1969, S. 5315.

Arrêté du 12.6.1969 portant création d'une Commission de l' Informatique au Ministère de l'Education Nationale, Journal Officiel 25.6.1969, S. 6479-648o.

Décret Nr. 69-724 du 18.7.1969 relatif aux attributions du Ministère du Développement Industriel et Scientifique, Journal Officiel 19.7.1969, S. 7323.

Arrêté du 3o.8.1969 portant création et nomination des membres d'un Comité électronique, informatique et industrie des télécommunications, Journal Officiel 12.9.1969, S. 9112.

Arrêté du 23.12.1969 relatif à l'organisation et aux attributions des organismes chargés des questions d'informatique au Ministère des Armées, Journal Officiel 15.1.197o, S. 548-549.

Décret Nr. 7o-236 du 19.3.197o relatif à l'organisation de l'administration centrale du Ministère de l'Education Nationale, Journal Officiel 19.3.197o, S. 2684-2685 (= Bulletin Officiel du Ministère de l'Education Nationale Nr. 13, 26.3.197o, S. 1o58-1o59).

Arrêté du 2.4.197o portant création de la Commission de Développement de l'Informatique au Ministère de l'Economie et des Finances, Journal Officiel 3o.3.197o, S. 4o67.

Circulaire ministériel du 6.4.197o relatif au fonctionnement de la Commission de Développement de l'Informatique au Ministère de l'Economie et des Finances, 4 S.

Discussion du projet de loi Nr. 973 et 1o74 du 23.4.197o relative à la centralisation de la documentation relative à la circulation routière, Journal Officiel: Débats

Parlementaires: Assemblée Nationale Nr. 26 AN, 24.4.197o, S. 1243-1256.

Arrêté du 11.5.197o portant création d'un Certificat d'aptitude aux fonctions de l'informatique (CAPFI), Journal Officiel 24.5.197o, S. 4851-4852.

Décret Nr. 7o-394 du 12.5.197o relatif à l'organisation du Ministère du Développement Industriel et Scientifique, Journal Officiel 13.5.197o, S. 45o3-45o4.

Arrêté du 14.5.197o relatif à l'organisation de l'administration centrale du Ministère de l'Ecucation Nationale, Journal Officiel 28.5.197o, S. 4959-4961 (= Bulletin Officiel du Ministère de l'Education Nationale Nr. 23, 4.6.197o, S. 1791-1799).

Arrêté du 25.5.197o relatif à la composition de la Commission de l'Informatique et de la rationalisation des choix budgétaires (RCB) du Ministère du Développement Industriel et Scientifique, Journal Officiel 5.6.197o, S. 5237.

Arrêté du 28.5.197o portant création d'une Commission de l' Informatique au Ministère des Affaires Etrangères, Journal Officiel 9.6.197o, S. 5328.

Discussion générale et adoption du projet de loi Nr. 195 et 228 (1969-197o) du 12.6.197o relative au fichier central des conducteurs, Journal Officiel: Débats Parlementaires: Sénat Nr. 26 S, 13.6.197o, S. 799-8o4.

Discussion générale et adoption du projet de loi Nr. 251 et 282 (1969-197o) du 18.6.197o tendant à renforcer la garantie des droits individuels des citoyens, Journal Officiel: Débats Parlementaires: Sénat Nr. 28 S, 19.6. 197o, S. 866-918.

Loi Nr. 7o-539 du 24.6.197o concernant la centralisation de la documentation relative à la circulation routière, Journal Officiel 25.6.197o, S. 5963-5964.

Loi Nr. 7o-643 du 17.7.197o tendant à renforcer la garantie des droits individuels des citoyens, Journal Officiel 19.7. 197o, S. 6751-6756 u. ff.

Note du 17.7.197o relative aux attributions du chargé de mission à l'informatique, Bulletin Officiel du Ministère de l'Education Nationale Nr. 3o, 23.7.197o, S. 2191-2193.

Arrêté du 1.9.197o relatif à la composition et au fonctionnement d'une Commission de l'Informatique du Ministère de l'Agriculture, Journal Officiel 23.9.197o, S. 8885.

Arrêté du 1.9.197o portant création d'une Commission de Développement de l'Informatique du Ministère de l'Equipement et du Logement et du Ministère des Transports, Journal Officiel 27.1o.197o, S. 9o21-9o22.

Arrêté du 24.9.197o portant création d'une Commission Interministérielle de l'Informatique, Journal Officiel 25.9. 197o, S. 8947, 1. Spalte.

Arrêté du 24.9.197o portant création d'une Commission (Interministérielle) des Personnels de l'Informatique, Journal Officiel 25.9.197o, S. 8947, 2. Spalte.

Hessisches Datenschutzgesetz vom 7.1o.197o, Gesetz- und Verordnungsblatt für das Land Hessen Teil I, 1Y3228A, Nr. 41 12.1o.197o, II 3oo-1o, S. 625-627.

Proposition de loi Nr. 1454 tendant à la création d'un Comité de Surveillance et d'un Tribunal de l'Informatique, présenté par M. Michel Poniatowski et les membres du groupe des Républicains Indépendants et apparentés. Enregistré à la Présidence de l'Assemblée Nationale le 3o octobre 197o, Annexe au procès-verbal de la séance du 25 novembre 197o. Assemblée Nationale, Constitution du 4 octobre 1958, Quatrième Législature, Première session ordinaire de 197o-1971, Imprimé Nr. 1454, 197oa, 7 S.

Adoption d'un projet de loi portant réforme hospitalière en première lecture, Séance du 4.11.197o, Journal Officiel: Débats Parlementaires: Sénat 5.11.197o, S. 1743-18oo.

Décret Nr. 7o-1o66 du 19.11.197o relatif à la communication au public des documents des Archives Nationales et des archives départementales, Journal Officiel 22.11.197o, S. 1o723-1o724.

Proposition de loi Nr. 1472 tendant à la création d'un Haut-Commissariat à la Défense des Droits de l'Homme. Présenté par M. Michel Poniatowski et les membres du groupe des Républicains Indépendants et apparentés. Enregistré à la Présidence de l'Assemblée Nationale le 24 novembre 197o, Annexe au procès-verbal de la séance du 25 novembre 197o. Assemblée Nationale, Constitution du 4 octobre 1958, Quatrième législature, Première session ordinaire de 197o-1971, Imprimé Nr. 1472, 197ob, 6 S.

Discussion, en première lecture, d'un projet de loi, adopté par le Sénat, portant rèforme hospitalière,Séances du 3.12.197o et du 4.12.197o, Journal Officiel: Débats Parlementaires: Assemblée Nationale 4.12.197o, S. 61o1-612o u. S. 6123-6139; 5.12.197o, S. 6181-6194, S. 6196-6214 u. S. 6216-6231.

Adoption d'un projet de loi portant réforme hospitalière en deuxième lecture, Séance du 14.12.197o, Journal Officiel: Débats Parlementaires: Sénat 15.12.197o, S. 2791-2821.

Loi Nr. 7o-1211 du 23.12.197o relative à la situation des fonctionaires affectés au traitement de l'information, Journal Officiel 24.12.197o, S. 11893.

Loi Nr. 7o-1318 du 31.12.197o portant réforme hospitalière, Journal Officiel 2./3.1.1971, S. 67-72.

Circulaire interministérielle du 12.1.1971 relative à l' application de la circulaire Nr. 14.096/SG du 7.12.1967 relatif à l'équipement des administrations et entreprises publiques en matière de traitement de l'information. Premier Ministre / Ministre de l'Economie et des Finances / Ministre du Développement Industriel et Scientifique, 7 S.

Arrêté du 19.2.1971 modifiant l'arrêté du 24.9.1970, Journal Officiel 21.2.1971, S. 1779.

Arrêté du 4.3.1971 portant création d'une Commission de Développement de l'Informatique au Ministère de la Justice, Journal Officiel 28.3.1971, S. 2934.

Arrêté du 12.3.1971 relatif aux attributions de la Délégation à l'Informatique, Journal Officiel 17.3.1971, S. 2572- 2573.

Décision du 17.3.1971 portant organisation de la Délégation à l'Informatique. Ministre du Développement Industriel et Scientifique, 2 S.

Arrêté du 1.4.1971 relatif à la désignation et aux attributions du chargé de mission interministériel pour les composants électroniques, Journal Officiel 2.4.1971, S. 3125.

Arrêté du 10.4.1971 portant nomination du chargé de mission interministériel pour les composants électroniques (M. Marc Chappey), Journal Officiel 20.4.1971, S. 3790.

Décret Nr. 71-341 du 29.4.1971 portant création de corps d'agents techniques de bureau et fixation des dispositions statuaires communes applicables à ces corps, Journal Officiel 8.5.1971, S. 4395-4396.

Décret Nr. 71-342 du 29.4.1971 relatif à la situation des fonctionnaires affectés au traitement de l'information, Journal Officiel 8.5.1971, S. 4396-4399.

Décret Nr. 71-343 du 29.4.1971 relatif aux fonctions et au régime indemnitaire des fonctionnaires de l'Etat et des établissements publics affectés au traitement de l'information, Journal Officiel 8.5.1971, S. 4399-44o1.

Arrêté du 6.5.1971 relatif à la composition de la Commission (Interministérielle) des Personnels de l'Informatique, Journal Officiel 11.5.1971, S. 4484.

Arrêté du 19.5.1971 portant création d'une Commission de l' Informatique au Ministère des Affaires Culturelles, Journal Officiel 19.6.1971, S. 5914.

Circulaire interministérielle du 9.6.1971 relative à l'harmonisation, à la simplification et au contrôle des questionnaires et formulaires administratifs, Journal Officiel 12.6.1971, S. 5669-5671.

(2ème Convention Etat - CII, 2.8.1971.)

Circulaire ministériel Nr. 2.152/CDI du 15.11.1971 relative au fonctionnement de la Commission de Développement de l' Informatique en Comité des projets; Allègement de la procédure. Ministre de l'Economie et des Finances, 3 S.

Arrêté du 3.1.1972 fixant le programme et la nature des épreuves des concours et examens portant sur le traitement de l'information, Journal Officiel 28.1.1972, S. 971-98o.

Décret Nr. 72-198 du 13.3.1972 portant modifications au code des marchés publics, Journal Officiel 14.3.1972, S. 2671-2673.

Décret Nr. 72-199 du 13.3.1972 portant création de Commissions Spécialisées des Marchés, Journal Officiel 14.3.1972, S. 2673-2677.

Circulaire interministérielle du 6.4.1972 relative à l' organisation du contrôle a priori des marchés passés par les services de l'Etat, Journal Officiel 11.4.1972, S. 3787-3792.

Code pénal. Edition mise à jour au 31.5.1972, Ed. Journaux Officiels, 1972, 225 S.

Décret Nr. 72-457 du 31.5.1972 fixant les modalités d'application de la loi Nr. 7o-539 du 24.6.197o en ce qui concerne la centralisation au Ministère de l'Intérieur des reseignements relatifs aux permis de conduire et aux décisions administratives les affectant, Journal Officiel 3.6.1972, S. 5596-5597.

Décret Nr. 72-655 du 12.7.1972 relatif aux attributions du Ministre de l'Aménagement du Territoire, de l'Equipement, du Logement et du Tourisme, Journal Officiel 13.7.1972, S. 7379.

Question écrite Nr. 25737 du 26.8.1972 de M. Michel Poniatowski relative aux libertés individuelles et à la mise sur ordinateur des fichiers administratifs et réponse du Ministre de l'Economie et des Finances Valéry Giscard d'Estaing au cours de la séance de l'Assemblée Nationale du 26.8.1972, Journal Officiel: Débats Parlementaires: Assemblée Nationale Nr. 68, 3o.9.1972, S. 38o5.

Décret Nr. 72-11o3 du 8.12.1972 relatif au Conseil National de la Statistique, Journal Officiel 13.12.1972, S. 1283o.

Décret Nr. 72-11o4 du 8.12.1972 fixant les attributions, la composition et le fonctionnement du Conseil National de la Statistique et portant application de la loi Nr. 51-711 du 7.6.1951 modifiée sur l'obligation, la coordination et le secret en matière de statistique, Journal Officiel 13.12.1972, S. 12831-12833.

Arrêté du 6.2.1973 modifiant le fonctionnement de la Commission de l'Informatique du Ministère des Affaires Culturelles, Journal Officiel 2o.2.1973, S. 19o7.

Décret Nr. 73-13o du 12.2.1973 portant création d'un Comité Consultatif de la Recherche en Informatique (CCRI), Journal Officiel 13.2.1973, S. 167o.

Arrêté du 13.2.1973 modifiant la réglementation relative au casier des contraventions de la circulation, Journal Officiel 18.2.1973, S. 1843.

Décret Nr. 73-338 du 13.3.1973 modifiant le décret Nr. 67-722 du 25.8.1967 pris pour l'application de la loi Nr. 67-7 du 3.1.1967 relatif à l'Institut de Recherche d'Informatique et d'Automatique (IRIA), Journal Officiel 24.3.1973, S. 3225-3226.

Arrêté du 13.3.1973 portant suppression du Comité de Recherche en Informatique (CRI), Journal Officiel 24.3.1973, S. 3226-3227.

Décret Nr. 73-314 du 14.3.1973 portant création d'un Système National d'Identification et d'un Répertoire des Entreprises et de leurs Etablissements (SIRENE), Journal Officiel 21.3.1973, S. 3o42-3o43.

Décret du 5.4.1973 portant nomination des membres du Gouvernement, Journal Officiel 6.4.1973, S. 3899.

Décret du 12.4.1973 portant nomination des secrétaires d'Etat, Journal Officiel 13.4.1973, S. 4331.

Arrêté du 29.11.1973 relatif à l'enrichissement du vocabulaire de l'Informatique (Journal Officiel 12.1.1974). Langue française: Vocabulaire de l'informatique. Textes d'intérêt général TIG Nr. 74-12, Ed. Journaux Officiels, Paris 1974, 5 S.

Intervention au Sénat, séance 1o.12.1973, de M. Michel Chauty, Rapporteur pour avis de la Commission des Affaires Economique et du Plan (recherche scientifique, énergie atomique et informatique) à propos de la politique de développement de l'informatique française, Journal Officiel: Débats Parlementaires: Sénat Nr. 68, 11.12.1973, S. 2691 (2693) - 2694.

Arrêté du 18.3.1974 portant modification des seuils d'examen des marchés par la Commission Spécialisée des Marchés d' Informatique, Journal Officiel 28.3.1974, S. 3494.

Arrêté du 18.3.1974 portant création d'une Division d'Informatique et d'Organisation au Ministère de la Justice, Journal Officiel 29.3.1974, S. 3523.

(Installation de la Commission 'Informatique et Libertés' par M. Jean Taittinger, Ministre d'Etat, Garde des Sceaux, Ministre de la Justice le 17 avril 1974.) (Vgl. Ministère de la Justice, Service de Presse (74g), 12 S.)

10. Bibliographie

Abraham, L.: Organisation du travail dans un centre de traitement de l'information. Ministère de l'Economie et des Finances, Direction du Personnel et des Services Généraux, Centre de Formation Professionnelle et de Perfectionnement, Oktober 1971, (Masch.-Schr.) 124 u. XXVIII S.(+)

L'Administration. Les Cahiers Français Nr. 143, Juli-August 1970, 48 S.

L'Administration. (Sonderheft über Verwaltungsautomation), L'Informatique Nr. 22, November 1971, S. 48-84.

"L'affaire du 'Canard Enchaîné': Le directeur de la DST refuse de laisser confronter ses collaborateurs avec ceux qui les accusent", in: Le Monde 28.12.1973, S. 22.

"L'affaire des écoutes au 'Canard Enchaîné': Les déclarations des MM. Messmer, Vertadier et Sanguinetti au début de l'affaire", in: Le Monde 13.12.1973, S. 12.

"L'affaire des écoutes au 'Canard Enchaîné': L'hebdomadaire révèle l'identité de deux nouveaux agents de la DST qui auraient participé à la pose des micros", in: Le Monde 28.2.1974, S. 14.

"L'affaire des écoutes clandestines: L'avocat du 'Canard Enchaîné' demande communication d'une lettre secrète du directeur de la DST au juge d'instruction", in: Le Monde 4.1.1974, S. 7.

"L'affaire des écoutes téléphoniques devant le Sénat", in: Le Monde 20.6.1973, S. 10.

(+) Bei den als Maschinenschriften (Masch.-Schr.) ausgewiesenen Unterlagen und Dokumenten handelt es sich um sog. "graue Literatur", d.h. regelmäßig um nicht-veröffentlichte interne Unterlagen öffentlicher Stellen. Dabei wird im einzelnen nicht unterschieden, ob die jeweiligen Unterlagen lediglich als maschinenschriftliche Einzelstücke oder aber (zu internen Zwecken) in vervielfältigter (fotokopierter, hektographierter etc.) Form vorliegen.
Soweit bei den bibliographischen Angaben zur "grauen Literatur" Ortsangaben nicht gemacht werden, befindet sich die jeweils verantwortliche Stelle in Paris.

"Affaires: Le capital de la CII va être augmenté", in: Le Monde 12.4.1974, S. 31.

Alia, Josette: "Les agents secrets du pouvoir: Dans la bataille farouche qui oppose les détenteurs des postes clefs de l' économie, les 'corpsards' sont en train d'arracher aux 'énarques' leur suprématie", in: Le Nouvel Observateur Nr. 487, 11.3.1974, S. 34-37.

Allal, Paul / Goldmann, Marcel: "Exploitation du recensement et fichier de la population: Angers et Colombes", in: Informatique et Gestion Nr. 17, April 197o, S. 29-32.

Allègre, Maurice: L'informatique et le Plan Calcul: Conférence prononcée au Ministère de l'Intérieur le 28 Juin 1968. Compte-rendu établi par la Direction Centrale des Affaires Administratives et Financières et des Services Communs, Service de l'Organisation et de l'Informatique / Sous-Direction des Personnels, Service du Recrutement, de la Formation et des Stages du Ministère de l'Intérieur, 1968a, (Masch.-Schr.) 15 S.

- "La stratégie du Plan Calcul", in: Informatique et Gestion Nr. 1, Oktober 1968b, S. 23-26.

- "L'informatique", in: Promotions, Numéro spécial: L'investissement et le progrès de la nation 1968c, S. 127-131.

- "L'informatique dans l'administration", (Interview) in: L' Informatique Nr. 6, September 1969 a, S. 8-13.

- "L'action de la Délégation à l'Informatique", in: Institut Français des Sciences Administratives: L'informatique dans l'administration. Journée d'études au Centre Français de Droit Comparé, 25.1.1969, Cahier Nr. 4, Ed. Cujas, Paris 1969b, S. 113-117.

- "Le Plan Calcul français", in: Les métiers de l'informatique, Avenir Nr. 213-214, April-Mai 197oa, S. 25-29.

- La politique de la Délégation à l'Informatique en matière de banques de données administratives. Allocution d'ouverture à l'occasion de la séance d'inauguration du Club des Banques de Données au siège de l'IRIA, Rocquencourt, France 1o.2.197o, OECD, Direction des Affaires Scientifiques DAS/SPR/ 7o.75, 23.12.197ob, (Masch.-Schr.) 11 S. (=Bulletin de Liaison du Club Banques de Données Nr. 2, August 197o).

- "Informatique et Gestion' fait le point avec Maurice Allègre, Délégué à l'Informatique", (Interview) in: Informatique et Gestion Nr. 28, Mai 1971a, S. 43-46.

- Point de vue du Délégué à l'Informatique sur les conséquences du développement de l'informatique sur les libertés publiques. Délégation à l'Informatique, Juni 1971b, (Masch.-Schr.) 8 S.

- "Un pays évolué doit avoir une grande industrie informatique: Interview de Maurice Allègre", in: Dirigeant Nr. 24, August-September 1971c, S. 12-14.

- L'informatique française. (Rede des Délégué à l'Informatique vom 8.2.1972) Conférences des Ambassadeurs, Grands Discours Français et Internationaux, Nouvelle Série Nr. 57, 1972a, S. 5-18.

- "De la France à l'Europe", in: Le Monde 19.9.1972b, S. 23 u. 28.

- Nécessité d'une politique globale à l'échelle d'un pays pour l'introduction de l'informatique dans l'administration. Colloque 'Informatique et Gouvernement', Florence 16.1o.1972c, (Masch.-Schr.) 7 S.

Allione, Roger: "Sécurité Sociale: Vers une banque nationale de données", in: Informatique et Gestion Nr. 23, Dezember 197o, S. 87-94.

"L'aménagement du territoire: Une philosophie pratique", in: L'Informatique Nr. 12, Januar 1971, S. 32-42.

Amoudry, Marc: "Les systèmes informatiques du Ministère des Finances: Situation actuelle et à venir à moyen terme", in: Bulletin de Liaison et d'Information de l'Administration Centrale de l'Economie et des Finances Nr. 54, Januar-März 1971, S. 63-77.

Antoine, Pierre: "Banques de données: Maîtriser la complexité", in: Les Français sur ordinateur, Projet Nr. 8o, Dezember 1973, S. 1188-12oo.

Antoine, Serge / Durand, Jacques / Monod, Jérôme: "Oú va la prospective française de l'aménagement du territoire?", in: 2ooo Revue de l'Aménagement du Territoire Nr. 21, 1971, S. 54-56.

Aoustin, Serge / Cassagne, Pierre: Modèles de gestion prévisionelle du personnel: Ministère de l'Education Nationale, France, Système automatique d'affectation des professeurs de l'enseignement public du second degré nouvellement recrutés. Conférence OTAN, Cambridge, 6.-1o.9.1971, (Masch.-Schr.) 16 S. u. Annex.

Armand, Louis: L'impact de l'informatique sur la société moderne. Supplément au Nr. 12I de Publicis Informations (o.J.), 13 S.

Arnaud, Rémy: "Nixdorf: Futur pôle de regroupement de l'informatique européenne", in: L'Entreprise Nr. 866, 13.4.1972, S. 12o-13o.

Assabgui, M. / Campel, M. / Gillyboeuf, J.P. / Martin, P. / Carfantan, A. / Rabechault, M.: "Les spécifications du Club Banques de Données: Rapport final du Groupe de Travail Télétraitement et Conversationnel", in: Institut de Recherche en Informatique et d'Automatique: Colloques IRIA, Banques de données, Aix-en-Provence 4.-6.6.1973, Rocquencourt 1973, S. 67-117.

"A l'Assemblée Nationale: La ratification de la convention européenne des droits de l'homme est un geste européen déclare M. Jobert", in: Le Monde 22.12.1973, S. 10.

Association pour le Développement de l'Informatique Juridique (ADIJ) / Centre National d'Information pour la Productivité des Entreprises (CNIPE): Colloque 'Informatique Juridique'. Compte-rendu des travaux, Versailles 15.1.1971, Paris 1971, 161 S.

Association pour le Développement de l'Informatique Juridique / Centre National d'Information pour la Productivité des Entreprises / Délégation à l'Informatique: Deuxième Colloque 'Informatique Juridique'. Compte-rendu des travaux, Versailles 21.4.1972, Paris 1972, 119 S.

Association Française de Cybernétique Economique et Technique (AFCET), Groupe de Travail 'Informatique et Société': La déontologie de l'informatique. Rapport intermédiaire interne, Ende 1973, (Masch.-Schr.) 5 S.

Association Française des Informaticiens (AFIN): Annuaire des informaticiens 1972, Paris 1972, 147 S.

Association Française de Normalisation (AFNOR): Abréviations dans les dénominations et adresses. Juni 1970, (Masch.-Schr.) 7 S. (=BIADI-Dokument EN 118). (+)

- Normalisation du langage de programmation COBOL dans les administrations française. 15.6.1971, (Masch.-Schr.) 5 S. (= BIADI-Dokument EN 77).

- Traitement de l'information: Normes françaises. Liste arrêtée au 31.1.1972, (Masch.-Schr.) 5 S. (=BIADI-Dokument EN 145).

Atelier Parisien d'Urbanisme (APUR): La banque de données urbaines. 14.4.1972, (Masch.-Schr.) 17 S. (= BIADI-Dokument EN 152).

(+) Die als "BIADI-Dokumente" gekennzeichneten Unterlagen und Veröffentlichungen sind unter der jeweiligen (EN-) Codenummer durch das Bureau Inter-Administration de Documentation Informatique im Original bzw. in der Kopie zu beziehen.

Aucagne, Noel: "L'emploi des ordinateurs dans les administrations publiques", in: Problèmes Economiques Nr. 1o25, 1967, S. 1o-12. (= "Réflexion sur l'emploi des ordinateurs dans les administrations publiques", in: Promotions, Numéro spécial: Ordinateurs et informatiques, 2. Trimester 1967).

- "L'informatique au Ministère de l'Economie et des Finances", in: Institut Français des Sciences Administratives: L' informatique dans l'Administration. Journées d'études au Centre Français de Droit Comparé, 25.1.1969, Cahier Nr. 4, Ed. Cujas, Paris 1969, S. 15-23.

Audoin, Pierre: "Réalités et chances de l'industrie française de l'informatique", in: L'informatique, Les Cahiers Français Nr. 147, März-April 1971a, S. 14-17.

- "En France l'informatique est-elle sous ou surutilisée?", (Diskussionsbeitrag) in: Les Dossiers de l'Entreprise - Spécial SICOB 71 Nr. 26, September 1971b, S. 21-23.

- "L'informatique, un élément autonome de croissance économique", in: 2ooo Revue de l'Aménagement du Territoire Nr. 21, 1971c, S. 4o-42.

Audoin , Pierre / Font, Jean-Marc: "Un an après, le Plan Software: Une interview de Pierre Audoin, Délégué Adjoint à l'Informatique, et de Jean-Marc Font, responsable du Plan Software à la Délégation à l'Informatique", in: L'Informatique Nr. 27, April 1972, S. 31-36.

Auffray, Jules: L' 'affaire des fiches': Le Jugement, Quelques documents. Ed. Clermont-Ferrand, Paris 19o5, 91 S.

Autexier, Christian / Heppenheimer, Mireille: "Essai de définition de l'administration de mission", in: Bulletin de l'Institut International d'Administration Publique Nr. 18, April-Juni 1971, S. 87-129.

Avril, Pierre: Les Français et leur parlement. Ed. Casterman, Tournai 1972, 145 S.

Backmann, René: "Ecoutes téléphoniques: 'Ne coupez pas...' ", in: Le Nouvel Observateur Nr. 45o, 25.6.1973a, S. 22-23.

- "Les Français dans le fichier", in: Le Nouvel Observateur Nr. 466, 15.1o.1973b, S. 42-44.

- "Gouvernement: La chute de Marcellin", in: Le Nouvel Observateur Nr. 175, 17.12.1973c, S. 22-25.

Backmann, René / Giesbert, Franz-Olivier: "La fiche d'écoutes de Jacques Chirac", in: Le Nouvel Observateur Nr. 487, 11.3. 1974, S. 26-27.

de Baecque, Francis: L'administration centrale de la France. Collection U, Série Droit Public Interne, Librairie Armand Colin, Paris 1973, 398 S.

"Banques de données de l'administration", in: L'Informatique, Les Cahiers Français Nr. 147, März-April 1971, S. 47.

Baquiast, Jean-Paul: "L'informatique dans les services publics régionaux et locaux", in: Institut Français des Sciences Administratives: L'informatique dans l'administration. Journées d'études au Centre Français de Droit Comparé, 25.1.1969, Cahier Nr. 4, Ed. Cujas, Paris 1969, S. 95-98.

- "L'administration et l'informatique: Situation actuelle et perspectives à lo ans de l'informatique dans l'administration française", in: L'informatique, Les Cahiers Français Nr. 147, März-April 1971a, S. 24-27.

- "La Délégation à l'Informatique et les projets d'automatisation de l'administration", in: L'Informatique Nr. 22, November 1971b, S. 82-84.

- "La Délégation à l'Informatique s'adresse aux informaticiens" (exposé du point de vue de la Délégation à l'Informatique) in:O.1.Informatique-Mensuel Nr. 7, September 1971c, S. 46-51.

- Informatique et administrations - 198o-199o -: Note de synthèse prospective. Ministère de l'Economie et des Finances, 1973, (Masch.-Sch.) 48 S. (= Bulletin de l' Institut International d'Administration Publique Nr. 25, Januar-März 1973, S. 85-123).

Barraine, Raymond: Dictionnaire de droit de A.Perraud-Charmantier. 3. völlig neubearbeitete Aufl., Librairie Générale de Droit et de Jurisprudence, Paris 1967, 325 S.

Barranger, Jean: "Le Plan Comptable et l'informatique", in: L'Informatique Nr. 25, 1972, S. 17-24.

Barré Michel: "Informatique et Gestion fait le point avec Michel Barré, Président Directeur Général de CII", (Interview) in: Informatique et Gestion Nr. 16, März 197o, S. 8-1o.

Baudu / Bacon: "Elaboration d'un schéma directeur informatique à la DTRN", in: AFCET: Informatique et télécommunications, Congrès AFCET à Rennes 7.-9.11.1973, Tome 1, 1973, S. 2o7-218.

de Beaufort, Hubert: "A travers le sixième plan: Quelle informatique?", in: O.1.Informatique-Mensuel Nr. 2, Februar 1971, S. 33-35.

Belorgey, Gérard: Le gouvernement et l'administration de la France. Préface de François Gazier. Collection U, Série Société politique, 2. Aufl., Librairie Armand Colin, Paris 197o, 451 S.

Benhamou, J.P.: "Projet SIROCO", in: Institut de Recherche en Informatique et d'Automatique: Colloques IRIA 'Banques de données', Aix-en-Provence, 4.-6.6.1973, Rocquencourt 1973a, S. 179-187.

- "SIROCO", in: Ministère de l'Equipement et du Logement, Secrétariat Général du Groupe Central des Villes Nouvelles/ Secrétariat Permanent de la Commission de Développement de l'Informatique: Les villes nouvelles et l'informatique. Protokoll der Tagung vom 15.-16.5.1972 im CETE, Aix-en-Provence, April 1973b, S. 59-62. (= BIADI-Dokument EN 274).

Berger, Pierre: "Nos libertés face à l'informatique: Dictature ou démocratie nouvelle?", in: O.1.Informatique-Mensuel Nr. lo, Dezember 1967, S. 15-18.

- "Informatique européenne: Enfin du concret", in Informatique et Gestion Nr. 36, März 1972, S. 73-75.

Bertherat, M.: "La tarification de l'accès à l'information économique quantiative détenue par les administrations", in: AFCET-IRIA: Journées 'Banques de données', 4ème Session 'Les problèmes économiques des banques de données', 18.6.1971 à Aix-en-Provence, Paris-Le Chesnay 1971, S. 373.16-382.16.

Bertrand, Edmond: "Aspect juridique et administratif des banques de données", in: Informatique et Gestion Nr. 24, Januar 1971a, S. 79-85.

- "Les problèmes juridiques posés par l'utilisation des banques de données: Rapport introductif", in: AFCET-IRIA: Journées 'Banques de données', 3ème sessions, 18.6.1971 à Aix-en-Provence, Paris-LeChesnay 1971 b, S. 331.12-338.12.

- "La notion d'interêt public": Extraits d'une communication présentée aux Journées 'Software des Banques de Données', Aix-en-Provence, 17.-19.6.1971, in: Françoise Gallouédec-Genuys (Hrsg.): L'informatique et les libertés, Problèmes Politiques et Sociaux Nr. 55, 15.1.1971c, S. 38-42.

Bialot, Edmond: "Harmonisation et Optimisation des pratiques COBOL", in: Informatique et Gestion Nr. 4o, August-September 1972, S. 55-57.

Bildegain, Jean: Une conspiration sous la Troisième République: La vérité sur l' 'affaire des fiches'; Avertissement par le Colonel Comte de Remel, Comte de Colleville et Paul Duché. Ed. La Renaissance Française, Paris 191o, 243 S.

Binet, P. / Lesca, H.: Eléments d'informatique appliquée à la gestion. Ed. Dalloz, Paris 1973, 3o7 S.

Birou, Alain: "Technocratie", in: Vocabulaire pratique des sciences sociales. Les Editions Ouvrières, Paris 1966, S. 279. (zitiert nach Roland Drago (71), S. 4o8-4o9).

Blanc, Laurent: La fonction publique. 'Que sais-je?' Nr. 1415, Ed. Presses Universitaires de France, Paris 1971, 126 S.

Boegner, Antoinette: "Où en est le CAPFI?", in: Informatique et Gestion Nr. 3o, August-September 1971, S. 67-7o.

Bompard, M.: "Conception d'un système informatique de gestion pour un organisme du service public", in: AFCET: Informatique de gestion: Applications. Congrès d'Informatique, Paris 21.-25.9.197o, Brochure Nr. 7, 197o, S. G 4.6.127-G4.6.151.

Bon,Frédéric / Burnier, Michel-Antoine: Les nouveaux intellectuels. 2. überarb. Aufl., Ed. Seuil, Paris 1971, 254 S.

Bonnafy,M.: "L'organisation d'un réseau d'informatique", in: Ministère de l'Economie et des Finances, Direction du Personnel et des Services Généraux, Centre de Formation Professionnelle et de Perfectionnement: Conférences sur l'informatique au Ministère de l'Economie et des Finances. September 197o, S. 37-52.

Bonnechère, Ernest: Training Policies for Data Processing Personnel: A Practitioner Looks at the Ethics of Data Processing. OECD, Directorate for Scientific Affairs, Computer Utilisation Group DAS/SPR/73.23 (restricted), Paris 27.2.1973, (Masch.-Schr.) 19 S.

Bonnot, Gérard: "La fin de la vie privée", in: L'Express Nr. 1o8o, 2o.3.1972, S. 84-87.

Bottin administratif et documentaire 1972. 175. Jahrgang, Ed. Didot-Bottin, Paris 1972, 1184 S.

Boucher, Philippe: "Tandis que le Ministère de l'Intérieur développe la centralisation de ses renseignements: Une division de l'informatique est créée à la chancellerie: 'SAFARI' ou la chasse aux Français", in: Le Monde 21.3. 1974a, S. 9.

- "Le débat sur les libertés: 'amuser le tapis'", in Le Monde 28./29.4.1974b, S. 1 u. 8.

Boulicault, Jean: "Des experts en informatique près des tribunaux, in: O.1.Informatique-Hebdomadaire Nr. 215, 6.11. 1972, S. 7.

Bouvet, Carlos: "Droit à l'information et 'transparence' de l'action administrative aux Etats-Unis", in: Le Bulletin de Liaison et d'Information de l'Administration Centrale de l'Economie et des Finances Nr. 56, Juli-September 1971, S. 25-37.

Braibant, Guy: "L'informatique dans l'administration", in: Revue Internationale des Sciences Administratives Nr. 4, 1968, S. 341-346.

- "Introduction", in: Institut Français des Sciences Administratives: L'informatique dans l'administration. Journée d'études au Centre Français de Droit Comparé, 25.1.1969, Cahier Nr. 4, Ed. Cujas, Paris 1969, S. 5-14.

- "Perspectives et problèmes du développement de l'informatique dans l'administration publique au cours de la prochaine décennie", in: Revue Internationale des Sciences Administratives Nr. 3, 1971a, S. 2o1-211. (= Interregional Seminar on the Use of Modern Management Techniques in the Public Administration of Developing

Countries. Washington, D.C., 27.1o.-6.11.197o, Volume II: Technical Papers, Ed. United Nations, Department of Economic and Social Affairs ST/TAO/M/52/Add. 3, New-York 1971, S. 16-32).

- "La protection des droits individuels au regard du développement de l'informatique", in: Revue Internationale de Droit Comparé Nr. 4, Oktober-Dezember 1971b, S. 793-817.

- "L'informatique dans l'administration", in: Roland Drago (71), Paris 1971c, S. 318-324. (= Guy Braibant (69), S. 5-14).

- "Informatique et libertés en France: Positions doctrinales et orientations législatives", in: Instiut Belge des Sciences Administratives: Actes du colloque sur les aspects institutionnels, juridiques et déontologiques de l'informatique, Bruxelles 14.-15.5.1971. Organisé à la Cité Administrative de l'Etat sous le haut patronage de Monsieur le Ministre de la Fonction Publique, Brüssel 1971 d, S. 2o5-225. (entspricht weitgehendst Guy Braibant (71b), S. 793-817).

- "Informatica in vrijheid in Frankrijk: Doctrinale standpunten en richting welke de wetgever uitgaat", Brüssel 1971e, (Zusammenfassung von Guy Braibant (71d)), aaO., S. 227-231.

Brandt / Drape / Sautreau / Dubuisson: "Le point de vue de la Direction Générale des Impôts", in: Ministère de l'Equipement et du Logement, Secrétariat Général du Groupe Central des Villes Nouvelles / Secrétariat Permanent de la Commission de Développement de l'Informatique: Les villes nouvelles et l'informatique. Protokoll der Tagung vom 15.-16.5.1972 im CETE, Aix-en-Provence, April 1973, S. 87-94.

Braud, Philippe: La notion de liberté publique et ses implications en droit français. Préface de Georges Dupuis. Bibliothèque du Droit Public Tome LXXVI, Librairie Générale de Droit et de Jurisprudence, Paris 1968, 476 S.

Braunschweig, André: "La justice et les libertés individuelles", in: La justice, Les Cahiers Français Nr. 156-157, September-Dezember 1972, S. 52-57.

Bruguiere, Henry-Louis: "Les banques d'information économiques: Un mythe ou une réalité?", in: Ingénieurs et Cadres de France Nr. 134, Mai 1971, S. 25-39.

Bulletin de l'IRIA, Numéro spécial sur l'Institut de Recherche d'Informatique et d'Automatique, Nr. 9, November 1971, 29 S.

Burdeau, Georges: La démocratie. 2. Aufl. Ed. Seuil, Paris 1966, 189 S.

Bureau, Jacques / Namian, Paul: Dicrionnaire de l'informatique. Librairie Larousse, Paris 1972, 221 S.

Calot / Greiveldinger: "Le projet SAFARI: Le répertoire des personnes", in: Informatique Municipale. Tagung im IRIA, Rocquencourt 2o.-23.9.1971, Beiheft Nr. 2 zu Cahiers de l'Expansion Régionale Nr. 58-59, Dezember 1971, S. 45-48.

"Le 'Canard Enchaîné' et les écoutes téléphoniques: Il y avait des micros chez M. François Mitterand, affirme l' hebdomadaire", in: Le Monde 17.1.1974, S. 32.

Caplat, Guy: "Pour une utilisation généralisée du numéro d' identification de Français", in: La Revue Administrative Nr. 98, 1964, S. 189-192.

Cardoze, Michel: "Le secrétaire général de l'UDR a-t-il disposé du fichier de l'ORTF?", in: L'Humanité 22.6.1972a, S. 4.

- "Poniatowski 'défend' les libertés que son gouvernement restreint", in: L'Humanité 26.7.1972b.

Carfantan, Alain: "Software mis en oeuvre par des utilisateurs", in: Bulletin de l'Institut de Recherche d'Informatique et d'Automatique Nr. 9, November 1971, S. 37-44.

Caroly, Jean-Marie: "Les contrôles de validité des fichiers administratifs", in: Informatique et Gestion Nr. 14, Januar 197o, S. 57-64.

"Carrières dans l'informatique? Appelez le CICI", in: L' Informatique Nr. 19, August 1971, S. 42.

Carteron, Jean: "L'informatique et la centralisation administrative", in: Informatique et Gestion Nr. 4o, August-September 1972, S. 74-76.

- "Prenons rendez-vous pour 199o", in: Le Monde 15.9.1973, S. 31.

Cataldi, Giuseppe: Les perspectives de l'automation dans le processus administratif. Association Internationale d' Etudes sur la Mécanisation, VIème Rencontre Internationale de Mécanographie et d'Informatique, Avignon 2o.-23.1o.1971, 18 S.

Catherine, Robert: Le fonctionnaire français. Ed. Albin, Paris 1961, S. 3o2-3o6. (zitiert nach Roland Drago (71), S. 17o-174).

Centre d'Electronique de l'Armement, Service Technique, Département Informatique et Calcul: Centre de calcul de Toulon Etude comparée des matériels proposés. Juni 197o (Masch.-Schr.) 13 S. (= BIADI - Dokument EN 111).

Centre d'Etudes Pratiques d'Informatique et d'Automatique: CEPIA: Programmes et calendrier 1974. Rocquencourt-Domaine de Voluceau, 1973, 31 S.

Centre d'Information sur les Carrières liées à l'Informatique: Les professions de l'informatique. Ed. IRIA, Rocquencourt, Mai 1971, 16 S.

Centre National d'Etudes des Télécommunications, Groupement Informatique et Transmission de Données: Proposition pour l'architecture du Réseau HERMES. Note technique Projet ITD/TDP/5., Nr. FTP.o224, 1ère Edition, 4.7.1972, 51 S.

- ORTI (Optimalisation des réseaux de téléinformatique). Notice d'utilisation de G. Gatot et J. Grassin, Document de travail ITD/CES/23, Référence FIT o3o9, Mai 1973, 37 S. (= BIADI-Document EN 334).

Chamoux, Jean-Pierre: Le juriste et l'ordinateur. Librairies Techniques, Paris 1972, 195 S.

Chantebout, Bernard: Le contrôle parlementaire. Documents d'études Nr. 14, Droit constitutionnel et institutions politiques, Georges Burdeau (Hrsg.), Ed. La Documentation Française, Dezember 197o, 32 S.

Chapel, Yves: "Le XVe Congrès International des Sciences Administratives, Rome 6.-11.9.1971", in: La Revue Administrative Nr. 143, September-Oktober 1971, S. 579-583.

Charbonnel, Jean: "Discours du Ministre du Développement Industriel et Scientifique à l'occasion de la Convention Informatique", 19. 9.1972, in: Délégation à l'Informatique: Informatique 1972. Ed. La Documentation Française, Paris 1972, S. 13-17.

- "Priorité à la coopération, face à une position dominante inacceptable d'IBM, (Interview) in: Les Echos 6.7.1973a, S. 12.

- "L'informatique et le citoyen", in: Le Monde 2o.9.1973b, S. 29.

"A la CII: 'Je connais les dangers d'une utilisation abusive de l'informatique'", (Auszüge einer Rede des Premier Ministre Pierre Messmer) in: Le Monde 3o.9.1972, S. 8.

Claisse, Guy: "Téléphone: La moralisation des écoutes", in: L'Express Nr. 1146, 25.6.1973, S. 44.

Clarke, Robert / Skrotzky, Nicolas: "L'ordinateur et vous: Le 'numéro national' de chaque Français aura 15 chiffres", in: France Soir 29.1o.1971, S. 11.

"MM. Clavel, Debû-Bridel et Sartre confirment leurs plaintes pour écoutes téléphoniques", in: Le Monde 9.11.1973, S. 25.

Clerc, Jean-Pierre: "Les Français en fiches", in: Le Monde 12./13.11.1972, S. 7 u. 13.

"Club des énarques et projet industriel", in: Le régime politique français. Le Monde, Dossiers et Documents, Dezember 1973, 4 S.

"Code de la profession", in: Supplément (de l'AFIN) à O.1.Informatique-Hebdomadaire Nr. 253, 24.9.1973, S. VIII.

Collège des Techniques Avancées et de l'Aménagement du Territoire: 1er Colloque international sur l'aménagement du territoire et les techniques avancées, Tome III: L'informatique et ses transmissions: A - Rapport préparatoire (Rapporteurs: Yves Lecerf / Georges Leroy), S. 1-61; B - Journées du mardi 26 mars 1968 (Protokoll), S. 63-154. Ed. La Documentation Française, Paris 1968, 155 S.

Collet, Robert: "Data security: L'homme est-il en danger?", in: O.l.Informatique-Hebdomadaire Nr. 252, 17.9.1973, S. 2o.

Colliard, Claude-Albert: Libertés publiques. 4. Aufl., Ed. Dalloz, Paris 1972, 772 S.

Comité Central d'Enquête sur le Coût et le Rendement des Services Publics: Etat des travaux du Comité Central d' Enquête sur le Coût et le Rendement des Services Publics, 8e Rapport. Ed. La Documentation Française, Paris 1971, 24o S.

"Le Comité Interministériel pour l'Information: 'La mise en place de réseaux électroniques dans l'administration ne porte pas atteinte à la vie privée'", in: Le Monde 23.8. 1972, S. 16.

"Un comité de recherche pour l'informatique française", in: O.l.Informatique-Hebdomadaire Nr. 229, 19.2.1973, S. 1 u. 12.

Commissariat Général du Plan, Commission Permanente de l'Electronique, Comité VIe Plan Electronique, Informatique et Industrie des Télécommunications: Rapport du Groupe de Travail 'Transmission de Données'. Mai 1971, 74 S. (= BIADI-Dokument EN 8o).

Commission des Communautés Européennes, Direction Générale de la Presse et de l'Information: "Pour encourager le développement de l'informatique, la Communauté admet des aides gouvernementales", in: Information 21/72, 26.6.1972, 4 S.

Commission Interministérielle de l'Informatique, Groupe 'Systèmes d'Information': Résultats d'une enquête sur les systèmes d' informations de l'administration et de quelques entreprises publiques: (I) Réunion de la Commission Interministérielle de l'Informatique du 16 juin 1972 (Zusammenfassung der Untersuchung), 16.5.1972aI, (Masch.-Schr.) 3 S.
(II) Note Nr. 1: Les banques de données de l'administration, 25.5. 1972aII, (Masch.-Schr.) 61 S. (= BIADI-Dokument EN 2o7).

(III) Note Nr. 2: Autres systèmes d'informations, 25.5.1972aIII, (Masch.-Schr.) 12 S. (= BIADI-Dokument EN 2o8).
(IV) Note Nr. 3: Données statistiques, 25.5.1972aIV, (Masch.-Schr.) 7 S. (= BIADI-Dokument EN 2o9).

- , Groupe 'Evaluation - Normalisation': Etude des méthodes de détermination d'un langage COBOL commun, 31.5.1972b, (Masch.-Schr.) 4 S. (= BIADI-Dokument EN 16o).

- , Groupe 'Evaluation - Normalisation': Equipe COBOL C: Point au 1.1o.1972c (Masch.-Schr.) 4 S. (= BIADI-Dokument EN 216).

- Délibérations concernants:
  (I) Les schémas directeurs,
  (II) Les problèmes de normalisation,
  (III) Les identifiants,
  (IV) Une expérience pilote d'harmonisation des fichiers administratifs. Beschlüsse der Tagung vom 21.12.1972dI-IV, (Masch.-Schr.) 4 S.

- , Groupe 'Evaluation - Normalisation: Equipe COBOL C: Activités 1972, projets pour 1973, 9.3.1973a, (Masch.-Schr.) 1o S. (= BIADI-Dokument EN 262).

- , Groupe 'Evaluation - Normalisation': Sondage BIADI 1973, Résultats du sondage fait parmi les abonnés au BIADI au 1.12.1972. 15.3.1973b, (Masch.-Schr.) 9 S. (= BIADI-Dokument EN 265).

- , Groupe 'Evaluation - Normalisation: Historique du Bureau Inter Administration de Documentation Informatique, 1.4.1973c, (Masch.-Schr.) 13 S. (= BIADI-Dokument EN 272).

- , Groupe 'Evaluation - Normalisation': Documentation technique (Revues): Liste et description des revues d'actualité économique et des revues spécialisées dans le domaine de l'informatique et l'organisation reçues au BIADI, 4.6.1973d, (Masch.-Schr.) 7 S.

- , Groupe 'Evaluation - Normalisation': Bulletin du BIADI: Catalogue du fonds documentaire, 5.11.1973e, (Masch.-Schr.) ca. 9o S. (= BIADI-Dokument EN 1).

- , Groupe 'Evaluation - Normalisation': Cobol-C: Langage de programmation compatible, 1973 f, (Masch.-Schr.) 25o S. (= BIADI-Dokument EN 285).

- , Groupe 'Evaluation - Normalisation': COBOL-C: Support de cours, 1973 g, (Masch.-Schr.) 117 S. (= BIADI-Dokument EN 3o8).

- , Groupe 'Evaluation - Normalisation': Textes réglementaires sur le statut des personnels informaticiens dans la fonction publique. 18.2.1974, 19 S. (= BIADI-Dokument EN 357).

"Computer: Schnelle Sklaven", in: Der Spiegel Nr. 44, 29.1o. 1973, S. 194-195.

"Computers: Fighting again", in: The Economist 23.2.1974, S. 98.

"Confrontation dans l'affaire du 'Canard Enchaîné': Mme Bertin a formellement reconnu M. Laborde, inspecteur de la DST", in: Le Monde 13./14.1.1974, S. 8.

Conseil Economique et Social, Section de la Production Industrielle et de l'Energie: "Conséquences prévisibles du développement de l'automatisation de la gestion des entreprises", Etude présentée sur le rapport de M. Pierre Lhermitte du 14.12.1967, in: Journal Officiel: Avis et Rapports du Conseil Economique et Social Nr. 6, 14.3.1968, S. 317-4o4.

Conseil d'Etat, Section Sociale: Extrait du registre des délibérations. Séance du 11.3.1965, Avis, Rapporteur: Monsieur Guillaume, Nr. 291-458 (anläßlich einer Anfrage des Ministre du Travail hinsichtlich der Rechtmäßigkeit der Informationsweitergabe durch die Sozialversicherungen an dritte Behörden), 11.3.1965, (Masch.-Schr.) 4 S.

- , Commission de l'Informatique: Rapport général. 1969a, (Masch.-Schr.) 2o S.

- Le Conseil d'Etat et les problèmes de l'informatique. 1969b, (Masch.-Schr.) 2o S.

- , Commission du Rapport: Projet de plan pour la première partie du rapport du Groupe de Travail 'Informatique': (I) Informatique et décision administrative. 9.7.197o I, (Masch.-Schr.) 9 S.

- , Commission du Rapport: Projet de plan pour la deuxième partie du rapport du Groupe de Travail 'Informatique': (II) Informatique et libertés publiques et privées. 8.7.197o II, (Masch.-Schr.) 15. S.

- Rapport annuel 1969-197o, Troisième partie: Réformes d'ordre législatif, réglementaire ou administratif, Deuxième étude: Les conséquences du développement de l'informatique sur les libertés publiques et privées et sur les décisions administratives, Fascicule 3. (vertraulich, gedruckt bei Journaux Officiels) Januar 1971a, 3o S.

- Rapport sur l'application de l'informatique à la documentation juridique. Dezember 1971b, (Masch.-Schr.) 29.S. u. Annexe.

Constitution française du 4 octobre 1958. Documents d'études, Droit constitutionnel et institutions politiques Nr. 4, herausgegeben von Georges Burdeau, Ed. La Documentation Française, Paris Februar 197o, 32 S.

"Constitution d'un réseau d'informatique administrative", Rapport résumé de la Commission de l'Informatique de Gestion du Ministère de l'Education Nationale sur la constitution d'un réseau d'informatique administrative, in: Bulletin d'Informatique de Gestion du Ministère de l'Education Nationale Nr. 4, März-April 1971, S. 2-7.

"Contre le jargon informatique: La bonne administration commence par le bon français" , in: Bulletin d'Informatique de Gestion du Ministère de l'Education Nationale Nr. 8, Januar-März 1972, S. 11-12.

Convention Informatique: Actes: Textes complets des communications de la Convention Informatique lors du SICOB 18.-25.9.1973, Paris 1974, 548 S.

Cornu, Francis: "Le contrôle des écoutes téléphoniques: Un débat ou 'chacun en sait trop long sur chacun'", in: Le Monde 13.11.1973, S. 13.

Costa, Jean-Paul: "Informatique et libertés publiques", in: L'informatique, Les Cahiers Français Nr. 147, März-April 1971, S. 5o-51.

Cotta, Michèle: "Qui gouverne la France?", in: L'Express 24.7.1972, S. 14-18.

Cotteret, Jean-Marie: "Ordinateur et démocratie", in: IBM-Informatique Nr. 8, 1. Trimester, 1973, S. 25-29.

Cour de Cassation: Rapport de la Cour de Cassation: Année judiciaire 1971-1972 présenté à M. le Garde des Sceaux en exécution des articles 12-13 du décret du 22.12.1967. Ed. La Documentation Française, Paris 1972, 96 S.

Cour des Comptes: Rapport au Président de la République suivi des réponses des administrations, Année 1969. Ed. Journaux Officiels, Paris Juni 1971, 2o8 S.

- Rapport au Président de la République suivi des réponses des administrations, Année 197o. Ed. Journaux Officiels, Paris Juni 1972, 192 S.

- Rapport au président de la République suivi des réponses des administrations, Année 1971. Ed. Journaux Officiels, Paris Juni 1973, ca. 2oo S.

des Courtils, H.: "L'insertion des opérations administratives dans une gestion automatisée du commerce international", in: Ministère de l'Economie et des Finances, Direction du Personnel et des Services Généraux, Centre de Formation Professionnelle et de Perfectionnement: Conférences sur l'informatique au Ministère de l'Economie et des Finances. September 197o, S. 73-88.

Coutant, Pierre: "Contribution à la définition d'une politique de l'utilisation par l'administration des moyens informatiques de gestion", in: La Revue Administrative Nr. 133, Januar-Februar 197o, S. 79-81.

Crozier, Michel: Le phénomène bureaucratique: Essai sur les tendances bureaucratiques des systèmes d'organisation modernes et sur leurs relations en France avec le système social et culturel. Ed. Seuil, Paris 1963, 382 S.

- "Pour une théorie sociologique de l'action administrative", in: Traité de science administrative. Ed. Mouton, Paris 1966, S. 769-772.

- "L'ordinateur remet en cause le pouvoir", in: L'Expansion Dezember 1969, S. 66-67. (zitiert nach Roland Drago (71), S. 31o-312).

- La société bloquée. Ed. Seuil, Paris 197o, 241 S.

"Dans le secteur public l'informatique est malpartie", in: Administration Nr. 77, November 1972, S. 157-159.

Dardenne, Philippe: "L'informatique communautaire: Des souhaits, rien que des souhaits", in: O.l.Informatique-Hebdomadaire, Nr. 23o, 26.2.1973, S. 6.

Daubie, C.: "Les répercussions politiques, constitutionnelles et administratives du développement de l'informatique", in: Institut Belge des Sciences Administratives: Actes du colloque sur les aspects institutionnels, juridiques et déontologiques de l'informatique, Bruxelles 14.-15.5.1971. Organisé à la Cité Administrative de l'Etat sous le haut patronage de Monsieur le Ministre de la Fonction Publique, Brüssel 1971, S. 25-72. (entspricht weitgehendst François, Aimé / Delpérée, Francis et al. (71) S. 1o5-132).

Debbasch, Charles: "Méthodes modernes de la réforme administrative", in: Bulletin de l'Institut International d'Administration Publique Januar-März 1969, S. 26 ff. (zitiert nach Roland Drago (71), S. 158-161).

- Science administrative: Administration publique. 2. Aufl., Ed. Dalloz, Paris 1972, 72o S.

- "La grande langueur des administrations centrales", in: Le Monde 6.3.1974, S. 9.

Debré, Michel: "Problèmes économiques et organisation administrative", in: Revue Française de Science Politique 1956, S. 3o9-31o. (zitiert nach Roland Drago (71), S. 134-135).

Delattre, Michel: "L'enseignement de l'informatique au Ministère des Finances", in: Informatique et Gestion Nr. 27, April 1971, S. 69-73.

Delcros, Xavier / Delcros, Bertrand: La responsabilité administrative. Documents d'Etudes - Droit Administratif Nr. 2o5-2o6, Ed. La Documentation Française, Paris Dezember 1972, 64 S.

Délégation à l'Aménagement du Territoire et à l'Action Régionale (DATAR) (Hrsg.): Eléments pour un schéma directeur de l'informatique. Schéma général d'aménagement de la France, Travaux et recherches de prospective Nr. 13. Ed. La Documentation Française, Paris Januar 1971, 157 S.

- Aménagement du territoire: Décentralisation des centres informatiques, Document de travail. Ed. La Documentation Française, Paris 1973a, 116S. (= BIADI-Dokument EN 34o).

- Eléments pour un schéma directeur: Services nouvaux de télécommunications. Schéma général d'aménagement de la France, Travaux et recherches de prospective Nr. 42, Ed. La Documentation Française, Paris November 1973b, 83 S. (= BIADI-Dokument EN 358).

"La Délégation (à l'Informatique) et les écoles... grandes et privées", (Une entrevue avec Jean-Pierre Fargette, chargé de mission auprès du Délégué à l'Informatique pour les questions d'enseignement) in: L'Informatique Nr. 19, August 1971, S. 4o-42.

Délégation à l'Informatique: Rapport sur la situation actuelle de l'informatique administrative et son évolution durant le VIème Plan. 13.1.1971a, (Masch.-Schr.) 42 S.

- Les applications de l'informatique dans les administrations françaises, 197o-1975. Studie des Bureau d'Informations et de Prévisions Economiques (BIPE), Februar 1971b, 54 S.

- Proposition de normalisation du COBOL. 15.4.1971c, (Masch.-Schr.) 3 S. (= BIADI-Dokument EN 93).

- Le développement de l'informatique dans l'administration: Activité de la Délégation à l'Informatique dans ses relations avec les services: Bilan 197o - Prévisions 1971. Rapport pour le Premier Ministre, April 1971d, (Masch.-Schr.) 8o S.

- Compte rendu d'une réunion interministérielle à l Hôtel Matignon le 11 mai 1971. 13.5.1971e, (Masch.-Schr.) 5 S.

- Etude de l'opportunité de normaliser la programmation en COBOL dans les administrations françaises. Etude réalisée par le Centre d'Analyse et de Programmation (CAP), Mai-Juni 1971f, (Masch.-Schr.) 33 S. (= BIADI-Dokument EN 9o).

- Analyse des résultats de l'étude de la Délégation à l'Informatique sur les sociétés de service et conseil en informatique. 3.11.1971 g, (Masch.-Schr.) 17 S. (= BIADI-Dokument EN 75).

- Rapport sur la situation de l'informatique administrative au 1er janvier 1971 et son évolution au cours des trois prochaines années. 1.12.1971h, (Masch.-Schr.) 26 S.

- Les applications de l'informatique dans les administrations françaises, 1971-1975. Studie des Bureau d'Informations et de Prévisions Economiques (BIPE), Dezember 1971i, lo9 S. u. Annexe.

- Plan Calcul: Les missions du Délégué à l'Informatique. Ed. La Documentation Française, Paris 1971j, 16 S.

- L'informatique dans l'administration française. 1971k, (Masch.-Schr.) 13 S. (entspricht weitgehendst Jean-Paul Baquiast (71a), S. 24-27).

- La Délégation à l'Informatique et les projets d'automatisation de l'administration 1971 l, (Masch.-Schr.) 4 S. (entspricht weitgehendst Jean-Paul Baquiast (71b), S. 82-84).
- Note: Fichier des conducteurs. 1971m, (Masch.-Schr.) 4 S.

- L'informatique dans les entreprises publiques au 1er janvier 1971 et son évolution au cours des trois prochaines années. Januar 1972a, (Masch.-Schr.) 2o S.

- Informatique 1972. Ed. La Documentation Française, Paris 1972b, 2o S.

- Planification informatique: Guide pour l'établissement d'un schéma directeur. Ed. La Documentation Française, Paris Januar 1973a, 61 S. (= BIADI-Dokument EN 268).

- L'informatique dans les administrations françaises au 1er janvier 1972 et son évolution au cours des trois prochaines années. Ed. La Documentation Française, Paris Januar 1973b, 39 S. (= BIADI-Document EN 282).

- L'informatique dans les entreprises publiques au 1er janvier 1972 et son évolution au cours des trois prochaines années. Ed. La Documentation Française, Paris Januar 1973c, 3o S. (= BIADI-Dokument EN 283).

- Les sociétés de service et conseil en informatique: Enquête économique (portant sur l'exercice 1971 et son évolution en 1972). Ed. La Documentation Française, Paris Februar 1973d, 19 S. (= BIADI-Dokument EN 318).

- Les sociétés de service et conseil en informatique: Enquête économique 1973, (portant sur l'exercice 1972 et son évolution en 1973). Ed. La Documentation Française, Paris Juni 1973e, 27 S. (= BIADI-Dokument EN 319).

- L'informatique dans les administrations françaises au 1er janvier 1973 et son évolution au cours des trois prochaines années. Ed. La Documantation Française, Paris 1973f, (ausgeliefert Anfang 1974), 47 S. (= BIADI-Dokument EN 346).

- L'informatique dans les entreprises publiques au 1er janvier 1973 et son évolution au cours des trois prochaines années. Ed. La Documentation Française, Paris 1973g, (ausgeliefert Anfang 1974), 35 S. (= BIADI-Dokument EN 347).

Delignières, Bernard: L'impact des méthodes modernes de gestion sur la décision administrative. Séminaire d'études sous la direction de Bernard Delignières, Rapport, Ecole Nationale d'Administration, Paris Mai 1971, (Masch-Sch.) 6o S.

Delpérée, Francis: "La déontologie de l'informatique et la fonction publique", in: Institut Belge des Sciences Administratives: Actes du Colloque sur les aspects institutionnels, juridiques et déontologiques de l'informatique, Bruxelles 14.-15.5.1971. Organisé à la Cité Administrative de l'Etat sous le haut patronage de Monsieur le Ministre de la Fonction Publique, Brüssel 1971, S. 167-195. (entspricht weitgehendst François, Aimé / Delpérée, Francis et al. (71) S. 35-63).

Demoillard, Arnaud: "Maurice Allègre et la multinationalité: 'La coopération de sociétés nationales représentatives s'impose' ", in: O.l.Informatique-Hebdomadaire Nr. 186, 6.3.1972, S. 8.

Dennery, G.: "L'objectif téléinformatique", in: Revue Française des Télécommunications Nr. 1, Oktober 1971. (zitiert nach Pouzin (72bIII), S. 11-16).

Deries, Leon: Le régime des fiches sous le Premier Empire. Extrait de la Revue des Etudes Historiques, April-Juni 1926, Librairie Auguste Picard, Paris 1926, ca. 8o S.

Derogy, Jacques: "Ecoutes: 'Canard': L'affaire s'embrouille", in: L'Express Nr. 1174, 7.1.1974, S. 21.

Desroziers, Nicolas: "En France: Une ville 'câblée' ", in: Le Monde 18.9.1973, S. 29.

Dethomas, Bruno: "Justice: Les droits de l'homme en Europe", in: 3o Jours d'Europe Nr. 178, Mai 1973, S. 28-3o.

Detton, Hervé / Hourticq, Jean: L'administration régionale et locale de la France. 'Que sais-je?' Nr. 598, 6. Aufl., Presses Universitaires de France, Paris 1972, 126 S.

"Devant l'Assemblée Nationale M. Joseph Comiti doit répondre à deux questions sur l'affaire d'écoutes au 'Canard Enchaîné' ", in: Le Monde 8.12.1973, S. 16.

"Devant le Club Droit et Démocratie: M. Jacques Robert fait le point des libertés politiques", in: Le Monde 15.6.1973, S. 1o.

Direction Générale de l'Administration et de la Fonction Publique: Les fonctionnaires de l'Etat. Ed. La Documentation Française, Paris 1972, 179 S.

Divoy, Norbert: "Les Observatoires Economiques Régionaux français: Des banques d'information au service du public", in: Compte rendu d'un séminaire sur les systèmes documentaires, Luxembourg 197o, (Masch-Schr.) S. 1o4-12o.

- "Le projet 'Documentation automatique' ", in: Bulletin Intérieur de l'Information, Documentation réservée au personnel de l'INSEE, Juli-Oktober 1971, S. 43-51.

- "Banques de Données: A quel prix et pour qui?", in: Le Français sur ordinateur, Projet Nr. 8o, Dezember 1973, S. 118o-1185.

La Documentation Française (Hrsg.): Le lancement du Plan Calcul. Les Cahiers Français Nr. 125, Document d'actualité Nr. 2o3, März 1968a, 4 S.

- Structures politiques et administratives de la France. Recueil de notices, Paris 1968b, ca. 168 S.

- Informatique et administration. Les Cahiers Français Nr. 143, Document de référence Nr. 4, Juli-August 197o IV, 4 S.

- Les écoles d'administration et de formation du personnel administratif. Les Cahiers Français Nr. 143, Document de référence Nr. 5, Juli-August 197o V, 4 S.

- Promotion sociale et formation permanente dans l'administration. Les Cahiers Français Nr. 143, Document de référence Nr. 6 Juli-August 197o VI, 4 S.

- Les missions du Délégué à l'Informatique. Les Cahiers Français Nr. 147, Document de référence Nr. 1, März-April 1971 I, 4 S.

- Statistiques: Les ordinateurs en France. Les Cahiers Français Nr. 147, Document de référence Nr. 2, März-April 1971 II, 4 S.

- Statistiques: Les ordinateurs dans le monde. Les Cahiers Français Nr. 147, Document de référence Nr. 3, März-April 1971 III, 4 S.

- Statistiques: L'informatique dans l'administration. Les Cahiers Français Nr. 147, Document de référence Nr. 4, März-April 1971 IV, 4 S.

- L'informatique: Formation et débouchés. Les Cahiers Français Nr. 147, Document de référence Nr. 5, März-April 1971 V, 4 S.

- Eléments pour un schéma directeur pour l'informatique. Les Cahiers Français Nr. 147, Document de référence Nr. 6 März-April 1971 VI, 4 S.

- L'informatique: Réflextion sur son avenir. Les Cahiers Français Nr. 147, Document de référence Nr. 7, März-April 1971 VII, 4 S.

- Quelques termes d'informatique. Les Cahiers Français Nr. 147, Document de référence Nr. 8, März-April 1971 VIII, 4 S.

- Les institutions politiques et administratives de la France: Le cadre constitutionnel, les organes de l'Etat, les collectivités locales. Les notices de la Documentation Française Nr. 3, Paris Januar 1972a. ca. 68 S.

- Répertoire permanent de l'administration française 1972. 31. Aufl., Paris 1972b, ca. 55o S.

- L'organisation gouvernementale et les grands services publics en France: Structures et coordination. Les notices de la Documentation Française Nr. 4, Paris Mai 1972, mise à jour August 1972c, ca. 68 S.

- Droit administratif et administration: Pouvoirs, structures, moyens de l'administration. Recueil dirigé par Roland Drago, Les notices de la Documentation Française Nr. 5, Paris November 1972 d, ca. 8o S.

- Répertoire permanent de l'administration française 1973. 32. Aufl., Paris 1973, ca. 58o S.

Doll, Paul-Julien: "Le tribunal de l'informatique est-il pour demain?", in: Gazette du Palais I, Supplément 27.-29.1.1971, Einband S. 3 u. 4.

Drago, Roland (Hrsg.): L'administration publique: Recueil de textes préparé sous les auspices des Instituts Belge et Français des Sciencies Administratives. Collection U, Série Science Administrative, Librairie Armand Colin, Paris 1971, 526 S.

Dreyfus, Cathérine: "Libertés: Vers le grand fichier: Efficacité administrative ou menace pour la vie privée...", in: Le Nouvel Observateur Nr. 4o7, 28.8.1972, S. 15-16.

"Le droit aux secrets", (Artikelserie zur Datenschutzproblematik) in: L'Informatique Nr. 15, April 1971, S. 41-68. (Vgl. bezüglich der einzelnen Artikel Kirchberger (71a) u. (71b), Scieller (71a), Morice (71), "Transparence contre opacité" (71)).

Druesne, Gérard: "Institut Français des Sciences Administratives / Fédération Nationale des Science Politique: Les superstructures des administrations centrales. Journée d'étude du 5.2. 1972. Avantpropos de Alexándre Parodi. Cahier Nr. 8, Ed. Cujas, Paris 1973a, 367 S.", (Rezension), in: Bulletin de l'Institut International d'Administration Publique Nr. 26, April-Juni 1973, S. 142-145, (= S. 39o-393).

Ducrocq, Albert: "La civilisation des ordinateurs", in: Les métiers de l'informatique, Avenir Nr. 213-214, April-Mai 197o, S. 8-11.

Duffau, Adrien: "Mortalité élevée chez les nains, mais les utilisateurs annoncent la reprise", in: L'Expansion Nr. 54, Juli-August 1972, S. 66-69.

Dumas, Philippe: L'opinion publique face à l'informatique et aux ordinateurs. Diss., Montpellier Juli 1972, 3o9 S.

- "Banques des données: Des responsabilités nouvelles: Partage implique reconnaissance de fonctions", in: Informatique et Gestin Nr. 52, November 1973, S. 31-39.

Dupuis, Georges: "Secrets d'Etat et secrets de polichinelle", in: Le Monde 13.6.1973, S. 8.

Dupuis, G. / Barillon, R. / Bourdon, J. / Faure, J.-C. / Le Duff, R. / Mingasson, J.-P. / Raffi, G.: Organigrammes des institutions françaises. Collection U, Librairie Armand Colin, Paris 1971, 256 S.

Duquenne, C.: "L'informatique de gestion au Ministère de l' Education Nationale", in:Bulletin d'Informatique de Gestion du Ministère de l'Education Nationale Nr. 2, Januar 1972, S. 1-4.

Duverger, Maurice: "Le prix de la liberté", in: Le Monde 1./2. 1o.1972, S. 1 u. 5.

- "ORTF: La France sans lois", in: Le Monde 14.11.1973, S. 18.

"Dynamisierung der Software-Industrie", in: Informationsblätter der französischen Botschaft in Bad Godesberg Nr. 1o9, 3o.9. 1972, S. 5-1o.

Ecole Nationale d'Administration: Support de cours: Enseignement général d'informatique, Année scolaire 1973, (Masch.-Schr.) o.S.

"Les écoutes clandestines au 'Canard Enchaîné': M. Roger Fressoz proteste contre la fin de non-recevoir opposée par le directeur de la DST au juge d'instruction", in: Le Monde 29.12.1973, S.19.

"Les écoutes téléphoniques et la protection de la vie privée", in: Le Monde 15.6.1973, S. 11.

"EDV-Knechte", in: Der Spiegel Nr. 7, 12.2.1973, S. 63.

Electricité de France - Gaz de France, Service du Traitement de l'Information, Secrétariat Matériels et Méthodes: 'American Informatics': Lexique anglais - français. EA 2o9, 28.4.1969, (Masch.-Schr.) 11o S. (= BIADI-Dokument EN 169).

- , Service du Traitement de l'Information, Secrétariat Matériels et Méthodes: Méthode d'évaluation PRESTE. MM 565-W-, 21.1o.197oa, (Masch.-Schr.) 13 S. (= BIADI-Dokument EN 5o).

- , Service du Traitement de l'Information, Secrétariat Matériels et Méthodes: Les banques de données. MM 583-V-, 5.11.197ob, (Masch.-Schr.) 18 S. (= BIADI-Dokument EN 61).

- , Service du Traitement de l'Information, Secrétariat Matériels et Méthodes: Les problèmes de l'évaluation. MM 652, 11.3.1971a, (Masch.-Schr.) 16 S. (= BIADI-Dokument EN 158).

- , Service du Traitement de l'Information, Secrétariat Matériels et Méthodes: Etude exploratoire du marché des petits ordinateurs. MM 689-Y-, 29.3.1971b, (Masch.-Schr.) 8 S. (= BIADI-Dokument EN 71).

- , Service du Traitement de l'Information, Secrétariat Matériels et Méthodes: Problèmes posés pour le choix d'un langage pour utilisateurs non spécialisés. MM 7o5-P-, 16.6.1971c, (Masch.-Schr.) 5 S. (= BIADI-Dokument EN 156).

- , Service du Traitement de l'Information, Secrétariat Matériels et Méthodes: Obsolescence du hardware. MM 788-S-, 16.11.1971d, (Masch.-Schr.) 13 S. (= BIADI-Dokument EN 91).

- , Service du Traitement de l'Information, Secrétariat Matériels et Méthodes: Financement des systèmes informatiques: Location - Achat - Leasing. MM 791, 18.11.1971e, (Masch.-Schr.) 21 S. (= BIADI-Dokument EN 92).

- , Service du Traitement de l'Information, Secrétariat Matériels et Méthodes: Normalisation des adresses postales. MM 813, 28.12.1971f, (Masch.-Schr.) 3 S. (= BIADI-Dokument EN 12o).

- , Service du Traitement de l'Information, Secrétariat Matériels et Méthodes: Coût et efficacité de l'informatique: Schéma d'étude. MM 837, 4.2.1972a, (Masch.-Schr.) 4 S. (= BIADI-Dokument EN 139).

- , Service du Traitement de l'Information, Secrétariat Matériels et Méthodes: Harmonisation et optimisation des pratiques COBOL, Etude générale. MM 838, 7.2.1972b, (Masch.-Schr.) 9 S. (= BIADI-Dokument EN 136).

- , Service du Traitement de l'Information, Secrétariat Matériels et Méthodes: Harmonisation et optimisation des pratiques COBOL: Plan de travail détaillé. MM 839, 7.2. 1972c, (Masch.-Schr.) 14 S. (= BIADA-Dokument EN 137).

- , Service du Traitement de l'Information, Secrétariat Matériels et Méthodes: La gestion automatisée du parc ordinateurs d' EGF. MM 89o-S-, 2o.4.1972d, (Masch.-Schr.) 13 S. (= BIADI-Dokument EN 165).

- , Groupe de Planification de l'Informatique: Schéma directeur informatique. September 1972e, (Masch.-Schr.) 23 u. XXVII S.

- , Service du Traitement de l'Information, Secrétariat Matériels et Méthodes: Catalogue des notes 'matériels et méthodes', Classement par sujet. MM OO, 18.12.1972f, (Masch. Schr.) 123 S. (= BIADI-Dokument EN 2).

Elgozy, Georges: Automation et humanisme. Collection Liberté de l'Esprit, dirigée par Raymond Aron, Ed. Calmann-Lévy, Paris 1968, 38o S.

- Le désordinateur: Le péril informatique. Ed. Calmann-Lévy, Paris 1972, 327 S.

Empereur, Jean-Claude: "Le point de vue de la Délégation à l'Informatique", in: Ministère de l'Equipement et du Logement, Secrétariat Général du Groupe Central des Villes Nouvelles / Secrétariat Permanent de la Commission de Développement de l'Informatique: Les villes nouvelles et l'informatique. Protokoll der Tagung vom 15.-16.5.1972 im CETE, Aix-en-Provence, April 1973, S. 81-86.

"En accusation au Sénat: L'écoute téléphonique est remise en question par l'électronique", in: Les Echos Nr. 11432, 2o.6.1973, S. 24.

"En vertu d'un décret à la 'légalité douteuse' une circulaire donne au Ministère de l'Intérieur la possibilité de mettre en fiches certaines décisions judiciaires", in: Le Monde 8.3.1974, S. 38.

"L'équipement en ordinateurs des juridictions: M. Adolphe Touffait convoque la Commission de l'Informatique", in: Le Monde 27.3.1974, S. 1o.

Errera, Roger: Les libertés à l'abandon. Überarb. Aufl., Ed. Seuil, Paris 1968, 255 S.

Escaro, André: "Ce que j'ai découvert", in: Le Canard Enchaîné Nr. 2771, 5.12.1973, S. 1 u. 8.

Esmein, Jean: "Panorama de l'informatique en Allemagne Fédérale (I): Le parc des machines informatiques. L'action des constructeurs et du gouvernement", in: Informatique-Actualités Nr. 7, Dezember 1969, S. 8-13.

- "Panorama de l'informatique en Allemagne Fédérale (II): Réalisations et tendances", in: Informatique-Actualités Nr. 9, Juni 197o, S. 62-67.

"Un esprit communautaire puissant sera nécessaire pour un 'Plan Calcul européen' ", in: Les Echos Nr. 11419, 3o.5.1973, S. 1o.

"Europe: L'informatique entre Bruxelles et les industriels", in: Les Informations Nr. 1465, 11.6.1973, S. 29.

"L'Europe de l'informatique a-t-elle sa chance? - Cela dépendra de la ténacité des gouvernements et des entreprises", (Diskussion mit Maurice Allègre, Délégué à l'Informatique) in: L'Expansion Nr. 54, Juli-August 1972, S. 66-71.

"Un exemple français de banque de données: Le Système d'accumulation des données localisées", in: 2ooo Revue de l'Aménagement du Territoire Nr. 21, 1971, S. 34.

L'Expansion: Spécial: Ordinateurs 1969. L'Expansion Nr. 21, Juli-August 1969, S. 91-116.

de Faramond, Guy: "Suède: Le Parlement adopte une loi pour protéger l'individu des méfaits de l'informatique", in: Le Monde 15./16.4.1973, S. 5.

Faude, Alfred: Die Auswirkungen des technischen Fortschritts auf die Verfahren, Methoden und Strukturen der Verwaltung: Datenverarbeitung und Verwaltung. Deutsche Sektion des Internationalen Instituts für Verwaltungswissenschaften, Bericht für die Bundesrepublik Deutschland, XV. Internationaler Kongreß für Verwaltungswissenschaften, Rom 6.-11.9.1971, (Masch.-Schr.) 87 S.

Ferrier, Didier: "Systèmes informatiques et problèmes juridiques", in: Revue Française d'Automatique, Informatique, Recherche Opérationnelle Juni 1973, S. 87-99.

Feydel, Pierre: "Urbanisme: Paris: Le pouvoir est à l'Elysée", in: L'Express Nr. 1166, 12.11.1973, S. 144-145.

"Fiches du peuple: L'Iris a l'oeil sur vous", in: Le Canard Enchaîné 27.3.1974, S. 4.

"Le fichier administratif de l'INSEE respecte les libertés individuelles, affirme M. Valéry Giscard d'Estaing", in: Le Dauphiné Libéré 1.1o.1972, S. 3.

"Les fichiers électroniques et les libertés individuelles: L'obligation du secret est rigoureusement respectée, assure le Ministre de l'Economie et des Finances", in: Le Monde 1./2.1o.1972, S. 5.

"Fichiers de personnes et libertés individuelles", in: O.l. Informatique-Hebdomadaire Nr. 255, 8.1o.1973, Supplément S. IV.

Fiedler, Herbert: "Automatisierung im Recht und juristische Informatik", in: Juristische Schulung, 197o, (I): S. 432-436, (II): S. 552-556, (III): S. 6o3-6o7, 1971a, (IV): S. 67-71, (V): S. 228-233.

- "Theorie und Praxis der Automation in der öffentlichen Verwaltung: Zur Konzeption einer anwendungsorientierten 'Informatik' für Recht und Verwaltung", (überarbeitete und erweiterte Fassung eines gleichnamigen Aufsatzes aus DÖV Heft 13/14, 197o, S. 469-472), in: DÖV, Heft 3, 1971b, S. 92-97.

"Filature électronique", in: L'Economie Nr. 1122, 5.12.197o, S.3.

Fioc, Albert: "L'informatique à la Société Nationale des Chemins de Fer Français (SNCF)". BIADI-Dokument EN 331, 1972, 24 S.

Fondanaiche, Philippe: "La banque de données ENEIDE: Ensemble Normalisé sur les Entreprises Industrielles pour le Développement Economique", in: Informatique et Gestion Nr. 4o, August-September 1972, S. 61-66.

Font, Jean-Marc: L'informatique. Ed. Filipacchi, Paris 1973, 155 S.

Fontela, Emilio: ("L'informatique et l'aménagement"), in: 2ooo Revue de l'Aménagement du Territoire Nr. 21, 1971, S. 2.

Fortier, Claude: "Réflexions sur les problèmes de l'information économique", in: Problèmes Economiques Nr. 1211, 18.3.1971, S. 2-5.

Fougère, Louis: "Les secrets de l'administration", in: Bulletin de l'Institut International d'Administration Publique Nr. 4, Oktober-Dezember 1967, S. 21-3o.

Fourneret, Pierre: "La Délégation à l'Aménagement du Territoire: Une administration orginale au service de l'expansion régionale", in: L'Administration, Les Cahiers Français Nr. 143, Juli-August 197o, S. 16-19.

Fox, Edward: L'autre France. Ed. Flammarion, Paris 1973, 229 S.

"Les Français sur ordinateur", (Artikelserie) in: Projet Nr. 8o, Dezember 1973, S. 1159-12oo. (Vgl. bezüglich der einzelnen Artikel Laurent (73), Peccoud (73), Divoy (73), Antoine (73)).

François, Aimé: "L'informatique et l'administration: Trois thèmes de réflexion", in: Revue Internationale des Sciences Administratives Nr. 1, 197o, S. 56-66. (auszugsweise abgedruckt in Roland Drago (71), S. 312-317).

- (Hrsg.): L'informatique dans les administrations centrales en Belgique. Institut Administration - Université, Brüssel April 1971a, 293 S.

- L'informatique et l'administration. Rapport général, XVe Congrès International des Sciences Administratives, Rome 6.-11.9.1971. Institut International des Sciences Administratives, Brüssel 1971b, 75 u. XIII S.

François Aimé / Delpérée, Francis et al.: L'informatique et l'administration. Rapport belge pour le sujet 2A, XVe Congrès International des Sciences Administratives, Rome 6.-11.9.1971, Institut Belge des Sciences Administratives, Brüssel 1971, 132 S.

"Frankreich: Ein paar Milliardäre", in: Der Spiegel Nr. 38, 24.9.1973, S. 113.

"Frankreich: Es reicht", in: Der Spiegel Nr. 9, 26.2.1973, S. 69-73.

"Frankreich: Großes Ohr", in: Der Spiegel Nr. 26, 25.6.1973, S. 9o-92.

"Frankreich: Na, sowas", in: Der Spiegel Nr. 5o, 1o.12.1973, S. 111-113.

"Frankreich: Nicht rechts, nicht links", in: Der Spiegel Nr. 49, 27.11.1972, S. 116-123.

"Frankreich: Nur zwei Männer", in: Der Spiegel Nr. 44, 29.1o.1973, S. 142-145.

"Frankreich hat von Paris die Schnauze voll", in: Der Spiegel Nr. 41, 8.1o.1973, S. 137-14o.

"Fraude fiscale: L'ordinateur mène l'Enquête", in: Les Informations Nr. 1478, 1o.9.1973, S. 18-22.

Galiacy, Daniel: "L'informatique dans l'administration", in: O.1.Informatique-Hebdomadaire Nr. 26o, 12.11.1973, Supplément S. I-II.

- "Deux publications récentes de la Délégation: L'informatique dans l'administration et dans les entreprises publiques", in: O.1. Informatique-Hebdomadaire Nr. 272, 11.2.1974, Supplément S. I-IV.

Galley, Robert: "La téléinformatique de demain: L'exemple de la France", in: 2ooo Revue de l'Aménagement du Territoire Nr. 21, 1971, S. 38-39.

Gallouédec-Genuys, Françoise (Hrsg.): L'informatique et les libertés. Problèmes Politiques et Sociaux Nr. 55, 15.1. 1971a, 48 S.

- "Problèmes juridiques posés par l'utilisation des banques de données", in: Bulletin de l'IRIA Nr. 9, November 1971b, S. 45-52.

- "Informatique et secret dans l'administration", in: Revue Internationale des Sciences Administratives Nr. 2, 1972a, S. 141-148.

- "L'administration et les administrés devant le secret", in: Informatique et Gestion Nr. 4o, August-September 1972b, S. 45-5o. (= Gallouédec-Genuys (72a)).

- Le Système pour l'Archivage et la Recherche Automatique des Sondage (ARAS). Paris 1972c, (Masch.-Schr.) 56 S.

- "Le secret et l'information", in: Le Monde 2o.9.1973, S. 36.

Gandouin, Jacques: "Administration et humanisme: Le développement de l'informatique", in: Bulletin de l'Institut International d'Administration Publique Nr. 5, Januar-März 1968, S. 85-93.

- "La police française à l'heure de l'informatique", in: La Revue Administrative Nr. 128, 1969a, S. 239-243.

- "L'information et la police", in: Administration Nr. 66, 1969b, S. 51-62.

Garric, Daniel: "Urgent: Des hommes pour gouverner ... les machines", in: L'Informatique Nr. 22, November 1971, S. 48-51.

- "Pirates de l'ordinateurs", in: Le Point Januar 1973, S. 46-47.

- "Société: Un ordinateur vous regarde", in: Le Point Nr. 81, 8.4.1974, S. 82-84.

Georgin, René: "Le pêcheur de perles ou les malfaçons du français administratif", in: Service Public et Bon Langage Nr. 6, September 1971, S. 25-34.

Germain, Pierre: "Promesses et menaces de l'ordinateur", in: Revue Administrative Nr. 134, März-April 197o, S. 139-151.

Gilli, Jean-Paul: "Informatique et administration", in: Institut Français des Sciences Administratives: L'informatique dans l'administration. Journée d'études au Centre Français de Droit Comparé, 25.1.1969, Cahiers Nr. 4, Ed. Cujas, Paris 1969, S. 99-111.

Giscard d'Estaing, Valéry: "L'informatique et la politique", in: France Moderne Nr. 316, September 1968, S. 3.

- ("Réponse du Ministre de l'Economie et des Finances à la question écrite Nr. 25737 du 26.8.1972 de Michel Poniatowski relative aux libertés individuelles et à la mise sur ordinateur des fichiers administratifs"), in: Journal Officiel: Débats Parlementaires: Assemblée Nationale Nr. 68, 3o.9. 1972, S. 38o5.

Glayman, Claude: "Régions: La réforme inconnue", in: L'Express Nr. 1139, 7.5.1973, S. 87.

"Glossaire de téléinformatique", in: Informatique et Gestion Nr. 31, Oktober 1971, S. 73-77.

Godechot, Jacques: Les constitutions de la France depuis 1789. Ed. Garnier-Flammarion, Paris 197o, 5o8 S.

Göttlinger, Franz: EDV-Planung in der öffentlichen Verwaltung, EDV und Recht, Band 2, J. Schweitzer Verlag, Berlin 1972, 23o S.

Gournay, Bernard: L'administration. 'Que sais-je?', Nr. 1oo4, 4. Aufl., Presses Universitaires de France, Paris 1972, 126 S.

"Les grands travaux de l'INSEE", in: Bulletin Intérieur de l' Information, Documentation réservée au personnel de l' INSEE, März-April 1972, S. 59-71.

Grapin, Jacqueline: "Dans au rapport sousmis aux Gouvernements la Commission de Bruxelles préconise l'institution d'un plan-calcul de la CEE", in: Le Monde 29.5.1973, S. 17 u. 19.

Grassin, Jérôme / Gatot, Gilles: "ORTI: Optimalisation des réseaux de téléinformatique", in: Annales des Télécommunications Nr. 1-2, Januar-Februar 1973, S. 2-18. (= BIADI-Dokument EN 333).

Gravier, Jean-François: Paris et le désert français. 2. Aufl., Ed. Flammarion, Paris 1958, 317 S.

Greiveldinger, J.-P.: "Répertoire d'identification des personnes: Projet d'automatisation", in: Cahiers de l'ITAP Nr. 25, 1971, S. 19-32.

- Un exemple de mise au point de système informatique interadministratif: Le répertoire des personnes en France. 31.1.1973, (Manuskript) 13 S.

Greiveldinger, J.-P. / Le Moguen, Claude / Matha, Jacques: "Les nomenclatures et les identifiants", in: Informatique et Gestion Nr. 4o, August-September 1972, S. 51-54.

"Der Größt-Computer ILLIAC IV", in: Neue Zürcher Zeitung Nr. 98, 9.4.1974, S. 21.

Grosser, Alfred: "La télévision que nous méritons", in: Le Monde 28./29.1o.1973, S. 1 u. 7.

Groupe de Travail pour l'Informatique Juridique: Pour une organisation nationale de l'information juridique. Centre National de Productivité et d'Expansion des Professions Libérales (Section juridique) / Centre National d'Information pour la Productivité des Entreprises, Paris 197o, 96 S.

Guédon, Marie-Josée: La fonction d'organisation dans l'administration française. Notes et Etudes Documentaires Nr. 3653-3654. Ed. La Documentation Française, Paris 16.1.197o, 78 S.

Guichard, Alain: "Au Sénat: La convention européenne des droits de l'homme est ratifiée à l'unanimité", in: Le Monde 1.11.1973a, S. 9.

- "Les écoutes téléphoniques fonctionnent illégalement dans la majorité des cas, estime la commission sénatoriale de contrôle", in: Le Monde 1o.11.1973b, S. 8-9.

- "Le débat budgétaire au Palais du Luxembourg: Le Sénat repousse les crédits de la jeunesse et des sports et critique l'optimisme du Ministre du Développement Industriel et Scientifique. M. Chauty critique la politique de l'informatique", in: Le Monde 12.12.1973c, S. 1o.

Guilhaumou, Jean: Lexique de l'informatique. Ed. Entreprise Moderne, Paris 1969, 123 S.

Guillien, Raymond / Vincent, Jean (Hrsg.): Lexique de termes juridiques, 2. Aufl, Ed. Dalloz, Paris 1972, 353 S.

Hadas-Lebel, Raphael: L'informatique dans l'administration française. Rapport présenté au XVe Congrès de l'Institut International des Sciences Administratives, Rome, Septembre 1971. Institut Français des Sciences Administratives 1971, (Masch.-Schr.) ca. 17o S.

- L'informatique dans l'administration française. Rapport présenté au Congrès de l'Institut International des Sciences Administratives. Institut Français des Sciences Administratives Cahier 9, Ed. Cujas, Paris 1973, 164 S. (Veröffentlichung von Hadas-Lebel (71) mit auf den Stand vom 1.3.1972 gebrachtem Zahlenmaterial, jedoch im wesentlichen unverändertem Text).

Harrois-Monin, Françoise: "La régionalisation des informations économiques: Premiers pas vers un observatoire économique national", in: L'Informatique Nr. 12, Januar 1971a, S. 43-46.

- "Un observatoire économique régional", in: L'Informatique Nr. 12, Januar 1971b, S. 48 - 51.

- "L'administration bloquée", in: L'Informatique Nr. 22, November 1971c, S. 52-56.

- "Les deux visages des Finances: 55 ordinateurs, et ce n'est pas fini...", in: L'Informatique Nr. 22, November 1971d, S. 6o - 65.

Henry, Pierre: "L'INSEE devant l'informatique", in: Institut Français des Sciences Administratives: L'informatique dans l'administration. Journée d'études au Centre Français de Droit Comparé, 25.1.1969, Cahiers Nr. 4, Ed. Cujas, Paris 1969a, S. 77-85.

- "Réalisations et projets de l'INSEE", in: Informatique et Gestion Nr. 8, Mai 1969b, S. 15-19.

- Grandes banques publiques de données en France. Rapport à la réunion du groupe de travail sur les grandes banques publiques de données et la protection du secret, 2./3.6.1969, OECD DAS/SPR/69.42, Paris 1969c, 7 S.

Heraud: siehe unter Reffet / Heraud (7o).

Hessischer Datenschutzbeauftragter: Erster Tätigkeitsbericht des Hessischen Datenschutzbeauftragten, vorgelegt zum 31. März 1972 gemäß § 14 des Hessischen Datenschutzgesetzes vom 7. Oktober 197o (GVBl. I, S. 625). Hessischer Landtag 7. Wahlperiode, Drucksache 7/1495, 29.3.1972, 4o S.

Hessische Zentrale für Datenverarbeitung: Hessen '8o. Großer Hessenplan: Entwicklungsprogramm für den Ausbau der Datenverarbeitung in Hessen. Wiesbaden 197o, 191 S.

Hirsch, C.-A.: "Un tribunal de l'informatique?", in: La Vie Judiciaire Nr. 1379, 11.9.1972, S. 1-3.

Hoffet, Françoise: "L'informatique juridique a tenu ses premières assises internationales: De la documentation à la formation du droit", in: O.1.Informatique-Mensuel Nr. 74, Dezember 1973, S. 45-49.

- "La fraude informatique: Où sont les responsabilités?", in: O.1. Informatique-Mensuel Nr. 77, April 1974, S. 36-38

Hoffet, Françoise / Galiacy, Daniel: "Ordinateur et liberté individuelle: Vrai ou faux problème?", in O.1. Informatique-Hebdomadaire Nr. 279, 1.4.1974a, Hebdoplus S. I.

- "Ordinateur et liberté individuelle: Vrai ou faux problème? de la liberté aux libertés ... ou les difficultés d'une définition", in: O.1. Informatique-Hebdomadaire Nr. 28o, 8.4.1974b, Hebdoplus S. I u. IV.

- "Ordinateur et liberté individuelle: Vrai ou faux problème? Ces fichiers en question: Des fichiers publics ... aux fichiers privés", in: O.l.Informatique-Hebdomadaire Nr. 281, 16.4.1974c, Hebdoplus S. II-III.

- "Ordinateur et libertés individuelle: Vrai ou faux problème? Grands fichiers et mouvements politiques", in: O.l. Informatique-Hebdomadaire Nr. 282, 23.4.1974d, Hebdoplus S. IV.

- "Ordinateur et liberté individuelle: Vrai ou faux problème? Des garanties nécessaires / Les exemples étrangers", in: O.l. Informatique-Hebdomadaire Nr. 284, 7.5.1974e, Hebdoplus S. II-IV.

Holleaux, André: "Les nouveaux aspects de l'information de l' administration", in: Revue Internationale des Sciences Administratives Nr. 4, 1972, S. 393-4o8.

- "L'information du public, in: Bulletin de l'Institut International d'Administration Publique Nr. 25, Januar-März 1973, S. 7-84.

Horrut, Claude: "L'organisation des achats groupés instituée par le livre IV du code des marchés publics", in: La Revue Administrative Nr. 139, Januar-Februar 1971, S. 23-29.

Huet, Philippe: "Les nomenclatures", in: Le Bulletin de Liaison et d'Information de l'Administration Centrale de l'Economie et des Finances Nr. 55, April-Juni 1971, S. 85-11o.

- "Analyse coûts-avantages et budget de programmes", Exposé fait au Congrès annuel de l'Institut International de Finances Publiques à Nuremberg en September 1972 sur le thème: Nouvelles méthodes de choix budgétaires, in: Bulletin Interministériel pour la Rationalisation des Choix Budgétaires Nr. 7, März 1972, S. 43-49.

"Il cours toujours, le fichier", in: Le Canard Enchaîné Nr. 2772, 12.12.1973, S. 4.

Imbert, Jean: La France et les droits de l'homme. Notes et Etudes Documentaires Nr. 3481, Ed. La Documentation Française, Paris 15.4.1968, 57 S.

"L'industrie de l'informatique dans la Communauté", in: Industrie, Recherche et Technologie, Commission des Communautés Européennes, Direction Générale de la Presse et de l'Information Nr. 174, 3o.1.1973, Annex 2, 5 S.

L'Informatique. Les Cahiers Françáis Nr. 147, März-April 1971, 64 S.

"Informatique: Les fabricants français de matériels périphériques préparent leurs armées pour affronter la concurrence américaine", in: Les Echos 1.6.1973, S. 9.

"Informatique: Les fichiers de Socrate", in: L'Express Nr. 1o25, 1.3.1971.

Informatique: L'ordinateur et son environnement. Beihefte zu Les Echos Nr. 11167, 24.5.1972.

"Informatique et administration: La Délégation fait le point", in: Informatique et Gestion Nr. 38, Mai 1972, S. 6o-61.

L'Informatique et l'Aménagement des Territoires. (Sonderheft über EDV und Raumordnung), 2ooo Revue de l'Aménagement du Territoire Nr. 21, 4. Trimester 1971, 64 S.

"L'informatique juridique et les droits de l'homme", Table ronde, Paris 14.4.197o, (avec M. le Bâtonnier Lussam, MM. les Professeurs Colliard et Lavigne, MM. les Maîtres des Requêtes au Conseil d'Etat Guy Braibant et Lucien Mehl, MM. de Gouttes et Jointet, du Syndicat de la Magistrature, M. Pettiti, Avocat à la Cour), in: Revue International de Droit Contemporain Nr. 1, 197o, S. 47-7o.

"Informatique et liberté individuelle", in: O.1.Informatique-Hebdomadaire Nr. 274, 25.2. 1974, Supplément S. III.

Informatique municipale. Tagung im IRIA, Rocquencourt, 2o.-23.9.1971, Beiheft Nr. 2 zu Cahiers de l'Expansion Régionale Nr. 58-59, Dezember 1971, 88 S.

"L'informatique au service de la ville", Dossier, in: Informatique et Gestion Nr. 17, April 1971, S. 9-56.

"Informatique et syndicats", Débat organisé par Informatique et Gestion, in: Informatique et Gestion Nr. 8, Mai 1969, S. 33-41.

INSEE: siehe unter Institut National de la Statistique et des Etudes Economiques.

Institut Belge des Sciences Administratives: Actes du Colloque sur les aspects institutionnels, juridiques et déontologiques de l'informatiques, Bruxelles 14.-15.5.1971, organisé à la Cité Administrative de l'Etat sous le haut patronage de Monsieur le Ministre de la Fonction Publique, 1971, 298 S. (= Belgisch Instituut voor Bestuurswetenschappen: Handelingen van het Colloquium over de institutionele, juridische en deontologische aspecten van de informatiek, Brussel 14 en 15 mei 1971, georganiseerd in het Rijksadministratief Centrum onder de hoge bescherming von de Heer Minister van het Openbaar Ambt, 1971, 298 S.).

Institut Français des Sciences Administratives: L'informatique dans l'administration. Journée d'études au Centre Français de Droit Comparé, 25.1.1969, Cahier Nr. 4, Ed. Cujas, Paris 1969, 123 S.

- XIVe Congrès International des Sciences Administratives, Dublin Septembre 1968. Cahier Nr. 5, Ed. Cujas, Paris 197o, 158 S.

- / Fondation Nationale des Sciences Politiques: Les superstructures des administrations centrales. Journée d'étude du 5.2.1972. Avant-propos d' Alexandre Parodi. Cahier Nr. 8, Ed. Cujas, Paris 1973a, 367 S.

- L'informatique dans l'administration française. Cahier Nr. 9, 1973b, siehe unter Hadas-Lebel (73).

Institut National de la Statistique et des Etudes Economiques (INSEE), Direction Générale, Département Informatique, Division Etudes Informatiques / Département Entreprises, Subdivision Fichiers et Nomenclatures Economiques: Projet SIRENE: Système Informatique pour le Répertoire des Entreprises et Etablissements, Conception générale. April 1969, 43 S. (= BIADI-Dókument EN 15).

- , Direction Générale, Département Informatique / Direction Régionale de Marseille, Service Informatique, Observatoire Economique Méditerranéen: Documentation automatique: Présentation du système SPHYNX. Nr. 3o2/ol, Januar 197oa, 38 S. (= BIADI-Dokument EN 17).

- , Direction Générale, Département Informatique / Département Population et Ménages: Automatisation du répertoire d' identification des personnes physiques, Conception générale. Februar 197ob, 16 S. (= BIADI-Dokument EN 16).

- , Direction Générale, Direction de la Statistique Générale, Département Population et Ménages, Division Démographie Générale: Instruction sur la tenue et la mise à jour du fichier des électeurs (Travail Nr. 12ol). Nr. 2.1o2/424, Visa: 12ol/171, 31.7.197oc, (Masch.-Schr.) 48 S.

- , Direction G énérale, Département Informatique, Division Réseau Informatique Régional: Procédures d'exploitation du système de documentation automatique SPHYNX. September 197od, 29 S. (= BIADI-Dokument EN 19).

- , Direction Générale, Département Informatique, Division Réseau Informatique Régional: Modules de la librairie du Système SPHYNX. November 197oe, (Masch.-Schr.) 47 S. (= BIADI-Dokument EN 2o).

- , Direction Générale, Département Informatique, Division Informatique Economique: Note d'analyse: Conception générale du Répertoire Informatique des Communes (RICO). 6.1.1971a, (Masch.-Schr.) 12 S. (= BIADI-Dokument EN 128).

- Le Numéro d'identité: Description. Nr. 16o/429, 19.1.1971b, (Masch.-Schr.) 4 S. (= BIADI-Dokument EN 4o).

- , Direction Générale: Note sur la bande communale simplifiée. 2o.4.1971c, (Masch.-Schr.) 2 S. (= BIADI-Dokument EN 129).

- , Observatoire Economique Méditerranéen: Les observatoires économiques régionaux. August 1971 d, (Masch.-Schr.) 12 S.

- Code officiel géographique: Pays étrangers. 6. Aufl., Imprimerie Nationale 1971e, 12 S.

- , Direction Générale, Département Informatique / Département Entreprises: Opération SIRENE: Système Informatique pour le Répertoire des Entreprises et Etablissements. Note d'information générale, 31.1.1972a, 2o S.

- , Direction Générale, Service de la Diffusion Régionale et des Rélations Extérieures, Section Méthodes et Programmes: Documentation automatique SPHYNX: Procédures d'exploitation. Februar 1972b, 67 S.

- , Direction Générale, Service de la Diffusion Régionale et des Rélations Extérieures, Section Méthodes et Programmes: Documentation automatique SPHYNX: Manuel de l'utilisateur. Instruction Nr. 222/942. Februar 1972c, 31 S.

- , Direction Générale, Service de la Diffusion Régionale et des Rélations Extérieures, Section Méthodes et Programmes: Documentation automatique SPHYNX: Manuel de description. Instruction Nr. 223/942. Februar 1972d, 45 u. ca. XXX S.

- , Direction Générale, Département Informatique / Département Population et Ménages / SAFARI: Répertoire d'identification des personnes: Système informatique: Fichiers 'Demandes d'identification' et 'Réponses' sur bande magnétique. Réf. MC/MP, Nr. 1.211/429, 24.4.1972e, (Masch.-Schr.) 1o S.

- , Direction Générale, Département Population et Ménages / Département Informatique: Répertoire d'identification des personnes: Système informatique: Fichier 'Notifications de mises à jour' sur bande magnétique. Réf. MC/MP, Nr. 1.6o5/429, 29.5.1972 f, (Masch.Schr.) 4 S.

- , Direction Générale, Département Entreprises, Division Industrie: Système Unifié de Statistiques d'Entreprise (SUSE). Note de conception générale, Nr. 1.95o/232, 8.6. 1972g, (Masch.-Schr.) 24 S.

- , Direction Générale, Département Informatique / Département Population et Ménages: Projet SAFARI: Description rapide du système informatique d'identification. Réf. JPG/MP, Nr. 1.792/429, 13.6.1972h, (Masch.-Schr.) lo S.

- , Direction Générale: Répertoire d'identification des personnes: Spécifications fonctionnelles globales relatives à l'emploi des mentions de repérage. Réf. JPG/lg, Nr. 1.932/429, 22.6.1972i, (Masch.-Schr.) 4 u. IIIS.

- , Direction de la Production, Département Informatique / Direction de la Statistique Générale, Département Population et Ménages: Analyse fonctionnelle globale de l'automatisation du fichier électoral. Réf. MS/LD 3.551/429, lo.11. 1972j, (Masch.-Schr.) 47 S.

- , Direction Générale, Département Informatique / Département Population et Ménages / SAFARI: Répertoire d'identification des personnes: Système informatique: Spécifications relatives aux Bandes Magnétiques. Réf. JPG/LG, Nr. 3.886/ 429, 8.12.1972k, (Masch.-Schr.) 3 S.

- , Direction des Synthèse Economiques, Division des Economies Etrangères: Documentation sur l'Allemagne Fédérale: Les nouvelles orientations de l'Office Fédéral de Statistique et le problème du secret statistique en relation avec l' extension de l'informatique. Rapporteurs: Mme. J. Puthod, M. Claude Simon, 2o.12.1972l, (Masch.-Schr.) 21 S.

- Développement des OER. 1972m, (Masch.-Schr.) 11 S.

- Organigramme au 1er Janvier 1973a, 15 S.

- , Direction Générale: Etude des problèmes du secret à l' INSEE: Les fichiers des personnes physiques et le secret de service. Etude Nr. II du 5 janvier 1973, Nr. 14/923, (confidentiel), 1973b, (Masch.-Schr.) 39 u. IV S.

- , Direction Générale: Note relative à l'identification des personnes. Nr. 69/429, 8.1.1973c, (Masch.-Schr.) 3 S.

- , Direction Générale, Département Informatique: Note à l'attention de Monsieur le Directeur Général. Objet: Cession de copies du répertoire d'identification des personnes aux organismes gestionnaires de gros fichiers. Nr. 244/429, 22.1.1973d, (Masch.-Schr.) 7 S.

- Répertoire d'identification des personnes: Note aux utilisateurs du répertoire d'identification des personnes, Demande de numéros nationaux d'identité et réponses de l'INSEE. Réf. HA/AB, Nr. 1o/SAF, Nantes 29.1.1973e, (Masch.-Schr.) 12 u. XIV S.

- , Direction de la Statistique Générale, Département Population et Ménages / Direction de la Production, Département Informatique, Centre National Informatique de Paris 1: Projet de modification des documents électoraux de liaison entre les mairies, les préfectures, le Ministère de l' Intérieur et l'INSEE. Réf. MS/YP 239/C/P1/2o, Nr. 338/429, 2.2.1973 f, (Masch.-Schr.) 14 u. V S.

- , Direction Générale: Note sur le répertoire des personnes en France. Nr. o.114/424, 14.1.1974, (Masch.-Schr.) 8 S.

Institut de Recherche d'Informatique et d'Automatique (IRIA): Rapport d'activité au 31.12.1969, Rocquencourt 197o, 8o S.

- Rapport d'activité au 31.12.1971, Rocquencourt 1972, 78 S.

- Rapport d'activité 1972, Rocquencourt 1973, 93 S.

"L'IRIA se restructure" , in O.l.Informatique-Hebdomadaire Nr. 235, 2.4.1973, S. 12.

Institut de la Vie /Institut de Recherche d'Informatique et d'Automatique: L'homme et l'informatique: Extraits des comptes rendus de la seconde Conférence Internationale 'L' Homme et l'Informatique' tenue à Bordeaux du 11 au 16 septembre 1972. Ed. IRIA, Le Chesnay 1972, 52 S.

Interministerielle Arbeitsgruppe 'Datenbanksystem' beim Bundesministerium des Innern: Das Informationsbankensystem: Vorschläge für die Planung und den Aufbau eines allgemeinen arbeitsteiligen Informationsbankensystems für die Bundesrepublik Deutschland. Carl Heymanns Verlag, Köln-Berlin-Bonn-München,
Band I: Bericht der Interministeriellen Arbeitsgruppe, Mai 1971 I, 158 S.
Band II: Materialband: Gutachten, Empfehlungen, Stellungnahmen, November 1971 II, 418 S.

Internationales Institut für Rechts- und Verwaltungssprache / Institut International de Terminologie Juridique et Administrative: Europa-Glossar der Rechts- und Verwaltungssprache, deutsch und französisch / Glossaire européen de terminologie juridique et administrative, allemand et français. Langenscheidt Verl., Berlin-München/Dunod, Paris 1969,
Band IV: Allgemeines Verwaltungsrecht und Streitverfahren / Droit administratif et procédures contentieuses, 79 S.
Band V: Verwaltungsorganisation, Amtsbezeichnungen, Behörden / Organisation administrative, grades et emplois, structures, 71 S.
Band VIII: Beamtenrecht / Droit de la fonction publique, 63 S.

"Investigations: Somebody out there is tapping" , in: Time 16.4.1973, S. 11-12.

Isnard, Jacques: "Quand l'armée se renseigne sur l'adversaire intérieur' ", in: Le Monde 17.lo.1973, S. 16.

Ivarsson, Sven Ivar: "Effets de l'informatique et du budget-programme sur l'administration publique", in: Revue Internationale des Sciences Administratives Nr. 2, 1972, S. 115-121.

Janco, Manuel / Furjot, Daniel: Informatique et capitalisme. Economie et socialisme Nr. 18, Ed. Maspero, Paris 1972, 272 S.

M. Jean Taittinger a 'installé' la Commission 'Informatique et Libertés' ", in: Le Monde 19.4.1974, S. 25.

"Justice et informatique", in: Gazette du Palais I, 27.-28.3. 1974, Echos et nouvelles S. 29.

Juvigny, Pierre: "Informatique et droits de l'homme", in: Institut Français des Sciences Administratives: L'informatique dans l'administration. Journée d'études au Centre Français de Droit Comparé, 25.1.1969, Cahier Nr. 4, Ed. Cujas, Paris 1969, S. 87-93.

- "Aspects nouveaux du droit au respect de la vie privée", Extraits d'une communication présentée à la Réunion d'experts de l'UNESCO sur le droit à la vie privée, Paris 19.-23.1.197o, in: Gallouédec-Genuys (71a), S. 15-16.

Kamlah, Rupprecht: "Datenschutz im Spiel der anglo-amerikanischen Literatur: Ein Überblick über Vorschläge zur Datenschutzgesetzgebung", in: Deutscher Bundestag, Drucksache VI/3826, Anlage 2, 7.9.1972, S. 195-211.

Kaufmann, A.: Les cadres et la révolution informatique: L'adaptation nécessaire. 2. Aufl., Ed. Entreprise Moderne, Paris 1968, 144 S.

Kimbel, Dieter: Computers and Telecommunications: Economic, Technical, and Organisational Issues:
Part I: Report by the Panel on Policy Issues of Computer/Telecommunications Interaction, S. 7-16,
Part II: Computers and Telecommunications, by Dieter Kimbel, S. 17-222. OECD Informatics Studies Nr. 3, Paris 1973, 222 S.

Kirchberger, André: "Situation du problème: Un avertissement ou un cri d'alarme?", in L'Informatique Nr. 15, April 1971 a, S. 42-46.

- "Des exemples: Un petit catalogue d'atteintes à la vie privée", in: L'Informatique Nr. 15, April 1971b, S. 47-51.

Laborit, Henri: Société informationnelle: Idées pour l'autogestion. Ed. Cerf, Paris 1973, 94 S.

Lafond: "L'informatique au Ministère de l'Equipement et du Logement", in: Ministère de l'Equipement et du Logement, Secrétariat Général du Groupe Central des Villes Nouvelles / Secrétariat Permanent de la Commission de Développement de l'Informatique: Les villes nouvelles et l'informatique. Protokoll der Tagung vom 15.-16.5.1972 im CETE, Aix-en-Provence, April 1973, S. 112-115.

Lafont, Robert: La révolution régionaliste. Ed. Gallimard, Paris 1967, 25o S.

- Décoloniser en France: Les régions face à l'Europe. Ed. Gallimard, Paris 1971, 3o9 S.

Landrin, François: "Pour préserver les libertés individuelles menacées par les fichiers automatisés: Une législation appropriée et un code de déontologie de la profession suffiront-ils?", in: Les Echos Nr. 1o896, 2o.4.1971, S. 4.

Langrod, Georges: "Vie administrative à l'étranger: Le traitement électronique des données et la recherche de protection contre leur utilisation abusive (Modèle allemand du Land de Hesse)", in: La Revue Administrative Nr. 144, November-Dezember 1971, S. 692-695.

Laroque, Pierre: "Le rôle de l'exécutif dans l'Etat moderne: France", in: Bulletin International des Sciences Sociales 1958, S. 249-251. (zitiert nach Roland Drago (71), S. 413/414).

- "Un organisme de contrôle": Extraits de "L'ordinateur et les libertés publiques", Communication présentée au Congrès International 'Gestion Automatisée et Humanisme', organisé par le SICOB et l'Afcet, Paris Septembre 1969, in: Gallouédec-Genuys, Françoise: L'informatique et les libertés. Problèmes Politiques et Sociaux Nr. 55, 15.1.1971, S. 38.

Latreille, André: "De l'indépendance à l'impuissance", in: Le Monde 31.1o.1973, S. 8.

Laudet, M.: "Institut de Recherche d'Informatique et d'Automatique", in: L'Informatique, Les Cahiers Français Nr. 147, März-April 1971, S. 2o-21.

Laurent, Philippe: "Demain, les banques de données", in: Les français sur ordinateur, Projet Nr. 8o, Dezember 1973, S. 1161-1168.

Lauzel, Pierre: Le plan comptable français. Préface de Henri Montet. 'Que sais-je?' Nr. 1157, 3. Aufl., Presses Universitaires de France, Paris 1973, 126 S.

Lavallard, Jean-Louis: "La sécurité: De la panne ... à l' accident", in: Le Monde 26.9.1972, S. 26-27.

"M. Lecanuet et les écoutes téléphoniques", in: Le Monde 15.11. 1973, S. 13.

"M. Lecanuet: Si aucun aménagement n'est adopté, le projet sera mis en péril", in: Le Monde 6.1o.1973, S. 7.

Leclercq, Pierre: La protection des libertés en droit français: Point de vue français sur la 'Datenschutz'. Colloque sur 'Datenschutz in Theorie und Praxis', Kiel 28./29. Juni 1973, organisé par ADL-Verband für Informationsverarbeitung e.V. Hamburg, (französische Originalversion, Masch.-Schr.) 22 S.

Lefebvre, Henri: Vers le cybernanthrope: Contre les technocrates. Ed. Denoel, Paris 1967 - Nachdruck 1971, 213 S.

Lefranc, Olivier: "L'automatisation du secteur public: L'introduction des techniques d'automatisation dans l'administration française", in: Bulletin de Liaison et d'Information de l' Administration Centrale de l'Economie et des Finances Nr. 45, November 1968 - Februar 1969, S. 24-46.

- "L'automatisation du secteur public: Les conditions d'une généralisation rationnelle de l'automatisation dans les services publics", in: Bulletin de Liaison de l'Administration Centrale de l'Economie et des Finances Nr. 46, März-April 1969, S. 71-85.

- "L'administration et l'informatique: Caractères originaux de l'automatisation du secteur public", in: L'Informatique, Les Cahiers Français Nr. 147, März-April 1971, S. 28-29.

Le Moguen, Claude: "Introduction", zu "Dossier: L informatique et l'administration", in: Informatique et Gestion Nr. 4o, August-September 1972, S. 44.

Lenk, Klaus: Gestion automatisée de l'information dans l'administration publique: Etat actuel et incidences:
1ère partie: Conclusions du sous-groupe banques de données, S. 13-18,
2e partie: Gestion automatisée de l'information dans l'administration publique, par Klaus Lenk, S. 19-138. OCDE Etudes d'Informatique **Nr. 4, Paris 1973,** 138 S.

Leventer, Martine: "Le plan reste en plan", in: Le Point Nr. 1, 25.9.1972, S. 8o.

Levery, Francis: "Les hommes: De l'analyse du passé à celle du présent", in: Le Monde 18.9.1973, S. 28.

Lhermitte, Pierre: Le pari informatique, d'après une étude du Conseil Economique et Social sur les conséquences prévisibles du développement de l'automatisation de la gestion des entreprises. Préface d'Emile Roche. Ed. France-Empire, Paris 1968, 348 S.

- "L'informatique et l'entreprise", in: Institut Français des Sciences Administratives: L'informatique dans l'administration. Journée d'études au Centre Français de Droit Comparé, 25.1.1969, Cahier Nr. 4, Ed. Cujas, Paris 1969a, S. 59-69.

- "L'informatique et les structures économiques", in: Informatique et Gestion Nr. 8, Mai 1969b, S. 7-13.

- "Informatique et déconcentration", in: Cahiers d'Etudes et d'Informations de l'Association des Anciens Elèves de l'Ecole Nationale Supérieure des Postes et Télécommunications Nr. 74, 1972, S. 61-95.

Lhermitte, Pierre / Carteron, Jean: "Le pari informatique", une interview de Pierre Lhermitte, par Jean Carteron, in: Informatique-Actualités Nr. 2, September 1968, S. 6-19.

"Liberté, liberté chérie ...", in: O.l.Informatique-Mensuel Nr. 78, Mai 1974, S. 5.

Lloret, Polen: "Un ordinateur auc bout du fil", in: Le Monde (I): 3o.4.1971aI, S. 1 u. 26; (II): 2./3.5.1971aII, S. 11; (III): 4.5.1971aIII, S. 15.

- "La convention entre l'Etat et la CII pour la réalisation du 'Plan Calcul' est renouvelée", in: Le Monde 4.8.1971b, S. 15.

Long, Marceau: Problèmes administratifs posés par les équipements électroniques dans l'administration. Séminaire d'études sous la direction de Marceau Long, Rapport Ecole Nationale d'Administration, Paris 3o.4.1964, (Masch.-Schr.) ca. 86 S.

- "L'informatique au Ministère des Armées", in: Institut Français des Sciences Administratives: L'informatique dans l'administration. Journée d'études au Centre Français de Droit Comparé, 25.1.1969, Cahier Nr. 4, Ed. Cujas, Paris 1969, S. 39-51.

Luhmann, Niklas: Recht und Automation in der öffentlichen Verwaltung. Schriftenreihe der Hochschule Speyer, Band 29, Verl. Duncker & Humblot, Berlin 1966, 166 S.

Maisl, Herbert: La fonction publique. Documents d'Etudes: Droit Administratif Nr. 1, Ed. La Documentation Française, Paris Oktober 1971, 3o S.

Maisonrouge, Jacques G.: L'ordinateur menace-t-il la liberté individuelle? Conférence à l'Académie des Sciences Morales et Politiques, Institut de France, 8.5.1973. IBM, Service Relations Presse, Réf. 9618/A, Paris 1973, 12 S. (= IBM-Informatique Nr. 1o, 4. Trimester 1973, S. 44-48).

Malgoire, René: "L'informatique administrative: Un système - des responsabilités", in: La Revue Administrative Nr. 136. Juli-August 197o, S. 469-472.

- "La formation des informaticiens au CEPIA", in: Informatique Municipale. Tagung im IRIA, Rocquencourt 2o-23.9.1971, Beiheft Nr. 2 zu Cahiers de l'Expansion Régionale Nr. 58-59, Dezember 1971, S. 67-68.

Malherbe, Jean: La vie privée et le droit moderne. Préface de P.-Antoine Perrod, 'Comment faire' Nr. 24, Librairie du Journal des Notaires et des Avocats, Paris Januar 1968, VIII u. 213 S.

Malik, Rex: "L'ordinateur: Espérance ou cauchemar?", in: O.1. Informatique-Mensuel Nr. 1o, Dezember 1971, S. 21-25.

Mandrin, Jacques: L'énarchie ou les mandarins de la société bourgeoise. Ed. La Table Ronde de Combat, Paris 1968, 169 S.

Marbach, Christian: "L'introduction de l'informatique au Ministère de l'Industrie", in: La Revue Administrative Nr. 127, Januar-Februar 1969, S. 85-94.

Marcilhacy, Pierre / Monory, René: Rapport fait au nom de la Commission de contrôle des services administratifs procédant aux écoutes téléphoniques. Sénat Document Nr. 3o, Première session ordinaire de 1973-1974, Annexe au procès-verbal de la séance du 25 octobre 1973. Journaux Officiels, Paris 1973, 115 S.

Mariano, Antoine-Pierre: "Le 'Plan Calcul' est lancé: Signature, hier, de la convention entre l'Etat et la Compagnie Internationale pour l'Informatique: 42o millions de francs accordés à la 'C2I' ", in: Le Figaro 14.4.1967, S. 6.

Matha, Jacques: "La banque de données de l'Atelier Parisien d' Urbanisme", in: Informatique Municipale. Tagung im IRIA, Rocquencourt 2o.-23.9.1971, Beiheft Nr. 2 zu Cahiers de l'Expansion Régionale Nr. 58-59, Dezember 1971, S. 29-32.

Mathiot, C.J.: "Maîtriser l'informatique ou la subir?", in: Revue de Défense Nationale, Juli 1972, S. 11o4-1126.

Mattei, Jacqueline: "Après les accords CII-Siemens-Philips: Un pas de franchi, mais il reste beaucoup à faire pour cimenter une informatique européenne", in: Les Echos 6.7.1973, S. 12.

Mayer, René: "L'administration française - féodalité ou démocratie?", in: Le Moniteur des Travaux Publics et du Bâtiment Nr. 37, 14.9.1968, S. 45-53.

Meallier, André: "Vue d'ensemble sur les systèmes d'information: Etudes et réalisations dans l'administration française", in: Informatique et Gestion Nr. 4o, August-September 1972, S. 69-72.

Megret, Jean: "Un droit pour l'informatique", in: L'Informatique Nr. 11, Dezember 197o, S. 38-41.

Mehl, Lucien: L'emploi des ensembles électroniques pour l'élaboration des décisions au sein de l'administration publique. Séminaire d'études sous la direction de Lucien Mehl, Rapport, Ecole Nationale d'Administration, Paris 1967, 89 S.

- "L'informatique, la connaissance et l'action", in: Bulletin de l'Institut International d'Administration Publique, Oktober-Dezember 1968, S. 12-14. (zitiert nach Roland Drago (71), S. 231-233).

"Les mémoires de stage de l'Ecole Nationale d'Administration", in: La Revue Administrative Nr. 138, November-Dezember 197o, S. 647-652.

Mercouroff, Wladimir: "Premier bilan à l'Education Nationale: Un peu plus d'un an après sa nomination, Wladimir Mercouroff fait le point", in: L'Informatique Nr. 19. August 1971, S. 35-39.

Messmer, Pierre: "Discours du Premier Ministre pour l'inauguration du Salon International de l'Informatique, de la Communication et de l'Organisation du Bureau", 22.9.1972, in: Délégation à l'Informatique: Informatique 1972. Ed. La Documentation Française, Paris 1972a, S. 5-8.

- "Discours du Premier Ministre à l'occasion de la visite de l'usine de la Compagnie Internationale pour l'Informatique à Toulouse", 28.9.1972, in: Délégation à l'Informatique: Informatique 1972. Ed. La Documentation Française, Paris 1972b, S. 9-11.

- "La déclaration de politique générale du Premier Ministre au Parlement", in: Le Monde 5.1o.1972c, S. 2-3.

- Discours (de Monsieur Pierre Messmer, Premier Ministre) à l'Assemblée Nationale le 3o avril 1973. Premier Ministre, Comité Interministériel pour l'Information, Actualités-Documents Nr. 1o3, April 1973, 14 S.

"M. Messmer: L'informatique assure une meilleure participation et plus de liberté", in: Le Monde 24./25.9.1972, S. 8.

"Messmer annoncera aux députés des mesures pour simplifier l' administration", in: France-Soir 24./25.9.1972.

Micoulaut, Raymond: "Datenverarbeitung in Frankreich", in: Informationsblätter der französischen Botschaft in Bad-Godesberg Nr. 1o3, 1972, S. 7-13.

Mignot, Gabriel / d'Orsay, Philippe: La machine administrative. Ed. Seuil, Paris 1968, 143 S.

Ministère des Affaires Etrangères, Direction des Services d' Information et de Presse: L'informatique en France: Sa portée nationale et ses conséquences internationales. Textes et Note Nr. 234/IP, Ed. La Documentation Française, 15.3.1968, 13 S.

Ministère de l'Agriculture (et du Développement Rural), Secrétariat Permanent de la Commission de l'Informatique: Orientations du schéma directeur du développement de l'informatique, Note de proposition. 8.1o.1971, 19 S.

Ministère des Armées (Ministère d'Etat chargé de la Défense Nationale): "L'informatique de gestion au Ministère d'Etat chargé de la Défense Nationale: Réponse du Ministre d'Etat chargé de la Défense Nationale", in: Cour des Comptes: Rapport au Président de la République suivi des réponses des administrations, Année 1969. Journaux Officiels, Paris Juni 1971, S. 157-161.

- "(L'informatique dans les administrations de l'Etat:) Réponse du Ministre d'Etat chargé de la Défense Nationale", in Cour des Comptes: Rapport au Président de la République suivi des réponses des administrations, Année 197o. Journaux Officiels, Paris Juni 1972, S. 113-114.

Ministère du Développement Industriel et Scientifique: "Réponse du Ministre du Développement Industriel et Scientifique", in: Cour des Comptes: Rapport au Président de la République suivi des réponses des administrations, Année 1969. Journaux Officiels, Paris Juni 1971, S. 161-162.

- "(L'informatique dans les administrations de l'Etat:) Réponse du Ministre du Développement Industriel et Scientifique", in: Cour des Comptes: Rapport au Président de la République suivi des réponses des administrations, Année 197o. Journaux Officiels, Paris Juni 1972a, S. 114-117.

- La banque de données ENEIDE. Juli 1972b, (Masch.-Schr.) 28 S. (= BIADI-Dokument EN 224).

Ministère de l'Economie et des Finances, Service de l'Information, Bureau de Presse et des Relations Publiques: Extraits de l'allocution prononcée par Monsieur Michel Debré, Ministre de l'Economie et des Finances, à l'occasion de la signature de la convention 'Plan Calcul' le 13 avril 1967. 1967, (Masch.-Schr.) 2 S.

- , Direction Générale des Douanes et Droits Indirects, Division de l'Organisation et de l'Administration des Services, Bureau des Etudes Générales d'Automatisation: Rapport sur le projet SOFIA: Expression des besoins, présenté par M. Auguste Sitbon, Président du Groupe 'Expression des Besoins'. 2.5.1969, 82 u. VI S.

- , Services d'Etudes de la Direction de la Dette Publique: "La nouvelle liquidation des pensions de retraite et l'électronique", in: Bulletin de Liaison et d'Information de l'Administration Centrale de l'Economie et des Finances Nr. 51, April-Juni 197oa, S. 64-82.

- , Direction du Personnel et des Services Généraux, Centre de Formation Professionnelle et de Perfectionnement: Conférences sur l'informatique au Ministère de l'Economie et des Finances. September 197ob, 131 S.

- , Commission de Développement de l'Informatique: Eléments d'un schéma directeur pour le développement de l'informatique. Rapport du Groupe Permanent, Rapporteur: Noel Aucagne, Juni 1971 a, (Masch.-Schr.) VII u. 23 S.

- , Direction Générale des Douanes et Droits Indirects / Centre de Productivité des Transports: SAFIR: Etude d'opportunité. Eurosoft, Computer Sciences International France, Juni 1971b, ca. 2oo S.

- , Direction Générale des Douanes et Droits Indirects, Division de l'Organisation et de l'Administration des Services, Bureau des Etudes Générales d'Automatisation: Système d'Ordinateurs pour le Fret International Maritime (SOFIM). Juni 1971c, (Masch.-Schr.) 32 S.

- , Direction Générale des Impôts, Service de l'Administration Générale, Sous-Direction IIB: L'informatique à la Direction Générale des Impôts. November 1971d, 2o S.

- , Direction Générale des Impôts, Service de l'Administration Générale, Sous-Direction II B, Bureau II B-3: Description du fichier parcellaire cadastral. November 1971 e, (Masch.-Schr.) 9 S.

- , Institut National de la Statistique et des Etudes Economiques / Direction de la Prévision, Centre Informatique: Système Informatique pour la Conjoncture (SIC): Projet de rapport de conception générale. 1971f, (Masch.-Schr.) 15 S.

- , Direction du Budget, Service Central d'Organisation et Méthodes, Groupes d'Etudes: Compte-rendu de la 96ème réunion (13 janvier 1972) du Groupe d'Etudes des Problèmes de l'Automatisation des Travaux Administratifs (GEPATA): Le projet SOFIA (Système d'Ordinateurs pour le Fret International Aérien). 15.2.1972a, (Masch.-Schr.) 13 S.

- , Direction Générale des Impôts, Service de l'Administration Générale, Sous-Direction II B, Bureau II B-3: Le Système Interministériel de Localisation Electronique (SILOE). Mai 1972b, (Masch.-Schr.) 4 S.

- , Direction Générale des Impôts, Service de l'Administration Générale, Sous-Direction II B, Bureau II B-3: Base géographique urbaine. Mai 1972c, (Masch.-Schr.) 3 S.

- "(L'informatique dans les administrations de l'Etat:) Réponse du Ministre de l'Economie et des Finances", in: Cour des Comptes: Rapport au Président de la République suivi des réponses des administrations, Année 197o. Journaux Officiels, Paris Juni 1972d, S. 117-12o.

- , Direction Générale des Impôts, Service de l'Administration Générale, Sous-Direction II B, Bureau II B-3: Révision des évaluations foncières des propriétés bâties et informatique. Juli 1972e, (Masch.-Schr.) 4 S.

- , Direction Générale des Impôts, Service de l'Administration Générale, Sous-Direction II B, Bureau II B-3: L'intervention de l'informatique dans les opérations de révision des évaluations foncières et la constitution d'une documentation foncière sur support magnétique. September 1972f, (Masch.-Schr.) lo S.

- , Direction Générale des Douanes et Droits Indirects, Comité Directeur de l'Informatique: Compte-rendu de la séance du Comité Directeur de l'Informatique du 18 octobre 1972, 5 S.; en annexe: Note d'information pour la 1ère réunion (18 octobre 1972): Un schéma directeur informatique pour la Douane, 6 S. 1972g, (Masch.-Schr.).

- , Direction Générale des Impôts / Ministère de l'Equipement et du Logement, Direction de l'Aménagement Foncier et de l'Urbanisme: Rapport de synthèse sur le projet de fichier national de localisation. Dezember 1972h, (Masch.-Schr.) 21 u. V S. (= BIADI-Dokument EN 256).

- , Direction Générale des Impôts, Service de l'Administration Générale, Sous-Direction II B, Bureau II B-3: Fichier des propriétés non bâties. Januar 1973a, (Masch.-Schr.) 3 S.

- , Direction Générale des Impôts, Service de l'Administration Générale, Sous-Direction II B, Bureau II B-3: Répertoire des Voies. Januar 1973b, (Masch.-Schr.) 6 S.

- , Direction Générale des Impôts, Service de l'Administration Générale, Sous-Direction II B, Bureau II B-3: Le fichier des propriétaires. Januar 1973c, (Masch.-Schr.) 3 S.

- , Direction Générale des Impôts, Service de l'Administration Générale, Sous-Direction II B, Bureau II B-3: Fichier des propriétés bâties. Januar 1973d, (Masch.-Schr.) 6 S.

Ministère de l'Education Nationale, Direction des Servides Administratifs et Sociaux, Bureau d'Etude des Applications Electroniques: Traitement automatique des demandes de mutation des professeurs des établissements publics du second degré. Extraits de la communication présentée à la conférende de l'OTAN à Porto (Portugal) en septembre 1969 par Serge Aoustin, Chef du centre des études, 1969, 7 S.

- , Direction des Services Administratifs et Sociaux, Bureau d'Etude des Applications Electroniques: Mécanisation des travaux de gestion des personnels enseignants des établissements du second degré. Januar 197oa. (Masch.-Schr.) 17 S. u. Annexe.

- , Mission à l'Informatique, Secrétariat du Comité des Equipements d'Informatique: Rapport du groupe de travail relatif au mode d'acquisition des ordinateurs. November 197ob, (Masch.-Schr.) 14 S.

- , Commission de l'Informatique de Gestion: Rapport sur la constitution d'un réseau d'informatique administrative. März 1971a, (Masch.-Schr.) 54 S.

- , Direction chargée de l'Administration Générale et des Affaires Sociales: Regard sur l'informatique administrative, par Robert François, Sous-Directeur de la Coordination des Unités d'Informatique, préfacé de C. Duquenne, Directeur chargé de l'Administration Générale et des Affaires Sociales. 1971b, 43 S.

- , Mission à l'Informatique: Introduction de l'informatique dans l'enseignement secondaire. Etude effectuée par MM. Queniart et Yolin, ingénieurs-élèves des Mines. 1971c, (Masch.-Schr.) 42 S.

- , Groupe Commun DAF-DIPRE: Temps partagé et budget de programmes. 25.2.1972a, (Masch.-Schr.) 15 S.

- , Direction chargée de l'Administration Générale et des Affaires Sociales, Unités d'Informatique: L'informatique au Ministère de l'Education Nationale. Februar 1972b, (Masch.-Schr.) 22 S.

- , Direction chargée de la Prévision, Service de la Programmation et des Etudes Economiques: Réunion 'INAS' de sensibilisation des services extérieurs et des établissements aux problèmes de la direction par objectifs: Optique centralisatrice de la conduite actuelle des opérations. 3o.3.1972c, (Masch.-Schr.) 16 S.

- , Commission pour l'Enseignement de l'Informatique: Rapport de la Commission pour l'Enseignement de l'Informatique. April 1972d, (Masch.-Schr.) 28 S.

- , Direction chargé de la Prévision, Service de la Programmation et des Etudes Economiques: Le DPPS langage d'interorgation de 'banques de données'. 2.5.1972e, 8 S.

- , Direction chargée de la Prévision, Service de la Programmation et des Etudes Economiques, Groupe Commun DAF-DIPRE: Modèle d'utilisation du DPPS. 3o.5.1972f, (Masch.Schr.) 13 S.

- "(L'informatique dans les administrations de l'Etat:) Reponse du Ministre de l'Education Nationale", in: Cour des Comptes: Rapport au Président de la République suivi des réponses des administrations, Année 197o. Journaux Officiels, Paris Juni 1972g, S.12o-121.

- , Direction chargée de l'Administration Générale et des Affaires Sociales, Unités d'Informatique: Note sur les unités d'informatique de Montrouge. September 1972h. (Masch.-Schr.) 8 S.

- , Direction chargée de l'Administration Générale et des Affaires Sociales, Unités d'Informatique: Système de gestion automatisée des instituteurs. 26.1o.1972i, (Masch.-Schr.) 7 S.

- , Direction chargée de l'Administration Générale et des Affaires Sociales, Unités d'Informatique: Note relative à l'automatisation des permutations de fonctionnaires. Oktober 1972j, (Masch.-Schr.) 6 S.

- , Comité des Equipements d'Informatique: Rapport annuel sur le fonctionnement du Comité des Equipements d'Informatique. November 1972k, (Masch.-Schr.) 19 S.

Ministère (de l'Aménagment du Territoire,) de l'Equipement et du Logement (et du Tourisme), Service d'Etudes Techniques des Routes et Autoroutes (SETRA), Division de l'Informatique: Propositions pour une réforme administrative des centres de calcul prestataires de services. Mai 197o, (Masch.-Schr.) 17 S.

- , Centre d'Etudes Techniques de l'Equipement (CETE) / Division Informatique, Section Etudes: Evaluation de la demande et du service rendu et la détection des écarts. Aix-en-Provence 6.1.1971a, (Masch.-Schr.) 6 S.

- , Commission de Développement de l'Informatique: Schéma directeur d'équipement en ordinateurs du Ministère de l'Equipement et du Logement. 19.1.1971b, (Masch.-Schr.) 21 S. (= BIADI-Dokument EN 85).

- , Commission de Développement de l'Informatique: L'action pilote 'banque de données urbaines': Voies et moyens d'une politique du Ministère de l'Equipement et du Logement en vue du développement des systèmes d'informations pour la gestion de l'urbanisme et pour l'aménagement urbain. Untersuchung des Centre d'Etudes Techniques de l'Equipement d' Aix-en-Provence. 18.5.1971c, 62 S. (= BIADI-Dokument EN 68).

- , Direction du Bâtiment, des Travaux Publics et de la Conjoncture, Service des Statistiques et des Etudes Economiques: SIROCO, Application Nr. 1, Tome 1: Projet détaillé. Dezember 1971d, 83 S. (= BIADI-Dokument EN 352).

- , Direction du Bâtiment, des Travaux Publics et de la Conjoncture, Service des Statistiques et des Etudes Economiques: SIROCO, Application Nr. 1, Tome 2: Catalogue des informations. Februar 1972a, Ca. 9o S.

- , Direction du Bâtiment, des Travaux Publics et de la Conjoncture, Service des Statistiques et des Etudes Economiques: SIROCO, Application Nr. 1, Tome 5: Manuel de Codification. Dezember 1972b, 134 S.

- , Direction du Bâtiment, des Travaux Publics et de la Conjoncture, Service des Statistiques et des Etudes Economiques: SIROCO, Application Nr. 1, Tome 3: Analyse détaillée Januar 1973a, 188 S. (= BIADI-Dokument EN 353).

- , Direction du Bâtiment, des Travaux Publics et de la Conjoncture, Service des Statistiques et des Etudes Economiques: SIROCO, Application 1, Tome 4: Organisation des traitement. September 1972, ergänzt Januar 1973b, 57 S. (= BIADI-Dokument EN 354).

- , Direction du Bâtiment, des Travaux Publics et de la Conjoncture, Services des Statistiques et des Etudes Economiques: SIROCO, Application Nr. 1: Catalogue des fichiers. Februar 1973c, 8o S.

- , Secrétariat Général du Groupe Central des Villes Nouvelles/ Secrétariat Permanent de la Commission de Développement de l'Informatique: Les villes nouvelles et l'informatique. Protokoll der Tagung vom 15.-16.5.1972 im CETE, Aix-en-Provence, April 1973d, 129 S. (= BIADI-Dokument EN 274).

- , Direction du Bâtiment, des Travaux Publics et de la Conjoncture, Service des Statistiques et des Etudes Economiques: Schéma directeur du système SIROCO. Juni 1973e, (Masch.-Schr.) 8 S.

- , Service des Affaires Economiques et Internationales: Système d'Information sur les Transports de Marchandises (SITRAM): Banque de données des transports: Présentation des travaux en cours de développement. November 1973f, 5o S.

- , Service des Affaires Economiques et Internationales: Système d'Information sur les Transports de Marchandises (SITRAM): Banque de données des transports: Présentation de la réalisation du prototype. November 1973g, (Masch.-Schr.)

2o S. (= BIADI-Dokument EN 327).

- , Direction du Bâtiment, des Travaux Publics et de la Conjoncture, Service des Statistiques et des Etudes Economiques: GAME: Gestion automatisée des marchés de l' équipement. 1973h, ca. 36 S.

Ministère de l'Intérieur: "(L'informatique dans les administrations de l'Etat:) Réponse du Ministre de l'Intérieur", in: Cour des Comptes: Rapport au Président de la République suivi des réponses des administrations, Année 197o. Journaux Officiels, Paris Juni 1972, S. 121.

Ministère de la Justice: Schéma directeur du développement de l'informatique. 1972a, (Masch.-Schr.) 23 S.

- , Direction des Affaires Civiles et du Sceau, Groupe d' Etude Législative sur 'Libertés et Traitement de l'Information': Rapport à Monsieur le Garde des Sceaux sur la protection de la vie privée face au traitement des informations individuelles. November 1972b, 52 S.

- , Direction des Affaires Civiles et du Sceau, Groupe d'Etude Législative sur 'Libertés et Traitement de l'Information': Travaux législatifs poursuivis à l'étranger sur la protection de la vie privée face au traitement des informations individuelles. 1973a, o.S.

- , Direction des Affaires Civiles et du Sceau: Etude législative sur les libertés individuelles et le traitement de l'information: Rapport préliminaire à des consultations auprès de représentants des professionnels de l'informatique. Juli 1973b, 43 S.

- , Secrétariat Général Permanent de la Commission de Développement de l'Informatique: Casier judiciaire: Principes généraux, Spécifications du traitement journalier, Synthèse. Nr. 73/192, lo.8.1973c, (Masch.-Schr.) 15. S.

- , Secrétariat Général Permanent de la Commission de Développement de l'Informatique: Note de travail relative à l'automatisation du casier judiciaire et à la constitution du fichier des conducteurs. November 1973d, (Masch.-Schr.) 9 S.

- , Secrétariat Général Permanent de la Commission de Développement de l'Informatique: Note technique sur le volume des informations à gérer pour le fichier des conducteurs et le casier judiciaire. 3o.1.1974a, (Masch.-Schr.) 6 S.

- , Direction des Affaires Criminelles et des Grâces / Secrétariat Général Permanent de la Commission de Développement de l'Informatique: Le fichier des conducteurs: Problèmes posés par ses rapports avec le casier juridiciaire et l'élaboration du décret d'application de la loi du 24 juin 197o. 3o.1.1974b, (Masch.-Schr.) 7 S.

- , Secrétariat Général Permanent de la Commission de Développement de l'Informatique: Recherche dans les fichiers de personnes tenus sur ordinateurs et action publique. Réf. JFT/PM, Nr. o21/74, 12.2.1974c, (Masch.-Schr.) 4 S.

- , Direction des Affaires Criminelles et des Grâces / Secrétariat Général Permanent de la Commission de Développement de l'Informatique: Le fichier des conducteurs: Problèmes juridiques posés par l'application de la loi du 24 juin 197o. 13.2.1974d, (Masch.-Schr.) 5 S.

- , Service de Presse: Installation de la Commission 'Informatique et Libertés'. Communiqué, 11.4.1974e, 1 S.

- , Service de Presse: Membres de la Commission 'Informatique et Libertés'. Communiqué, 11.4.1974f, 1 S.

- , Service de Presse: Commission 'Informatique et Libertés': Installation par M. Jean Taittinger, Ministre d'Etat, Garde des Sceaux, Ministre de la Justice. Document, 17. 4.1974g, 12 S.

Ministère des Postes et Télécommunications: Transmission de données: Textes officiels. 15.6.1971, 47 S. (= BIADI-Dokument EN 82).

- , Direction Générale des Télécommunications, Service des Programmes et des Etudes Economiques: Etat actuel de la mécanisation des services de comptabilité des télécommunications. Februar 1972a, (Masch.-Schr.) 19. S.

- , Commission de l'Informatique: Schéma directeur d'équipement informatique des Postes et Télécommunications, Période 1972-1974. 15.4.1972b, (Masch.-Schr.) 139 S.

- , Direction Générale des Télécommunications, Service des Programmes et des Etudes Economiques, Département Informatique: Codifications et standards de documentation pour l'analyse et la programmation. April 1972c, (Masch.-Schr.) 82 S. (= BIADI-Dokument EN 251).

- , Direction Générale des Télécommunications: Emploi des systèmes informatiques dans les Télécommunications, Rapport Nr.3 du groupe de travail. April 1972d, (Masch.-Schr.) 28 S.

- , Direction Général des Télécommunications, Service des Programmes et des Etudes Economiques, Département Informatique, Division B-3 (Système): La portabilité des applications des Télécommunications. 16.1o.1972e, (Masch.-Schr.) 28 S. (= BIADI-Dokument EN 228).

- , Direction Générale des Télécommunications, Service des Programmes et des Etudes Economiques, Groupement Informatique: Méthodologie informatique pour la mise en oeuvre de systèmes d'application (MIMOSA): Guide général. April-März 1973:
Chapitre I: Introduction, 11 S. (= BIADI-Dokument EN 29o).
Chapitre II: Feuilles de référence, 36 S. (= BIADI-Dokument EN 291).
Chapitre III: Dossiers standards, 62 S. (= BIADI-Dokument EN 292).
Chapitre IV: Codes et symboles normalisés. 3o S. (= BIADI-Dokument EN 293).

Chapitre V: Imprimés, 63 S. (= BIADI-Dokument EN 294).
Chapitre VI: Glossaire, 41 S. (= BIADI-Dokument EN 295).
Chapitre VII: Fiches techniques, o.S. (= BIADI-Dokument EN 296).

- , Direction Générale des Télécommunications, Direction des Affaires Commerciales, Financières et Internationales, Sous-Direction de la Téléinformatique (et des Réseaux Spécialisés) / Centre National d'Etudes des Télécommunications / Groupement 'Informatique et Transmission de Données': Le Réseau CADUCEE. Edition 1974a, 28 S. (= BIADI-Dokument EN 332).

- , Direction Générale des Télécommunications, Direction des Affaires Commerciales, Financières et Internationales, Sous-Direction de la Téléinformatique et des Réseaux Spécialisés: Télex et Téléinformatique: Transmission de données sur le réseau télex. Edition 1974b, 12 S. (= BIADI-Dokument EN 336).

de Miribel: "Observatoires économiques et banques de données", in: Conférences sur l'informatique au Ministère de l' Economie et des Finances, Direction du Personnel et des Services Généraux, Centre de Formation Professionnelle et de Perfectionnement. September 197o. S. 93-1o8.

Molle, Marie-Eve: "Les fichiers à l'ordre du jour: Libertés de l'Etat, liberté de l'individu, la différence entre les deux s'accentuera-t-elle?", in: Informatique et Gestion Nr. 41, Oktober 1972, S. 77-78.

- "La Commission 'Libertés et Informatique' n'a pas encore rendu ses conclusions, mais, en attendant: L'interconnexion des fichiers administratifs est interdite", in: O.I. Informatique-Hebdomadaire, Nr. 28o, 8.4.1974, S. 1 u. 4.

Mollin: La vérité sur l' "affaire des fiches". Librairie Universelle, Paris 19o5, 269 S.

"Mon départ est en contradiction avec l'esprit et avec la lettre de la loi, déclare M. Arthur Conte", in: Le Monde 24.1o.1973, S. 13.

Monod, Jérôme: "L'aménagement du territoire et l'informatique", in: Informatique et Gestion Nr. 13, Dezember 1969, S. 7-13.

Morice, Gérard: "La vie privée et la loi: Des gardes-fous fragiles", in: L'Informatique Nr. 15, April 1971, S. 55-57.

Mougin: "Normalisation du software", in: Informatique Municipale. Tagung im IRIA, Rocquencourt 2o.-23.9.1971, Beiheft Nr. 2 zu Cahiers de l'Expansion Régionale Nr. 58-59, Dezember 1971, S. 64-66.

Nay, Cathérine: "Téléphone: Ecoutez-vous les uns les autres", in: L'Express Nr. 1145, 18.6.1973, S. 46-47.

Netter, Francis: "Impact de l'informatique sur l'administration", in: Organisation et Gestion Nr. 25, 197o, S. 5-9.

- Informatique et structures administratives. Cour des Comptes, 1971, (Masch.-Schr.) 16 S. (= "Informatique et structures administratives", in: Bulletin de Liaison et d'Information de l'Administration Centrale de l'Economie et des Finances Nr. 57, Oktober-November 1971, S. 1o-23).

- "Informatique et contrôle", in: Bulletin O. et M. Nr. 44, 1972, S. 2-8.

"New memories boost mini computer capacity", in: Business Week 7.7.1973, S. 72-73.

Niblett, G.B.F.: L'Information numérique et la protection des libertés individuelles. OCDE, Etudes d'Informatique Nr. 2, Paris 1971, 62 S.

Observatrix: "Aménagement du territoire et techniques avancées: 1er colloque", in: O.1.Informatique-Actualités Nr. 21, 1968, S. 3-4.

Olmer, Philippe: "Plan Calcul: Deuxième manche", in: Vie Française 6.8.1971, S. 7.

"Ordinateurs: La CII annonce la couleur", in L'Express Nr. 1181, 25.2.1974, S. 68.

"L'ordinateur indispensable à la politique: 'Seule la 'machine' permet de connaitre la conséquence des grandes décisions nationales dans tous les domaines', nous déclare M. Valéry Giscard d'Estaing", in: Le Figaro 14./15.9.1968, S. 21.

"L'ordinateur dans notre société: Enquête placée sous l'égide de la Délégation à l'Informatique et avec le patronage du SICOB", in Le Monde 7.9.1972, S. 13.

"L'ordinateur de la préfecture de police: Vous n'y échapperez pas", in: L'Informatique Nr. 22, November 1971, S. 58-59.

Organisation for Economic Co-operation and Developement (OECD) / Organisation de Coopération et de Développement Economiques (OCDE): Informatics Studies / Etudes d'Informatique, siehe unter Uwe Thomas (71a); G.B.F. Niblett (71); Dieter Kimbel (73); Klaus Lenk (73); Russel Pipe (73).

Ozbekhan, Hasan: "Contre la planification traditionnelle", in 2000 Revue de l'Aménagement du Territoire Nr. 21, 1971, S. 35-36.

Padioleau, J.-G.: "Les ordinateurs et la vie privée: I - Un exemple américain", in: Le Monde 2.4.1970, S. 14.
"II - Pour une déontologie de l'informatique", in: Le Monde 3.4.1970, S. 10.

"500 participants aux journées ESEP 73", in: O.1.Informatique-Hebdomadaire Nr. 235, 2.4.1973, S. 1 u. 6.

Passeron, André: "Les Français devant l'informatique: Cinquante million de citoyens à gérer' ", in: Le Monde 28.5.1970, S.25.

- "L'administration en question: I - Les cabinets ministériels et les secrétariats d'Etat", in: Le Monde 1o.2.1972, S. 6. "II - Les secrétariats généraux des ministères: Gardiens de la maison", in: Le Monde 11.2.1972, S. 7.

Peccoud, D. et F.: "Banques de données: Techniques et conflit", in: Le Français sur ordinateur, Projet Nr. 8o, Dezember 1973, S. 1169-1178.

Pelachaud, G.: "L'emploi de l'ordinateur pour la préparation des décisions: l'exemple de la politique économique", in: Ministère de l'Economie et des Finances, Direction du Personnel et des Services Généraux, Centre de Formation Professionnelle et de Perfectionnement: Conférences sur l'informatique au Ministère de l'Economie et des Finances. September 197o, S. 113-122.

Pellandini, Jean: "L'informatique et la réforme administrative: Un bouleversement des habitudes du public et des fonctionnaires", in: Le Figaro 9.6.1971, S. 36.

- "Augmentation de capital à la Compagnie Internationale pour l'Informatique", in: Le Figaro 11.4.1974, S. 7.

Pérez, Jean-Pierre: "La Cour des Comptes et l'informatique: Toujours pas de coordination dans l'administration", in: O.1. Informatique-Hebdomadaire Nr. 2o4, 1o.7.1972, S. 1 u. 6-7.

Perol, Raoul: "La politique de l'administration américaine à l'égard du public", in: Revue Administrative Nr. 74, 196o, S. 199-2o6.

Perrier, Jacques: "Information: La bataille de l'ORTF", in: L'Express, Nr. 1163, 22.1o.1973, S. 132-134.

Pessina, Henri-Claude: Informatique et fichiers publics: Registre foncier, état-civil, etc. Le notaire et le traitement de l'information, 66e Congrès des Notaires de France, Grenoble 1968, Librairie Technique, Paris 1968, XXIX u. 178 S.

Petit, Jean-Jacques / Portnoi, Gérard: Le Plan Calcul. Mémoire de diplome d'études supérieures de sciences économiques Nr. 1571, enregistré 4.2.1971, Faculté de Droit et de Sciences Economiques, Université de Paris II, Session d' octobre-novembre 1971, XIV u. 13o S.

Pettiti, Louis Edmond: Rapport sur les problèmes de l'informatique juridique. Document de travail. Conférence Mondiale d'Abidjan sur la Paix Mondiale par le Droit 26.-31.8.1973, Section du Droit et de l'Informatique, 1973, (Masch.-Schr.) 8 S.

Philip, B. / Guilloreau, A.: "Gestion de l'information médicale au service de santé des armées", in: Informatique et Gestion Nr. 34, Januar 1972, S. 93-96.

Picard, Philippe: "Que proposent les PTT", in: Informatique et Gestion Nr. 31, Oktober 1972, S. 65-68.

Pinto, Roger: La liberté d'opinion et d'information: Contrôle juridictionnel et contrôle administratif. Ed. Domat Montchrestien, Paris 1955, 279 S.

Pipe, Russel: Towards Central Government Computer Policies: Data Base Developments and International Dimensions: Part I: Conclusions by the Data Bank Panel, S. 13-16. Part II: Towards Central Government Computer Policies, by Russel Pipe, S. 17-215. OECD, Informatics Studies Nr. 5, Paris 1973, 215 S.

Piquard, Michel: "Une chance pour la province française?", in: 2ooo Revue de l'Aménagement du Territoire Nr. 21, 1971, S. 51-53.

Pisani, Edgar: "Administration de gestion, administration de mission", in: Revue Française de Science Politique 1956, S. 315 ff. (zitiert nach Roland Drago (71), S. 155-158).

- "L'importance de la décentralisation comme remède contre la technocratie", in: Mouvement Communal, Bruxelles Oktober 1969, S. 485 ff. (zitiert nach Roland Drago (71), S. 137-14o).

"Le Plan Calcul" in: La Revue Administrative Nr. 116, März-April 1967a, S. 2o9-213.

"Le Plan Calcul", in: Problèmes Economiques Nr. 1o25, August 1967b, S. 7-1o. (= "Qu'est-ce que le Plan Calcul?", in: Ordinateurs et informatique, Promotions 2. Trimester 1967).

"Le point sur le Plan Calcul en conseil interministériel", in: O.l.Informatique-Actualités Nr. 21, 1968, S. 3-5.

Poniatowski, Michel: "Le Plan Calcul: Charge ou aiguillon pour l'économie française?", in: L'Economie Nr. 1o95, 22.9. 1969, S. 11-17.

- Proposition de loi Nr. 1454 tendant à la création d'un Comité de Surveillance et d'un Tribunal de l'Informatique, présenté par M. Poniatowski et les membres du groupe des Républicains Indépendants et apparentés. Enregistré à la Présidence de l'Assemblée Nationale le 3o octobre 197o, Annexe au procès-verbal de la séance du 25 novembre 197o. Assemblée Nationale, Constitution du 4 octobre 1958, Quatrième législature, Première session ordinaire de 197o-1971, Imprimé Nr. 1454, 197oa, 7 S.

- Proposition de loi Nr. 1472 tendant à la création d'un Haut-Commissariat à la Défense des Droits de l'Homme, présenté par M. Poniatowski et les membres du groupe des Républicains Indépendants et apparentés. Enregistré à la Présidence de l'Assemblée Nationale le 24 novembre 197o, Annexe au procès-verbal de la séance du 25 novembre 197o. Assemblée Nationale, Constitution du 4 octobre 1958, Quatrième législature, Première session ordinaire de 197o-1971, Imprimé Nr. 1472, 197ob, 6 S.

- ("Question écrite Nr. 25737 du 26.8.1972 relative aux libertés individuelles et à la mise sur ordinateur des fichiers administratifs"), in: Journal Officiel: Débats Parlementaires: Assemblée Nationale Nr. 68, 3o.9.1972, S. 38o5. (siehe bezüglich der Antwort des Ministre de l'Economie et des Finances Giscard d'Estaing (72)).

"M. Poniatowski s'inquiète de l'extension de l'informatique", in: La Croix 26.7.1972.

Pontaut, Jean-Marie: " 'Canard': Un témoin décisif", in: Le Point Nr. 68, 7.1.1974, S. 21-22.

Pophillat: Les ordinateurs: Terminologie et principes de fonctionnement. Les langages de programmation. Ministère de l'Economie et des Finances, Direction du Budget / Service Central d'Organisation et Méthodes, o.J., (Masch.-Schr.) 29 S.

Potier, F.: "Les Américains et l'ordinateur: Mêmes confiances, mêmes craintes dans le public qu'en Europe", in: O.l. Informatique-Hebdomadaire Nr. 186, 6.3.1972, S. 6.

Potonnier, Georges Ed. / Potonnier, Brigitte: Wörterbuch der Wirtschaft / Dictionnaire de l'Economie. Band I: Deutsch-Französisch. Brandstetter Verl., Wiesbaden 1964, 1144 S.

- Dictionnaire de l'Economie, du Droit et du Commerce / Wörterbuch für Wirtschaft, Recht und Handel. Tome II: Français - Allemand. Brandstetter Verl., Wiesbaden 197o, 1486 S.

Pouchin, Dominique: "Devant le tribunal de Paris: M. Marcillac est accusé d'avoir proposé un fichier de l'ORTF à des sociétés de vente par correspondance", in: Le Monde 11./12.11.1973a, S. 8.

- "Au tribunal de Paris: Les défenseurs de M. Marcillac présentent l'affaire du fichier de l'ORTF comme une manoeuvre politique", in: Le Monde 13.11.1973b, S. 25.

"Pour un Plan Calcul européen", in:O.l.Informatique-Mensuel Nr. 3, 1966, S. 4-5.

Poutges, Jean: "Le marxisme et l'informatique: Pour que la machine n'enchaîne pas la parole", in: Le Monde Diplomatique Nr. 233, August 1973, S. 21.

Pouzin, L.: Réseau CYCLADES: Rapport d'analyse du Projet CYCLADES. Institut de Recherche Informatique et d'Automatique, Gal oo9.1, Rocquencourt Mai 1972a, (Masch.-Schr.) 55 S. (= BIADI-Dokument EN 194).

- Réseau CYCLADES: Annexes. Institut de Recherche Informatique et d'Automatique, Rocquencourt, Mai 1972b, (Masch.-Schr.) ca. 13o S.
  (I): Description de quelques réseaux typiques d'ordinateurs existants ou en cours de construction. (= BIADI-Dokument EN 195).
  (II): Description des principales banques de données existantes ou en cours de constitution dans l'administration. (= BIADI-Dokument EN 196).
  (III): Analyse du coût des transmissions. (= BIADI-Dokument EN 197).
  (IV): Matériels utilisés pour la réalisation de CYCLADES. (= BIADI-Dokument EN 198).
  (V): Software et services utilisables dans CYCLADES.
  (VI): Analyse détaillée des coûts de la phase expérimentale.

- "Le réseau CYCLADES", in: Bulletin de l'IRIA Nr. 13, September 1972c, S. 29-39.
- "Le projet pilote CYCLADES", in: IRIA: Rapport d'activité 1972. Rocquencourt 1973a, S.58-59.

- Architectures et variétés de réseaux. AFCET - IRIA Journées 'Banques de Données', 4.-6.6.1973, Sonderdruck IRIA, Le Chesnay 1973b, 28 S. (= BIADI-Dokument EN 299).

"A la préfecture de Paris: Quelques bobines de ruban magnétique contre des kilomètres de papier", in: L'Informatique Nr. 22, November 1971, S. 72-73.

Prélot, Marcel: Institutions politiques et droit constitutionnel. 5. Aufl, Ed. Dalloz, Paris, 1972, 925 S.

Premier Congrès des Professionnels de l'Informatique, Paris 26.-27.4.1971, organisé par O.l.Informatique / AFIM / ASAB. Sonderdruck aus O.l. Informatique-Mensuel September 1971, 36 S.

Premier Ministre, Comité Interministériel pour l'Information: Une simplification administrative: Les fichiers électroniques. Actualités-Flash, Supplément du Nr. 16o d'Actualités -Service, 17.8.1972 a, 2 S.

- Discours de M. Pierre Messmer, Premier Ministre à l'Assemblée Nationale le 3 octobre 1972. Actualités-Documents Nr. 94, 1972b, 16 S.

- La Délégation à l'Aménagement du Territoire (DATAR). Actualités-Documents Nr. 1o1, Februar 1973a, 16 S.

- Ce que sera la réforme régionale. Actualités-Service Nr. 214, August 1973b, 7 S.

"Préparation d'une politique industrielle commune dans le secteur de l'informatique", in: Bulletin Quotidien Nr. 1235 (Nouvelle série), Europe: Agence Internationale d' Information pour la Presse, 3.3.1973, S. 1o.

Presse- und Informationsamt der Bundesregierung: "Deutsch-französische Zusammenarbeit auf dem Gebiet der Datenverarbeitung", Mitteilung des Bundesministeriums des Innern über den Besuch des Délégué à l'Informatique, Maurice Allègre bei der Koordinierungs- und Beratungsstelle für die EDV in der Bundesverwaltung (1o.-11.1o.1972), in: Bulletin Nr. 145, 18.1o.1972, S. 1744.

Prévot, Patrice: "L'AFNOR: Il faut des solutions nationales et internationales", in: O.1.Informatique-Hebdomadaire Nr. 212, 16.1o.1972, S. 5.

- "Réseau expérimental d'ordinateurs développé par l'IRIA: CYCLADES fait ses premiers pas", in O.1.Informatique-Hebdomadaire Nr. 273, 18.2.1974a, S. 1 u. 1o.

- "Il n'est nullement question que la CGE se désinteresse de la CII", in: O.1.Informatique-Hebdomadaire Nr. 276, 11.3. 1974b, S. 1.

Profit, Alain: "CADUCEE", in: Revue Française des Télécommunications Nr. 1, Oktober 1971, S. 57-61.

"Les progrès de la télé-informatique en France: CYCLADES, le premier réseau expérimental d'ordinateurs, a été inauguré", in: Le Monde 1o./11.2.1974, S. 14.

"Le projet SIROCO décentralise un grand fichier", in O.1.Informatique-Mensuel Nr. 7, September 197o, S. 95-99.

82e Promotion (1969-197o) de l'Ecole Supérieure de Guerre: "Sur l'introduction des méthodes et moyens d'action modernes de gestion dans l'administration", extrait du rapport final 'Evolution souhaitable des notions de responsabilité et de liberté d'action pour répondre aux besoins actuels de l'action administrative" (Juin 197o), in: La Revue Administrative Nr. 135, Mai-Juni 197o, S. 349-352.

"La promotion de l'informatique (en Belgique): Un programme vaste et plein de promesses", in: O.1.Informatique-Hebdomadaire Nr. 235, 2.4.1973, S. 4.

"PTT: CADUCEE est opérationnel", in: Informatique et Gestion Nr. 39, Juni-Juli 1972, S. 57.

"Les PTT accepteraient des réseaux privés des téléinformatique", in: Informatique et Gestion Nr. 28, Mai 1971, S. 76.

"Quand le nouveau ministre était 'fiché' comme communiste", in: Le Monde 2.3.1974, S. 2.

"Quand le parlementaire intervient trop et le Parlement pas assez", in: Le Monde 3o.9.1972, S. 11.

Quatrepoint, Jean-Michel: "Les pouvoirs publics arbitreront le différend CGE - Thomson", in: Le Monde 11.12.1973, S. 42.

- "Europe ou Etats-Unis?: L'informatique française devra choisir entre deux stratégies", in: Le Monde 31.1.1974a, S. 3o.

- "L'avenir de la CII: Un conseil interministériel se tiendra mardi", in: Le Monde 12.2.1974b, S. 3o.

- "Le développement de l'informatique française passera par l'Europe", in: Le Monde 16.2.1974c, S. 3o.

- "L'avenir de l'informatique française: En approuvant l' accord Unidata le gouvernement ne repousse pas pour autant la coopération avec les Etats-Unis, nous déclare M. Jean Charbonnel", in: Le Monde 19.2.1974d, S. 15 u. 19.

- "La CII a besoin d'être épaulée par un groupe industriel puissant, déclare son président", in: Le Monde 21.2.1974e, S. 3o.

"Quelques exemples de malveillances", in: Informatique et Gestion Nr. 42, November 1972, S. 39-4o.

Quiniou, Jean-Claude: Marxisme et informatique: Pour une analyse marxiste du phénomène informatique. Ed. Sociales, Paris 1971, 19o S.

Rambier, Prosper: "L'informatique au Ministère des Postes et Télécommunications", in: Institut Français des Sciences Administratives: L'informatique dans l'administration. Journée d'etudes au Centre Français de Droit Comparé, 25.1.1969, Cahier Nr. 4, Ed. Cujas, Paris 1969, S. 25-38.

- "Informatique et structure", in: Cahiers d'Etudes et d' Informations Nr. 69, 1971, S. 43-54.

Ramboz, André: "Informatique administrative ou informatique de gestion?", in: Hommes et Commerce, Horizons et Conjoncture Nr. 115, Oktober 197o, S. 35-43.

Randal, Jonathan C.: "French Satirical Weekly Reports Bid to Install 'Bug' in Its Offices", in: International Herald Tribune Nr. 2827o, 5.12.1973, S. 1.

"RAS: Au-dessous de la vérité", in: L'Express Nr. 1155, 27.8. 1973, S. 27.

"La réalisation du Plan Composants se poursuit", in: Les Informations Nr. 1412, 5.6.1972, S. 36.

Reffet / Heraud: "Les systèmes SIRENE et SAGACE", Journées d' informations générales sur les banques de données, lo.-11.2.197o à l'IRIA, in: Bulletin le Liaison du Club Banques de Données Nr. 1, Mai 197o, 24 S.

Le régime politique français. Le Monde: Dossiers et Documents Nr. 6, Dezember 1973, 4 S.

Regnier, Bernard: "Le système d'accumulation de données SAD", Journées d'informations générales sur les banques de données, lo.-11.2.197o à l'IRIA, in: Bulletin de Liaison du Club Banques de Données Nr. 1, Mai 197o, 21 S.

- "Le système d'accumulation des données de la DATAR", in: Informatique et Gestion Nr. 28, Mai 1971, S. 67-74.

"Les résultats de l'enquête du 'Monde' sur l'ordinateur dans notre société", in: Le Monde 29.11.1972, S. 2o-21.

Revel, Jean-François: "Le vrai métier de l'Etat", in: L'Express Nr. 1o61, 8.11.1971, S. 57.

- "Où est le changement?", in: L'Express Nr. 1135, 9.4.1973, S. 15.

Révolutions informatiques. Protokolle der Tagung 'L'Homme devant l'informatique', lo.-2o.7.197o im Centre Culturel International de Cerisy-la-Salle. Ed. Union Générale d'Editions, Paris 1972, 441 S.

Ribs, Jacques: "L'informatique des citoyens et le secret administratif", in: Gazette du Palais 1. Semester 1973, Doctrine S. 4o8-412. (= Nr. 166-167, 15./16.6.1973, S. 2-5).

Rivero, Jean: Droit administratif, 5. Aufl., Ed. Dalloz, Paris 1971, 496 S.

- Les libertés publiques I: Les droits de l'homme. Collection Thémis-Droit, Ed. Presses Universitaires de France, Paris 1973, 273 S.

Robert, Jacques: Libertés publiques. Collection Université Nouvelle, Précis Domat, Ed. Montchrestien, Paris 1971, 651 S. / Mise à jour au 1er septembre 1973, 66 S.

- "La Monarchie électrice", in: Le Monde 21.9.1972a, S. 1 u. 8.

- "Contrôler étroitement la diffusion des 'données sensibles'", (Interview) in: La Presse Informatique Nr. 23, 27.11.1972b, S. 8.

de Rochebrune, Renaud: "L'utilisation des ordinateurs par le secteur tertiaire", in: Problèmes Economiques Nr. 116o, 197o, S. 2-6. (= "Les services révolutionnés par l' informatique", in: Les Dossiers de l'Entreprise Nr. 18, 197o).

"La rogne contre Paris", in: Le Point Nr. 34, 14.5.1973, S. 6o-64.

Roig, Charles: "Théorie et réalité de la décentralisation", in: Revue Française de Science Politique Juni 1966, S. 445-471.

Roire, Claude: "Informatique: Le Plan Calcul remis en cause", in: L'Express Nr. 1176, 21.1.1974, S. 27-28.

Rouaze, P.: "L'automatisation des cartes grises au service de la circulation de la Préfecture du Nord", in: Bulletin O. et M. (I): Nr. 48, April-Juni 1973, S. 28-44. (II) Nr. 49, Juli-September 1973, S. 17-24.

Roux, Georges: "Le système ARGOS: Objectifs et fonctions générales", in: Bulletin Intérieur de l'Information, Documentation réservée au personnel de l'INSEE, November-Dezember 1972G, S. 15-24.

Roux, Jean: Et demain ... la machine à gouverner?: Le pouvoir et l'ordinateur. Ed. Eyrolles, Paris 1972J, 2o3 S.

- Vers une démocratie scientifique. Ed. Plon / Institut de Recherches Sociologiques Appliquées, Paris 1973J,lol S.

Royer, Georges: "Et voici la quatrième génération", in: L'Expansion Nr. 54, Juli-August 1972, S. 58-61.

Rupp, Hans Heinrich: "L'impact de l'ordinateur sur la société de demain: Les perspectives sociales et politiques des système informatiques", in: Siemens Data Report (Traitement de l'Information) Nr. 2, Juni 1973, S. 2-6.

"SAFARI et le Parlement", in: Bulletin Intérieur de l'Information, Documentation réservée au personnel de l'INSEE. November-Dezember 1972, S. 11-13.

Salaun, Anaik: "Les PTT mécanisent le courrier", in: Informatique et Gestion Nr. 36, März 1972a, S. 73 u. 75.

- "Les PTT surveilleront les premiers pas de l'automatisation postale", in: Informatique et Gestion Nr. 38, Mai 1972b, S. 77-8o.

Salmona, Jean: "L'Observatoire Economique Méditerranéen: Banque publique d'information économique quantitative", Journées d'informations générales sur les banques de données, 1o.-11.2.197o à l'IRIA, in : Bulletin de Liaison du Club Banques de Données Nr. 1, Mai 197o, 12 S.

- "Les banques de données: Un mythe?", in: Bulletin Intérieur de l'Information. Documentation réservée au personnel de l'INSEE September-Oktober 1971, S. 19-23.

- "Les services offerts par un observatoire économique régional", in: Ministère de l'Equipement et du Logement, Secrétariat Général du Groupe Central des Villes Nouvelles / Secrétariat Permanent de la Commission de Développement de l'Informatique:Les villes nouvelles et l'informatique. Protokoll der Tagung vom 15.-16.5.1972 im CETE, Aix-en-Provence, April 1973, S. 98-111.

"M. Sanguinetti: L'écoute téléphonique n'est plus le privilège du gouvernement", in: Le Monde 11.12.1973, S. 46.

Sarazin, James: "La police en France: Pour faire respecter la loi: lo5ooo hommes", in: Le Monde 2o.11.1973, S. 14.

- "L'affaire des écoutes au 'Canard Enchaîné': La DST avait-elle sous-estimé M. Marcellin?", in: Le Monde 23.1.1974, S. 11.

Sarda, François: "L'informatique, un nouveau pouvoir?", in: Le Monde 13./14.2.1972, S. 13.

Saulnier, Claude: "Selon une récente étude du BIPE le centre de gravité des configurations glisse vers la périphérie", in: O.1.Informatique-Hebdomadaire Nr. 24o, 7.5.1973a, S. 1 u. 6.

- "Selon l'enquête 1973 de la COTTI: La 'bipolariation' du parc d'ordinateurs se confirme", in: O.1. Informatique-Hebdomadaire Nr. 25o, 3.9.1973b, S. 12 u. 6.

Scherer, C.: "Informatique et direction par objectifs", in: Bulletin d'Informatique de Gestion du Ministère de l' Education Nationale Nr. 5, Mai-Juni 1971, S. 2-4 u. 13.

Schilansky, Jean-Louis / Joseph, Bernard: "Les banques d'information", in: Informatique et Gestion Nr. 15, Februar 197o, S. 59-63.

"Schlechte Fälle", in: Der Spiegel Nr. 3, 15.1.1973, S. 49-51.

Schmid, Klaus-Peter: "'Enten'-Skandal: Zweiter Akt", in: Die Zeit Nr. 3, 11.1.1974, S. 5.

Schwartzenberg, Roger-Gérard: "Le charme discret de la démocratie", in: Le Monde 3o.9.1972, S. 1 u. lo.

- "Le malaise français et le virus du fascisme", in: Le Monde 27.11.1973, S. 1 u. lo.

Scieller, Jean Xavier: "Les protections techniques: La complexité n'est plus une sauvegarde", in: L'Informatique Nr. 15, April 1971a, S. 52-54.

- "Les informaticiens de l'administration: Finances en tête", in: L'Informatique Nr. 19, August 1971b, S. 46-48.

Secrétariat Général du Gouvernement: Composition du Gouvernement et des cabinets ministériels, (Ministère Jacques Chaban-Delmas). Stand: 15.2. 1972, Ed. La Documentation Française, Paris 1972a, 56 S.

- Composition du Gouvernement et des cabinets ministériels, (Ministère Pierre Messmer). Stand: 7.9.1972, Ed. La Documentation Française, Paris 1972b, 44 S.

- Composition du Gouvernement Pierre Messmer, Liste des Députés, Liste des Sénateurs, Liste des membres du Conseil Economique et Social. Stand: 15.5.1973, Supplément au Répertoire permanent de l'administration française, Ed. La Documentation Française, Paris 1973, 3o S.

Secrétariat Général de la Formation Professionnelle / Délégation à l'Informatique: Les besoins de formation en informatique: Synthèse des travaux de la Commission d'Etude des Besoins de Formation en Informatique. Ed. La Documentation Française, Paris 1972, 95 S.

Seidel, Ulrich: Datenbanken und Persönlichkeitsrecht unter besonderer Berücksichtigung der amerikanischen Computer Privacy. Verl. Dr. Otto Schmidt, Köln-Marienburg 1972, 2o2 S.

"Le Sénat veut contrôler les écoutes téléphoniques", in: Le Monde 1./2.7.1973, S. 4.

"Séries: L'accès immédiat aux données chronologiques / à domicile", in: Données pour la Décision Nr. 1, Observatoire Economique Méditeranéen 1971, S. 32-33.

Serniclay, Pierre: "Informatique et Sécurité Sociale", in Revue Française des Affaires Sociales Nr. 3, Juli-September 1971, S. 9-51.

SERTI siehe Société d'Etudes et de Réalisations pour le Traitement de l'Informatique.

Service Central d'Organisation et Méthodes (SCOM): Analyse quantitative et mesure du travail administratif. Ministère de l'Economie et des Finances, Ed. Imprimerie Nationale, Paris 1967, 14o S.

- Pratique des études d'organisation. Ed. Imprimerie Nationale, Paris 197o, 132 S.

- Organisation et méthodes dans les travaux administratifs: Plan de classement de la documentation OMA. 3. Aufl., Paris 1972, 31 S.

- Terminologie de l'informatique de gestion: Glossaire alphabétique / Lexique anglais - français. Groupe d'Etude des Problèmes de l'Automatisation des Travaux Administratifs (GEPATA), 4. Aufl, Ed. La Documentation Française, Paris 1973, 7o S.

Service de Traitement Automatique de l'Information de l'Armée de Terre: Le traitement automatisé de l'information: COBOL. Ed. La Documentation Française, Paris 197o.

Sfez, Lucien: L'administration prospective. Librairie Armand Colin, Paris 197o, 431 S.

Sherwood, Henry, F.: "L'informatique européenne vue par un américain", in: L'Informatique Nr. 15, April 1971, S. 96-99.

Siedentopf, Heinrich: Regierungsführung und Ressortführung in Frankreich: Zur Organisation und Funktion der Cabinets Ministériels. Hochschule für Verwaltungswissenschaften Speyer, November 197o, 527 S.

Silvera, Victor: "La situation des fonctionnaires affectés au traitement de l'information", in: La Revue Administrative Nr. 143, September-Oktober 1971, S. 554-558.

Sitbon, Auguste: "Le projet SOFIA: Contribution à la promotion du commerce international", in: Informatique et Gestion Nr. 18, Mai 197o, S. 37-46.

"Situation des fonctionnaires affectés au traitement de l' information", in: Bulletin d'Informatique de Gestion du Ministère de l'Education Nationale Nr. 5, Mai-Juni 1971, S. 5-1o.

Siwek-Pouydesseau, Jeanne: "La participation des administrés à l'échelon central", in: Bulletin de l'Institut International d'Administration Publique Nr. 22, April-Juni 1972, S. 165-183.

- "Les cabinets ministériels", in: Institut Français des Sciences Administratives / Fondation Nationale des Sciences Politiques: Les superstructures des administrations centrales. Journée d'étude du 5.2.1972. Avant-propos de Alexandre Parodi. Cahier Nr. 8, Ed. Cujas, Paris 1973, S. 29-47.

Société d'Etudes et de Réalisations en Informatique et Automatisme (STERIA): Etude d'un réseau général d'information administrative: Contrat Nr. 71.8o.o52.oo.221.75.o1 de la Délégation à l'Informatique; Enquête sur les grands fichiers administratifs, Volume Nr. 1, 8.2.1972a, (Masch.-Schr.) 21 S. u. umfangreiche Annexe.

- Etude d'un réseau général d'information administrative: Contrat Nr. 71.8o.o52.oo.221.75.o1 de la Délégation à l' Informatique: Rapport final, 26.5.1972b, (Masch.-Schr.), Chapitre I: Présentation, Nature des échanges, S. 1-77. (= BIADI-Dokument EN 199).
Chapitre II: Les moyens de l'échange, S. 78-153. (= BIADI-Dokument EN 2oo).

Chapitre III: Les contraintes externes, S. 154-178. (= BIADI-Dokument EN 2o1).
Chapitre IV: Etude des architectures de réseau, S. 179-253. (= BIADI-Dokument EN 2o2).
Chapitre V: Options, itinéraires, mesures conservatoires, S. 254-279. (= BIADI-Dokument EN 2o3).
Chapitre VI: Annexes, 59 S. (= BIADI-Dokument EN 2o4).

- Réseau d'information administrative: Synthèse et conclusions. Présentation de l'étude par Jean Carteron lors de la réunion du 19 Juin 1972 de la Commission Interministérielle de l'Informatique, Le Chesnay, Juli 1972 c, (Masch.-Schr.) 15 S. (= BIADI-Dokument EN 255).

Société d'Etudes et de Réalisations pour le Traitement de l'Information (SERTI): Normalisation et informatique: Problèmes posés par la communication d'informations entre systèmes informatiques. Studie im Auftrag der Délégation à l'Informatique, Oktober 1971, (Masch.-Schr.) 1o4 S. (= BIADI-Dokument EN 227).

- Projet de plan d'introduction de l'informatique dans les secrétariats-greffes des Tribunaux de Grande Instance de la Région Parisienne. Réf. JPA/CLT, Nr. 187.17, 19.4. 1973, (Masch.-Schr.) 16 S.

"Sous l'égide de la Délégation à l'Informatique, avec le concours de O.l.: Une enquête CII-STAD-PGI sur le télétraitement", in: O.l.Informatique-Hebdomadaire, Nr. 252 17.9.1973, S. 7.

Steinmüller, Wilhelm et al.: EDV und Recht: Einführung in die Rechtsinformatik. Juristische Arbeitsblätter, Sonderheft 6, J. Schweitzer Verl., Berlin 197o, 129 S.

Steinmüller, W. / Lutterbeck, B. / Mallmann, C. / et al.: Grundfragen des Datenschutzes: Gutachten im Auftrag des Bundesministerium des Innern. Deutscher Bundestag, Drucksache VI/3826, Anlage 1, 7.9.1972, S. 5-193.

STERIA siehe Société d'Etudes et de Réalisations en Informatique et Automatisme.

Strömholm Stig: "Ordinateurs et droit: A propos d'un projet de loi suédois sur les ordinateurs", Conférence faite le 13.11.1972, lors de l'assemblée générale de la Société de Législation Comparée, in: Revue Internationale de Droit Comparé Januar-März 1973, S. 55-67.

"Succès d'affluence à la Convention Informatique", in O.1. Informatique-Hebdomadaire Nr. 253, 24.9.1973, S. 4.

"Syndicats de journalistes et sociétés des rédacteurs définissent les bases du 'droit à l'information' ", in: Le Monde 24.1. 1973, S. 12.

Syndicat de la Magistrature, Groupe de Travail sur l'Informatique: "Informatique et syndicalisme judiciaire: (I) Informatique et liberté publique, (II) Informatique et activité judiciaire", in: Justice: Journal du Syndicat de la Magistrature Nr. 12, April 1971, S. 5-9.

"Les tables d'écoute gênent la CFT", in: Le Point Nr. 59, 5.11. 1973, S. 57.

Tchang-Benoit, Christiane: "Les atteintes aux droits individuels par l'usage abusif des techniques de l'informatique et rôle de l'avocat dans l'organisation d'une protection de la personne contre les dangers de l'ordinateur", Rapport présenté au Congrès de la FNUJA, Colmar 12.5.1972, in: Gazette du Palais 1. Semester 1973, Chronique S. 226-23o.

Thave, S.: "Note sur un système d'accumulation de données dans le cadre de 'Statistiques et Indicateurs des Régions Françaises' (SIRF)", in: Bulletin Intérieur de l'Information, Documentation réservée au personnel de l'INSEE, Januar-Februar 1972, S. 17-27.

Thibout, Cathérine: Informatique et administration. Ecole de Haut Enseignement Commercial pour les Jeunes Filles, Promotion B-3, 1971, (Masch.-Schr.) 15o S.

Thiebault, R.: "Le traitement électronique de l'information à la Préfecture de Police", in: Administration Nr. 65, 1969, S. 35-42.

- Le traitement automatisé de l'information à la Préfecture de Police et le projet de fichier national des permis de conduire. Exposé fait à la réunion du Groupe Informatique (28.-29.1.1971), OECD, DAS/SPR/71.28, Paris 1971, (Masch.-Schr.) 11 S.

Thomas, Uwe: Computerised Data Banks in Public Administration: Trends and Policies Issues. OECD Informatics Studies Nr. 1, Paris 1971a, 69 S.

- "Automation et réformes administratives", Conférence prononcée dans le cadre du séminaire de science administrative du Prof. Georges Langrod à l'Ecole Pratique des Hautes Etudes (1971), in: La Revue Administrative Nr. 142, Juli-August 1971b, S. 473-479.

Touffait, Adolphe: "Libertés publiques et informatique", Rapport présenté au Colloque de Pavie de la Société Internationale de Défense Sociale, 15.-17.9.1972, in: Gazette du Palais Nr. 22o-221, 8./9.8.1973, Libre Justice S. 2-6.

Toulemon, André: "L'autorité judiciaire et l'informatique", in: Gazette du Palais I, 3o.1./2.2.1971, Chronique.

"Tous les Français sont sur fiches: M. Poniatowski demande que l'informatique soit contrôlée", in: Le Parisien Libéré 26.7.1972.

"Transparence contre opacité: La liberté, qu'est-ce que c'est?", Table ronde dirigée par D. Garric avec Guy Braibant, Pierre Audoin, Maurice Gambach, Françoise Gallouédec-Genuys, Edmond Bertrand, Jean-Paul Costa, André Kirchberger, in: L'Informatique Nr. 15, April 1971, S. 58-68.

Treille, Jean-Michel: "Dans le cadre du VIe Plan: Les sociétés de service informatique", in: Informatique et Gestion Nr. 2o, August-September 197o, S. 29-32.

- "Nous serons tous des informaticiens...", in: Le Monde 15.9.1973a, S. 31.

- L'économie mondiale de l'ordinateur. Ed. Seuil, Paris 1973b, 2o6 S.

Trystram, Jean-Paul: "Les banques de données: Une réponse au défi des informations", in: 2ooo Revue de l'Aménagement du Territoire Nr. 21, 1971, S. 32-33.

Tutenuit: "La banque de données de la Ville de Paris", Journées d'informations générales sur les banques de données, 1o.-11.2.197o à l'IRIA, in : Bulletin de Liaison du Club Banques de Données Nr. 1, Mai 197o, 25 S.

United Nations, Department of Economic and Social Affairs: The Application of Computer Technology for Development. United Nations Publication E/48oo-ST/ECA/136, Sales Nr. E.71.II.A.1, New York 1971, 122 S.

"L'usage de fichiers électroniques par l'administration: M. Poniatowski dénonce les dangers d'une 'coercition policière et administrative' ", in: Le Monde 26.7.1972, S. 18.

Valentin: "Fichier communal, fichier îlot", Journées d'informations générales sur les banques de données, 1o.-11.2.197o à l'IRIA, in: Bulletin de Liaison du Club Banques de Données Nr. 1, Mai 197o, 13 S.

Varloot, D. / Guy, J.: "Politique Informatique de la Direction Générale des Télecommunications", in: Informatique et Gestion Nr. 41, Oktober 1972, S. 1o3-11o.

Vedel, Georges: "Psychopathologie de la vie administrative", in: Le Monde 16./17.1.1972, S. 1. u. 5.

- "Au Conseil Constitutionnel: Encore une petite phrase ...", in: Le Monde 5.12.1973, S. 11.

"Vers une déontologie de la profession?", in: Premier Congrés des Professionnels de l'Informatique, Paris 26.-27.4.1971, organisé par o.l. Informatique / AFIM / ASAB. Sonderdruck aus o.l.Informatique-Mensuel September 1971, S. 25-27.

Viansson-Ponte, Pierre: "Publiant ses souvenirs de l'ORTF M. Arthur Conte s'en prend vivement à M. Pompidou et au régime", in: Le Monde 27.11.1973, S. 14.

Vichney, Nicolas: "La mise en oeuvre du 'Plan Calcul': La convention entre l'Etat et la Compagnie Internationale pour l'Informatique a été signée", in: Le Monde 14.4.1967, S. 1.

- "Pour facilitér la location de ses ordinateurs, la CII crée avec un pool bancaire une société de financement", in: Le Monde 3.8.1971, S. 9-1o.

- "L'homme à nu?", in Le Monde 19.9.1972, S. 23 u. 27.

- "Un rêve ... ou un cauchemar?", in: Le Monde 15.9.1973, S. 29.

Vichney, Nicolas / Chabanas, Jean-Marc / Galus, Christiane: "Quelques questions sur le présent ... et l'avenir", in: Le Monde 15.9.1973, S. 32-33.

Vieille, Paul: "Informatique et immobilité des formes sociales", Analyse critique de 'Eléments pour un schéma directeur de l'informatique', in: Analyse et Prévision Nr. 4, Oktober 1971a, S. 1243-1266.

- "L'ordinateur est-il socialement neutre?", in: 2ooo Revue de l'Aménagement du Territoire Nr. 21, 1971b, S. 43-45.

Viennois, Henri: "Recherche d'une méthode d'accès à partir du numéro de sécurité sociale ou INSEE: Définition du problème", in: Bulletin d'Informatique de Gestion du Ministère de l' Education Nationale Nr. 4, März-April 1971, S. 16-18.

Vincendon, Daniel: "Le système ORACLE", in: L'Express Nr. 1108, 2.10.1972, S. 88-89.

- "Les ordinateurs escrocs", in: L'Express Nr. 1145, 18.6.1973, S. 68-70.

Watel, Pierre: "Réalisations et perspectives", in: Informatique et Gestion Nr. 17, April 1970, S. 10-14.

"Watergate au Palais-Bourbon", in: Le Monde 25.10.1973, S. 15.

Westin, Alan F. / Martin, David B.H. / Lufkin, Daniel H.: The Impact of Computer-Based Information Systems on Citizen Liberties in the Advanced Industriel Nations: A Report for the German Marshall Fund of the United States. Unpublished draft, September 1973, (Masch.-Schr.) ca. 150 S.

"Where UNIVAC outpaces IBM", in: Business Week 24.3.1973, S. 18-19.

Wourgaft, Chantal: "La CII veut sortir de l'Hexagone", in: O.l.Informatique-Hebdomadaire Nr. 208, 18.9.1972, S. 1 u. 20.

- "La coopération dans l'Europe des neuf vue par le Gouvernement français", in: O.l.Informatique-Hebdomadaire Nr. 229, 19.2.1973 a, S. 1 u. 4.

- "ICL: Un second groupement européen: oui, mais...", in: O.l.Informatique-Hebdomadaire Nr. 250, 3.9.1973b, S. 6.

"Honeywell-Bull: 'Européen'...ou pas?", in: O.l.Informatique-Hebdomadaire Nr. 254, 1.10.1973c, S. 1 u. 20.

- "Retombées de la création d'Unidata: Grandes manoeuvres chez les actionnaires CII", in: O.l.Informatique-Hebdomadaire Nr. 259, 5.11.1973d, S. 1 u. 8.

- "Lorsque l'enfant paraît ...", in: O.l.Informatique-Hebdomadaire Nr. 269, 21.1.1974a, S. 1 u. 2.

- "Le Plan Calcul continue", in: O.l.Informatique-Hebdomadaire Nr. 273, 18.2.1974b, S. 1 u. 9.

- "Malgré des difficultés de financement et la brouille de ses actionnaires: La CII accélère sa croissance", in: O.l.Informatique-Hebdomadaire Nr. 274, 25.2.1974c, S. 1 u. 18.

- "1% du budget de l'Etat: Coût de l'informatique dans l' administration", in: O.l.Informatique-Hebdomadaire Nr. 279, 1.4.1974d, S. 1 u. 2.

- "Le financement de la CII: Enfin un début de solution", in: O.l.Informatique-Hebdomadaire Nr. 281, 16.4.1974e, S. 1 u. 8.

Wourgaft,Chantal / Bui, Roger: "Un problème de suivre: Etre européens ... ou disparaître. Un document de travail des Communautés Européennes", in: O.l.Informatique-Hebdomadaire Nr. 246, 18.6.1973, S. 1 u. 8.

Zola, Emile: L'affaire Dreyfus: La vérité en marche. Chronologie et préface par Colette Becker. Ed. Garnier-Flammarion, Paris 1969, 25o S.

"1oo4453o1111 - das Schlimmste von King Kong? 'Spiegel'-Report über Personenkennzeichen und Datenschutz", in: Der Spiegel Nr. 48, 26.11.1973, S. 66-87.

11. Verzeichnis der Tafeln, Schaubilder und Abbildungen

12. Exkurs: Überblick über den Einsatz der EDV in der französischen Staatsverwaltung

Es soll hier der unter Punkt 2. angekündigte Überblick über die bisherige Entwicklung sowie über die voraussichtliche mittelfristige Entwicklung der personellen und maschinellen Ausstattung der Verwaltungsautomation im Bereich der französischen staatlichen Verwaltung gegeben werden[1].

Dabei haben die folgenden Ausführungen - wie unter 2. dargelegt - eine dreifache, über die rein deskriptive Statistik hinausgehende allgemeine Funktion:

(a) Relevanz und Dynamik des Phänomens "Verwaltungsautomation" werden deutlich.

(b) Wesentliche strukturelle Merkmale und Parameter der französischen Verwaltungsautomation werden in ihrem quantitativen Niederschlag offengelegt.

(c) Allgemeine - nicht ausschließlich spezifisch französische - methodologische Probleme der Verwaltungsautomation und ihrer Bewältigung durch die verantwortlichen Stellen treten inzidenter hervor.
Das verwendete Zahlenmaterial entstammt den jährlich von der Délégation à l'Informatique durchgeführten Bestandsaufnahmen[2], die sich auf entsprechende Erhebungen der einzelnen Commissions Ministérielles de l'Informatique stützen[3].

Gliederung und Art der Präsentation der Statistiken sind im wesentlichen von diesen Jahresberichten der Délégation à l'Informatique übernommen, da es sich dabei um die einzigen repräsentativen und über die Jahre - mit gewissen Vorbehalten - konsistenten Angaben handelt, auf die sich daher auch die sonstigen einschlägigen Untersuchungen und Planungen seitens der öffentlichen Verwaltungen und des Privatsektors weitgehend stützen.

Im übrigen läßt die Anlehnung an die offizielle Darstellung in gewissem Maße zugleich Schwerpunkte und Besonderheiten der französischen Verwaltungsautomation erkennen und erleichtert darüber hinaus den Einstieg für nachfolgende Untersuchungen zu speziellen, im Rahmen der vorliegenden Untersuchungen nicht weiter vertieften Punkten.

12.1. Bisherige Entwicklung und gegenwärtiger Stand

Die bisherige Entwicklung und der gegenwärtige Stand der französischen Verwaltungsautomation werden im folgenden zunächst hinsichtlich der Verbreitung der EDV in den Verwaltungen sowie der Zusammensetzung der damit verbundenen Kosten analysiert. Daran schließt sich ein Vergleich der bisherigen Prognosen und Realisierungen an.

12.1.1. Verbreitung der EDV in der staatlichen Verwaltung

Die Verbreitung der EDV in der staatlichen Verwaltung wird unter dem Gesichtspunkt der Verteilung der EDV-Anlagen und der EDV-Fachkräfte untersucht.

12.1.1.1. Verteilung der EDV-Anlagen

Bevor die in der französischen Verwaltung installierten EDV-Anlagen nach verschiedenen Kriterien differenziert werden, sind zunächst einige globale Angaben erforderlich.

12.1.1.1.1. Globale Verteilung

Am 1.1.1972 betrug die Anzahl der im Bereich der französischen staatlichen Verwaltung eingesetzten EDV-Anlagen wie aus Tafel Nr.12.1 ersichtlich 78o gegenüber 65o und 5oo zum selben Zeitpunkt in den Jahren 1971 und 197o[4]. Zwar ist damit der jährliche Zuwachs von 3o % (197o) auf 23 % (1971) gesunken, liegt jedoch noch deutlich über dem des gesamten französischen Computerparks, der ebenfalls leicht - von 2o % (197o) auf 17 % (1971) - gesunken ist. Der zahlenmäßige Anteil der Verwaltungs-EDV-Anlagen an der Gesamtheit des französischen Computerparks ist dementsprechend zwischen Januar 197o und Januar 1972 von lo %, über lo,8 %, auf 11 % leicht gestiegen.

Tafel Nr.12.1 : Anteil der im Bereich der Verwaltung eingesetzten EDV-Anlagen an der Gesamtheit der in Frankreich eingesetzten EDV-Anlagen; Stand : 1.1.1972, (1.1.1971, (1.1.1970)) (5) (6).

	Gesamte frz. EDVA (7)	Verwaltungs-EDVA (7)	Anteil der Verw.-EDVA in %
Anzahl	7.000 (6.000 (5.000))	780 (650 (500))	11 (10,8 (10))
Wert (vor Steuern in Mill. Francs)	13.000 (10.000 (8.000))	1.900 (1.500 (1.200))	14,6 (15 (15))

Der wertmäßige Anteil der Verwaltungs-EDV-Anlagen hingegen ist von 15 % (Januar 197o wie 1971) auf 14,6 % geringfügig gesunken, da der Wert des gesamten nationalen Computerparks mit 3o % im Jahre 1971 noch stärker gestiegen ist als der Wert der Verwaltungs-EDV-Anlagen, der 1971 allerdings seinerseits um beachtliche 26 %[8] zugenommen hat.

Die Einteilung der Verwaltungs-EDV-Anlagen nach der Speicherkapazität der Zentraleinheiten in vier Größenklassen in der Tafel Nr.12.2 zeigt das deutliche Übergewicht der kleinen (33,3 %) und mittleren Rechner (53 %) mit zusammen 86,3 %, während die kleinsten nur 9,2 % und die größten Anlagen sogar nur 4,5 % ausmachen.

Der relativ geringe Anteil der großen EDV-Anlagen erscheint der Délégation à l'Informatique als unzureichend und zwar sowohl im Hinblick auf die Dimensionen der potentiellen EDV-Anwendungen in der Verwaltung als auch hinsichtlich der großen Anzahl von in der Verwaltung installierten Rechnern, von denen ein gewisser Teil zu größeren und effizienteren Systemen zusammengefaßt werden könnte[11].

Die von der Délégation à l'Informatique geförderte Tendenz, weg von den kleinsten und kleinen und hin zu den mittleren und großen EDV-Anlagen, läßt sich deutlich aus der Tafel Nr.12.2 herauslesen.

Bereits 197o war der Zuwachs der kleinsten Anlagen mit 12 % bei weitem der relativ geringste, um sich dann 1971 sogar in eine Abnahme von 3 % zu verkehren[12]. Der Zuwachs der kleinen Rechner, der 197o mit 36 % noch über dem der mittleren (33 %) lag, erreichte 1971 mit 11 % nicht einmal mehr die Hälfte des Zuwachses der mittleren Rechner (28 %). Trotz - verglichen mit den mittleren Rechnern - überproportionaler Verringerung lag jedoch der Zuwachs der großen Systeme 1971 mit 36 % noch über dem der mittleren Rechner.

Die auf der Basis des Wertes der EDV-Anlagen erstellte Tafel Nr.12.3 zeigt den in der Verwaltung im Vergleich

<u>Tafel Nr.12.2</u> : Einteilung der Verwaltungs-EDVA nach der Speicherkapazität der Zentraleinheiten in Kilobyte (K); Stand : 1.1.1972, (1.1.1971, (1.1.1970)) (9).

	Anzahl (10)	Zuwachs in %
Kleinste ($\leq$ 4 K)	70 (72 (64))	- 3 (12)
Kleine ($\leq$ 16 K)	254 (229 (168))	11 (36)
Mittlere ($\leq$ 256 K)	404 (312 (237))	28 (33)
Große (> 256 K)	34 (25 (15))	36 (67)
Insgesamt	762 (638 (484))	19 (32)

<u>Tafel Nr.12.3</u> : Einteilung der Verwaltungs-EDVA nach dem Wert in Millionen Francs (MF); Stand : 1.1.1972, (1.1.1971) [13].

	Anzahl		Anteil der Verwaltungs-EDVA in %
	Verwaltungs-EDVA	Gesamte frz. EDVA	
Kleine (≤ 1,4 MF) [14]	381 (348)	4.655 (3.958)	8 (9)
Mittlere (≤ 7 MF)	293 (232)	1.855 (1.791)	16 (13)
Große (> 7 MF)	88 (58)	288 (220)	31 (26)
Insgesamt	762 (638)	6.798 (5.969)	11 (11)

zur allgemeinen Entwicklung in Frankreich stärker ausgeprägten Trend zugunsten der großen Systeme noch deutlicher(15).

Während der Anteil der kleinen EDV-Anlagen der Verwaltung an der Gesamtheit der in Frankreich installierten kleinen Rechner zwischen Januar 1971 und Januar 1972 von 9 % auf 8 % sank, stieg der entsprechende Anteil der mittleren und großen Rechner der Verwaltung um 3 bzw. 5 Punkte auf 16 % bzw. 31 %. Wie überproportional der Anteil besonders der großen Systeme der Verwaltung - zumindest verglichen mit der allgemeinen Situation - ist, zeigt auch der Blick auf den Anteil der gesamten Verwaltungs-EDV-Anlagen an der Gesamtheit des französischen Computerparks, der nur 11 % ausmacht.

Hinsichtlich des Alters der Verwaltungs-EDV-Anlagen ergibt sich aus der Tafel 12.4, daß 58 % der am 1.1.1972 installierten Rechner, bzw. 65 % des Wertes des operationellen Verwaltungsmaschinenparks nicht älter als 3 Jahre und 83 % bzw. wertmäßig 86 % nicht älter als 5 Jahre waren. Sich auf eine Statistik der amerikanischen General Services Administration (GSA) stützend weist die Délégation à l'Informatique in diesem Zusammenhang darauf hin, daß die (zumindest auf die Anzahl bezogene) Altersstruktur des französischen Verwaltungs-EDVA-Bestandes in hohem Maße der des Maschinenparks der amerikanischen Bundesverwaltung entspricht(17).

12.1.1.1.2. Verteilung nach Ministerien

Aus der Tafel Nr. 12.5 geht die zahlenmäßige Verteilung der EDV-Anlagen auf die verschiedenen Ministerien aufgeschlüsselt nach der Speicherkapazität der Zentraleinheiten hervor(18).

Dagegen stellt die Tafel Nr. 12.6 die zahlen- und wertmäßige Verteilung der EDV-Anlagen auf die Ministerien, aufgeschlüsselt nach dem Wert der installierten EDV-

<u>Tafel Nr.12.4</u> : Einteilung der Verwaltungs-EDVA nach dem Jahr der Installation; Stand : 1.1.1972 [16].

	Anzahl	%	Wert (in MF)	%
1960	1		0,93	
1961	2		2,94	
1962	12	2	14,26	1
1963	19	2	15,96	1
1964	22	3	35,95	2
1965	31	4	67,23	3
1966	48	6	161,92	7
1967	85	11	248,58	11
1968	104	14	222,86	10
1969	135	18	499,14	21
1970	164	22	536,15	23
1971	139	18	473,97	21
Insgesamt	762	100	2.279,69	100

Tafel Nr.12.5 : Zahlenmäßige Verteilung der EDVA auf die verschiedenen Ministerien, aufgeschlüsselt nach der Speicherkapazität der Zentraleinheiten in Kilobyte (K); Stand : 1.1.1972, (1.1.1971, (1.1.1970))[19].

Ministerien[20]	≤4 K	≤16 K	≤256 K	>256 K	Insgesamt
Premier Ministre		1	1 (1 (1))		2 (1 (1))
Affaires Etrangères		1 (1 (1))	1 (1)		2 (2 (1))
Affaires Sociales[21]					
Krankenhäuser	1 (2 (3))	21 (24 (17))	9 (8 (4))		31 (34[23] (24))
Rentenversicherung			5 (4 (4))		5 (4 (4))
Krankenversicherung	5 (7 (10))	5 (5 (6))	27 (18 (16))	3 (3)	40 (33 (32))
Familienbeihilfe	16 (14 (12))	6 (5 (4))	17 (13 (9))		39 (32 (25))
Arbeit u. Beschäftigung		2 (1 (1))			2 (1 (1))
INSERM		6 (3 (2))		1 (1 (1))	7 (4 (3))
Agriculture	1 (1 (1))	5 (4 (4))	6 (5 (4))		12 (10 (9))
Défense Nationale	11 (19 (18))	37 (30 (22))	89 (58 (50))	2 (1 (1))	139 (109(191))
Développement Industriel et Scientifique					
Zentralverwaltung		1 (1 (1))			1 (1 (1))
Mines(22)		2 (2 (3))	2 (2 (1))		4 (4 (4))
IRIA		3 (3 (2))	3 (3 (1))	1 (1 (1))	7 (7 (4))
Economie et Finances	1 (1 (1))	9 (11 (11))	42 (37 (36))	7 (6 (3))	59 (55 (50))
Education Nationale	3 (2 (2))	79 (71 (49))	94 (86 (55))	10 (9 (7))	186 (168(113))
Equipement et Logement	(1 (1))	2 (4 (4))	6 (2 (5))	2 (2)	10 (9 (10))
Intérieur					
Zentralverwaltung			1 (1 (1))		1 (1 (1))
Polizeipräfektur (Paris)		1 (1 (1))	5 (4 (3))		6 (5 (4))
(Provinz-) Präfekturen	7 (7 (3))	7 (7 (-))	6 (4 (3))		20 (18 (7))
Gemeinden	13 (11 (6))	48 (37 (20))	4 (4 (1))		65 (52 (27))
Justice		1 (1 (1))			1 (1 (1))
Postes et Télécommunications	12 (7 (7))	13 (12 (14))	65 (45 (30))	5 (1 (1))	95 (65 (52))
Transports					
Flugnavigation		4 (4 }	13 (9 }		17 (13 }
Meteorologie		2 (2 } (8))	3 (4 } (11))	2 (2 } (1))	7 (8 } (20))
Handelsschiffahrt		(1 }	1 }		1 (1 }
IRT		1 (- }	1 (2 }	1 }	3 (2 }
Insgesamt	70 (72[23] (64))	254 (229(168))	404 (312[23](237))	34 (25 (15))	762 (638(484))

Anlagen dar[24].

Besonders hervorstechend ist in beiden Tafeln das starke Gefälle des Automationsgrades zwischen den aufgeführten Ministerien, die sich - wie in Tafel Nr.12.7 geschehen - grob in 4 Benutzergruppen einteilen lassen[26].

Bezüglich der Gruppe der "großen Benutzer" fällt zunächst auf, daß das Ministère de l'Education Nationale als der hinsichtlich der Anzahl der operationellen EDV-Anlagen (186 EDVA) größter Benutzer, hinsichtlich des Wertes seines Computerparks hinter dem Ministère des Armées (139 EDVA), dem Ministère des Postes et Télécommunications (95 EDVA) sowie sogar hinter dem Ministère de l'Economie et des Finances (59 EDVA) erst an 4. Stelle rangiert.

Diese Tatsache erklärt sich nicht einfach damit, daß das Schwergewicht des EDVA-Bestandes dieser Ministerien bei den - gemessen an der Speicherkapazität der Zentraleinheiten - mittleren und großen Systemen läge. Ganz im Gegenteil wird das Ministère de l'Education Nationale vom Ministère des Postes et Télécommunications und vom Ministère des Armées lediglich hinsichtlich der Anzahl der kleinsten EDV-Anlagen übertroffen. In den Kategorien der kleinen, mittleren und großen EDV-Anlagen liegen die Werte für das Ministère de l'Education Nationale ausnahmslos und überwiegend deutlich über denen der drei anderen Ministerien.

Aus der Tafel 12.6 geht vielmehr hervor, daß 124, d.h. 67 % der EDV-Anlagen des Ministère de l'Education Nationale in der Kategorie unter 1 MF pro Einheit liegen. Während die 12 Systeme des Ministère de l'Education Nationale in der Kategorie über 7 MF lediglich 146,54 MF ausmachen, sind das Ministère de l'Economie et des Finances in dieser Kategorie mit 25 Systemen im Wert von zusammen 298,o2 MF und das Ministère des Postes et Télécommunications mit zumindest 14 Systemen im Wert von zusammen 19o,o4 MF vertreten. Das Ministère des Armées verfügt in der Kategorie der EDV-Anlagen zwischen 1 MF und 5 MF mit 58 Systemen

Tafel Nr.12.6 : Verteilung der EDVA auf die verschiedenen Ministerien, aufgeschlüsselt nach dem Wert in Millionen Francs; Stand : 1.1.1972, (1.1.1971, (1.1.1970))[25].

Ministerien	≤ 1 MF		≤ 5 MF		≤ 7 MF		> 7 MF		Insgesamt		Wertzuwachs 1971, (1970) in %
	Anzahl	Wert	Anzahl	Wert	Anzahl	Wert	Anzahl	Wert	Anzahl	Wert	
Défense Nationale	59	33,98	58	172,26	9	52,72	13	161,75	139	420 (327 (313))	28,44 (4,47)
Economie et Finances	13	3,45	10	33,12	11	62,47	25	298,02	59	397 (285 (160))	39,30 (78,12)
Postes et Télécommunications	37	15,73	35	118,73	9	54,79	14	190,04	95	379 (284 (260))	33,45 (9,23)
Education Nationale	124	57,45	39	81,82	11	65,90	12	146,54	186	351 (303 (251))	15,84 (35,05)
Affaires Sociales	47	25,45	58	141,73	12	73,41	7	72,16	124	312 (240 (210))	30,00 (14,28)
Transports	10	2,60	8	23,39	1	5,52	9	158,29	28	189 (133 (80))	42,10 (66,25)
Intérieur	73	37,22	14	27,86	1	6,71	4	35,73	92	108 (93 (54))	16,13 (72,22)
Equipement	4	2,95	4	9,45			2	34,61	10	47 (30 (22))	56,66 (36,36)
Développement Ind. et Scientifique	6	2,50	3	6,10	2	13,00	1	14,50	12	36 (36 (31))	0,0 (16,12)
Agriculture	5	2,52	4	7,06	2	12,55	1	9,00	12	31 (26 (19))	19,23 (36,84)
Affaires Etrangères	1	0,68	1	2,46					2	3 (3 (0,6))	0,0 (400,00)
Premier Ministre	1	0,27	1	1,04					2	1 (1 (1))	
Justice	1	1,00							1	1 (1 (1))	
Insgesamt	381 (314)	185,84 (156,53)	235 (216)	625,10 (579,81)	58 (43)	347,09 (251,07)	88 (65)	1121,69 (777,13)	762 (638)	2279 (1764(1402))	29,20 (25,82)

Tafel Nr.12.7 : Einteilung der Ministerien in Benutzergruppen entsprechend Anzahl und Wert der installierten EDV-Anlagen; Stand : 1.1.1972.

Benutzergruppe	Ministerium	EDV - Anlagen: Anzahl absolut		Anzahl in %	Anzahl Zuwachs seit 1.1.70 in %	Wert absolut in (MF)		Wert in %	Wert Zuwachs seit 1.1.1970 in %
(I) Große Benutzer :	Défense Nationale	139			53	420			34
	Economie et Finances	59	479	63	18	397	1.547	68	148
	Postes et Télécommunications	95			83	379			46
	Education Nationale	186			43	351			38
(II) Mittelgroße Benutzer mit unter ihrer Aufsicht stehenden automatisierten Organismen:	Affaires Sociales	124			39	312			49
	Transports	28	244	32	40	189	609	26,8	136
	Intérieur	92			136	108			100
(III) Mittelgroße isolierte Benutzer :	Equipement et Logement	10			0	47			113
	Développement Ind. et Scient.	12	34	4,5	33	36	114	5	16
	Agriculture	12			33	31			63
(IV) Kleine Benutzer:	Affaires Etrangères	2			100	3			400
	Premier Ministre	2	5	0,5	100	1	5	0,2	0,0
	Justice	1			0,0	1			0,0
Insgesamt			762				2.279		

im Werte von zusammen 172,26 MF im Vergleich mit dem Ministère de l'Education Nationale zahlen- und wertmäßig über einen ungefähr doppelt so großen Computerpark.

Besonders frappant fällt auch insofern der Vergleich mit dem Ministère de l'Economie et des Finances aus, von dessen EDV-Anlagen zwar nur 7, d.h. 11,9 % in die Kategorie der Systeme mit großer Zentralspeicherkapazität fallen, das jedoch 25 (d.h. 42,5 %) EDV-Anlagen im Werte von über 7 MF pro Einheit besitzt, die zugleich wertmäßig sogar 75 % seines gesamten Computerparks ausmachen.

Daher könnte man zu schließen versucht sein, daß die periphere Ausstattung eines Großteils der EDV-Anlagen des Ministère de l'Education Nationale im Vergleich zum Ministère des Armées, Ministère de l'Economie et des Finances und zum Ministère des Postes et Télécommunications wesentlich weniger komplett und aufwendig ist. Tatsächlich verfolgt das Ministère de l'Education Nationale als einziges Ministerium eine konsequente Beschaffungspolitik, die in erster Linie auf den Ankauf (im Gegensatz zu Miete und Leasing) von EDV-Anlagen gerichtet ist[27]. Die in den hier zugrunde gelegten Statistiken verwandte Bewertungsmethode der installierten EDV-Anlagen basiert jedoch entweder auf dem effektiven Kaufpreis bei gekauften Anlagen, oder aber auf der monatlichen Miet- bzw. Leasingrate multipliziert mit 4o Monaten (als der angenommenen durchschnittlichen Miet- und Nutzungsdauer der EDV-Anlagen). Der letztere, derart berechnete Wert liegt allerdings jeweils über dem entsprechenden Kaufpreis, so daß der Maschinenpark sämtlicher Ministerien grundsätzlich mehr oder weniger überbewertet bzw. der des Ministère de l'Education Nationale vergleichsweise unterbewertet ist, was sich in den Statistiken selbstverständlich ganz besonders stark hinsichtlich der großen Systeme auswirkt.

Die in der <u>zweiten Benutzergruppe</u> zusammengefaßten Ministerien heben sich insbesondere hinsichtlich des Wertes ihres jeweiligen Computerparks deutlich sowohl von der Gruppe der großen Benutzer wie von der der mittelgroßen isolierten Benutzer ab. Die Besonderheit dieser Ministerien jedoch ist es, daß jeweils ein erheblicher Teil ihrer EDV-Anlagen von öffentlichen Einrichtungen und Behörden betrieben wird, die zwar ihrer Weisung und Aufsicht unterworfen, jedoch mehr oder weniger stark selbständig organisiert sind.

Solche Einrichtungen sind im Bereich der Affaires Sociales vor allem die Krankenhäuser sowie die verschiedenen Sozialversicherungs- und Familienbeihilfeorganisationen. Während die Stellen der Flugnavigation und der Meteorologie im Rahmen des Ministère des Transports nicht im selben Maße nach außen als eigenständige Organismen erscheinen, ist das im Rahmen des Ministère de l'Intérieur bei den Gemeinden und selbst bei den Präfekturen ausgeprägter der Fall.

Es handelt sich daher insofern bei den in Frage stehenden vier Ministerien um weniger bedeutende EDV-Benutzer als die globalen Zahlen zunächst erscheinen lassen. In gewisser Weise könnten das Ministère de la Santé Publique et de la Sécurité Sociale, das Ministère du Travail, de l'Emploi et de la Population und das Ministère de l'Intérieur bei Nichtberücksichtigung der ihnen unterstellten, jedoch selbständig organisierten Stellen sogar als "kleine Benutzer" eingestuft werden.

Die <u>Gruppe der "mittel-großen"</u> - im Gegensatz zur zweiten Gruppe - <u>"isolierten Benutzer"</u> ist hinsichtlich Zahl und Wert ihres jeweiligen Computerparks äußerst homogen. Dies wird im übrigen auch durch die gleichartige Struktur ihrer EDVA-Ausstattung, wie sie aus den Tafeln Nr. 12.5 und 12.6 ablesbar ist, bestätigt.

Wenn die dieser Gruppe zugezählten Ministerien als mittelgroße (isolierte) Benutzer bezeichnet werden, so geschieht das jedoch mehr, um sie terminologisch insbesondere von den großen und den kleinen Benutzern abzusetzen, und stellt im Grunde einen Euphemismus dar. Während nämlich die EDV-Anlagen der Gruppe der großen Benutzer zahlen- und wertmäßig insgesamt 63 % bzw. 68 % der gesamten Verwaltungs-EDV-Anlagen und die der mittel-großen Benutzer mit unter ihrer Aufsicht stehenden automatisierten Organismen zusammen immerhin noch 32 % bzw. 26,8 % ausmachen, repräsentiert die Gesamtheit der EDV-Anlagen der mittelgroßen isolierten Benutzer nur noch 4,5 % bzw. 5 % des gesamten Computerparks der Verwaltung.

Die entsprechenden Werte für die äußerst homogene Gruppe der "kleinen Benutzer" betragen sogar nur noch o,5 %, bzw. o,2 %.

In bezug auf die Dynamik der Entwicklung im Zeitraum von Januar 197o bis Januar 1972 steht zwar --vom Ausnahmefall des Ministère des Affaires Etrangères abgesehen - das Ministère de l'Economie et des Finances mit einem ganz erheblichen Wertzuwachs von 148 % in der Tafel Nr. 2.7 an der Spitze, die übrigen Ministerien der Gruppe der großen Benutzer (34 % - 46 %) wurden insofern jedoch vom Ministère des Transports (136 %), vom Ministère de l'Equipement et du Logement (113 %), vom Ministère de l'Intérieur (1oo %) und selbst vom Ministère de l'Agriculture (63 %) und den Affaires Sociales (49 %) übertroffen.

Allerdings ergibt sich kein derart eindeutiges Bild hinsichtlich des zahlenmäßigen Zuwachses während derselben Periode und die zum Teil sehr beachtlichen Fluktuationen der jährlichen Wertzuwachsraten, wie sie die Tafel Nr. 2.6 für die einzelnen Ministerien in den Jahren 197o und 1971 ausweist, zeigen, daß die Rangfolge der Zwei-Jahreszuwachsraten durchaus nicht als allgemeiner mittelfristiger Trend gewertet werden können.

12.1.1.1.3. Geographische Verteilung

Der extrem überproportionale Anteil der in der Pariser Region installierten Verwaltungs-EDV-Anlagen am gesamten

Computerpark der Verwaltung ist das prägende Element der geographischen Verteilung der Verwaltungs-EDV-Anlagen und reflektiert die allgemeine Situation der geographischen Struktur des gesamten nationalen Computerparks einschließlich des Privatsektors.

Allerdings ist der zahlenmäßige Zuwachs der Verwaltungs-EDV-Anlagen in der Pariser Region in der Zeit von Januar 197o bis Januar 1972 mit 36,6 % erheblich hinter dem Zuwachs des gesamten Verwaltungs-Computerparks von 57,5 % zurückgeblieben. Entsprechendes gilt für den wertmäßigen Zuwachs, der 1971 für die Pariser Region 19,3 %, für den gesamten Verwaltungs-EDVA-Bestand jedoch 29,8 % und bei Außerachtlassung der Pariser Region sogar 39,2 % betrug.

Diese Entwicklung kann als dauerhafter Trend gewertet werden, da sie nicht das Ergebnis mehr oder weniger zufälliger Fluktuationen darstellt, sondern vielmehr den erklärten Zielen entspricht, die sich insbesondere die von der Délégation à l'Aménagement du Territoire et à l'Action Régionale (DATAR)[32] verfolgte allgemeine nationale Raumordnungs- und Regionalentwicklungspolitik sowie die allgemeinen Bemühungen um (Verwaltungs-) Dezentralisation und Dekonzentration gesetzt haben und die von der Délégation à l'Informatique gerade auch für den Bereich der Verwaltungsautomation beachtet werden.

Das bisherige Ergebnis dieser Entwicklung mit einer Verringerung des zahlenmäßigen Anteils der Pariser Verwaltungs-EDV-Anlagen von 44 % im Januar 197o über 41 % im Januar 1971 auf 38 %[33] im Januar 1972 (Tafel Nr. 2.1o) wirkt jedoch eher bescheiden. So wird auch die Verminderung des wertmäßigen Anteils um 3,8 Punkte von 5o,3 % (Jan. 1971) auf 46,7 % (Jan. 1972) in der Tafel Nr.12.8 durch die Tatsache relativiert, daß ebensoviele Regionen bis zu o,4 Punkte Anteil am gesamten Verwaltungs-Computerpark verloren haben wie andere - allerdings durchweg o,4 und mehr - Punkte gewonnen haben.

<u>Tafel Nr.12.8</u> : Geographische Verteilung der Verwaltungs-EDVA auf die frz. Regionen; Stand : 1.1.1972, (1.1.1971, (1.1.1970))[28][29].

Region	Anzahl	Wert in MF	Wertmäßiger Anteil in %	Varianz
Alsace	25 (24 (22))	51 (45)	2,2 (2,6)	- 0,4
Aquitaine	38 (34 (23))	101 (61)	4,5 (3,5)	+ 1,0
Auvergne	12 (10 (8))	46 (42)	2,0 (2,4)	- 0,4
Bourgogne	14 (11 (7))	27 (24)	1,2 (1,4)	- 0,2
Bretagne	41 (25 (16))	99 (55)	4,4 (3,1)	+ 1,3
Centre	23 (20 (12))	88 (75)	3,9 (4,3)	- 0,4
Champagne	9 (10 (9))	25 (26)	1,1 (1,5)	- 0,4
Franche-Comté	5 (4 (1))	3 (3)	0,2 (0,2)	± 0,0
Languedoc-Roussillon	15 (14 (9))	33 (31)	1,5 (1,8)	- 0,3
Limousin	10 (9 (8))	22 (22)	1,0 (1,3)	- 0,3
Lorraine	22 (18 (17))	72 (45)	3,2 (2,6)	+ 0,6
Midi-Pyrénées	42 (30 (19))	117 (75)	5,1 (4,3)	+ 0,8
Nord	22 (20 (15))	55 (50)	2,4 (2,9)	- 0,5
Basse-Normandie	8 (7 (6))	11 (9)	0,5 (0,5)	±,0,0
Haute-Normandie	23 (18 (12))	55 (38)	2,1 (2,4)	- 0,3
Pays de la Loire	28 (22 (16))	111 (74)	4,9 (4,2)	+ 0,7
Picardie	7 (7 (1))	17 (7)	0,8 (0,4)	+ 0,4
Poitou-Charentes	12 (9 (8))	23 (9)	1,0 (0,5)	+ 0,5
Provence-Côte d'Azur-Corse	49 (34 (24))	129 (87)	5,7 (5,0)	+ 0,7
Rhône-Alpes	52 (41 (32))	111 (78)	4,9 (4,5)	+ 0,4[30]
Région Parisienne	295 (263(216))	1.063 (891)	46,7 (50,3)	- 3,8
Région d'Outre-Mer	6 (5 (1))	5 (3)	0,2 (0,2)	± 0,0
Sonderfälle	3 (3 (2))	4 (4)	0,2 (0,2)	± 0,0
			/0,3/ /-0,1/[31]	
Insgesamt	762 (638(484))	2.279 (1.764)	100 100	

Die dominierende Stellung der Pariser Region, in der wertmäßig 46,7 % der gesamten Verwaltungs-EDV-Anlagen installiert sind, während sich die folgenden 12 Regionen in einen Anteil von 45,3 % teilen, geht aus der Tafel Nr.12.9 besonders plastisch hervor. Darüber hinaus wird jedoch auch deutlich, daß diese 12 Regionen mit der Pariser Region zusammen 92 % des Verwaltungs-Computerparks beherbergen, wohingegen die restlichen neun Regionen mit einem Anteil von insgesamt nur 8 % als insofern deutlich "unterentwickelt" erscheinen. Als zum allgemeinen Problem der Zentralisation und Konzentration der gesamten Hierarchie des öffentlichen Sektors in Frankreich annex, ist die geographische Verteilung der Verwaltungs-EDV-Anlagen also nicht nur ein Problem auf nationaler Ebene zwischen Paris einerseits und der Provinz andererseits, sondern zugleich ein Problem eines vielfältigen "interregionalen Zentralismus".

Die Aufschlüsselung nach der Speicherkapazität der Zentraleinheiten in der Tafel Nr.12.1o zeigt das besonders starke Übergewicht der Pariser Region mit zahlen- und wertmäßig 64 % bzw. 66 % in der Kategorie der großen Rechner mit über 256 K.

Zugleich ist jedoch gerade in dieser Kategorie der Abbau des Übergewichts der Pariser Region überdurchschnittlich vorangeschritten. So ging von Januar 197o bis Januar 1972 der zahlenmäßige Anteil der Verwaltungs-EDV-Anlagen der Pariser Region am gesamten Computerpark der Verwaltung von 8o % um 16 Punkte und der wertmäßige Anteil sogar innerhalb nur eines Jahres um 14 Punkte zurück. Diese Entwicklung folgt der Forderung, daß die geographische Dezentralisation der Verwaltungsautomation nicht nur kleine Systeme und nachgeordnete periphere Installationen, sondern auch große leistungsstarke Systeme erfassen soll, die - zumindst potentiell - zugleich qualitativ von größerer Bedeutung sind.

<u>Tafel Nr.12.9</u> : Aufteilung der in den verschiedenen Regionen installierten Verwaltungs-EDVA nach ihrem wertmäßigen Anteil an der Gesamtheit der Verwaltungs-EDVA in %; Stand : 1.1.1972[34].

	Region	wertmäßige Anteile in %		
		individuell	nach Kategorien	kumuliert
47 %	1. Région Parisienne	46,7	46,7	46,7
von 4 % bis 6 %	2. Provence-Côte d'Azur-Corse	5,7	29,5	76,2
	3. Midi-Pyrénées	5,1		
	4. Rhônes-Alpes	4,9		
	5. Pays de la Loire	4,9		
	6. Bretagne	4,4		
	7. Aquitaine	4,5		
von 2 % bis 4 %	8. Centre	3,9	15,8	92,0
	9. Lorraine	3,2		
	10. Nord	2,4		
	11. Alsace	2,2		
	12. Haute-Normandie	2,1		
	13. Auvergne	2,0		
unter 2 %	14. Languedoc-Roussillon	1,5	8,0	100,0
	15. Bourgogne	1,2		
	16. Champagne	1,1		
	17. Limousin	1,0		
	18. Poitou-Charentes	1,0		
	19. Picardie	0,8		
	20. Basse-Normandie	0,5		
	21. Franche-Comté	0,2		
	22. Région d'Outre-Mer	0,2		
	23. Sonderfälle	0,2		
		/0,3/[35]		

<u>Tafel Nr.12.10</u> : Anteil der in der Pariser Region installierten Verwaltungs-EDVA an der Gesamtheit der Verwaltungs-EDVA in %, aufgeschlüsselt nach der Speicherkapazität der Zentraleinheiten; Stand : 1.1.1972, (1.1.1971, (1.1.1970))[36].

	≤ 4 K		≤ 16 K		≤ 256 K		> 256 K		Insgesamt	
	A[37]	W[38]	A	W	A	W	A	W	A	W
Gesamte Verw.-EDVA	70	35	254	178	404	1.501	34	565	762	2.279
Verw.-EDVA in der Pariser Region	26	12	95	62	153	615[39]	22	374	295	1.063
Anteil in %[40] 1.1.1972	37	34	37	34	37	41	64	66	38	46
1.1.1971	(39)	(36)	(39)	(35)	(41)	(46)	(72)	(80)	(41)	(50)
1.1.1970	((43))		((42))		((44))		((80))		((44))	

12.1.1.1.4. Verteilung nach Einsatzcharakteristiken

12.1.1.1.4.1. Hauptverwendungszweck

In der Tafel Nr.12.11 werden die EDV-Anlagen der Verwaltung entsprechend dem jeweiligen Hauptverwendungszweck aufgeteilt.

Dabei ist festzustellen, daß die relative Bedeutung der vier Kategorien ihrer wesentlichen Struktur nach zwischen Januar 1971 und Januar 1972 unverändert geblieben ist. Während der Großteil (zahlenmäßig 55 % und wertmäßig 61 %) der Verwaltungs-EDV-Anlagen naturgemäß hauptsächlich im Rahmen der Erledigung von Verwaltungsaufgaben eingesetzt wird, nimmt die "industrielle Steuerung"(42) als mehr akzidentielle Aktivität der öffentlichen Verwaltung (zahlen- wie wertmäßig) lediglich 5 % ihrer EDV-Anlagen als Haupteinsatzgebiet in Anspruch. Diese beiden Verwendungszwecke hatten im übrigen einen leichten Anstieg ihrer relativen Bedeutung zu verzeichnen.

Wissenschaftliche Berechnungen bilden den zweitwichtigsten - wenn auch leicht rückläufigen - Hauptverwendungszweck mit zahlen- und wertmäßig 32 % bzw. 31 % Anteil.

Die absolute wie relative Verminderung der Anzahl der hauptsächlich zu Ausbildungszwecken eingesetzten Rechner kann nicht eindeutig als eine Verringerung des Einsatzes von Computern im Ausbildungssektor gewertet werden. Einerseits ist die Abgrenzung zwischen "wissenschaftlichen Berechnungen" und "Ausbildung" nicht klar definiert und andererseits werden zahlreiche Computer neben ihrem eigentlichen Hauptverwendungszweck zu Ausbildungszwecken eingesetzt(43).

12.1.1.1.4.2. Hauptprogrammiersprache

Aus der Tafel Nr.12.12 läßt sich die Bedeutung der verschiedenen Programmiersprachen im Bereich der Verwaltung ablesen.

<u>Tafel Nr.12.11</u> : Hauptverwendungszwecke der von der Verwaltung betriebenen EDVA; Stand : 1.1.1972, (1.1.1971, (1.1.1970))[41].

	Hauptverwendungszweck				Insgesamt
	Verw.-Aufgaben	Wissenschaftliche Berechnungen	Industrielle Steuerung	Ausbildung	
Anzahl der EDVA	418 (342 (263))	242 (209 (171))	41 (23 (22))	61 (64 (28))	762 (638 (484))
Verteilung in %	55 (54 (55))	32 (33(35,2))	5 (4(4,4))	8 (9(5,4))	- 100 -
Wert in MF	1404 (1026)	695 (593)	121 (73)	60 (72)	2279 (1764)
Verteilung in %	61 (58)	31 (34)	5 (4)	3 (4)	- 100 -

Hinsichtlich der Hauptprogrammiersprachen sind für den Zeitraum von Januar 197o bis Januar 1972 einige Veränderungen zu verzeichnen.

Zwar wird Assembler trotz geringfügigen Rückgangs auf 31 % der Verwaltungs-EDV-Anlagen als Hauptprogrammiersprache verwendet und ist damit insofern nach wie vor die wichtigste (Haupt-) Programmiersprache. Cobol jedoch hat während des betrachteten Zeitraums 7 Punkte gewonnen und hat damit Fortran, das 5 Punkte verloren hat, vom Platz der zweitwichtigsten Hauptprogrammiersprache verdrängt.

Der relativ starke Rückgang des PL-1 im Jahre 197o hat sich zwar nicht fortgesetzt, PL-1 wird jedoch lediglich auf 1 % der Anlagen als Hauptprogrammiersprache eingesetzt und nimmt daher einen eher marginalen Platz ein.

Die Gruppe der sonstigen Programmiersprachen ist mit 22 % dagegen beachtlich umfangreich und per Saldo ohne Veränderung.

Mittelfristig wird die Bedeutung des Cobol unter anderem aufgrund der interministeriellen Harmonisierungs- und Förderungsmaßnahmen zugunsten des Cobol weiter zunehmen.

12.1.1.1.4.3. Monatliche Durchschnitts-Betriebsdauer

Die Übersicht der monatlichen Durchschnitts-Betriebsdauer der EDV-Anlagen in der Tafel Nr.12.13 weist erhebliche Unterschiede zwischen den einzelnen Ministerien aus.

Allgemein kann festgestellt werden, daß die für die durchschnittliche Betriebsdauer der EDV-Anlagen der Ministerien angegebenen Werte wie insbesondere auch der Globalwert von 247 Std./Monat deutlich unter den im Privatsektor zu beobachtenden Werten liegen[49]. Nach einer Schätzung des Bureau d'Informations et de Prévisions Economiques (BIPE) beträgt die durchschnittliche Betriebsdauer im Privatsektor 26o bis 27o Std./Monat[5o].

<u>Tafel Nr. 12.12</u> : Hauptprogrammiersprachen der von der Verwaltung betriebenen EDV-Anlagen; Stand : 1.1.1972, (1.1.1971, (1.1.1970))[44]

	Hauptprogrammiersprache					Insgesamt
	Assembler	Cobol	Fortran	PL-1	sonstige	
Anzahl der EDVA	239 (201(153))	180 (122 (83))	169 (177(133))	5 (6(9))	169 (132(106))	762 (638(484))
Verteilung in %	31 (32 (32))	24 (19 (17))	22 (27 (27))	1 (1(2))	22 (21 (22))	- 100 -
Varianz 1971-72, (1970-71)	- 1 (± 0)	+ 5 (+ 2)	- 5 (± 0)	± 0(- 1)	+ 1 (- 1)	

Obwohl der Gesamtdurchschnitt im Bereich der Verwaltung von 235 (1971) auf 247 (1972) gestiegen ist, ist nicht zu übersehen, daß eine beachtliche Reihe von Verwaltungen 197o bzw. 1971 oder sogar stetig über den gesamten Zeitraum sinkende Durchscnittswerte aufzuweisen hat bzw. ohne (wesentlichen) Fortschritt auf einem extrem niedrigen Niveau verharrt, wie z.B. im Fall des Ministère de la Justice.

Im allgemeinen handelt es sich bei den Verwaltungen mit überdurchschnittlichen Werten um größere Benutzer, die seit langem über EDV-Fachkärfte verfügen und unter anderem deshalb bereits seit mehreren Jahren EDV-Anlagen einsetzen, weil sie in besonderem Umfang "automationsfreundliche" Aufgaben zu erfüllen haben, während die Zuständigkeiten und Aufgaben anderer Ministerien, wie z.B. gerade die des Ministère de la Justice, auf Gebieten angesiedelt sind, die gegenüber der Verwaltungsautomation als "spröde" erscheinen.

Im übrigen ist eine - nicht durch die Besonderheiten der öffentlichen Verwaltung bedingte - Erklärung darin zu suchen, daß sich die französische Verwaltungsautomation bisher in einer Phase dynamischer Expansion befindet und sich auf ministeriellem Niveau kumuliert die Tatsache niederschlägt, daß die Rentabilität von neu-installierten Systemen zunächst üblicherweise unter dem Sollwert liegt.

Indirekt verbunden ist damit die nach Ansicht der Délégation à l'Informatique entscheidende Tatsache des unzulänglichen EDV-Personalbestandes, der mangelnden Qualifikation der EDV-Fachkräfte sowie die personalpolitisch begründete Schwierigkeit im Mehrschichtenbetrieb zu arbeiten[51].

Schließlich spielt auch der Umstand eine bedeutende Rolle, daß die verschiedenen Verwaltungen es vorgezogen haben, sich individuell mit EDV-Anlagen auszustatten statt gemeinsam betriebene Anlagen rationell auszunutzen.

Tafel Nr.12.13 : Durchschnittliche monatliche Betriebsdauer; Stand : 1.1.1972, (1.1.1971, (1.1.1970))[45].

Ministerien	Anzahl der EDVA	Durchschnittliche monatl. Betr.-Dauer
Premier Ministre	2 (1 (1))	145 (180 (240))
Affaires Etrangères	2 (2 (1))	184 (150 (170))
Affaires Sociales		
Krankenhäuser	31 (34 (24))	206 (185 (160))
Rentenversicherung	5 (4 (4))	314 (345 (345))
Krankenversicherung	40 (33 (32))	216 (230 (215))
Familienbeihilfe	39 (32 (25))	269 (270 (250))
Arbeit u. Beschäftigung	2 (1 (1))	240 (180 (180))
INSERM	7 (4 (3))	210 (280 (235))
Agriculture	12 (10 (9))	246 (260 (260))
Défense Nationale	139 (107 (91))	245[46] (230 (245))
Développement Ind. et Scient.	12 (12 (8))	205 (212 [47]
Education Nationale	186 (168 (113))	271 (240 (270))
Equipement et Logement	10 (9 (10))	233 (230 (155))
Economie et Finances	59 (55 (50))	231 (215 (215))
Intérieur		
Zentralverwaltung	1 (1 (1))	560 (560 (285))
Polizeipräfektur (Paris)	6 (5 (4))	484 (415 (280))
(Provinz-) Präfekturen	20 (18 (7))	192 (175 (155))
Gemeinden	65 (52 (27))	148 (140 (140))
Justice	1 (1 (1))	120 (120 (120))
Postes et Télécommunications	95 (65 (52))	231 (230 (230))
Transports		
Flugnavigation	17 (13	459
Meteorologie	7 (8	511
Handelsschiffahrt	1 (1	300
IRT	3 (2	187
(Flugnavigation, Meteorologie, Handelsschiffahrt, IRT zusammen)	(20))	(450 (275))
Insgesamt	762 (638 (484))	247 (235)[48] [47]

12.1.1.1.5. Verteilung nach Herstellern

Ohne auf die Hintergründe des Plan Calcul sowie der interministeriellen Präferenz- und Beschaffungspolitik einzugehen(52), sei hier lediglich die Entwicklung der Struktur des Verwaltungs-Computerparks im Hinblick auf die Hersteller betrachtet.

Das wesentliche Phänomen ist der Anstieg des Anteils der französischen Hersteller von 17,8 % des Wertes der gesamten installierten Verwaltungs-EDV-Anlagen im Januar 1971 auf 23 % im Januar 1972. Dieser Anstieg ging - bei einer im wesentlichen unveränderten marginalen Rolle der (nicht-französischen) europäischen Hersteller - vor allem zu Lasten der amerikanischen Hersteller, deren Anteil von 78,4 % auf 74 % zurückging.

So wie jedoch die allgemeine Entwicklung zugunsten der französischen Hersteller durch die deutlich ansteigende Tendenz der Compagnie Internationale pour l'Informatique (CII) geprägt wird, deren Anteil von lo % (Jan. 197o) über 16,5 % (Jan. 1971) auf 22 % (Jan. 1972) - also stetig um jährlich etwa 6 Punkte - anstieg, während die übrigen französischen Hersteller von 1,3 % (Jan. 1971) auf sogar nur noch 1 % zurückfielen, so sind die Globalwerte für die amerikanischen Hersteller nicht allgemein representativ, sondern spiegeln eigentlich nur die Situation des größten (amerikanischen) Herstellers IBM wieder.

Dem nicht zu übersehenden Rückgang des Anteils der IBM an der Gesamtheit der installierten Verwaltungs-EDV-Anlagen während des betrachteten Zeitraums von 55 %, über 46,5 %, auf 41 % steht nämlich eine eher feste bis leicht ansteigende Tendenz bei den übrigen amerikanischen Herstellern gegenüber. So hat Honeywell-Bull - trotz eines leichten Rückgangs im Jahre 1971 - im Vergleich zur Situation im Jahre 197o zumindest einen Punkt hinzugewonnen und die Control Data Corp. sowie Univac hatten 1971 ebenfalls jeweils einen leichten Anteilszuwachs zu verzeichnen, während

Tafel Nr.12.14 : Verteilung der Verwaltungs-EDVA nach Herstellern in % des Wertes der installierten Konfigurationen; Stand : 1.1.1972, (1.1.1971, (1.1.1970)) [53].

Ministerien	Gesamtwert der Verw.-EDVA in MF	Amerikanische Hersteller in %							Europ., nichtfrz. Hersteller in %	Französische Hersteller in %		
		IBM	CHB	CDC	Burroughs	Univac	Autres	Insgesamt		CII	Autres	Insgesamt
Défense Nationale	420,73	33 (34,0)	2	1,5	6	16	1	59,5 (59,5)	7 (9,0)	33 (29,3)	0,5	33,5 (31,4)
Education Nationale	351,72	49 (52,2)	9	12	1	7	4	82 (84,5)	1 (0,7)	16 (13,4)	1	17 (14,7)
Economie et Finances	397,07	40 (51,9)	30		10			80 (88,8)	2 (2,8)	18 (8,3)		18 (8,3)
Postes et Télécomm.	379,30	43 (53,0)	23	14			3	83 (85,1)		15 (12,8)	2	17 (14,8)
Affaires Sociales	312,00	54 (57,3)	17		8	1		80 (87,1)	10(10,6)	10 (2,2)		10 (2,2)
Transports	189,80	6 (7,3)	1	27				34 (50,8)	- (-) [54]	61 (45,5)	5	66 (49,2)
Intérieur	108,00	58 (55,0)	33		2	1	5	99 (97,9)	1 (2,0)			
Développement Ind. et Scient.	36,10	20 (20,2)						20 (20,2)	3 (3,0)	74 (73,4)	3	77 (76,7)
Equipement	47,01	99 (98,7)						99 (98,7)		1 (1,3)		1 (1,3)
Agriculture	31,14	50 (45,8)	50					100(100,0)				
Affaires Etrangères	3,14	100 (-)						100(100,0)				
Premier Ministre	1,31	76(100,0)					24	100(100,0)				
Justice	1,00									100(100,0)		100(100,0)
Insgesamt	2278,32 (1764,43) ((1402,00))	41 (46,5) ((55))	16 (16,3) ((15))	7 (5,1)	4 (4,7)	4 (3,8)	2 (2)	74 (78,4)	3 (3,8)	22 (16,5) ((10))	1 (1,3)	23 (17,8)

die Stellung von Burrough bei leichtem Verlust und die der sonstigen amerikanischen Hersteller unverändert gehalten werden konnte.

Vereinfachend kann also gesagt werden, daß der Gewinn der CII den Verlust der IBM darstellt.

Trotzdem ist die Stellung der IBM in der französischen Verwaltung nach wie vor sehr stark. Zwar konnte die IBM ihren Anteil nur in vier weniger wichtigen Ministerien leicht vergrößern bzw. halten, während sie in allen übrigen Ministerien Einbußen hinnehmen mußte, dennoch lieferte die IBM in den meisten Ministerien wertmäßig jeweils den größten Teil der installierten EDV-Anlagen, wobei lediglich im Ministère de l'Agriculture Honeywell-Bull mit 5o % und im Ministère des Armées CII mit 33 % ebenso große Anteile wie IBM erreicht haben. Nur im Ministère du Développement Industriel et Scientifique und im Ministère des Transports übertrifft die CII mit 74 %, bzw. 61 % den jeweiligen Anteil von IBM, ohne daß IBM allerdings in diesen Fällen während des betrachteten Zeitraums nennenswerte Einbußen hinnehmen mußte.

12.1.1.2. Verteilung des EDV-Personals nach Ministerien

Das EDV-Personal der Verwaltungen wird in der Tafel Nr. 12.15 in vier Kategorien[(55)] eingeteilt[(56)]:

- Führungskräfte ("cadres"), d.h. die für die EDV-Stellen bzw. Abteilungen zuständigen leitenden Beamten bzw. gleichgestellte Angestellte, deren Ausbildung und Aufgaben nicht ausschließlich technisch sind (EDV-Projektleiter, Systemplaner u. Organisatoren),
- höhere Techniker ("techniciens supérieurs"), d.h. Analysten, Chefprogrammierer, Systemprogrammierer, Rechenzentrumsleiter;
- (einfache) Techniker ("techniciens"), d.h. insbesondere Programmierer auf der Ebene des mittleren Dienstes,

Tafel Nr.12.15 : Verteilung des EDV-Personals der Ministerien; Stand : 1.1.1972, (1.1.1971, (1.1.1970))[57].

Ministerien	Führungskräfte	Höhere Techniker	Techniker	Operateure	Insgesamt
Premier Ministre	3	11	8	2	24 (14 (21))
Affaires Etrangères	3	5	7	6	21 (20 (12))
Affaires Sociales					
Krankenhäuser	26	87	221	103	437 (276)
Rentenversicherung	23	56	78	12	109 (144)
Krankenversicherung	92	255	378	129	854 (807)
Familienbeihilfe	79	142	260	88	569 (460)
Arbeit u. Beschäft.	7	16	26	10	59 (12)
INSERM	15	10	20	17	62 (42)
Agriculture	19	35	86	53	193 (136 (103))
Défense Nationale	569	573	837	486	2.465 (2.047 (2.029))
Dévelop. Ind. et Sc.	145	29	30	17	221 (186)
Education Nationale	243	287	340	520	1.390 (1.164 (837))
Equipement et Logement	130	114	111	67	422 (328 (215))
Economie et Finances	210	360	680	380	1.530 (1.369 (1.001))
Intérieur					
Zentralverwaltung	4	16	17	10	47 (46)
Polizeipräf. (Paris)	11	20	80	10	121 (90)
(Prov.-)Präfekturen	22	59	87	72	240 (129)
Gemeinden	42	53	111	120	326 (106)
Justice	2		5		7 (15 (6))
Postes et Télécom.	179	406	508	269	1.382 (1.121 (902))
Transports	94	81	55	65	295 (275 (263))
Insgesamt 1.1.1972	1.918	2.615	3.845	2.436	10.814
in %	17,7	24,2	35,6	22,5	100
(1.1.1971)	(1.541)	(2.049)	(2.904)	(2.293)	(8.787)
in %	(17,5)	(23,3)	(33,1)	(26,1)	(100)
((1.1.1970))	((1.242))	((1.682))	((2.256))	((1.954))	((7.134))
in %	((17,4))	((23,6))	((31,6))	((27,4))	((100))

- Operateure ("opérateurs"), d.h. Hilfskräfte, die die übergeordneten Fachkräfte beim EDV-Einsatz insbesondere durch die Maschinenbedienung unterstützen.

Obwohl der EDV-Personalgesamtbestand der Ministerien vom 1.1.197o bis zum 1.1.1972 von 7134 um 51,7 % auf 1o814 EDV-Fachkräfte gestiegen ist, blieben die jährlichen EDV-Personalzuwachsraten von 23,2 % (197o) und 23,1 % (1971) hinter denen des zahlen- und wertmäßigen Anstiegs des Verwaltungs-Computerparks mit 3o % bzw. 25 % (197o) und 23 % bzw. 26 % (1971) mehr oder weniger stark zurück.

Während der prozentuale Anteil der Führungskräfte und höheren Techniker bei beachtlichem absolutem Zuwachs 197o und 1971 jeweils nur um Bruchteile angestiegen ist, ist der relative Anteil der (einfachen) Techniker in derselben Zeit um 4 Punkte gestiegen. Der Anteil der Operateure dagegen ist um fast 5 Punkte gesunken.

Der verstärkte Bedarf an Programmierern resultiert nicht nur aus der Programmierung neuer Anwendungen, sondern ebenso aus dem Umschreiben und Anpassen von alten Programmen bei Änderungen der Anwendungen oder Konfigurationen sowie aus dem fortschreitenden Einsatz der Multiprogrammierung.

Die zunehmende Modernisierung der EDV-Anlagen und insbesondere ihrer Peripherie sowie der Betriebssysteme verringern andererseits den Umfang der notwendigen manuellen Maschinenbedienungshandlungen und bedingen damit eine Verminderung des relativen Anteils der Operateure.

Innerhalb der einzelnen Ministerien jedoch variiert die Verteilung der EDV-Fachkräfte stark. So ist im Ministère du Développement Industriel et Scientifique die Gruppe der Führungskräfte mit 145 Fachkräften fast fünfmal so groß wie die der einfachen Techniker. Im Bereich der Zentralverwaltung des Ministère de l'Intérieur und der Präfekturen besteht zwischen diesen beiden Gruppen dagegen ein Verhältnis von circa 1 zu 4 und in der Pariser Polizeipräfektur sogar von 1 zu 7.

Auf diese Unterschiede, die sich im wesentlichen aus der jeweiligen Natur der Anwendungen sowie der in Konzeption, Ausstattung und Modernität höchst unterschiedlichen Konfigurationen und Betriebssystemen erklären, kann hier im einzelnen nicht eingegangen werden.

12.1.2. Kostenaufwand der Verwaltungsautomation

Die EDV-Kosten der Ministerien werden nicht unter eigenen Titeln in den ministeriellen Haushalten aufgeführt. Darüber hinaus wird in der Praxis das dem französischen öffentlichen Haushaltswesen zugrundeliegende Prinzip der Zweiteilung in einen Betriebs- und einen Investitionshaushalt nicht immer beobachtet; so werden Ankäufe von EDV-Anlagen manchmal über Betriebsmittel ("crédits de fonctionnement") finanziert, wohingegen Mietraten in einzelnen Fällen zu Lasten von Investitionsmitteln ("crédits d'équipement") verbucht werden.

Die französische Verwaltung verfügt also über kein Verfahren, den Kostenaufwand der Verwaltungsautomation nach buchhalterischen Methoden und insbesondere nach Kostenrechnungsgrundsätzen zu bestimmen.

Die im Folgenden von der Délégation à l'Informatique übernommenen statistischen Angaben hinsichtlich des EDV-Kostenaufwandes beruhen auf einer im Verein mit den ministeriellen EDV-Kommissionen ausgearbeiteten Methode, die Kosten nach dem Zweck der Mittelverwendung in 5 große Kategorien aufzuschlüsseln(58). Dabei ist bei einem auf eine bestimmte Verwaltungsstelle bezogenen punktuellen Vergleich zwischen dieser Methode und der betriebswirtschaftlichen Kostenrechnung festgestellt werden, daß zumindest in diesem einzelnen Fall die nach den beiden Methoden errechneten Ergebnisse vergleichbar waren(59).

12.1.2.1. Beratungs- und Softwarefremdleistungen

Unter den Posten der Beratungs- und Softwarefremdleistungen[60] fallen alle Untersuchungen und Studien bezüglich Entwicklung, Betrieb oder Rationaliserung von EDV-Systemen, die von der Verwaltung bei einem spezialisierten Beratungsunternehmen in Auftrag gegeben werden[61].

Die Ausgaben der Verwaltung für diese Fremdleistungen sind von 18,4o MF (1969) auf 23,16 MF (197o) und 36,42 MF (1971) gestiegen[62]. Diese Aufträge stellten jeweils lo %, 5 %, bzw. 8 % des Gesamtumsatzes der französischen Software-Beratungsunternehmen für diese Leistungen (d.h. insbesondereausschließlich der Datenverarbeitung außer Haus) dar[63].

Diese Prozentsätze reflektieren die Tendenz der großen automatisierten Verwaltungen ihre EDV-Planung und Entwicklung auf dem Softwaresektor von eigenen Fachkräften durchführen zu lassen.

12.1.2.2. EDV-Anlagen

Bei der Frage des Kostenaufwandes der Ausrüstung der Verwaltungen mit EDV-Anlagen geht es neben der Höhe der Kosten gerade auch um die Art bzw. Finanzierung der Beschaffung[64].

So zeigt die Tafel Nr. 12.16 einerseits, daß die jährlichen Ausrüstungsgesamtausgaben von 376 MF im Jahre 1969 um beträchtliche 54 % auf 579 MF im Jahre 197o angestiegen sind, um 1971 einen leichten Rückgang von 1,1 % auf 572,78 MF zu verzeichnen. Mindestens ebenso interessant ist jedoch der Umstand, daß die jährlichen Ausgaben für den Ankauf von EDV-Anlagen in den Jahren 1969 bis 1971 mit respektive 18,4 %, 27,6 % und 15,2 % der jährlichen Ausrüstungsgesamtausgaben weit hinter dem Umfang der in derselben Zeit entstandenen Mietkosten für in den Verwaltungen installierte EDV-Anlagen zurückblieben[67].

<u>Tafel Nr.12.16</u> : Jährliche EDV-Ausrüstungsausgaben in Millionen Francs; Stand : 1.1.1972, (1.1.1971, (1.1.1970))[65].

	1971	Zuwachs	1970	Zuwachs	1969
Miete[66]	485,59	+ 15,6 %	420	+ 36,8 %	307
Kauf	87,19	- 45,0 %	159	+ 130,0 %	69
in %	[15,2 %]		[27,6 %]		[18,4 %]
Insgesamt	572,78	- 1,1 %	579	+ 54 %	376

Der geringe Anteil der Ausgaben für den Ankauf von EDV-Anlagen und insbesondere sein starkes Abfallen auf 15,2 % im Jahr 1971 - also noch unter das Niveau von 1969 - nachdem er zuvor auf 27,6 % gestiegen war, erscheint insofern bemerkenswert, als die Délégation à l'Informatique bereits in ihrem Jahresbericht für 1969 insoweit von einer ihrer Auffassung nach paradoxen Situation sprach[(68)].

Danach haben die meisten in der Verwaltung installierten Systeme eine Lebensdauer von mehr als 4 Jahren bei zudem langsam aber stetig ansteigender Tendenz. Bei diesen Bedingungen lägen die Kosten für die Miete 2o % bis 25 % über denen für den Kauf und 5 % bis 2o % über denen des Leasing[(69)]. Die Tatsache, daß trotz des damit verbundenen erhöhten Aufwandes nach wie vor der Großteil der Rechner gemietet werden, erklärt sich nicht nur aus technisch-wirtschaftlichen Gründen. Es kommt vielmehr der Umstand hinzu, daß die herkömmliche strenge Zweiteilung des französischen Haushalts in Investitions- und Betriebshaushalt zugunsten der Miete der EDV-Anlagen wirkt[(7o)].

Es ist in der Tat für die einzelne Behörde erheblich einfacher, Betriebsmittel ("crédits de fonctionnement") zur Deckung lediglich der Mietaufwendungen eines Jahres, als Investitionsmittel ("crédits d'équipement") für den gesamten Kaufbetrag bewilligt zu bekommen. Zudem können Betriebsmittel nach einmaliger Bewilligung ohne neue Entscheidung in den Folgejahren weiterhin beansprucht werden. Jeder Kauf eines Rechners hingegen bedarf grundsätzlich der Zustimmung des Finanzministers in Form einer "autorisation de programme" und der Bewilligung der entsprechenden Mittel[(71)].

Diese haushaltstechnische Erklärung für die Bevorzugung der Miete wird durch die Tatsache bestätigt, daß in der Tendenz weniger die großen als vielmehr mittelgroße und kleinere Systeme, bei denen die zu bewilligenden Mittel geringer sind, käuflich erworben werden; denn während

<u>Tafel Nr.12.17</u> : Aufschlüsselung der installierten EDV-Anlagen der Verwaltung nach der Art der Beschaffung; Stand : 1.1.1972, (1.1.1971) (72) (73).

	Anzahl	Anteil an der Gesamtheit der Verwalt.-EDVA in %	Wert	
			in MF	Anteil an der Gesamtheit der Verw.-EDVA in %
Miete	473	62	1.736	76,2 (74,0)
Leasing	24	3	101	4,5 (4,7)
Kauf	258	34	435	19,0 (21,0)
Leihe (74)	7	1	7	0,3 (0,3)
Insgesamt	762	100	2.279	100,0 (100,0)

der Anteil der gekauften EDV-Anlagen am gesamten Computerpark der Verwaltung zahlenmäßig im Januar 1972 immerhin 34 % ausmacht, betrug er wertmäßig lediglich 19 %. Umgekehrt beläuft sich der Anteil der gemieteten Anlagen wertmäßig auf 76,2 %, zahlenmäßig jedoch nur auf 62 %.

Für die wenigen im Leasing-Verfahren erworbenen EDV-Anlagen gilt grundsätzlich dasselbe wie für die gemieteten Anlagen.

Der zahlenmäßige Anteil der gekauften EDV-Anlagen in der französischen Verwaltung nimmt sich mit 34 % im übrigen verglichen mit der amerikanischen Bundesverwaltung, die sogar 74 % ihrer EDV-Anlagen käuflich erworben hat, besonders bescheiden aus(75).

12.1.2.3. Datenverarbeitung außer Haus

Unter Datenverarbeitung außer Haus versteht man jede einem Service-Rechenzentrum in Auftrag gegebene Datenverarbeitung.
Die für diesen Posten aufgewendeten Mittel beliefen sich 1971 auf 33 MF. Diese Summe betrug in den zwei vorherigen Jahren jeweils 3o MF. Der Anteil der Verwaltung am nationalen Markt der Datenverarbeitung außer Haus stellt damit nach wie vor grob 8 % dar(76).

12.1.2.4. EDV-Personal

Die in der Tafel 12.18 aufgeführten EDV-Personalkosten umfassen über die nicht EDV-spezifischen Gehälter und Leistungen hinaus:
- EDV-Ausbildungskosten (Erstausbildung wie Fortbildung),
- Sonderzuschläge für bestimmte Berufsgrade, Funktionen und erbrachte Sonderleistungen (Nachtschichten, verlängerte Arbeitszeiten etc.) sowie

Tafel Nr.12.18 : Jährlicher EDV-Personalkostenaufwand, aufgeschlüsselt nach Berufskategorien; Stand : 1.1.1972, (1.1.1971, (1.1.1970))[78].

	Führungskräfte		Höhere Techniker		Techniker		Operateure		Insgesamt	
		Zuwachs		Zuwachs		Zuwachs		Zuwachs		Zuwachs
Anzahl der EDV-Fachkräfte										
1.1.1972	1.918		2.615		3.845		2.436		10.814	
(1.1.1971)	(1(541)	+ 54,5 %	(2.049)	+ 49,5 %	(2.904)	+ 70,6 %	(2.293)	+ 24,6 %	(8.787)	+ 51,7 %
((1.1.1970))	((1.242))		((1.682))		((2.256))		((1.954))		((7.134))	
Jährl.Kosten pro Fachkraft (in F)										
1.1.1972	74.000		75.000		50.000		28.000			
(1.1.1971)	(72.000)	+ 15,6 %	(73.000)	+ 15,4 %	(48.000)	+ 16,3 %	(27.000)	+ 16,7 %		
((1.1.1970))	((64.000))		((65.000))		((43.000))		((24.000)			
Gesamtkosten (in MF)										
1.1.1972	141,932		196,125		192,250		68,208		598,515	
(1.1.1971)	(110,952)	+ 44,0 %	(149,577)	+ 79,4 %	(139,392)	+ 95,3 %	(61,911)	+ 46,2 %	(461,832)	+ 79,3 %
((1.1.1970))	((79,488))		((109,330))		((97,008))		((46,896))		((332,722))	

- Sozialleistungen (Familienzuschläge und Beihilfen etc.) [77].

Der jährliche Kostenaufwand für einen höheren Techniker übersteigt den für eine Führungskraft, da die Führungskräfte nicht, wie z.B. die höheren Techniker, Gehaltszuschläge für bestimmte Funktionen und Sonderleistungen beziehen[79].

Während die jährlichen Kosten pro Fachkraft von 1969 bis 1971 in den verschiedenen Berufskategorien relativ einheitlich zwischen 15,4 % und 16,7 % anstiegen, nahmen aufgrund der starken Unterschiede hinsichtlich Anzahl und prozentualen Anstiegs der Fachkräfte die Gesamtkosten in den einzelnen Kategorien in sehr unterschiedlichem, wenn auch durchweg erheblichem Maße zu. So wuchsen die jährlichen Gesamtkosten der Führungskräfte und der Operateure von 1969 bis 1971 um 44 %, bzw. 46,2 %; der Anstieg in der Kategorie der höheren und einfachen Techniker betrug jedoch 79,4 %, bzw. sogar 95,3 %.

Diese dynamische Entwicklung des Personalkostenaufwandes wirkt besonders interessant im Vergleich mit der Entwicklung des EDVA-Ausrüstungsaufwandes in der Tafel Nr. 2.19.

Dem Anstieg der Personalgesamtkosten um 79,4 % von 1969 bis 1971 steht ein Anstieg der EDVA-Ausrüstungsausgaben von lediglich 52,3 % - insbesondere bedingt durch das Absinken 1971 - gegenüber. Dementsprechend überstiegen 1971 die Personalkosten die Ausrüstungsausgaben um 4,8 %, nachdem sie 1969 noch 11,5 % und 197o sogar 2o,1 % geringer gewesen waren. Allerdings lagen auch 1971 die EDV-Personalkosten mit 598,52 MF nach wie vor deutlich unter dem Mietwert der Verwaltungs-EDV-Anlagen, der 1971 683 MF betrug[81].

Tafel Nr.12.19 : Vergleichende Gegenüberstellung der jährlichen EDV-Ausrüstungs- und Personalkosten in Millionen Francs (1969 - 1971) [80].

	1969	Zuwachs	1970	Zuwachs	1971	Zuwachs 69 - 71
Jährl. EDV-Ausrüstungsausgaben	376,00	+ 54,0 %	579,00	- 1,1 %	572,78	+ 52,3 %
Jährl. EDV-Personalausgaben	332,72	+ 38,8 %	461,83	+ 29,6 %	598,52	+ 79,3
Differenz	43,28		117,17		- 25,74	

12.1.2.5. Rechenzentrumsausstattung und Betrieb

Unter diesen Posten fallen im einzelnen:

- Rechenzentrumsbedarf (Lochkarten, Magnetbänder und Platten etc.),
- EDVA-Betriebsmittel (Elektrizität etc.) und betriebsunterstützende Ausstattungen (soweit nicht zur EDV-Anlage selbst und zur baulichen Aussattung gehörend) sowie
- Amortisation von Rechenzentrumsgebäuden und Gebäudespezialausstattungen (Klimaanlagen, Spezialböden und Decken etc.).

Die exakten Kosten dieses Postens sind gänzlich unbekannt und lassen sich insbesondere auch nicht aus den Kostenrechnungen der Ministerien (soweit überhaupt vorhanden) bestimmen. Um zu einer zumindest annähernden Bestimmung dieser Kosten zu gelangen, stützt sich die Délégation à l'Informatique auf eine Untersuchung des Ministère des Armées, wonach die Rechenzentrumskosten ungefähr 1/3 der Personalkosten darstellen(82). Dementsprechend werden die gesamten Rechenzentrumskosten der Verwaltung für 1971 auf 589 MF/3 = 199 MF geschätzt. Die entsprechenden Werte für 197o und 1969 beliefen sich auf 154 MF bzw. 111 MF(83).

12.1.2.6. EDV-Gesamtbudget

Bei der Bestimmung der jährlichen finanzwirtschaftlichen Gesamtbelastung durch die EDV muß neben den bisher aufgeführten direkten jährlichen Ausgaben auch der Amortisationsaufwand für die buchhalterisch aktivierten Kosten, d.h. insbesondere für die gekauften EDV-Anlagen berücksichtigt werden(84). Auf die in der Verwaltung installierten EDV-Anlagen angewendet heißt das - vereinfachend dargestellt -, daß die jährlichen Mietaufwendungen und der jährliche Amortisationsaufwand für die gekauften EDV-Anlagen zur (finanzwirtschaftlichen) Jahresgesamtbelastung zusammengezogen werden(85).

Das von der Délégation à l'Informatique angewandten Verfahren unterscheidet sich jedoch von diesem klassischen Verfahren deutlich.

Danach wird, ohne nach gemieteten und gekauften EDV-Anlagen zu differenzieren, für sämtliche Anlagen insgesamt ein sog. Jahresmietwert ("valeur locative en année pleine") in Ansatz gebracht. Dieser Mietwert wird, vom (Kauf-) Wert des gesamten Computerparks am Ende des jeweiligen Jahres ausgehend, durch Division durch die Anzahl der monatlichen Amortisationsraten (4o) und Multiplikation mit der Anzahl der Monate des Jahres (12) bestimmt(86). Der derart festgestellte Jahresmietwert, der für 1971 $\frac{2279 \text{ MF} \cdot 12}{4o}$ = 683 MF ausmacht, wird als die (finanzwirtschaftliche) Gesamtbelastung betrachtet, die die Verwaltung tragen muß, um über ihren Computerpark verfügen zu können.

Diese Berechnungsmethode fordert jedoch einige kritische Bemerkungen heraus. Abgesehen davon, daß die Amortisationsperiode mit 4o Monaten, d.h. 3 1/4 Jahren etwas knapp gewählt ist, erscheint es uneinsichtig - weil unnötig und im Ergebnis ungenau -, warum die gemieteten Anlagen wie gekaufte "amortisiert" werden, statt daß die exakt bestimmbaren Mietaufwendungen in Ansatz gebracht werden. Das umso mehr, als die Summe der gesamten Mietraten nach circa 5 bis 6 Jahren den Kaufpreis (einschließlich Verzinsung und Wartungskosten) überschreitet.

Einen weiteren Ungenauigkeitsfaktor stellt der Umstand dar, daß der gesamte am Ende des Jahres installierte Computerpark auf das ganze Jahr bezogen amortisiert wird, ohne z.B. zu berücksichtigen, daß eine erhebliche Anzahl von EDV-Anlagen erst im Laufe des Jahres installiert und kostenmäßig wirksam werden.

Darüberhinaus werden die gesamten EDV-Anlagen ungeachtet ihres Installationsjahres ohne Unterschied "amortisiert".

Tafel Nr.12.20 : Jährlicher EDV-Kostengesamtaufwand der Verwaltung, aufgeschlüsselt nach dem Verwendungszweck in Millionen Francs (1969 - 1971)[87].

Verwendungszweck	1969		1970		1971	
EDV-Beratungs- und Softwarefremdleistungen	18	1,9 %	23	1,8 %	36	2,2 %
EDV-Anlagen (Mietwert)	450	47,9 %	530	42,4 %	683	42,3 %
Off-Line-Datengeräte	-[88]		53	4,2 %	70	4,3 %
DV außer Haus	30	3,2 %	30	2,4 %	33	2,0 %
EDV-Personal	333	35,1 %	462	36,9 %	599	36,9 %
RZ-Ausstattung u. Betrieb	111	11,9 %	154	12,3 %	200	12,3 %
Insgesamt	942	100,0 %	1.252	100,0 %	1.621	100,0 %

Das ist zwar - abgesehen von den obigen grundsätzlichen Vorbehalten - für die gemieteten Anlagen vertretbar, bedeutet aber für die gekauften und über 3 1/4 Jahre alten Anlagen, daß bereits vollständig amortisierte Anlagen weiterhin "amortisiert" werden.

Ein besonderes Kuriosum stellt die Tatsache dar, daß selbst die geliehenen Systeme, die im Gesamtwert der installierten EDV-Anlagen erfaßt sind, in der Statistik der Délégation à l'Informatique ebenfalls "amortisiert" werden.

In der Aufstellung des gesamten jährlichen EDV-Kostenaufwands der französischen Verwaltung (Tafel 12.2o) fällt besonders die erhebliche Steigerung des Gesamtrahmens in den Jahren 197o und 1971 um circa 32,9 %, bzw. 29,5 % auf.

Obwohl die Vergleichsmöglichkeit mit den Angaben für das Jahr 1969 durch die fehlenden Angaben für die Off-Line-Datenerfassungs und Aufbereitungsgeräte[89] leicht beeinträchtigt ist, kann festgestellt werden, daß sich jedoch die Kostenstruktur von 1969 bis 1971 wenig geändert hat; der Aufwand für die EDVA-Ausrüstung (nach dem Mietwert) und die EDV-Personalkosten stellten mit circa 42 %, bzw. 37 % zusammen jeweils circa 79 % des Gesamtaufwandes dar. Der Umstand, daß der prozentuale Anteil der EDVA-Kosten 1969 ungefähr 5 % höher als in den Folgejahren lag, erklärt sich wohl größtenteils damit, daß soweit ersichtlich 1969 in diesem Posten noch die Off-Line-Datenerfassungs- und Aufbereitungsgeräte erfaßt waren.

Auffallend ist auch der konstant geringe Anteil der Ausgaben für EDV-Beratungs- und Software-Fremdleistungen sowie Datenverarbeitung außer Haus.

Allgemein sei noch festgestellt, daß der Anteil des Kostenaufwandes der Verwaltungsautomation am französischen Gesamtbudget von o,64 % (1969) über o,67 % (197o) auf o,83 % (1971) stetig angestiegen ist.

12.1.3. Bisherige Prognosen und Realisierungen

Für die Beurteilung der Zuverlässigkeit der Verwaltungsautomationsplanung ist es u.a. interessant, die bisherigen Prognosen hinsichtlich der Entwicklung des Computerparks und des EDV-Personalbestandes der Verwaltung mit den Realisierungen zumindest global zu vergleichen.

Während die Prognosen der ministeriellen EDV-Kommissionen vom Januar 1969 die Entwicklung des Computerparks und des EDV-Personalbestandes im Laufe des Jahres 197o (Tafel Nr. 12.21) um circa 29,4 % bzw. 24,7 % unterschätzten und selbst die Prognosen vom Januar 197o zumindest bezüglich der Anzahl der EDV-Anlagen[91] noch um 9,6 % zu niedrig lagen, war die Prognose des VI. Plans für 197o mit 2,9 % Unter- bzw. 5,5 % Überschätzung deutlich exakter.

Die von den ministeriellen EDV-Kommissionen ein bzw. zwei Jahre im voraus gemachten Prognosen für das Jahr 1971 (Tafel Nr. 12.22) sind verglichen mit denen für 197o erheblich exakter. Insbesondere die Januar 1971 gemachten Prognosen erwiesen sich mit lediglich 1,7 % bzw. 3,5 % Unterschätzung als sehr präzise. Die Prognosen des VI. Plans für 1971 sind bezüglich der EDV-Anlagen weniger stark unterschätzt, bezüglich der EDV-Fachkräfte jedoch deutlich stärker überschätzt.

Allgemein kann jedoch zumindest für die Prognosen der ministeriellen EDV-Kommissionen zwischen den Prognosen für 197o und denen für 1971 ein beachtlicher Fortschritt in Richtung auf eine größere Zuverlässigkeit festgestellt werden.

Tafel Nr.12.21 : Prognosen für 1970 und Realisierungen[90].

	Prognosen der min. EDV-Kommissionen für 1970		Prognose des VI. Plans für 1970	Realisierungen am 1.1.1971
	1.1.1969	1.1.1970		
Anzahl der EDV-Anlagen	493	582	620	638
Anzahl der EDV-Fachkräfte	7.048	9.036	9.300	8.787

Tafel Nr.12.22 : Prognosen für 1971 und Realisierungen[92].

	Prognosen der min. EDV-Kommissionen für 1971		Prognose des VI. Plans für 1971	Realisierungen am 1.1.1972
	1.1.1970	1.1.1971		
Anzahl der EDV-Anlagen	663	749	750	762
Anzahl der EDV-Fachkräfte	10.350	10.447	12.000	10.814

12.2. Voraussichtliche mittelfristige Entwicklung

Auf den Prognosen der ministeriellen EDV-Kommissionen für 1972 bis 1974 fußend werden im Folgenden die Haupttendenzen der voraussichtlichen mittelfristigen Entwicklung der französischen Verwaltungsautomation unter quantitativem Gesichtpunkt dargestellt.

12.2.1. EDV-Anlagen

Die Beurteilung der zukünftigen Entwicklung des Computerparks der Verwaltung leidet darunter, daß sich die verfügbaren Prognosen lediglich auf den zahlenmäßigen Bestand beziehen. Das ist umso bedauerlicher als - wie bereits dargestellt - der Wert der installierten EDV-Anlagen gegenüber ihrer Anzahl das signifikantere Globalkriterium darstellt.

Die Prognosen der ministeriellen EDV-Kommissionen (Tafel Nr. 12.23) können - insbesondere nach den Erfahrungen der früheren Prognosen - als relativ realistisch eingeschätzt werden, wohingegen die 1969/7o angestellten Schätzungen des VI. Plans insbesondere für 1973 und 1974 als zu hoch gegriffen erscheinen[94].

Das hervorstechendste Phänomen ist der sich stetig verringernde jährliche prozentuale Zuwachs des Verwaltungscomputerparks. Nachdem diese Zuwachsrate von 31,8 % (197o) bereits auf 19,4 % (1971) gesunken war, sehen die Prognosen ein weiteres Absinken von 15,5 % (1972) über 8,5 % (1973) auf nur 5,5 % (1974) voraus.

Dieses Absinken der prognostizierten Jahreszuwachsquoten wirkt zunächst überraschend. Es kann daraus jedoch nicht auf die tendenzielle Erreichung eines Saturationspunktes geschlossen werden. Das Abflachen des zahlenmässigen Wachstums des Verwaltungscomputerparks wird nämlich zu

Tafel Nr.12.23 : Prognosen der Ministeriellen EDV-Kommissionen hinsichtlich des zahlenmäßigen Bestands der EDV-Anlagen[93].

Ministerien	1971 (Bilanz)	1972	1973	1974
Premier Ministre	2	1	1	1
Affaires Etrangères	2	2	2	2
Affaires Sociales				
Krankenhäuser	31	31	31	31
Rentenversicherung	5	5	5	5
Krankenversicherung	40	58	57	58
Familienbeihilfe	39	37	40	37
Arbeit u. Beschäftigung	2	2	2	2
INSERM	7	9	13	13
Agriculture	12	15	15	14
Défense Nationale	139	158	167	172
Développement Ind. et Scient.				
Zentralverwaltung	1	1	1	
Mines	4	6	7	8
IRIA	7	12	12	12
Education Nationale	186	193	220	257
Economie et Finances	59	65	67	74
Equipement et Logement	10	11	11	11
Intérieur				
Zentralverwaltung	1	2	2	4
Polizeipräfektur (Paris)	6	7	7	3
(Provinz-) Präfekturen	20	23	22	21
Gemeinden	65	69	73	73
Justice	1	1	2	2
Postes et Télécommunications	95	129	154	157
Transports	28	43	44	50
Insgesamt	762	880	955	1.007
Zuwachs in % (+31,8%)	+19,4 %	+15,5 %	+8,5 %	+5,5 %
Prognosen des VI. Plans	750	900	1.080	1.300

einem großen Teil gerade durch die Entwicklung leistungsstärkerer vielseitigerer und finanziell erheblich aufwendigerer Systeme bedingt[95]. Mit aller gebotenen Vorsicht könnte man gleichermaßen von einer gewissen Akzentverschiebung weg vom "quantitativem Wachstum" und hin zum "qualitativen Wachstum" sprechen.

Hinsichtlich der voraussichtlichen Entwicklung in den einzelnen Ministerien sind allerdings starke Unterschiede zu verzeichnen.

In mehreren Ministerien nimmt die Anzahl der installierten EDV-Anlagen gar nicht oder nur geringfügig zu. Es handelt sich dabei um das Amt des Premier Ministre, das Ministère des Affaires Etrangères, die Affaires Sociales (unter Ausnahme der Krankenversicherung und des INSERM), das Ministère de l'Agriculture, das Ministère de l'Equipement et du Logement, das Ministère de l'Intérieur (unter Ausnahme der Gemeinden) und das Ministère de la Justice.

Stärkere Zuwachsraten werden erwartet für die Krankenversicherung und das INSERM, das Ministère du Développement Industriel et Scientifique sowie die Gemeinden.

Der größte Anstieg wird jedoch abgesehen vom Ministère des Transports in den Ministerien zu verzeichnen sein, die bereits heute die Gruppe der großen Benutzer bilden, d.h. das Ministère des Armées, das Ministère de l'Economie et des Finances, das Ministère des Postes et Télécommunications und das Ministère de l'Education Nationale.

Die allgemeine Tendenz weist also auf eine Vergrößerung der Kluft zwischen den einzelnen Ministerien hin. Die großen Benutzer werden ihren Computerpark vor allem wertmäßig weiterhin wesentlich vergrößern, während die (zahlenmäßige) Entwicklung bei den mittelgroßen isolierten (mit Ausnahme des Ministère du Développement Industriel et Scientifique) und kleinen Benutzern stagniert. Die mittelgroßen Benutzer mit unter ihrer Aufsicht stehenden automatisierten Organismen ihrerseits sowie das Ministère du Développement Industriel et Scientifique lassen allerdings beachtliche Zuwachsraten erwarten; dabei gilt das bei den Affaires Sociales und dem Ministère de l'Intérieur lediglich für wenige der unter ihrer Aufsicht stehenden Organismen.

12.2.2. EDV-Personal

Auch hinsichtlich der zukünftigen Entwicklung des EDV-Personalbestandes können die Prognosen der ministeriellen EDV-Kommissionen als realistisch akzeptiert werden, während die Prognose des VI. Plans wiederum zu hoch liegen dürfte[96].

Trotz voraussichtlich erheblicher Zunahme des EDV-Personalbestandes bis 1974 verringern sich auch hier die prozentualen Zuwachsraten. Nach einem Absinken von 23,4 % (197o) auf 18,7 % (1971) wird eine weitere Verminderung der Zuwachsraten des Personalbestandes von 18,5 % (1972) über 12,7 % (1973) auf 7,4 % (1974) erwartet.

Jedoch ist dieser Rückgang nicht so dramatisch wie der der jährlichen Zuwachsraten der EDV-Anlagen. In den Jahren 1972 bis 1974 wird der EDV-Personalbestand voraussichtlich um insgesamt 43,5 % anwachsen, während der entsprechende Wert für die EDV-Anlagen bei lediglich 32,2 % liegt.

Dieser relativ stärkere Anstieg des EDV-Personalbestandes stützt den oben prognostizierten Trend zu leistungsstärkeren und vielseitigeren Systemen. Eine effiziente Ausnutzung dieser Systeme bedingt gerade auch ein Ansteigen der Anzahl der benötigten EDV-Fachkräfte, wobei allerdings deutlich strukturelle Verschiebungen zwischen den einzelnen EDV-Berufskategorien zu erwarten sind.

Tafel Nr.12.24 : Prognosen der Ministeriellen EDV-Kommissionen hinsichtlich des zahlenmäßigen Bestands des EDV-Personals(97).

Ministerien	1971 (Bilanz)	1972	1973	1974
Premier Ministre	24	11	6	6
Affaires Etrangères	21	27	32	36
Affaires Sociales				
Krankenhäuser	437	506	506	506
Rentenversicherung	169	178	196	196
Krankenversicherung	854	1.021	1.150	1.179
Familienbeihilfe	569	710	786	791
Arbeit u. Beschäftigung	59	59	59	59
INSERM	62	62	62	62
Agriculture	193	203	220	239
Défense Nationale	2.465	2.963	3.175	3.335
Développement Ind. et Scient.	221	233	266	306
Education Nationale	1.390	1.820	2.200	2.500
Economie et Finances	1.530	1.739	2.058	2.376
Equipement et Logement	422	499	566	619
Intérieur				
Zentralverwaltung	47	88	100	120
Polizeipräfektur (Paris)	121	131	165	165
(Provinz-) Präfekturen	240	259	274	276
Gemeinden	326	355	383	387
Justice	7	13	33	51
Postes et Télécommunications	1.362	1.608	1.869	1.956
Transports	295	334	352	359
Insgesamt	10.814	12.819	14.458	15.524
Zuwachs in % (+23,4%)	+18,7 %	+18,5 %	+12,7 %	+7,4 %
Prognosen des VI. Plans	12.000	14.400	18.400	22.100

Ganz allgemein kann gesagt werden, daß trotz bzw. gerade wegen des weiterhin zu erwartenden erheblichen technischen Fortschritts im Bereich der Hardware der "challenge" - wenn nicht Engpass - bereits heute und in der Zukunft in immer stärkerem Maße eher auf dem Anwendungs-, d.h. insbesondere (Anwender-) Software-Bereich liegt. Dieser Sektor ist jedoch - ganz abgesehen vom Bereich der Datenerfassung - stark personalintensiv.

Wenn, wie aus Tafel Nr. 12.25 hervorgeht, das Verhältnis EDV-Fachkräfte/EDV-Anlagen von 1971 bis 1974 nur gering von 14,19 (1971) auf 15,42 (1974) anwächst, so scheint das auf den ersten Blick dem prognostizierten Trend zur Personalintensivierung der Verwaltungsautomation zu widersprechen. In Wahrheit jedoch demonstriert der Umstand, daß trotz des im Vergleich zum Computerpark erheblich stärkeren Anwachsens des Personalbestandes 1974 pro EDV-Anlage nicht einmal 1,5 Fachkräfte zusätzlich zur Verfügung stehen, im Grunde nur wie stark die Personalentwicklung bisher hinter der EDVA-Ausstattung hinterherhinkte.

Wenn die ministeriellen EDV-Kommissionen trotzdem nicht für eine noch wesentlich stärkere Expansion des EDV-Personalbestandes optiert haben, so ist darin keine willkürliche Entscheidung zu sehen. Die Personalpolitik stößt insofern vielmehr auf eine dreifache Begrenzung:

- budgetmäßig: Die jährlichen Personalausgaben haben bereits 1971 die der EDVA-Ausstattungsausgaben um 4,8 % überschritten. Darüber hinaus hat es nur einen Sinn Automationsprojekte in Angriff zu nehmen und die dafür erforderlichen Fachkräfte einzustellen, wenn für die Realisierung dieser Projekte die entsprechenden Mittel bewilligt werden.
- ausbildungsmäßig: Die Ausbildung von EDV-Fachkräften mit zugleich ausreichenden Kenntnissen der Verwaltung stellt eine nicht zu vernachlässigende Schwierigkeit

Tafel Nr.12.25 : **Entwicklung des Verhältnisses "EDV-Fachkräfte / Anzahl der EDVA" nach den Prognosen der ministeriellen EDV-Kommissionen(98).**

	1971 (Bilanz)	1972	1973	1974
Anzahl der EDV-Fachkräfte	10.814	12.819	14.458	15.524
Anzahl der EDV-Anlagen	762	880	955	1.007
Verhältnis "EDV-Fachkräfte/EDVA"	14,19	14,57	15,14	15,42

dar. Zudem erweist es sich z.T. als schwierig, bereits in der Verwaltung tätiges Personal insbesondere des höheren und gehobenen Dienstes in ausreichendem Maße für die EDV-Ausbildung zu motivieren und freizustellen.

Da die Einstellung von EDV-Fachkräften im Angestelltenverhältnis aufgrund der neu definierten interministeriellen Rekrutierungspolitik grundsätzlich nicht mehr möglich ist, werden diese Schwierigkeiten in Zukunft noch deutlicher werden[99].

- organisatorisch: Extreme personelle Expansionen lassen sich organisatorisch nur schwer bewältigen und stellen für das innere Funktionieren von EDV-Stellen, die besonders auf friktionsarme Teamarbeit angewiesen sind, schwierige Probleme dar.

Die für die einzelnen Ministerien prognostizierten Daten der Personalbestandsentwicklung entsprechen im wesentlichen der jeweiligen Tendenz der Entwicklung der EDV-Anlagen.

Um zu illustrieren, wie stark unterschiedlich jedoch der Personalbedarf in Abhängigkeit der spezifischen Anwendungsprobleme und dem dementsprechend konfigurierten Computerpark sein kann, sei hier auf die Personalsituation der kleinen Benutzer hingewiesen.

Der bloße Umstand, daß in derselben Periode der Premier Minister die Zahl seiner EDV-Anlagen halbiert, während das Ministère de la Justice seinen Computerpark verdoppelt, erklärt allein noch nicht, daß der EDV-Personalbestand des Premier Ministre dabei geviertelt und der des Ministère de la Justice mehr als versiebenfacht wird. In dieselbe Richtung weist die Beobachtung, daß bei identischer Anzahl von zwei EDV-Anlagen der Premier Ministre 24 EDV-Fachkräfte (1971), das Ministère des Affaires Etrangères 36 (1974) und das Ministère de la Justice 51 (1974) benötigt.

Ansonsten fallen besonders die enormen, sich weiterhin vergrößernden EDV-Personalbestände der großen Benutzer mit 1974 zwischen etwa 2.ooo und 2.35o Fachkräften auf, wobei die Affaires Sociales unter Einschluß der unter ihrer Aufsicht stehenden Organismen mit insgesamt etwa 2.8oo Fachkräften dem nicht nachstehen.

Anmerkungen zum Exkurs

(1) Dabei werden die nachgeordneten (Provinz-) Behörden ("services extérieurs") miterfaßt. Entsprechendes auf den Bereich der Zentralverwaltung beschränktes Zahlenmaterial existiert nicht.

(2) Vgl. die Jahresberichte Délégation à l'Informatique (71a) (Stand: 1.1.197o) vom Januar 1971; (71h) (Stand: 1.1.1971) vom Dezember 1971 u. (73b) (Stand: 1.1.1972) vom Januar 1973. (Entsprechende Untersuchungen existieren über die staatlichen Wirtschafts- u. Versorgungsunternehmen; vgl. dazu Délégation à l'Informatique (72a), (73c) u. (73g).)

(3) Inzwischen hat die Délégation à l'Informatique (73f) Anfang 1974 den Folgebericht (Stand: 1.1.1973) vorgelegt. Die Daten dieses Berichts konnten in der vorliegenden Untersuchung nicht mehr berücksichtigt werden. Es ist jedoch ganz allgemein festzustellen, daß diese Daten die im Folgenden gemachten Feststellungen und Analysen weitestgehend bestätigen und aufgezeigte Trends im wesentlichen fortsetzen. Vgl. auch in diesem Zusammenhang Galiacy (74), S. I - IV.

(4) Da die Erhebungen von Jahr zu Jahr vollständiger sind, repräsentieren die angegebenen Steigerungsraten nicht exakt den reellen Zuwachs von einem Jahr auf das andere. Der reelle Zuwachs liegt vielmehr leicht unter den angegebenen Werten. Darüber hinaus handelt es sich um z.T. stark gerundete Werte. Vgl. dazu Délégation à l'Informatique (73b), S. 5 u. 7.

(5) Soweit nicht anders angegeben beziehen sich sämtliche einfach, bzw. doppelt geklammerten Angaben der Statistiken des Exkurses auf den Stand vom 1.1.1971, bzw. 1.1.197o; die nicht geklammerten Angaben geben den Stand vom 1.1.1972 wieder.

(6) Quellen: Délégation à l'Informatique (73b), S. 8 / Stand 1.1.1972/; (71h), S. 3 / Stand 1.1.1971 /; (71a), S. 3 / Stand 1.1.197o /.

(7) Es handelt sich um gerundete Werte.

(8) Die Délégation à l'Informatique (73b), S. 7 gibt, von den Werten 1o.ooo (1.1.1971) u. 13.ooo (1.1.1972) ausgehend, den wertmäßigen Zuwachs der Verwaltungs-EDV-Anlagen irrtümlich mit 18 % an.

(9) Quellen: Délégation à l'Informatique (73b), S. 8; (71h), S. 3; (71a), S. 3.

(1o) Die Differenzen zu den in der Tafel Nr.12.1 angegebenen Werten erklären sich aus dem Umstand, daß die Werte der Tafel Nr. 12.1 gerundet sind.

(11) So Délégation à l'Informatique (71h), S. 4

(12) Dieser Trend hebt sich insbesondere deutlich von der Entwicklung in der amerikanischen Bundesverwaltung ab, wo ein starker Trend zugunsten der Kleinst-Computer zu verzeichnen ist; vgl. dazu "Where UNIVAC outpaces IBM" (73), S. 18-19.

(13) Quellen: Délégation à l'Informatique (73b), S. 11; (71h), S. 4.

(14) Die in Délégation à l'Informatique (73 b), S. 11 erfolgte Einteilung (kleine: ≤ 1,4 MF / mittlere: ≤ 21 MF / große: ≥ 21 MF) beruht auf einem Irrtum.

(15) Allgemein ist festzustellen, daß die sich auf die Wiedergabe der bloßen Anzahlen der installierten EDV-Anlagen beschränkenden Statistiken einen nur sehr relativen Erkenntniswert haben. Insbesondere im Rahmen von Vergleichen des Automationsgrades verschiedener Verwaltungen ermöglichen sie lediglich recht grobe Annäherungen. Bei der heute extremen Bandbreite zwischen der Leistungsfähigkeit kleiner und kleinster (Büro-)Computer sowie komplexer Großsysteme mit modernsten, Time Sharing, Multiprogrammation und Real Time ermöglichenden Betriebssystemen und ausgedehnter für Datenfernverarbeitung ausgestatteter Peripherie stellt der Wert der installierten EDV-Anlagen das signifikantere Globalkriterium für den Grad der Automatisierung dar.

(16) Quelle: Délégation à l'Informatique (73b), S. 11.

(17) Vgl. dazu Délégation à l'Informatique (73b), S. 14.

(18) Die verwendete Klassifizierung erscheint insbesondere hinsichtlich der Kategorie von 16 bis 256 Kilobyte als verbesserungsbedürftig. Sie wurde vom VI. (nationalen) Wirtschaftsplan (1971 - 1975) übernommen und soll bis zu dessen Auslaufen aus Gründen der Kohärenz beibehalten werden; so Délégation à l'Informatique (73b), S. 15.

(19) Quellen: Délégation à l'Informatique (73b), S. 15; (71h), S. 5; (71a), S. 5.

(2o) Es werden hier in den nachfolgenden Statistiken die in Frankreich gebräuchlichen abkürzenden Bezeichnungen, wie sie auch in den Originalstatistiken der

Délégation à l'Informatique erscheinen ohne deutsche Übersetzung benutzt. Dies geschieht aus dem Bemühen um Eindeutigkeit sowie Konsistenz im Hinblick auf die folgenden Kapitel wie auch hinsichtlich der einschlägigen französischen Verwaltungs-Rapporte und allgemeinen Veröffentlichungen, um nachfolgende Untersuchungen zu erleichtern. Bezüglich der offiziellen französischen Bezeichnungen sowie der deutschen Entsprechungen sei auf den Annex Nr. I verwiesen.

(21) Unter "Affaires Sociales" fallen das Ministère de la Santé Publique et de la Sécurité Sociale und das Ministère du Travail, de l'Emploi et de la Population, die vormals in einem Ressort zusammengefaßt waren und denen noch immer einige Abteilungen und Referate gemeinsam sind.

(22) "Mines" ist ein Kürzel für die Direction de la Technologie de l'Environnement Industriel et des Mines.

(23) Korrigierter in Délégation à l'Informatique (73b), S. 15 fehlerhaft angegebener Wert.

(24) Der Begriff "Wert der installierten EDV-Anlagen" bezieht sich auf die Gesamtheit der die Systemkonfigurationen konstituierenden Hardware (Zentraleinheiten sowie die gesamte Peripherie: externe Magnetspeicher, Dateneingabe- u. Ausgabeeinheiten einschließlich Dialog- und Datenfernverarbeitungseinrichtungen) jedoch ausschließlich der Off-line-Datenerfassungs- und Aufbereitungseinheiten (Karten- u. Streifenlocher, Magnetbandkodiermaschinen etc.).

(25) Quellen: Délégation à l'Informatique (73b), S. 19; (71h), S. 6; (71a), S. 5.

(26) Die in den Tafeln nicht aufgeführten, sich nicht der EDV bedienenden, bzw. über keine eigenen EDV-Anlagen verfügenden Ministerien umfassen nach der Regierungsneubildung im April 1973 die folgenden Ressorts: Ministère chargé des Réformes Administratives, Ministère de la Protection de la Nature et de l'Environnement, Ministère des Affaires Culturelles, Ministère du Commerce et de l'Artisanat, Ministère chargé des Relations avec de Parlement, Ministère de l'Information.

(27) Vgl. Näheres bezüglich der Beschaffungspolitik des Ministère de l'Education Nationale in den Ausführungen unter 3.2.2.2.

(28) Quellen: Délégation à l'Informatique (73b), S. 21; (71h), S. 9; (71a), S. 8.

(29) Die 95 Départments des französischen Territoriums sind in 21 "Régions de programme" genannte Entwicklungsregionen zusammengefaßt.

(3o) Korrigiert, im Original (o,3).

(31) Die in Délégation à l'Informatique (73b), S. 21 angegebenen Prozentsätze summieren sich für Januar 1971, bzw. 1972 auf 1oo,1 %, bzw. 99,7 %.

(32) Zur DATAR vgl. die Ausführungen unter 3.1.6.5.

(33) So der in der Tafel der Délégation à l'Informatique (73b), S. 22 aufgeführte stark gerundete Wert. Der genaue Wert beträgt 38,71 %.

(34) Quellen: Délégation à l'Informatique (73b), S. 21-22.

(35) Fehlbetrag; vgl. Anm. (31.).

(36) Quellen: Délégation à l'Informatique(73b), S. 22; (71h), S. 1o; (71a), S. 9.

(37) Anzahl.

(38) Wert in Millionen Francs.

(39) In der Tafel der Délégation à l'Informatique (73b), S. 22 erscheinen diese beiden Werte irrtümlich miteinander vertauscht.

(4o) Die %-Werte sind z.T. stark abgerundet.

(41) Quellen: Délégation à l'Informatique (73b), S. 23; (71h), S. 12; (71a), S. 1o.

(42) Zur industriellen Steuerung werden Bereiche wie beispielsweise die Flugnavigation gezählt, die sich auf Grund ihres ausgeprägt technischen Charakters nicht als Verwaltungsaufgaben im eher klassischen Sinn darstellen, ohne jedoch zu den Bereichen Ausbildung und wissenschaftliche Berechnung zu gehören.

(43) Vgl. dazu Délégation à l'Informatique (73b), S. 23.

(44) Quellen: Délégation à l'Informatique (73b), S. 23; (71h), S. 13; (71a), S. 11.

(45) Quellen: Délégation à l'Informatique (73b), S. 24; (71h), S. 14; (71a), S. 12.

(46) Die durchschnittliche monatliche Betriebsdauer der für Verwaltungsaufgaben i.e.S. eingesetzten EDVA liegt bei 329 Stunden.

(47) In den benutzten Quellen wurde kein entsprechender Wert für 197o angegeben.

(48) So der Wert in Del.Inf. (71h), S. 14; in Délégation à l'Informatique (73b), S. 24 wird dieser Wert mit 233 Std. angegeben.

(49) Die Délégation à l'Informatique (73b), S. 24 versucht diese Feststellung mit dem Hinweis abzumildern, daß die Werte nicht gewichtet sind und der Durchschnitt durch bloße Division der monatlichen Betriebsstunden durch die gesamte Anzahl der Rechner berechnet wird.

(5o) So La Documentation Française (71 IV), S. 4.

(51) Vgl. dazu Délégation à l'Informatique (71d), S. 58 sowie die Ausführungen unter Abschnitt 3.2.3.

(52) Vgl. insofern die Ausführungen unter 3.1.1.1. bzw. 3.2.2.1.

(53) Quellen: Délégation à l'Informatique (73b), S. 25; (71h), S. 11; (71a), S. 1o.
Die Werte der Situation am 1.1.1971 wurden, abgesehen von den Summen, nur für die Hersteller IBM und CII berücksichtigt. Für die Situation am 1.1.7o wurden ohnehin keine derart differenzierten Angaben veröffentlicht.

(54) Dieser Wert wird in Délégation à l'Informatique (71h), S. 11 fälschlich mit 45,5 % angegeben.

(55) Die hier verwendete Terminologie lehnt sich eng an die französische Terminologie an; vgl. dazu Délégation à l'Informatique (73b), S. 26.

Die Einteilung in die vier Kategorien entspricht nur bedingt der der deutschen Beamtenlaufbahnen, nach der z.B. die Rechenzentrumsleiter sowie die Operateure hier jeweils eine Kategorie zu tief eingestuft sind.

(56) Unter den Begriff "EDV-Personal" fallen nur die Fachkräfte, die eine spezielle EDV-Fachausbildung genossen haben. Die hier wiedergegebenen Statistiken erfassen dementsprechend nicht das Personal der (Off-line) Datenerfassung und Datenaufbereitung, also insbesondere nicht die Locherinnen und Kodiererinnen (Datentypistinnen).

(57) Quellen: Délégation à l'Informatique (73b), S. 27; (71h), S. 16; (71a), S. 14-15; für die Ministerien "Affaires Sociales", "Développement Industriel et Scientifique" und "Intérieur" wurden keine entsprechenden Werte veröffentlicht.

(58) Vgl. bezüglich der methodologischen Schwierigkeiten der EDV-Aufwandsbestimmung und der angewandten Methode Délégation à l'Informatique (71a), S. 15 u. (73b), S. 29.

(59) Vgl. Délégation à l'Informatique (73b), S. 29.

(6o) Vgl. dazu allgemein Délégation à l'Informatique (73b), S. 29.

(61) Dabei handelt es sich vor allem um Beratungsfirmen der Software-Industrie, die "Sociétés de Service et de Conseil en Informatique (SSCI) (EDV-Beratungs- und Dienstleistungsunternehmen).

(62) Darin sind die von einigen staatlichen, selbst mit Forschungs- und Beratungsaufgaben betrauten Stellen (wie z.B. Délégation à l'Informatique, Délégation Générale à la Recherche Scientifique et Technique (DGRST), Direction des Recherches et Moyens d'Essais (DRME) etc.) in Auftrag gegebenen Forschungs- und Entwicklungsprojekte nicht enthalten.

(63) Die Differenz mit dem für das Jahr 1971 von der Délégation à l'Informatique (73d), S. 6 angegebenen Anteil von 13 % erklärt sich damit, daß dort neben der Zentralverwaltung die Lokalverwaltungen vollständiger erfaßt wurden.

(64) Zur Finanzierungspolitik vgl. die Ausführungen unter 3.2.2.2.

(65) Quellen: Délégation à l'Informatique (73b), S. 3o; (71h), S. 18; (71a), S. 16.

(66) Die Leasing-Kosten sind nicht gesondert aufgeführt, sondern den Mietkosten zugeschlagen.

(67) Die im Leasingverfahren beschafften Systeme (1.1.1972 : 3 %) werden den gemieteten zugeschlagen.

(68) Délégation à l'Informatique (71a), S. 16.

(69) Zur Auswirkung der Trennung von Investitions- u. Betriebshaushalt vgl. Délégation à l'Informatique (71a), S. 17.

(7o) In ihrem Jahresbericht für 197o deutet die Délégation à l'Informatique jedoch an, daß der Kostengleichgewichtspunkt zwischen Kauf und Miete möglicherweise bei über 5 1/2 Betriebsjahren liegt; vgl. dazu Délégation à l'Informatique (71h), S. 19.

(71) Vgl. Näheres zur Finanzierung der EDVA unter 3.2.2.2.

(72) Quelle: Délégation à l'Informatique (73b), S. 3o.

(73) Für Jan. 7o wurden keine vergleichbaren Daten veröffentlicht.

(74) Die geliehenen EDVA werden der Vollständigkeit halber aufgeführt, obwohl sie keine Beschaffungskosten darstellen.

(75) Die nach Délégation à l'Informatique (73b), S. 3o zitierten Angaben bezüglich der amerikanischen Bundesverwaltung stammen von der General Services Administration.

(76) Vgl. bezüglich dieser Daten Délégation à l'Informatique (73b), S. 3o.

(77) Die hier aufgeführten Personalkosten stellen im wesentlichen lediglich Annäherungswerte dar, die auf einer Untersuchung des Ministère des Postes et Télécommunications für dessen Personal aufbauend bestimmt wurden; vgl. dazu Délégation à l'Informatique (71a), S. 18 u. (71h), S. 19.

(78) Quellen: Délégation à l'Informatique (73b), S. 31; (71h), S. 19; (71a), S. 18.

(79) Obwohl die Délégation à l'Informatique (71a), S. 19 dies bereits in ihrem Jahresbericht für 1969 als eine unverständliche Regelung hält, besteht dieser Zustand bisher unverändert fort; vgl. zu dieser Problematik auch die Ausführungen unter 3.2.3.2.

(8o) Délégation à l'Informatique (73b), S. 3o/31; (71h), S. 18/19; (71a), S. 16/18.

(81) Vgl. Näheres zum Mietwert unter 2.1.2.6. sowie in Tafel 2.2o.

(82) Zur Frage der Bestimmung der Rechenzentrumskosten vgl. Délégation à l'Informatique (71a), S. 19 u. (71h), S. 2o.

(83) Zu diesen Daten vgl. Délégation à l'Informatique (73b), S. 31, (71h), S. 2o u. (71a), S. 19.

(84) Das Verfahren bei Leasing-Verträgen bestimmt sich danach, inwieweit kauf- bzw. mietvertragsähnliche Elemente vorhanden sind.

(85) Die Schätzung der RZ-Kosten berücksichtigt bereits die Amortisation von RZ-Gebäuden etc. Das Problem der Amortisation von Softwareprodukten wird hingegen in den verwendeten Statistiken nicht besonders berücksichtigt.

(86) Zu diesem Berechnungsverfahren vgl. Délégation à l' Informatique (71h), S. 2o u. (73 b), S. 31-32.

(87) Quellen: Délégation à l'Informatique (73b), S. 32; (71h), S. 2o; (71a), S. 2o.

(88) Kein gesonderter Wert veröffentlicht.

(89) Es handelt sich dabei vor allem um Kartenlocher und Magnetbandkodiergeräte.

(9o) Quelle: Délégation à l'Informatique (71h), S. 21.

(91) Nach der Délégation à l'Informatique (71h), S. 21 handelt es sich bei dem Wert von Januar 197o für die Anzahl der EDV-Fachkräfte nicht um eine Überschätzung, sondern um eine Modifikation auf Grund eines Interpretationsfehlers hinsichtlich der Personalkategorien.

(92) Quelle: Délégation à l'Informatique (73b), S. 33.

(93) Quelle: Délégation à l'Informatique (73b), S. 36.

(94) Vgl. dazu auch die entsprechende Einschätzung der Délégation à l'Informatique (73b), S. 35.

(95) Neben dem Trend zu größeren Zentraleinheiten ist dafür auch der Trend zur umfangreicheren und leistungsfähigeren peripheren Ausstattung verantwortlich; vgl. dazu Saulnier (73a), S. 1 u. 6.

(96) Vgl. dazu auch die entsprechende Einschätzung der Délégation à l'Informatique (73b), S. 35.

(97) Quelle: Délégation à l'Informatique (73b), S. 37.

(98) Quelle: Délégation à l'Informatique (73b), S. 38.

(99) Vgl. dazu Näheres unter 3.2.3.3. u. 3.2.3.4.